ESTUDO DE MOVIMENTOS E DE TEMPOS:
PROJETO E MEDIDA DO TRABALHO

Blucher

RALPH M. BARNES
Professor da Universidade da Califórnia

ESTUDO DE MOVIMENTOS E DE TEMPOS:
PROJETO E MEDIDA DO TRABALHO

tradução da 6.ª edição americana

Tradução:
Sérgio Luiz Oliveira Assis,
José S. Guedes Azevedo e
Arnaldo Pallotta

Revisão técnica:
Miguel de Simoni e
Ricardo Seidl da Fonseca

MOTION AND TIME STUDY
Design and measurement of work
A edição em língua inglesa foi publicada
pela JOHN WILEY & SONS
© 1968 by John Wiley & Sons

Estudo de movimentos e de tempos
© 1977 Editora Edgard Blücher Ltda.
15ª reimpressão – 2017

Blucher

Rua Pedroso Alvarenga, 1245, 4º andar
04531-934 – São Paulo – SP – Brasil
Tel.: 55 11 3078-5366
contato@blucher.com.br
www.blucher.com.br

É proibida a reprodução total ou parcial
por quaisquer meios sem autorização
escrita da editora.

Todos os direitos reservados pela Editora
Edgard Blücher Ltda.

FICHA CATALOGRÁFICA

	Barnes, Ralph Mosser
B241e	Estudo de movimentos e de tempos: projeto e medida do trabalho / Ralph Mosser Barnes; tradução da 6ª ed. americana / Sérgio Luiz Oliveira Assis, José S. Guedes Azevedo e Arnaldo Pallotta; revisão técnica / Miguel de Simoni e Ricardo Seidl da Fonseca – São Paulo: Blucher, 1977.

Bibliografia.
ISBN 978-85-212-0010-9

1. Estudo de movimentos 2. Estudo de tempos I. Título

	17.	CDD-658-542
	18.	-658.5421
77-0108	18.	-658.5423

Índices para catálogo sistemático:

1. Estudo de movimentos: Administração da produção 658.542 (17.) 658.5423 (18.)

2. Estudo de tempos: Administração da produção 658.542 (17.) 658.5421 (18.)

PREFÁCIO DA SEXTA EDIÇÃO

O objetivo principal deste livro é sugerir meios de se promover o cumprimento das metas da organização, melhorando a eficiência humana. De acordo com esse objetivo, a presente revisão foi feita a fim de se apresentar uma nova abordagem para o projeto do trabalho e para os sistemas administrativos, que possibilitará aos objetivos da organização promoverem-se melhor, aumentará a utilidade do engenheiro de produção e induzirá maior satisfação e maior remuneração ao pessoal de chefia e supervisão e ao pessoal de produção — especialmente para o último grupo.

Novos conhecimentos extraídos das pesquisas das ciências sociais e comportamentais foram assimilados, interpretados e aplicados por administradores e engenheiros de produção com grande proveito. Reconhece-se que, apesar de ser o salário um estimulador poderoso, as pessoas são igualmente motivadas por outras coisas. Elas desejam trabalho significativo, oportunidades para desenvolverem seus talentos, aprenderem novas habilidades, progredirem através de melhores trabalhos, recebendo salários mais altos e assumindo maiores responsabilidades.

As técnicas de medida do tempo e os procedimentos de resolução de problemas apresentados neste livro podem ser usados pelo engenheiro de produção, pelo supervisor, pelo trabalhador e pelas equipes de trabalho. Acredita-se que o pessoal de chefia e supervisão e o pessoal de produção, trabalhando juntos, podem aprender a considerar as metas da organização e as suas, atingindo objetivos mutuamente satisfatórios. Além disso, reconhece-se que as pessoas têm habilidade criativa e que usarão esta habilidade, agindo individualmente ou como membro de uma equipe, a fim de cumprirem as metas que ajudaram a estabelecer.

Resultados de várias pesquisas parecem indicar que os principais fatores que determinam a satisfação no trabalho são: realização, reconhecimento, o trabalho em si, responsabilidade e progresso. Se o administrador conseguir proporcionar um ambiente no qual esses fatores atuem de modo eficaz, o pessoal reagirá positivamente. Esses fatores são os motivadores. Por outro lado, os fatores de apoio incluem a política da empresa, supervisão, relações interpessoais e condições de trabalho. Tais fatores não são motivadores por si mesmos. Entretanto se esses fatores são razoavelmente satisfeitos, os motivadores diretos podem atuar mais eficientemente. Numa situação onde os meios contentadores estão ausentes ou são restritos, o empregado concentra sua atenção nos fatores de apoio, que podem se tornar descontentadores.

Segundo este novo enfoque, o engenheiro de produção gasta menos tempo realizando as funções profissionais que geralmente lhe são atribuídas. A maior parte de seu tempo de trabalho é destinada para dar assistência ao pessoal de chefia e supervisão e ao pessoal de produção. Para isso, ele deve entender inteiramente a teoria da motivação e apoio e ter participado de algumas aplicações bem sucedidas da mesma. Além disso, ele conhece os benefícios que resultam para a organização e para o pessoal, na forma de menores custos, melhor qualidade, produção mais alta por homem-hora, maiores lucros para a empresa, e maior satisfação, salários mais altos e maior auto-realização para os funcionários.

As necessidades exigidas para idealização e operação deste sistema de trabalho humano mais eficiente serão novas para muitas pessoas, e será preciso considerável tempo para serem entendidas e aceitas. A implementação pode tomar muitas formas diferentes. Não é preciso seguir nenhum sistema ou procedimento específico. É a teoria lógica e a filosofia que são importantes, não o mecanismo.

No primeiro capítulo desta nova seção (Cap. 38) é apresentada uma breve discussão da organização do trabalho desde os tempos mais remotos até o presente. Segue-se uma apresentação dos resultados de pesquisas conduzidas pela teoria da motivação e apoio. O capítulo seguinte trata da ampliação do trabalho com exemplos de aplicações específicas. Um outro capítulo descreve em detalhes o procedimento usado por uma grande empresa ao mudar os planos de incentivos salariais convencionais para um novo plano, que incorpora pagamento estável com uma forma de organização que mantém os motivadores em ação. O capítulo final apresenta o caso de uma grande empresa que projetou, construiu, instalou e está operando uma fábrica em concordância com a teoria da motivação e apoio. Espera-se que a descrição bastante detalhada destas aplicações de sucesso, com uma discussão da teoria básica, venha proporcionar um incentivo para outras pessoas desenvolverem aplicações similares. As recompensas podem ser muito grandes.

Através dos quarenta anos em que este livro tem estado em processo de desenvolvimento, tenho tido assistência constante de administradores, engenheiros e educadores. A estes sempre externarei minha grande dívida. Meus agradecimentos especiais pela assistência recebida em relação à presente revisão para George H. Gustat, Robert J. Rohr Jr., e James A. Richardson, da Eastman Kodak Company, Kodak Park Works; para minha filha Elizabeth Barnes Parks; e para as 72 empresas que forneceram informações relativas as suas práticas correntes de engenharia de produção.

Ralph M. Barnes

Los Angeles, California, 1968

PREFÁCIO DA QUINTA EDIÇÃO

A grande expansão industrial e comercial, verificada em anos recentes, trouxe consigo aceitação mais ampla e uso maior do estudo de movimentos e de tempos. Muitas práticas nesse campo, que eram usadas unicamente pelas empresas mais progressistas, hoje já são lugares comuns. Mais do que isso, o estudo de movimentos e de tempos é aplicado a diversas atividades administrativas e a áreas bastante separadas dos problemas industriais. Rápidas mudanças estão se processando nesse campo. Hoje, o campo de ação do estudo de movimentos e de tempos é mais amplo — agora estamos preocupados com o projeto de sistemas e métodos de trabalho. Nosso objetivo é encontrar o método ideal ou o que mais se aproxima do ideal para ser usado na prática. No passado, dava-se mais importância à melhoria dos métodos existentes em vez de se definir o problema ou formular os objetivos, encontrando então a solução preferida.

A formação do pessoal que trabalha nesse campo também mudou. Atualmente, a maior porcentagem se constitui de pessoas de nível universitário e homens de fábrica ou de escritório que foram cuidadosamente selecionados e treinados para esse trabalho. Esse corpo especializado está melhor preparado para o trabalho, faz maior uso da matemática, da estatística e de equipamento eletrônico de processamento de dados e prevê o futuro, quando técnicas e equipamentos mais aperfeiçoados estarão disponíveis para ajudar na solução de problemas complexos.

O mesmo estudo cuidadoso e a consideração que fora dada à mão-de-obra direta da fábrica no passado estão agora sendo estendidos para a mão-de-obra indireta e para a avaliação e controle de máquinas, processos e materiais. Isso inclui considerações de fatores, como produção, qualidade, perdas e refugos. No empenho para obter uma alta eficiência em todo o empreendimento, o engenheiro de produção e todos os outros membros da gerência e operários irão apreciar o valor da cooperação, trabalhando juntos para a consecução dos objetivos e metas comuns.

A principal finalidade desta revisão do *Estudo de movimentos e de tempos* foi apresentar material novo nesta área e incluir maior número de ilustrações e também ilustrações mais diversificadas. Na revisão, mantive meus critérios originais de apresentar os princípios básicos para aplicação efetiva do estudo de movimentos e de tempos, suplementando cada um deles com ilustrações e exemplos práticos. Foram incluídos 5 capítulos novos, tratando do projeto de processos e do processo geral de solução de problemas, tal como aplicados no projeto de métodos de trabalho; ergonomia, que é o projeto de fatores humanos; a ampliação de trabalho e eficiência de mão-de-obra; medida de trabalho por métodos fisiológicos; e projeto de métodos de trabalho tomado sob ponto de vista amplo. Existe material novo sobre os objetivos e funções do estudo de movimentos e de tempos e sobre a avaliação de métodos alternativos.

A seção que trata do desenvolvimento de melhores métodos foi aumentada com novo material sobre o uso do método da eliminação na solução de problemas de projeto de trabalho. Foram incluídos novos exemplos de estudo de movimentos, mecanização e automatização.

Usei os resultados de minhas pesquisas de engenharia de produção como guia na apresentação e avaliação dos métodos e técnicas mais usadas nos E.U.A. Da mesma maneira, minhas pesquisas no campo das medidas fisiológicas forneceram-me material para um capítulo completo sobre a fisiologia do trabalho.

Sou muito grato àqueles que contribuíram para este volume sobre estudos de movimentos e de tempos. Apoiei-me no trabalho de muitas pessoas e agradeço particularmente àqueles cujos trabalhos são mencionados.

Sou especialmente grato à Maytag Co. e à Procter e Gamble. Meus agradecimentos especiais pela assistência recebida de mais de 100 empresas que forneceram informações relativas às práticas adotadas em cada uma delas no campo da Engenharia de produção, e aos leitores deste livro que durante anos têm apresentado valiosas sugestões.

Ralph M. Barnes

Los Angeles, California, 1963

PREFÁCIO DA PRIMEIRA EDIÇÃO

A tendência atual para o aumento da eficiência em todos os tipos de trabalho despertou interesse generalizado no estudo de movimentos e de tempos. Onde quer que se execute trabalho manual, existe sempre o problema de se encontrar o meio mais econômico de se executar a tarefa e, após isso, de se determinar a quantidade de trabalho que deve ser executada em um dado período de tempo. Geralmente, isso é acompanhado por algum plano de incentivo salarial. O estudo de movimentos e de tempos fornece uma técnica para se determinarem os métodos mais econômicos e para se medir o trabalho executado.

Os termos "estudo de tempos" e "estudo de movimentos" têm recebido diversas interpretações desde sua origem. O estudo de tempos, introduzido por Taylor, foi usado principalmente na determinação de tempos-padrões; o estudo de movimentos, desenvolvido pelo casal Gilbreth, foi empregado na melhoria de métodos de trabalho. Um grupo via o estudo de tempos somente como um meio para determinar a tarefa que deveria constituir um dia de trabalho, usando o cronômetro como instrumento de medida de tempo. Outro grupo via o estudo de movimentos somente como uma técnica para determinar um bom método de executar o trabalho. Hoje em dia, a discussão sobre o valor comparativo do uso separado de cada uma das técnicas foi completamente ultrapassada; a indústria compreendeu que o estudo de movimentos e o estudo de tempos são inseparáveis, como demonstra o seu uso combinado em muitas fábricas e escritórios. Tomando conhecimento das tendências atuais e reconhecendo o fato de que o estudo de movimentos sempre precede o estabelecimento de um tempo-padrão, usaremos, neste livro, o termo "estudo de movimentos e de tempos", quando nos referirmos a esse extenso campo.

Desde que todo trabalho humano é executado com as mãos ou outras partes do corpo, concluiu-se que o estudo dos movimentos do corpo é essencial para resolver o problema de se encontrar os melhores métodos de execução do trabalho. O treinamento na técnica do estudo de micromovimentos é uma ajuda valiosa para a análise e melhoria das operações manuais, isto é, na aplicação dos princípios de economia de movimentos. Por essa razão, apresentou-se em detalhes a técnica do estudo de micromovimentos.

O estudo de micromovimentos é definido como o estudo dos elementos de uma operação, com o auxílio de uma máquina de filmar e de um acessório para a medida de tempo que indique com precisão intervalos de tempo no filme. Isso possibilita a análise dos movimentos elementares registrados no filme, a associação de valores de tempo para cada um deles. O estudo de micromovimentos pode ser usado com duas finalidades: (1) encontrar o método mais eficiente de se executar uma operação, e (2) treinamento de indivíduos para compreender o significado do estudo de movimentos e, quando aquele for suficientemente detalhado, fazer com que as pessoas se tornem capazes de aplicar eficientemente os princípios de economia dos movimentos. Dessas duas finalidades, a segunda é realmente a mais importante.

A execução de trabalho manual de forma eficiente pressupõe compreensão das capacidades e habilidades inerentes ao corpo humano. Portanto estudaram-se investigações relativas ao trabalho manual feitas por engenheiros, fisiólogos e psicólogos. Os resultados dos estudos que parecem apresentar maior utilidade foram incluídos neste livro. Embora o material dos Caps. 15, 16 e 17 seja discutido sob o nome "Princípios de economia dos movimentos", ele talvez poderia ser designado com maior propriedade como "Algumas regras para a economia dos movimentos e redução da fadiga". O autor selecionou o material considerado mais útil na determinação dos melhores métodos de se executar o trabalho. As 22 regras ou princípios apresentados nesses capítulos não têm todos a mesma importância, nem esta discussão inclui todos os fatores que entram na determinação dos melhores métodos de se executar o trabalho. Entretanto espera-se que este material possa servir àqueles que tenham dificuldade em encontrar tratamento condensado do assunto.

Ao apresentar a técnica de cronometragem, o autor procurou fornecer as práticas que resultem nos padrões de tempo mais satisfatórios e incluir exemplos simples que ilustrem os métodos.

O autor, pessoalmente, selecionou ou desenvolveu os exemplos usados para a ilustração deste livro. Mais do que isso, a maior parte do material, em forma mimeografada, esteve em uso nas aulas de seis universidades e em diversas indústrias. O livro deve, desta forma, ser de valor àqueles que supervisionam ou executam trabalho manual de qualquer espécie. Os trabalhadores, bem como administradores e engenheiros, deverão lucrar com o estudo deste material. Os diversos comentários recebidos de pessoas, que usaram a edição mimeografada, indicam que este material servirá não somente como texto em escolas técnicas e universidades, mas também como manual em fábricas, lojas, hospitais, residências, fazendas, etc.

Durante o período de vários anos, durante os quais este livro esteve em processo de desenvolvimento, o autor contou com a assistência constante de administradores, engenheiros e educadores. A essas pessoas, ele quer expressar o seu reconhecimento. Agradecimentos especiais ao professor David B. Porter da Escola de Engenharia da Universidade de New York, e a L. P. Persing, supervisor do sistema salarial da fábrica de Fort Wayne da General Electric Company, pela assistência recebida.

Ralph M. Barnes

Iowa, março de 1937

CONTEÚDO

1 Definição e finalidades do estudo de tempos e de movimentos 1
2 Histórico do estudo de movimentos e de tempos 8
3 Processo geral de solução de problemas 15
4 Limites da aplicação do estudo de movimentos e de tempos 22
5 Projetos de métodos de trabalho — conceito geral 28
6 Projeto de métodos de trabalho — desenvolvimento do método melhorado 36
7 Análise do processo produtivo 46
8 Gráficos de atividade. Gráficos homem-máquina 76
9 Análise de operações 87
10 Estudo de micromovimentos 101
11 Movimentos fundamentais das mãos 107
12 Equipamento para estudo de movimentos e para estudo de micromovimentos 121
13 Filmagem das operações 131
14 Análise do filme 136
15 Uso dos movimentos fundamentais das mãos 153
16 Ergonomia 167
17 Princípios de economia dos movimentos relacionados com o uso do corpo humano 177
18 Princípios de economia dos movimentos relacionados com o local de trabalho 204
19 Princípios de economia dos movimentos relacionados com o projeto de ferramentas
e equipamentos 229
20 Estudo de movimentos, mecanização e automoção 243
21 Padronização — registro do método padronizado 254
22 Relação entre o estudo de movimentos e de tempos e os incentivos salariais 262
23 Estudo de tempos equipamentos para o estudo de tempos; execução do estudo de
tempos 272
24 Estudo de tempos: avaliação do ritmo 297
25 Estudo de tempos: determinação das tolerâncias e do tempo-padrão 313
26 Estudo de tempos mecanizado e processamento eletrônico de dados 332
27 Determinação de tempos-padrão a partir de tempos elementares e de fórmulas 340
28 Uso de tempos pré-determinados e de fórmulas: fresagem de engrenagens com caracol,
soldagem de latas 351
29 Determinação de tempos-padrão para trabalho de matrizes e ferramentas 364
30 Sistemas pré-determinados de tempos sintéticos: dados sintéticos para operações de
montagem 377
31 Sistemas pré-determinados de tempos sintéticos: o sistema fator-trabalho, o sistema
MTM e o sistema para estudo de tempos por movimentos básicos 394
32 Amostragem do trabalho 416
33 Medida do trabalho por métodos fisiológicos 445
34 Fadiga 456
35 Programas de treinamento de estudo de movimentos e de tempos 469

36	Treinamento do operador. Efeito da prática	488
37	Avaliando e controlando outros fatores além do trabalho — planos de incentivo salarial com diversos fatores	514
38	Motivação e trabalho	531
39	Ampliação do trabalho — mudança deliberada	542
40	A experiência da Kodak Park Works	552
41	O plano da fábrica de Lakeview	561
	Apêndice A	570
	Apêndice B	571
	Apêndice C	578
	Problemas	588
	Bibliografia	619
	Índice	631

CAPÍTULO 1

Definição e finalidades do estudo de tempos e de movimentos

Os termos *estudo de tempos* e *estudo de movimentos* receberam diversas interpretações desde sua origem. O estudo de tempos, introduzido por Taylor, foi usado principalmente na determinação de tempos-padrão e o estudo de movimentos, desenvolvido pelo casal Gilbreth, foi empregado na melhoria de métodos de trabalho.

Apesar de Taylor e Gilbreth terem desenvolvido o seu trabalho pioneiro na mesma época, parece que, naqueles primórdios, deu-se mais ênfase ao estudo de tempos e ao valor por peça do que ao estudo de movimentos. Foi só em 1930 que se iniciou um movimento geral para estudar o trabalho com o objetivo de descobrir métodos melhores e mais simples de se executar uma tarefa. Seguiu-se então um período durante o qual os estudos de tempos e de movimentos foram usados conjuntamente, ambos se complementando. O termo resultante, *estudo de movimentos e de tempos,* começa a ser conhecido. Rápidas transformações estão se processando neste campo. Hoje, a finalidade do estudo de tempos e de movimentos é mais ampla; a filosofia e a prática moderna diferem dos conceitos originais. Hoje, a nossa preocupação principal é a definição de sistemas e métodos de trabalho; nosso objetivo é determinar o método ideal ou o que mais se aproxima do ideal para ser usado na prática. No passado, dava-se ênfase à melhoria dos métodos existentes, em lugar de se definir cuidadosamente o problema ou se formular o objetivo e, então, encontrar a solução preferida.

Já se sugeriu que os termos *engenharia de métodos, projeto de trabalho* ou *estudo de trabalho,* deveriam ser usados em lugar de *estudo de movimentos e de tempos.* Talvez esses termos venham a ser usados; atualmente todavia existe uma tendência definida no sentido de que a expressão *projeto de métodos* seja sinônimo de *estudo de movimentos* e de que *medida do trabalho* seja sinônimo de *estudo de tempos.* Portanto as expressões *estudo de movimentos e de tempos* e *projeto de métodos e estudo de movimentos* serão usadas indiferentemente neste livro e terão os significados descritos a seguir.

DEFINIÇÃO DO ESTUDO DE MOVIMENTOS E DE TEMPOS. O estudo de movimentos e de tempos é o estudo sistemático dos sistemas de trabalho com os seguintes objetivos: (1) desenvolver o sistema e o método preferido, usualmente aquele de menor custo; (2) padronizar esse sistema e método; (3) determinar o tempo gasto por uma pessoa qualificada e devidamente treinada, trabalhando num ritmo normal, para executar uma tarefa ou operação específica; e (4) orientar o treinamento do trabalhador no método preferido.

O estudo de movimentos e de tempos é composto de quatro partes como mostra essa definição. Todavia as duas partes principais, as quais receberão maior ênfase neste livro, são as seguintes.

ESTUDO DE MOVIMENTOS OU PROJETO DE MÉTODOS. Encontrar o melhor método de se executar a tarefa.

ESTUDO DE TEMPOS OU MEDIDA DO TRABALHO. Determinar o tempo-padrão para executar uma tarefa específica.

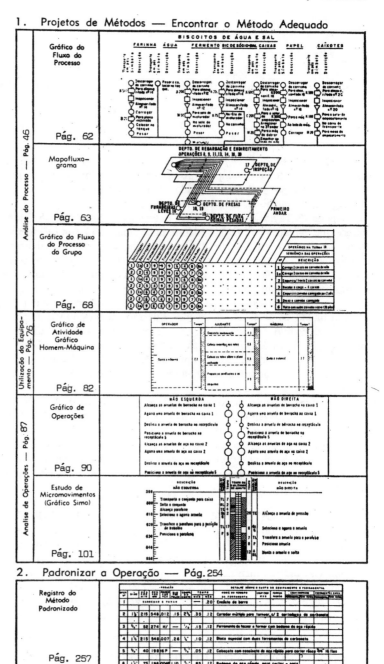

Figura 1. Esquema ilustrativo do conteúdo do livro

Estudo de movimentos e de tempos

3. Medida do Trabalho — Determinar o Tempo-Padrão

Estudo de Tempos — Pág. 272	Cronometragem Pág. 317	*(tabela de observações de cronometragem)*
	Estudo de Produção Pág. 328	*(gráfico de duração de operação)*
	Estudo de Tempos Mecanizado Pág. 334	*(listagem de cartões de estudo)*
Tempos Prédeterminados — Pág. 340	Tempos Elementares Prédeterminados Pág. 346	*(tabela de tempos por peça em minutos)*
Tempos Sintéticos Pág. 377	Tempos Sintéticos Prédeterminados Pág. 382	*(tabela de movimentos)*
Amostragem do Trabalho — Pág. 416	Fôlha de Observações Pág. 417	Estado — Sumário — Total Trabalhando: XXXXXXX — 36 Inativo: — 4
Trabalho Fisiológico Pág. 445	Gasto de Energia Pág. 446	*(gráfico de gasto de energia)*

4. Treinar o Operador — Pág. 488

Fôlha de Instruções Pág. 492	1. Pegar vidros (2 filas de 3). Agarrar 6 garrafas (2 na mão esquerda, 4 na mão direita). Manter os polegares voltados para si e os outros dedos no outro lado.

5. Controlar Outros Fatores Além da Mão de Obra — Pág. 514

Utilização do Equipamento Utilização das Máquinas Qualidade Perdas Pág. 515	*(fotografias de equipamento e máquinas)*

1. Desenvolvimento do método preferido — projeto de métodos. No seu sentido mais amplo, toda empresa comercial ou organização industrial preocupa-se com a criação de bens e serviços sob alguma forma, utilizando homens, máquinas e materiais. Numa fábrica, por exemplo, o processo de produção talvez inclua o processamento de matéria-prima, a usinagem e fabricação de peças e a entrega do produto acabado. No planejamento desse processo de fabricação, deverão ser considerados tanto o sistema no seu conjunto quanto cada operação individual que forma o sistema ou processo. O planejamento desse processo emprega o sistema geral de problema-solução. O pessoal das ciências físicas e aplicadas refere-se ao procedimento problema-solução como o método sistemático, método científico ou método de engenharia. Concisamente, o procedimento problema-solução pode ser definido como se segue.

1) *Definição do problema* — preparar um relatório geral de metas e objetivos — formular o problema.

2) *Análise do problema* — obter fatos — determinar especificações e restrições — descrever o método atual se estiver em função.

3) *Pesquisa de soluções possíveis* — tentar o método de eliminação — usar listas de verificação — aplicar os princípios de economia de movimentos — usar a imaginação criativa.

4) *Avaliação das alternativas* — determinar qual a solução preferível — método que forneça o menor custo e requeira o menor capital — método que permita a entrada mais rápida em produção do produto — método que forneça a melhor qualidade ou a menor perda.

5) *Recomendação para a ação* — preparar relatórios escritos — fazer apresentação verbal — levantar os dados existentes que possam ajudar — antecipar perguntas e possíveis objeções.

O projeto de métodos inicia-se com a consideração do objetivo — fabricar um determinado produto, administrar uma tinturaria ou operar uma central de tratamento de leite. O que se pretende é projetar um sistema, uma seqüência de operações e procedimentos que mais se aproximem da solução ideal. Durante os últimos anos foram desenvolvidas técnicas que facilitam este trabalho. Elas serão apresentadas em detalhes nas páginas que se seguirão.

2. Padronizar a operação — registro do método padronizado. Depois de ter sido encontrado o melhor método de se executar uma operação, esse método deve ser padronizado. Normalmente, a tarefa é dividida em trabalhos ou operações específicos, os quais serão descritos em detalhe. O conjunto de movimentos do operador, as dimensões, a forma e a qualidade do material, as ferramentas, os dispositivos, os gabaritos, os calibres e o equipamento, devem ser especificados com clareza. Todos esses fatores, bem como as condições de trabalho do operador, precisam ser conservados depois de haver sido padronizados. Um registro do método padronizado de operação, fornecendo descrição detalhada da operação e das especificações para execução da tarefa, é a maneira mais comum de preservar-se os padrões.

3. Determinar o tempo-padrão — medidas do trabalho. O estudo de movimentos e de tempos poderá ser usado para determinar o número-padrão de minutos que uma pessoa qualificada, devidamente treinada e com experiência, deveria gastar para executar uma tarefa ou operação específicas trabalhando normalmente. Esse tempo-padrão poderá ser usado no planejamento e programação para estimativa de custos ou para controle de custos da mão-de-obra. Poderá também servir como base para o plano de incentivos salariais. No início, o uso do tempo-padrão era, algumas vezes, convertido em valor monetário e era chamado valor por peça. Os valores por peça eram geralmente expressos em dólares para cem peças executadas e esses valores por peça eram usados como indicação para o pagamento dos operários.

Apesar de tempos elementares, tempos sintéticos e amostragem do trabalho serem também usados na determinação dos tempos-padrão, o método mais comum de se medir o trabalho

Estudo de movimentos e de tempos **5**

humano é a cronometragem[1]. A operação a ser estudada é dividida em elementos e cada um desses elementos é cronometrado. Calcula-se um valor representativo para cada elemento e a adição dos tempos elementares fornece o tempo total para a execução da operação. A velocidade usada pelo operador durante a cronometragem é avaliada pelo observador e o tempo selecionado pode ser ajustado de forma que um operador qualificado, trabalhando em ritmo normal, possa executar sem dificuldade o trabalho no tempo especificado. Esse tempo ajustado é denominado tempo normal. Ao tempo normal são adicionadas tolerâncias para necessidades pessoais, fadiga e esperas, resultando assim o tempo-padrão para a operação.

4. Treinar o operador. O mais eficiente método de trabalho tem pouco valor a menos que seja posto em prática. É necessário treinar o operador para executar a operação da maneira pré--estabelecida.

Quando o número de pessoas empregadas em uma operação é pequeno e o trabalho relativamente simples, é costume treinar o operador em seu próprio local de trabalho. O mestre, o cronoanalista, o engenheiro de produção ou mesmo um operário hábil podem ser os instrutores. Na maioria dos casos, o mestre é o responsável pelo treinamento do operador e depende freqüentemente do departamento de métodos e padrões para ser assistido nessa tarefa.

O "Registro do método padronizado" é sempre uma ajuda valiosa para o mestre. Quando vários empregados devem ser treinados para uma única operação, o treinamento é feito às vezes pela seção de treinamento do departamento de tempos e métodos. Gráficos, modelos e filmes podem ser usados nesse programa de treinamento.

EXTENSÃO. Com o objetivo de fornecer uma visão geral e mostrar as inter-relações, apresentamos, na Fig. 1, as principais técnicas e, na Fig. 2, a extensão do campo do estudo de movimentos e de tempos. No passado, dava-se grande importância em melhorar os métodos existentes. Era costume fazer-se um estudo detalhado do método. Se um método melhor fosse desenvolvido, seria posto em prática; o trabalhador era treinado para trabalhar no novo método, e preparava-se por escrito uma rotina padronizada, estabelecendo-se um tempo-padrão para o serviço. Entretanto não existe um "método velho" para ser melhorado. Se um novo produto deve ser fabricado ou um novo serviço executado, deve-se iniciar tudo novamente. Assim, há toda a liberdade para se definir qual o sistema e o método ideal a serem usados. A evidência mostra que esse mesmo sistema deve ser usado também para uma tarefa já em execução e que está sendo observada com o propósito de se encontrar o melhor método de trabalho. Naturalmente, o método em uso deve ser considerado, porém o estudo a ser feito não deve *melhorar* o método existente e sim procurar encontrar o método ideal. Assim sendo, o propósito principal do projeto de métodos de trabalho é encontrar o método ideal ou o mais próximo disso, e que possa ser posto em prática de fato.

Nós chamamos isso de método preferido. Da mesma maneira, um estudo sistemático sobre materiais pode ocasionar uma melhor utilização, uma melhor qualidade e uma redução de custos. Temos, portanto, um meio sistemático de desenvolver a eficiência da mão-de-obra, providenciando uma melhor utilização das máquinas e equipamentos e, ao mesmo tempo, economizando matéria-prima.

Até recentemente, as aplicações do estudo de movimentos e de tempos, eram utilizadas principalmente na mão-de-obra direta das fábricas. Entretanto, havendo maior número de pessoas aprendido acerca dos objetivos, métodos e técnicas do estudo de movimentos e de tempos,

---

[1]Um estudo de 72 empresas norte-americanas mostrou que 100% delas empregam o estudo de tempos, 85% usam tempos pré-determinados, 49% usam tempos sintéticos e 49% usam amostragem do trabalho na determinação dos tempos-padrão. (Ralph M. Barnes, *Industrial Engineering Survey.* University of California, 1967)

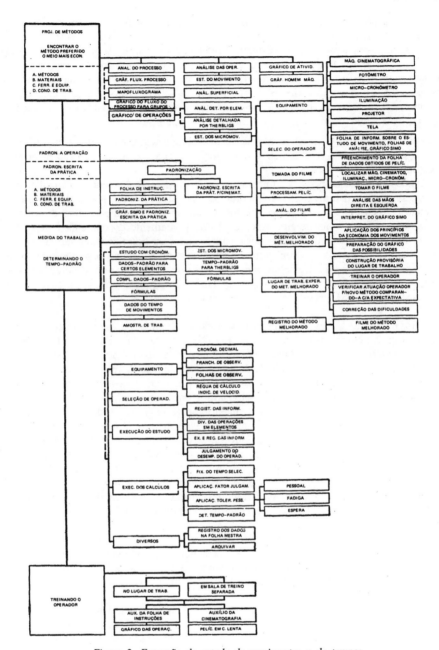

Figura 2. Extensão do estudo de movimentos e de tempos

Estudo de movimentos e de tempos

novos usos para o mesmo fora encontrados. Começou-se verificando que os seus princípios eram universais, podendo ser igualmente eficientes sempre que homens e máquinas fossem usados. Atualmente, a atenção está sendo dirigida para a importância do aumento de produtividade por homem-hora e para a redução dos custos, por duas razões principais: (1) o rápido aumento do salário tende a aumentar o custo da mão-de-obra; (2) o rápido aumento do capital investido e o aumento nos custos de operação de máquinas, ferramentas e equipamentos, tende a aumentar o "custo de máquina-hora" ou as despesas gerais. Além do mais, a necessidade de uma maior produção de bens e serviços fornece um incentivo adicional para o aumento da produtividade de homens e máquinas. É natural que métodos e técnicas que demonstraram sua eficiência no aumento da produtividade da mão-de-obra direta das fábricas devam ser aplicados em outras áreas.

MÃO-DE-OBRA INDIRETA. Com o desenvolvimento da mecanização e da automação, a importância relativa da mão-de-obra direta tenderá a decrescer, e, então, maior atenção será devotada à mão-de-obra indireta. As operações rotineiras serão executadas por máquinas automáticas que, por serem mais complexas, necessitarão de pessoal altamente treinado para prepará-las, operá-las e cuidar de sua manutenção.

O desenvolvimento do equipamento eletrônico de processamento de dados com técnicas modernas, tais como amostragem de trabalho, teoria das filas e outros auxílios para o registro, análise e medida de atividades não-repetitivas, tornou proveitosos os estudos de grupos dedicados a várias tarefas. Esses estudos resultaram no aumento da eficiência da mão-de-obra e na melhor utilização de equipamentos. Em muitos casos, a velocidade da máquina foi aumentada, melhorou-se a qualidade e reduziram-se as perdas de maneira notável.

TRABALHO DE ESCRITÓRIO. Paralelamente ao aumento da importância relativa da mão--de-obra indireta, notou-se grande aumento do trabalho nos escritórios. Em várias organizações, o volume de impressos ultrapassou o dobro do normal em quinze anos. Algumas empresas expandiram as atividades do estudo de métodos, que passou a incluir os escritórios, outras estabeleceram departamentos separados para o estudo das rotinas de manuseio e movimentação de impressos. A análise dos impressos, o remanejamento do sistema de planejamento e controle de produção, a mecanização e a introdução de equipamento para processamento de dados, são alguns dos caminhos usados para o aumento da produtividade e redução dos custos nos escritórios modernos.

Bancos, agências de despacho, hospitais, lojas de varejo e supermercados estão obtendo resultados compensadores pela aplicação, às suas atividades, dos princípios do estudo de movimentos e de tempos. Encontramos outros campos de aplicação nas atividades agrícolas, em vários setores da administração civil e militar e também na construção civil, onde os resultados têm sido de valor significativo[2].

---

[2]Uma advertência aos leitores deste livro: ele é baseado na realidade industrial norte-americana. (N. do R.)

CAPÍTULO 2
Histórico do estudo de movimentos e de tempos

Para entender-se como o estudo de movimentos e de tempos veio a alcançar o desenvolvimento que esquematizamos no Cap. 1, é necessário que investiguemos suas origens e examinemos o emprego que lhe tem sido dado durante os últimos 75 anos.

O ESTUDO DE TEMPOS SEGUNDO TAYLOR

O estudo de tempos teve seu início em 1881, na usina[1] da Midvale Steel Company, e Frederick Taylor foi seu introdutor. A entrada de Taylor na Midvale Steel Company fez com que ele chegasse à conclusão de que o sistema operacional da fábrica deixava muito a desejar. Logo após tornar-se o mestre geral, decidiu tentar mudar o estilo de administração de tal modo que "os interesses dos trabalhadores e os da empresa fossem os mesmos, que não conflitassem". Mais tarde, afirmou que "o maior obstáculo para a cooperação harmoniosa entre a empresa e os trabalhadores era a incapacidade que a administração tinha em estabelecer uma carga de trabalho apropriada e justa para a mão-de-obra"[2]. Taylor conseguiu a permissão da presidência da Midvale Steel Company "para gastar algum dinheiro num estudo científico para determinação do tempo necessário ao desempenho de vários tipos de trabalho".

Um estudo da literatura nesta área mostra que dois tipos principais de pesquisas eram então desenvolvidas: um por fisiólogos, que estavam estudando as limitações do homem, e outro por engenheiros, que tentavam medir o trabalho em termos de energia física despendida.

Taylor começou seu estudo escolhendo dois operários saudáveis e eficientes. Esses homens tiveram seu salário duplicado e participaram ativamente da investigação. Taylor afirmava que "nestas experiências, não estamos tentando descobrir o trabalho máximo que um homem pode desenvolver durante um turno de trabalho ou alguns dias, mas sim tentando descobrir o que significa um dia completo de trabalho para um operário eficiente; o melhor dia de trabalho que um homem pode desempenhar ano após ano, com sucesso".

Nesse estudo, Taylor procurava determinar que fração de energia um homem pode despender, isto é, que taxa m/kg de trabalho um operário pode alcançar num dia de trabalho. Este e outros tipos de pesquisa convenceram Taylor de que não havia relação direta entre a energia que um homem pode despender e o efeito do cansaço, proveniente do trabalho, no homem.

No entanto Taylor descobriu que, para trabalhos muito pesados, o fator que controlava a quantidade de energia que um homem despendia estava relacionado com os períodos de trabalho e de descanso e, principalmente, com a duração e freqüência destes últimos. O desenvolvimento e a utilização que Taylor deu à cronometragem foi uma de suas principais contribuições. Segundo suas palavras: "o estudo de tempos é um dos elementos da administração científica que torna possível transferir-se a habilidade da administração da empresa para os funcionários. . .".

Embora importante, o papel de Taylor no desenvolvimento do estudo de tempos foi apenas uma de suas contribuições ao aumento da eficiência industrial. A ele devemos a invenção do aço

[1]Subcomitê de Administração da ASME, The Present State of the Art of Industrial Management. *Transactions of the ASME*, Vol. 34, 1912, pp. 1 197-1 198

[2]F. W. Taylor, *The Principles of Scientific Management*. Harper and Bros, New York, 1929, p. 52

Estudo de movimentos e de tempos **9**

rápido, o estudo sistemático das variáveis que afetam o corte de metais, a introdução do sistema funcional de organização e o desenvolvimento do que se convencionou chamar administração científica. Entretanto a maior contribuição de Taylor à indústria de sua época foi o seu método científico e a substituição do modo empírico de se resolverem os problemas pelo estudo sistemático e ordenado de todos os fatores intervenientes em cada problema particular. Sua constante procura dos fatos deu-lhe o privilégio de ser considerado aquele que aliou a administração à ciência. Foi o pioneiro no uso da análise sistemática nos problemas que mais de perto diziam respeito ao trabalhador. Compreendeu que estava tratando com um problema humano, bem como com materiais e máquinas, o que o levou a considerar os aspectos psicológicos em suas investigações[3].

Tão importante foi a contribuição de Taylor para o problema da utilização eficiente do esforço humano no trabalho que faremos um pequeno retrospecto das suas pesquisas nesta área.

Proveniente de uma família de posses da Filadélfia, cursou a Phillips Exeter Academy, preparando-se para Harvard, onde foi brilhantemente aprovado nos exames vestibulares. O esforço despendido nos estudos, entretanto, prejudicou-lhe a visão, forçando-o a abandonar os estudos. Aos 18 anos de idade, obteve, em uma indústria mecânica, o lugar de aprendiz de torneiro e de ferramenteiro. Em 1878, com 22 anos, em conseqüência da crise econômica daquela época, foi trabalhar na Midvale Steel Works, como simples operário. Sua capacidade de trabalho rapidamente o levou às posições de horista, mensalista, oficial-torneiro, contramestre, mestre da seção de usinagem; com 31 anos, ele era o engenheiro-chefe da produção. Durante seus primeiros anos em Midvale, Taylor estudou à noite, obtendo em 1883 o título de Engenheiro--mecânico pelo Stevens Institute.

OS PRINCÍPIOS DE ADMINISTRAÇÃO DE TAYLOR. Foi como contramestre e, posteriormente, como mestre que Taylor pela primeira vez encarou questões do tipo de "Qual é a melhor maneira de se executar esta tarefa?" e "Qual deveria ser a tarefa de trabalho diária de um operário?". Pessoa escrupulosa, Taylor esperava de seus homens uma produtividade justa e adequada. Procurou, então, encontrar a maneira correta de se executar cada uma das operações, ensinando aos operários como fazê-las dessa forma, mantendo constantes todas as condições ambientes, de maneira que pudessem executar suas tarefas sem dificuldades, estabelecendo tempos-padrão para o trabalho; e, ainda, pagou um extra aos operários para que eles seguissem as instruções que lhes fossem fornecidas. Algum tempo depois, Taylor explicou seus objetivos da forma que se segue.

1) Estudo científico de todos os elementos de uma operação em substituição aos métodos empíricos usados até aquela época.

2) Escolha do melhor operário para cada tarefa; seu treinamento e desenvolvimento substituindo o costume de deixar-se o operário escolher o seu trabalho e treinar-se da maneira que fosse capaz.

3) Desenvolvimento do espírito de cooperação entre a administração e o pessoal, na execução das tarefas existentes, de acordo com os princípios da ciência.

4) Divisão do trabalho em partes iguais entre a administração e os operários, cada departamento encarregando-se do trabalho que lhe coubesse, em lugar da condição vigente, em que

---

[3]Algumas pessoas afirmam que Taylor procurava simplesmente obter mais trabalho dos empregados e que seus métodos não eram científicos. Objeções aos métodos de Taylor são encontradas em: (a) R. F. Hoxie, *Scientific Management and Labor.* D. Appleton and Co., New York, 1915. (b) Simpósio, Stop – Watch Time Study, an Indictment and a Defense. *Bulletin of the Taylor Society,* Vol. 6, n.º 3, junho, 1921, pp. 99-135. (c) E. Farmer, Time and Motion Study. Industrial Fatigue Research Board, *Relatório* 14, H. M. Stationery Office, Londres, 1921

10 Ralph M. Barnes

quase todo o trabalho e a maior parte da responsabilidade são descarregados sobre os operários[4].

Taylor várias vezes declarou que a administração científica requeria "uma completa revolução mental por parte dos operários e também por parte dos administradores"[5]. "Ambas as partes precisam reconhecer como indispensável a substituição da intuição e opinião individuais pelo conhecimento e investigação científica"[6].

Apesar de Taylor reconhecer que as obrigações da administração industrial não se resumiam às investigações dos métodos de trabalho, ele afirmou que uma de suas principais obrigações era "estudar cientificamente cada elemento de trabalho do operário" e defendeu e usou, na solução dos problemas relacionados com esta matéria, o método mais científico possível.

Na Inglaterra, Eric Farmer em uma das análises mais críticas do trabalho de Taylor, afirma: "a maior e mais duradoura contribuição de Taylor ao desenvolvimento científico da indústria foi o método por ele adotado. Ele resolveu problemas que haviam sido até então ignorados por serem julgados inexistentes ou, então, considerados de fácil solução pelo simples uso de bom-senso, dentro de um espírito de pesquisa científica"[7].

Durante seus vários anos na indústria, Taylor desenvolveu extenso programa de investigações, com as finalidades de determinar a melhor maneira de se executar um trabalho e obter dados para padronizar a tarefa. Com o objetivo de ilustrar seus métodos, descreveremos brevemente, a seguir, um de seus mais conhecidos estudos.

INVESTIGAÇÕES DE TAYLOR SOBRE O USO DA PÁ. Em 1898, quando Taylor foi trabalhar na Bethlehem Steel Works, procurou melhorar os métodos de trabalho em diversas seções da fábrica. Uma tarefa que chamou sua atenção foi a movimentação de materiais com o auxílio de pás; 400 a 600 homens empregavam a maior parte de seu tempo nesse trabalho. O material predominante era o minério de ferro, seguido, em tonelagem, pelo carvão. Os bons operários preferiam usar suas próprias pás do que as fornecidas pela indústria. Um mestre supervisionava de 50 a 60 homens, e eles movimentavam uma variedade de materiais no transcurso do dia. O pátio tinha aproximadamente 3 200 m de comprimento por 400 m de largura, de forma que o grupo se movimentava sobre uma área extensa.

Com breve investigação Taylor concluiu que os operários movimentavam 1,6 kg por pá, quando trabalhavam com carvão, quantidade que aumentava para 17,2 kg, quando o material era o minério de ferro. Seu problema era, então, determinar qual a carga por pá que permitiria a um bom operário mover a quantidade máxima de material por dia. Taylor escolheu dois dos melhores operários e colocou-os trabalhando em diferentes partes do pátio, estudando suas atividades com o auxílio de dois cronometristas. De início, usaram-se pás grandes, que acomodavam cargas maiores por pá. Cortadas as pontas das pás, apenas cargas pequenas foram movimentadas e anotaram-se as tonelagens deslocadas ao fim do dia com cada tipo de pá. Os resultados obtidos mostraram que, com a carga de 9,75 kg na pá, um homem obteria, em um dia, a tonelagem máxima de material deslocado. Assim, uma pá pequena era fornecida ao operário que movimentava o minério de ferro, e uma pá grande era usada pelo operário que deveria deslocar material mais leve, como cinzas, de tal forma que em ambos os casos o peso de material por pá era 9,75 kg.

Estabeleceu-se uma ferramentaria e compraram-se pás especiais, que eram entregues aos operários quando necessárias. Além disso, Taylor criou um departamento de planejamento que determinava antecipadamente o trabalho que seria feito no pátio. Esse departamento emitia

[4]F. W. Taylor, *The Principles of Scientific Management*. Harper and Bros., New York, 1929, p. 36
[5]F. B. Coply, *Frederick W. Taylor*. Vol. 1, Harper and Bros, New York, 1923, p. 10
[6]*Ibid.*, p. 12
[7]E. Farmer, *op. cit.*

Estudo de movimentos e de tempos

ordens aos mestres e aos trabalhadores, cada manhã, indicando a natureza do trabalho a ser feito, sua localização no pátio e as ferramentas que seriam necessárias. Em lugar de os operários trabalharem em grupos, o material que cada homem movimentava foi pesado ou medido ao fim de cada dia. O operário que executasse corretamente a tarefa que lhe tivesse sido especificada receberia um prêmio de mais 60% do salário daquele dia. Quando o operário não conseguia obter o prêmio, um instrutor lhe indicava a maneira correta de fazer o trabalho, de forma a possibilitar-lhe a bonificação.

Depois de três anos e meio em Bethlehem, Taylor obtinha a mesma produção no pátio com 140 homens, produção que, anteriormente, requeria de 400 a 600 homens. Ele reduziu o custo do manuseio do material de 7 a 8 *cents* para 3 a 4 *cents* por tonelada. Depois de pagar todas as despesas adicionais, tais como o planejamento, a medição do trabalho de cada operário, a operação do sistema de bonificação, o custo dos prêmios e a ferramentaria, Taylor ainda conseguiu uma redução de custos no último meio ano, com a média de 78 000 dólares por ano[8].

É suficiente ler as experiências de Taylor relativas à usinagem de metais[9], os estudos sobre os períodos de descanso ao carregar-se lingotes de ferro gusa[10] ou suas investigações sobre o uso da pá, para compreender-se que ele era um cientista do mais alto nível. Para Taylor, bem como para o gerente de empresa de hoje, o estudo de tempos é uma ferramenta para ser usada no aumento da eficiência geral da fábrica, tornando possíveis maiores salários para os trabalhadores, menores preços dos produtos para os consumidores e maiores lucros para as empresas.

ESTUDO DE MOVIMENTOS NA FORMA EM QUE FOI DESENVOLVIDO PELOS GILBRETH. O estudo de movimentos não pode ser discutido sem referência ao trabalho de Frank B. Gilbreth e sua esposa Lillian M. Gilbreth. A indústria deve muito a seu trabalho pioneiro neste campo. A característica fundamental de seu trabalho é indicada pelo fato de que os princípios e as técnicas por eles desenvolvidos há muitos anos atrás estão sendo adotados em ritmo crescente pela indústria atual.

A história do trabalho dos Gilbreth é longa e fascinante. Os conhecimentos de psicologia de Lillian Gilbreth e a formação de Frank Gilbreth como engenheiro se complementavam, de forma a permitir-lhes que levassem adiante trabalhos que envolviam a compreensão do fator humano, bem como o conhecimento de materiais, ferramentas e equipamentos. Suas atividades foram bastante diversificadas, incluindo invenções e melhorias na construção civil[11], estudos sobre a fadiga[12], a monotonia[13], a transferência de habilidades entre operários, trabalhos para os não-habilitados[14] e o desenvolvimento de técnicas como o gráfico de fluxo do processo, o estudo de micromovimentos e o cronociclográfico. Neste livro, atenção especial é dada ao seu trabalho relativo aos gráficos de fluxo do processo, aos estudos de movimentos e de micromovimentos.

ORIGENS DO ESTUDO DE MOVIMENTOS. Em 1885, aos 17 anos, Gilbreth empregou-se numa empreiteira de construção civil. Como, naquela época, os tijolos constituíam parte importante na maioria das estruturas, Gilbreth começou por aprender o método usado para assentar

---

[8]F. B. Copley, *op. cit.*, Vol. 2, p. 56

[9]F. W. Taylor, On the Art of Cutting Metals. *Transactions of the ASME*, Vol. 28, 1 119, 1907, pp. 31-350

[10]Copley, *op. cit.*, p. 37

[11]F. B. Gilbreth, *Motion Study*. D. Van Nostrand Co, Princeton, N.J., 1911

[12]F. B. e L. M. Gilbreth, *Fatigue Study*. Macmillan Co., New York, 1919

[13]L. M. Gilbreth, Monotony in Repetitive Operations. *Iron Age*, Vol. 118, n.º 19, 4 de novembro de 1926, p. 1 344

[14]F. B. e L. M. Gilbreth, *Motion Study for the Handicapped*. George Routledge Sons, Londres 1920

12   *Ralph M. Barnes*

tijolos. Por sua eficiência no trabalho, Gilbreth foi sucessivamente promovido e, no início deste século, abriu sua própria empreiteira. Desde o início de seu trabalho na construção civil, Gilbreth notou que cada pedreiro tinha seu método próprio de fazer o trabalho e que dois homens nunca trabalhavam de forma igual. Além disso, observou que não usavam sempre o mesmo conjunto de movimentos. Um pedreiro, por exemplo, usava uma seqüência de movimentos quando trabalhava depressa, outros movimentos quando trabalhava devagar e, ainda outros quando ensinava uma pessoa a assentar tijolos[15]. Estas observações levaram Gilbreth a iniciar suas investigações com o fito de ser encontrado o melhor método de se executar determinada tarefa. Seus esforços foram tão frutíferos, seu entusiasmo por tal tipo de estudo tão grande, que, posteriormente, ele abandonou inteiramente suas atividades na construção civil para dedicar seu tempo a investigações e aplicações do estudo de movimentos[16].

Era evidente, desde o início, que Gilbreth tinha especial habilidade para analisar os movimentos usados pelos operários. Ele prontamente via como introduzir melhorias nos métodos, substituindo movimentos longos e cansativos por outros curtos e menos fatigantes. Tirou fotografias da atividade dos pedreiros e do estudo dessas fotografias conseguiu aumentar a produção. Por exemplo, Gilbreth inventou um andaime que podia ser rápida e facilmente elevado, de forma gradual, permitindo que fosse mantida constantemente a altura adequada para o trabalho. Esse andaime possuia uma plataforma para se colocarem os tijolos e a argamassa a uma altura conveniente para o pedreiro. Isso economizou ao operário a tarefa desnecessária e fatigante de se abaixar para apanhar um tijolo do chão do andaime, cada vez que o anterior tivesse sido assentado.

Até então, os tijolos eram empilhados no andaime, e o pedreiro os apanhava à medida que necessitava, virando-os em suas mãos, procurando o melhor lado para assentá-los na parede. Gilbreth melhorou esse método. Quando os tijolos eram descarregados do caminhão, Gilbreth fazia os serventes escolhê-los e colocá-los em molduras de madeira de 91 cm de comprimento que podiam conter 40,8 kg de tijolos. Os tijolos eram inspecionados por esses homens, enquanto eram descarregados; eram, então, colocados nas molduras lado a lado, de tal forma que a melhor face, a melhor aresta, ficassem uniformemente orientadas em uma dada direção. As molduras eram a seguir colocadas nos andaimes, de tal maneira que o pedreiro podia retirar os tijolos rapidamente, sem ter que os escolher em uma pilha. Gilbreth tinha a argamassa e os tijolos de tal forma dispostos no andaime que o pedreiro podia pegar simultaneamente um tijolo com uma das mãos e com a outra a colher de pedreiro cheia de argamassa. Antes, o pedreiro abaixava-se para pegar o tijolo do chão com uma das mãos, enquanto que a outra permanecia inativa.

Além disso, Gilbreth providenciou que a argamassa fosse mantida com consistência adequada, de forma que o tijolo pudesse ser colocado em posição com as mãos. Isso eliminou a necessidade de se darem pancadas no tijolo com a aresta e com o cabo da colher.

Estas mudanças, aliadas às outras desenvolvidas por Gilbreth, aumentaram consideravelmente a produtividade que podia ser obtida por um pedreiro em um dia de trabalho. Por exemplo, em trabalho externo, usando o método melhorado, reduziu-se de 18 para $4^1/_2$ o número de movimentos necessários para se assentar um tijolo[17].

Numa obra, em Boston, que apresentava características especiais, todos os pedreiros foram treinados no novo método.

---

[15]L. M. Gilbreth, The Quest of the One Best Way. Um sumário da vida de F. B. Gilbreth publicado pela sra. Gilbreth, 1925, p. 16

[16]John G. Aldrich. Veja discussão do trabalho de Gilbreth na New England Butt Company. The Present State of the Art of Industrial Management. *Transactions of the ASME*, Vol. 34, 1 378, 1912, pp. 1 182-1 187

[17]F. B. Gilbreth, *Motion Study*. D. Van Nostrand Co., Princeton, N.J., 1911, p. 88

Estudo de movimentos e de tempos **13**

Quando o edifício atingiu uma altura entre um quarto e metade da altura total, a produtividade média era de 350 tijolos assentados por homem-hora. A produção máxima para esse tipo de trabalho, anterior à adoção do novo método, era de 120 tijolos assentados por homem-hora[18].

DEFINIÇÃO DE ESTUDOS DE MICROMOVIMENTOS. Embora Gilbreth, durante suas investigações sobre o estudo de movimentos, tenha sido auxiliado por fotografias que tirava dos movimentos de seus operários, foi somente após a introdução da máquina de filmar no seu trabalho que ele fez sua maior contribuição à gerência do trabalho. De fato, a técnica do estudo de micromovimentos, que ele e sua esposa desenvolveram, só se tornou possível através do uso de filmes. A expressão *estudo de micromovimentos* foi introduzida pelos Gilbreth, tendo sido pela primeira vez divulgada[19] em uma reunião da American Society of Mechanical Engineers- — ASME (Associação Americana de Engenheiros Mecânicos) em 1912. A explicação sumária do estudo de micromovimentos pode ser dada da seguinte maneira: estudo de micromovimentos é o estudo dos elementos fundamentais de uma operação por intermédio de uma câmera cinematográfica e de um dispositivo que indique com precisão os intervalos de tempo no filme obtido. Isto torna possível a análise dos movimentos elementares registrados no filme e o estabelecimento de tempos para cada um deles.

Os Gilbreth fizeram pouco uso da cronometragem direta. Concentrando-se na melhor maneira possível de se executar um trabalho, eles desejavam determinar o tempo mínimo em que uma tarefa podia ser completada. Usaram dispositivos de grande precisão para medida de tempo e selecionaram os melhores operadores que obtiveram para objeto de seus estudos.

O CICLOGRÁFICO E O CRONOCICLOGRÁFICO. Gilbreth também desenvolveu duas técnicas, análises ciclográfica e cronociclográfica, para o estudo das trajetórias dos movimentos de um operário.

É possível registrar-se estas trajetórias prendendo-se uma pequena lâmpada elétrica ao dedo, à mão ou a qualquer outra parte do corpo e fotografando-se, com uma câmera imóvel com obturador aberto, o deslocamento da luz no espaço. Esse registro é chamado de um ciclográfico[20] (Figs. 79 a 82).

Se colocarmos um interruptor no circuito elétrico da lâmpada, e se a luz é acendida rapidamente e apagada depois de curto intervalo, a trajetória da lâmpada aparecerá como uma linha com pontos em forma de pera, indicando a direção do movimento. Os pontos luminosos se espaçarão de acordo com a velocidade do movimento, separando-se mais se o operador se deslocar com rapidez e apresentando-se próximos uns dos outros quando o movimento for lento. Desse gráfico, é possível verificar-se com precisão o tempo, velocidade, aceleração e desaceleração, e mostrar-se a direção e trajetória do movimento em três dimensões. Esse registro é chamado de cronociclográfico. Do cronociclográfico é possível construir-se modelos em arame das trajetórias efetuadas pela parte do corpo em estudo. Gilbreth utilizou essas técnicas para o desenvolvimento de novos métodos, para mostrar movimentos corretos e para o treinamento de novos operários.

A INTERPRETAÇÃO LIMITADA DO ESTUDO DE TEMPOS ESTÁ SENDO RAPIDAMENTE ULTRAPASSADA. Se seguirmos cuidadosa e detalhadamente o desenvolvimento do estudo de movimentos e de tempos, não será difícil entendermos a razão pela qual estes dois termos foram interpretados por alguns como tendo os objetivos mais diversos. Um grupo via o

---

[18]Taylor's Famous Testimony before the Special House Committee. *Bulletin of the Taylor Society*, Vol. 2, n.º 3 e 4, junho-agosto, 1926, p. 120

[19]F. B. Gilbreth. Veja sua discussão em The Present State of the Art of Industrial Management. *Transactions of the ASME*, Vol. 34, 1912, pp. 1 224-1 226

[20]F. B. e L. M. Gilbreth, *Applied Motion Study*. Sturgis & Walton Co., New York, 1917, p. 73

14   *Ralph M. Barnes*

estudo de tempos exclusivamente como um meio de serem estabelecidos planos de incentivo com o uso do cronômetro[21]. Outro grupo via o estudo de movimentos somente como uma técnica que requer aparelhamento fotográfico e um procedimento de laboratório na determinação de um método adequado para se executar um trabalho. No entanto outros apreenderam as melhores idéias dos trabalhos de Taylor e Gilbreth e, usando seu senso de proporção, adequaram as técnicas para a solução de seus problemas específicos.

Atualmente, a controvérsia entre o uso de uma ou outra técnica perdeu quase toda a importância. A indústria se convenceu de que o estudo de tempos e o estudo de movimentos são inseparáveis, conforme demonstrado pelo seu uso conjunto em muitas fábricas e escritórios.

Conforme foi explicado no Cap. 1, está sendo dada ênfase atualmente ao projeto de métodos de trabalho e à medida de trabalho, usando-se o processo geral de problema-solução para se obter o método preferido.

ORGANIZAÇÕES NACIONAIS. A American Society of Mechanical Engineers — ASME (Associação Americana de Engenheiros Mecânicos) representou papel importante no desenvolvimento da administração científica, da engenharia de produção, do estudo de movimentos e de tempos e de campos relacionados durante os últimos 50 anos. Deve-se lembrar que o *Shop Management*, de Taylor, foi publicado sob os auspícios da ASME em 1903, e seu trabalho clássico, "On the Art of Cutting Metals", ocupou mais de 200 páginas no *Transactions*, de 1907. Desde aquele tempo, a ASME foi responsável por muitas publicações de valor nesse campo, e a Divisão de Administração é uma das suas divisões mais ativas.

Em 1911, a Amos Tuck School, da Universidade de Dartmouth, patrocinou a Conferência da Administração Científica e, no ano seguinte, a Efficiency Society Inc. foi organizada na cidade de New York[22]. A Taylor Society foi fundada em 1915 e, em conjunto com a Society of Industrial Engineers, cuja sede era em Chicago, formou em 1936 a Society for Advancement of Management (Sociedade para o Progresso da Administração).

Em 1922, foi fundada, por pessoas interessadas em programas de treinamento industrial, a American Management Association. No decorrer dos anos, os objetivos da AMA mudaram, e, hoje, esta organização interessa-se principalmente por problemas administrativos de ordem geral.

O American Institute of Industrial Engineers (AIIE), organizado em 1948, desenvolveu-se rapidamente e é considerado hoje como a sociedade da classe. Apesar de muitos grupos terem tentado definir o conceito de "engenharia de produção", o Comitê de Planejamento a Longo Prazo do AIIE chegou à seguinte tentativa de definição: "a engenharia de produção tem como seu objetivo principal o projeto, melhoramento e instalação de sistemas integrados de homens, materiais e equipamentos, aproveitando os conhecimentos especializados nos campos da matemática, da física, das ciências sociais, como também dos princípios e métodos do projeto e da análise técnica para especificar, prever e avaliar os resultados a serem obtidos deste sistema".

---

[21]L. M. Gilbreth, *The Psychology of Management*. Sturgis & Walton Co., New York, 1914, p. 106
[22]H. B. Druy, *Scientific Management*. Columbia University, New York, 1922, p. 39

CAPÍTULO 3
Processo geral de solução de problemas

O projeto do método para realizar uma operação quando um novo produto deve entrar em produção, ou a melhoria de um método já estabelecido, é parte importante do estudo de movimentos e de tempos. Como o projeto de métodos é uma forma criativa de resolução de problemas, vamos apresentar em detalhes o processo geral de solução de problemas. Os cinco passos aqui descritos formam um modo lógico e sistemático de procurar a solução de qualquer problema[1].

1) Definição do problema.
2) Análise do problema.
3) Pesquisa de possíveis soluções.
4) Avaliação das alternativas.
5) Recomendação para ação.

1. Definição do problema. Quando afirmamos que a definição ou formulação do problema é o primeiro passo no processo de problema-solução, isto vem precedido pela necessidade de reconhecer que o problema existe.

Algumas vezes, alegações como estas são feitas: "Os custos estão muito altos", "a produção deve ser aumentada" ou "existe um obstáculo no serviço administrativo do armazém". Em muitos casos, não é fácil determinar qual é o problema real. Todavia o problema deve ser equacionado claramente (Fig. 3). Ao mesmo tempo, deve-se julgar se o problema merece consideração e se este é o momento oportuno para sua solução. Se for decidido continuar com a formulação do problema, informações deverão ser obtidas com respeito à amplitude ou importância do problema e ao tempo disponível para sua solução.

No início, as restrições devem ser as menores possíveis, e o problema deve ser definido em termos os mais gerais possíveis. Isso possibilita uma grande liberdade para o uso da criatividade e inventividade na busca da solução. Além disso, nos casos onde a tarefa ou operação está sendo realizada, não deve ser dada atenção excessiva para o "método atual", e o problema deve ser definido independentemente da maneira como é feito. O caso seguinte atualmente ilustra a maneira de se definirem problemas.

A Seabrook Farms, no sul de New Jersey, possui 8 000 hectares, dos quais aproximadamente 2 800 são cultivados anualmente com ervilhas. Originalmente, as ervilhas eram plantadas durante o mês de março. Daí, tentava-se resolver o problema da colheita da melhor maneira possível. Algumas vezes, durante a época das colheitas, acontecia que muitos hectares de ervilhas amadureciam ao mesmo tempo, obrigando aos apanhadores e descascadores a trabalhar muito.

[1]Harold R. Buhl, *Creative Engineering Design.* The Iowa State University Press, Ames, Iowa, 1960, Alex F. Osborn, *Applied Imagination,* Charles Sbribner's Sons, New York, 1957, Eugene K. Von Fange, *Professional Creativity.* Prentice Hall, Englewood Cliffs, New Jersey, 1959, C. S. Whiting, *Creative Thinking.* Reinhold Publishing Co., New York, 1958. Para uma descrição do processo de solução de problemas usado pela General Motors Corporation, veja R. D. McLandress, Methods Engineering and Operations Research. *Proceedings Twelfth Industrial Engineering Institute,* University of California, Los Angeles-Berkeley, fevereiro, 1960, pp. 41-48

16 *Ralph M. Barnes*

PROJETO DE MÉTODOS

Definição do problema — Exposição geral da meta ou objetivo — Formulação do problema.

a) Critério — Meios de julgar uma boa solução do problema.

b) Requisitos de produção — (1) Produção máxima diária, (2) variações sazonais, (3) volume anual, (4) vida prevista do produto.

c) Data de término — Tempo disponível, (1) para o projeto, (2) para instalação e teste do equipamento, e (3) para aumentar a produção até a capacidade total.

Figura 3. Projeto de métodos — definição do problema

além da hora; às vezes, devido ao atraso das colheitas, as ervilhas amadureciam demais e perdiam em qualidade.

O Dr. C. W. Thornthwaite, climatologista da fazenda, após muitos estudos e experiências com o crescimento das diferentes variedades de ervilhas durante períodos diferentes da primavera e do verão, foi capaz de predizer a época da colheita[2]. Por exemplo, se um certo setor da fazenda era equipado para colher 10 hectares por dia, o Dr. Thornthwaite era capaz de programar o plantio de 60 hectares de maneira que somente essa quantidade de hectares amadurecia durante os seis dias úteis da semana e nada no domingo. Isto não só resolveu o problema das colheitas, mas também resultou em um produto de qualidade mais uniforme com menos perdas devidas a ervilhas muito maduras.

A solução poderia ter sido definida como a de encontrar um método mais eficiente de colheita durante a noite, usando holofotes e treinando turmas especializadas em colher ervilhas à noite. No entanto o problema básico era encontrar meios que permitissem o amadurecimento das ervilhas a uma velocidade que resultasse numa carga de trabalho desejada, tanto no campo quanto nas instalações de descascamento e de congelamento.

Neste caso, a solução não seria de melhoria ou aperfeiçoamento do método existente. Seria uma solução original resultante do processo lógico de problema-solução.

Algumas vezes, é desejável dividir o problema em subproblemas ou determinar se ele é parte de um problema maior. Às vezes, é preferível reconsiderar o assunto desde o início e examinar as atividades precedentes da operação ou, possivelmente, as atividades seguintes. Embora uma ampla formulação do problema no início do processo problema-solução seja desejável.

2. Análise do problema. A formulação do problema poderá resultar numa exposição ou definição genérica. Torna-se necessária então a obtenção de dados para separar os fatos e determinar como eles se aplicam ao problema (Fig. 4). Naturalmente, o projetista já tem consideráveis conhecimentos na área e procurará informações adicionais. A avaliação dos fatos não deverá ser feita durante o estágio de análise. Julgamentos críticos deverão ser feitos mais tarde.

No início, deve-se estabelecer um critério para avaliar as soluções alternativas do problema. A solução preferida para um problema de produção poderá ser a que tenha o menor custo de mão-de-obra, o menor custo total ou o menor investimento; a que requeira a menor área de serviço ou resulte na maior utilização de materiais; ou aquele a que permita à fábrica entrar em produção total no menor período de tempo.

[2]C. W. Thornthwaite, Operations Research in Agriculture. *Journal of the Operations Research Society of America.* Vol. 1, n.º 2, fevereiro, 1953, pp. 33-38

Estudo de movimentos e de tempos

PROJETO DE MÉTODOS

Análise do problema (neste ponto, nenhuma avaliação deverá ser feita).

a) Especificações ou restrições, incluindo alguns limites nos gastos de capital.

b) Descrição do método atual se estiver ainda em funcionamento. Deve incluir (1) gráfico do fluxo do processo, (2) mapofluxograma, (3) diagrama de freqüência dos deslocamentos, (4) gráfico homem-máquina, (5) gráfico de operações e (6) gráfico simo.

c) Determinação das atividades que, provavelmente, o homem desempenhará melhor, das que as máquinas desempenharão melhor e da inter-relação homem-máquina.

d) Reexame dos problemas. Determinação dos subproblemas.

e) Reexame dos critérios.

Figura 4. Projeto de métodos — análise do problema

As especificações ou restrições que poderão afetar o problema também devem ser conhecidas. Em alguns casos, as restrições são flexíveis; em outros, quando prosseguirmos com a solução do problema, poderemos ser compelidos a impor restrições específicas. A consideração das restrições está presente em cada estágio do processo problema-solução. As restrições devem ser examinadas com grande cuidado porque, às vezes, podem ser fictícias ou imaginárias. Somente restrições reais merecem consideração. O empacotamento de frutas cítricas em caixas de papelão ilustra perfeitamente este ponto.

Até recentemente, a maioria das frutas cítricas era enviada ao mercado em caixotes de madeira. Pensava-se que as frutas cítricas deveriam ser embrulhadas individualmente em papel macio, encaixotadas em camadas regulares em caixotes de madeira bem ventilados e mantidas firmemente no lugar por uma tampa colocada sob pressão por meio de pregos e tiras nas extremidades. Estes procedimentos mostraram-se incorretos. Hoje, quase todas as laranjas, limões e toranjas são despachados em caixas de papelão. As frutas não são embrulhadas individualmente nem são colocadas nas caixas em camadas; as caixas não são ventiladas, e as frutas não são encaixotadas sob pressão. Uma caixa de papelão com tampa, com metade da capacidade das caixas de madeira, é mais fácil de se manusear e é de custo menor (Fig. 5). Este novo método de empacotamento está economizando para os plantadores e empacotadores de limão da Califórnia mais de US$ 5 000 000 por ano. Estima-se que uma economia igual resulte para os transportadores, atacadistas e varejistas[3].

O projetista deverá possuir informação da importância do empreendimento, do volume a ser produzido, do número de pessoas a ser empregado e da provável duração do projeto.

É importante possuir uma programação. O projetista deverá saber o tempo disponível para a solução do problema e, se for um problema de produção, o tempo disponível para pôr o processo em operação, eliminar os defeitos e obter a produção especificada de qualidade aceitável.

Na análise de um problema, pode ser desejável subdividi-lo e examinar cada parte separadamente. Por exemplo, se o problema é abrir um furo numa pequena placa metálica na feitura

---

[3] Roy J. Smith, Recent Developments in the Packing of Citrus Fruit. *Proceedings Sixth Industrial Engineering Institute*, University of California, Los Angeles-Berkeley, pp. 92-94

Figura 5. O método melhorado de empacotamento de limões em caixas de papelão em vez de caixas de madeira trouxe uma economia anual de 5 milhões de dólares para os plantadores de frutas

de aparelhos de televisão, a operação poderá ser dividida em três partes: (1) colocar a placa no dispositivo, (2) abrir o furo na placa e (3) retirar a placa e empilha-la. O volume poderá consistir de 500 000 peças por ano com 60 dias disponíveis para desenvolver-se o método e colocá-lo em operação. O primeiro passo poderá ser feito usando-se um dispositivo para segurar a peça, ou a peça poderá ser encaixada em uma cavidade (com garras automáticas) numa mesa giratória, ou as peças poderão ser transportadas automaticamente do depósito para a mesa giratória. Assim, o furo poderá ser feito manualmente ou uma furadeira elétrica poderá ser usada; a peça acabada poderá ser removida manualmente do dispositivo ou poderá ser solta automaticamente da mesa giratória. Se a operação tivesse sido estudada com mais cuidado quando do projeto do televisor, talvez a placa pudesse ter sido eliminada ou o furo ter sido estampado. Poderia também, ter sido considerado o uso de uma arruela em vez da placa ou a combinação da placa com outra peça. Se um parafuso fosse colocado no furo da placa para prendê-la em outra parte do aparelho, poder-se-ia pensar em soldar por pontos para prender as peças ou então substituir a placa por uma peça de plástico ou aço fundido.

3. Pesquisa de possíveis soluções. O objetivo básico, é claro, é encontrar a solução que se enquadre no critério e nas especificações que foram estabelecidos. Isto sugere que diversas soluções alternativas poderão ser encontradas, e a solução preferida poderá ser selecionada a partir delas.

No início do processo de problema-solução pode-se perguntar "qual é a *causa básica* que criou este problema?". Se a causa básica pode ser eliminada, o problema não mais existirá. Por exemplo, uma empresa considerava a troca de uma cobertura sobre uma fileira de tanques abertos contendo soda cáustica líquida. A cobertura atual estava muito corroída, e a troca fora sugerida. Quando se questionou sobre qual seria a razão básica para se ter uma cobertura sobre os tanques, descobriu-se que a única função da cobertura era abrigar contra a chuva para evitar a diluição da soda. Todavia uma análise mostrou que a evaporação também afetava a concentração da soda; além disso, concluiu-se que mudanças na concentração não eram importantes no processo de fabricação. Portanto a cobertura foi removida e não mais substituída.

Naturalmente, a solução ideal de um problema é a eliminação da causa básica[4]. Se o problema não puder ser completamente solucionado através da eliminação da causa básica, talvez parte do problema o seja. Se não houver alguma maneira de se eliminar o problema, dever-se-á procurar modos de o solucionar. No início, seria prudente procurar uma idéia geral e idealística na consideração das possíveis soluções para o problema.

Suponhamos o projeto de uma instalação para o processamento de separação e empacotamento de ovos para distribuição aos supermercados (Fig. 6). Os ovos são trazidos diariamente de fazendas e granjas localizadas 5 a 25 km da instalação por caminhões.

[4] Da The Elimination Approach por Procter and Gamble. Veja discussão mais completa no Cap. 6

Estudo de movimentos e de tempos

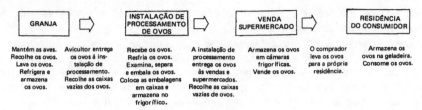

Figura 6. Produção, processamento e distribuição de ovos — da granja ao consumidor

O processo usual consiste em (1) selecionar, determinando a qualidade, (2) separar por tamanho, determinando o peso, (3) embalar os ovos em caixas de papelão, (4) colocar as caixas em caixas grandes e, depois, armazená-las em câmara frigorífica e (5) distribuir os ovos para mercearias e supermercados.

Pensando nas possíveis soluções, os ovos poderão ser selecionados, separados e embalados manualmente; selecionados à mão, mas pesados e embalados por máquinas ou o processo inteiro de seleção, pesagem, embalagem e transporte para os frigoríficos poderá ser feito automaticamente.

Por cruzamento e seleção, podem-se criar galinhas que põem ovos sempre de mesmo tamanho. Através de cuidadosa especificação da ração, alimentação suplementar e cruzamento, a cor da gema, a consistência da clara e a cor da casca poderão ser uniformes, eliminando-se assim a operação de seleção. Se os ovos fossem colhidos e marcados diariamente ter-se-ia certeza de que eles são frescos. Os ovos poderiam ser colocados diretamente nas caixas quando fossem colhidos na granja, eliminando assim a necessidade das operações de seleção, pesagem e empacotamento na instalação ou cada ovo poderia ser removido da caixa e colocado em recipiente plástico isolado ao ar automaticamente, simplificando ainda mais o processo de embalagem.

Se uma pequena ou média instalação para processamento de ovos tivesse que ser projetada e construída em futuro próximo, provavelmente, as duas ou três alternativas mencionadas seriam imediatamente descartadas. Todavia seria dada consideração ao método manual vérsus automático de seleção, pesagem e embalagem de ovos[5].

O problema aqui são idéias criativas. Todas as boas técnicas de se estimular a criatividade devem ser usadas. Alguns tipos de problemas se prestam à busca de soluções em grupo. Alguns defendem o uso da lógica sistemática, enquanto outros acreditam que a técnica dos "debates livres" (*brainstorming*) produz idéias positivas[6].

Quando esta última técnica é usada, o essencial é que os indivíduos no grupo sugiram idéias rapidamente, que a avaliação das decisões não se faça durante os debates, e que os participantes sejam incentivados a dar livre expansão a suas idéias mesmo parecendo impraticáveis.

Bernard S. Benson, um forte defensor do uso da lógica sistemática na solução de problemas, cita o seguinte exemplo para esclarecer seu ponto de vista[7].

Era uma vez, dois homens numa ilha que souberam que, durante a guerra, alguns soldados tinham se dirigido num caminhão do exército até o fim de uma das diversas estradas e lá enterraram um fabuloso tesouro. Ambos decidiram que seria ótimo achar esse tesouro. Todavia decidiram isso individualmente, e o fato criou uma situação bastante competitiva. O primeiro pegou uma pá e correu a ilha toda, cavando e procurando em todos os lugares possíveis. Ele

---

[5] Para a descrição de uma instalação moderna de processamento de ovos, veja o Cap. 20
[6] Alex F. Osborn, *Applied Imagination*. Charles Scribmer's Sons, New York, 1957
[7] Bernard S. Benson, In Search of a Solution — Cerebral Popcorn of Systematic Logic? *Proceedings Tenth Industrial Engineering Institute.* University of California, Los Angeles-Berkeley, fevereiro, 1958, p. 14

explorou embaixo das pedras, cavou junto aos troncos das árvores e até nos gramados tentou a sorte. Cavou muito sem achar nada.

O segundo sentou-se e pensou. Decidiu que primeiramente deveria conhecer todas as estradas da ilha, começou então a fazer um mapa. Ele não tinha o tesouro, mas pelo menos tinha um mapa de todas as possibilidades. Depois considerou todas as possibilidades com um critério relevante, eliminando todas as estradas que eram muito estreitas para a bitola do caminhão; após, eliminou todas as estradas que tinham gargantas com rochas que se projetavam sobre o caminho não permitindo a passagem do caminhão. Depois, verificou todas as possibilidades restantes, eliminando todas as estradas que terminavam em extensas áreas de granito onde os homens não poderiam ter cavado. Ficou, assim, só com duas estradas possíveis. Tendo primeiro levantado todas as possibilidades, eliminou as que não preenchiam os requisitos básicos. Cavou no fim da primeira estrada e não achou o tesouro, mas, no fim da segunda, não teve dificuldade em achá-lo; enquanto isso, seu amigo, de um lugar para outro, tentando aqui e ali, procurava ainda, freneticamente, a solução do problema.

4. Avaliação das alternativas. Chegamos a diversas soluções ou soluções parciais para um problema. De fato, acumulamos um grande número de idéias sobre um problema; algumas delas poderão ser eliminadas rapidamente, e as restantes poderão ser consideradas com mais cuidado. Um exame cuidadoso deve ser feito para se verificar até que ponto cada solução atende ao critério e às especificações originais.

No projeto de métodos certamente não existe uma resposta certa, mas geralmente existem diversas soluções possíveis. Freqüentemente, existem fatores de julgamento que devem ser considerados, além da avaliação quantitativa, para chegar ao método preferido. Embora cada uma das diversas tentativas de soluções possa satisfazer aos padrões, outras soluções poderão ser preferidas se algumas restrições ou especificações forem mudadas. É desejável selecionar três soluções: (1) a solução ideal, (2) aquela que é preferida para uso imediato e (3) possivelmente outra que poderá ser usada no futuro ou sob condições diferentes. Esta seria a situação se a produção anual sofresse um aumento substancial, ou a qualidade da matéria-prima fosse mais uniforme, ou trabalhadores melhor treinados estivessem disponíveis.

A avaliação da solução preferida requer consideração cuidadosa das dificuldades futuras, que poderão ser encontradas, tais como o tempo e o custo para se manter e reparar o equipamento, o ajuste de uma grande variedade de tamanhos ou misturas de produtos, os efeitos do uso e desgaste do equipamento na qualidade do produto e paradas forçadas do equipamento.

Não se poderá deixar de considerar o aspecto humano na escolha da solução preferida. Pode ser que a aprovação do método selecionado dependa do superintendente da divisão ou do supervisor do departamento. Pode ser também que o supervisor do departamento de inspeção ou o supervisor da manutenção tenham poder de veto sobre a solução proposta. Por conseguinte, a solução recomendada pode ser aquela que é aceita e posta em prática com maior facilidade do que a solução ideal.

Em alguns tipos de problemas, a avaliação girará em torno do capital total que será investido em cada um dos métodos propostos. Neste tipo de análise, procuraríamos conhecer o custo inicial, o custo operacional anual, o tempo de vida do equipamento e o valor de reposição. Outro método de comparação é computar-se a taxa de retorno do investimento em porcentagem anual ou o período de recuperação do capital, isto é, determinarmos o número de anos necessários para que o equipamento se pague. Em alguns tipos de problemas, nos preocuparemos principalmente em achar um método que possua o mais baixo custo de mão-de-obra. Nestes casos, uma análise comparativa poderá ser feita, usando tempos pré-determinados para se estabelecer o ciclo total de tempo de cada um dos diversos métodos. Se houver dúvidas quanto à atuação de um método particular, será necessário construir-se um modelo do gabarito do dispositivo ou

Estudo de movimentos e de tempos

da estação de trabalho na fábrica ou no laboratório para testar o método. Algumas indústrias possuem laboratórios e oficinas para tais projetos.

5. Recomendação para ação. Em diversos casos, a pessoa que resolve o problema não é a que usará a solução recomendada ou dará a aprovação final para sua implantação. Por conseguinte, após a solução preferida ter sido achada, ela deverá ser comunicada a outras pessoas. A forma mais comum de comunicação é o relatório escrito ou verbal. O relatório escrito ou a apresentação verbal torna-se o passo final no processo de problema-solução. As circunstâncias determinarão se o relatório será somente uma exposição das recomendações com os dados básicos ou se uma apresentação verbal elaborada será necessária.

Em alguns casos, uma apresentação formal e cuidadosamente preparada é necessária, incluindo o uso de gráficos, diagramas, fotografias, modelos tridimensionais ou modelos de trabalho. De qualquer modo, a apresentação deverá ser feita de maneira lógica e direta. Ela deverá ser fácil de ser acompanhada e entendida. A fonte de todas as informações deverá ser indicada, e qualquer suposição deverá ser claramente estabelecida. Um sumário escrito deverá fazer parte de todo relatório.

Naturalmente, numa situação industrial, o ciclo completo poderá incluir o acompanhamento para se certificar que a solução proposta foi efetivamente executada. Após isso, uma verificação ou um controle periódico deverá ser feito para se determinarem quais as dificuldades encontradas e se avaliarem os resultados finais da instalação. É desejável conhecer se o método atual está produzindo os resultados pretendidos quando proposto. Ainda, uma reavaliação ou reestudo do método poderá ser feito com o propósito de se acharem novas possibilidades de melhorias, e, assim, o ciclo de solução de problemas seria repetido. Na maioria dos estabelecimentos e operações industriais, não existe uma solução final para um problema. Uma solução pode ser aceita e usada até que uma solução melhor seja encontrada.

CAPÍTULO 4
Limites da aplicação do estudo de movimentos e de tempos

O custo da aplicação do estudo de movimentos e de tempos deve sempre levar em conta o retorno de capital esperado. Se uma operação está sendo considerada para uma melhoria, o grau até o qual o processo será desenvolvido para se obter a solução do problema dependerá dos benefícios potenciais. A definição do problema, a análise e a pesquisa de soluções possíveis serão tratadas de maneira superficial se a operação for temporária, se o volume for pequeno ou se a economia potencial for desprezível. Ao contrário, um estudo pormenorizado poderá ser justificado quando se tratar de um trabalho que envolva muitos operários, matérias-primas de valor e equipamentos caros.

Se for necessário estabelecerem-se tempos-padrão para uma operação, e usá-los como base para incentivos salariais, não será permitido escolherem-se meios rápidos para a execução de medida do trabalho na fase do estudo de movimentos e de tempos. As técnicas de medida do trabalho são usadas em categorias diferentes das do projeto de métodos — a administração deve estar apta para garantir os tempos-padrão contra mudanças. Também deve-se exigir uma completa documentação da prática padronizada.

TÉCNICAS DO ESTUDO DE MOVIMENTOS E DE TEMPOS. Existem muitas combinações das várias técnicas que podem ser usadas, e cada uma delas será descrita por completo nos capítulos seguintes.

Parece-nos conveniente tabelarmos (veja Tab. 1) cinco combinações que são freqüentemente usadas nas aplicações do estudo de movimentos e de tempos. Variam da mais completa (tipo A) às mais simples (tipo D e E).

Quatro fatores principais determinam a combinação de técnicas do estudo de movimentos e de tempos a ser usada, como se segue.

1) O conteúdo da tarefa, ou seja, o número médio de homens-hora usado por dia ou por ano no trabalho.

2) A vida prevista da tarefa.

3) Considerações relativas à mão-de-obra, tais como (a) o salário-hora, (b) a relação entre o tempo de preparação e o tempo de operação da máquina, e (c) qualificações especiais do operário, condições especiais do trabalho, exigências sindicais, etc.

4) O investimento de capital em construções, máquinas, ferramentas e equipamentos necessários para a tarefa.

UM EXEMPLO DE EMPREGO MAIS REFINADO DO ESTUDO DE MOVIMENTOS E DE TEMPOS. Um estudo do tipo A incluiria uma análise do processo e a construção de um gráfico do fluxo do processo para todo o processo produtivo. Requereria um estudo completo de micromovimentos e a aplicação dos princípios de economia de movimentos que incluem a consideração do uso mais econômico de materiais, ferramentas e equipamentos, e o estabelecimento de condições satisfatórias de trabalho. Depois de ter sido encontrado o método preferido de se executar o trabalho, ele seria padronizado, preparando-se um registro da operação no estudo do tipo A. Poder-se-ia inclusive filmar o método atual e o método melhorado. Um tempo-padrão seria então estabelecido por meio de cronometragem, a partir de dados do estudo de

Tabela 1. Combinação de técnicas do estudo de movimentos e de tempos

Estudo de movimentos e de tempos

Tipos	A	B	C	D	E
Projeto de métodos Achando o método preferido — a maneira mais econômica de se considerarem *a.* métodos *b.* materiais *c.* equipamentos e ferramentas *d.* condições de trabalho	Análise do processo	Análise do processo	Análise do processo	....	....
	Estudo completo dos micromovimentos da operação	Estudo de movimentos Análise detalhada por *therbligs*	Estudo de movimentos Análise detalhada dos elementos	Estudo de movimentos Análise superficial	Estudo de movimentos Análise superficial
	Aplicação dos princípios de economia de movimentos	Aplicação dos princípios de economia de movimentos	Aplicação dos princípios de economia de movimentos	Aplicação dos princípios de economia de movimentos	Aplicação dos princípios de economia de movimentos
Padronização de *a.* métodos *b.* materiais *c.* equipamentos e ferramentas *d.* condições de trabalho	Padronização da operação	Padronização da operação	Padronização da operação	Padronização da operação	Padronização da operação
Registro do método padronizado	Registro do método padronizado Folha de instrução Filme dos movimentos do método melhorado	Registro do método padronizado Folha de instrução	Registro do método padronizado Folha de instrução	Registro do método padronizado Folha de instrução	Registro do método padronizado Folha de instrução (padronizada para cada classe de trabalho)

Medida do trabalho
 	
 Determinação do tempo-padrão
	1. Estudo de tempos
	 2. Estudo dos micromovimentos
	 3. Dados de tempos-padrão
	   a. alguns *therbligs*
	   b. alguns elementos
	 4. Dados de tempos-padrão completos
	 5. Dados de movimentos e de tempos
	 6. Fórmulas
	 7. Amostragem do trabalho
		1. Estudo de tempos
		 2. ....
		 3. Dados de tempos-padrão
		   a. alguns *therbligs*
		   b. alguns elementos
		 4. Dados de tempos-padrão completos
		 5. Dados de movimentos e de tempos
		 6. Fórmulas
		 7. Amostragem do trabalho
			1. Estudo de tempos
			 2. ....
			 3. ....
			
			 4. ....
			 5. ....
			 6. ....
			 7. ....
				1. Estudo de tempos
				 2. ....
				 3. ....
				
				 4. ....
				 5. ....
				 6. ....
				 7. ....
					1. ....
					 2. ....
					 3. ....
					
					 4. Dados de tempos-padrão completos
					 5. Dados de movimentos e de tempos
					 6. Fórmulas
					 7. Amostragem do trabalho

Treinamento do operador	Em departamento de treinamento separado ou no próprio lugar de trabalho	Em departamento de treinamento separado ou no próprio lugar de trabalho	.... No próprio lugar de trabalho	.... No próprio lugar de trabalho	.... No próprio lugar de trabalho
	Filme dos movimentos Folhas de instruções	Folhas de instruções	.... Folhas de instruções	.... Folhas de instruções	.... Folhas de instruções (padronizadas para cada classe de trabalho)
Aplicação do incentivo salarial	Isto não faz parte do estudo de movimentos e de tempos, mas freqüentemente o acompanha				

micromovimentos ou, ainda, baseando-se em tempos sintéticos ou pré-determinados já existentes. Em um estudo do tipo A, estaria também incluído o treinamento do operador, o que seria feito em departamento especial para treinamento ou no próprio local de trabalho, com a ajuda de filmes e de folhas de instrução. Isto poderia ser seguido pela aplicação de incentivos salariais para o trabalho.

Daremos um exemplo para ilustrar onde seria usado um estudo do tipo A. A tarefa é a operação de um torno semi-automático. Os dados para esta operação, de acordo com os fatores apresentados acima, seriam os que se seguem.

1) Mais de 100 moças são empregadas nesta operação. Elas trabalham 8 h/dia e 40 h/semana, o que fornece aproximadamente 200 000 homens-hora/ano.

2) A tarefa é permanente. Esta operação vem sendo executada por vários anos e prevê-se que continuará indefinidamente.

3) A mão-de-obra utilizada é feminina, sendo que (a) o salário-hora é o encontrado nas demais indústrias locais, um plano de incentivos com prêmios de 100% é utilizado, padrões são estabelecidos pelo estudo de tempos, e garante-se às operárias a obtenção do salário-hora independentemente de sua produção; (b) cada ciclo requer 0,25 min dos quais 60% é o tempo de preparação e 40% é o tempo de operação da máquina; (c) devido ao fato de serem necessárias habilidades especiais para a execução desta operação, cada operária nova requer um período de aprendizagem, de seis semanas, em um departamento de treinamento separado. As condições de trabalho são normais.

4) O torno semi-automático especial (completamente equipado) custa, quando novo, aproximadamente 3 000 dólares.

É evidente que esta operação apresenta grandes economias em potencial. O fato de 100 moças serem empregadas nesta única operação, produzindo mais de 50 milhões de unidades anualmente, indicaria a necessidade de um estudo do tipo A. Cada centésimo de minuto economizado, por peça, nesta operação reduziria os custos da mão-de-obra direta da companhia em mais de 14 000 dólares por ano.

UM EXEMPLO DE EMPREGO MAIS SIMPLES DO ESTUDO DE MOVIMENTOS E DE TEMPOS. No outro extremo, temos o estudo de movimentos e de tempos de tipos D e E. Os dois são semelhantes com a exceção de que o tipo E é usado quando uma classe completa de trabalho foi previamente padronizada, e a análise será feita com a finalidade única de se determinar a que subdivisão uma dada operação pertence. Um estudo do tipo D seria feito para operações de curta duração e com perspectivas reduzidas de melhoria. Este estudo envolveria apenas uma análise rápida e uma aplicação bastante geral dos princípios de economia dos movimentos, um registro do método padronizado, um tempo-padrão estabelecido por cronometragem e uma folha de instruções preparada para ajudar no treinamento do operário.

Um estudo do tipo D seria empregado na seguinte tarefa: a operação é furar e escarear um pequeno suporte em uma furadeira de precisão. A tarefa requer o tempo de um homem durante dez dias do mês. A operação deverá durar seis meses, quando o modelo será alterado. Neste caso, a análise rápida incluiria uma verificação da velocidade da broca, a disposição dos depósitos de materiais, a localização do dispositivo e da mangueira de ar e fatores semelhantes. Apenas umas poucas horas seriam requeridas para análise e execução das alterações recomendadas. Cada centésimo de minuto economizado, por peça, nesta operação implicaria em uma redução do custo de mão-de-obra direta de 40 dólares por ano. Um estudo de tempos poderia ser executado, e um tempo-padrão estabelecido.

O tempo necessário para a execução deste estudo (tipo D) seria curto, e o custo reduzido enquanto vários meses seriam necessários para o estudo da operação do torno semi-automático, envolvendo despesa considerável.

Estudo de movimentos e de tempos

Estudos do tipo A e B são usados para tarefas individuais ou para classes de trabalhos semelhantes, do tipo C e D, primordialmente para tarefas individuais. Em algumas fábricas, há grande número de pequenas operações que, por si só, se prestariam a um estudo do tipo D, mas, quando analisadas em conjunto, como uma classe única, justificariam o estudo do tipo A ou B.

O estudo do tipo E é usado para trabalhos individuais dentro de classes ou categorias, para tarefas de natureza semelhante e para trabalho já padronizado. Este tipo envolveria principalmente a seleção de informações em um arquivo de dados pré-determinados. O Cap. 28 apresenta um exemplo desta espécie de trabalho, ou seja, a fresagem de dentes em engrenagem cilíndrica de dentes retos. Os métodos, ferramentas, equipamentos e condições de trabalho são padronizados. Por meio de tempos pré-determinados, tempos sintéticos e fórmulas é possível determinarem-se sinteticamente tempos-padrão para tal trabalho. Folhas de instruções são preparadas, preenchendo-se o tempo-máquina (Fig. 322)[1].

CUSTO DE OPERAÇÃO E CUSTO DO CAPITAL. A mecanização e a automatização tendem a reduzir os custos da mão-de-obra, porém, muitas vezes, provocam um aumento no capital investido em máquinas e equipamento. Portanto, na avaliação das alternativas, é necessário levar em conta ambos os investimentos. O exemplo seguinte mostra como isso pode ser feito.

UM CASO ESPECÍFICO — CENTRO DE DISTRIBUIÇÃO. Quando a Eastman Kodak Company considerou a construção de um novo armazém e centro de distribuição, foi nomeada uma comissão composta de funcionários de alto nível para estudar o problema. Por sua vez, eles estabeleceram subcomissões compostas de funcionários do departamento de produção e de assistentes para examinarem os meios e considerarem as alternativas possíveis. Estas comissões (1) determinaram que existia um problema sério, e que era real a necessidade de uma *nova* instalação, (2) recomendaram que as novas instalações incluíssem um sistema de manuseio de cargas, (3) estabeleceram regras gerais sobre as exigências de espaço para o novo centro, sua localização e sua forma geral e (4) avaliaram as economias envolvidas[2].

Foram considerados, para o novo centro de distribuição, cinco métodos de manuseio: (1) empilhadeira, (2) correia transportadora, (3) comboio puxado por trator, (4) linha de arrasto e (5) combinação de comboio e linha de arrasto. Estudos mostraram que a seleção final do equipamento deveria ser escolhida entre estas três alternativas: (A) comboio puxado por trator e linha de arrasto, (B) somente linha de arrasto e (C) somente comboio puxado por trator.

Na avaliação final foram considerados três fatores, como seguem.

1) Capital total investido no equipamento de manuseio.
2) Custo anual de operação do equipamento considerado.
3) Depreciação anual do equipamento.

Conforme indica a Tab. 2, a combinação de comboio e linha de arrasto requer o investimento maior de capital (92 640 dólares) contra 69 380 dólares de investimento para o sistema de comboio puxado por trator. Entretanto a combinação de comboio e linha de arrasto requer o menor custo de operação anual (Tab. 3).

Este custo foi calculado em 63 300 dólares, inclusive a depreciação, contra 71 100 dólares para o comboio. Após considerarem-se os dois fatores, investimento de capital e custo de operação, e também alguns fatores intangíveis, a decisão foi tomada no sentido de se instalar a combinação dos sistemas de comboio puxado por trator e linha de arrasto.

---

[1] Para material adicional concernente ao campo de utilização do estudo de movimentos e de tempos, veja H. B. Maynard, Methods Engineering Installation: Mappen out the Program. *Modern Machine Shop.* Vol. 9, pp. 62-70

[2] R. C. Bryant, S. A. Wahl e R. D. Willits, Tractor Train or Dragline Convevor? *Modern materials Handling*, Vol. 6, n.º 9, pp. 54-57

Tabela 2. Investimento de capital em equipamentos

Equipamentos	A Comboio e linha de arrasto ($)*	B Somente linha de arrasto ($)	C Somente comboio puxado por trator ($)
Rebocadores	9, 200	—	16,500
Caminhões	53,700	52,500	52,500
Correia da linha de arrasto	28,900	28,900	—
Instalação elétrica	750	600	380
Total	92,640	82,000	69,380
Menos a venda do presen- te equipamento	—	4,650	—
Investimento de capital lí- quido	92,640	77,350	69,380

*(N. do T.) Valores em dólares

Tabela 3. Custo de operação anual, incluindo depreciação do equipamento

Custo dos itens	A Comboio e linha de arrasto ($)	B Somente linha de arrasto ($)	C Somente comboio puxado por trator ($)
Custo do trabalho — pessoal de operação	43,350	54,800	57,600
Depreciação do equipa- mento	9,440	8,180	7,790
Espaços diferenciais	7,000	0	3,000
Manutenção	3,010	2,800	2,500
Consumo de energia	500	420	210
Total	63,300	66,200	71,100
Custo anual diferencial	0	2,900	7,800

RELATÓRIOS SOBRE A REDUÇÃO DE CUSTOS. É essencial que seja feita uma estimativa das economias previstas resultantes das melhorias dos métodos aplicados, antes que estes sejam postos em prática. É necessário também que seja feito um relatório após o projeto ter sido posto em funcionamento.

O relatório de redução de custos, indicado na Fig. 7, é usado para se apresentarem propostas de mudanças à administração bem como se relacionarem as economias apuradas após novos métodos serem postos em prática.

Os tempos unitários de operação, para o velho e novo método, são baseados em estudos de tempos ou em médias referentes à produção total que possam fornecer os resultados mais representativos para um determinado projeto. Os custos de mão-de-obra são feitos na base média

RELATÓRIO DE REDUÇÃO DE CUSTO

DESCRIÇÃO DO ITEM ENVOLVIDO ARQUIVO II-B

DPTO. Produto acabado e expedição   DPTO. Nº 64   DATA

OPERAÇÃO Marcar nome e endereço do destinatário   PRODUTO Caixotes a serem despachados

OBJETIVO DA ANÁLISE Determinar possíveis economias usando carimbo em substituição a estêncil

COMPARAÇÕES

MÉTODO ATUAL	MÉTODO PROPOSTO
MÁQUINA	MÁQUINA
FERRAMENTAS Pincel-tinteiro para estêncil e estêncil já pronto	FERRAMENTAS Carimbo e almofada
DESCRIÇÃO Estênceis preparados anteriormente e arquivados pelo nome dos principais destinatários. O nome e endereço são transferidos para cada caixa.	DESCRIÇÃO Deveria ser preparado um carimbo para todos os destinatários principais. O nome e o endereço serão carimbados em cada caixa.

CUSTO DAS OPERAÇÕES CONSIDERADAS	$ POR	CUSTO DAS OPERAÇÕES CONSIDERADAS	$ POR
MÃO-DE-OBRA	CAIXA	MÃO-DE-OBRA	CAIXA
0,16 de minuto por caixa a $1,50 por homem-hora	0,0040	0,05 de minuto por caixa a $1,50 por homem-hora	0,0012
MATERIAIS		MATERIAIS	
VÁRIOS		VÁRIOS	
TOTAL DOS ITENS ACIMA	0,0040	TOTAL DOS ITENS ACIMA	0,0012

ESTIMATIVA DA ECONOMIA

ECONOMIA COM A MODIFICAÇÃO PROPOSTA ($0,0040 – $0,0012) É IGUAL A $0,0028 POR caixa

PROVÁVEL NECESSIDADE ANUAL 1 250 000 caixas   ESTIMADO POR Departamento de vendas

ECONOMIAS ANUAIS ESTIMADAS (BASEADAS EM 1 250 000 CAIXAS POR ANO) $ 3 500,00

ECONOMIAS ANUAIS PROVÁVEIS $ 3 000,00

MENOS CUSTO TOTAL DA MUDANÇA $ 500,00

ECONOMIA LÍQUIDA DO 1º ANO $ 2 500,00

O NOVO MÉTODO SE PAGARIA EM __2__ MESES

NOTA: São necessários 100 carimbos de borracha a $5,00 cada

CUSTO ESTIMADO DA MUDANÇA			
PROJETO	$	EST. POR	
EQUIPAMENTO	300,00	"	"
INSTALAÇÃO		"	"
	$	"	"
CUSTO TOTAL DA MUDANÇA	$ 300,00		

SUGERIDO POR John Ryan

RELATÓRIO PREPARADO POR T. A. Wilson

CC A	ANEXOS		DATA	DATA
	1 FOLHAS DE DESENHOS	PRIMEIRO ESTUDO	DESP. APROV.	
	FOLHAS DE IMPRESSOS	INÍCIO DA PESQUISA	MÉT. PROP. INIC.	
	2 FOLHAS DE DETALHES	RELAT. SUBMETIDO	RELAT. FINAL	

Figura 7. Relatório de redução de custo

para o trabalho específico mais a média do prêmio do departamento e uma porcentagem para se cobrirem seguro de compensação, pensão federal, seguro de velhice e outros custos que são diretamente ligados ao custo da mão-de-obra.

As economias calculadas não incluem despesas gerais, tais como administração e amortização de máquinas, pois as despesas anuais destes itens não seriam necessariamente diminuídas, reduzindo as necessidades de mão-de-obra para um trabalho específico. Se uma modificação proposta aumentar a capacidade do maquinário, e se a capacidade adicional evitar a compra de mais equipamento, este fato deverá ser mencionado numa anotação anexa ao relatório de redução de custo.

CAPÍTULO 5

Projetos de métodos de trabalho — conceito geral

Antes da Revolução Industrial, o processo de produção estava entregue a artesãos que, com sua habilidade e utilizando instrumentos simples, transformavam a matéria-prima em produtos acabados. Com a Revolução Industrial, o homem transferiu algumas de suas habilidades para as máquinas.

Com o aumento da demanda de produtos, o sistema industrial capitalista desenvolveu-se. Surgiu a divisão do trabalho na qual o operário passa a realizar tarefas pequenas e repetitivas com grande velocidade. O uso de gabaritos, instalações e máquinas aumentaram ainda mais a produtividade do operário. Assim, o processo de produção consiste hoje em fabricar um produto através da utilização de homens, máquinas e materiais.

Quando se decide lançar um novo produto, uma série de passos deve ser seguida. O produto deve ser projetado, a matéria-prima para sua fabricação deve ser especificada, e devem ser escolhidos os métodos de produção, ferramentas e máquinas. No início do projeto de um produto, os materiais que serão usados no processo de fabricação terão que ser considerados em conjunto com os padrões de qualidade e custo para produção do produto.

Existe quase sempre um número infinito de meios para se fabricar um produto específico, processar-se uma colheita ou minerar-se carvão.

O projetista de métodos dispõe do processo sistemático de solução de problemas para ajudá-lo na determinação do processo e dos métodos a serem usados. O processo total de lançamento de um novo produto, na produção, poderá ser dividido em três fases, como se segue.

1) Planejamento.

2) Pré-produção.

3) Produção.

A General Motors[1] utiliza esses conceitos (Fig. 8). A ênfase é dada no projeto dos métodos de trabalho, que na GM é chamado de "método de controle do operador".

PLANEJAMENTO. Este é o primeiro passo em qualquer processo de produção ou fabricação. Como mostra a Fig. 8, existem seis funções básicas de planejamento. (1) O *projeto do produto* resulta em desenhos mostrando o tamanho, forma, peso, material e uso definitivo. (2) O *projeto do processo* consiste na determinação do sistema de produção — as operações requeridas e sua seqüência, dimensões e tolerâncias, máquinas, ferramentas, calibradores e equipamento necessário. (3) O *projeto de método de trabalho* consiste no estabelecimento da relação homem-tarefa, determinando como o operador executará a operação, o lugar de trabalho, fluxo e avaliação econômica. (4) O *projeto de ferramentas e equipamento* consiste na determinação de gabaritos, dispositivos, modelos, calibradores, ferramentas e máquinas, as quais executarão as operações. (5) O *arranjo físico da fábrica* consiste na determinação do espaço total requerido em termos de

---

[1]R. D. McLandress, Methods Engineering and Operations Research. *Proceedings Twelfth Annual Industrial Engineering Institute*, University of California, Los Angeles-Berkeley, fevereiro, 1960, pp. 41-48. Reproduzido com a permissão da General Motors Corporation

Estudo de movimentos e de tempos

localização do equipamento, suprimento de estoques, centros de serviço, espaço de trabalho, equipamento de manuseio e a relação homem-máquina. (6) A *determinação do tempo-padrão* para a operação consiste na medida do tempo necessário para a realização da tarefa.

O planejamento é o processo de tomada de decisão no qual os objetivos e metas são determinados, e é feita uma escolha a partir das alternativas levantadas. Por exemplo, um produtor de equipamentos elétricos planejou vender uma pequena linha de aparelhos elétricos. Um grupo composto de um engenheiro projetista, um engenheiro de produção e pessoal de acessoria de produção começou o projeto, estudando os métodos de produção usados na fabricação de aparelhos semelhantes, já existentes no mercado. Um produto original foi finalmente desenvolvido com o mínimo de componentes, requerendo um mínimo de operações e fazendo o melhor uso possível da matéria-prima. As horas de mão-de-obra direta requeridas para a fabricação deste produto foram determinadas pelos dados de movimentos e de tempos. Isto permitiu ao grupo comparar projetos alternativos e selecionar aquele que poderia ser produzido pelo menor custo. O projeto escolhido foi testado, e foram desenvolvidos métodos detalhados de produção, montagem e inspeção. Foram selecionados os equipamentos e demais recursos produtivos necessários. Preparou-se o arranjo físico da fábrica através de um modelo tridimensional que mostrava a localização das máquinas, os equipamentos de movimentação de materiais, as áreas para estoques e serviços auxiliares. Ainda mais, foi possível calcular-se o custo da mão-de-obra direta e estimar-se o da mão-de-obra indireta. Os custos do material também foram levantados.

PRÉ-PRODUÇÃO. Esta é uma fase de transição. A informação do planejamento é transferida para a organização da produção. Ferramentas, **máquinas** e equipamentos são comprados, instalados e testados. A rotina para o controle da **mão-de-**obra é distribuída. Operadores são selecionados e treinados para tarefas específicas. O **método** planejado de mão-de-obra é cuidadosamente confrontado com o método em uso, e os tempos reais são tomados e confrontados com a estimativa original. Este é o período durante o qual as operações individuais que compõem o processo geral de fabricação são testadas.

PRODUÇÃO. É a seqüência da operação de fabricação estabelecida na fase do planejamento e pré-produção. Envolve o uso de homens, máquinas e materiais para fabricação mais eficiente da peça ou produto. Também existe a necessidade sempre presente de (1) evitar que os métodos não se deteriorem ou se desviem negativamente daqueles planejados e (2) exame constante dos métodos em uso para melhorias e, quando um novo método for encontrado, pô-lo em prática. Neste caso, este se tornará o método preferido.

UM CASO ESPECÍFICO — O PROJETO DE UMA FÁBRICA DE CAIXAS DE PAPELÃO CORRUGADO

Uma grande indústria de papel deseja construir uma fábrica para fabricar caixas de papelão corrugado. O objetivo poderá ser obter-se um retorno adequado do capital investido ou a fábrica servir de consumidora do papel de embalagem que a indústria fabrica e vende. Outros objetivos poderão ser os custos unitários da mão-de-obra e do material, tão baixos quanto possível, e obter-se a melhor utilização do equipamento, ou seja, o mais baixo custo operacional.

No início, um estudo do mercado deverá ser feito para se determinarem a natureza e a extensão da atual demanda de caixas de papelão corrugado, e se prever a futura demanda. Este será um fator determinante da capacidade da fábrica a ser construída e das previsões para expansões futuras. Junto a este estudo do mercado, outros serão feitos para determinarem a localização geográfica e a locação dos edifícios da fábrica. Uma equipe constituída de um engenheiro de produção, um engenheiro de processos (ou engenheiro mecânico) e um analista de mercado obterá as informações necessárias para se tomarem as decisões referidas.

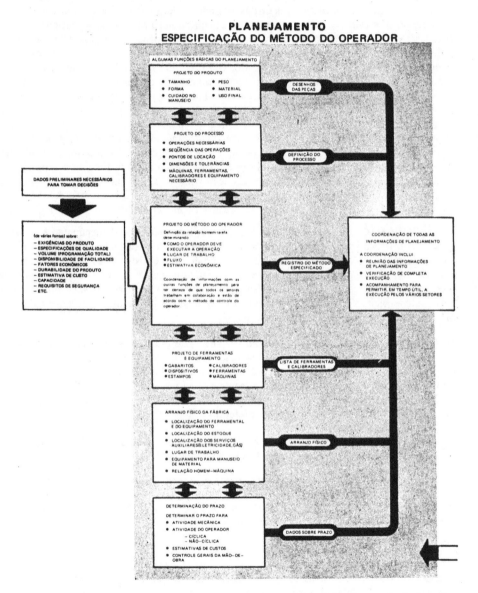

Figura 8. Fatores que devem ser considerados no método de controle do operador

Estudo de movimentos e de tempos

PRÉ-PRODUÇÃO
INSTALAÇÃO DO MÉTODO DO OPERADOR

PRODUÇÃO
MANUTENÇÃO DO MÉTODO DO OPERADOR

NORMAS PARA O PROJETO DO PROCESSO DE FABRICAÇÃO E MÉTODOS DE PRODUÇÃO

O engenheiro de produção, trabalhando com o engenheiro mecânico e o supervisor de produção de uma das fábricas da indústria, determinará o processo correto de fabricação a ser usado, o padrão de fluxo e os métodos de manuseio da matéria-prima, dos materiais em processo e do produto final. O engenheiro de produção assumirá a responsabilidade do projeto de método detalhado ao operário e da estação de trabalho para cada operação. Todas essas informações serão colocadas no projeto de arranjo físico da fábrica.

O engenheiro de produção poderá submeter a uma análise detalhada cada um dos métodos de execução de uma operação específica, quando houver dúvidas quanto ao método a ser usado. Por exemplo, as caixas prontas, vindas da máquina dobradora-coladora, poderão ser contadas e amarradas manualmente, em pacotes, ou por uma máquina automática. O engenheiro de produção poderá submeter separadamente uma proposta para cada método, com suas recomendações sobre o método preferido. Como resultado do projeto de método, um relatório será preparado, mostrando o número de pessoas necessárias para operar cada máquina em cada turno e incluindo os operadores das empilhadeiras bem como os homens do recebimento e da expedição. De maneira similar, o número de supervisores de cada turno será determinado.

O projeto de uma fábrica como essa é muito complexo. Por exemplo, a operação de um combinador, que mede mais de 200 pés e representa um investimento de quase 750 000 dólares, não é um processo simples — provavelmente, especialistas em diversas áreas serão usados no projeto da fábrica. Além disso, espera-se que, durante a fase de "saneamento dos defeitos", algumas trocas e modificações sejam feitas.

EXPOSIÇÃO DETALHADA DO PROBLEMA. O problema é construir-se uma nova fábrica para fabricar caixas de papelão corrugado e caixas de papelão simples. Todas as caixas serão feitas de acordo com a ordem e especificação do consumidor. O tamanho das caixas será de $4'' \times 4'' \times 4''$ até $45'' \times 45'' \times 40''$. O processo consistirá em (1) converter papel de embalagem em papelão corrugado ou papelão simples e cortá-lo no tamanho das caixas, (2) imprimir e retalhar o papelão pré-acabado, (3) dobrar e grampear, colar ou usar fita adesiva, cortá-las e amarrá-las em pacotes e (4) receber a matéria-prima e expedir os pacotes de caixas prontas (Fig. 9).

ESPECIFICAÇÕES — MATÉRIA-PRIMA

1) Papel de embalagem variando em espessura de 18 libras por 1 000 pés^2 (papel leve) até 90 libras por 1 000 pés^2 (papel pesado). Tamanho do rolo: largura de 43 até $87''$, diâmetro de $54''$, peso de até 5 000 libras.

2) Cola derivada de milho.

ESPECIFICAÇÕES — EXIGÊNCIAS DO EQUIPAMENTO E DE PRODUÇÃO

A) *Combinador* com capacidade de 125 000 pés^2/h ou 20 000 pés lineares/h (Fig. 347). O tempo requerido para a mudança de comprimento ou largura ou a mudança do tipo de papel é de 1 min cada.

O combinador deverá ser capaz de produzir 1) papelão sólido de duas, três ou quatro camadas e 2) papelão corrugado de face dupla e papelão com duas camadas corrugadas e três lisas.

O combinador deverá trabalhar três turnos de 8 h/dia, cinco dias/semana, 50 semanas/ano. Sua capacidade é de 15 500 000 pés^2/semana; o tempo máximo de manutenção previsto é de 3%. A perda prevista de papelão no combinador é de 2%; a perda total prevista para todas as operações da fábrica, incluindo o combinador, é de 10%.

Estudo de movimentos e de tempos

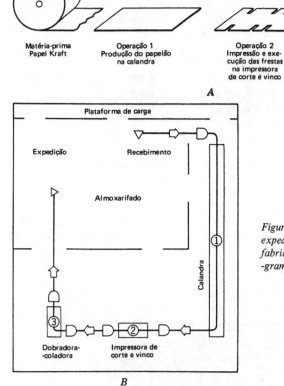

Figura 9. Fabricação de caixas de papelão para expedição. (A) Operações necessárias para se fabricarem as caixas de papelão; (B) mapofluxo-grama para fabricação das caixas de papelão

B) **Máquina impressora de corte e vinco** (Fig. 10) capaz de processar o pré-acabado como mostra a Tab. 4. A impressão será em uma ou duas cores. Mais de duas cores requererá uma repassagem na impressora. A tinta impressora e os carimbos serão fornecidos por terceiros. O tempo de preparação para qualquer tamanho será 30 min.

Figura 10. Máquina impressora de corte e vinco (para imprimir e cortar "blanks" de papelão)

Tabela 4. Especificações da impressora de corte e vinco

Tamanho da impressora de corte e vinco	Tamanho do papel corrugado (em pol) mínimo	Tamanho do papel corrugado (em pol) máximo	Velocidade da impressora em peças/h
A	6 x 10	24 x 66	5 000
B	20 x 25	35 x 78	5 000
C	24 x 30	50 x 100	5 000
D	30 x 40	80 x 180	1 500

C) *Máquina dobradora-coladora* (Fig. 11) capaz de processar o pré-acabado.
Tamanho A, 10" × 30" (mínimo) até 35" × 78" (máximo).
Tamanho B, 12" × 35" (mínimo) até 50" × 103" (máximo).
Velocidade da máquina = 10 000 caixas/h.

Poderão ser feitas caixas (a) grampeadas (b) coladas ou (c) com fitas adesivas. Os *blanks* das caixas deverão ser grampeados ou fechados com fitas adesivas se tiverem tamanho inferior a 10" × 30" ou superior a 50" × 103". Todos os de outros tamanhos poderão ser grampeados, colados ou fechados com fita adesiva. O tempo de preparação das máquinas para qualquer tamanho será 20 min.

Figura 11. Máquina dobradora-coladora com capacidade de processar papelão cortado para caixas à velocidade de 1 000 pés/h

CUSTO ESTIMADO DO EQUIPAMENTO

Nome do equipamento	Custo por unidade instalada (em dólares)
Combinador	750 000
Impressora de corte e vinco	70 000
Dobradora-coladora	60 000
Caldeira	9 000
Equipamento para misturar cola	6 000
Empilhadeiras	8 000
Embaladora de aparas	65 000
Construção civil	750 000

Estudo de movimentos e de tempos

CRONOGRAMA

Atividade	*Tempo, em meses*
Projeto da fábrica	3
Construção civil	2
Instalação do equipamento	2
Saneamento dos problemas para início da produção total da fábrica	5
Tempo total	12

PROJETO DE MÉTODOS DE TRABALHO. O processo relativamente simples de se fabricar uma caixa de papelão corrugado foi usado para mostrar que o homem, a máquina, os materiais e os métodos devem ser todos considerados no projeto de uma fábrica. O projeto deve obedecer certas especificações, tais como volume, refugo, tamanho das caixas e custo do produto acabado. Visto que doze meses é o tempo máximo permitido para o projeto, construção e funcionamento da fábrica em capacidade total, é óbvio que isto não permite uma extensa pesquisa para se determinar um método novo de se fazerem as caixas, tais como a moldagem em plástico, fibra de vidro ou borracha em vez de papelão corrugado. Equipamentos e processos atualmente disponíveis teriam de ser usados. Algumas mudanças poderiam ser desenvolvidas no equipamento e no arranjo da fábrica e, certamente, no projeto dos métodos operacionais. Embora seja verdade que há maior liberdade no desenvolvimento de métodos de trabalho para um novo processo do que para um processo que está sendo melhorado, existem sempre numerosas especificações ou restrições referentes ao tempo e custo do empreendimento.

CAPÍTULO 6

Projeto de métodos de trabalho — desenvolvimento do método melhorado

Quando um novo produto ou serviço está sendo projetado ou desenvolvido, quase sempre se considera o sistema ou processo que deverá ser usado para fabricar o produto ou proporcionar o serviço. É neste ponto que existe a grande oportunidade de se usar o projeto do processo e se proporem os melhores sistemas e métodos de produção. Contudo, a experiência mostra que "o método perfeito" não existe. De fato, sempre existem oportunidades para melhorar como também as condições podem mudar. Fatores, tais como volume e qualidade do produto, tipo e preço da matéria-prima e disponibilidade de máquinas e equipamentos, podem diferir daqueles que vigoravam quando se iniciou a produção. Portanto, sempre existe a oportunidade de se melhorarem os processos e os métodos, até o ponto de se redesenharem o próprio produto e seus componentes (Figs. 12 e 13), bem como padronizar-se e melhorar-se a utilização da matéria-prima (Fig. 14).

Por causa da importância do aspecto da melhoria do projeto de método em toda fase da vida humana, neste livro será dada ênfase considerável ao assunto. O mesmo sistema de solução de problemas deveria ser usado tanto para se projetar um método de uma atividade já em funcionamento quanto um método novo. Isto significa a definição de um objetivo, a formulação do problema. Seguem-se a análise do problema, a obtenção de fatos, a determinação de especificações e restrições e a obtenção de informações sobre o volume de produção, as economias anuais em potencial e as economias totais durante o período de fabricação do produto. Contudo, nem sempre é possível ter-se a liberdade desejada. Às vezes, são impostas restrições adicionais pela simples razão que a produção está diminuindo. Além disso, também o custo da mudança deve ser considerado.

Na pesquisa de um método melhor, o analista não deve ser influenciado pelo método atual. Ele deve reconsiderar o problema, sob todos os pontos de vista, para conseguir o seu objetivo, antes de simplesmente tentar introduzir melhorias no método em estudo.

<table>
<tr><td align="center">A) Projeto original</td><td align="center">B) Projeto atual</td></tr>
<tr><td>Material original: ferro fundido maleável
Operações de usinagem necessárias:
    4 operações de furar
    2 operações de escarear
    2 operações de rosquear
    1 operação de serrar</td><td>Material atual: aço estampado
Operações de usinagem necessárias:
    1 operação de cortar e puncionar
    1 operação de rebarbar
    1 operação de formar</td></tr>
</table>

Nota: o projeto original requeria um corte para chaveta Woodruff em ambas as pontas, pois o eixo era chavetado à alavanca. O projeto atual requer apenas chaveta em uma das pontas do eixo, pois a outra ponta é soldada à alavanca estampada.

Redução no custo: o custo atual é 66% do custo original.

Estudo de movimentos e de tempos

Figura 12. Este produto, reprojetado para adquirir melhor aparência, tem quatro componentes em vez de seis (De Harold Van Doren, Industrial Design. *2.ª ed., McGraw-Hill Book Co., New York, Fotografias por cortesia de Cushing e Nevell)*

A   *B*
Figura 13. Alavanca de controle do carburador usada em trator Caterpillar

PESQUISA DE POSSÍVEIS SOLUÇÕES. DESENVOLVIMENTO DO MÉTODO PREFERIDO.

Os quatro enfoques que se seguem devem ser considerados no desenvolvimento de possíveis soluções, a partir das quais se selecionará o método preferido.

A) Eliminar todo trabalho desnecessário.
B) Combinar operações ou elementos.
C) Modificar a seqüência das operações.
D) Simplificar as operações essenciais.

É perfeitamente possível se projetar mais de um método. Conforme foi discutido no Cap. 3, é geralmente desejável se projetarem (1) um método ideal, (2) um método prático que possa ser utilizado imediatamente e (3) um método que possa ser usado se certas restrições forem eliminadas.

A) **Eliminar todo trabalho desnecessário.** Grande parte das tarefas que executamos normalmente não são realmente necessárias. Em muitos casos, o trabalho ou processo não deveria ser submetido à simplificação ou melhoria, mas sim deveria ser inteiramente eliminado.

A Procter and Gamble Company verificou que a eliminação de trabalhos e custos era tão lucrativa que estabeleceu um procedimento bem definido, ao qual deu o nome de processo de eliminação[1]. Embora a empresa esteja constantemente melhorando os métodos e simplificando o trabalho, acredita que a solução ideal seja a eliminação dos custos. O seu modo de encarar a eliminação de custos pode ser resumido da forma que se segue.

1) Escolher o custo a ser investigado. Sugere-se que um custo importante seja escolhido primeiro para obter os maiores lucros. Se este custo importante for eliminado, este fato levará, muitas vezes, também à eliminação de muitos custos de menor vulto. Custos de mão-de-obra,

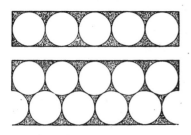

Figura 14. Economias em matéria-prima. A Divisão de Transmissão da General Motors em Detroit economizou 567 toneladas de aço em um ano, puncionando filas duplas de juntas de embreagem em fitas de aço em vez de uma única fila. Além desta economia equivalente a dez carretos de aço, ainda, houve redução de 25 000 dólares nos custos anuais de transporte e de manuseio. (De Philip E. Cartwright, Measured Day Work and Its Relationship to a Continuous Cost Reduction Program. Proceedings of the Nineteenth Time and Motion Study Clinic, IMS, Chicago)

[1]Arthur Spinanger, The Elimination Approach — A Management Tool for Cost Elimination. Trabalho apresentado na reunião do American Institute of Industrial Engineers, Cincinnati, Ohio, 18 de maio de 1960. Este material foi reproduzido com licença da Procter and Gamble Company

Estudo de movimentos e de tempos **39**

custos de material, custos de escritório e despesas gerais de toda espécie podem ser sujeitas à eliminação. Operações eficientes podem ser eliminadas tão facilmente como aquelas que não o são. O processo de investigação é fácil de se usar. Nem cálculos, nem formulários e, na realidade, nem conhecimento profundo do assunto são necessários.

2) Identificar a causa básica que determina a necessidade do custo. A causa básica é a razão, o propósito ou a intenção da qual depende a eliminação do custo. A pergunta fundamental é "este custo poderia ser eliminado se não existisse alguma causa básica que o impedisse?". Neste estágio, nós não fazemos perguntas, tais como "por que esta operação é necessária?" ou "como poderíamos executar melhor esta operação?". Estas perguntas devem ser evitadas, porque tendem a justificar e defender a continuação do serviço. Em lugar disso, o objetivo é encontrar a causa básica, pois operações em que não existe a causa básica, podem ser imediatamente eliminadas. Quando, porém, este não é o caso e uma causa básica existe, é necessário passar à terceira fase.

3) Pôr em dúvida a causa básica para que seja eliminada. Se a causa básica foi identificada, pode ser discutida de duas maneiras.

a. Desconsidere a causa básica. Considere o que aconteceria se a operação fosse eliminada. Se se obtêm os mesmos resultados ou resultados melhores sem a operação, então, deve-se considerar a eliminação imediata da mesma. Todavia pode ser perigoso desprezar a causa básica e, a este respeito, é necessário considerar dois pontos: (1) determine a área de influência da causa básica; o que pode acontecer se ela for eliminada? e (2) determine o "problema de preço" inerente à causa básica; existe um retorno do capital gasto para se obterem os resultados desejados? Se a causa básica não pode ser ignorada, a segunda maneira de eliminá-la é a que segue.

b. Aplique a técnica do "porquê". Se o serviço sob pesquisa parece ser necessário, pode o serviço imediatamente anterior a este ser eliminado, permitindo assim que todos os serviços sucessivos sejam eliminados? Se a eliminação completa não for possível, tente então a eliminação parcial. Talvez existam alternativas — escolha a menos dispendiosa. Identifique a causa básica de cada fator corroborante e discuta pela sua eliminação ou modificação.

Às vezes, é desejável empreender-se o trabalho de eliminação de custos no âmbito de um departamento ou da própria fábrica. Neste caso, vários membros qualificados da administração, trabalhando em grupo, poderão ajudar na identificação das causas básicas dos custos que serão reduzidos.

PNEUS SEM CÂMARA DE AR. A câmara de ar de pneus de automóvel foi eliminada. A causa básica para se usar uma câmara de ar era se prender o ar e se manter o pneu cheio. Uma alternativa era se projetarem uma roda e um pneu de tal forma que o pneu pudesse prender o ar, e a câmara de ar pudesse ser eliminada. Isso foi feito, e a câmara de ar foi eliminada.

EMPACOTAMENTO DE ALFACE EM CAIXAS DE PAPELÃO

Antigamente, a alface era empacotada e transportada em grandes caixas de madeira com capacidade aproximada de 56,3 kg. Durante a embalagem, colocava-se gelo entre as diversas camadas de alface. Um método mais eficiente para este acondicionamento foi desenvolvido recentemente, usando-se caixas de papelão com capacidade aproximada de 22,7 kg. A alface é selecionada, cortada e acondicionada diretamente na caixa de papelão logo após a colheita no campo. Imediatamente, a alface é resfriada a uma temperatura de 2 a 3 °C, por um processo a vácuo, o que torna desnecessária a colocação do gelo na caixa de papelão. Atualmente, mais de 75% de toda a alface produzida na California é embalada em caixas de papelão em lugar de caixas de madeira. A economia resultante é de aproximadamente 3 dólares por caixa, e cerca de 60 000 caminhões por ano transportam alface da California para outros estados norte-americanos.

O uso de gelo no acondicionamento da alface foi eliminado, e a substituição de caixas de papelão no lugar das de madeira reduziu ainda mais o custo.

DATAR CAIXAS DE PAPELÃO COM CÓDIGO. Originalmente, quatro datas com o código eram impressas em todas as caixas de sabão que saíam da linha de empacotamento. A causa básica para isso era o desejo de os revendedores determinarem a data de fabricação do sabão. Isto parecia necessário, mas, desde que uma data era suficiente, as outras três foram eliminadas. Neste caso, a redução de custos foi parcial.

DESCASCAR PONTAS DE FIOS ISOLADOS[2]. Ao longo das linhas do Bell System, as pontas de fios são descascadas na razão de 250 milhões por ano. Tradicionalmente, as conexões eram feitas "despindo" o isolamento, torcendo os fios nus uns contra os outros e recobrindo-os com uma luva de isolante. Hoje, graças a um novo dispositivo de ligação, as emendas podem ser feitas mais depressa e são mais seguras (Fig. 15). O operador enfia as duas pontas do fio com o isolamento intato, no dispositivo de ligação e achata-o com uma ferramenta pneumática. No interior do dispositivo de ligação, existe um forro de bronze fosforoso com pontas dentadas que "mordem" através do isolamento dos fios, fechando o contato entre os fios de cobre. Neste exemplo, as operações descascar e torcer as pontas dos fios foram eliminadas.

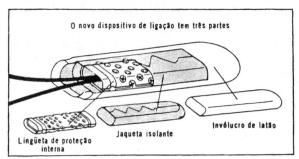

Figura 15. Emendando fios isolados sem remoção da capa de isolamento ou torção dos fios

BENEFÍCIOS OBTIDOS COM A ELIMINAÇÃO DE TRABALHO. Se um trabalho pode ser eliminado, não há necessidade de se gastar dinheiro na instalação de um método melhor, pois não existirá interrupção ou atraso devido ao desenvolvimento, teste e instalação do método.

[2]Reproduzido com permissão de Bell Telephone Laboratories

Estudo de movimentos e de tempos 41

Não é necessário treinarem-se novos operadores no novo método. O problema causado pela resistência à mudança é minimizado quando um serviço ou atividade desnecessários são eliminados.

O melhor método para simplificar-se uma tarefa é planejar um meio que permita obter o mesmo ou melhor resultado sem gastar nada.

B) **Combinar operações ou elementos.** Apesar da prática corrente de se dividir um processo em várias operações simples, em alguns casos, a divisão de trabalho é excessiva. Muitas vezes, subdividimos um processo em um número muito grande de operações, o que vem causar excessivo manuseio de materiais, ferramentas e equipamentos. Essa divisão excessiva pode provocar dificuldades no balanceamento das diversas operações, acumulação de trabalho entre operações, causada por planejamento ineficiente, e esperas quando operários inexperientes são empregados ou alguns operadores estão ausentes[3].

Desta forma, às vezes, é possível tornar-se o trabalho mais simples pela combinação de duas ou mais operações ou alterações no método, que permitam a combinação de operações.

A Fig. 16 nos mostra de que maneira dois pequenos transportadores, instalados na saída de uma máquina de moldar, em uma fábrica de móveis, substituíram um operário, tornando possível a um homem executar o trabalho que, antes, era feito por dois. O operador que aparece na figura alimenta simplesmente com sarrafos de madeira a máquina e coloca as partes moldadas no carrinho, quando são trazidas de volta pelo transportador. O carrinho que aparece na figura divide-se em quatro partes, das quais apenas três são empregadas no transporte da matéria-prima; a quarta recebe as partes acabadas conforme são retiradas da máquina. Essa idéia, além de reduzir o número de carrinhos necessários, proporcionou economia de espaço[4].

Figura 16. Dois pequenos transportadores de correia eliminaram a necessidade de um homem nesta máquina de moldar

[3] Para uma discussão mais detalhada da subdivisão do trabalho e ampliação das tarefas, veja o Cap. 39

[4] Martin S. Meyers, Evaluation of the Industrial Engineering Program in Small Plant Management. *Proceedings Sixth Industrial Engineering Institute*, University of California, Los Angeles-Berkeley, p. 37

C) **Modificar a seqüência de operações.** O início da produção de um novo produto é feito em pequenos lotes de fabricação experimentais. Com aumentos graduais, a produção poderá se tornar bastante grande, mas a seqüência original de operações poderá ser a mesma que a empregada no início. Por essa e outras razões, é desejável questionar-se a ordem na qual as várias operações são executadas.

Por exemplo, em uma fábrica, pequenos conjuntos eram produzidos nas máquinas semi-automáticas do departamento A (Fig. 17). Eles eram armazenados no departamento B, inspecionados no departamento C e preparados para a expedição no departamento D. O processo produtivo era tal que, normalmente, apenas 10% dos produtos acabados eram submetidos à inspeção. Entretanto, quando se constatava número excessivo de defeitos, prosseguia-se com inspeção total até que a fonte das imperfeições fosse localizada e corrigida.

Como o departamento B continha sempre um estoque de vários dias de trabalho, quando se constatavam defeitos, tornava-se necessário inspecionar integralmente os conjuntos lá existentes; além do mais, conjuntos defeituosos ou eram consertados ou simplesmente refugados. Para se corrigir esse problema, os inspetores passaram a executar suas funções logo após a montagem das peças, e o estoque de conjuntos aguardando inspeção foi eliminado, como mostra a Fig. 18. Como cada unidade é agora inspecionada imediatamente após sua montagem, os defeitos são reconhecidos minutos após o término da montagem, e a causa deles pode ser corrigida antes que sejam produzidas novas peças também defeituosas. Esta mudança simples, fácil e de baixo custo proporcionou à empresa uma economia de vários milhares de dólares pela redução do custo de inspeção e, além disso, reduziu grandemente o número de peças refugadas.

O gráfico do fluxo do processo e o mapofluxograma, que descreveremos no Cap. 7, são de grande utilidade na indicação da conveniência de se mudar a seqüência de operações com o

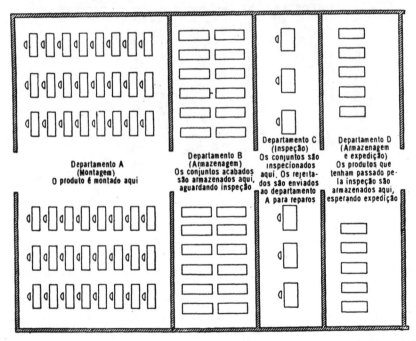

Figura 17. Arranjo físico do edifício para montagem e inspeção de pequenas peças produzidas em máquinas semi-automáticas (disposição antiga dos departamentos). Note que a inspeção é feita no departamento C

Estudo de movimentos e de tempos

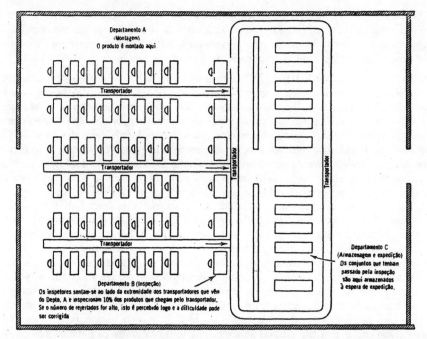

Figura 18. Arranjo físico do edifício para montagem e inspeção de pequenas peças (disposição melhorada dos departamentos). A inspeção, agora, se encontra situada imediatamente após o departamento de montagem

objetivo de eliminar retrocessos, de reduzir o manuseio e transportes e tornar eficiente o fluxo contínuo de trabalho através da fábrica.

D) **Simplificar as operações essenciais.** Após o estudo do processo produtivo e a execução de todas as melhorias que se apresentavam como promissoras, o próximo passo consiste na análise de cada operação, acompanhada da tentativa de simplificá-la ou melhorá-la. Em outras palavras, em primeiro lugar estuda-se o geral, fazendo as mudanças de maior vulto, após isso, analisa-se os detalhes do trabalho.

Uma das melhores maneiras de se encarar o problema da melhoria dos métodos é discutir tudo o que se refere ao trabalho — *como está* sendo feito, os *materiais* usados, as *ferramentas* e o *equipamento*, as *condições de trabalho* e o *projeto* do próprio produto. Admite-se que nada do que se refere ao trabalho é perfeito. Começa-se perguntando o que, quem, onde, quando, como, por que.

1) *O que* está sendo feito? Qual é a finalidade da operação? *Por que* deve ser feita? O que aconteceria se fosse eliminada? Todos os detalhes ou partes da operação são necessários?

2) *Quem* executa o trabalho? *Por que* essa pessoa o está executando? Quem poderia fazê-lo melhor? Podem ser introduzidas modificações que *permitam* a um operador menos qualificado e com menor treinamento fazer o trabalho?

3) *Onde* está sendo feito o trabalho? *Por que* deve ser executado naquele lugar? Poderia ser feito num outro lugar e mais economicamente?

4) *Quando* é feito o trabalho? *Por que* deve ser feito naquele instante? Não seria melhor fazê-lo numa outra ocasião?

5) *Como* é feito o trabalho? *Por que* é feito assim? Isto sugere uma análise cuidadosa e a aplicação dos princípios de economia dos movimentos.

Questione-se cada elemento ou movimento da mão. Assim como na análise do processo procura-se eliminar, combinar e rearranjar a seqüência de operações, assim, também, em uma operação individual, tenta-se eliminar os movimentos, combiná-los ou rearranjar a seqüência de movimentos essenciais com a finalidade de tornar a tarefa mais fácil.

LABORATÓRIOS DE MÉTODOS. De maneira crescente, a indústria americana tem-se equipado de laboratórios de métodos, dispondo de pessoal e de equipamentos para o estudo sistemático e o melhoramento dos métodos produtivos. Os primeiros laboratórios de métodos encontravam-se principalmente em indústrias que se caracterizavam por operações leves de montagem ou tarefas de ciclo curto e altamente repetitivas. Nestes laboratórios desenvolviam-se os métodos de produção; dispositivos e gabaritos temporários eram projetados e construídos; em alguns casos fazia-se um modelo do local do trabalho. De vez em quando, filmes que tinham por finalidade facilitarem o treinamento de novos operários no método melhorado eram preparados, e os operadores eram trazidos ao laboratório para o período de instrução.

A Fig. 19 mostra o laboratório de estudo de movimentos na fábrica de Fort Wayne da General Electric Company como se apresentava em 1929. Este laboratório apresenta interesse especial por ter sido um dos primeiros a ser instalado nos E.U.A. Em contrapartida a este, alguns anos atrás, uma empresa produtora de tratores estabeleceu um laboratório de métodos para operações de solda na manufatura dos produtos da empresa. Escolheram-se cuidadosamente doze engenheiros do departamento de engenharia de produção aos quais foi confiada esta tarefa. Aproximadamente um ano foi o tempo necessário para o desenvolvimento e padronização dos processos e métodos de soldagem e para o estabelecimento de tempos-padrão que seriam usados em um sistema de tempos pré-determinados para os trabalhos em consideração. Depois desta primeira investigação, tem-se realizado uma série contínua de estudos para o aumento da produtividade e redução do custo operacional de todas as máquinas, ferramentas e equipamentos produtivos usados por essa empresa.

Figura 19. Laboratório original para estudo de movimentos na fábrica de Fort Wayne da General Electric Co. (Cortesia da General Electric Co.)

Estudo de movimentos e de tempos

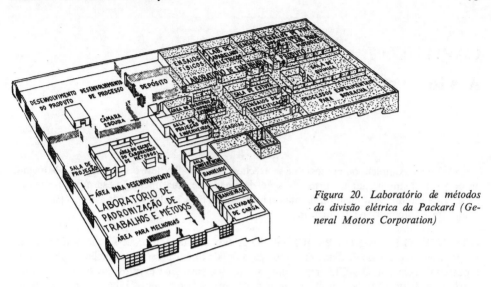

Figura 20. Laboratório de métodos da divisão elétrica da Packard (General Motors Corporation)

A Fig. 20 nos mostra o laboratório de métodos do Departamento de Engenharia de Métodos e Padrões de Trabalho da Packard (General Motors Corporation)[5]. Este laboratório, atualmente, tem 830 m² de área, incluindo doze áreas de projeto, uma sala de projeção e uma parte administrativa. É possível combinarem-se áreas de projeto com a finalidade de se desenvolverem projetos de maior vulto. Uma equipe permanente de mensalistas e horistas trabalha continuamente na melhoria dos métodos atuais, bem como planeja e desenvolve melhores métodos para os produtos existentes e em fase de criação. Em alguns casos, os métodos são desenvolvidos, os dispositivos e gabaritos construídos, e os operadores são trazidos e treinados no laboratório antes da instalação definitiva do local de trabalho na fábrica.

FERRAMENTAS PARA A MELHORIA DOS MÉTODOS. Antes que se possam desenvolver métodos melhores e mais fáceis de se executar determinada tarefa, é necessário que sejam obtidos todos os detalhes relativos ao trabalho. Para isto, é preciso que se levantem informações suficientes para responder às questões o quê, quem, onde, quando, como e por quê, e que se respondam satisfatoriamente às outras quatro perguntas sugeridas anteriormente.

A maioria das pessoas acha útil a apresentação das informações de forma gráfica ou em tabelas. Existem vários métodos para visualização de um processo ou de uma operação. Cada um deles será inteiramente descrito nos próximos cinco capítulos. É claro, nem todos serão usados em uma única tarefa. Por exemplo, pode existir o caso em que o gráfico do fluxo do processo ou mapofluxograma seja tudo o que se necessita. Se uma operação específica é objeto de estudo, pode-se usar então o gráfico de operações. O gráfico de atividades e o gráfico homem-máquina são úteis também, e, ocasionalmente, pode ser viável a realização de uma análise de micromovimentos para a tarefa, especialmente se o ciclo é curto, e um grande número de operários é usado em sua execução.

Deve ficar claro, entretanto, que o gráfico do fluxo do processo, o mapofluxograma, o gráfico de atividades, o gráfico homem-máquina, o gráfico de operações e o gráfico simo são simplesmente ferramentas a serem usadas quando necessárias.

[5]R. D. McLandress, Organization and Coordination of Industrial Engineering Functions in a Large Corporation. *Proceedings Eighteenth Time and Motion Study Clinic*, IMS, Chicago, pp. 96-102

CAPÍTULO 7
Análise do processo produtivo

O sistema completo ou processo de se executar um trabalho deve ser estudado globalmente, antes que se tente efetuar uma investigação detalhada de uma operação específica nesse processo. Este estudo geral incluirá, na maioria dos casos, uma análise de cada um dos passos que compõem o processo de fabricação.

GRÁFICO DO FLUXO DO PROCESSO. O gráfico do fluxo do processo é uma técnica para se registrar um processo de maneira compacta, a fim de tornar possível sua melhor compreensão e posterior melhoria. O gráfico representa os diversos passos ou eventos que ocorrem durante a execução de uma tarefa específica, ou durante uma série de ações. O diagrama, usualmente, tem início com a entrada da matéria-prima na fábrica e a segue em cada um dos seus passos, tais como transportes e armazenamentos, inspeções, usinagens, montagens, até que ela se torne ou um produto acabado, ou parte de um subconjunto. Evidentemente, o gráfico do fluxo do processo pode registrar o andamento do processo através de um ou mais departamentos.

O estudo minucioso desse diagrama, fornecendo a representação gráfica de cada passo do processo através da fábrica, certamente sugerirá melhorias. É comum concluirmos que certas operações podem ser inteiramente eliminadas, ou então, que parte de uma operação pode ser eliminada, operações podem ser combinadas, um melhor (trajeto) para as peças pode ser seguido, máquinas mais econômicas podem ser empregadas, esperas entre operações eliminadas, em suma, que outros melhoramentos podem ser feitos, contribuindo para a produção de um produto melhor a um custo mais baixo. O gráfico do fluxo do processo ajuda a demonstrar que efeitos as mudanças, em uma parte do processo, terão em outras fases ou elementos. Além disso, o gráfico poderá auxiliar na descoberta de operações particulares do processo produtivo que devam ser submetidas a uma análise mais cuidadosa.

O gráfico do fluxo do processo, como outros métodos de representação gráfica, deve ser modificado a fim de se enquadrar ao problema em consideração. Por exemplo, poderá mostrar a seqüência das atividades de uma pessoa ou, então, os passos a que é submetido o material. O gráfico deve ser do *tipo homem* ou do *tipo produto*, e os dois tipos *não* devem ser combinados.

O gráfico de processo pode ser usado com proveito por qualquer pessoa de uma organização. O mestre, o supervisor, os engenheiros de processo e de arranjo físico devem estar tão familiarizados com o gráfico de processo quanto o engenheiro de produção, sendo todos capazes de empregá-lo efetivamente.

Vários anos atrás, os Gilbreth criaram um conjunto de 40 símbolos usados na preparação dos gráficos do fluxo do processo[1]. Recentemente, os quatro símbolos da Fig. 21 têm sido usados intensamente e, de maneira geral, satisfazem às necessidades dos mais variados tipos de trabalho. Esses símbolos servem como uma espécie de taquigrafia para ajudar na enumeração rápida dos passos ou das atividades em um processo produtivo.

[1]F. B. e L. M. Gilbreth, Process Charts. *Transactions of the ASME*, Vol. 43, 1 818, 1921, pp. 1 029-1 050

Estudo de movimentos e de tempos

○ · Operação

○ Transporte

□ Inspeção

▽ Armazenagem ou espera

Figura 21. Símbolos de Gilbreth para gráficos do fluxo do processo

Em 1947, a American Society of Mechanical Engineers (ASME) introduziu, como padrão, os cinco símbolos[2] que se encontram na Fig. 22. Este conjunto de símbolos é uma modificação abreviada dos símbolos de Gilbreth, onde a flecha substitui o círculo menor, e um novo símbolo foi adicionado para representar uma espera.

Apesar da indústria ter sido lenta em adotar os símbolos da ASME, parece que seu uso está sendo aceito, e serão usados neste volume.

Talvez não seja tão importante usarmos um conjunto de símbolos na confecção de um gráfico do fluxo do processo ou de um mapofluxograma. Com efeito, uma organização pode chegar à conclusão que, para suas necessidades, é necessário o uso de uma simbologia especial[3]. Entretanto a experiência mostra que, onde os mestres e supervisores tomam parte ativa no desenvolvimento de melhores métodos, é desejável se utilizar do menor número possível de símbolos e gráficos e sendo esses de construção simples e fácil entendimento.

Os símbolos, para o gráfico do fluxo do processo, usados nas ilustrações deste livro, são os indicados na Fig. 22 e podem ser descritos da maneira que se segue.

○ *Operação.* Uma operação existe quando um objeto é modificado intencionalmente numa ou mais das suas características. A operação é a fase mais importante no processo e, geralmente, é realizada numa máquina ou estação de trabalho.

⇨ *Transporte.* Um transporte ocorre quando um objeto é deslocado de um lugar para outro, exceto quando o movimento é parte integral de uma operação ou inspeção.

□ *Inspeção.* Uma inspeção ocorre quando um objeto é examinado para identificação ou comparado com um padrão de quantidade ou qualidade.

D *Espera.* Uma espera ocorre quando a execução da próxima ação planejada não é efetuada.

▽ *Armazenamento.* Um armazenamento ocorre quando um objeto é mantido sob controle, e a sua retirada requer uma autorização.

SÍMBOLOS COMBINADOS. Dois símbolos podem ser combinados quando as atividades são executadas no mesmo local ou, então, simultaneamente como atividade única. Por exemplo, o círculo maior dentro de um quadrado ⊡, representa uma combinação de operação e inspeção.

PASSOS USADOS PARA SE REGAR UM JARDIM. Com a finalidade de ilustrar como esses símbolos são usados, o gráfico do fluxo do processo apresentado na Fig. 23 dá os passos seguidos pelo Sr. John Smith para regar o seu jardim. O Sr. John Smith, descansando em seu terraço, decide regar o jardim. Ele deixa o terraço, dirige-se à garagem do outro lado da casa, abre a porta da garagem e vai até o depósito de ferramentas. Daí retira o esguicho, carrega-o para a porta traseira da garagem, abre-a, encaminha-se para a torneira que se encontra atrás da gara-

[2]*Operation and Flow Process Charts, ASME Standard* 101, publicado pela American Society of Mechanical Engineers, New York, 1947

[3]Ben S. Graham, Paperwork Simplification. *Modern Management*, Vol. 8, n.º 2, pp. 22-25

Figura 22. Estes símbolos do gráfico do fluxo de processo economizam tempo no registro dos passos usados na execução do trabalho

gem. Ele coloca o esguicho na torneira, abre esta última e começa a regar o jardim. Examinando-se o gráfico do fluxo do processo no lado esquerdo da Fig. 23, verifica-se que nove símbolos, cinco números e nove frases bastam para descrever inteiramente o processo.

MAPOFLUXOGRAMA DO PROCESSO DE SE REGAR O JARDIM. Algumas vezes, para se visualizar melhor um processo, desenham-se as linhas de fluxo em uma planta do edifício ou da área em que a atividade se desenvolve. Uma planta da casa, do terreno e do jardim é apresentada na Fig. 24. Desenham-se linhas nesta planta para mostrarem a direção do movimento, e os símbolos do gráfico do fluxo do processo estão inseridos nas linhas para indicarem o que

Estudo de movimentos e de tempos

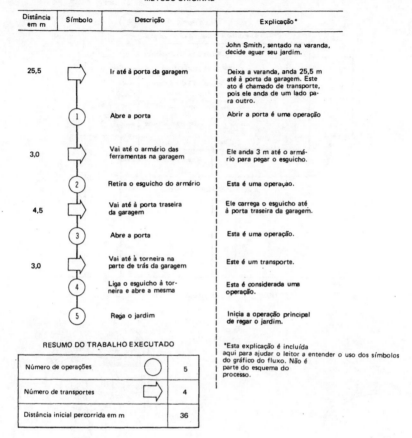

Figura 23. Gráfico do fluxo do processo de se regar o jardim

está sendo executado. Anotações breves estão incluídas para melhor caracterizarem os símbolos; isto é chamado de um mapofluxograma. Em alguns casos, torna-se necessária a construção do gráfico de fluxo do processo e também do mapofluxograma a fim de que se tornem claros os passos de um processo de fabricação, de um procedimento de escritório ou outra atividade qualquer.

RECUPERAÇÃO DE REBOLOS DE ESMERIL. Em grandes indústrias, onde operações de esmerilhamento e polimento são necessárias, é usual recuperarem-se os rebolos (Fig. 25) com esmeril na própria fábrica, mantendo assim disponível um estoque de rebolos em condições de utilização imediata. Os discos são constituídos de camadas de tecido costuradas juntas, com peso médio de 18 kg. Seu diâmetro varia de 45 a 61 cm, e sua espessura de 7,6 a 12,7 cm. A circunferência ou face do rebolo é revestida com cola e pó de esmeril. A primeira camada de cola seca aproximadamente meia hora antes de que se aplique a segunda. A temperatura do ambiente no qual os rebolos são preparados é mantida entre 26 e 32 °C, controlando-se também a umidade relativa.

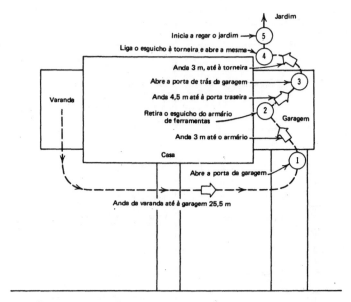

Figura 24. Mapofluxograma do processo de se regar o jardim

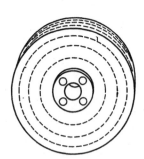

Figura 25. Rebolo para polir

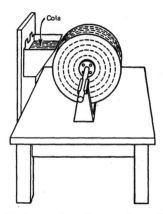

Figura 26. O operador aplica cola à superfície do rebolo gasto com o auxílio de um pincel

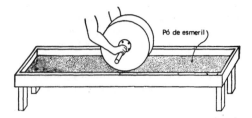

Figura 27. Método antigo para se recobrir o rebolo. O operador rola o rebolo recoberto com cola numa bandeja contendo pó de esmeril

Estudo de movimentos e de tempos

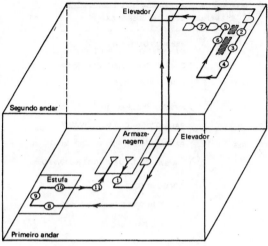

Figura 28. Mapofluxograma do método antigo para se recobrirem rebolos com pó de esmeril

MÉTODO ORIGINAL. Consistia em aplicar-se uma camada de cola ao rebolo gasto (Fig. 26), e, então, rolar-se manualmente o rebolo em um recipiente raso contendo pó de esmeril, o que provocava a aderência do pó (Fig. 27). Após a secagem da cola, uma segunda camada de cola e de pó de esmeril eram aplicadas de maneira semelhante. Os rebolos eram então transportados para uma estufa, onde permaneciam em prateleiras até que a cola estivesse completamente seca. A Fig. 28 mostra o mapofluxograma, e a Fig. 29 o gráfico do fluxo do processo correspondente.

As perguntas que se seguem podem ser formuladas relativamente a este processo. *Por que* revestir os rebolos manualmente? *Por que* manuseá-los tão freqüentemente? Poderiam todas as operações ser efetuadas no primeiro andar em vez de no segundo? Estas perguntas foram respondidas da forma que se segue.

MÉTODO MELHORADO. Construiu-se uma máquina especial para o revestimento (Fig. 30), tornando possível a aplicação da cola e do esmeril ao rebolo em uma única operação e empregando menos esforço e menos tempo do que no método antigo. Como esta máquina foi colocada no primeiro andar, entre a área de armazenamento e a estufa (Fig. 31), tornou-se desnecessária a movimentação dos rebolos até o segundo andar. Carrinhos especiais (Fig. 33) foram projetados para substituírem os de tipo comum de plataforma, o que veio a eliminar grande parte do manuseio desnecessário a que era submetido o rebolo. Estes permaneciam no carrinho novo durante a secagem na estufa. A Fig. 32 nos mostra o gráfico do fluxo do processo do método melhorado, incluindo um resumo da economia obtida.

RESULTADOS. A nova máquina, o carrinho especial para transporte e manuseio dos rebolos e a melhor localização da operação de recobrimento reduziram o número de *operações* necessárias para a recuperação dos rebolos, de onze para quatro, o número de esperas de quatro para uma e a distância percorrida de 72 para 21 m.

No método antigo, um grupo de quatro homens era empregado na aplicação das duas camadas de esmeril, sendo sua produção média vinte rebolos/h. Atualmente dois homens fazem o mesmo trabalho, produzindo 45 rebolos/h. Além disso, o novo método de recuperação e o novo tipo de cola sintética parecem ter melhorado a qualidade dos rebolos: os homens que os usam na retificação e polimento de grelhas de arados aumentaram sua produção aproximada-

DISTÂNCIA, EM m	SÍMBOLO	DESCRIÇÃO
	▽	REBOLOS GASTOS NO CHÃO (PARA SEREM RECOBERTOS)
	①	CARREGAR REBOLOS NO CARRINHO
12,0	⇨	PARA O ELEVADOR
	D	ESPERAR O ELEVADOR
6,0	⇨	PARA O 2.º ANDAR DE ELEVADOR
10,5	⇨	PARA A BANCADA DE RECOBRIMENTO
	D	NA BANCADA DE RECOBRIMENTO
	②	COLOCAR COLA
	③	RECOBRIR COM ESMERIL (1.ª VEZ)
	④	NO CHÃO PARA SECAR
	⑤	COLOCAR COLA
	⑥	RECOBRIR COM ESMERIL (2.ª VEZ)
	D	NO CHÃO
	⑦	CARREGAR NO CARRINHO
4,5	⇨	PARA O ELEVADOR
	D	ESPERAR O ELEVADOR
6,0	⇨	PARA O 1.º ANDAR DE ELEVADOR
22,5	⇨	PARA A ESTUFA
	⑧	DESCARREGAR REBOLOS NA ESTUFA
	⑨	SECAR NA ESTUFA
	⑩	CARREGAR REBOLOS NO CARRINHO
10,5	⇨	PARA ARMAZENAGEM
	⑪	DESCARREGAR REBOLOS NO CHÃO
	▽	ARMAZENAGEM

Figura 29. Gráfico do fluxo do processo do método antigo para se recobrirem rebolos com pó de esmeril

RESUMO

N.º DE OPERAÇÕES — — — — — — — ◯	11
N.º DE ESPERAS — — — — — — — — D	4
N.º DE ARMAZENAGENS — — — — — ▽	2
N.º DE INSPEÇÕES — — — — — — — □	1
N.º DE TRANSPORTES — — — — — — ⇨	7
TOTAL PERCORRIDO, EM METROS — — — —	72

Figura 30. Desenho esquemático da máquina de recobrimento. O rebolo (A) a ser recoberto é montado no eixo (B), que é acoplado à alavanca (C). Girando-se a alavanca para a direita, estabelece-se contato com o cilindro de cola (D), que cobre com cola a superfície do rebolo. Gira-se a alavanca (C) para a esquerda, estabelecendo contato com o cilindro (E), que recobre o rebolo com esmeril. Os cilindros (D) e (E) são acionados mecanicamente. A alavanca (F) controla a quantidade de pó de esmeril, alimentando o cilindro (E)

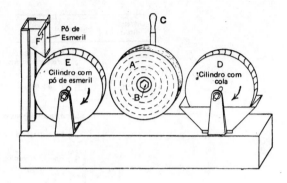

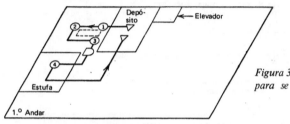

Figura 31. Mapofluxograma do método melhorado para se recobrirem rebolos com pó de esmeril

mente em 25%. Os rebolos parecem esmerilhar mais depressa, tornando mais fácil o trabalho para os operadores[4].

MAPOFLUXOGRAMA DA DISTRIBUIÇÃO DE FORRAGEM EM UMA PEQUENA GRANJA. Um número crescente de fazendeiros tem aplicado com proveito o projeto do método de trabalho. Economias significativas têm sido conseguidas tanto nos pequenos sítios quanto nas grandes fazendas. Por exemplo, em uma granja de laticínios, com 22 vacas, situada em Vermont, efetuou-se um estudo sistemático das tarefas, projetando-se mudanças de forma a tornar o trabalho mais fácil e mais rápido. Foram quatro os principais tipos de mudanças executadas:

1) rearranjo dos estábulos;
2) melhoria das rotinas de trabalho;
3) emprego de equipamento adequado; e
4) localização conveniente para os equipamentos e o material de consumo.

Como resultado, o tempo necessário para as tarefas foi reduzido de 5 h 44 min para 3 h 39 min, o que representa uma economia diária de 2 h 5 min; a distância percorrida foi reduzida de 5,2 km para 2 km diários, uma economia de 3,2 km diários. Duas horas diárias equivalem a mais de 90 dias de trabalho por ano; 3,2 km diários representam 1 168 km por ano.

As linhas da Fig. 34 mostram a trajetória empregada para o transporte de forragem do silo aos estábulos, quando isso era feito com um cesto de mão. A Fig. 35 mostra essa mesma trajetória, quando um carrinho de duas rodas foi empregado no transporte da ração. O tempo total para se obter a ração e se alimentarem 22 vacas foi reduzido de 26,4 para 14,8 min, e a distância percorrida reduziu-se de 621 para 60 m[5].

[4]Este projeto é cortesia de James D. Shevlin.

[5]R. M. Caryer, Labor Saving Through Job Analysis. University of Vermont e State Agricultural College, *Boletim* 503, p. 36

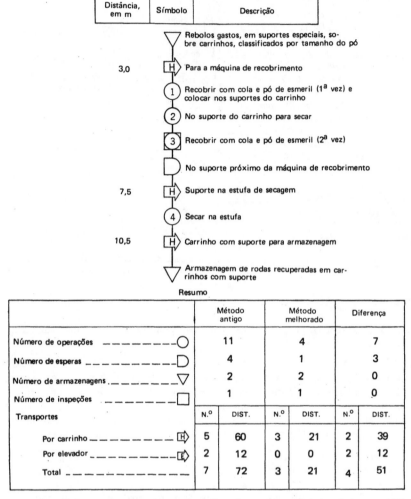

Figura 32. Gráfico do fluxo do processo do método melhorado para se recobrirem rebolos com pó de esmeril

GRÁFICO DO FLUXO DO PROCESSO PARA UMA ROTINA DE ESCRITÓRIO. Em um escritório, o gráfico do fluxo do processo pode representar a movimentação de um cartão de ponto, de uma requisição de material, de uma ordem de compra ou de um empréstimo qualquer, através de seus diversos passos. O gráfico pode começar com o primeiro registro no impresso e mostrar todos os passos, até que o impresso seja arquivado ou destruído (Figs. 36-39).

GRÁFICO DO FLUXO DO PROCESSO PARA MONTAGEM. Um tipo especial do gráfico do fluxo do processo, algumas vezes denominado gráfico do fluxo do processo para montagens, é útil quando empregado na descrição de situações como as seguintes: quando várias partes são processadas separadamente e, então, montadas e processadas em conjunto; quando um produto é desmontado, e as partes componentes submetidas a processamento posterior, como, por exemplo, a de um animal em matadouro; quando é necessário apresentar a divisão no fluxo do

Estudo de movimentos e de tempos

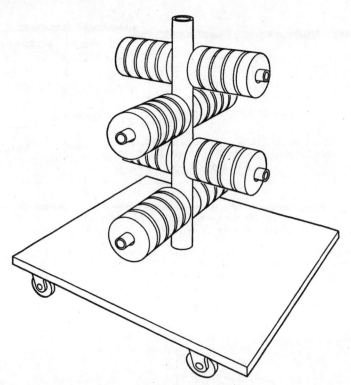

Figura 33. Carrinho especial para sustentar rebolos. Os suportes são usados para armazenarem os rebolos entre as operações e, também, para sustentá-los durante a operação de secagem na estufa

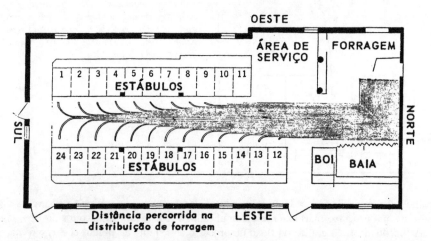

Figura 34. Mapofluxograma da distribuição de forragem para vacas em uma pequena granja (método antigo). Distância percorrida, 621 m

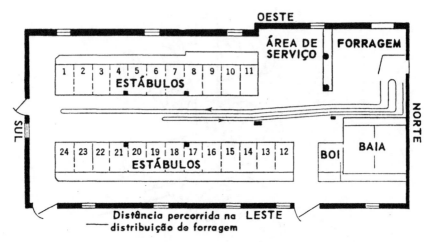

Figura 35. Mapofluxograma da distribuição de forragem para vacas em uma pequena granja (método melhorado). Distância percorrida, 60 m

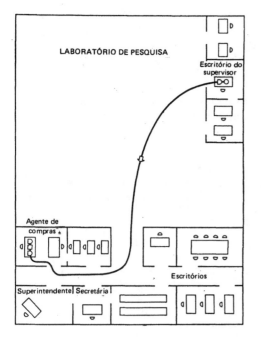

Figura 36. Mapofluxograma de uma rotina de escritório (método atual). A requisição é emitida pelo supervisor, datilografada pela secretária, aprovada pelo superintendente e pelo agente de compras; então, uma ordem de compras é datilografada pela datilógrafa

trabalho, tal como ação separada, nas diversas cópias de um impresso para escritório. A Fig. 41 mostra-nos um processo mais extenso e complicado, a fabricação de biscoitos do tipo "água e sal". A Fig. 40 mostra o gráfico do fluxo do processo de se fabricar, pintar, encher e fechar latas retangulares usadas na exportação de instrumentos. Uma parte deste processo está descrita no Capítulo 28. A matéria-prima é armazenada, passando depois pelas várias operações

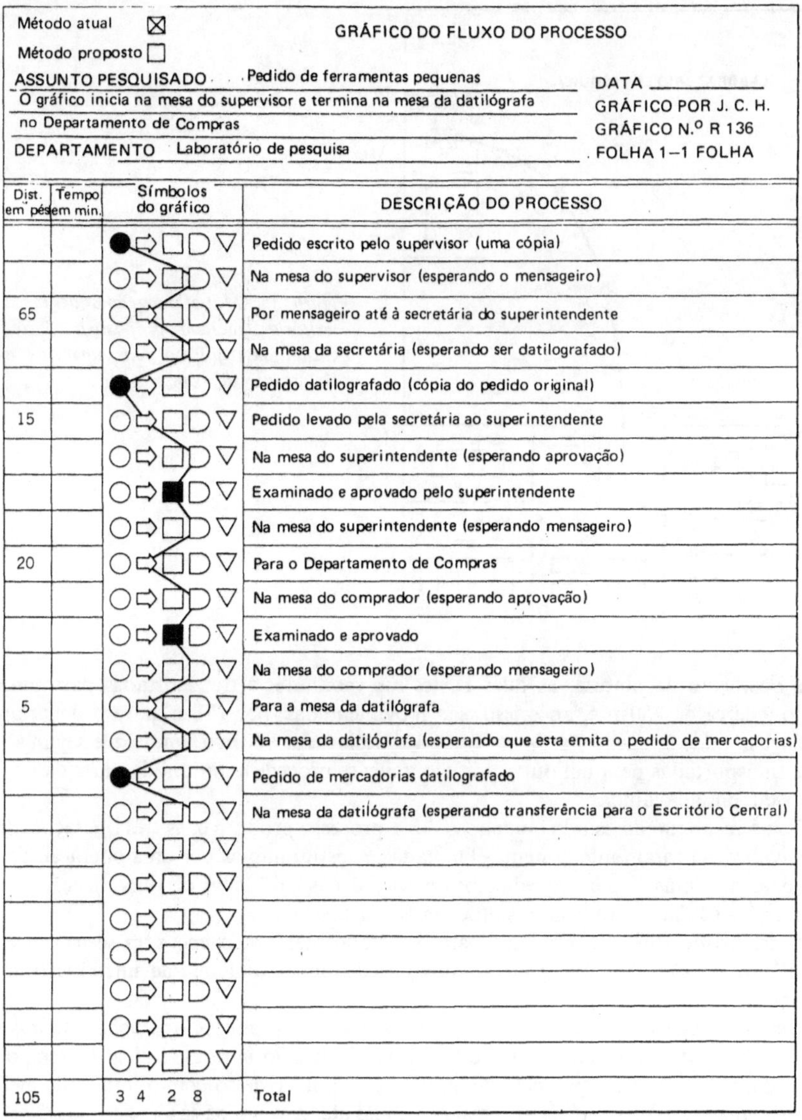

Estudo de movimentos e de tempos **57**

Método atual ☒	GRÁFICO DO FLUXO DO PROCESSO
Método proposto ☐	

ASSUNTO PESQUISADO Pedido de ferramentas pequenas

O gráfico inicia na mesa do supervisor e termina na mesa da datilógrafa no Departamento de Compras

DEPARTAMENTO Laboratório de pesquisa

DATA _____
GRÁFICO POR J. C. H.
GRÁFICO N.º R 136
FOLHA 1–1 FOLHA

Dist. em pés	Tempo em min.	Símbolos do gráfico	DESCRIÇÃO DO PROCESSO
		● ⇨ ☐ D ▽	Pedido escrito pelo supervisor (uma cópia)
		○ ⇨ ☐ D ▽	Na mesa do supervisor (esperando o mensageiro)
65		○ ⇨ ☐ D ▽	Por mensageiro até à secretária do superintendente
		○ ⇨ ☐ D ▽	Na mesa da secretária (esperando ser datilografado)
		● ⇨ ☐ D ▽	Pedido datilografado (cópia do pedido original)
15		○ ⇨ ☐ D ▽	Pedido levado pela secretária ao superintendente
		○ ⇨ ☐ D ▽	Na mesa do superintendente (esperando aprovação)
		○ ⇨ ■ D ▽	Examinado e aprovado pelo superintendente
		○ ⇨ ☐ D ▽	Na mesa do superintendente (esperando mensageiro)
20		○ ⇨ ☐ D ▽	Para o Departamento de Compras
		○ ⇨ ☐ D ▽	Na mesa do comprador (esperando aprovação)
		○ ⇨ ■ D ▽	Examinado e aprovado
		○ ⇨ ☐ D ▽	Na mesa do comprador (esperando mensageiro)
5		○ ⇨ ☐ D ▽	Para a mesa da datilógrafa
		○ ⇨ ☐ D ▽	Na mesa da datilógrafa (esperando que esta emita o pedido de mercadorias)
		● ⇨ ☐ D ▽	Pedido de mercadorias datilografado
		○ ⇨ ☐ D ▽	Na mesa da datilógrafa (esperando transferência para o Escritório Central)
		○ ⇨ ☐ D ▽	
		○ ⇨ ☐ D ▽	
		○ ⇨ ☐ D ▽	
		○ ⇨ ☐ D ▽	
		○ ⇨ ☐ D ▽	
		○ ⇨ ☐ D ▽	
		○ ⇨ ☐ D ▽	
105		3 4 2 8	Total

Figura 37. Gráfico do fluxo do processo para uma rotina de escritório (método atual)

de fabricação da lata. As duas partes da lata são pintadas, o produto é colocado nela, ela é soldada, e completa-se então a pintura.

A observação do gráfico do fluxo do processo nos mostra vários transportes que devem ser eliminados. Uma observação geral da operação de pintura por pulverização torna evidente que algumas melhorias podem ser introduzidas. A tampa da lata é pintada exteriormente, com exceção da faixa, em volta de sua borda, onde ela será soldada ao fundo. Similarmente, o fundo da lata é pintado exteriormente, com exceção da faixa para sua soldagem com a tampa. Depois

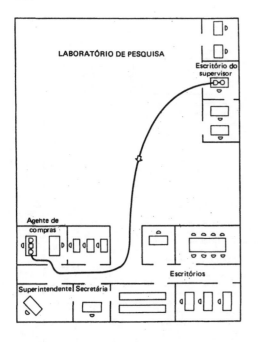

Figura 38. Mapofluxograma de uma rotina de escritório (método proposto). A requisição é emitida em triplicata pelo supervisor e aprovada pelo agente de compras

destas operações de pintura, as duas partes são montadas e transportadas para um depósito situado a cerca de 750 m e, após isso, são movimentadas, por 171 m, para o departamento de embalagem, onde se enchem as latas. Estas são deslocadas 900 m a fim de que sejam soldadas e, então, transportadas para um outro edifício, onde se procede à pintura da parte da lata que não tinha sido pintada ainda.

Como resultado do estudo cuidadoso desse processo produtivo, as três operações de pintura por pulverização foram inteiramente eliminadas, substituindo-as por uma operação de imersão. A limpeza das latas — um procedimento essencial nas operações de pulverização —, antes de sua imersão na laca, também resultou em desnecessária.

O gráfico do fluxo do processo para o método melhorado encontra-se na parte inferior, lado direito, da Fig. 40. Um resumo fornece a economia resultante da introdução do método melhorado.

Uma investigação geral deve ser a primeira a ser feita, porque operações inteiras ou séries de operações podem ser eliminadas desta forma. Teria sido um desperdício de tempo, fazer-se um estudo detalhado das operações de limpeza e de pulverização com o intuito de melhorá-las, pois que, mais tarde, concluia-se pela possibilidade de eliminá-las.

Qualquer que seja a complexidade do processo de fabricação, um gráfico do fluxo do processo pode ser construído de maneira semelhante, e com os mesmos objetivos, àqueles considerados nos exemplos anteriores. Algumas vezes, é desejável incluírem-se fotografias do local de trabalho ou, então, um conjunto de movimentos fundamentais em um ponto apropriado do gráfico. Ocasionalmente, os tempos para cada operação são também incluídos.

O GRÁFICO DO FLUXO DO PROCESSO COMO AJUDA AO ARRANJO FÍSICO DA FÁBRICA. O gráfico do fluxo do processo é também ajuda valiosa na preparação de um novo arranjo físico ou, então, no rearranjo de equipamento já em uso. O seguinte caso ilustrará como B. C. Koch, enquanto supervisor do Departamento de Padrões da International Business Ma-

Estudo de movimentos e de tempos **59**

Método atual ☐	GRÁFICO DO FLUXO DO PROCESSO

Método proposto ☒
ASSUNTO PESQUISADO — Pedido de ferramentas pequenas
O gráfico inicia-se na mesa do supervisor e termina na mesa do comprador
DEPARTAMENTO — Laboratório de pesquisa

DATA _____
GRÁFICO POR J. C. H.
GRÁFICO N.º R 149
FOLHA 1–1 FOLHA

Dist. em m.	Tempo em min	Símbolos do gráfico	DESCRIÇÃO DO PROCESSO
		● ⇨ ☐ D ▽	Pedido de mercadorias escrito em 3 vias pelo supervisor
		○ ⇨ ☐ D ▽	Na mesa do supervisor (esperando mensageiro)
22,5		○ ⇨ ☐ D ▽	Pedido de mercadorias entregue ao comprador pelo mensageiro
		○ ⇨ ☐ D ▽	Na mesa do comprador (esperando aprovação)
		○ ⇨ ■ D ▽	Pedido de mercadorias examinado e aprovado pelo comprador
		○ ⇨ ☐ D ▽	Na mesa do comprador (esperando transferência para o Escritório Central)
		○ ⇨ ☐ D ▽	
		○ ⇨ ☐ D ▽	
		○ ⇨ ☐ D ▽	
		○ ⇨ ☐ D ▽	
		○ ⇨ ☐ D ▽	
		○ ⇨ ☐ D ▽	
		○ ⇨ ☐ D ▽	
		○ ⇨ ☐ D ▽	
		○ ⇨ ☐ D ▽	
		○ ⇨ ☐ D ▽	
		○ ⇨ ☐ D ▽	
		○ ⇨ ☐ D ▽	

RESUMO

	Método Atual	Método Proposto	Diferença
Operações ○	3	1	2
Transportes ⇨	4	1	3
Inspeções ☐	2	1	1
Esperas D	8	3	5
Distância, em m	31,5	22,5	9,0

| 22,5 | | 1 1 1 3 | Total |

Figura 39. Gráfico do fluxo do processo para uma rotina de escritório (método proposto)

chines Corporation, usou o gráfico do fluxo do processo com essa finalidade. O processo em consideração é o empregado na confecção do suporte de magneto para uma tabuladora (Fig. 44).

Como mostram as Fig. 42 e 43, originalmente eram empregadas 31 operações, e a parte se deslocava 1 713 m durante o processo de fabricação. O gráfico do fluxo do processo das Figs. 42 e 46 não mostra os armazenamentos temporários, pois é implícito que, em todas as operações desta fábrica, existe uma armazenagem temporária, precedendo e seguindo cada uma delas.

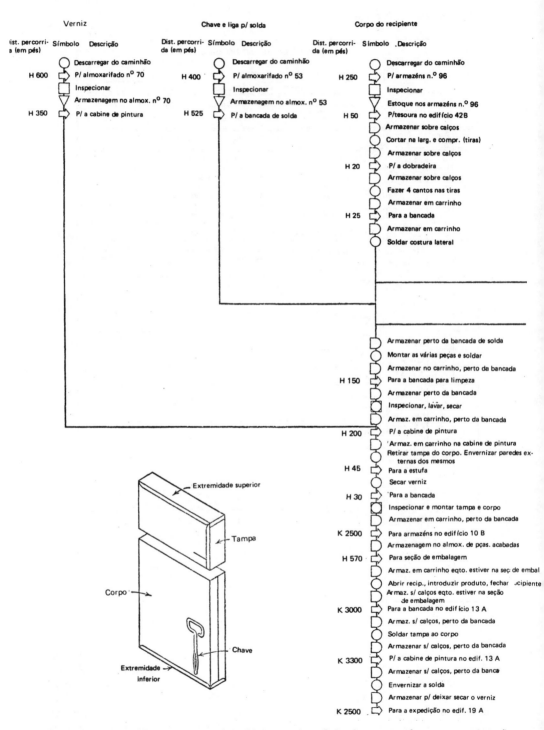

Figura 40. *Gráfico do fluxo do processo de se fabricar, encher e fechar latas retangulares para a exportação de instrumentos*

**Extremidade superior
e inferior do recipiente**

Tampa do recipiente

Dist. percorri-da (em pés)	Símbolo	Descrição
	◯	Descarregar do caminhão
H 250	⇨	P/ armazéns n.º 96
	☐	Inspecionar
	◿	Espera nos armazéns n.º 96
H 50	⇨	P/ tesoura no edifício 42B
	◿	Armazenar sobre calços
	◯	Cortar na larg. e compr. (tiras)
	◿	Armazenar sobre calços
H 40	⇨	P/ a prensa excêntrica
	◿	Armazenar s/calços, perto da prensa
	◯	Dobrar os 4 cantos a meia esquadria
	◿	Armazenar s/ calços, perto da prensa
H 30	⇨	P/ a prensa excêntrica
	◿	Armazenar s/ calços, perto da prensa
	◯	Dobrar os 4 lados
	◿	Armazenar sobre calços
H 20	⇨	Para a bancada de solda

Dist. percorri-da (em pés)	Símbolo	Descrição
	◯	Descarregar do caminhão
H 250	⇨	P/ armazéns nº 96
	☐	Inspecionar
	◿	Estoque nos armazéns n º 96
H 50	⇨	P/tesoura no edifício 42B
	◿	Armazenar sobre calços
	◯	Cortar na larg. e compr. (tiras)
	◿	Armazenar sobre calços
H 50	⇨	P/ a prensa excêntrica
	◿	Armaz. s/ calços, perto da prensa
	◯	Puncionar furo na aba da tira para abrir o recipiente
	◿	Armaz. s/ calços, perto da prensa
H 20	⇨	Para a bancada
	◿	Armaz. s/ calços, perto da bancada
	◯	Marcar e cortar, dobrar aba p/ trás
	◿	Armaz. s/calços, perto da bancada
H 25	⇨	Para a dobradeira
	◿	Armaz. s/calços, perto da dobradeira
	◯	Executar o início do corte na tira p/ abrir o recipiente
H 40	⇨	Para a bancada

Método melhorado p/ envernizar recipientes

Dist. percorri-da (em pés)	Símbolo	Descrição
	◿	Armazenar perto da bancada de solda
	◯	Montar as peças e soldar
	◿	Armazenar em carrinho, perto da bancada
K 2500	⇨	P/ seção de embalagem no edif. 10 B
	◿	Armazenar sobre o carrinho enquanto estiver na seção de embalagem
	▣	Abrir recipiente, inspecionar tampa e corpo, introduzir produto, fechar recipiente
	◿	Armazenar sobre calços eqto. estiver na seção de embalagem
H 50	⇨	Para a bancada
	◿	Armazenar sobre calços, perto da bancada
	◯	Soldar recipiente, envernizar p/ imersão, colocar em prateleira para deixar secar
	◿	Armazenar em ganchos eqto. o verniz seca
K 2500	⇨	Para a expedição no edif. 19 A

Resumo		Método Antigo		Método I novo		Diferença	
N.º de operações	◯	8		3		5	
N.º de inspeções	☐	2		1		1	
N.º de esperas	◿	13		6		7	
N.º de armazenagens	▽	0		0		0	
Transportes		No.	Dist.	No.	Dist.	No.	Dist.
Por empilhadeira - — — K⇨		4	11 300	2	5000	2	6300
Por carrinho manual — H⇨		5	955	1	50	4	945
Total · — — — — — — — —		9	12 255	3	5050	6	7245

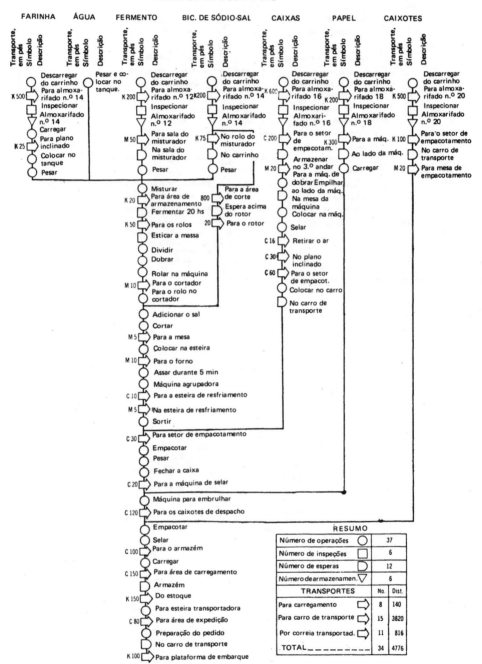

Figura 41. Gráfico do fluxo do processo para montagem — preparação de biscoitos tipo "água e sal"

Estudo de movimentos e de tempos

Distância, em m	Símbolos		Distância, em m	Símbolos	
	①	Selecionar tiras de material no almoxarifado de matéria-prima		⑯	Escariar e mandrilar
18	⇨	Para o Depto. de Prensas	90	⇨	Para o Depto. de Inspeção
	②	Semi-acabado		⑰	Inspecionar
57	⇨	Para o Depto. de Metalurgia	51	⇨	Para o Depto. de Rebarbação
	③	Colocar no forno		⑱	Rebarbar extremidades
	④	Revenir	87	⇨	Para o Depto. de Fresas
	⑤	Retirar do forno		⑲	Fresar gancho
57	⇨	Para o Depto. de Prensas	87	⇨	Para o Depto. de Endireitamento
	⑥	Endireitar		⑳	Retificar e rebarbar
	⑦	Moldar		㉑	Endireitar e calibrar
54	⇨	Para o elevador		㉒	Ajustar gancho pelo calibre 1
		Sobe um andar		㉓	Ajustar gancho pelo calibre 2
111	⇨	Para o Depto. de Endireitamento		㉔	Rebarbar gancho
	⑧	Endireitar para fresar	51	⇨	Para o Depto. de Inspeção
	⑨	Endireitar extremidades		㉕	Inspecionar
87	⇨	Para o Depto. de Fresas	63	⇨	Para o elevador
	⑩	Fresar paralelo			Descer um andar
87	⇨	Para o Depto. de Rebarbação	42	⇨	Para o Depto. de Metalurgia
	⑪	Rebarbar as bordas		㉖	Colocar no forno
111	⇨	Para o elevador		㉗	Cementar
		Descer um andar		㉘	Retirar do forno
54	⇨	Para o Depto. de Prensas		㉙	Endurecer a ponta
	⑫	Formar gancho	42	⇨	Para o elevador
54	⇨	Para o elevador			Subir um andar
		Subir um andar	111	⇨	Para o Depto. de Endireitamento
111	⇨	Para o Depto. de Endireitamento		㉚	Retirar o chumbo
	⑬	Endireitar pino	51	⇨	Para o Depto. de Inspeção
	⑭	Endireitar para fresar de topo		㉛	Inspecionar
129	⇨	Para o Depto. de Furadeiras Pesadas	33	⇨	Para o elevador
	⑮	Abrir furo e fresar de topo			Descer um andar
24	⇨	Para o Depto. de Furadeiras Leves	51	⇨	Para o almoxarifado
				㉜	Almoxarifado

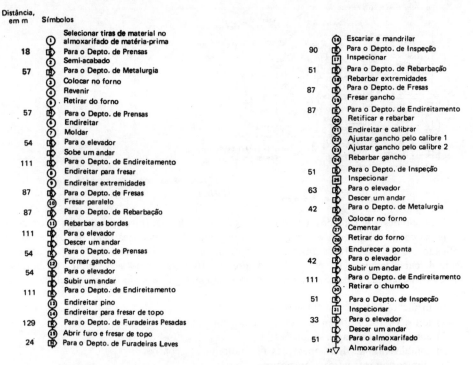

Figura 42. Gráfico do fluxo do processo de fabricação de suporte (método antigo)

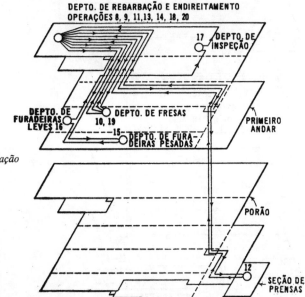

Figura 43. Arranjo físico para fabricação do suporte (método antigo)

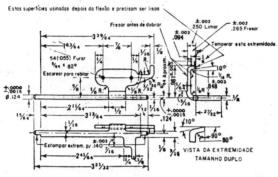

Figura 44. Suporte de magneto para tabuladora IBM

O estudo deste gráfico do fluxo do processo e das linhas de fluxo nos diversos pavimentos da Fig. 43 conduziram a um rearranjo do equipamento. Uma pequena bancada, contendo um retificador de discos e alguns dispositivos especiais para limagem, foi transferida do departamento de bancadas para o departamento de prensas. Esta transferência permitiu a melhoria de várias operações. As Figs. 45 e 46 mostram as operações (n.os 8 a 16) que foram afetadas pela mudança.

O melhor arranjo físico resultou no seguinte:

1) todos os furos foram executados com uma única furadeira;
2) combinavam-se duas inspeções;
3) combinavam-se duas operações de endireitar e rebarbar;
4) eliminaram-se quatro transportes;

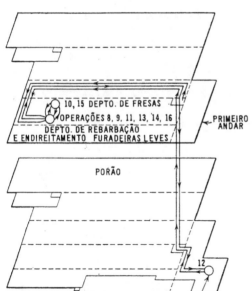

Figura 45. Arranjo físico para fabricação do suporte (método melhorado)

Estudo de movimentos e de tempos **65**

5) reduziu-se a distância total percorrida de 1 713 m para 1 125 m, ou seja, uma redução de 34%; e

6) reduziu-se o tempo total de manufatura de 16 para 11,5 h por 100 peças, uma redução de 28% (Tab. 5)

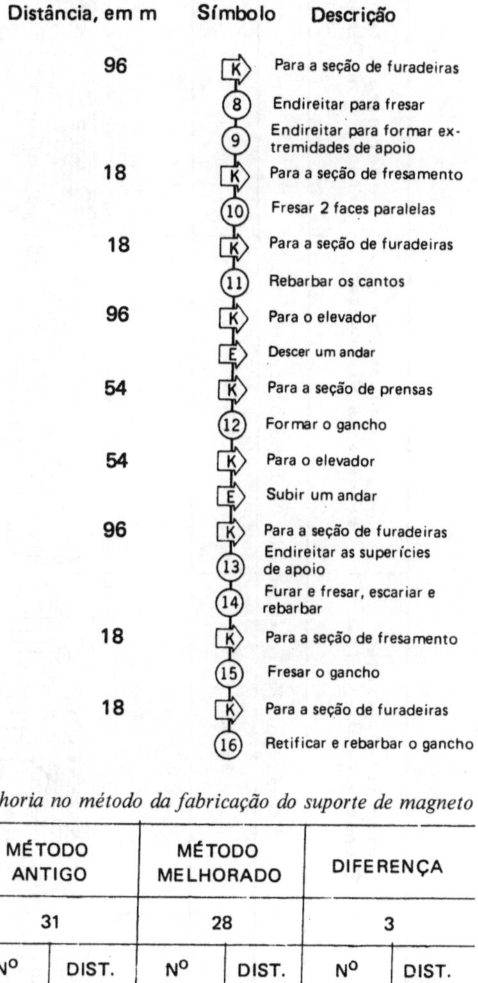

Distância, em m	Símbolo	Descrição
96	K	Para a seção de furadeiras
	8	Endireitar para fresar
	9	Endireitar para formar extremidades de apoio
18	K	Para a seção de fresamento
	10	Fresar 2 faces paralelas
18	K	Para a seção de furadeiras
	11	Rebarbar os cantos
96	K	Para o elevador
	E	Descer um andar
54	K	Para a seção de prensas
	12	Formar o gancho
54	K	Para o elevador
	E	Subir um andar
96	K	Para a seção de furadeiras
	13	Endireitar as superícies de apoio
	14	Furar e fresar, escariar e rebarbar
18	K	Para a seção de fresamento
	15	Fresar o gancho
18	K	Para a seção de furadeiras
	16	Retificar e rebarbar o gancho

Figura 46. Gráfico do fluxo do processo de fabricação do suporte (método melhorado)

Tabela 5. Sumário das economias resultantes da melhoria no método da fabricação do suporte de magneto

		MÉTODO ANTIGO		MÉTODO MELHORADO		DIFERENÇA	
Nº TOTAL DE OPERAÇÕES	◯	31		28		3	
TRANSPORTES		Nº	DIST. (m)	Nº	DIST. (m)	Nº	DIST. (m)
POR CARRO ELÉTRICO	K	22	1 575	19	1 011	3	564
POR CARRO DE MÃO	H	3	138	2	114	1	24
POR ELEVADOR	E	6	33	6	33	0	0
TOTAL		31	1 746	27	1 158	4	588

Disposição Original	Primeira Alteração Proposta na Disposição	Segunda Alteração Proposta na Disposição	Terceira Alteração Proposta na Disposição

Caixas por Metro Quadrado de Espaço Ocupado

45,75	55,33	62,78	84,00

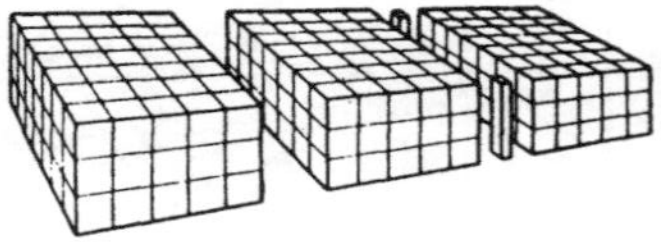

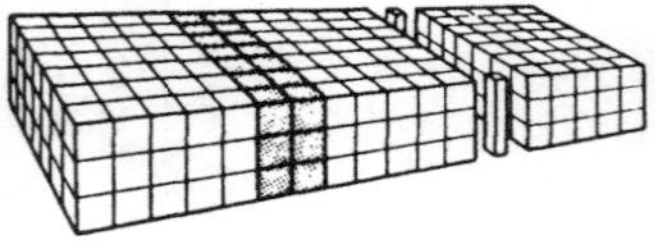

Disposição original de caixas: Três camadas em altura	Passagem lateral usada para armazenamento	Passagem lateral e espaço entre colunas usados para armazenamento	Passagem lateral e espaço entre colunas usados para armazenamento Caixas dispostas em quatro camadas de altura

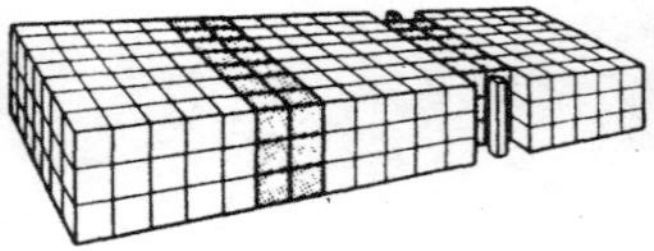

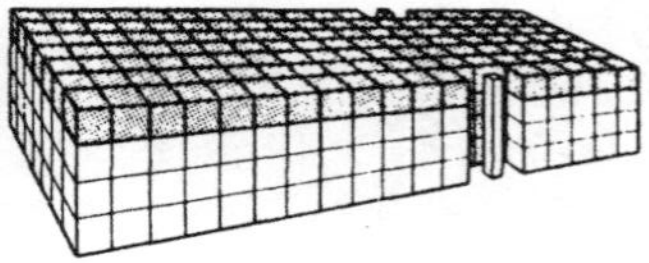

Figura 47. Quatro métodos diferentes para se empilharem caixas de produtos acabados no depósito de uma fábrica

Estudo de movimentos e de tempos **67**

UTILIZAÇÃO DE ESPAÇO NUM DEPÓSITO. Para aumentar sua capacidade de estoque, uma fábrica construiu um novo depósito. As caixas do produto eram empilhadas em colunas de três, e as passagens estavam dispostas como em *A*, na Fig. 47. Porém, com uma análise cuidadosa do problema, a utilização do espaço atual foi aumentada de 45,75 caixas/m^2 para 84 caixas/m^2, em conseqüência das mudanças apresentadas em *B*, *C* e *D*, na Fig. 47. Estas modificações tornaram desnecessária a construção do novo armazém.

GRÁFICO DO FLUXO DO PROCESSO PARA GRUPOS. O gráfico do fluxo do processo para grupos é uma técnica auxiliar para o estudo das atividades de um grupo de pessoas trabalhando juntas[6]. Este gráfico compõe-se dos gráficos do fluxo do processo para cada membro, dispostos de forma a permitir análise completa. As operações que são executadas simultaneamente pelos membros do grupo são colocadas em uma mesma linha. A finalidade básica deste gráfico é analisar as atividades do grupo e, então, compô-lo de forma a reduzir-se a um mínimo todas as esperas.

Construção

1) São usados os mesmos símbolos que no gráfico do fluxo do processo.

2) Um gráfico do fluxo do processo cobre o ciclo ou a rotina que cada um dos membros do grupo segue. Esses gráficos são então colocados lado a lado, com os passos executados simultaneamente representados na mesma linha horizontal. A Fig. 48 mostra-nos o impresso usado nesses gráficos para grupos. Os pontos auxiliam a construção do gráfico, sendo os símbolos centrados nesses pontos.

3) A fim de que os símbolos dos indivíduos possam ser colocados próximos uns dos outros, codifica-se os vários passos em lugar de se escrever descrições ao lado de cada símbolo. Coloca-se números no centro de cada símbolo, e as explicações correspondentes são localizadas na margem do gráfico. Isto elimina a duplicação de descrições quando se repetem passos e, ao mesmo tempo, permite que os gráficos individuais sejam colocados lado a lado.

4) Deve-se ter o cuidado de se colocar lado a lado operações ocorrendo simultaneamente. Em alguns casos, uma operação executada por um membro do grupo continua enquanto um segundo membro executa várias operações. Num caso como este, para cada passo repete-se o símbolo da operação que ocupar o maior número de passos. No gráfico da Fig. 48, pode-se verificar que o transporte foi dividido em intervalos de 6 m, pois que esta distância era percorrida enquanto um outro operário iniciava e terminava sua tarefa. Tais divisões das distâncias são aproximadas, sendo, entretanto, razoáveis para os objetivos da análise.

5) O gráfico deve cobrir um ciclo completo do membro que executa o maior número de passos. Geralmente, durante esta execução, os demais membros do grupo simplesmente repetem seus ciclos.

6) Elementos que não ocorrem em todos os ciclos podem ser excluídos do gráfico. Isto inclui trabalho preparatório, que é executado antes do início do ciclo, como, por exemplo, a obtenção de suprimentos para uma oficina. Por outro lado, se um elemento ocorre periodicamente dentro do ciclo, tal como a movimentação de engradados vazios na operação 6 da Fig. 49, ele deve ser incluído no gráfico. Se tal operação ocorre a cada dois ou três ciclos, deve-se mostrar um número suficiente destes, de tal forma que se inclua a operação.

7) Em geral, o resumo assume forma diferente daquela que foi descrita na primeira parte deste capítulo. Passos por unidade, antes e depois do estudo, são usados nos resumos de grupo. Esta relação é obtida dividindo-se o número total de passos do gráfico pelo número total de

---

[6]O gráfico do fluxo do processo para grupos foi criado por John A. Aldridge, a descrição do gráfico e as ilustrações aqui apresentadas foram desenvolvidas por ele. Veja também Gang Process Charts in Work Simplification por John V. Valenteen, *Factory Management and Maintenance*, Vol. 104, pp. 125-127.

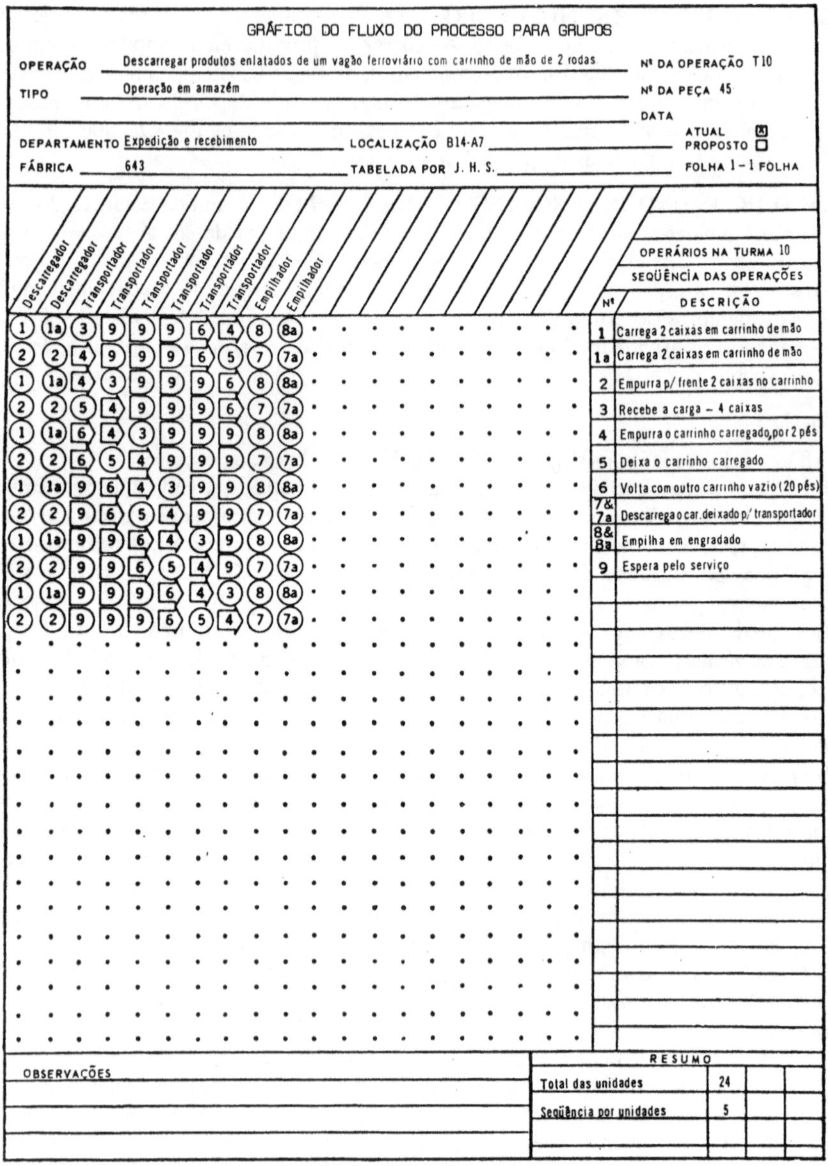

68 — Ralph M. Barnes

GRÁFICO DO FLUXO DO PROCESSO PARA GRUPOS

OPERAÇÃO Descarregar produtos enlatados de um vagão ferroviário com carrinho de mão de 2 rodas — **Nº DA OPERAÇÃO** T 10

TIPO Operação em armazém — **Nº DA PEÇA** 45

DATA

DEPARTAMENTO Expedição e recebimento — **LOCALIZAÇÃO** B14-A7 — **ATUAL** ☒ **PROPOSTO** ☐

FÁBRICA 643 — **TABELADA POR** J. H. S. — **FOLHA** 1-1 FOLHA

OPERÁRIOS NA TURMA 10

SEQÜÊNCIA DAS OPERAÇÕES

Nº	DESCRIÇÃO
1	Carrega 2 caixas em carrinho de mão
1a	Carrega 2 caixas em carrinho de mão
2	Empurra p/ frente 2 caixas no carrinho
3	Recebe a carga – 4 caixas
4	Empurra o carrinho carregado, por 2 pés
5	Deixa o carrinho carregado
6	Volta com outro carrinho vazio (20 pés)
7 & 7a	Descarrega o car. deixado p/ transportador
8 & 8a	Empilha em engradado
9	Espera pelo serviço

OBSERVAÇÕES

RESUMO

Total das unidades	24	
Seqüência por unidades	5	

Figura 48. Gráfico do fluxo do processo para grupos de estivadores, para a descarga de produtos enlatados do vagão de transporte (método atual)

unidades manuseadas durante os ciclos representados no gráfico. No gráfico ilustrado pela Fig. 42, o número total de passos é 120, e o número total de unidades (caixas) manuseadas é 24. Quatro caixas são carregadas em um caminhão, e seis caminhões são carregados durante o ciclo descrito no gráfico; 120 dividido por 24, fornece 5 passos por unidade.

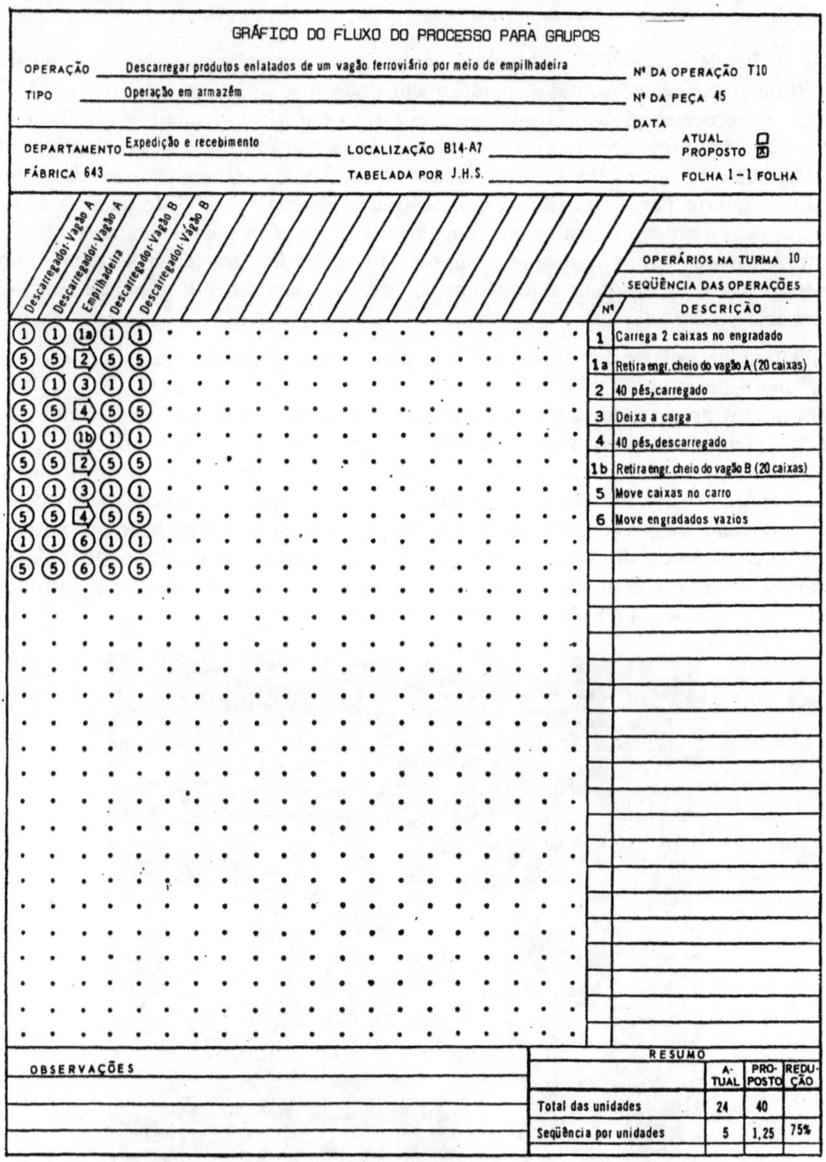

Estudo de movimentos e de tempos

GRÁFICO DO FLUXO DO PROCESSO PARA GRUPOS

OPERAÇÃO — Descarregar produtos enlatados de um vagão ferroviário por meio de empilhadeira — N° DA OPERAÇÃO T10

TIPO — Operação em armazém — N° DA PEÇA 45

DATA

DEPARTAMENTO Expedição e recebimento — LOCALIZAÇÃO B14-A7 — ATUAL ☐ PROPOSTO ☒

FÁBRICA 643 — TABELADA POR J.H.S. — FOLHA 1-1 FOLHA

OPERÁRIOS NA TURMA 10

SEQUÊNCIA DAS OPERAÇÕES

N°	DESCRIÇÃO
1	Carrega 2 caixas no engradado
1a	Retira engr. cheio do vagão A (20 caixas)
2	40 pés, carregado
3	Deixa a carga
4	40 pés, descarregado
1b	Retira engr. cheio do vagão B (20 caixas)
5	Move caixas no carro
6	Move engradados vazios

RESUMO

OBSERVAÇÕES	ATUAL	PROPOSTO	REDUÇÃO
Total das unidades	24	40	
Seqüência por unidades	5	1,25	75%

Figura 49. Gráfico do fluxo do processo para grupos de estivadores, para a descarga de produtos enlatados do vagão de transporte (método proposto)

8) Não se deve construir um gráfico da observação de um único ciclo. Deve-se observar um número razoável de ciclos, desde que o tempo de espera possa variar de um ciclo para outro. O gráfico deverá refletir sempre as condições médias.

Análise

Na análise de um gráfico do fluxo do processo para grupos, seguem-se quatro passos principais. Primeiro, as seis perguntas — o que, quem, onde, quando, como e por que — são formuladas sobre o processo global. Depois, cada operação e inspeção é analisada, utilizando-se as mesmas seis perguntas. Em terceiro, são estudados os transportes e armazenagens restantes. Estes três passos são os mesmos que os usados na análise dos gráficos individuais do fluxo do processo. O quarto passo consiste na aplicação da pergunta "como" de uma nova maneira, depois que estiverem completos os refinamentos sugeridos pelos passos um, dois e três. A pergunta formulada é "como deveria ser composto o grupo a fim de reduzir ao mínimo o tempo de espera?". Os seguintes itens ajudarão os analistas a balancearem o grupo de acordo com o quarto passo:

1) determine a classe dos operadores que têm o maior tempo de espera por ciclo e a classe para a qual este tempo é mínimo; e

2) ajuste o grupo diminuindo o número de operadores, tanto os mais quanto os menos ocupados. Geralmente, é preferível obter-se um grupo menor do que um maior.

Um caso específico. A atividade a ser considerada é a descarga de um vagão com mercadorias enlatadas (Figs. 48 e 49). Em resposta à pergunta "como o trabalho poderia ser executado melhor: se uma empilhadeira fosse usada no transporte do material, ou se as latas fossem colocadas sobre tabuleiros dentro do vagão?" determinou-se que uma empilhadeira poderia descarregar dois vagões. Esta pergunta resultou em mudança radical de todo o processo. A introdução da empilhadeira eliminou todos os condutores e empilhadores.

Figura 50. A localização de tornos-revólveres em cada um dos lados da bancada permite a usinagem da ponta dos tubos com um mínimo de manuseio

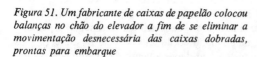

Figura 51. Um fabricante de caixas de papelão colocou balanças no chão do elevador a fim de se eliminar a movimentação desnecessária das caixas dobradas, prontas para embarque

Arranjo físico da seção de tornos. A Fig. 50 mostra a instalação de doze tornos-revólveres pesados Gisholt, para tornear superfícies cônicas concêntricas rosqueadas, que formarão juntas estanques em tubos-padrão sem costura. Cada par de tornos-revólveres é colocado simetricamente, tendo uma mesa com roletes entre eles. Os tornos usinam com um mínimo de manuseio os dois lados dos tubos cujos comprimentos variam de 9 a 12 m.

Rearranjo dos departamentos de um hotel. O gráfico do fluxo do processo tem sido usado mais na fábrica, como auxiliar para a eliminação de operações, melhorando o arranjo físico do equipamento e reduzindo o manuseio de materiais. Como conseqüência da oportunidade de se realizarem grandes economias, escritórios, bancos, restaurantes e hotéis estão usando também essa técnica no estudo de vários de seus processos.

O Lowry Hotel obteve sucesso notável neste campo. H. E. Stats, que dirigiu este tipo de trabalho, afirma que, embora o seu objetivo original fosse o estudo do arranjo físico com a finalidade de se melhorar o aproveitamento do espaço e o manuseio de materiais, este empreendimento foi tão bem sucedido que seus objetivos foram estendidos e passaram a incluir uma aplicação, em pequena escala, de administração científica nos campos que seguem.

1) Arranjo físico e movimentação de materiais.

2) Administração do pessoal, incluindo treinamento para melhoria da produtividade de indivíduos e de grupos[7].

3) Funções auxiliares (incluindo contabilidade de custos, análise de impressos, política de manutenção etc.).

4) Uso da administração científica no estudo do sistema organizacional[8].

O hotel possuía aproximadamente 250 empregados, tendo sido possível desenvolver todas estas atividades a um custo inferior a 0,5% do volume total de vendas da organização. Os parágrafos seguintes sumarizam algumas das modificações introduzidas.

1) Todos os depósitos foram agrupados em uma unidade diretamente subordinada a um departamento de compras centralizado. Sete gerentes[9], que até então dispendiam parte de seu

---

[7]H. E. Stats, Personnel Relations in Hotel Management. *Journal of Society for the Advancement of Management*, Vol. 2, n.º 4, p. 101

[8]H. E. Stats, Evolution of an Organization Plan. *Proceedings of the Minnesota Hotel Association*

[9]Gerente, auditor, gerente de fornecimentos, chefe, chefe dos garçons, chefe da limpeza e superintendente do edifício

72   *Ralph M. Barnes*

tempo na tarefa de compras, quando cada departamento fazia suas próprias compras, foram aliviados dessa responsabilidade, tornando-se, assim, capazes de se encarregarem de tarefas adicionais de supervisão.

2) O departamento de recepção foi combinado com o depósito central, eliminando-se, assim, a existência de uma seção de recepção funcionando como unidade independente.

3) **Mudança do local da rouparia**, resultando na consolidação de dois outros departamentos (o departamento de liberação do trabalho e o departamento de serviços), tornou possível que as funções desses departamentos fossem executadas somente pelo departamento de serviço. Esta mudança melhorou o controle exercido sobre os suprimentos e sobre o pessoal.

4) A carpintaria, a seção de pintura, a oficina de manutenção, que se localizavam em locais diferentes e em diferentes andares, foram reunidas em um departamento de manutenção, anteriormente usado como simples depósito.

5) O rearranjo do departamento de engarrafamento resultou em grande redução nas despesas com mão-de-obra e equipamentos.

6) A mudança do açougue, que se situava nos armazéns do porão, para o nível da cozinha no andar principal eliminou a necessidade de requisições interdepartamentais para a retirada de carnes. As carnes cortadas podem agora ser obtidas mais rapidamente, e o açougueiro utiliza seu tempo de espera em outras tarefas da cozinha.

7) Talvez a mudança mais revolucionária no arranjo físico e na movimentação dos materiais tenha sido a centralização de toda a lavagem de pratos em um departamento junto à cozinha principal. Este departamento é alimentado por um transportador aéreo de corrente, que também tem acesso à cozinha do café. O transportador é também usado para o transporte de ordens e de matérias-primas entre as cozinhas.

CENTRALIZAÇÃO DO DEPARTAMENTO DE LAVAGEM DE PRATOS

a) A secagem de pratos e de copos é agora completamente automática. Equipamento novo seca os pratos e os copos automaticamente.

b) O uso do transportador na transferência de pratos preparados permite que se feche uma das cozinhas, quando a procura cai abaixo de um certo nível. As ordens são transmitidas por um sistema de intercomunicação e entregues pelo transportador.

c) O ritmo do transportador em movimento estabelece a velocidade de trabalho para outras operações na cozinha[10].

d) O transportador serve também para armazenar louça suja durante as horas de maior movimento, eliminando gargalos na operação e diminuindo as quebras devidas ao congestionamento no departamento de lavagem (Fig. 52).

e) O transportador é empregado para o armazenamento temporário de pratos limpos durante as horas de menor movimento, evitando dessa forma que os pratos sejam manuseados e guardados desnecessariamente.

f) A concentração do pessoal do departamento de lavagem de pratos em um único local torna a supervisão mais simples.

INSTALAÇÃO DE UMA PONTE DE TUBULAÇÕES EM UM EDIFÍCIO INDUSTRIAL.

A Procter and Gamble Company faz uso extensivo do projeto de métodos na construção de seus edifícios industriais. Uma análise cuidadosa dos métodos de construção de uma ponte para

---

[10]Os responsáveis pelas cozinhas têm relatado a excepcional influência psicológica, exercida sobre os empregados do departamento, resultante do movimento constante e regular de um transportador por monovia. Aparentemente, o transportador auxilia os operários a manterem uma velocidade de trabalho constante e suave, mesmo quando suas atividades não estão diretamente ligadas ao transportador

Estudo de movimentos e de tempos

Figura 52. Seção centralizada para a lavagem de pratos com polidor de talheres à frente; ao fundo, duas máquinas de lavar pratos e um transportador aéreo de corrente para o transporte dos pratos

tubulações, e a subseqüente instalação de tubos e eletrodutos na mesma, proporcionou uma economia substancial de tempo e de dinheiro. A ponte que vemos nas Figs. 53 e 54 foi instalada na fábrica da empresa situada na Flórida[11]. A ponte foi construída em uma fábrica de estruturas metálicas e transportada para o local em uma única peça. O método usual de se construir uma ponte desse tipo era o de pegá-la com um guindaste, elevá-la até sua posição e, então, instalar a

Figura 53. Ponte de tubulações, vista externa

[11] Gunnar C. Carlson, A Cost Reduction Program for Construction. *Proceedings Eighth Industrial Engineering Institute*, University of California, Los Angeles-Berkeley, fevereiro, 1956, p. 21

Figura 54. Ponte de tubulações, vista interna

tubulação e os conduítes. Um método mais eficiente consistiu na instalação dos tubos e dos conduítes quando a ponte ainda se encontrava no chão. Além do mais, a isolação e a pintura foram feitas também nessa posição. Com a tubulação já instalada, levantou-se a ponte com o mesmo guindaste que seria empregado para instalar a ponte vazia. Este método permitiu uma redução de custos de 2 800 dólares em relação ao método tradicional.

CUIDADOSA ANÁLISE DO PROCESSO É NECESSÁRIA EM LINHAS DE PRODUÇÃO MECANIZADAS. Quando se estuda o arranjo físico para a produção em massa de um produto específico, o processo de fabricação é estudado cuidadosamente, e as máquinas, equipamentos, locais de trabalho são dispostos de tal forma que o produto será movimentado através da fábrica, com um mínimo de movimentos desnecessários e de retrocessos. O caminho que cada parte e subconjunto deve seguir é estudado antes que o equipamento seja instalado na fábrica.

O arranjo físico mostrando um departamento da fábrica Ford (Fig. 55) ilustra este tipo de manufatura. Entretanto, na maioria das indústrias, a disposição não é deste tipo. Em vez disso, o material se movimenta de um local de trabalho para outro, de forma intermitente, transportado por carrinhos, e, em muitos casos, pouca atenção é dada à seqüência de operações ou ao fluxo através da fábrica. Devido a isso, muitas são as oportunidades para se economizar tempo e dinheiro, como resultado de uma análise do processo produtivo.

PASSOS A SEREM SEGUIDOS NA EXECUÇÃO DE UM GRÁFICO DO FLUXO DO PROCESSO E DE UM MAPOFLUXOGRAMA

1) Determine a atividade a ser estudada. Decida se o objeto a ser seguido é uma pessoa, produto, peça, material ou impresso. Não mude de objeto durante a construção do gráfico do fluxo do processo.

2) Escolha pontos definidos para o início e o término do gráfico, a fim de que se garanta a cobertura da atividade que se deseja estudar.

3) O gráfico do fluxo do processo deve ser executado em uma folha de papel com dimensões suficientes para conter: (*a*) o cabeçalho, (*b*) a descrição e (*c*) o sumário. O cabeçalho deverá

Estudo de movimentos e de tempos

Figura 55. Modelo da linha de produção mecanizada na Ford Motor Company. Foi feita cuidadosa análise do processo, incluindo o uso de modelos tridimensionais das máquinas e operadores, antes da instalação definitiva do maquinário e equipamento (Cortesia da Ford Motor Co.)

identificar o processo em estudo. O corpo do gráfico do fluxo do processo deverá conter uma coluna para a *Distância percorrida* (em m), uma para o *Símbolo*, uma para a *Descrição* e, possivelmente, uma para o *Tempo*. Devem ser empregados os cinco símbolos do gráfico do fluxo do processo. Cada passo do processo produtivo deve ser indicado para que a análise tenha real valor. É necessário que reconheçamos e identifiquemos os passos desnecessários e as ineficiências para que possamos eliminá-los.

4) Inclua no gráfico do fluxo do processo um sumário tabelar mostrando o número de operações, o número de movimentos, as distâncias percorridas pelas peças, o número de inspeções, o número de armazenamentos e as esperas. Depois de terem sido executadas as melhorias, deve-se compilar um sumário combinado fornecendo essas informações relativas ao método antigo, ao método proposto e à diferença.

5) Obtenha plantas do departamento ou da fábrica mostrando a localização das máquinas e o equipamento usado na produção. Se não puderem ser obtidas, desenhe esquemas em escala. Freqüentemente, é desejável montar-se as plantas em uma prancha de madeira, cortando-se *templates* de papelão para representação das máquinas, usando-os quando novo arranjo físico para o equipamento for sugerido. Algumas vezes, modelos tridimensionais de máquinas e equipamentos são usados em lugar dos *templates* (Fig. 55).

6) Desenhe nas plantas o fluxo da peça através da fábrica, anotando a direção do movimento por meio de flechas. O mapofluxograma deve ser feito no próprio local de trabalho e não de memória na mesa do analista. As distâncias devem ser realmente medidas ou, ao menos, avaliadas.

CAPÍTULO 8

Gráficos de atividade. Gráficos homem-máquina

GRÁFICOS DE ATIVIDADE

Apesar do gráfico do fluxo do processo e do mapofluxograma nos ilustrarem os diversos passos no processo produtivo, freqüentemente, é desejável ter-se uma subdivisão do processo ou de uma série de operações, expressas em função do tempo. Um gráfico deste tipo, é chamado gráfico de atividade. A Fig. 57 mostra o gráfico de atividade para a operação que consiste em pegar partes fundidas de uma caixa e carregá-las 3 m, colocando-as em máquina de limpeza a jato de areia. O esquema encontrado na Fig. 56 foi feito com a finalidade de dar ênfase ao fato de o operador carregar os fundidos 3 m e voltar em busca de novas peças uma igual distância.

O gráfico nos sugere o fato óbvio de este transporte poder ser eliminado pela simples colocação da caixa, com as peças, ao lado da máquina. Isto não era feito originalmente porque a máquina se localizava em uma plataforma de concreto com 10 cm de altura. A construção de um plano inclinado possibilitou à empilhadeira transportar a caixa até ao lado da máquina como mostra a Fig. 58. A Fig. 59 ilustra como isso eliminou a movimentação e possibilitou ao operador um aumento de produção de 75%. Um homem apenas pode alimentar agora essa máquina, ao passo que originalmente eram necessários dois.

O gráfico de atividade tem valor especial na análise de trabalho de manutenção, de atividade de pessoas em um grupo e de operações em que o trabalho está desbalanceado e onde é "necessária" a existência de esperas[1].

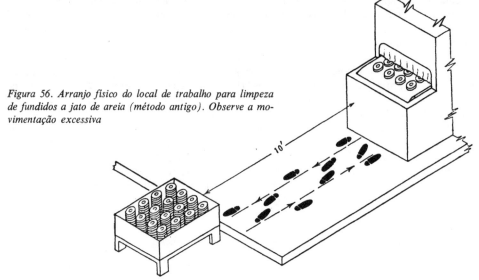

Figura 56. Arranjo físico do local de trabalho para limpeza de fundidos a jato de areia (método antigo). Observe a movimentação excessiva

---

[1] Para o uso dos gráficos de atividade em operações de produção de petróleo, veja Job Design por H. G. Thuesen e M. R. Lohmann. *Oil and Gas Journal*, Vol. 41, pp. 115-118

Estudo de movimentos e de tempos

Figura 57. Gráfico de atividade para limpeza de fundidos a jato de areia (método antigo)

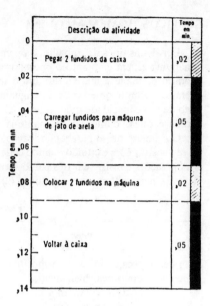

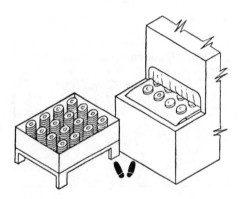

Figura 58. Arranjo físico do local de trabalho para limpeza de fundidos a jato de areia (método melhorado). A movimentação desnecessária foi eliminada; agora, um homem executa o trabalho de dois

Figura 59. Gráfico de atividade para limpeza de fundidos a jato de areia (método melhorado)

GRÁFICOS HOMEM-MÁQUINA

Em alguns tipos de trabalho, o operador e a máquina trabalham intermitentemente. Assim a máquina espera enquanto o operador a alimenta e enquanto ele remove a peça acabada, e o operário permanece inativo durante o tempo-máquina do ciclo. A eliminação das esperas do operário é sempre desejável, mas é igualmente importante, o fato de a máquina operar tão próximo de sua capacidade quanto possível. Em muitos casos, o custo de se manter uma máquina parada é quase o mesmo de mantê-la em operação.

O primeiro passo para a eliminação do tempo de espera do operador e da máquina consiste em se registrar com exatidão quando cada um deles trabalha e o que cada um deles faz. A maioria das operações consiste em três passos principais: (1) PREPARAÇÃO como, por exemplo, a alimentação do material em uma máquina; (2) EXECUÇÃO (levar a cabo a tarefa programada) como,

Fazer furo em fundido

Homem	Máquina
1) Pegar peça, colocar no dispositivo, prender, abaixar broca, ligar avanço Tempo, 1/2 min (PREPARAÇÃO)	Inativa
Inativo	2) Furar 1/2 pol na peça. Avanço automático Tempo, 2,5 min (EXECUÇÃO)
3) Levantar broca, remover peça, dispor, limpar cavacos do dispositivo Tempo, 3/4 min (DISPOSIÇÃO)	Inativa

R E S U M O

	Homem	Máquina
Tempo de espera	2,50 min	1,25 min
Tempo de trabalho	1,25	2,50
Tempo total do ciclo	3,75	3,75
Utilização, em %	Utilização do operador $=$ $\dfrac{1,25}{3,75} = 33\%$	Utilização da máquina $=$ $\dfrac{2,50}{3,75} = 67\%$

Figura 60. Gráfico homem-máquina (forma simples). Eram necessários 3,75 min para furar o fundido. Durante este tempo, o operador trabalhava 1 ¼ min, e a máquina operava 2 ½ min. O tempo de atividade do operador era 33% do ciclo, e o tempo-máquina era 67% do ciclo

Estudo de movimentos e de tempos **79**

por exemplo, furar uma peça; (3) DISPOR como, por exemplo, remover a peça acabada da máquina.

A Fig. 60 mostra a furação de um fundido com uma furadeira automática; os passos executados pelo homem estão representados no lado esquerdo, e a operação executada pela máquina se encontra no lado direito. Este é um gráfico homem-máquina em sua forma mais simples.

Freqüentemente, podemos obter representação mais clara da inter-relação entre o tempo do homem e o tempo-máquina se apresentarmos a informação em um gráfico executado em escala.

COMPRANDO CAFÉ. A simples tarefa de se comprar 1 kg de café é usada aqui para ilustrar as operações executadas pelo freguês, pelo balconista e pelo moedor de café (máquina), em uma mercearia. O freguês dirige-se ao balcão e pede ao balconista 1 kg de café, especificando a marca e o tipo. O balconista apanha o café, abre o pacote, prepara o moedor, despeja nele o café e aciona a máquina. O comprador e o balconista esperam durante 21 s, enquanto o café está sendo moído[2].

Terminada a moagem, o balconista coloca o café no pacote e o entrega ao freguês. Este, então, paga ao balconista, que registra a venda, dá o troco ao freguês e coloca o dinheiro na caixa registradora. O "trabalho" ou atividade do comprador, do balconista e do moedor de café está apresentado graficamente no diagrama homem-máquina (Fig. 61) e tabelado na parte inferior do gráfico.

ALTERAÇÕES POSSÍVEIS. O gráfico homem-máquina da Fig. 61 mostra a existência de espera excessiva do freguês e do balconista durante a moagem do café. Isto sugere que se mantenha um estoque de café moído, de tal forma que o freguês não necessite esperar a moagem do café. Se isso fosse feito, o balconista poderia atender o dobro de fregueses por hora, e esses gastariam menos da metade do tempo esperando no balcão.

Se o armazém fosse suficientemente grande, possuindo diversos balconistas e usando vários moedores, o gráfico homem-máquina indicaria se as atividades dos empregados deveriam ser divididas em duas partes, com um balconista vendendo o café e um outro moendo-o. Assim, nesse caso hipotético, os moedores seriam usados quase que constantemente, o que significa o emprego de menor número de moedores. Os balconistas poderiam trabalhar mais convenientemente desde que houvesse menor tempo de espera, e os fregueses seriam atendidos com maior rapidez. Além disso, o congestionamento seria menor durante as horas de maior movimento. Conseqüentemente, isto significa que o armazém poderia servir um número maior de fregueses, com uma dada área e com uma quantidade fixa de equipamento. Entretanto seria necessário que os pacotes de café moído fossem selados e datados de tal forma que os fregueses recebessem sempre café moído recentemente.

CORTE DE TECIDOS REVESTIDOS. Um tecido especial é revestido com um adesivo em uma máquina de revestimento contínuo, e o material acabado é retirado da estufa em rolos com aproximadamente 90 cm de largura e 60 cm de diâmetro. Estes rolos são então armazenados e, posteriormente, removidos e cortados em rolos mais estreitos, de acordo com as ordens de compra.

MÉTODO ORIGINAL. O material é cortado em máquinas semelhantes à apresentada na Fig. 62. O rolo é colocado no eixo (A), na parte posterior da máquina. O material passa entre discos cortantes em rotação, (B), que o pressionam contra o cilindro também em rotação (C), cortando

---

[2]O tempo, usualmente, é lido e registrado em minutos ou horas decimais e não em segundos. Entretanto, ao descrever certas técnicas do estudo de movimentos e de tempos para operários de fábricas, como o diagrama homem-máquina da Fig. 61, o tempo pode ser expresso em segundos desde que a maior parte das pessoas esteja familiarizada com essa unidade

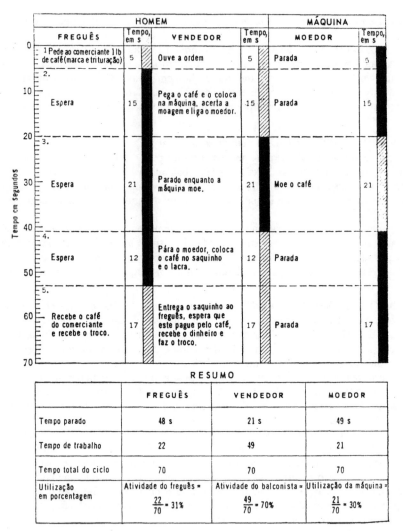

Figura 61. Gráfico homem-máquina mostrando as atividades envolvidas na compra de café em uma mercearia. O freguês, o balconista e o moedor de café (máquina) tomam parte nesta operação. Era necessário 1 min 10 s para o freguês comprar um kg de café nesta mercearia. Durante esse tempo, o freguês gastava 22 s, ou 31% do tempo, dando sua ordem ao balconista, recebendo o café moído e pagando por ele. Permanecia inativo durante os restantes 69% do tempo. O balconista trabalhava 49 s, ou 70% do tempo, ficando inativo 30% do tempo. O moedor operava 21 s, ou 30% do tempo, permanecendo inativo 70% do tempo

desta forma o material na largura desejada. O material é então enrolado em bobinas de papelão, que são colocadas no eixo (*D*). Quando for obtido o comprimento desejado do tecido, pára-se a máquina, e esse é cortado paralelamente ao eixo (*D*). O operador com a assistência de um ajudante, embrulha o material bobinado, coloca um rótulo em cada rolo, nele marcando o tipo, comprimento e outras informações pertinentes. Os rolos são então removidos do eixo (*D*) e colocados em uma rampa. Durante este tempo, a máquina de cortar está inativa.

Estudo de movimentos e de tempos 81

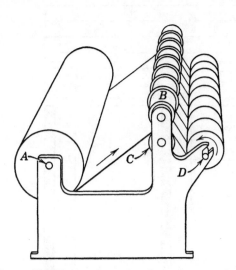 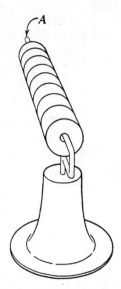

Figura 62. Máquina de cortar. O tecido revestido é puxado, sob facas de corte (B), em direção ao cilindro (D) no qual é enrolado

Figura 63. Pedestal especial. Os rolos de tecido são transferidos para o braço (A) a fim de serem embrulhados e rotulados

MÉTODO MELHORADO. A seguinte alteração do método atual aumentou a capacidade de corte das máquinas em 44%: montou-se um eixo em um pedestal semelhante ao apresentado na Fig. 63. Depois de se ter cortado, bobinado e separado o comprimento desejado do tecido revestido, os rolos são escorregados do eixo (D) da máquina de cortar para o eixo (A) do pedestal. Isto é uma operação curta e simples. O ajudante, então, embrulha, rotula e marca os rolos, enquanto o operador, imediatamente, aciona a máquina de corte, eliminando desta forma grande parte do tempo de espera da máquina. O projeto da máquina torna necessário ao operador a manipulação dos controles durante o corte do tecido. Os gráficos homem-máquina (Figs. 64 e 65) mostram o tempo de espera e o tempo de atividade antes e depois do desenvolvimento do novo método.

RESULTADOS. Com o método antigo, o tempo total do ciclo era 5,2 min, ou seja, 11,5 cortes/h. Com o novo método, o tempo do ciclo foi reduzido a 3,6 min, o que aumentou a produção para 16,6 cortes/h. Esse aumento de 5,1 cortes/h, representa um acréscimo de 44%. Como mostra o gráfico homem-máquina, a utilização da máquina aumentou de 42 para 61%. Isso teve importância especial nesse caso, uma vez que as máquinas operavam durante 24 h/dia, e 7 dias/semana e, mesmo assim, não conseguiam satisfazer à procura pelo produto.

PROJETO DE MÁQUINAS E DE EQUIPAMENTOS. Os produtores de máquinas e de equipamentos se confrontam com o problema de projetar máquinas que executem melhor o trabalho com um custo mais baixo. Para a solução deste problema, o processo e as operações individuais devem ser estudados do ponto de vista da pessoa que executará o trabalho; o projeto da máquina ou equipamento deve ser tal que propicie economia de tempo e de energia para quem vier a empregá-los.

O fato de os equipamentos novos economizarem tempo, eliminando algumas operações é freqüentemente usado em sua propaganda. A Fig. 66 reproduz parte de um anúncio, usado por um fabricante de equipamentos para lavanderias comerciais, para mostrar que um secador, de

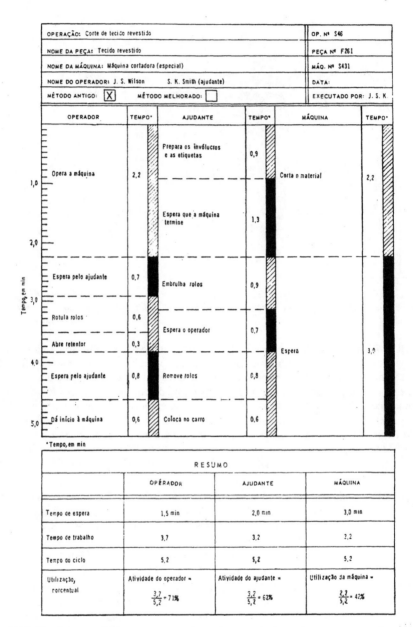

Figura 64. Gráfico homem-máquina para o corte de tecido revestido (método antigo). Tempo total do ciclo: 5,2 min; número total de cortes/h: 11,5

Estudo de movimentos e de tempos

OPERAÇÃO: Corte de tecido-revestido				OP. Nº S46	
NOME DA PEÇA: Tecido revestido				PEÇA Nº F261	
NOME DA MÁQUINA: Máquina cortadora (especial)				MÁQ. Nº S431	
NOME DO OPERADOR: J.S.Wilson S.K.Smith (ajudante)				DATA:	
MÉTODO ANTIGO: ☐ MÉTODO MELHORADO: ☒				EXECUTADO POR: J.S.K.	

OPERADOR	Tempo*	AJUDANTE	Tempo*	MÁQUINA	Tempo*
		Empacota-continuação	0,3		
		Coloca endereço nos rolos	0,6		
Opera a máquina	2,2	Coloca os rolos sobre o plano inclinado	0,5	Corta o material	2,2
		Prepara os invólucros e as etiquetas	0,9		
Abre a máquina	0,3	Espera pelo operador	0,2		
Retira o rolo	0,5	Ajuda a retirar os rolos	0,5	Parada	1,4
Liga a máquina	0,6	Empacota os rolos	0,6		

*Tempo, em min

RESUMO			
	OPERADOR	AJUDANTE	MÁQUINA
Tempo parado	0,0 min	0,2 min	1,4 min
Tempo de trabalho	3,6	3,4	2,2
Tempo total do ciclo	3,6	3,6	3,6
Porcentagem de utilização	Atividade do operador $\frac{3,6}{3,6} = 100\%$	Atividade do ajudante $\frac{3,4}{3,6} = 95\%$	Utilização da máquina $\frac{2,2}{3,6} = 61\%$

Figura 65. Gráfico homem-máquina para o corte de tecido revestido (método melhorado). Tempo total do ciclo: 3,6 min; número total de cortes/h: 16,6

projeto melhorado, elimina várias operações manuais e executa em 8 min o trabalho que, até então, levava 29,5 min. A seguir, daremos uma descrição mais completa deste trabalho.

SECAGEM DE ROUPAS EM UMA LAVANDERIA COMERCIAL — MÉTODO USUAL.
Nas lavanderias comerciais, após a lavagem, as roupas são manualmente removidas das máquinas de lavar, colocadas em um carrinho, transportadas para os secadores e descarregadas manualmente no secador. A tampa do secador é então fechada, e este gira a alta velocidade, durante 10 a 15 min, sendo a água das roupas eliminada por centrifugação.

O secador é desligado, sua tampa é aberta, e as roupas, removidas manualmente e colocadas novamente no carrinho. O carrinho é transportado para uma mesa, sendo as roupas removidas manualmente e colocadas sobre a mesa.

Figura 66. Diagrama usado por um fabricante de equipamento para lavanderias a fim de mostrar como seu secador é projetado para eliminar operações manuais e economizar tempo

Estudo de movimentos e de tempos　　　　　　　　　　　　　　　　　　　　　　　　**85**

Figura 67. Secador usado em lavanderia comercial a fim de remover água das roupas por centrifugação. O secador removível é feito em metades, cada uma das quais é ajustada por roldanas, e possui um fundo articulado

SECADOR COM TAMBORES REMOVÍVEIS. Um secador (Fig. 67) está sendo agora produzido com um tambor removível, constituído de duas partes ou metades. Cada uma das partes do tambor é ajustada com o auxílio de roldanas, e o fundo é articulado em um dos lados, abrindo para baixo.

Usando este novo secador, a operação de centrifugação das roupas é feita da seguinte maneira: as duas metades do tambor são transportadas para a máquina de lavar e aí colocadas. As duas metades são então justapostas de forma a constituírem um cilindro (Fig. 67). Com o auxílio de uma talha montada em uma monovia, o tambor é levantado e transportado até o secador, balanceado e colocado em seu lugar. O secador funciona por 15 min. Após a centrifugação das roupas, o secador é desligado, a tampa é aberta, e o tambor, retirado com auxílio da talha é transportado para a mesa. Lá abre-se o fundo articulado, permitindo que as roupas caiam sobre a mesa. Fecha-se o fundo, e o secador é transportado novamente para a máquina de lavar a fim de que se coloque nova carga de roupas.

MECANIZAÇÃO E AUTOMATIZAÇÃO. O uso do secador com tambores removíveis foi uma melhoria decisiva sobre o método anterior e é largamente usado nas lavanderias comerciais. Todavia já existe no mercado uma combinação de máquina de lavar e secar com capacidade de 62 a 155 kg (carga seca). Além disso, uma máquina automática de lavar será lançada no mercado, podendo lavar, enxugar, secar e passar roupa lisa à média de 32 m/min. Isto equivale a 1 dúzia de lençóis/min.

CAPÍTULO 9
Análise de operações

O estudo geral do processo produtivo resultará na redução da distância percorrida pelo operador, na redução do emprego de materiais e ferramentas, originando procedimentos ordenados e sistemáticos. O gráfico homem-máquina aponta meios para a eliminação do tempo de espera da máquina, promovendo um melhor balanceamento entre o trabalho do homem e o da máquina.

Depois de se terem completado tais estudos, é oportuno que investiguemos operações específicas a fim de melhorá-las. O objetivo do estudo de movimentos é analisar os movimentos usados por um operário na execução de uma operação a fim de determinar o método preferido. Sistematicamente, procuramos eliminar todos os movimentos desnecessários e dispor os movimentos restantes na melhor seqüência. Justamente quando iniciamos a análise de operações específicas, é que as técnicas e os princípios do estudo de movimentos se tornam mais úteis.

A extensão que deveremos dar ao estudo de movimentos, bem como às demais fases do estudo de movimentos e de tempos, dependerá principalmente das economias esperadas, provenientes da redução dos custos operacionais. Como mostra a Tab. 1, o estudo de movimentos poderá variar de uma análise rápida, seguida pela aplicação dos princípios de economia dos movimentos, a um estudo detalhado dos movimentos de cada mão, seguido por uma detalhada e cuidadosa aplicação dos princípios de economia dos movimentos. A análise mais elaborada somente é possível com a utilização do estudo de micromovimentos que será explicado num dos capítulos seguintes.

GRÁFICOS DE OPERAÇÃO. Para aqueles treinados nas técnicas do estudo de movimentos, isto é, aqueles capazes de visualizar o trabalho em termos de movimentos elementares das mãos, o gráfico de operações ou o gráfico das duas mãos é uma ajuda simples e efetiva para a análise de uma operação. É desnecessário qualquer instrumento para medida de tempo, e, para a maior parte das tarefas, o analista pode construir o gráfico simplesmente observando o operador em seu trabalho. A finalidade principal deste gráfico é assistir o desenvolvimento de uma maneira melhor para se executar a tarefa, mas ele também tem valor definido no treinamento de operadores.

Dois símbolos são comumente usados na construção de um gráfico de operações. O pequeno círculo indica um transporte, como, por exemplo, o movimento da mão em direção a uma peça, e o círculo maior denota ações do tipo agarrar, posicionar, usar ou soltar a peça. Na assinatura de uma carta com uma caneta, a mão esquerda segura o papel enquanto a direita executa os diversos movimentos indicados na Fig. 68.

O primeiro passo na execução de um gráfico de operações é desenhar um esquema do local de trabalho, indicando os conteúdos dos diversos depósitos e a localização das ferramentas e materiais. Após isso, observa-se o operador, anotando mentalmente seus movimentos, observando cada uma das mãos em separado. Registra-se os movimentos ou elementos para a mão esquerda no lado esquerdo de uma folha de papel, e, de maneira análoga, registra-se os movimentos da mão direita no lado direito da folha. Como, geralmente, não se consegue obter o sincronismo dos movimentos das duas mãos, em uma primeira tentativa, é, em geral, necessário que se refaça o gráfico até que a simultaneidade seja obtida.

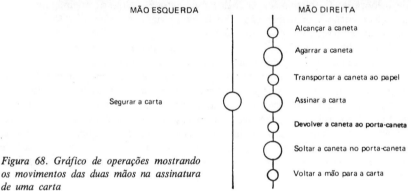

Figura 68. Gráfico de operações mostrando os movimentos das duas mãos na assinatura de uma carta

MONTAGEM DE ARRUELAS E PARAFUSOS. A Fig. 69 apresenta um gráfico de operações da montagem de uma arruela de retenção, uma arruela de aço e uma arruela de borracha em um parafuso. Esta operação está descrita integralmente na Fig. 125. O gráfico nos mostra de imediato que a mão esquerda segura o parafuso, enquanto a mão direita executa trabalho montando as arruelas. É evidente que os movimentos das duas mãos não estão balanceados. O gráfico da Fig. 70 nos mostra a mesma operação quando se introduziu um dispositivo para montagem e quando as duas mãos trabalharam juntas e simultaneamente.

Quando o analista possui diante de si uma subdivisão detalhada da operação, ele está em uma posição muito mais favorável para questionar cada elemento da tarefa e desenvolver um método mais fácil e melhor.

MONTAGEM DE BRAÇADEIRAS. A braçadeira apresentada na Fig. 71 consiste em três peças distintas: (*A*) o parafuso em "U", (*B*) o fundido e (*C*) as porcas hexagonais. As braçadeiras, originalmente, eram montadas da seguinte forma: o operador agarrava um parafuso em "U" no alimentador 1 (Fig. 72), com a mão esquerda, e o transportava para o local da montagem. Após isto, agarrava um fundido no alimentador 3, com a mão direita, e montava-o ao parafuso; de maneira semelhante, agarrava duas porcas no alimentador 2, montando-as sucessivamente nas pontas rosqueadas do parafuso. Finalmente, dispunha o conjunto com a mão direita, no depósito 4 à sua direita. O gráfico de operações para esta operação se encontra na Fig. 72.

Estudo de movimentos e de tempos

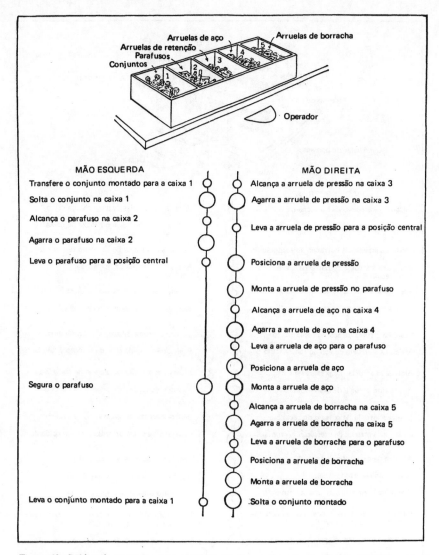

Figura 69. Gráfico de operações para a montagem de arruelas em um parafuso (método antigo)

FOLHA DE VERIFICAÇÃO PARA A ANÁLISE DE OPERAÇÕES. Uma das formas de se resolver o problema do desenvolvimento de um melhor método para se executar uma tarefa é submeter a operação em estudo a perguntas específicas e detalhadas. Se diversas pessoas interessadas na tarefa estudarem juntas essas perguntas, é provável que seja encontrada uma solução mais satisfatória. Além de se estudarem os movimentos usados na execução da operação, é também desejável que se considerem os materiais, as ferramentas, os dispositivos, o equipamento para manuseio de materiais, as condições de trabalho e outros fatores que possam afetar a tarefa em execução. Encontrar a melhor forma de se executar um trabalho não é sempre simples, requer

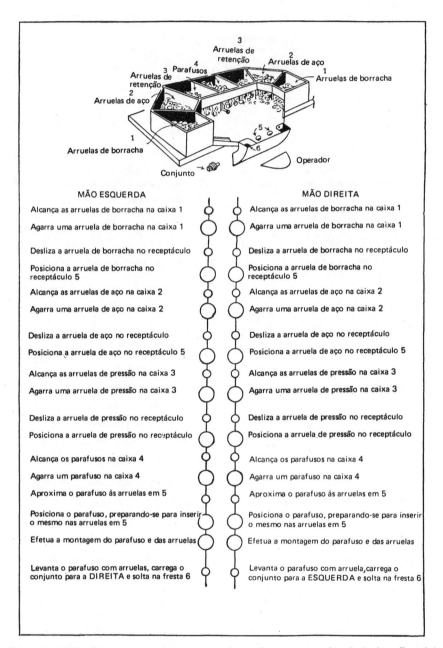

Figura 70. Gráfico de operações para a montagem de arruelas em um parafuso (método melhorado)

Estudo de movimentos e de tempos

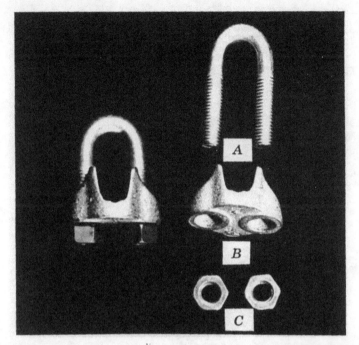

Figura 71. Montagem de braçadeira. (A) *parafuso em "U",* (B) *fundido e* (C) *porcas*

imaginação, criatividade e capacidade inventiva. Portanto a cooperação de pessoas como mestres, projetistas de ferramentas e do próprio operador são, muitas vezes, de inestimável valor para o analista.

Depois de se registrar tudo o que pode ser levantado em relação ao trabalho, devemos analisar as diversas fases da operação.

I. *Materiais*

1) Pode ser usado um material mais barato?
2) O material apresenta uniformidade e encontra-se em condições adequadas?
3) O peso, as dimensões e o acabamento do material são tais que resultem em maior economia global?
4) O material é utilizado de maneira integral?
5) Algum uso pode ser dado aos refugos e às peças rejeitadas?
6) O estoque de material e de peças em processo pode ser reduzido?

II. *Manuseio de materiais*

1) Pode-se reduzir o número de vezes que o material é movimentado?
2) Pode-se encurtar a distância percorrida?
3) As caixas para movimentação dos materiais são adequadas? Suas condições de limpeza são aceitáveis?
4) Existe espera na entrega do material para o operador?
5) Pode o operador ser aliviado do transporte de materiais pelo emprego de transportadores?

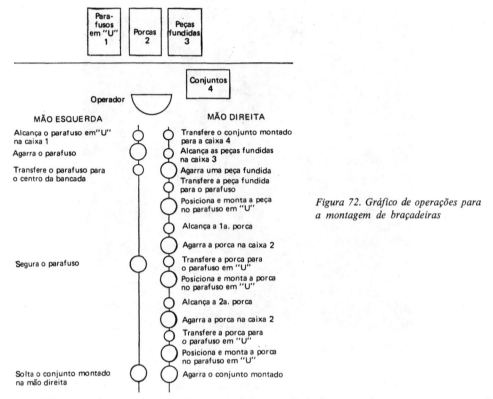

Figura 72. Gráfico de operações para a montagem de braçadeiras

6) Pode-se reduzir ou eliminar os transportes desnecessários?
7) Será possível a eliminação da necessidade de movimentação de materiais através de um rearranjo dos locais de trabalho ou através de combinações de operações?

III. *Ferramentas, dispositivos e gabaritos*

1) As ferramentas empregadas são as mais adequadas para este tipo de trabalho?
2) Estão as ferramentas em boas condições?
3) Possuem as ferramentas de usinagem ângulos de corte corretos, e são afiadas em uma ferramentaria centralizada?
4) Podem ser introduzidos novas ferramentas ou dispositivos de tal forma que possa ser usado um operador menos qualificado na execução da tarefa?
5) No uso de ferramentas e dispositivos, ambas as mãos são empregadas em trabalhos produtivos?
6) Pode-se usar alimentadores automáticos, ejetores, morsas, etc.?
7) Pode-se simplificar o projeto do produto?

IV. *Máquina*

A. Preparação

1) A máquina deve ser preparada pelo próprio operador?
2) Pode-se reduzir o número de preparações empregando-se lotes econômicos?

Estudo de movimentos e de tempos   **93**

3) Existe espera para obtenção de desenhos, ferramentas e calibres?
4) Há espera para se inspecionarem as primeiras peças produzidas?

B. Operação

1) Pode-se eliminar a operação?
2) Pode-se combinar operações?
3) Pode-se aumentar a velocidade de corte?
4) Pode-se empregar alimentação automática?
5) Pode-se dividir a operação em duas ou mais operações mais simples?
6) Podem duas ou mais operações ser combinadas em uma única? Considere o efeito de tais combinações no período de treinamento dos operários.
7) Pode-se mudar a seqüência de operações?
8) Pode-se reduzir os refugos e as perdas?
9) Pode a peça ser pré-posicionada para a operação seguinte?
10) Pode-se reduzir ou eliminar as interrupções?
11) Pode-se combinar uma operação com uma inspeção?
12) As condições de manutenção da máquina são adequadas?

V. *Operador*

1) O operador é qualificado física e mentalmente para a execução da operação?
2) Pode-se eliminar fadiga desnecessária através de uma mudança nas ferramentas, nos dispositivos, no arranjo físico ou nas condições de trabalho?
3) É o salário adequado para tal espécie de trabalho?
4) A supervisão é satisfatória?
5) Pode a eficiência do operador ser aumentada por instrução complementar?

VI. *Condições de trabalho*

1) As condições de iluminação, calor e ventilação são satisfatórias para este trabalho?
2) Os vestiários, armários, sanitários etc. são adequados?
3) Há risco desnecessário na execução da operação?
4) O operador pode trabalhar alternadamente sentado e em pé?
5) O período de trabalho e os intervalos para descanso são tais que proporcionem maior economia?
6) A conservação e limpeza da fábrica são satisfatórias?

Esta lista de perguntas, apesar de incompleta, mostra alguns dos elementos que devem ser considerados quando se fizer um estudo completo para se encontrar a melhor maneira de se executar o trabalho. Esta lista é um exemplo típico de uma folha de verificação que pode ser preparada para uso em uma fábrica específica.

Outra forma de se abordar o problema é dividir-se o trabalho em três partes: (1) preparação, (2) execução (ou uso) e (3) disposição, como já mencionamos anteriormente. A segunda fase constitui-se o objetivo real do trabalho, sendo, a primeira e terceira fases, auxiliares. Freqüentemente, a preparação e a disposição da peça podem ser encurtadas e simplificadas sem prejudicarem a fase de execução ou de uso de uma operação.

PINTURA INTERNA E EXTERNA DE TAMPAS E FUNDOS DE CAIXAS DE METAL. Este exemplo mostra os passos seguidos para se melhorar o método de pintura por pulverização com esmalte preto de duas partes de uma pequena caixa metálica. Das perguntas sugeridas na

Figura 73. Caixa metálica. (A) tampa; (B) fundo

seção precedente, aquela que parecia ser a mais promissora nesse caso era IV.B.6: Podem duas ou mais operações ser combinadas em uma única?, referindo-se à possibilidade de se pulverizarem a parte externa e a parte interna da caixa em uma única operação.

Quando um procedimento sistemático é seguido na procura de um método melhor, é raro encontrar-se na primeira tentativa aquele que melhor se adapte às circunstâncias. O desenvolvimento do método mais econômico para a execução de uma dada tarefa é um processo de pesquisa e invenção. O seguinte caso ilustra esse ponto de maneira excelente. Caixas (Fig. 73), fabricadas em tamanhos e formas ligeiramente variadas, são usadas para produtos do tipo de instrumentos cirúrgicos e acessórios para máquinas de costura. Elas compõem-se de uma tampa e um fundo, que se ajustam perfeitamente (Figs. 74 e 75). Estas partes são produzidas em lotes de 5 000 e 10 000 unidades.

 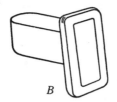

Figura 74. Ganchos para segurar a tampa e o fundo de caixas durante a pintura a revólver (método original). (A) pulverização do interior; (B) pulverização do exterior

MÉTODO ORIGINAL. O operador, em pé, diante da cabine de pintura, pegava com a mão direita uma tampa ou fundo de uma caixa, ainda não pintados, do depósito à sua direita e o colocava no dispositivo metálico (Fig. 74), segurando-o com a mão esquerda. Agarrando o revólver com a mão direita e mantendo a peça dentro da cabine, pintava a superfície interna, após o que colocava a peça em uma bandeja de tela. Quando essa bandeja se enchia (35 tampas ou fundos), era colocada em uma prateleira de forno, e uma tela vazia era colocada à esquerda da cabine de pintura.

Quando uma prateleira de forno estava cheia, o operador do forno a transportava para o forno no outro lado da sala, onde ela era queimada por 1 h 30 min. Retirava-se então a prateleira, esperava-se o resfriamento e as partes externas eram pintadas usando-se o dispositivo B (Fig. 74). A seqüência de movimentos usada na pintura da parte externa era semelhante à usada na da parte interna. As partes da caixa eram novamente cozidas no forno por 1 h 30 min e, quando removidas e resfriadas, encontravam-se prontas para a inspeção.

MÉTODOS MELHORADOS. Os seguintes métodos foram experimentados na ordem indicada.

1. *Ganchos de aço.* Era evidente que economia considerável seria conseguida se fosse possível imaginar-se um dispositivo que permitisse ao operador pintar ambos os lados da caixa em uma única operação.

Experimentaram-se diversas formas de ganchos com molas, semelhantes aos usados em outro tipo de recipiente, que seguravam internamente a peça.

Resultados. Verificou-se que a pressão do ar do revólver derrubava a peça do gancho. Por outro lado, ganchos com molas mais tensas tornavam difícil a colocação das caixas pelas moças. Este método foi abandonado por ser inexequível.

2. *Imersão no esmalte.* Como alguns produtos eram mergulhados no esmalte e queimados em um forno contínuo, produzindo resultados satisfatórios, sugeriu-se que se tentasse agir de maneira semelhante com as caixas. Prepararam-se prendedores metálicos (*A*, na Fig. 75), e o processo foi experimentado.

Resultados. Uma bolsa de ar formou-se nos cantos superiores das tampas da caixa, o que tornou impossível o contato do metal com o esmalte. Também, o esmalte não escorria de maneira satisfatória nos cantos inferiores. Dessa forma, a idéia de se mergulharem as caixas foi abandonada.

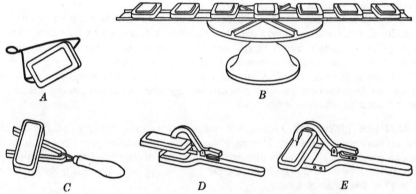

Figura 75. Acessórios usados na pintura a revólver da tampa e do fundo de caixas (métodos "melhorados").
(A) *ganchos de pressão, em aço, para imersão;* (B) *prateleira e mesa giratória;* (C) *dispositivo magnético;*
(D) *dispositivo mecânico;* (E) *dispositivo mecânico melhorado, que foi o adotado*

3. *Pulverizar externamente em mesa rotativa.* As tampas das caixas foram pintadas internamente, da maneira antiga, e colocadas em uma bandeja estreita (*B*, na Fig. 75). Quando sete tampas tinham sido colocadas na bandeja, as partes externas de todas elas eram pintadas, e a bandeja era então enviada ao forno para a queima.

Resultados. A pressão do ar emitido pelo revólver de pintura retirava as tampas da bandeja. Caso se cortassem dentes nas partes laterais da bandeja, eles prejudicariam o acabamento do esmalte nas caixas. Este método foi também abandonado.

4. *Dispositivo magnético.* Um ímã permanente (*C*, na Fig. 75) foi usado para segurar as tampas da caixa enquanto o operador pulverizava em uma operação única as partes interna e externa.

Resultados. Este método provou ser satisfatório para segurar as tampas, sendo, entretanto, difícil de se retirarem as peças pintadas do ímã para colocá-las na bandeja de tela. Dessa forma, a sugestão não foi usada.

5. *Dispositivo mecânico.* Um dispositivo (*D*, na Fig. 75) foi construído de tal forma que a tampa descansasse em três arestas, sendo segura mecanicamente por uma ponta de agulha.

Resultados. Este dispositivo provou ser satisfatório, pois permitia que as partes interna e externa da tampa fossem pintadas em uma única operação e possibilitou também fácil retirada da peça para sua colocação na tela metálica. Entretanto as duas arestas machucavam o esmalte nos lados da tampa quando ela escorregava em direção à bandeja de tela.

6. *Dispositivo mecânico aperfeiçoado.* Construiu-se um dispositivo (E, na Fig. 75) com duas arestas paralelas que não machucavam o esmalte durante a retirada da peça pintada.

Resultados. O dispositivo mostrou ser inteiramente satisfatório, e vários deles foram fabricados em alumínio e colocados imediatamente em uso na linha de produção. Cada operador usa dois dispositivos, deixando um mergulhado em solvente enquanto o outro está sendo usado.

O método melhorado, usando este dispositivo, mostrou ser superior ao método original nos pontos que se seguem.

1) O operador é capaz de pulverizar as partes interna e externa da tampa ou do fundo da caixa em uma única operação. Isto proporciona uma economia em mão-de-obra direta de aproximadamente 25%.

2) As tampas e os fundos são agora queimados uma única vez em lugar de duas vezes. Isto reduz o emprego dos fornos em 50% e diminui também em 50% a mão-de-obra indireta usada no manuseio das bandejas e das prateleiras.

3) Obteve-se uma economia adicional, pois a investigação mostrou que o interior das tampas e dos fundos das caixas estava sendo pintado com esmalte opaco, e o exterior com esmalte brilhante. Não há necessidade que o interior seja opaco, sendo este acabamento mais caro que o brilhante. Dessa forma, o uso do primeiro foi interrompido; a caixa toda é pintada agora com o esmalte brilhante. Somente este fato, em um ano de uso, economizou mais do que o suficiente para cobrir as despesas com todos os dispositivos experimentais que foram usados na fase do desenvolvimento do método melhorado.

TRABALHO DE LIMPEZA. O trabalho de limpeza representa parte considerável da folha de pagamento dos escritórios e das fábricas. Por exemplo, os salários pagos para o trabalho de limpeza na Ford Motor Company atingem a milhões de dólares por ano, com mais de 5 000 homens empregados nesse tipo de trabalho. Em algumas organizações, esse trabalho representa de 10 a 15% dos salários totais.

Lawrence A. Flagler, que pertenceu à Procter and Gamble Company, afirma: "um levantamento dos custos de limpeza em nossa fábrica revelou que estas tarefas representavam um dos maiores itens na classificação das despesas salariais. Ficou provado que mais de 700 pessoas da empresa eram empregadas nesse tipo de trabalho. (. . .) Minha estimativa é que, pelo menos, 150 000 operários são usados, nos E.U.A., em tempo integral em tarefas de limpeza de fábricas"[1].

Alguns resultados de um estudo cuidadoso sobre o equipamento de limpeza e os métodos usados por uma organização são apresentados a seguir. Eles mostram o que pode ser conseguido respondendo-se à pergunta: As ferramentas empregadas são as mais adequadas para este tipo de trabalho? Embora estes resultados sejam aplicáveis a condições pertinentes a este caso particular, muitos deles são básicos, tendo ampla aplicação.

O primeiro passo foi encontrar-se o melhor equipamento. Como os utensílios que o faxineiro usa não custam mais que poucos dólares por ano e representam menos que 0,2% dos custos totais de limpeza, será falsa economia comprar aqueles que não sejam os mais eficientes.

LIMPEZA COM O ESFREGÃO. Limpar o chão é uma das classes mais importantes no trabalho dos faxineiros. Das 700 pessoas empregadas em trabalhos de limpeza na Procter and Gamble, por exemplo, aproximadamente 215 gastavam seu tempo integral, limpando o chão.

---

[1]Lawrence A. Flagler, Motion Study Applied to Factory Clean-Up. *Abstract of Papers Presented at the Management Conference*, University of Iowa, *Extension Bulletin*, 458, p. 9

Estudo de movimentos e de tempos　　　　　　　　　　　　　　　　　　　**97**

Uma análise das operações usadas nessa tarefa indicou que os fatores mais importantes na escolha do esfregão eram os seguintes:

1) elevado índice de absorção para máxima transferência de água de um lugar do chão para outro em cada movimento do esfregão;

2) retenção mínima de água pelo esfregão, depois de espremido, a fim de reduzir seu peso morto e diminuir as tolerâncias para a fadiga;

3) a forma do esfregão deve permitir a maior área de contato possível entre este e o chão;

4) peso mínimo do cabo e de outros acessórios; e

5) as qualidades de desgaste do esfregão.

ESPECIFICAÇÕES PARA UM ESFREGÃO. Testes de fábrica, feitos em mais de 40 tipos e espécies diferentes de esfregões, resultaram nas seguintes especificações para um bom esfregão:

1) os esfregões devem ter cadarços largos para serem usados com cabo desmontável;

2) os cordões que constituem o esfregão devem ser formados por quatro fios de algodão de boa qualidade, ligeiramente enrolados, livres de chumaços e material estranho;

3) o comprimento dos cordões do esfregão deve ser de, aproximadamente, 95 a 105 cm, sendo presos ao centro por intermédio de uma tela forte de algodão de, no mínimo, 12 cm de espessura. O esfregão pronto deve ter espessura de 16 cm, depois de ter sido costurado na fita com, pelo menos, três fileiras de pontos duplos. O esfregão não deve ser costurado quando estiver dobrado, para que os dois lados possam ser usados a fim de igualar o desgaste;

4) o peso médio do algodão seco deve ser de 666 a 694 g quando usado em chão molhado, e de 893 a 921 g, quando usado em superfície seca;

5) o cabo do esfregão deve ter 1,5 m de comprimento, 3 cm de diâmetro, com uma cabeça de alumínio na extremidade; e

6) o esfregão deve ser guardado em um dispositivo do tipo mandíbula ou pinça, no qual é colocado, apertando-se então uma porca do tipo borboleta. A ferragem do esfregão deve ser leve e feita de material inoxidável.

A Fig. 76 nos mostra um esfregão de boa qualidade e um esfregão ineficiente. O esfregão do tipo "virola", à direita, não é satisfatório para o trabalho de fábrica. O esfregão é muito pequeno, o cabo, muito curto, e a virola que prende o esfregão ao cabo impede que o primeiro se espalhe no chão.

O esfregão do tipo "cabeça", à esquerda, está bem projetado. O cabo é comprido, possuindo cabeça metálica em sua ponta. Como o esfregão pode se espalhar no chão, o contato entre o algodão e o chão é 30% maior do que o de um esfregão "virola" de mesmo peso. Além disso, o esfregão se ajusta melhor ao espremedor, de forma que 10% a mais de água é removida em cada operação, tornando mais rápida a retirada da água suja do chão, diminuindo o peso morto para o faxineiro e diminuindo o número de vezes necessárias para se espremer o esfregão.

MÉTODO RECOMENDADO PARA O USO DO ESFREGÃO. O método recomendado para o emprego do esfregão é aquele que usa movimentos laterais em vez de movimentos de puxar e empurrar. O faxineiro se coloca no meio da trajetória a ser seguida pelo esfregão, com os pés afastados, formando ângulo reto com essa mesma trajetória (Fig. 77). O cabo do esfregão é agarrado na ponta, com uma das mãos e a, aproximadamente, 38 cm da ponta com a outra mão. O cabo do esfregão é colocado de modo a permitir o máximo contato com o chão e movimentado de lado a lado, na frente do faxineiro, em trajetória em arco. O raio de curvatura desse arco deve ser grande, uma vez que arcos acentuados aumentam consideravelmente o esforço necessário, pois os braços estendidos em frente ao corpo do operador proporcionam baixa eficiência muscular. O esfregão deve passar em frente do faxineiro, aproximadamente, a 8 cm de seus pés. A reversão do sentido de movimento do esfregão é feita com um pequeno movimento

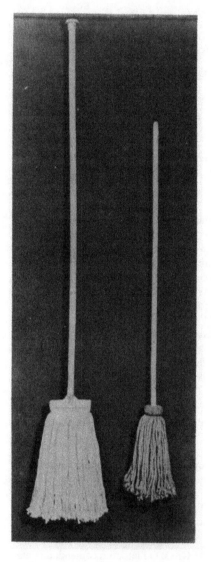

Figura 76. Dois tipos comuns de esfregão: tipo "cabeça", à esquerda, tipo "virola", à direita

curvo. A força centrífuga atuante sobre o esfregão durante a trajetória tende a espalhar os fios deste, aumentando desta forma a área coberta durante o movimento. Periodicamente, dependendo das condições do chão, vira-se o esfregão de forma a permitir distribuição igual da água e o uso dos dois lados do esfregão. Aproximando-se do final da área a ser varrida, o faxineiro muda sua posição 180° ao fim do movimento; com prática, este movimento pode ser executado com pouca perda de tempo. O comprimento ótimo a ser coberto em cada movimento do esfregão para um faxineiro de altura média é 3,6 m, o que, com uma espessura de 21 cm, será suficiente para cobrir uma área de 0,75 m² por movimento.

No planejamento da execução do trabalho, a direção a ser seguida pelo faxineiro deve ser tal que permita o aproveitamento integral de um movimento. Por exemplo, um depósito de 3,3 ×

Estudo de movimentos e de tempos

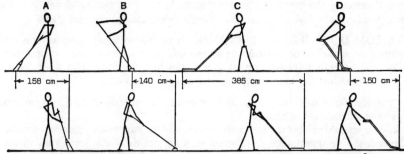

Figura 77. Descrição dos métodos recomendados para o uso de vassoura, escova, esfregão e aspirador de pó

× 4,8 m deve ser varrido com golpes de 3,3 m perpendiculares ao comprimento de 4,8 m. Como a maioria das fábricas tem dimensões uniformes para os seus depósitos, é possível, para o faxineiro, a padronização de sua posição inicial, de forma a aproveitar melhor o comprimento de seus movimentos. Para varrer-se alamedas, a direção dos movimentos deve ser paralela a essas. Por exemplo, uma economia de tempo de 32% é alcançada quando se varre um corredor com 1,5 m de largura × 36 m de comprimento com movimentos longitudinais, em vez de se empregarem movimentos perpendiculares à dimensão maior. Outra razão para o emprego de movimentos transversais durante a tarefa de se varrer um corredor, é que se minimizam os choques do esfregão com as paredes ou com os materiais armazenados.

Perde-se muito tempo no transporte de água com o auxílio de pequenos baldes. Projetou-se então, especialmente, um carro para transportar esfregões com três compartimentos para água, com capacidade de 160 litros de água limpa e 140 litros de água suja. A temperatura da água deve estar em torno de 55 °C. O faxineiro deve usar calçados antiderrapantes e impermeáveis, que manterão os seus pés secos e diminuirão a possibilidade de quedas. Essas medidas aumentam em 5% o rendimento do trabalho.

Levando-se em consideração todas as melhorias conseguidas nos métodos e nos equipamentos empregados para a limpeza do chão, a superfície coberta, por homem-hora, é, atualmente, de 180 m^2, comparada com os 90 m^2 por homem-hora obtidos antes da instalação dos equipamentos novos.

Apesar do espaço não permitir a análise detalhada e as recomendações relativas a outras ferramentas usadas pelo faxineiro, faremos breves referências a algumas delas.

LIMPEZA COM O AUXÍLIO DO ESCOVÃO. Os métodos e equipamentos mais eficientes para a limpeza de assoalhos dependerão de fatores tais como a quantidade e o tipo da sujeira, a espécie de revestimento do chão, a quantidade e qualidade das obstruções e a limpeza que se deseja dar ao assoalho. De maneira geral, chegou-se às seguintes conclusões:

1) os escovões feitos de cerdas russas são recomendados quando se deseja limpar assoalhos recobertos com poeira leve e seca;

2) escovões feitos de fibras sintéticas são recomendados para poeira pesada e úmida;

3) dependendo da quantidade de obstruções, a largura dos escovões deverá variar de 45 a 90 cm;

4) o cabo dos escovões deve ter, pelo menos, 1,70 m de comprimento; e

5) as vassouras comuns não devem ser usadas, com exceção a casos especialíssimos.

LIMPEZA COM ASPIRADOR. Uma empresa, devido às suas condições peculiares, chegou à conclusão de que seria mais eficiente usar um aspirador de pó dotado de motor de alta velocidade, montado sobre um depósito para pó e com um filtro situado na saída da bomba. Estudos mostraram que um bocal com uma largura de 30 cm é o mais eficiente para uso em áreas com grau médio de obstrução. Além disso, recomenda-se um cabo de alumínio com curvatura dupla e um disco giratório no ponto em que a mangueira se une ao aspirador. O movimento mais eficiente é aquele em que a ferramenta segue um arco ao fim de cada passada (Fig. 78) e não aquele em que se verificam mudanças bruscas de direção.

Início
TIPO A
Comprimento do movimento: 150 cm
Largura do movimento: 30 cm
Cobertura: 200%
Área coberta por movimento: 0,45 m²
Tempo-padrão por movimento: 0,03198 min
Tempo-padrão para 9 m²: 0,639 min

Início
TIPO B
Comprimento do movimento: 150 cm
Largura do movimento: 30 cm
Cobertura: 100%
Área coberta por movimento: 0,90 m²
Tempo-padrão por movimento: 0,05880 min
Tempo-padrão para 9 m²: 0,588 min

Início
TIPO C
Comprimento do movimento: 150 cm
Largura do movimento: 30 cm
Cobertura: 103%
Área coberta por movimento: 0,72 m²
Tempo-padrão por movimento: 0,04362 min
Tempo-padrão para 9 m²: 0,545 min

Figura 78. Três tipos de movimentos no manejo do aspirador de pó. Dos cálculos teóricos apresentados aqui e das aplicações práticas na fábrica, conclui-se que o tipo C é o mais eficiente

LAVAGEM DE JANELAS. Em uma fábrica, as janelas eram lavadas com trapos molhados, enxugadas com camurça e repassadas com flanela seca. Alterou-se o método, passando-se a lavar as janelas com esponja molhada, secando-as com rodo e limpando-se as juntas com panos secos. O aumento na produção foi de 316 para 910 painéis.

CAPÍTULO 10
Estudo de micromovimentos

ESTUDO DE MICROMOVIMENTOS. O estudo de micromovimentos fornece uma técnica para registro e medida do tempo despendido em uma atividade. Consiste em se filmar a operação, de modo que um relógio seja incluído na cena ou, então, usando-se máquina de filmar que opere em velocidade constante e conhecida. Desta forma, o filme torna-se um registro permanente do método seguido na execução e do tempo despendido, podendo ser reexaminado quando se desejar.

OBJETIVOS DO ESTUDO DE MICROMOVIMENTOS. O estudo de micromovimentos foi, inicialmente, usado para a análise de operações, mas, recentemente, encontraram-se novos usos para esta técnica. O estudo de micromovimentos pode ser usado com as seguintes finalidades: como ajuda no estudo das atividades de duas ou mais pessoas trabalhando em conjunto; como auxílio no estudo da relação entre as atividades de um operário e os de uma máquina; como meio de se determinar o tempo necessário para a execução de operações (substituindo o uso do cronômetro); como ajuda na obtenção de dados relativos a movimentos básicos para o sistema de tempos sintéticos; como registro permanente do método empregado e do tempo despendido por um operador e por uma máquina na execução de suas atividades; e para pesquisas no campo do estudo de movimentos e de tempos. No entanto as principais aplicações do estudo de micromovimentos são: (1) procurar o melhor método de se executar uma tarefa e (2) treinar pessoas para entenderem o verdadeiro sentido do estudo de micromovimentos e, quando o treinamento alcança bons resultados, para torná-las mais eficientes na aplicação dos princípios de economia dos movimentos.

O ESTUDO DE MICROMOVIMENTOS COMO AUXÍLIO NA MELHORIA DE MÉTODOS. O estudo de micromovimentos fornece uma técnica sem igual para a execução de uma análise detalhada de uma operação. Como será explicado posteriormente, o procedimento consiste em (1) filmar a operação a ser estudada, (2) analisar o filme, (3) registrar os resultados da análise e (4) desenvolver um método melhorado através do processo de solução de problemas.

Costuma-se executar o estudo de micromovimentos com velocidades de 960 ou 1 000 quadros/min, podendo-se, entretanto, usar velocidades superiores, para movimentos muito rápidos das mãos do operador ou, então, para operações complexas. Projetando-se o filme em uma tela, as imagens são ampliadas várias vezes, o que facilita a análise dos movimentos. Cada movimento do operário pode ser registrado com a precisão que se deseja.

O estudo de movimentos, apesar de fornecer um meio conveniente, preciso e positivo para o estudo do trabalho, é usado de maneira limitada na melhoria de métodos. De fato, a análise de micromovimentos não é necessária para o estudo da grande maioria das operações a serem melhoradas. Uma pessoa que compreenda a técnica e conheça os princípios do estudo de movimentos pode, na maioria dos casos, visualizar completamente a operação e, aplicando os princípios de economia dos movimentos, determinar os métodos que devam ser empregados. O estudo de movimentos, usualmente, pode ser executado sem se filmar a operação e sem se fazer a análise completa que é requerida pelo estudo de micromovimentos. Além do mais, um estudo de micromovimentos, apesar de não ter custo proibitivo, requer equipamento especial de filmagem, filmes e tempo considerável para a análise. O estudo de micromovimentos é usado na

102 — Ralph M. Barnes

indústria moderna para determinar métodos de se executarem operações, mas não tão destacado como algumas pessoas querem insinuar.

O estudo de micromovimentos deve ser encarado, como qualquer outra ferramenta, simplesmente como algo que deve ser usado quando for conveniente. Por exemplo, pode ser lucrativamente utilizado no estudo de operações altamente repetitivas de ciclos curtos ou, então, de caráter altamente manual, em trabalho realizado em larga escala ou, ainda, em operações executadas por número elevado de operários. Estes fatores sozinhos nem sempre determinam a necessidade do emprego do estudo de micromovimentos. De fato, o estudo de micromovimentos é freqüentemente a última alternativa. Algumas vezes, em operações complexas, é difícil se obter balanceamento no movimento das duas mãos sem a ajuda do gráfico simo, que é simplesmente a representação gráfica dos movimentos.

O ESTUDO DE MICROMOVIMENTOS COMO AUXÍLIO NO ENSINO. A indústria tem sido lenta em compreender que o maior valor do estudo de micromovimentos reside em seu poder de auxiliar uma pessoa a entender o estudo de movimentos. Por sua definição, o estudo de movimentos parece ser muito simples e facilmente entendível. Entretanto há certa dificuldade em se captar seu significado real.

Para o observador é essencial tornar-se eficiente na tarefa de reconhecer e seguir os movimentos usados pelo operário na execução da operação. Ele deve ser capaz de *ver* os movimentos feitos pela mão direita e pela mão esquerda do operador, notando, inclusive, o que cada um dos dedos de cada mão faz. É necessário ser capaz de reconhecer onde termina um movimento e onde começa o seguinte. Como afirmaram os Gilbreth, "(. . .) uma pessoa tem que ter estudado e medido movimentos para que seus olhos possam seguir as trajetórias e julgar os comprimentos, e seu senso para avaliação de tempos, ajudado por uma contagem rítmica silenciosa, venha a estimar tempos de movimentos com precisão surpreendente. A visão, a audição, o tato e as sensações cinestésicas devem ser todos cuidadosamente desenvolvidos"[1].

A expressão "consciente dos movimentos" tem sido usada para descrever a habilidade da pessoa que foi treinada a seguir inconscientemente os movimentos do operador, comparando-os com os princípios de economia dos movimentos. O estudo de micromovimentos é de grande valor no treinamento de indivíduos para que se tornem conscientes dos movimentos.

R. M. Blakelock disse, uma ocasião:

"(. . .) o maior valor do treinamento no estudo de micromovimentos vem através da habilidade de se visualizar as operações industriais em termos de movimentos (. . .) a habilidade de se visualizar os movimentos que são necessários à execução de cada passo da operação e de se reconhecer quais os eficientes e os não, em vez de se pensar em termos genéricos, como a descrição das fases da própria operação.

A maioria dos cronometristas, durante o registro das fases da operação, pensa em termos de operações elementares, como, por exemplo, 'furar', 'facear', 'rebitar um extremo' ou 'montar a parte 2 à parte 3', não fazendo análise alguma dos movimentos do operador e não se importando com eles, a menos que se verifique um caso excepcional de movimentos ineficientes que salte à vista" [2].

Blakelock, quando gerente da divisão de estudos de movimentos da General Electric Company, na fábrica de Schenectady, raramente julgou necessário fazer-se um estudo de micromovimentos para determinação dos métodos adequados de se executar um trabalho. Ele aplicou os princípios do estudo de movimentos sem se utilizar da máquina cinematográfica. Entretanto utilizou intensivamente essa técnica no treinamento de membros para a organização.

---

[1] F. B. e L. M. Gilbreth, *Applied Motion Study*. Sturgis & Walton, New York, 1917, p. 61

[2] R. M. Blakelock, Micromotion Study Applied to the Manufature of Small Parts. *Factory and Industrial Management*, Vol. 80, n.º 4, pp. 730-732

Estudo de movimentos e de tempos

Para informações relativas ao uso do estudo de micromovimentos pela seção de Fort Wayne da General Electric Company e por outras empresas, veja o Cap. 36.

ESTUDO "MEMOMOTION". Os filmes podem ser tirados e projetados à velocidade aproximadamente normal se se desejar uma reprodução precisa dos movimentos de pessoas e objetos. Entretanto, para certos tipos de atividades de homens e máquinas, filmes tirados com velocidade de 50 ou 100 quadros/min são satisfatórios. A expressão *estudo memomotion*[3] tem sido usada para designar esta modalidade do estudo de micromovimentos.

Os Gilbreth, usando máquina cinematográfica manual, filmaram atividades de grupos com velocidades muito baixas[4] e tiraram fotografias intervaladas usando máquina acionada a motor, empregadas há muito tempo no estudo do crescimento de plantas e de flores. Em anos recentes, diversos usos novos têm sido encontrados para essa técnica valiosa. Além de suas aplicações em fábricas e escritórios, o estudo memomotion é usado para análise de atividades, tais como, registro de passageiros em balcões de empresas aéreas, a maneira de os fregueses escolherem artigos em uma loja e o fluxo do tráfego em estradas, lojas ou bancos.

A principal vantagem dos filmes em baixa velocidade sobre os feitos em velocidade normal é a grande economia no custo do filme e no tempo requerido à sua análise. Usando-se velocidade de 50 quadros/min, em lugar de 960, reduz-se o custo do filme a aproximadamente 6%.

ANÁLISE CICLOGRÁFICA E CRONOCICLOGRÁFICA

Os métodos de análise ciclográfica e cronociclográfica desenvolvidos e usados pelos Gilbreth estão descritos na página 13. Estas técnicas têm tido uso limitado nos E.U.A., como um meio para a melhoria de métodos, apesar de terem sido bastante empregadas na Inglaterra[5]. O ciclográfico tem sido usado pelos norte-americanos com finalidade de treinamento, como ajuda para a descrição da trajetória dos movimentos usados na execução de uma tarefa[6] e para demonstrar a superioridade de um método ou de um conjunto de movimentos sobre outro.

O copiador automático desenvolvido pela Eastman Kodak Company, apresentado na Fig. 80, requer número muito menor de movimentos do que o manualmente operado (Fig. 79). Essas duas ilustrações estão incluídas em um relatório anual da empresa sob o título "Um melhor produto profissional resultante do desenvolvimento dos métodos de trabalho".

As ilustrações das Figs. 81 e 82 mostram o método antigo e o melhorado para embalagem de rolos em celofane. Originalmente, os rolos eram embrulhados em duas camadas de celofane, colocados em uma caixa inferior e em uma caixa exterior; o pacote de 20,5 kg era colocado em um tabuleiro para embarque. O método apresentado na Fig. 82 é bem mais simples, como mostram as trajetórias. Agora, os rolos são embrulhados em uma única camada de celofane e embarcados em um tabuleiro, que é carregado com auxílio de um pequeno elevador. Essas duas ilustrações

---

[3]M. E. Mundel, *Motion and Time Study*, 3.ª ed., Prentice-Hall, Englewood Cliffs, N. J., 1960, p. 301

[4]"Nossos métodos e dispositivos têm sido criticados por serem especialmente adaptados a problemas que envolvem movimentos detalhados, mas muito dispendiosos para os objetivos gerais do estudo de tempos. Um momento de reflexão nos mostra que a rotação da manivela da máquina de filmar pode ser efetuada tão vagarosamente quanto necessário para satisfazer aos objetivos do caso particular do estudo de tempos. De fato, nós temos tirado filmes em que se expôs um quadro a cada 10 min.

Com dezesseis quadros por pé de filme, um pé durará 160 min, ou 2 h 40 min, a um custo máximo de 6 centavos [de dólar]". De *Fatigue Study* por Frank B. Gilbreth, Sturgis and Walton Co., New York, 1916, p. 126

[5]A. G. Shaw, *The Purpose and Practice of Motion Study*. Columbine Press, Londres, 1960, pp. 91-121

[6]G. E. Clark, A Chronocyclegraph That Will Help You Improve Methods. *Factory Management and Maintenance*, Vol. 112, n.º 5, maio, 1954, pp. 124-125. Veja também "Catching Waste Motions with the Camera". *Supervisory Management*, Vol. 1, n.º 1, dezembro, 1955, pp. 53-56

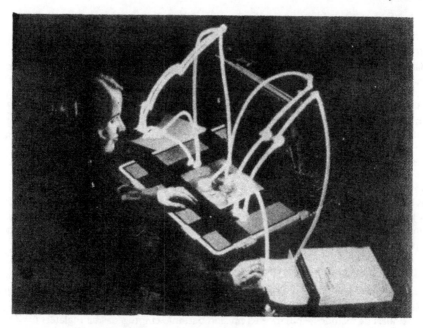

Figura 79. Movimentos necessários para se obter uma cópia usando fotoimpressora manual

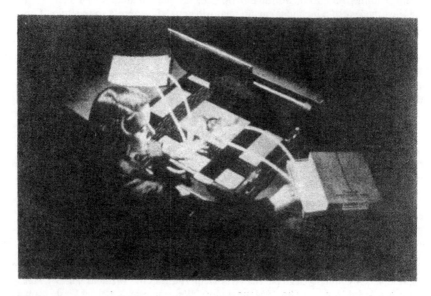

Figura 80. Movimentos necessários para se obter uma cópia com impressora mecânica de características melhoradas

Estudo de movimentos e de tempos 105

Figura 81. Movimentos necessários para embalagem de rolos em celofane (método antigo)

Figura 82. Movimentos necessários para embalagem de rolos em celofane (método melhorado)

106

foram retiradas da publicação *This is Du Pont*, da E. I. Du Pont Company. Em "Modern Technology Spurs New Advances", podemos encontrar afirmações a seguir.

"Os quadros contrastantes [Figs. 81 e 82] mostram um melhoramento simples no método de se executar uma tarefa diária. Centenas dessas melhorias são efetuadas anualmente nas operações da Du Pont. No total, tais melhorias são tão significantes para a tecnologia moderna quanto a descoberta de um novo produto, o desenvolvimento de um novo processo ou a criação de ferramentas custosas e complicadas.

Quando o empacotador Irvin Coleman pôde manusear o celofane mais fácil e rapidamente, pôde executar mais em um dia de trabalho. Isto é chamado pelos economistas de 'aumento de produtividade', e não tem havido qualquer outro elemento tão importante para o desenvolvimento da economia industrial norte-americana como o constante aumento da produtividade individual, como conseqüência do desenvolvimento tecnológico.

Três fatos sucedem quando um empregado da indústria pode produzir mais em menor tempo. O custo do produto cai, possibilitando que maior número de pessoas venham a comprá-lo. O operador não tem que trabalhar tanto para produzir o produto, o que conduz a menor número de horas de trabalho e maiores salários. E, finalmente, para o país, que é a totalidade de seu povo, produz-se muito mais, aumentando-se dessa maneira o bem-estar social."

CAPÍTULO 11
Movimentos fundamentais das mãos

A maior parte das tarefas é feita com as duas mãos, e todo o trabalho manual consiste em um número relativamente reduzido de movimentos fundamentais que se repetem e se combinam. *Obter* ou *agarrar* e *dispor* ou *colocar* são dois dos grupos de movimentos usados mais freqüentemente. Na maioria dos casos, *agarrar* é seguido por algum uso ou elemento do processo, tal como pregar um prego com um martelo, usar uma chave para apertar um parafuso ou escrever com uma caneta. No uso de uma caneta-tinteiro, a seqüência de movimentos seria *obter-se* a caneta, escrever, isto é, *usar* a caneta e *colocar* a caneta em seu suporte. Apesar de *obter* e *colocar* representarem dois grupos de movimentos muito comuns, eles não constituem movimentos fundamentais.

Frank B. Gilbreth, nos seus primeiros trabalhos relativos ao estudo de movimentos, desenvolveu algumas subdivisões que supôs serem comuns a todas as espécies de trabalhos manuais. Ele criou a palavra *therblig* (Gilbreth soletrado de trás para diante), a fim de ter uma palavra curta, que servisse de referência para qualquer uma das dezessete subdivisões elementares de um ciclo de movimentos[1]. Nem todos os therbligs são puros ou fundamentais no sentido de que não possam ser mais subdivididos, mas constituem a melhor classificação que possuímos para movimentos manuais. O analista experiente não terá dificuldades no uso dos therbligs para aplicações industriais.

A expressão *therblig* é de uso mais conveniente do que *movimento da mão* ou *elemento de movimento* e, talvez, possua um significado mais preciso do que *movimento*. Apesar de a palavra therblig ser familiar aos engenheiros de produção, prefere-se usar o termo *movimento* ou *movimento da mão* quando se discute o assunto do estudo de movimentos com o pessoal da fábrica ou do escritório. Termos e símbolos não comuns (como, por exemplo, os símbolos mnemônicos dos therbligs) podem ser elementos desfavoráveis em um programa de treinamento e devem ser evitados quando possível.

Os dezessete movimentos fundamentais da mão, juntamente com seus símbolos do alfabeto, seus símbolos mnemônicos e suas cores representativas[2] estão apresentados na Fig. 83. A seguir, apresentamos as definições desses movimentos.

DEFINIÇÃO DOS MOVIMENTOS FUNDAMENTAIS DA MÃO

1) *Buscar* (Sh): a parte do ciclo durante a qual os olhos ou as mãos estão à procura do objeto. Buscar começa quando os olhos ou as mãos iniciam a procura do objeto e termina quando esse é encontrado.

A lista original dos movimentos de Gilbreth continha o therblig *achar*. Como achar ocorre no fim do therblig buscar e é uma reação mental e não um movimento físico, ele é, raramente,

---

[1]F. B. e L. M. Gilbreth, Classifying the Elements of Work. *Management and Administration*, Vol. 8, n.º 2, agosto, 1924, p. 151

[2]Os símbolos para as cores estão incluídos a fim de representarem cores nos gráficos simo impressos neste livro. Esses símbolos *não* devem ser usados na construção efetiva dos gráficos simo; em vez disso, deve-se usar lápis de cor. Veja o Apêndice A

Nome do símbolo	Símbolos Therblig		Explicação sugerida pelo símbolo	Cor	Símbolo da cor	N.º do lápis marca Dixon	N.º do lápis marca Eagle
Procurar	Sh		Olho virado como se estivesse procurando	Preto		331	747
Selecionar	St		Alcançar objeto	Cinza-claro		399	734½
Agarrar	G		Mão aberta para agarrar objeto	Carmesim		369	744
Transporte vazio	T E		Mão vazia	Verde-oliva		391	739½
Transporte carregado	T L		Mão segurando algo	Verde		375	738
Segurar	H		Ímã segurando barra de ferro	Ouro-ocre		388	736½
Soltar carga	R L		Soltar o objeto carregado pela mão	Vermelho--encarnado		370	745
Posicionar	P		Objeto sendo carregado pela mão	Azul		376	741
Pré-posicionar	P P		Pino de boliche sendo colocado na pista	Azul-celeste		394	740½
Inspecionar	I		Lente de ampliação	Ocre-queimado		398	745½
Montar	A		Vários objetos reunidos	Roxo		377	742
Desmontar	D A		Uma peça de um conjunto foi retirada	Violeta		377	742
Usar	U		A palavra "Usar"	Púrpura		396	742½
Demora inevitável	U D		Homem machucando, sem querer, seu nariz	Amarelo-ocre		373	736
Demora evitável	A D		Homem abandonando o serviço, voluntariamente, para dormir	Amarelo-limão		374	735
Planejar	Pn		Homem com dedo na testa como se estivesse pensando	Marrom		378	746
Descanso para recuperação	R		Homem sentado como se estivesse descansando	Laranja		372	737

Figura 83. Símbolos e cores padronizados para os movimentos fundamentais das mãos

usado em uma análise de micromovimentos. Por isso, é omitido desta lista dos movimentos fundamentais da mão.

2) *Selecionar* (St): a escolha de um objeto dentre os demais de um grupo. Em muitos casos, é difícil, quando não impossível, determinar os limites entre buscar e selecionar. Por essa razão, é prática corrente combiná-los, referindo-se a ambos como um único therblig, *selecionar*.

Com esta definição mais ampla, selecionar refere-se à procura e à localização de um objeto dentre vários outros. Selecionar inicia-se quando os olhos ou as mãos começam a procurar o objeto e termina quando o objeto tiver sido localizado.

Exemplo. Localizando um determinado lápis em uma caixa contendo lápis, caneta e outros objetos.

3) *Agarrar* (G): estabelecendo controle sobre um objeto, fechando-o entre os dedos como preparação para levantá-lo, segurá-lo ou manipulá-lo. Agarrar inicia-se quando a mão ou os dedos entram em contato com o objeto e termina quando a mão tiver controle assegurado sobre ele.

Estudo de movimentos e de tempos   **109**

Exemplo. Fechando os dedos ao redor da caneta sobre a mesa.

4) *Transporte vazio* (TE): movimentando a mão vazia ao aproximar-se de um objeto. Supomos que a mão se mova sem resistência em direção ao ou afastando-se do objeto. O transporte vazio começa quando a mão inicia o movimento sem carga ou resistência e termina quando cessa o movimento.

Exemplo. Movendo a mão vazia para agarrar a caneta sobre a mesa.

5) *Transporte carregado* (TL): movimentando um objeto de um lugar para outro. O objeto pode ser carregado com as mãos ou com os dedos, ou pode ser movimentado de um lugar para outro deslizando-o, puxando-o ou empurrando-o. O transporte carregado também ocorre quando a mão é movimentada vazia, mas contra alguma resistência. O transporte carregado começa quando a mão movimenta um objeto, ou encontra resistência pela primeira vez, e termina quando cessa o movimento da mão.

Exemplo. Transportando a caneta do porta-caneta sobre a mesa para a carta a ser assinada.

6) *Segurar* (H): a retenção de um objeto, depois de ter sido agarrado, sem que seja movimentado[3]. Segurar começa quando cessa o movimento do objeto e termina quando se inicia o therblig seguinte.

Exemplo. Segurando um parafuso enquanto a outra mão monta uma arruela no mesmo.

7) *Soltar* (RL): relaxando o controle sobre um objeto. Soltar inicia-se quando a mão começa a abandonar o objeto e termina quando o objeto se separa completamente das mãos ou dos dedos.

Exemplo. Soltar a caneta depois de esta ter sido colocada sobre a mesa.

8) *Posicionar* (P): girando ou ajustando um objeto de tal modo que ele se oriente convenientemente para se adaptar ao local a que se destina. É possível posicionar-se um objeto durante um *transporte carregado*. O marceneiro, por exemplo, pode posicionar um prego quando o transportar para a madeira na qual será pregado. Posicionar começa quando a mão gira ou ajusta o objeto e termina quando este se encontra na posição ou localização desejada.

Exemplo. Alinhando uma chave que deverá ser introduzida no buraco da fechadura.

9) *Pré-colocar* (PP): ajustar um objeto em posição pré-determinada ou colocá-lo na posição correta, para que seja usado em algum movimento subseqüente. Pré-colocar é análogo a *posicionar*, com a exceção de que o objeto é ajustado na posição aproximada em que será usado posteriormente. Na maioria das vezes, um gancho, uma braçadeira, ou um dispositivo especial segura um objeto, de maneira a permitir que esse seja agarrado facilmente na posição em que será usado. Pré-colocar é a abreviação usada para *Pré-colocar para a próxima operação*.

Exemplo. Ajustar ou alinhar a caneta antes de soltá-la no porta-caneta. Esta pode, então, ser agarrada na posição correta para uso posterior. Isto elimina o therblig posicionar, que seria necessário para colocar a caneta na posição correta para se escrever se ela estivesse simplesmente colocada sobre a mesa.

10) *Inspecionar* (I): examinar um objeto a fim de determinar se ele obedece ou não a uma dimensão-padrão, uma forma, uma cor ou a outras propriedades previamente estabelecidas. A inspeção pode empregar a visão, a audição, o tato, o olfato ou o gosto. Inspecionar é por excelência uma reação mental e pode ocorrer simultaneamente com outros therbligs. Inspecionar começa quando os olhos ou outras partes do corpo iniciam o exame do objeto e termina quando o exame se completar.

Exemplo. Exame visual de botões de pérola na operação de separação final.

---

[3]Gilbreth não classificava *segurar* como um therblig separado, mas considerava-o uma forma de *agarrar*

110   *Ralph M. Barnes*

11) *Montar* (A): colocando um objeto, em outro ou dentro de outro, com o qual ele formará uma peça inteira. Montar começa quando a mão movimenta a peça em seu lugar no conjunto e termina quando a mão completa a montagem.

Exemplo. Colocando a tampa em uma lapiseira.

12) *Desmontar* (DA): separando um objeto de outro, do qual o primeiro é parte integrante. Desmontar começa quando a mão inicia a remoção da parte, do conjunto, e termina quando a parte estiver completamente separada do conjunto.

Exemplo. Retirando a tampa de uma lapiseira.

13) *Usar* (U): manipulando uma ferramenta, um dispositivo ou parte de um aparelho com o objetivo para o qual ele foi planejado. Usar pode se referir a um grande número de casos particulares. Representa um movimento para o qual os movimentos precedentes foram, de certa maneira, preparatórios, e para o qual os que se seguem são suplementares. Usar tem início quando a mão começa a manipular a ferramenta ou dispositivo e termina quando a mão cessa a aplicação.

Exemplo. O ato de se usar a caneta na assinatura de uma carta (uso da caneta) ou pintar um objeto a revólver (uso do revólver para pintura).

14) *Demora inevitável* (UD): uma espera que esteja fora do controle do operador. A demora inevitável pode resultar de qualquer uma das seguintes causas: (a) uma interrupção no processo, (b) uma característica da operação que não permita a uma parte do corpo trabalhar, enquanto as demais estejam ocupadas. A demora inevitável tem início quando a mão cessa sua atividade e termina quando a mão reassume a atividade.

Exemplo. Se a mão esquerda executa um transporte longo para o lado esquerdo, e a mão direita, simultaneamente, executa um transporte muito curto para o lado direito, uma demora inevitável ocorre ao fim do transporte da mão direita, a fim de que seja possível balancear os tempos para as duas mãos.

15) *Demora evitável* (AD): qualquer espera do operador que seja de sua responsabilidade ou sobre a qual ele tenha controle. Refere-se às esperas que o operador pode eliminar quando o deseje. A demora evitável começa quando a seqüência pré-estabelecida de movimentos se interrompe e termina quando o método-padrão de trabalho é reencontrado.

Exemplo. O operador pára todos os movimentos manuais.

16) *Planejar* (Pn): uma reação mental que preceda um movimento físico, isto é, a decisão de como executar a tarefa. Planejar se inicia quando o operador começa a imaginar o próximo passo da operação e termina quando ele tiver determinado o procedimento a ser seguido.

Exemplo. Um operador montando um mecanismo complexo e decidindo que parte deverá ser montada em seguida.

17) *Repouso para eliminar a fadiga* (R): uma tolerância relativa à fadiga com a finalidade específica de permitir ao trabalhador que se recupere da fadiga resultante de seu trabalho. O repouso inicia-se quando o operador pára o trabalho e termina quando o trabalho é recomeçado.

MOVIMENTOS USADOS PARA SE ASSINAR UMA CARTA. É relativamente fácil aprender os nomes destes movimentos fundamentais. Por exemplo, na assinatura de uma carta, a seqüência dos movimentos é *transporte vazio* (aproxima-se da caneta), *agarrar* (estabelecer controle sobre a caneta), *transporte carregado* (carregá-la para o papel), *posicionar* (colocar a caneta de tal forma que ela fique na posição correta para escrever), *usar* (assinar a carta), *transporte carregado* (reenviar a caneta ao porta-caneta), *pré-colocar* (colocar a caneta no porta-caneta), *soltar* (abandonar a caneta) e *transporte vazio* (voltar a mão à posição inicial). Estes movimentos estão completamente definidos e ilustrados na Fig. 84.

Nome e Definição do Movimento	Simb.	Desc. do Mov.	Ilustração
1 TRANSPORTE VAZIO (Transporte vazio indica o movimento da mão vazia no ato de alcançar um objeto. Assume-se que o movimento da mão é executado sem encontrar resistência tanto na aproximação quanto no afastamento do objeto. O transporte vazio inicia quando a mão inicia a movimentar-se sem carga ou resistência e termina quando a mão pára.)	TE	Alcançar a caneta.	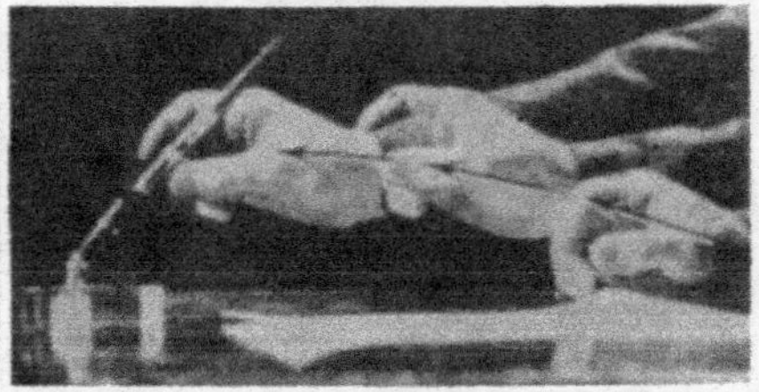
2 AGARRAR (Agarrar indica o ato de segurar um objeto, fechando os dedos a seu redor, em preparação ao ato de levantar este objeto, segurá-lo ou manipulá-lo. Agarrar inicia quando a mão ou os dedos entram em contato com o objeto e termina quando a mão obteve o controle do próprio objeto.)	G	Segurar a caneta. Fechar o polegar e os dedos ao redor da caneta.	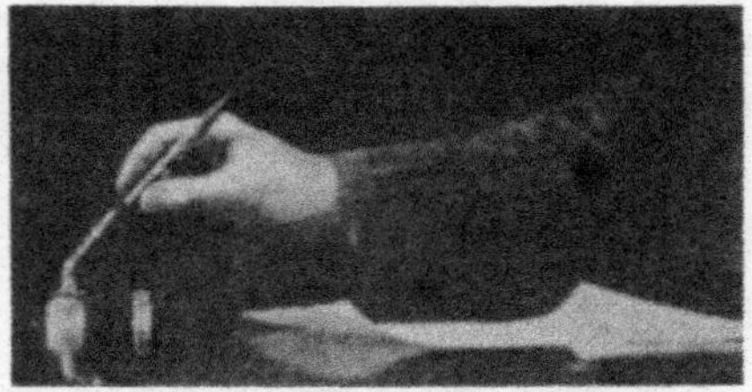
3 TRANSPORTE CARREGADO (Transporte carregado indica o ato de transferir um objeto de um lugar para outro. O objeto pode ser carregado pelas mãos ou pelos dedos, ou pode ser transferido de um lugar para outro por deslizamento, arrastamento ou empurramento. Transporte carregado também indica o movimento da mão vazia contra uma resistência. Transporte carregado inicia quando a mão começa a movimentar um objeto ou encontra resistência e termina quando a mão pára.)	TL	Transfere a caneta para o papel.	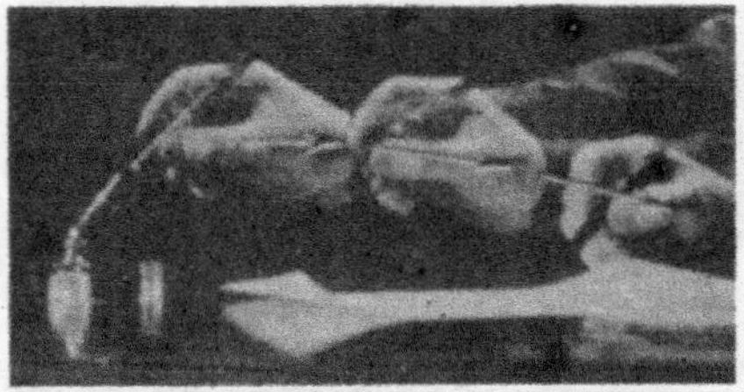

Figura 84. Movimentos fundamentais da mão para se assinar uma carta

	Nome e Definição do Movimento	Símb.	Desc. do Mov.	Ilustração
4	**POSICIONAR** (Posicionar indica o ato de virar ou colocar um objeto em tal posição que seja corretamente orientado para encaixar na posição correta. É possível posicionar um objeto durante o movimento transporte carregado. O carpinteiro, por exemplo, pode virar o prego com a ponta para baixo, pronto para o uso, quando o está aproximando à tábua na qual será pregado. Posicionar inicia quando a mão começa a virar ou localizar o objeto e termina quando o objeto é colocado na posição ou local desejado.)	P	Posicionar a caneta sobre o papel para escrever.	
5	**USO** (Uso indica o ato de manipular uma ferramenta, dispositivo ou peça de equipamento com a finalidade pelas quais foram criados. Uso pode ser referido a um número quase infinito de casos específicos. Representa o movimento para o qual os movimentos anteriores foram, num certo sentido, preparatórios e para o qual os movimentos que o seguem são suplementares. Uso inicia quando a mão começa a manipular a ferramenta ou dispositivo e termina quando a mão não é mais usada.)	U	Assinar a carta.	
6	**TRANSPORTE CARREGADO**	TL	Recolocar a caneta no tinteiro.	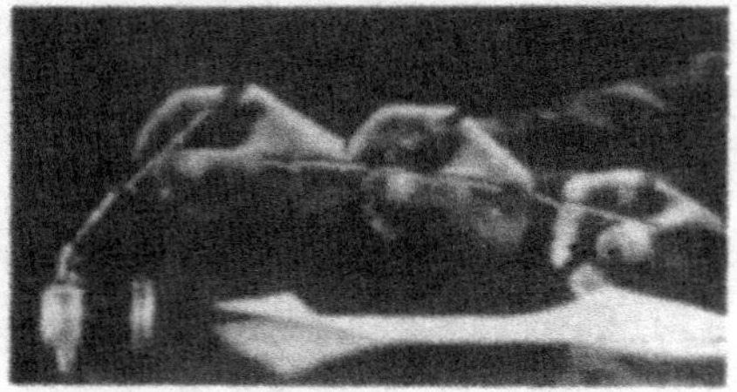

Figura 84. (Continuação)

Estudo de movimentos e de tempos

	Nome e Definição do Movimento	Símb.	Desc. do Mov.	Ilustração
7	PRÉ-POSICIONAR (Pré-posicionar indica o movimento de colocar o objeto num lugar pré-determinado ou localizá-lo na posição correta, pronto para algum novo movimento subseqüente. Pré-posicionar é idêntico a posicionar, exceto que o objeto é colocado na posição aproximada na qual será usado posteriormente. Normalmente usa-se um suporte ou um dispositivo especial para segurar o objeto numa posição que permita agarrá-lo facilmente, já na posição na qual deverá ser usado. Pré-posicionar é abreviação do termo pré-posicionar para a próxima operação.)	PP	Enfiar a caneta no tinteiro.	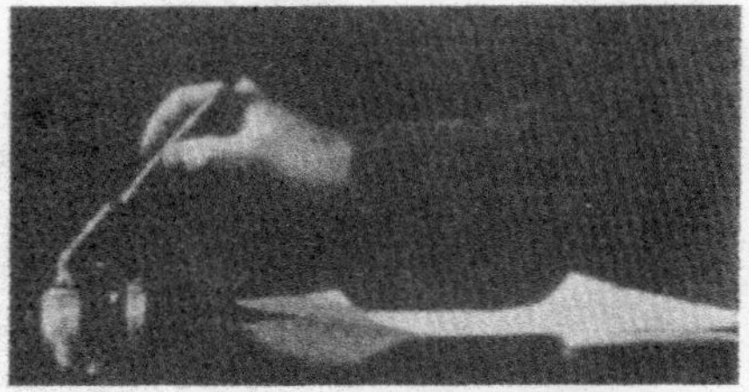
8	SOLTAR A CARGA (Soltar a carga indica o movimento de libertar o objeto. Soltar a carga inicia quando o objeto começa a abandonar a mão e termina quando o objeto afastou-se completamente da mão ou dos dedos.)	RL	Soltar a caneta.	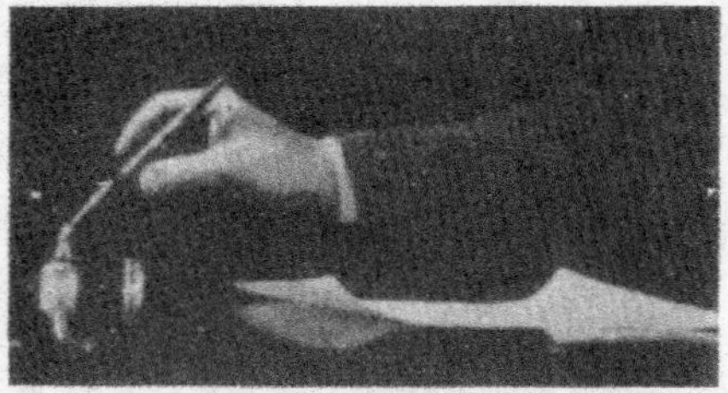
9	TRANSPORTE VAZIO	TE	Voltar com a mão junto da carta.	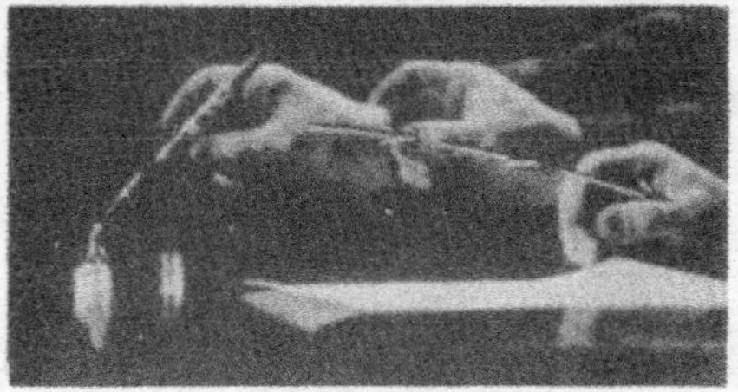

Figura 84. (Continuação)

Movimentos da mão esquerda — Movimentos da mão direita

Ilustração	Nome do movimento	Símb.	Símb.	Nome do movimento	Ilustração
	TRANSPORTE VAZIO Alcança o lápis no tabuleiro.	TE	UD	**DEMORA INEVITÁVEL** A mão direita permanece sem utilização. Nada existe para ela fazer. Portanto esta demora é chamada inevitável.	
	SELECIONAR Selecionar a lapiseira dentre os outros lápis no tabuleiro. Os olhos ajudam a mão a procurar e selecionar a lapiseira	St			
	AGARRAR Envolver o polegar e os outros dedos ao redor do corpo cilíndrico da lapiseira.	G			
	TRANSPORTE CARREGADO Leva a lapiseira desde o tabuleiro até uma posição vertical, na frente do corpo. Também:	TL	TE	**TRANSPORTE VAZIO** A mão direita dirige-se, vazia, para a tampinha da lapiseira.	
	POSICIONAR (em trânsito) A lapiseira encontra-se em posição horizontal quando agarrada. É transferida para a posição vertical quando em trânsito.	P			

Estudo de movimentos e de tempos 115

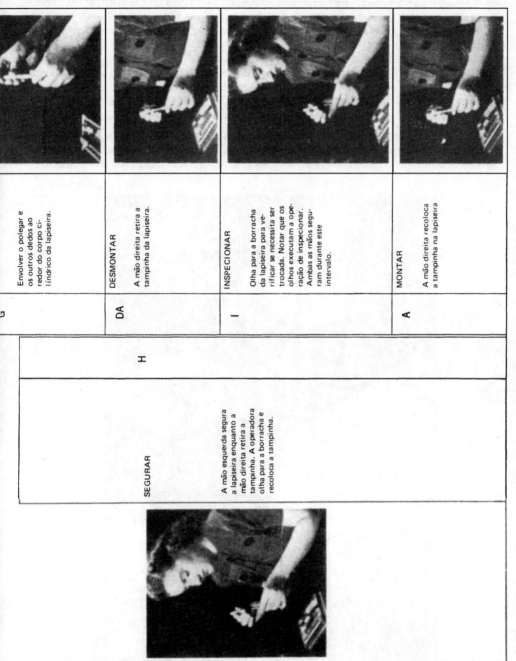

Figura 85. *Movimentos usados na remoção da tampa e no exame da borracha de uma lapiseira, a fim de se verificar se ela necessita ser substituída*

MOVIMENTOS USADOS NA REMOÇÃO DA TAMPA DE UMA LAPISEIRA. Para fornecer maior prática no aprendizado dos movimentos fundamentais, a Fig. 85 mostra os movimentos utilizados para se pegar uma lapiseira de uma caixa, remover a tampa da lapiseira e examiná-la, a fim de se verificar se a borracha precisa ser substituída.

Note que, neste caso, a mão esquerda tem uma *seleção* logo em seguida ao transporte vazio e precedendo o agarrar. *Selecionar* refere-se à escolha de um objeto dentre vários outros. Quando se removia a caneta do porta-caneta (veja página 88), havia apenas uma caneta, conseqüentemente era desnecessária qualquer seleção. No segundo caso, a lapiseira está em uma caixa contendo várias outras lapiseiras; a desejada deve ser primeiramente *selecionada* dentre as outras.

TÁBUAS PERFURADAS E PINOS. Parece natural à maioria das pessoas, ao observarem o trabalho de outra, prestar atenção maior ao material manuseado ou às ferramentas empregadas do que aos movimentos que são necessários para a execução da tarefa. Depois de se ter desenvol-

Figura 86. Inserção de pinos em tábua perfurada utilizando apenas uma das mãos. A mão esquerda segura os pinos enquanto que a mão direita trabalha produtivamente. É necessário 0,62 min para se encher o tabuleiro

Estudo de movimentos e de tempos

vido a sensibilidade para movimentos ineficientes, ou seja, depois de se ter aprendido a classificação dos movimentos da mão, esta situação se altera. O observador permanece atento aos movimentos de ambas as mãos e procura usar aqueles movimentos que são fáceis e eficientes, eliminando os movimentos complicados, fatigantes e ineficientes. As pessoas que mais produzem não são, necessariamente, as que trabalham mais. Em vez disso, elas dão importância a todos os movimentos — usam bons métodos de trabalho. Não é interessante, de forma alguma, o simples aumento de velocidade do operário. O importante é se obterem maior quantidade de trabalho e melhor qualidade com o menor dispêndio de energia. Velocidade excessiva não substitui bons métodos de trabalho.

Para se ilustrar o que se entende por desenvolvimento de um método melhorado, através da análise dos movimentos da mão e aplicação dos princípios de economia dos movimentos, consideremos a tarefa de colocar 30 pinos de madeira em uma tábua contendo 30 furos (Fig. 86).

Figura 87. Inserção de pinos em tábua perfurada usando movimentos simultaneos, ambas as mãos trabalhando juntas. É necessário apenas 0,41 min para se encher o tabuleiro usando este método

Pode-se verificar que a tábua tem cinco fileiras com seis furos em cada uma. Os pinos têm uma ponta plana e outra esférica. A tarefa consiste em se colocar todos os pinos nos furos, do modo mais rápido possível, sendo que o lado esférico deverá ser o inserido no furo.

Noventa e cinco por cento das pessoas executariam a operação pelo método ilustrado na Fig. 86. A mão esquerda agarra um conjunto de pinos da caixa e o segura, então, a mão direita retira os pinos da mão esquerda, um de cada vez, colocando-os nos furos. A mão direita trabalhará de maneira eficiente, desde que execute a tarefa desejada, isto é, colocar os pinos nos furos correspondentes. Note que a mão esquerda executa pouco trabalho produtivo; a maior parte do tempo, ela simplesmente segura os pinos.

Se ambas as mãos trabalhassem simultaneamente para obter e colocar os pinos no furo, o esforço do operador seria muito mais eficiente. Nós estamos aplicando um dos princípios de economia dos movimentos, que apresentaremos posteriormente.

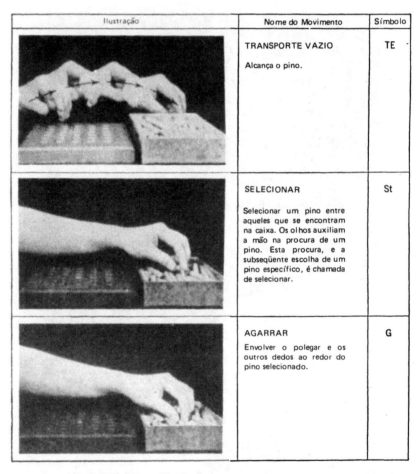

Figura 88. Movimentos fundamentais usados na inserção do pino em tábua perfurada. O operador usa movimentos simultâneos e simétricos para encher o tabuleiro (Fig. 87). Como os movimentos das duas mãos são os mesmos, apenas os movimentos da mão esquerda são apresentados aqui

Estudo de movimentos e de tempos　　　　　　　　　　　　　**119**

Ilustração	Nome do Movimento	Símbolo
	**TRANSPORTE CARREGADO** Leva o pino desde a bandeja até o furo na tábua na na qual será encaixado. **Também POSICIONAR (em trânsito)** O pino é virado na posição vertical enquanto é transferido para a tábua.	**TL** **P**
	**POSICIONAR** O pino é alinhado diretamente em cima do furo na tábua no qual será encaixado.	**P**
	**MONTAR** Encaixar o pino no furo da tábua.	**A**
	**SOLTAR A CARGA** Abrir os dedos. Soltar o pino.	**RL**

Figura 88. (Continuação)

Usando esse método melhorado (Fig. 87), é evidente que o therblig *segurar*, executado pela mão esquerda, foi eliminado, e as duas mãos executam agora movimentos úteis. As duas mãos trabalham simultaneamente, de forma simétrica, agarrando os pinos e colocando-os nos furos da tábua.

120   *Ralph M. Barnes*

Resultados. Para encher-se a tábua, usando o método que emprega o trabalho útil de uma única mão, requer-se aproximadamente 0,62 min, enquanto que apenas 0,41 min é necessário usando o método que emprega ambas as mãos. Isso representa uma economia de 34% de tempo.

Os movimentos fundamentais da mão esquerda, necessários para a execução da tarefa de se colocarem pinos nos furos da tábua, estão apresentados na Fig. 88.

DEMONSTRAÇÃO COM A TÁBUA PERFURADA. Sugerimos que a tábua perfurada seja usada como demonstração na apresentação do assunto do estudo de movimentos a um indivíduo ou a um grupo. Permite-se que cada pessoa tente vários métodos de encher os furos, marcando-se o tempo de execução em cada método. É realmente convincente descobrir que existe um método melhor e mais rápido para encher a tábua do que o método convencional com uma mão só.

As especificações para a tábua e para os pinos são fornecidas na Fig. 370.

CAPÍTULO 12

Equipamento para estudo de movimentos e para estudo de micromovimentos

A máquina de filmar é, provavelmente, a peça mais importante do equipamento necessário para trabalhos em estudo de movimentos e estudo de micromovimentos. As primeiras câmeras usadas eram do tipo manual, usando filmes de 35 mm. A máquina, montada em um tripé, podia tirar exposições simples ou filmes com velocidades variando em torno de 100 quadros/s ou mesmo mais rápidas.

Hoje em dia, a câmera profissional que usa filme de 35 mm foi substituída inteiramente pela que usa filmes de 16 ou 8 mm. Apesar de se ter usado no estudo de movimentos, de maneira reduzida, o equipamento de 8 mm, há uma tendência definida para que seja padronizado o uso de equipamento de 16 mm em tais estudos.

A Fig. 89 mostra seis máquinas de filmar, dispostas de acordo com a velocidade em que normalmente operam. Como a máquina de filmar acionada por corda (*B*, Fig. 89) é a mais freqüentemente usada, ela será descrita em primeiro lugar.

MÁQUINA DE FILMAR ACIONADA POR CORDA. A máquina típica para a filmagem de películas amadoras é compacta e leve. É operada por um motor acionado por corda que atua, aproximadamente, 30 s a cada volta. A velocidade em que o filme passa através das lentes é controlada por um regulador que mantém a velocidade constante (com tolerância de mais ou menos 10%), até que se esgote a corda, e a máquina pare. Alguns motores reduzem consideravelmente a velocidade ao fim de sua corda, tornando necessário que se dê corda com maior freqüência, a fim de que a velocidade seja mantida aproximadamente constante.

A máquina comum pode ser carregada ou descarregada à luz do dia e usa rolos de filme de 15 a 30 m. A velocidade normal é de 16 quadros/s. Um carretel com 100 m de filme exposto, à velocidade normal, dura aproximadamente 4 min. Apesar de ser desnecessário o tripé para a maior parte do trabalho externo, ele é recomendado quando o filme se destina ao estudo de movimentos. Como existe grande quantidade de máquinas excelentes no mercado para este tipo de trabalho, não vamos descrevê-las aqui.

Uma máquina de filmar deve ter, pelo menos, as características a seguir para ser usada satisfatoriamente em filmagens de estudos de micromovimentos.

1) Lentes — f. 2,4 ou mais rápida; recomenda-se f. 1,9.
2) Foco — ajustável, de 1,2 m ou menos até o infinito (uma câmera com foco fixo não é satisfatória).
3) Capacidade — 100 pés (30 m).
4) Medidor de filme preciso.

As características adicionais, que citaremos a seguir, são desejáveis, mas não indispensáveis.

5) Motor com velocidade variável que opere de velocidades iguais à metade da normal (8 quadros/s) a quatro vezes a velocidade normal (64 quadros/s).
6) Lentes intercambiáveis ou lentes "zoom".
7) Acoplamento para motor elétrico.

A. **Baixa velocidade** — 50 a 100 fotografias ou imagens por minuto. Dispositivo de tempo para máquina cinematográfica operada por motor elétrico ou solenóide

D. **Velocidade e som** — 1 440 imagens por minuto. Máquina acionada à corda ou a motor elétrico

B. **Velocidade normal** — 960 imagens por minuto. Máquina acionada por corda ou motor elétrico

E. **Alta velocidade** — 64 a 128 imagens por segundo. Máquina acionada à corda ou a motor elétrico

C. **Velocidade normal modificada** — 1 000 imagens por minuto. Máquina acionada por motor elétrico

F. **Altíssima velocidade** — 1 000 a 3 000 imagens por segundo. Máquina acionada a motor elétrico

Figura 89. Seis máquinas de filmar, dispostas de acordo com a velocidade em que geralmente operam

Estudo de movimentos e de tempos **123**

MÁQUINA DE FILMAR ACIONADA POR MOTOR. Têm-se usado bastante as máquinas de filmar acionadas por motor elétrico de velocidade constante. A velocidade mais comum para tais máquinas é de 1 000 quadros/min (*C*, Fig. 89). Esta velocidade é ligeiramente superior à normal (16 quadros/s, ou seja, 960/min). Outras velocidades diferentes de 1 000 quadros/min podem ser obtidas por redução entre as engrenagens da câmera e do motor ou por motores especiais. A máquina apresentada em *A* (Fig. 89) é operada por um solenóide, à velocidade de 50 ou 100 quadros/min. Uma máquina de filmar acionada por motor elétrico para tirar fotografias à velocidade do som, ou seja, 1 440 quadros/min é apresentada em *D* (Fig. 89). As câmeras apresentadas em *E* e *F* da Fig. 89 são para tarefas que requerem altas velocidades.

Uma ampliação de uma fita de filme, tirado com a velocidade de 1 000 quadros/min, é apresentada na Fig. 90. O intervalo de tempo decorrido entre 2 quadros é exatamente 1/1 000 de minuto. Os movimentos da mão que ocorrem durante a exposição desses 10 quadros requerem 0,010 min.

Figura 90. Filme tirado com câmera acionada por motor de velocidade constante, 1 000 fotografias/min. Este trecho do filme mostra parte de uma operação de alargar em uma furadeira

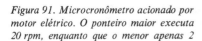

Figura 91. Microcronômetro acionado por motor elétrico. O ponteiro maior executa 20 rpm, enquanto que o menor apenas 2

Como a máquina opera a velocidade constante conhecida, não é necessário o microcronômetro (Fig. 91) para indicação dos tempos no filme. Isso é vantajoso, pois o microcronômetro não ocupa espaço na fotografia e nem encobre os movimentos do operador que está sendo filmado. É fácil determinar-se os tempos para os movimentos, e é desnecessário o estudo da posição dos ponteiros do microcronômetro. Se o filme for projetado em uma tela, é possível saber-se a velocidade exata de projeção com o auxílio de um tacômetro acoplado ao projetor (Fig. 319). Em outras palavras, pode-se projetar o filme na tela com uma velocidade exatamente igual àquela em que foi filmado, ou então, a velocidades inferiores ou superiores.

Apesar de a máquina de filmar acionada por motor elétrico apresentar certas vantagens, uma boa câmera do tipo amador acionada por corda é perfeitamente satisfatória para a maior parte do trabalho a ser executado no estudo de movimentos ou mesmo no estudo de micromovimentos.

VELOCIDADES DA MÁQUINA DE FILMAR. A máquina de filmar do tipo amador opera de tal maneira que um quadro (ou filme) para uma exposição é subitamente puxado da frente das lentes da câmera no instante exato em que o obturador fecha as lentes. Quando o filme está em seu lugar, o obturador rotativo se abre e permite que a fotografia seja batida. O obturador, então, se fecha e o quadro seguinte é puxado para a próxima exposição e assim por diante.

O obturador permanece fechado durante 1/3 a 1/2 do tempo em que a máquina está filmando, dependendo de suas características. A relação entre a dimensão da abertura no obturador e os segmentos fechados determina o tempo de exposição para uma rotação do obturador. Dessa forma, o obturador executa uma rotação completa cada vez que se executa uma exposição. Portanto, se a câmera está operando à velocidade normal de 16 quadros/s e se o obturador tem o segmento aberto de 180°, o tempo em que a lente estará exposta durante uma rotação é 1/16 × × 180/360, ou seja, 1/32 de segundo.

A máquina de filmar fotografa cenas intermitentes. Fotografando-se objetos em movimento, há um instante (1/32 de segundo no caso anterior) entre exposições sucessivas, durante o qual não se registra a ação que está sendo executada. É por essa razão que os diferentes quadros no filme mostram o objeto em movimento em diferentes pontos de sua trajetória (veja o filme ampliado da Fig. 99).

A mão, aproximando-se de um objeto, é apresentada primeiramente a 30 cm de distância, depois a 25 cm, depois a 20 etc. Quando o movimento é relativamente rápido, o objeto aparece

Estudo de movimentos e de tempos **125**

ligeiramente tremido. A mão direita, na Fig. 105, aparece imprecisa nos quadros 2, 7 e 8; durante o momento em que o obturador estava aberto, a mão moveu-se numa distância suficiente para causar o borrão. Esses borrões podem ser eliminados expondo-se o filme a uma velocidade mais elevada. Se o filme tivesse sido tomado com velocidade de 32 quadros/s, em lugar de 16 quadros/s, o tempo durante o qual o obturador permaneceria aberto teria sido 1/64 de segundo, e a mão teria se movido apenas metade da distância. Isso reduziria ou mesmo eliminaria inteiramente o borrão.

Com a máquina operando à velocidade normal, freqüentemente acontece que a mão, por exemplo, muda inteiramente de direção, enquanto o obturador permanece fechado. Se o operador se aproximar de um objeto, a mão pode aparecer se dirigindo para a direita, em um quadro do filme; no próximo quadro, pode estar se movimentando para a esquerda. Durante o instante em que o obturador estava fechado, a mão moveu-se para a direita, agarrou parte do material e retornava quando foi realizada a próxima exposição. Para estudos de grande precisão, tais falhas são indesejáveis. Para evitar-se esse fato, é necessário que se opere a máquina com velocidades mais elevadas.

Apesar de a máquina operar normalmente à velocidade de 16 quadros/min, encontram-se câmeras acionadas à corda, do tipo amador, que podem fornecer velocidades tão elevadas quanto oito vezes a normal[1].

Para estudos comuns de micromovimentos, a velocidade normal da máquina de filmar é satisfatória. Quando forem estudados movimentos rápidos das mãos, pode se tornar necessário o uso de o dobro da velocidade normal; e, também, na avaliação de movimentos mais rápidos e curtos, como, por exemplo, "agarrar por escorregamento", em condições de laboratório, velocidades de 5 000 quadros/min ou mais elevadas podem se tornar necessárias.

FILMES SÃO FÁCEIS DE SER FEITOS. A máquina de filmar para amadores é projetada de tal forma que o indivíduo médio é capaz de tirar filmes satisfatórios, mesmo sem prática. Entretanto os filmes para o trabalho de estudos de movimentos, dentro das fábricas, são mais difíceis de ser executados do que ao ar livre. A maioria das pessoas é capaz de tirar filmes muito satisfatórios simplesmente seguindo as instruções que acompanham a máquina. Mesmo que uma pessoa seja capaz de tirar filmes relativamente bons de operações comuns de fábrica, é conveniente que aprenda o máximo possível sobre fotografia[2].

Um impresso semelhante ao apresentado na Fig. 95 é um auxílio real para uma pessoa que deseje melhorar sua habilidade em tirar bons filmes em condições variáveis. Esse impresso fornece um registro permanente de todos os fatores importantes relacionados com a execução do filme. As informações nessa folha podem ser usadas como verificação de que as fotografias não são satisfatórias, ou como referência de que os filmes devem ser tirados em condições diferentes. A simples necessidade de se registrarem os diversos itens em uma folha de papel, como, por exemplo, a abertura, o foco, a distância do objeto às lentes, o número de lâmpadas utilizadas, impede automaticamente o principiante proceder à filmagem, antes de ter ajustado a câmera e terminado sua preparação. O principal valor no uso de tal impresso, como será explicado em maiores detalhes no Cap. 13, é, juntamente com o número do filme, constituir um registro permanente que identifica qualquer porção do filme.

MICROCRONÔMETRO. Como o número de exposições tiradas em um filme, durante um dado intervalo de tempo, depende diretamente da velocidade da máquina e como essa velocidade

---

[1]A câmara apresentada em *F* da Fig. 89 tira filmes com velocidades de até 3 000 quadros/s. O prof. H. E. Edgerton tirou fotografias com exposição de um milionésimo de segundo e filmes a velocidades de 6 000 quadros/s. Veja H. E. Edgerton, J. K., Germeshausen e H. E. Griev, High Speed Photographic Methods of Measurement. *Journal of Applied Physics*, Vol. 8, n.º 1, p. 1

[2]*How to Make Good Movies*. Eastman Kodak Co., Rochester, N. Y.

Figura 92. Projetor de filmes (16 mm) destinado a trabalhos gerais no estudo de movimentos e de tempos. A manivela manual (A) *pode ser usada para a análise de filmes*

não é constante para máquinas acionadas à corda, é necessário que se coloque algum dispositivo para medida de tempo na cena a ser filmada, a fim de que o intervalo de tempo decorrido entre duas exposições seja indicado com precisão no filme.

Gilbreth desenvolveu um relógio de movimento rápido, acionado à corda, que denominou microcronômetro, capaz de indicar intervalos de tempo de 1/2 000 de minuto. O mostrador do relógio e dividido em 100 espaços iguais, sendo que o ponteiro maior executa 20 rpm. Atualmente, usam-se relógios acionados por motores síncronos. Esses relógios são muito precisos, e os ponteiros podem ser engrenados de forma a indicarem intervalos de tempo de duração desejada. O relógio apresentado na Fig. 91 é acionado por um pequeno motor síncrono e tem 100 divisões iguais no mostrador. O ponteiro maior executa 20 rpm, enquanto que o menor apenas 2. Cada divisão no mostrador indica 1/2 000 de minuto.

A leitura do relógio, na Fig. 91, é 652. Mudando-se a relação das engrenagens internas do relógio, o ponteiro maior fará 50 rpm e o menor apenas 5. Com esta última disposição, é possível ler-se intervalos de tempo de 1/5 000 de minuto sem interpolação. Esta maior velocidade para o relógio é usada apenas quando o filme estiver sendo exposto com velocidade igual ou superior a 2 000 quadros/min.

Quando se usa a câmera acionada por motor elétrico, é desnecessário o emprego do microcronômetro, a menos que este seja empregado com a finalidade de identificar rapidamente movimentos ou lugares particulares de um ciclo.

ILUMINAÇÃO. Sempre que possível, os filmes devem ser tirados à luz natural. Freqüentemente, se faz necessária iluminação adicional. Tal iluminação é conseguida com o uso de lâmpadas portáteis que se ajustam a um refletor suportado por um tripé. Tanto através do uso do holofote comum quanto com a lâmpada "photoflood", resolve-se facilmente o problema da iluminação do objeto a ser filmado. Comumente, duas fontes de luz devem ser usadas para melhores resultados. As fontes devem ser colocadas de tal forma que o local de trabalho e os

Estudo de movimentos e de tempos 127

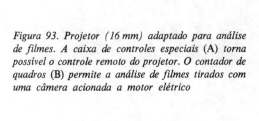

Figura 93. Projetor (16 mm) adaptado para análise de filmes. A caixa de controles especiais (A) torna possível o controle remoto do projetor. O contador de quadros (B) permite a análise de filmes tirados com uma câmera acionada a motor elétrico

movimentos a ser estudados estejam iluminados convenientemente, sem contrastes. Se a pessoa que tira o filme lembrar-se que, mais tarde, irá estudar os movimentos em detalhes, tomará mais cuidado em prover a iluminação adequada.

Com o aparecimento do filme TRI-X, a necessidade de iluminação artificial foi grandemente reduzida.

LABORATÓRIO. Algumas pessoas insistem que, desde que possível, o filme deva ser tirado em um laboratório especial, separado da seção de produção. Isto requer que as ferramentas e equipamentos usados sejam transportados para o laboratório, bem como os trabalhadores que irão acioná-los. Os estudos da operação podem, assim, ser feitos sem perturbar a produção na fábrica. Apesar de as vantagens apresentadas por esse processo, hoje é comum tirarem-se os filmes no próprio local de trabalho. Esse procedimento é menos dispendioso, torna mais fácil obter-se a cooperação dos operadores e tende a retirar o véu de mistério que, algumas vezes, encobre o estudo de movimentos e de tempos. Quando o trabalho for de natureza a permitir sua reprodução no laboratório, onde se pretende fazer um estudo de longa duração, é usual se desenvolver a investigação dentro do laboratório.

Há outros usos que, por si só, justificam a existência de um laboratório. Um laboratório é indispensável ao armazenamento do equipamento de filmagem, à análise do filme, à construção de gráficos simo e à projeção dos filmes às pessoas interessadas na melhoria dos métodos. O laboratório de estudo de movimentos pode ser usado como sala de aula para os membros da organização que se interessem pela aprendizagem da técnica do estudo de micromovimentos. É freqüentemente usado como sala de conferência para programas de treinamento de mestres e supervisores. A Fig. 19 mostra o laboratório de estudo de movimentos na fábrica de Fort Wayne da General Electric Company por volta de 1929. A Fig. 20 mostra o laboratório de métodos da Packard (General Motors Corporation). O centro de engenharia de produção da Armstrong Cork Company é apresentado na Fig. 313.

Figura 94. Projetor (16 mm) adaptado para demonstrações da análise de filmes diante de público numeroso. A caixa de controles especiais (A) permite o controle remoto do projetor. O projetor pode ser parado sem se danificar o filme mesmo com uma lâmpada de 1 000 W

FILME PARA ESTUDO DE MOVIMENTOS. Os filmes de natureza profissional são feitos com filme negativo. Esse último é revelado e dele se fazem cópias positivas para serem usadas nos projetores comuns. Com o desenvolvimento da câmera amadora e do filme de 16 mm, aperfeiçoou-se um processo reverso. O filme amador de 16 mm, de uso mais comum, é recoberto com uma emulsão fotográfica que permite a sua exposição na máquina, de forma comum. Ele é, então, enviado ao laboratório, onde é revelado de forma a produzir o positivo, diretamente na base original do filme. A pessoa recebe o rolo do filme original revelado com um positivo pronto para ser projetado na tela. Cópias do filme original de 16 mm podem ser obtidas quando desejadas.

O filme TRI-X é o mais usado para trabalhos de estudo de movimentos. Todos os filmes para amadores são feitos com uma base de acetato não-inflamável e conhecidos como filmes de "segurança".

CATALOGAÇÃO E ARMAZENAMENTO DO FILME. Como o filme é usado intensivamente, deve ser feita provisão para registrá-lo e cuidar de sua conservação. Um método que tem provado ser bom, é designar-se um número para cada filme e colocar-se um pequeno letreiro contendo esse número na cena a ser filmada, por ocasião da exposição do filme.

Uma folha de registro de dados, semelhante à apresentada na Fig. 96, é preenchida quando procede-se à filmagem e arquivada como um registro permanente. O rolo de filme é, então, colocado em uma caixa, etiquetado e arquivado em ordem numérica, em uma gaveta de arquivo metálico. O filme pode ser codificado conforme a espécie da operação (furar, pintar com revólver,

Estudo de movimentos e de tempos

Figura 95. Cabina de projeção para análise de filmes

inspecionar etc.) e, também, com relação ao departamento, espécie do produto ou de qualquer outra forma lógica.

PROJETOR PARA O ESTUDO DE MOVIMENTOS. O projetor é indispensável para a análise do filme, pois este deve ser analisado detalhadamente, quadro por quadro. Freqüentemente, os movimentos dos diversos membros do corpo, tais como, dedos, braços e pés, devem ser estudados. Esse estudo requer que o mesmo filme seja analisado diversas vezes, cada uma delas para um dos membros em consideração.

O projetor mais adequado para essa finalidade é pequeno, de peso reduzido, podendo ser transportado, com facilidade, de um ponto para outro da mesa. O projetor deve ter uma lâmpada de pequena potência, ou filtros especiais, de tal forma que o calor não venha a danificar o filme quando este permanecer parado em frente à lente, por um período relativamente longo de tempo. O projetor pode possuir lentes de pequena distância focal (25 mm) a fim de projetar uma imagem relativamente grande em uma tela colocada próxima ao projetor. O projetor deve ter uma manivela que permita o acionamento manual, de tal forma que o filme possa ser avançado quadro por quadro, durante sua análise (A, Fig. 92). Um movimento rápido dessa manivela desloca tão rapidamente o filme, em frente à lente, que o movimento do objeto em estudo não é notado. Isso facilita a determinação dos pontos de início e de término dos movimentos ou, então, de mudança de direção.

O projetor é também equipado com um contador de quadros que permite o registro do número de quadros projetados. Este contador tem grande utilidade na análise do filme tirado com o auxílio de uma máquina de filmar acionada por motor de velocidade constante. O projetor da Fig. 93 tem seus controles centralizados na caixa $A^{(3)}$, que permite o controle remoto do projetor.

O projetor apresentado na Fig. 94 foi projetado para demonstração de análise de filmes, para uma audiência de várias pessoas. Filtros especiais e um ventilador auxiliar protegem o filme mesmo quando se emprega uma lâmpada de 1 000 W.

---

[3] Para uma descrição detalhada desse projetor, veja D. B. Porter e L. P. Granath, How to Convert Projectors of Motion Study. *Factor Management and Maintenance*, Vol. 97, n.º 7, pp. 49-50

130 *Ralph M. Barnes*

Um projetor com lâmpada de alta potência é necessário quando o filme é apresentado para um número razoável de pessoas. Se esse projetor (Fig. 319) for acoplado a um tacômetro e a um motor de velocidade variável, poderá ser usado para passar um filme tirado com câmera de velocidade constante. O filme poderá ser exibido com velocidade exatamente igual à usada pelo operador no momento da execução do filme ou, então, a velocidades inferiores ou superiores conhecidas[4].

LISTA DO EQUIPAMENTO PARA OS TRABALHOS DO ESTUDO DE MOVIMENTOS.
Sumariando, recomendamos o seguinte equipamento para um programa relativamente extenso.

1) Uma máquina de filmar, de preferência com lente f. 1,9, com foco ajustável de 1,20 m até o infinito ou lentes "zoom" e com capacidade para 30 m.
2) Um tripé metálico com movimento de rotação em torno de um eixo vertical, podendo girar também em torno de eixos horizontais.
3) Um fotômetro.
4) Três ou quatro bulbos "photoflood" com refletores.
5) Dois tripés para os refletores dos bulbos.
6) Um microcronômetro.
7) Um projetor de filmes com lâmpada de baixa potência e manivela para análise dos filmes.
8) Um projetor com lâmpada de alta potência para exibição de filmes perante audiências grandes.
9) Uma tela portátil.
10) Arquivos para armazenagem do filme.
11) Um dispositivo para preparação de títulos.
12) Um dispositivo para corte e colagem de filmes.
13) Um arquivo para armazenagem do equipamento.

---

[4]Veja o Cap. 24 para uma discussão sobre o uso de filmes na avaliação do ritmo dos operadores

CAPÍTULO 13
Filmagem das operações

Os filmes podem ser usados com várias finalidades no estudo de movimentos e de tempos. Freqüentemente, eles são usados para: (1) estudo de micromovimentos e estudo memomotion, (2) obter dados para amostragem do trabalho, (3) treinar operadores para a fábrica, (4) mostrar o método atual de se executar determinada tarefa[1], (5) avaliação do ritmo no estudo de tempos e (6) pesquisa sobre estudo de movimentos.

Como os filmes para o estudo de micromovimentos são talvez os mais difíceis de serem executados, será dada uma explicação do procedimento a ser seguido nesse caso.

Suponhamos que uma operação específica a ser estudada, seja selecionada.

OPERADOR A SER ESTUDADO. O primeiro passo consiste em selecionar-se um ou mais operadores que executarão a operação a ser filmada. É conveniente que se filme os operadores que possuam maior habilidade e que executem a tarefa da maneira mais satisfatória. Deve-se estudar todos os operadores que apresentam características que possam vir a contribuir no desenvolvimento de um método melhorado. Freqüentemente, por razões psicológicas, é desejável filmar todos os operadores que executem a operação em estudo. É pouco provável obter-se informação de valor com o uso de operadores inexperientes; conseqüentemente, apenas alguns metros de filmes serão tirados com esses operários. Ocasionalmente, têm-se concluído que "operadores preguiçosos" usam melhores métodos do que os mais rápidos. Isso acontece evidentemente porque eles procuram executar o trabalho com o mínimo dispêndio de energia.

É importante e necessário que se explique aos operários e ao supervisor exatamente aquilo que se pretende executar. Devemos procurar obter cooperação desde o início, o que geralmente não apresenta dificuldade. Na maioria dos casos, os trabalhadores procurarão executar a tarefa da melhor maneira possível durante a filmagem, porque sabem que se está obtendo um registro permanente de seu trabalho e do trabalho de seus companheiros, e também porque os supervisores poderão rever os métodos de trabalho através da projeção do filme.

Devemos notar que o estudo de movimentos não exige do operário movimentos mais rápidos, mas estuda-os a fim de encontrar os movimentos mais curtos e mais eficientes. O estudo de movimentos auxilia na descoberta de métodos mais fáceis e menos fatigantes para a execução do trabalho. Se os filmes tirados forem dos melhores operadores, é provável que o analista obtenha resultados de forma mais rápida do que se fossem selecionados operários inexperientes. Procura-se estudar os movimentos empregados pelo operário e não a velocidade em que ele os executa.

Como afirmou-se no Cap. 1, o estudo de movimentos e de tempos possui vários objetivos. O estudo de tempos procura, por exemplo, determinar o tempo, em minutos ou horas, que permita a um operador qualificado trabalhar dia após dia, semana após semana sem prejuízo físico ou fadiga excessiva, sendo sempre capaz de executar a tarefa em seu tempo-padrão. Na execução de estudos de micromovimentos, os operários filmados podem executar a tarefa mais rapidamente do que o especificado. Como o principal objetivo do estudo de movimentos é encontrar-se a melhor maneira de se executar o trabalho, esse fato não pode ser criticado por quem quer que seja. Os operadores que mais podem contribuir na determinação deste método são aqueles que devem ser estudados.

[1]Este uso pode ser suplementado filmando-se o método que contenha a melhoria. Tais filmes são, às vezes, designados como filmes "antes e depois"

132 *Ralph M. Barnes*

LOCALIZAÇÃO DA MÁQUINA DE FILMAR. Supondo que tenham sido escolhidos o operador ou os operadores a serem estudados, e que eles tenham compreendido a finalidade do estudo de micromovimentos, o analista pode tratar da preparação de seu equipamento e da filmagem propriamente dita.

Embora não seja necessária a obtenção de filmes que se igualem em qualidade aos tirados por profissionais, é essencial que eles sejam suficientemente claros, quando projetados, a fim de fornecerem todos os detalhes de importância. Devem estar em foco e tirados de um ângulo que forneça adequadamente todos os movimentos do operador.

A máquina deve ser colocada tão próxima quanto possível da cena a ser filmada, sem omitir algum detalhe necessário. Nessa localização, devemos considerar tanto o local de trabalho quanto as ações do operador. Os movimentos deste podem ocorrer em duas direções: perpendiculares à linha da visão e paralelas à mesma linha. A câmera deve ser colocada em tal ângulo, relativo ao operador e ao local de trabalho, que a maioria dos movimentos seja perpendicular à linha de visão. Esse posicionamento não só permite uma focalização mais adequada em todos os pontos do ciclo como também facilita a análise do filme. É mais fácil julgar-se a natureza e a extensão dos movimentos perpendiculares à linha da visão do que aqueles feitos paralelamente à essa linha. Na maioria das máquinas de filmar, o visor é suficientemente preciso para mostrar o campo que será incluído no filme.

A câmera deve estar localizada de forma que inclua todos os movimentos que o operário executar durante um ciclo. Não é desejável que se sigam os movimentos do operador deslocando-se a câmera no decorrer do ciclo; isso porque é difícil prever-se os movimentos do operador e é quase impossível manterem-se todos os seus movimentos, durante o ciclo, no campo de filmagem.

Em alguns casos, os filmes podem ser tirados de mais de uma posição, apesar de isso não ser necessário para todas as operações. É desejável, entretanto, que se tirem algumas cenas do operador e do local do trabalho a fim de que se tenha um registro completo da tarefa e também uma boa fotografia do operador.

Algumas vezes, é vantajoso colocar-se atrás do operador uma tela feita com linhas brancas desenhadas sobre fundo preto formando quadrados com aproximadamente 10 cm de lado. Em alguns casos, a bancada ou o chão podem ser marcados de forma semelhante. Isso é feito para auxiliar a determinação da posição e da extensão dos movimentos durante a análise do filme. Todas as providências que possam facilitar a análise do filme devem ser tomadas. Pequenos detalhes, tais como a cor das roupas do operador, podem ter efeito importante na facilidade com que os movimentos possam vir a ser analisados.

Em algumas ocasiões, Gilbreth usou o que ele chamava de "tela penetrante", porque ela facilitava o estudo e a medida dos movimentos[2]. A tela penetrante resultava de uma exposição dupla do filme. A primeira exposição fotografava uma tela preta na qual existia um quadriculado de linhas brancas. Essa tela era colocada no local de trabalho, na posição em que os movimentos das mãos do operador geralmente ocorriam. Após essa filmagem, removia-se a tela, o filme era rebobinado, em câmara escura, no carretel original, tirando-se então, da forma usual, o filme do operador. Depois de revelado o filme, durante a projeção, o operador apareceria trabalhando com essa tela transparente em seu local de trabalho.

A câmera deve ser montada em um tripé, que deverá ser colocado diretamente no chão ou então sobre uma bancada sólida de tal forma que não se verifiquem vibrações durante a filmagem.

ILUMINAÇÃO. A luz natural é preferível à luz artificial para a filmagem das operações, entretanto, para os filmes tirados dentro das fábricas, é necessário suplementar-se a luz natural com alguma iluminação artificial. Lâmpadas "photoflood" com refletores adequados fornecem essa iluminação adicional. Essas lâmpadas devem ser colocadas de forma a iluminarem conve-

---

[2]F. B. e L. M. Gilbreth, *Applied Motion Study*. Sturgis & Walton Co., New York, 1917, p. 86

Estudo de movimentos e de tempos

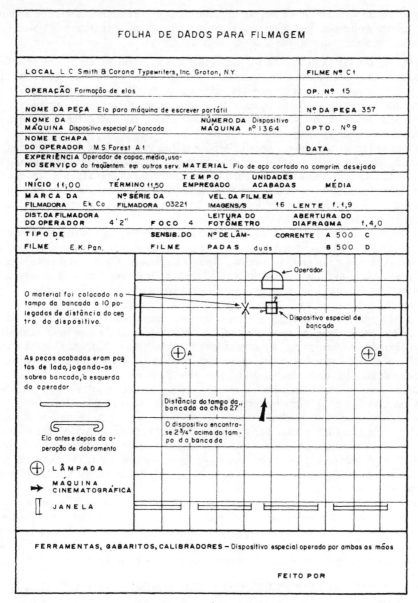

Figura 96. Folha de dados para filmagem

nientemente os locais mais escuros a ser filmados. É preferível que se tenha iluminação excessiva e que se diminua a abertura do diafragma da máquina do que se ter iluminação insuficiente, obtendo-se um filme escuro.

Na colocação de lâmpadas para iluminação, deve-se lembrar que a intensidade de iluminação incidente sobre um objeto varia inversamente ao quadrado da distância desse objeto à fonte. Se

134   *Ralph M. Barnes*

a lâmpada, que está a 3 m do objeto, for aproximada para 1,5 m, a intensidade de iluminação sobre o objeto aumentará quatro vezes. A maneira mais certa de se verificar se o objeto está ou não suficientemente iluminado é usar um fotômetro.

FILMAGEM DA OPERAÇÃO. Se for usado um microcronômetro, ele deverá ser colocado de modo que todo o seu mostrador apareça no filme e não esconda também algum movimento do operador ou parte do local de trabalho que deve ser incluído no filme. Por outro lado, os movimentos do operador não devem, em nenhum instante, interferir na visão completa do mostrador do microcronômetro. O microcronômetro deve estar em foco a fim de que possa ser facilmente lido, quando fotografado.

A câmera é então carregada, o medidor de filme graduado em zero, e a abertura do diafragma ajustada às condições de iluminação vigentes e à velocidade na qual a câmera irá operar, desde que essa seja diferente da normal. A distância do centro de ação do operador às lentes da câmera devem ser cuidadosamente medidas com uma trena (estimativa dessa distância não é satisfatória), e a câmera cuidadosamente focalizada. Isto é particularmente importante quando a máquina estiver próxima da cena a ser filmada.

A fim de se identificar o filme, um cartão contendo informações, tais como: nome da operação, número da peça, dia do estudo, número do departamento e número do filme, é colocado na frente da câmera e fotografado com os primeiros quadros do filme. Outro método consiste em se colocar um único número ou símbolo de modo a ele aparecer em todos os quadros da filmagem. Um número diferente é usado para cada circunstância. Esse número é designado como sendo "número do filme". Uma folha de dados da filmagem contendo o número do filme, semelhante à apresentada na Fig. 96, é usada para apresentar todos os dados referentes a um determinado estudo. Esse impresso constitui um registro permanente com informações acerca do trabalho filmado, bem como dados referentes aos detalhes da filmagem. Como é o mesmo símbolo que aparece em todos os quadros do filme, para cada cena, é sempre possível referir-se à folha de dados a fim de se identificar qualquer parte do filme.

O analista deve estimar ou mesmo medir com o relógio o tempo necessário para a execução de um ciclo, no caso em que essa informação não possa ser obtida através de padrões ou diretamente do departamento de produção. Em frente ao operador deve existir material suficiente a fim de que não sejam necessárias interrupções na filmagem. O operador deve executar alguns ciclos com as luzes acesas, antes que se inicie a filmagem propriamente dita. Em alguns casos, é necessário algum tempo a fim de que o operário se acostume com a situação e se acalme, a fim de se tornar possível a execução correta do ciclo. Na maioria dos casos, esse fato não se constitui num problema sério.

Procede-se então à filmagem, filmando-se tantos ciclos da operação quantos se deseje. Não é possível fornecerem-se regras com relação ao número ideal de ciclos a ser filmados. Isso depende das peculiaridades de cada caso, sendo, entretanto, essencial que se tire um número de ciclos suficiente para se obter um registro representativo da operação. É sempre preferível tirar-se um número excessivo de ciclos do que se tirar um número insuficiente.

ESQUEMA PARA O PROCEDIMENTO A SER SEGUIDO NA FILMAGEM DE OPERAÇÕES

1) Assegure-se da cooperação do mestre e dos operários antes de iniciar a preparação dos filmes. Explique as razões da filmagem.

2) Verifique se existe tomada de eletricidade para as lâmpadas, o microcronômetro e a máquina de filmar, caso esta seja acionada por motor elétrico.

3) Localize a câmera de modo a se obter a melhor cobertura de um ciclo da operação. Use o visor a fim de assegurar a cobertura completa da totalidade do ciclo.

Estudo de movimentos e de tempos **135**

4) Localize as lâmpadas "photoflood" de modo a se obter intensidade de iluminação adequada sem a formação de sombras excessivas. Verifique se os lugares mais escuros estão convenientemente iluminados.

5) Coloque o microcronômetro de modo que ele apareça no filme e que esteja em foco. Verifique se ele não obscurece alguma parte da operação.

6) Coloque o cartão com o número do filme ou qualquer outra identificação de modo que apareça no filme, preferencialmente, perto do microcronômetro.

7) Tenha filme suficiente na máquina para o número de ciclos a ser filmado.

8) Determine com o auxílio de um fotômetro a abertura conveniente do diafragma e proceda à ajustagem completa da câmera.

9) Meça a distância média do objeto às lentes da câmera e ajuste corretamente o foco da máquina.

10) Preencha a folha de dados correspondente.

11) Acenda as luzes, dê início ao microcronômetro e proceda à filmagem.

CAPÍTULO 14
Análise do filme

Depois de se ter filmado a operação, projeta-se o filme para que se possa examiná-lo. Como o filme contém um registro exato das atividades, um gráfico do fluxo do processo, um gráfico de atividades, um gráfico homem-máquina ou um gráfico de operações pode ser levantado a partir dele tão bem quanto a partir da própria operação. Se o filme for projetado na mesma velocidade em que foi feito, poderá servir de base para um estudo de tempos. Neste capítulo, entretanto, explicaremos o método de análise de filmes preparatórios à construção de um gráfico simo (ciclo de movimentos simultâneos). Antes de iniciar-se a análise, o analista deve examinar o filme várias vezes a fim de familiarizar-se completamente com a operação. Um ciclo particular é então escolhido para ser analisado em detalhes.

A extensão a ser dada à análise dos movimentos das mãos, braços, pernas, cabeça e tronco depende da natureza do trabalho em estudo. A maioria das operações selecionadas para uma análise em um estudo de micromovimentos envolve ou trabalho de bancada, ou operações em máquinas de ciclo curto, requerendo unicamente o movimento das mãos. Em geral, é satisfatório considerar-se a mão como uma unidade durante a análise do filme, isto é, não é necessário que se analise independentemente os movimentos dos dedos. Uma vez ou outra, entretanto, poderá surgir uma operação na qual seja necessária a análise de todos os movimentos do corpo. Quando tal análise for necessária, é possível adaptar-se a técnica a essa finalidade, embora o tempo necessário seja muito maior quando todos os membros do corpo devem ser considerados separadamente.

Na montagem do parafuso com as arruelas, por exemplo, uma forma mais simples de análise será usada, isto é, a análise dos movimentos da mão. Quando o polegar e o indicador da mão direita agarram uma arruela, supõe-se simplesmente que tal ato é executado pela mão e assim por diante.

IMPRESSOS PARA O REGISTRO DE DADOS PROVENIENTES DA ANÁLISE DE MOVIMENTOS. Durante a análise do filme, os dados são transferidos para uma folha de dados comumente chamada folha de análise. Diversos tipos de impressos prestam-se para este registro, e aquele a ser escolhido dependerá do tipo de trabalho estudado e da extensão que se pretende dar à análise. Os impressos das Figs. 97 e 100 são bastante satisfatórios para a análise das mãos direita e esquerda. A coluna extra no impresso da Fig. 97, fornece espaço para a análise de um terceiro membro do corpo como, por exemplo, o pé na operação de um prensa a pedal ou o joelho na operação de uma máquina de costura controlada com o auxílio do joelho. A folha de análise da Fig. 98 é usada pelo Macy's Department Store quando se procede a uma análise completa.

ANÁLISE DO FILME DA MONTAGEM DO PARAFUSO E ARRUELAS. A ampliação de um ciclo do filme mostrando a operação "montagem de três arruelas em um parafuso" está reproduzida na Fig. 99. O filme foi tomado à velocidade normal de 16 quadros/s, e a velocidade de rotação do microcronômetro era de 20 rpm. A operação está descrita em detalhes na página 178. A ampliação da Fig. 99 será analisada da mesma forma que o analista faria se tivesse o filme projetado diante de si. Nesse caso, entretanto, seu trabalho seria mais fácil, pois o filme estaria no projetor, podendo ser aumentado, muitas vezes, na tela.

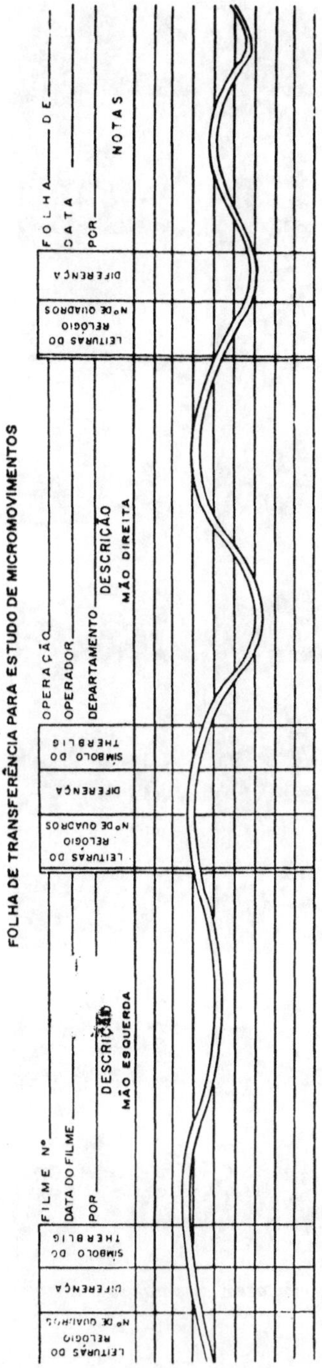

Figura 97. Folha de análise para estudo de micromovimentos

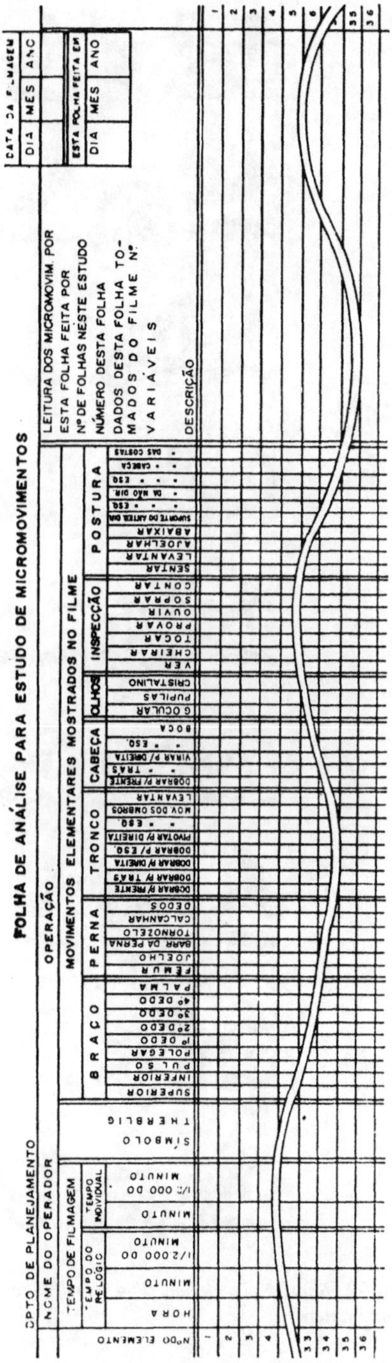

Figura 98. Impresso destinado à análise completa em um estudo de micromovimentos

Figura 99. Reprodução de um filme mostrando um ciclo completo da montagem do parafuso e arruelas (método antigo)

Estudo de movimentos e de tempos

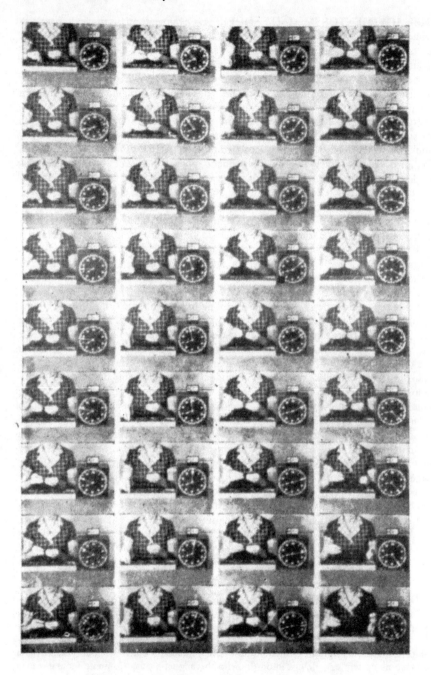

140   *Ralph M. Barnes*

ANÁLISE DOS MOVIMENTOS DA MÃO ESQUERDA. Geralmente analisam-se em primeiro lugar os movimentos da mão esquerda do operador. Retorna-se então o filme ao início do ciclo, analisando-se os movimentos da mão direita.

Para iniciar-se a análise, projeta-se o filme, até que se encontre o início de um ciclo. Esse é, usualmente, o ponto em que a mão inicia o seu primeiro therblig, *transporte vazio*. Algumas vezes, é preferível iniciar-se a análise no ponto em que as mãos direita e esquerda iniciam ou terminam juntas os seus therbligs. Examinando-se a ampliação do filme na Fig. 99, pode-se notar que o microcronômetro se localiza à esquerda do operador, o cartão com o número do filme (B-21) está colocado sobre o relógio, e o material a ser montado encontra-se em pequenos depósitos, imediatamente à frente do operador. A disposição exata do material é apresentada na Fig. 69. O ponteiro maior do relógio executa 20 rpm; o pequeno, apenas duas. Há 100 divisões iguais no mostrador do relógio, portanto o tempo é indicado em 1/2 000 de minuto pelo ponteiro maior. Esse intervalo de tempo (1/2 000 de minuto) foi designado por Gilbreth como 1 "wink".

O primeiro quadro do filme (canto superior esquerdo da Fig. 99) mostra o operador segurando a cabeça do parafuso com a mão esquerda e completando a montagem da última arruela com a mão direita. O segundo quadro mostra o operador iniciando o transporte do conjunto (com a mão esquerda) para o depósito mais próximo do relógio, onde ele o colocará. Esse quadro é excelente para iniciar-se a análise, pois apresenta as duas mãos no instante em que elas começam a separar-se. A leitura do microcronômetro é 595, o que significa 595/2000 de minuto a partir de zero.

Os movimentos da mão esquerda estão registrados na folha de análise (Fig. 100), na coluna "Descrição da Mão Esquerda". A leitura do microcronômetro é registrada na primeira coluna (595), representando o instante em que se iniciou o *transporte carregado*. O símbolo para esse movimento é colocado na terceira coluna, sendo o movimento descrito como "Transporta o conjunto para o depósito"[1]. O filme é examinado quadro por quadro, até que se termine esse therblig (a mão esquerda). O quadro do filme mostrando a mão esquerda no ato de soltar o conjunto montado também indica no relógio a leitura 602; portanto 602 é registrado na segunda linha horizontal e na primeira coluna vertical. Como a mão esquerda do operador está iniciando o therblig *soltar*, o símbolo para esse therblig é colocado na terceira coluna vertical, e a descrição do therblig ("solta o conjunto pronto") é registrada na quarta coluna. O analista continua sua análise procurando o fim do *soltar* e o início do movimento seguinte, *transporte vazio*. O quadro seguinte mostra a mão esquerda do operador movendo-se vazia para o depósito de parafusos; conseqüentemente, o therblig *soltar* terminou e o *transporte vazio* teve início. A leitura no microcronômetro é 604, sendo este número registrado na terceira linha horizontal e na primeira coluna vertical. O símbolo para o *transporte vazio* é colocado na terceira coluna, e a descrição do therblig é anotada na quarta coluna. De maneira semelhante, examina-se o restante do ciclo, anotando-se quando termina um movimento e quando se inicia o seguinte e registrando-se todos os dados na folha de análise. Depois de se ter completado a análise para ambas as mãos, subtraem-se leituras sucessivas do microcronômetro, para se obter a duração de cada movimento. Estas diferenças são registradas na segunda coluna vertical.

ANÁLISE DOS MOVIMENTOS DA MÃO DIREITA. Depois de se ter analisado os movimentos da mão esquerda, retorna-se o filme à sua posição inicial, e os movimentos executados pela mão direita são analisados e registrados no lado direito da folha de análise da Fig. 100. No

---

[1] A melhor forma é deixar-se que o símbolo do therblig indique a ação, tornando desnecessária a inclusão do verbo na descrição. A descrição do primeiro therblig teria sido "Conjunto montado para o depósito" em vez de "Transporta o conjunto montado para o depósito". Os verbos têm sido incluídos nas folhas de análise e nos gráficos simo deste livro a fim de auxiliarem o leitor a aprender o significado dos símbolos dos therbligs. Veja Apêndice A

Estudo de movimentos e de tempos

141

ESTUDO DE MICROMOVIMENTOS							
FOLHA DE ANÁLISE							

PEÇA Montagem de parafuso e arruelas – Método antigo   DEPARTAMENTO AY16   FILME N° B21

OPERAÇÃO Montar 3 arruelas em parafuso   OP. N° A32

OPERADOR M. Smith   1C634   DATA   ANALISADOR M.E.R.   FOLHA 1–1 FOLHA

LEITURA DO RELÓGIO	TEMPO SUBTRAÍDO	SÍMBOLOS THERBLIG	DESCRIÇÃO MÃO ESQUERDA	LEITURA DO RELÓGIO	TEMPO SUBTRAÍDO	SÍMBOLOS THERBLIG	DESCRIÇÃO MÃO DIREITA
595	7	TL	Transporta o conjunto para a caixa	595	26	TE	Alcança arruela de pressão
602	2	RL	Solta o conjunto	621	6	St + G	Seleciona e agarra arruela
604	4	TE	Alcança parafuso	627	7	TL	Transfere a arruela para o parafuso
608	2	St + G	Seleciona e agarra o parafuso	634	6	P	Posiciona a arruela
610	17	TL	Transfere parafuso para posição de trabalho	640	12	A + RL	Monta arruela no parafuso e solta
627	5	P	Posiciona parafuso	652	8	TE	Alcança a arruela de aço
632	104	H	Segura parafuso	660	8	St + G	Seleciona e agarra arruela
736	7	TL	Transfere o conjunto para a caixa	668	9	TL	Transfere a arruela para o parafuso
743	2	RL	Transporta o conjunto para a caixa	677	3	P	Posiciona a arruela
745				680	10	A + RL	Monta a arruela de aço e solta
				690	6	TE	Alcança a arruela de borracha
				696	10	St + G	Seleciona e agarra a arruela de borracha
				706	9	TL	Transfere arruela para o parafuso
				715	5	P	Posiciona a arruela
				720	16	A + RL	Monta a arruela e solta
				736			
		Tempo em 2 milésimos de minuto					

Figura 100. Folha de análise para a montagem do parafuso e arruelas (método antigo)

segundo quadro do filme, no canto superior esquerdo da Fig. 99, a mão direita do operador está iniciando o movimento *transporte vazio*, em direção ao depósito de arruelas de retenção. Portanto a leitura 595 é registrada na primeira coluna vertical ("Leitura do Relógio") para a mão direita, na Fig. 100. O símbolo *transporte vazio* é colocado na terceira coluna vertical, registrando-se a descrição do movimento. O filme é assim estudado quadro por quadro, até que se encontre o ponto onde termina o *transporte vazio* para a mão direita e se inicia o próximo therblig. Esse movimento é longo, pois a mão se movimenta vagarosamente a fim de permitir que a mão esquerda solte o conjunto pronto e se dirija ao depósito dos parafusos. Somente no quadro que se situa no meio da segunda linha de quadros da Fig. 99, é que o operador começa a *selecionar* e *agarrar* uma arruela de retenção do depósito da bancada. A leitura é, então, 621, e os dados são registrados na folha de análise, prosseguindo-se o estudo de maneira semelhante até que se termine o ciclo. Depois de se ter terminado a análise para ambas as mãos e obtido as diferenças, é possível visualizar a totalidade do ciclo fácil e acuradamente. A mão esquerda é analisada independentemente da direita, tomando-se o cuidado de se observar que ambas iniciem e terminem as atividades aproximadamente no mesmo ponto. Deve ser lembrado que as diferenças de tempo, na Fig. 100, representam $1/2\,000$ de minuto.

Tantos ciclos quantos forem necessários podem ser analisados para uma dada operação. Como regra, necessita-se somente de um ou dois ciclos se os mesmos forem escolhidos com o devido cuidado.

CONSTRUÇÃO DOS GRÁFICOS DE MOVIMENTOS SIMULTÂNEOS

A duração de cada therblig registrado na folha de análise pode ser representada graficamente por intermédio de um gráfico de movimentos simultâneos, comumente designado como *gráfico simo*. Tanto a folha de análise quanto o gráfico simo podem ser construídos independentemente ou, então, o gráfico simo pode ser construído a partir dos dados contidos na folha de análise.

142   Ralph M. Barnes

Quando se deseja representar em um único gráfico simo todos os membros do corpo que se movimentam, é comum o emprego de uma folha de papel quadriculado com, aproximadamente, 55 cm e com linhas de espaçamento de 2,5 mm. Para operações de duração superior a 30 s, alguns analistas usam papel com linhas espaçadas de 1,25 mm ou, então, papel milimetrado a fim de condensar o gráfico. Entretanto, como as divisões estão demasiadamente próximas, esse papel é de emprego mais difícil do que os anteriores. Cabeçalhos contendo informações semelhantes às apresentadas no topo da Fig. 98 são geralmente reproduzidos em quantidade, e colados no topo das folhas de papel quadriculado.

Para várias operações, entretanto, não é necessária a construção de um gráfico completo apresentando todos os membros que se movimentam durante um ciclo. O gráfico simo das duas mãos para montagem do parafuso e das arruelas é apresentado na Fig. 101. O mesmo procedimento seria usado na construção de um gráfico que apresentasse os movimentos dos braços, pernas, cabeça, tronco e demais partes do corpo.

ESTUDO DE MICROMOVIMENTOS
GRÁFICO SIMO

PEÇA Montagem de parafuso e arruelas—Método antigo   DEPTO. AY16   FILME Nº B21

OPERAÇÃO Montagem de 3 arruelas em parafuso   OP. Nº A32

OPERADOR M. Smith 1C634   DATA   EXECUTADO POR S. R. M.   FOLHA 1-1 FOLHA

DESCRIÇÃO MÃO ESQUERDA	SÍMBOLOS THERBLIG	TEMPO	TEMPO EM 2 MILÉSIMOS DE MINUTO	TEMPO	SÍMBOLOS THERBLIG	DESCRIÇÃO MÃO DIREITA
Transporta o conjunto para caixa	TL	7				
Solta o conjunto	RL	2				
Alcança parafuso	TE	4				
Seleciona e agarra arruela	St G	2		26	TE	Alcança a arruela de pressão
Transfere o parafuso para a posição de trabalho	TL	17		6	St G	Seleciona e agarra a arruela
Posiciona o parafuso	P	5		7	TL	Transfere a arruela para o parafuso
				6	P	Posiciona arruela
				12	A RL	Monta a arruela e solta
				8	TE	Alcança arruela de aço
				8	St G	Seleciona e agarra arruela
				9	TL	Transfere arruela para o parafuso
Segura o parafuso	H	104		3	P	Posiciona arruela
				10	A RL	Monta arruela de aço e solta
				6	TE	Alcança arruela de borracha
				10	St G	Seleciona e agarra arruela de borracha
				9	TL	Transfere arruela para o parafuso
				5	P	Posiciona arruela
				16	A RL	Monta arruela e solta
Transporta o conjunto para a caixa	TL	7				
Solta o conjunto	RL	2				

Figura 101. Gráfico simo para montagem do parafuso e arruelas (método antigo)

Estudo de movimentos e de tempos **143**

ESTUDO DE MICROMOVIMENTOS
GRÁFICO SIMO

PEÇA Montagem de parafuso e arruelas–Método melhorado DEPTO. AY16 FILME Nº X75

OPERAÇÃO Montagem de 3 arruelas em parafuso OP. Nº A32

OPERADOR M. S. Bowen 1C4327 DATA EXECUTADO POR S.R.M. FOLHA 1–1 FOLHA

DESCRIÇÃO MÃO ESQUERDA	SÍMBOLOS THERBLIG	TEMPO	TEMPO EM 2 MILÉSIMOS DE MINUTO	TEMPO	SÍMBOLOS THERBLIG	DESCRIÇÃO MÃO DIREITA
Alcança arruela de borracha	TE	10		10	TE	Alcança a arruela de borracha
Seleciona e agarra arruela	St G	1		1	St G	Seleciona e agarra a arruela
Desliza arruela no dispositivo	TL	13		13	TL	Desliza arruela no dispositivo
Posiciona arruela no dispositivo e solta-a	P RL	14		14	P RL	Posiciona a arruela no dispositivo e solta-a
Alcança arruela de aço	TE	12		12	TE	Alcança arruela de aço
Seleciona e agarra arruela	St G	1		1	St G	Seleciona e agarra arruela
Desliza arruela para dispositivo	TL	17		17	TL	Desliza arruela para dispositivo
Posiciona arruela no dispositivo	P RL	13		13	P RL	Posiciona arruela no dispositivo
Alcança arruela de pressão	TE	12		12	TE	Alcança arruela de pressão
Seleciona e agarra arruela	St G	1		1	St G	Seleciona e agarra arruela
Desliza arruela para dispositivo	TL	14		14	TL	Desliza arruela para dispositivo
Posiciona arruela no dispositivo e solta-a	P RL	8		8	P RL	Posiciona arruela no dispositivo e solta-a
Alcança parafuso	TE	10		10	TE	Alcança parafuso
Seleciona e agarra parafuso	St G	10		10	St G	Seleciona e agarra parafuso
Transfere parafuso para dispositivo	TL	12		12	TL	Transfere parafuso para dispositivo
Posiciona parafuso	P	8		8	P	Posiciona parafuso
Insere parafuso nas arruelas	A	48		48	A	Insere parafuso nas arruelas
Retira conjunto	DA	3		3	DA	Retira conjunto
Transfere conjunto para fresta	TL	10		10	TL	Transfere conjunto para fresta
Solta conjunto	RL	1		1	RL	Solta conjunto

Figura 102. Gráfico simo para montagem do parafuso e arruelas (método melhorado)

A escala vertical apresentada no centro do gráfico da Fig. 101 representa o tempo com subdivisão de 2 milésimos de minuto. A descrição dos therbligs, símbolo, cor e posição relativa no ciclo estão indicados no gráfico. O tempo requerido para cada movimento é representado na coluna vertical e é colorido para representar o movimento em particular. A disposição do gráfico é bastante semelhante à da folha de análise. No início do movimento *transporte carregado* da mão esquerda, a leitura do microcronômetro era 595, portanto esse ponto é situado na escala vertical traçando-se uma linha horizontal, forte, no topo da coluna. O primeiro movimento (*transporte carregado*) requereu sete winks (7/2 000 de minuto), portanto desenha-se uma linha horizontal sete divisões após a primeira. O espaço entre estas duas linhas é colorido em verde usando-se um lápis de cor[2]. O próximo therblig para a mão esquerda é *soltar*, requerendo 2 winks. De maneira semelhante, o tempo é registrado na escala vertical, imediatamente após a linha anterior, desenhando-se, então, outra linha horizontal. A área correspondente a esta operação é colorida em vermelho, e, assim por diante, para o restante do ciclo, registram-se os movimentos em escala, e cada área é colorida com a cor padronizada para o therblig que lhe corresponde. Os movimentos executados pela mão direita serão registrados do lado direito do gráfico, de forma análoga à seguida para os movimentos da mão esquerda.

A Fig. 102 mostra o gráfico simo para um ciclo do *método melhorado* da montagem do parafuso e arruelas, tal como apresentado na página 178.

ANÁLISE DA OPERAÇÃO DE FORMAR UM ELO. A simples operação de se formar um "gancho" em cada ponta de um pequeno estilete, a fim de formar um elo (Fig. 103) para uma máquina de escrever portátil, foi estudada várias vezes pelo autor. Esta operação será usada como exemplo porque envolve o uso de um dispositivo e também devido a seu ciclo curto.

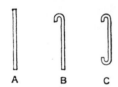

Figura 103. Elo para máquina de escrever portátil. A, fio de aço mole; B, elo com uma das pontas formadas; C, elo acabado

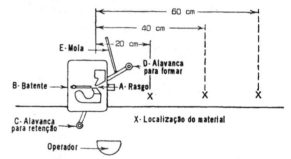

Figura 104. Dispositivo e arranjo físico do local de trabalho para formar um elo

A câmera usada para a filmagem dessa operação era acionada por um motor síncrono e operava à velocidade constante de 1 000 quadros/min. Dessa forma, foi desnecessário o uso do microcronômetro, e o intervalo de tempo decorrido entre dois quadros sucessivos foi de 1/1 000 de minuto (Fig. 105).

DESCRIÇÃO DA OPERAÇÃO DE FORMAR UM ELO. O material a partir do qual eram formados os elos consistia em pedaços de arame de aço com 3 cm de comprimento, cortados em fios com 1,143 mm de diâmetro. O material era fornecido em recipientes metálicos ao operador, e este, à medida que o necessitava derrama-o sobre a bancada revestida de linóleo, à direita do dispositivo. O elo era formado da seguinte maneira.

---

[2]Como este livro não pôde ser impresso em cores, são usados símbolos para representarem-nas. Para as cores padronizadas dos therbligs, veja Fig. 83

Estudo de movimentos e de tempos   **145**

Os quadros da Fig. 105 reproduzem cada elemento de um ciclo completo. O dispositivo se encontrava firmemente montado à bancada, de forma que sua superfície superior situava-se 7 cm acima do topo daquela. Este topo situava-se a 68 cm em relação ao assoalho. O material estava disperso sobre a superfície da bancada a fim de que fosse mais facilmente agarrado. O operador, sentado atrás da bancada, agarrava uma parte do material com os dedos polegar e indicador da mão direita, carregava-a para a esquerda e a inseria no rasgo (*A*) do dispositivo (Fig. 104). O operador empurrava a peça, até encontrar o batente (*B*) do dispositivo, ao mesmo tempo que a prendia movimentando a alavanca (*C*) para a esquerda com o auxílio da mão esquerda. Com a mão direita agarrava o cabo da alavanca (*D*) que se situava à direita do dispositivo e a uma altura de, aproximadamente, 7,5 cm acima do topo da bancada. A mão direita girava a alavanca (*D*) no sentido horário, tendo como eixo o centro do dispositivo, com um ângulo de, aproximadamente, 180° e raio de rotação de 20 cm. A alavanca se deslocava em um

Figura 105. Reprodução do filme que mostra um ciclo completo da operação de formar um elo

146

Ralph M. Barnes

plano paralelo ao topo da bancada. Este movimento da alavanca formava o "gancho" em uma das pontas do elo. O operador retornava a alavanca à sua posição original girando-a no sentido anti-horário. Uma mola (E) presa à alavanca (D) e à bancada auxiliava o operador durante o retorno da alavanca à sua posição original. Essa mola possibilitava ao operador soltar a alavanca quando esta estivesse a meio caminho de sua posição original, pois a mola puxava-a o restante da distância.

Depois de ter soltado o cabo da alavanca, o operador movia a mão, ligeiramente, para a direita e, aproximadamente, 10 cm para frente, e aguardava um instante enquanto a mão esquerda removia do rasgo do dispositivo o elo em processamento. Então, as duas mãos juntas invertiam a posição do elo e o colocavam novamente no rasgo. Tomava-se cuidado para se assegurar de que o "gancho" estivesse corretamente orientado a fim de que, depois de o elo pronto, os dois ganchos estivessem no mesmo plano e voltados para o mesmo lado. Enquanto a mão direita segurava o elo no dispositivo, a esquerda movia a alavanca (C) para a esquerda, prendendo o elo no rasgo como na primeira parte do ciclo. A mão direita, então, agarrava o cabo da alavanca (D) e, como anteriormente, o deslocava 180°, no sentido horário, formando a segunda ponta do elo. Enquanto a mão direita formava a ponta do elo, a esquerda continuava a segurar a alavanca (C) em sua posição, apertando-a o máximo possível, para a esquerda, mantendo dessa forma o elo preso ao dispositivo durante a formação dos ganchos. Encerrada esta segunda parte, a mão direita voltava a alavanca (D) à sua posição original, largando seu cabo diretamente em frente ao operador. A mão direita se deslocava, novamente, para a direita a fim de agarrar uma parte do material sobre a bancada, iniciando-se assim novo ciclo. Enquanto isso, a mão esquerda soltava o cabo da alavanca (C) e dirigia-se para o elo formado a fim de removê-lo do rasgo do dispositivo. A mão esquerda transportava o elo para a esquerda, onde este era largado sobre a bancada. Durante este tempo, o operador ficava olhando à sua direita, onde a mão direita estava agarrando nova parte sobre a bancada para o próximo ciclo.

A Fig. 106 mostra o gráfico simo para a operação de formar elos.

ANÁLISE COMPLETA DOS MOVIMENTOS DA MÃO. Algumas vezes, durante a análise dos movimentos das mãos esquerda e direita, há motivo para confusão, isto porque algumas partes do braço estão executando certos movimentos, enquanto outras executam movimentos diferentes. O primeiro movimento no gráfico simo da Fig. 107, por exemplo, mostra os dedos polegar, indicador e médio da mão direita executando um *agarrar* enquanto a palma da mão e os dedos anelar e mínimo estão segurando uma espátula. A operação consiste no dobramento e na formação de vincos em folhas de papel pelo método melhorado descrito na página 194. A mão direita carrega a espátula durante todo o ciclo, usando-a entretanto durante pequena parte deste apenas.

Quando fizermos uma análise completa de uma operação, cada uma das partes do braço será analisada separadamente — o braço, o antebraço, o punho, o dedo mínimo, o anelar, o dedo médio, e assim por diante. O filme é então retornado ao ponto inicial depois de se ter analisado cada uma das partes, sendo necessária uma coluna vertical, separada, para o registro dos movimentos de cada parte. Apesar de a Fig. 107 não apresentar os movimentos da cabeça, tronco e pernas, ela mostra todos os movimentos dos braços, mãos e dedos.

Se tivesse sido construído um gráfico simo apresentando simplesmente as mãos direita e esquerda para a operação de dobramento do papel, ele teria mostrado apenas aqueles therbligs executados pelos dedos polegar, indicador e médio. Ter-se-ia incluído no gráfico uma nota mostrando que a espátula estava sendo carregada pela mão direita durante à totalidade do ciclo.

USO DO GRÁFICO SIMO. Quando se tiver completado o gráfico simo da operação, ter-se-á apenas iniciado a tarefa de se encontrar um meio melhor para a execução do trabalho. Um estudo completo do gráfico é geralmente o primeiro passo na execução desta tarefa.

ESTUDO DE MICROMOVIMENTOS
GRÁFICO SIMO

PEÇA Elo para máquina de escrever   DEPTO. 9   FILME Nº C18

OPERAÇÃO Formação de elo para máquina de escrever   OP. Nº G11

OPERADOR A.S.Sanders A2   DATA   EXECUTADO POR S.A.R.   FOLHA 1—1 FOLHA

DESCRIÇÃO MÃO ESQUERDA	SÍMBOLOS THERBLIG	TEMPO	TEMPO EM MILÉSIMOS DE MINUTO	TEMPO	SÍMBOLOS THERBLIG	DESCRIÇÃO MÃO DIREITA
Retorna alavanca de travamento e solta-a	TL RL	2				
Aproxima a mão do dispositivo	TE	3		4	TE	Alcança o material
				2	St G	Seleciona e agarra uma peça
Agarra o elo formado no dispositivo	G	6				
				6	TL	Transfere peça para dispositivo
Transfere o elo formado para a esquerda e solta-o	TL RL	3				
Movimenta na direção da alavanca de travamento e agarra a maçaneta	TE G	3		6	P RL	Insere peça no dispositivo e solta-a
Empurra alavanca toda para esquerda	TL	3				
				2	TE G	Alcança alavanca para formar e agarra maçaneta
Segura alavanca nesta posição	H	6		5	U	Forma 1ª extremidade do elo
Recoloca alavanca na posição original e solta-a	TL RL	3		3	TL RL	Retorna alavanca para formar e solta
Aproxima a mão ao dispositivo	TE	3		4	TE UD	Aproxima a mão do dispositivo e espera pela mão esquerda
				4	TE	Aproxima a mão do dispositivo
Agarra peça, vira-a no dispositivo e solta-a	G P RL	8				
Aproxima-se à alavanca de travamento e agarra a maçaneta	TE G	3		8	P	Ajuda a mão esquerda a virar a peça no dispositivo
Empurra a alavanca toda para a esquerda	TL	3				
				2	TE G	Alcança alavanca para formar e agarra maçaneta
Segura a alavanca nesta posição	H	8		5	U	Forma 2ª extremidade do elo
				3	TL RL	Retorna alavanca para formar e solta
Retorna a alavanca de travamento e solta-a						

Figura 106. Gráfico simo para a operação de formar os elos

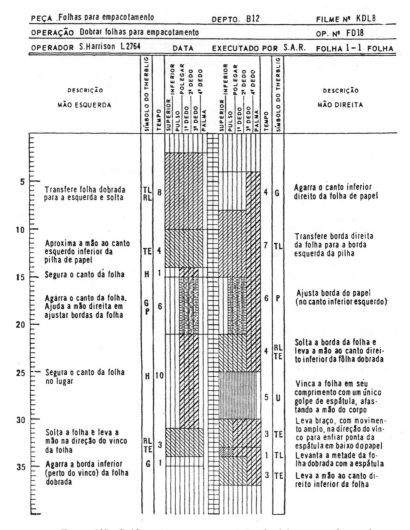

Figura 107. Gráfico simo para a operação de dobramento de papel

O gráfico simo auxilia a visualização de um ciclo completo em todos os detalhes e ajuda na elaboração de melhores combinações dos movimentos mais desejáveis. O gráfico simo da Fig. 101 mostra claramente que a mão esquerda, durante a maior parte do ciclo, é usada somente para segurar o parafuso. Isto, imediatamente, sugere que usemos algum dispositivo mecânico que permita às duas mãos executarem trabalho mais produtivo.

Freqüentemente, verificamos que a seqüência de movimentos em um tipo de trabalho pode ser usada em outros tipos ou, então, uma seqüência, favorável em uma operação pode sugerir

Estudo de movimentos e de tempos

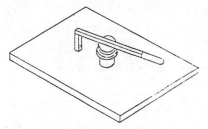

Figura 108. Dispositivo usado para colocar, sob pressão, queijo em copos (método antigo)

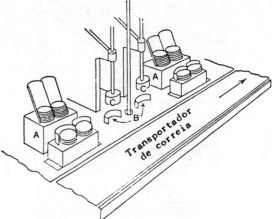

Figura 109. Dispositivo usado para colocar, sob pressão, queijo em copos (método melhorado). A, depósito de papel-alumínio, tampas etc.; B, posicionador para ajustar os copos debaixo dos pistões; C, pistões (operados a pedal) para prensar o queijo nos copos

uma seqüência mais eficiente em outra. O gráfico simo evidencia os pontos onde ocorrem as esperas do ciclo e auxilia o encontro de um meio efetivo para a eliminação dessas esperas.

Os próximos cinco capítulos fornecem alguns métodos que podem ser úteis na solução do problema da melhoria do método para a execução de uma dada tarefa.

GRÁFICO DE POSSIBILIDADES. Depois de as sugestões para melhorias terem sido selecionadas e aprovadas, deve-se construir um gráfico de possibilidades. Este é um gráfico de movimentos simultâneos apresentando o método proposto. Um analista competente é capaz de executar esse gráfico, indicando os movimentos necessários em sua ordem correta e apresentando o tempo para cada um deles. Os gráficos de possibilidades podem ser executados com surpreendente precisão por pessoas treinadas e experientes na técnica do estudo de micromovimentos.

GRÁFICO SIMO MODIFICADO. Algumas organizações acham satisfatório apresentarem os movimentos e os tempos para esses movimentos nos gráficos simo, marcando os tempos para cada movimento em uma escala graduada, como nas Figs. 110 e 111. O código de cores para os therbligs não é usado. Além do mais, tais gráficos podem ser preparados em uma máquina de escrever, usando estencil para datilografia. A partir deste estencil pode-se tirar várias cópias. Os gráficos simo para uma operação do processo de empacotamento de queijo em copos de papelão, apresentado nas Figs. 110 e 111, foram feitos dessa maneira.

Nesse caso, a empresa tinha diversas filiais empacotando queijo; os gráficos, juntamente com os filmes dos métodos original e melhorado, foram enviados para cada uma das filiais a fim de que pudessem se beneficiar do trabalho.

MÉTODO ORIGINAL DE EMPACOTAMENTO DE QUEIJO EM COPOS. O método original para "Colocar papel alumínio sobre o queijo, prensar o queijo, datar e entregar ao empacotador" era executado da seguinte maneira. O operador (em pé, em frente à mesa) agarrava um copo à sua esquerda, colocava-o em frente de si, dispunha o papel-alumínio sobre o queijo, colocava-o no dispositivo manual (Fig. 108) e abaixava a alavanca que pressionava o

ESTUDO DE MICROMOVIMENTOS
GRÁFICO SIMO

PEÇA: Queijo tipo Cheddar em pacotes de ½ e l libra — FILME Nº: S1486
OPERAÇÃO: Enrugar folha de proteção sobre o queijo, prensar o queijo, — OP. Nº:
dotar e entregar ao empacotador — DATA:
OPERADOR: M. Sanderson — FEITO POR: M.G.S. — FOLHA 1 DE 1
Nº DE UNIDADES POR CICLO: Ciclo de 2 copos — MÉTODO ORIGINAL: X — MÉTODO MELHORADO:

PÉ	MÃO ESQUERDA	MILÉSIMOS DE MINUTO	PÉ	MÃO DIREITA
	T.E. para o copo e ajuda da mão direita	10 — 10		T.E. para o copo e levar na posição
	Enrugar folha de proteção sobre o queijo	28 — 26		Enrugar folha de proteção sobre o queijo
		— 25 —		
	Ajudar mão direita	5 — 7		Pôr de lado o copo
	T.E. para copo e agarrar	8 — 17		Segurar alavanca
	Colocar copo em posição para prensar	15 — 50		
		— 17		Abaixar alavanca comprimindo o queijo, levantar
	Segurar copo	11 — 75		
	Colocar copo na mesa	7 — 7		Segurar alavanca levantada
	T.E. para folheto explicativo, segura enquanto mão direita coloca-o. Coloca copo de lado (em grupos de seis)	18 — 18 —100—		T.E. para folheto explicativo na mão esquerda, agarra-o e coloca-o sobre o queijo no copo
	Ajuda a colocar tampa	13 — 32		Coloca tampa e T.E. para próxima tampa
	Põe copo de lado	5		
	Coloca o próximo copo em posição	14 —125—		
	Vira copo de boca para baixo (um em cada mão)	10 — 10		Mesmo que a esquerda
	T.E. para almofada, segura enquanto a direita carimba, coloca almofada de lado	13 —150— 13		T.E. para carimbo, carimba fundo, coloca de lado o carimbo. Média de 12 cada vez
	Empurra para empacotador (1 cada mão)	5 — 5		Mesmo que a esquerda
	T.E. para copo e ajuda da mão direita	10 — 10		T.E. para copo e levar na posição
		—175—		
	Enrugar folha de proteção sobre o queijo	28 — 26		Enrugar folha de proteção sobre o queijo
		—200—		
	Ajudar mão direita	5 — 7		T.L. e R.L. do copo
	T.E. para copo e agarrar	8 — 17		Segurar alavanca
	T.L. do copo em posição para prensar	15 —225—		
		— 17		Abaixar alavanca comprimindo o queijo, levantar
	Segurar o copo	11		
	T.L. do copo na mesa	7 — 7		Segurar alavanca levantada
	T.E. para folheto explicativo, segura enquanto a mão direita coloca-o. Coloca copo de lado (em grupos de 6)	18 —250— 18		T.E. para folheto explicativo na mão esquerda, agarra-o e coloca-o sobre o queijo no copo
	Ajuda a colocar a tampa	13 — 32		Coloca a tampa e T.E. para próxima tampa
	Põe copo de lado	5 —275—		
	Coloca o próximo copo em posição	14		
	Vira copo de boca p/ baixo (1 em cada mão)	10 —300— 10		Mesmo que a esquerda
	Alcançar almofada de tinta, segurá-la enquanto a mão direita carimba. Colocar de lado	13 — 13		T.E. para carimbo-carimbo fundo-coloca de lado o carimbo. Média de 12 de cada vez
	Empurra p/ o empacotador (1 cada mão)	5 —324— 5		Mesmo que a esquerda
	NOTA: Para comparar o Velho e o Novo Método o ciclo de um copo do Método Velho foi repetido duas vezes			▬▬▬▬ Indica que o elemento provavelmente poderá ser completamente eliminado ▬ ▬ ▬ ▬ Indica o elemento que poderá ser provavelmente reduzido

Figura 110. Gráfico simo modificado para uma operação do processo de empacotamento de queijo em copos de papelão (método antigo)

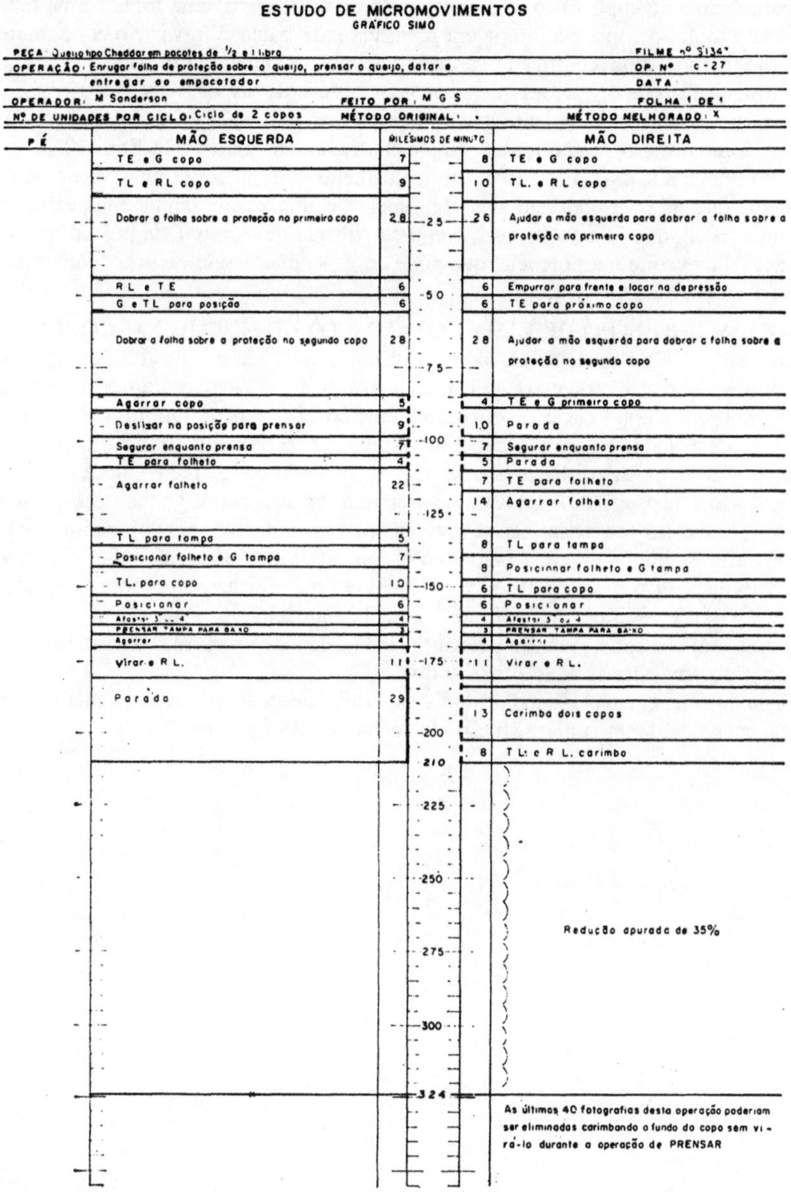

Estudo de movimentos e de tempos

ESTUDO DE MICROMOVIMENTOS
GRÁFICO SIMO

PEÇA: Queijo tipo Cheddar em pacotes de ½ e 1 libra — FILME nº S134*
OPERAÇÃO: Enrugar folha de proteção sobre o queijo, prensar o queijo, datar e — OP. Nº c-27
entregar ao empacotador — DATA
OPERADOR: M Sanderson — FEITO POR: M G S — FOLHA 1 DE 1
Nº DE UNIDADES POR CICLO: Ciclo de 2 copos — MÉTODO ORIGINAL: — MÉTODO MELHORADO: X

P É	MÃO ESQUERDA		MILÉSIMOS DE MINUTO		MÃO DIREITA
	TE e G copo	7		8	TE e G copo
	TL e RL copo	9	10		TL e RL copo
	Dobrar a folha sobre a proteção no primeiro copo	28	-25-	26	Ajudar a mão esquerda para dobrar a folha sobre a proteção no primeiro copo
	RL e TE	6	-50-	6	Empurrar para frente e locar na depressão
	G e TL para posição	6		6	TE para próximo copo
	Dobrar a folha sobre a proteção no segundo copo	28	-75-	28	Ajudar a mão esquerda para dobrar a folha sobre a proteção no segundo copo
	Agarrar copo	5		4	TE e G primeiro copo
	Deslizar na posição para prensar	9	-100-	10	Parada
	Segurar enquanto prensa	7		7	Segurar enquanto prensa
	TE para folheto	4		5	Parada
	Agarrar folheto	22	-125-	7	TE para folheto
				14	Agarrar folheto
	TL para tampa	5		8	TL para tampa
	Posicionar folheto e G tampa	7		8	Posicionar folheto e G tampa
	TL para copo	10	-150-	6	TL para copo
	Posicionar	6		6	Posicionar
	Afastar 3" ou 4"	4		4	Afastar 3" ou 4"
	PRENSAR TAMPA PARA BAIXO	3		3	PRENSAR TAMPA PARA BAIXO
	Agarrar	4		4	Agarrar
	Virar e RL.	11	-175-	11	Virar e RL.
	Parada	29	-200-	13	Carimba dois copos
			210	8	TL e RL. carimba
			-225-		
			-250-		
			-275-		Redução apurada de 35%
			-300-		
			-324		As últimas 40 fotografias desta operação poderiam ser eliminadas carimbando o fundo do copo sem virá-lo durante a operação de PRENSAR

Figura 111. Gráfico simo modificado para uma operação do processo de empacotamento de queijo em copos de papelão (método melhorado)

152   *Ralph M. Barnes*

queijo para dentro do copo. O copo era removido do dispositivo, uma folha e uma tampa eram colocadas no topo do copo, e a tampa era prensada para baixo. Virava-se o copo, marcando-se em seu fundo uma data codificada, usando carimbo manual e almofada.

Na investigação de operações que se prestam ao uso de dispositivos simétricos, é desejável registrar-se no gráfico simo os movimentos usados na produção de duas unidades, pois será mais fácil, comparar-se os métodos antigo e melhorado. Isto foi feito na Fig. 110.

Tendo imaginado esse dispositivo, um engenheiro marcou com linhas verticais, cheias, os movimentos que julgava poderem ser inteiramente eliminados e, com linhas verticais, pontilhadas, aqueles em que julgava ser provável uma redução de tempo. Este procedimento dá uma idéia razoável da economia potencial que pode ser esperada, depois de se ter construído e colocado em uso o novo dispositivo.

MÉTODO MELHORADO DE EMPACOTAMENTO DE QUEIJO EM COPOS. O método melhorado (Fig. 109), depois de ter sido detalhado e colocado em uso na fábrica, foi filmado preparando-se novo gráfico simo (Fig. 111). No novo método, as mãos esquerda e direita pegam, cada uma delas, um copo cheio de queijo, de uma correia transportadora, colocando-os sobre a mesa. Ambas as mãos colocam o papel-alumínio sobre o primeiro copo e o depositam em um posicionador do dispositivo. Dobra-se o papel no segundo copo, que é colocado em um outro posicionador do dispositivo. As duas mãos seguram os dois copos enquanto o pé aciona dois pistões que, movendo-se verticalmente, pressionam o queijo no copo. O operador, então, agarra uma folha e uma tampa em cada mão e coloca-as nos copos. Estes são afastados alguns centímetros dos dispositivos, as tampas são colocadas em sua posição e os copos são virados, carimbando-se as datas codificadas no fundo de cada um deles.

Os dois gráficos simo, quando colocados lado a lado, tornam fácil a visualização das mudanças que foram introduzidas no método.

Originalmente, era necessário 0,324 min para dois copos, enquanto que o método melhorado requer apenas 0,210 min, uma redução de tempo de 35%.

CAPÍTULO 15

Uso dos movimentos fundamentais das mãos

Apesar de termos dado no Cap. 11 a definição de cada um dos therbligs, em certos casos torna-se necessário complementar a explicação dada. Também como cada movimento requer, para sua execução, tempo e energia do operário, a eliminação de movimentos ou a melhor disposição dos movimentos indispensáveis constitui parte da técnica de melhoria de métodos de trabalho. Neste capítulo serão fornecidos maiores detalhes sobre o uso dos therbligs.

SELECIONAR. A duração do therblig selecionar é, na maioria dos casos, tão curta que é impossível medi-lo com o uso da máquina de filmar a velocidade usuais. Quando este for o caso, é conveniente combiná-lo ou com o movimento precedente ou com o subseqüente. Como o selecionar usualmente precede o agarrar, pode-se combinar este dois therbligs. Os símbolos para ambos os movimentos devem ser incluídos na folha de análise, e a cor para os mais importantes ou para o movimento predominante deve ser usada na execução do gráfico simo. Em geral, este será o movimento ao qual se associa o selecionar.

A cor pode ser percebida mais rapidamente do que a forma; portanto, devemos usar cores para ajudar a seleção ou a separação, sempre que possível. Por exemplo, na seleção de cópias fotográficas em classes, após a impressão, revelação e secagem, verificou-se que era conveniente o uso de tintas de cores diferentes para carimbar os números de identificação no verso do papel, antes da impressão. A separação das fotografias pela cor da tinta é muito mais fácil e mais rápida que aquela feita por letras ou figuras codificadas.

Pintando-se uma ferramenta com cor igual à do lugar onde ela deve ser guardada economiza-se tempo quando a colocamos de novo, no seu lugar e quando a procuramos na próxima vez[1].

Lista de verificação para o selecionar

1) O arranjo físico do local de trabalho é tal que elimine o selecionamento dos artigos?
2) Pode-se padronizar as ferramentas e os materiais?
3) As peças e os materiais estão convenientemente rotulados?
4) Pode-se tomar medidas que facilitem ou eliminem o selecionar, tal como um alimentador com bandeja, um alimentador que pré-posicione as peças ou um depósito transparente?
5) As peças comuns são intercambiáveis?
6) Os materiais e as peças encontram-se misturados?
7) A iluminação é satisfatória?
8) Podem as peças ser pré-posicionadas durante a operação precedente?
9) Pode ser usada cor a fim de facilitar a seleção das peças?

AGARRAR. Existem dois tipos principais de agarrar: (1) *agarrar por pressão*, como, por exemplo, o ato de agarrar um lápis que se encontre sobre a mesa; e (2) *agarrar por sujeição (gancho)*, como, por exemplo, o ato de agarrar um lápis sobre a mesa, mas com uma de suas pontas elevada 2 cm

---

[1]F. B. Gilbreth, *Motion Study*. Van Nostrand Co., New York, 1911, p. 47

154

Ralph M. Barnes

ou mais, de tal forma que os dedos sejam capazes de agarrá-lo, envolvendo-o em vez de agarrá-lo como o faria uma pinça[2].

Uma investigação[3] do ato de agarrar pequenas peças de arame usadas na confecção de um elo para máquina de escrever portátil (página 144) mostrou que o tempo necessário para o agarrar por pressão é, aproximadamente, o dobro daquele empregado, quando se agarrava por sujeição. A mesma investigação revelou que o tempo para o agarrar não é significativamente afetado pela distância percorrida pela mão antes do agarrar ou pela distância percorrida durante ó movimento seguinte, mantidas constantes as demais condições.

Os resultados de um estudo[4] do tempo necessário para agarrar arruelas de uma superfície plana, usando o agarrar por sujeição e o agarrar por pressão, estão apresentados na Tab. 6. O operador simplesmente agarrava uma arruela de uma superfície plana ou a transportava uma distância de 12,5 cm, dispondo-a em outra superfície plana. Os tempos para os therbligs agarrar, transporte carregado e posicionar, soltar e transporte vazio foram medidos com grande precisão. Usaram-se arruelas circulares com diâmetro de 1/2 pol, com furo central de 1/8 pol, e espessuras de 1/32, 1/8, 1/4 e 1/2 pol respectivamente. O tempo para agarrar, usando o agarrar por sujeição, tende a aumentar ligeiramente com o aumento da espessura da arruela, enquanto o tempo para o agarrar com pressão decresce significativamente com o aumento da mesma espessura. O tempo para agarrar a arruela mais fina (1/32 pol de espessura), usando agarrar por pressão, era 297% maior do que o tempo necessário para agarrar a arruela mais espessa (1/2 pol de espessura).

Geralmente, é mais rápido e mais fácil o transporte de pequenos objetos por escorregamento, em vez de por carregamento. Agarrando-se um pequeno objeto, como uma moeda ou uma arruela, como ato preparatório ao seu transporte por escorregamento, o agarrar consiste simplesmente em tocar a ponta do dedo indicador na superfície do objeto, enquanto que, ao agarrar o mesmo objeto como ato preparatório ao seu transporte por carregamento, o agarrar consiste

Tabela 6. Tempo necessário para agarrar, transportar e dispor arruelas colocadas numa superfície plana, usando os sistemas de agarrar por sujeição (dedos curvos em gancho) ou por pressão

Espessura, em polegadas	1/32		1/8		1/4		1/2	
	Gancho	Pressão	Gancho	Pressão	Gancho	Pressão	Gancho	Pressão
Tempo, em min	**0,01527**	0,01960	**0,01524**	0,01590	**0,01630**	0,01450	**0,01750**	0,01428
Tempo, em porcentagem (Menor tempo = 100%)	**100**	138	**100**	112	**107**	102	**115**	100

[2]Para uma classificação do "obter", veja Fig. 267

[3]Ralph M. Barnes An Investigation of Some Hand Motions Used in Factory Work. *University of Iowa Studies in Engineering*, Boletim 6, p. 29. Para os resultados de investigações semelhantes, veja Ralph M. Barnes e M. E. Mundell, Studies of Hand Motion and Rhythm Appearing in Factory Work. *Boletim* 12; A Study of Hand Motion Used in Small Assembly Work. *Boletim* 16; A Study of Simultaneous Symmetrical Hand Motions. *Boletim* 17 e Ralph M. Barnes, M. E. Mundell e John MacKenzie, Studies of One-and Two-Handed Work. *Boletim* 21

[4]*University of Iowa Studies in Engineering, Boletim* 16; p. 10

Estudo de movimentos e de tempos

155

em fechar o polegar e o indicador ao redor da peça. Um estudo[5] mostrou que o agarrar precedente ao escorregamento requeria somente 1/30 do tempo necessário ao agarrar precedente ao carregamento.

Lista de verificação para o agarrar

1) É possível agarrar mais do que um objeto de uma só vez?
2) Pode-se escorregar os objetos em vez de agarrá-los?
3) A colocação de uma bandeja na frente do depósito simplificará o agarrar pequenas peças?
4) Pode-se pré-colocar as peças ou as ferramentas a fim de agarrá-las com facilidade?
5) Pode-se usar uma chave de fenda especial, uma chave de boca ou uma ferramenta combinada?
6) Pode ser vantajosamente usado um dispositivo a vácuo, magnético ou, simplesmente, um dedal de borracha?
7) A peça é transferida de uma das mãos para a outra?
8) O projeto do dispositivo permite fácil agarrar para a remoção da peça?

TRANSPORTE VAZIO E TRANSPORTE CARREGADO. Investigações mostraram que (1) é necessário período de tempo maior para movimentar a mão uma distância longa do que uma distância curta, as demais condições mantidas constantes; (2) a velocidade média da mão é maior para movimentos longos do que para movimentos curtos; (3) em movimentos, tais como o transporte vazio e o transporte carregado, um operador experimentado mantém trajetórias praticamente idênticas, quando se movimenta entre dois pontos, em ciclos consecutivos de uma operação repetitiva. O estudo relacionado a esta última observação foi feito projetando-se o filme, um quadro por vez, em uma folha de papel e marcando-se a posição da ponta do dedo indicador. Unindo-se esses pontos por uma linha contínua, pode ser obtida a trajetória do movimento em duas dimensões. Colocando-se a câmera perpendicular ao plano de movimento, foi possível assegurar-se uma aproximação razoável da verdadeira trajetória do movimento.

O movimento da mão, tal como transporte vazio ou transporte carregado, é composto de três fases: (1) partindo do repouso, a mão acelera-se, até que atinja a velocidade máxima; (2) a partir deste ponto, continua com velocidade uniforme; e (3) finalmente, a mão diminui a velocidade, até que venha a parar. Se a mão muda de direção, retrocede seguindo a mesma trajetória; por exemplo, riscando de um lado para outro uma folha de papel, haverá um intervalo apreciável de tempo ao fim de cada movimento, durante o qual a mão está em repouso, isto é, enquanto a mão muda de direção[6].

Por exemplo, em um simples movimento da mão em uma distância de 25 cm, um estudo[7] mostrou ser a seguinte a distribuição desses eventos: 38% da duração do ciclo para aceleração, 18% para movimento a velocidade constante, 27% para desaceleração e 17% para parar e mudar de direção (Fig. 140).

O tempo necessário para se mover a mão é influenciado pela natureza dos movimentos que precedem e seguem o transporte. Por exemplo, quando se transporta um objeto delicado ou frágil, colocando-o em um pequeno receptáculo, o tempo de transporte será maior do que um transporte seguido por uma disposição comum, como, por exemplo, jogar-se um parafuso em uma caixa. A maneira pela qual o objeto é agarrado e a forma com que deve ser carregado e posicionado também podem afetar o tempo para o transporte[8].

[5]University of Iowa Studies in Engineering, *Boletim* 6; p. 32
[6]*Ibid.*, pp. 37-51
[7]*Ibid.*, p. 48
[8]University of Iowa Studies in Engineering, *Boletim* 16; p. 20

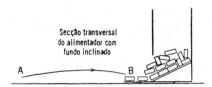 

Figura 112. Movimento em linha reta da mão. A mão desloca-se de A para B, a fim de agarrar uma arruela que se situa na ponta do alimentador. O corte transversal do alimentador mostra o fundo inclinado, que faz com que as arruelas escorreguem para a frente

Figura 113. Um movimento mais longo da mão é necessário porque esta tem que ser introduzida na caixa a fim de agarrar a arruela. O lado da caixa forma uma barreira, tornando necessário que a mão mude de direção ao se deslocar de C para D

A trajetória da mão aproximando-se de uma pequena arruela é apresentada nas Figs. 112 e 113. O tempo necessário para se mover a mão de *A* para *B* é menor do que o requerido para a mesma distância de *C* a *D*, devido à mudança de direção da mão no último caso. Barreiras e obstruções que retardem o movimento livre das mãos ou que requeiram mudança de direção devem ser eliminadas quando possível.

MEDINDO ARRUELAS DE BORRACHA DURA. Já mencionamos que é mais rápido e mais fácil transportar-se objetos pequenos por escorregamento do que carregando-os. O fato de que um "agarrar e escorregar" é mais rápido do que um "agarrar e carregar", aparentemente, resulta de o agarrar ser mais rápido e não de uma economia no tempo do transporte.

A inspeção da espessura de pequenas arruelas de borracha dura é outra ilustração do uso de um transporte por escorregamento. A finalidade desta operação é rejeitar todas as arruelas que sejam ou muito espessas ou muito finas, bem como as que tenham rebarbas em suas arestas. As arruelas têm as seguintes dimensões: diâmetro externo, $7,112 \pm 0,0508$ mm; diâmetro interno, $4,7752 \pm 0,0508$ mm; e espessura, $2,159 \pm 0,127$ mm. O calibre usado para esta operação (Fig. 114) foi desenvolvido por W. R. Mullee, quando trabalhava na American Hard Rubber Company.

Uma barra metálica (*A*) é o calibre "passa", e outra barra (*B*) o calibre "não passa" com a base (*C*) constituída de placa metálica pesada, inclinada em relação ao topo da bancada. As arruelas a serem inspecionadas são retiradas manualmente do alimentador (*D*) para a seção superior do calibre "passa". As arruelas que não passam por baixo da barra (*A*) são excessivamente espessas e escorregam para a rampa (*E*), à esquerda do calibre; as que passam através do calibre (*A*) caem no compartimento médio. Se elas forem pequenas, escorregarão por baixo do calibre (*B*), caindo na caixa (*F*), diretamente à frente do operador; arruelas que possuam a dimensão correta são despejadas na rampa (*G*), à direita.

Todos os movimentos das arruelas, nesta operação, são transportes por escorregamento. As arruelas não são agarradas e levantadas em nenhum ponto do ciclo. Elas não são manuseadas individualmente, mas sim movimentadas em grupos, sobre a placa metálica, e de encontro às barras que servem de calibres, de tal forma que a ação da gravidade seja suficiente para puxá-las através dos calibres. A altura e o ângulo nos quais o calibre é montado sobre a bancada são tais que tornam a tarefa tão fácil e tão confortável quanto possível. Com esta disposição, um operador inspeciona 30 000 arruelas por dia.

EFEITO DOS MOVIMENTOS DOS OLHOS NO TEMPO DE TRANSPORTE. Em qualquer atividade em que os olhos tenham que dirigir as mãos, o movimento e a fixação dos olhos, freqüentemente, controlam a operação. Em tal trabalho é necessário estudar-se a relação entre os movimentos dos olhos e os movimentos das mãos.

Estudo de movimentos e de tempos

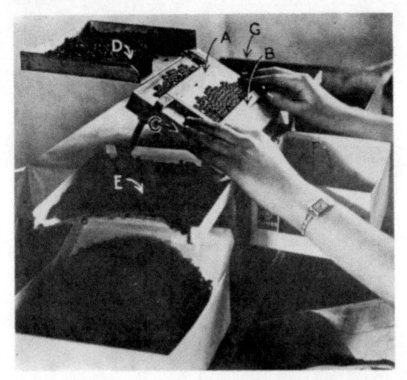

Figura 114. Calibre especial para inspecionar a espessura de arruelas de borracha dura. (A) *calibre "passa"*; (B) *calibre "não passa"*; (C) *base do calibre*; (D) *depósito de arruelas*; (E) *arruelas rejeitadas (muito espessas)*; (F) *arruelas rejeitadas (muito finas)*; (G) *arruelas boas*

Fez-se um estudo[9] para se obterem informações com relação à pergunta "como são coordenados os movimentos dos olhos e das mãos, quando se executam movimentos simultâneos e simétricos?" Uma operação simples de agarrar uma arruela em cada mão e colocá-las com o lado polido para cima em dois pinos verticais, no centro do local do trabalho (Fig. 115) foi usada para a investigação. Nove operadores distintos executaram a tarefa, registrando-se cuidadosa-

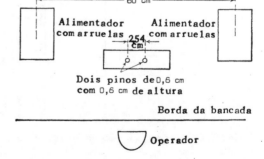

Figura 115. Arranjo físico do local de trabalho para a colocação de arruelas em pinos

[9]Estudo executado pelo Dr. D. U. Greenwald no Laboratório de Engenharia de Produção da Universidade de Iowa

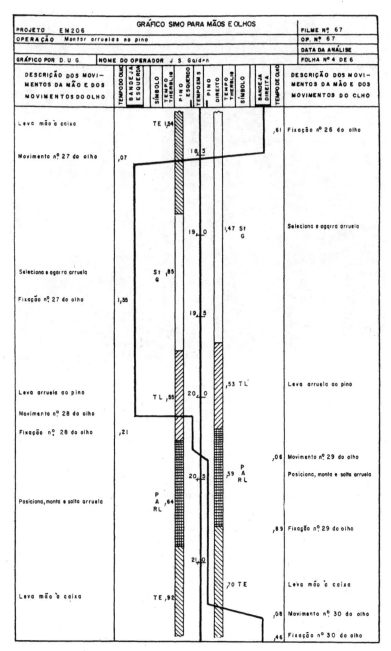

Figura 116. Gráfico simo para mãos e olhos, referente a um ciclo de uma operação de montagem. Veja Apêndice A

Estudo de movimentos e de tempos **159**

mente os movimentos dos olhos e das mãos com o auxílio de uma câmera para registro dos movimentos dos olhos. A Fig. 116 é um gráfico simo para registro das mãos e dos olhos de um ciclo da operação. Os resultados desse estudo mostraram que, ao aproximar-se dos depósitos a fim de agarrar as arruelas, os olhos, primeiramente, se dirigiam para o alimentador da direita, depois para o da esquerda, e, finalmente, para os pinos centrais. Na maioria dos casos, os olhos dirigiam o movimento das mãos para os alimentadores e também para os pinos. Nesta operação, parecia ser indiferente focalizar-se os olhos no pino da esquerda ou no pino da direita. Aparentemente, os olhos podiam orientar os movimentos das mãos com igual eficiência, quando focalizados em qualquer um dos pinos.

Lista de verificação para o transporte vazio e transporte carregado

1) Pode qualquer um desses movimentos ser eliminado inteiramente?
2) A distância percorrida é a mais adequada?
3) É usado o meio de transporte mais conveniente — mão, pinça, transportadores etc?
4) Estão corretos os membros (e músculos) do corpo usados — dedos, antebraço, ombro etc.?
5) Pode-se usar uma rampa ou transportador?
6) Pode-se efetuar os transportes de maneira mais satisfatória em unidades maiores?
7) Pode o transporte ser executado com o auxílio de dispositivos acionados por pedal?
8) O transporte é retardado devido ao posicionamento delicado que o segue?
9) Pode-se eliminar o transporte, providenciando-se pequenas ferramentas adicionais e situando-as próximas ao ponto de uso?
10) As peças usadas com maior freqüência estão colocadas próximas ao ponto de uso?
11) São usados caixas ou alimentadores adequados, e está correto o arranjo físico da operação?
12) A operação precedente e a operação seguinte estão corretamente relacionadas com a operação em estudo?
13) É possível a eliminação de mudanças bruscas de direção? Pode-se eliminar as barreiras existentes?
14) Considerando-se o peso do material transportado, usa-se o membro do corpo que, mais rapidamente, possa executar o transporte?
15) Há algum movimento do corpo que possa ser eliminado?
16) Podem os movimentos dos braços ser feitos simultaneamente, simetricamente e em direções opostas?
17) Pode-se escorregar o objeto em vez de carregá-lo?
18) Os movimentos dos olhos estão corretamente coordenados com os das mãos?

SEGURAR. Segurar é um therblig que ocorre, freqüentemente, em trabalhos de montagem e em operações com máquinas que requeiram manipulação manual. É um dos therbligs mais fáceis de serem eliminados, o que, freqüentemente, leva a um aumento substancial na produção. A eliminação do therblig segurar, na montagem do parafuso e das arruelas (página 178) por exemplo, foi a grande responsável pelo aumento de 50% na produção.

A mão não deve ser usada como uma morsa — um dispositivo mecânico de qualquer espécie é, geralmente, muito mais econômico para segurar. De fato, quando se usa a mão para segurar, o operador reduz sua capacidade de executar trabalho produtivo em 50%. Apesar de que nem todos os therbligs segurar possam ser eliminados, certamente a existência desses therbligs em um ciclo constitui pontos vulneráveis para melhoria do método.

Lista de verificação para o segurar

1) Pode-se usar morsa, encaixe, clipes, vácuo, gancho, prateleira, dispositivo ou qualquer outro auxílio mecânico?

160   *Ralph M. Barnes*

2) Pode-se usar adesivo ou, então, o atrito?

3) Pode-se usar um apoio para eliminar o segurar?

4) Quando o segurar não puder ser eliminado, poderão ser providenciados descansos para os braços?

SOLTAR. Apesar de o therblig soltar possuir freqüentemente duração muito curta, ele deve ser sempre incluído na análise. Na operação "montagem de três arruelas em parafusos" (página 178), o operador soltava a arruela após tê-la montado no parafuso. Este movimento requeria tempo tão curto que não podia ser medido com a máquina de filmar a velocidades normais e, conseqüentemente, foi combinado com o precedente, como nos mostra a Fig. 101.

Soltar deve ser um therblig curto. Se ele for de duração longa, alguma mudança deverá ser introduzida na operação com a finalidade de encurtá-lo. A discussão da utilização da gravidade na página 215 do livro sugere algumas mudanças possíveis.

Lista de verificação para o soltar

1) Pode-se eliminar este movimento?

2) Pode ser usada a utilização da gravidade?

3) Pode o ato de soltar ser executado em movimento?

4) É realmente necessário cuidado ao se soltar a peça? Este fato pode ser evitado?

5) Pode ser usado um ejetor (mecânico, a ar ou gravidade)?

6) Os depósitos de materiais possuem a forma adequada?

7) Ao terminar o therblig soltar, a posição da mão ou a do meio de transporte é a mais adequada para o próximo movimento?

8) Pode-se usar um transportador?

POSICIONAR E PRÉ-COLOCAR. A diferença entre posicionar e pré-colocar pode ser ilustrada pela simples operação de agarrar uma caneta, escrever e colocá-la de volta no porta-caneta[10]. Os movimentos executados nesta operação estão apresentados na Tab. 7.

Depois de se ter transportado a caneta em direção ao papel, é necessário posicioná-la, isto é, trazer-se a pena em direção à folha de papel, na posição correta da linha em que se irá escrever.

Tabela 7. Movimentos usados para escrever

Movimentos usados para escrever	Nome do movimento		Tempo, em milésimos de minuto
1. Apanhar a caneta	Transporte vazio	TE	10
2. Segurar a caneta	Agarrar	G	3
3. Locomover a caneta para o papel	Transporte carregado	TL	8
4. Posição da pena para escrever	Posicionar	P	3
5. Escrever	Usar	U	44
6. Retornar a caneta à tampa	Transporte carregado	TL	9
7. Colocar a tampa na caneta	Pré-colocar	PP	6
8. Assentar a caneta	Soltar	RL	1
9. Retornar a mão ao papel	Transporte vazio	TE	9

[10]Isto refere-se à forma comum de porta-caneta para mesa

Estudo de movimentos e de tempos **161**

Este é o movimento de *posicionamento*. Quando se termina de escrever, a caneta é transportada de volta ao porta-caneta. O movimento *transporte carregado* é seguido por um *pré-colocar* (em vez de por um *posicionar*), porque a caneta é colocada no porta-caneta, de tal modo que poderá ser agarrada na posição correta para uso na próxima vez. Se a caneta tivesse sido colocada em um porta-caneta horizontal, cavado na mesa, a seqüência de movimentos teria sido *transporte carregado* e *posicionar* (em vez de *pré-colocar*), desde que a caneta estivesse colocada de tal forma que não pudesse ser agarrada na posição correta para o uso. Entretanto, se a caneta tivesse sido simplesmente jogada sobre a mesa, a seqüência de movimentos teria sido *transporte carregado* e *soltar*, pois não teria ocorrido nenhum posicionamento ou pré-colocação.

POSICIONANDO PINOS EM BUCHAS COM FUROS BISELADOS. Furos biselados em buchas, aberturas em forma de funil nos dispositivos e pinos com a ponta em forma de bala tendem a reduzir o tempo de posicionamento.

Os resultados de um estudo[11] do tempo necessário para posicionar e inserir pinos em buchas com furos biselados estão apresentados na Tab. 8. A operação consistia em agarrar um pino de latão, com diâmetro de 1/4'' e comprimento de 1 1/4'', de um depósito, transportando-o por uma distância de 12,5 cm, posicionando-o e inserindo-o no furo da bucha, retirando o pino e colocando-o em uma caixa sobre a mesa. Os tempos para os movimentos transporte carregado, posicionar, montar e desmontar foram medidos com precisão.

O estudo foi realizado em duas fases, uma em que a folga entre o pino e o furo da bucha era de 0,002'' e a outra em que essa folga era de 0,010''.

O tempo mínimo para o posicionamento se verificou quando o ângulo do bisel da bucha era 45°, 1 na Tab. 8. Para posicionar um pino na bucha sem bisel (5) com uma tolerância de 0,002'', foi necessário 73% de tempo a mais.

Tabela 8. Tempo necessário para posicionar pinos em buchas com furos biselados

		1		2		3		4		5
	Folga entre o pino e o furo da bucha, em pol									
	0,002	0,010	**0,002**	0,010	**0,002**	0,010	**0,002**	0,010	**0,002**	0,010
Tempo em min	**0,00469**	0,00271	**0,00544**	0,00285	**0,00483**	0,00386	**0,00492**	0,00377	**0,00809**	0,00672
Tempo em % (Tempo menor = 100%)	**100**	100	**116**	106	**103**	143	**105**	139	**173**	248

Lista de verificação para o posicionar

1) O posicionamento é necessário?
2) As tolerâncias podem ser aumentadas?
3) Pode-se eliminar os cantos vivos?

[11]University of Iowa Studies in Engineering, *Boletim* 12; p. 19

162   *Ralph M. Barnes*

4) Pode-se usar guia, funil, bucha, calibre, batente, suporte oscilatório, pino de localização, mola, ressalto, recesso, chave etc.?
5) Pode-se usar descansos para os braços a fim de se dar apoio às mãos e reduzir o tempo de posicionamento?
6) A maneira pela qual o objeto é agarrado facilita o posicionamento?
7) Pode-se usar mandril de aperto acionado pelo pé?

Lista de verificação para o pré-colocar[12]

1) Pode o objeto ser pré-colocado durante o movimento?
2) Pode-se balancear a ferramenta, de tal forma que o cabo fique virado para cima?
3) Pode-se projetar um dispositivo para segurar a ferramenta que mantenha o cabo desta na posição conveniente?
4) As ferramentas podem ser suspensas?
5) As ferramentas podem ser guardadas em posição adequada ao trabalho?
6) Pode-se usar uma guia?
7) Pode-se projetar o produto, de tal forma que todos os seus lados sejam iguais?
8) Pode ser usado um alimentador do tipo magazine (alimentação pelo fundo, uma peça por vez)?
9) Pode-se usar um dispositivo para empilhamento?
10) Pode-se empregar um dispositivo rotativo?

INSPEÇÃO. Em trabalhos de inspeção[13], o tempo de duração do therblig inspecionar é usualmente proporcional ao tempo de reação do indivíduo e ao tipo de estímulo usado. Somente uma pessoa com reações rápidas deve ser empregada em operações de inspeção. Boa visão é o segundo requisito essencial para se obter sucesso neste tipo de trabalho.

Tabela 9. Velocidade média de reação (em milésimos de segundos)

Tipo de estímulo	Tempo de reação
Reação simples — estímulo visual. O operador foi instruído a apertar a chave telegráfica o mais rápido possível após a luz se acender.	225
Reação simples — estímulo auditivo. O operador foi instruído a apertar a chave telegráfica o mais rápido possível após a campainha elétrica soar.	185
Reação simples — estímulo ao tato. O operador foi instruído a apertar a chave telegráfica o mais rápido possível após sentir o toque da barra na mão.	175
Reação simples — estímulo ao choque elétrico. O operador foi instruído a apertar a chave telegráfica o mais rápido possível após sentir o choque elétrico na mão.	140
Reação de escolha — estímulo visual. O operador poderia reagir a duas luzes. Se a luz da direita acendesse, o operador apertaria a chave do lado direito. Se a luz da esquerda acendesse, o operador apertaria a chave do lado esquerdo.	325
Estímulo da ação controlada — estímulo ao tato. O operador é avisado da chegada do estímulo. O operador olhava o mestre abaixar a mão e foi instruído para reagir o mais rápido possível após a mão do mestre tocar a chave.	50

[12]Pré-colocar é discutido na p. 235
[13]Veja também p. 219 e 224

Estudo de movimentos e de tempos   **163**

Relativamente ao tipo de estímulo, os dados da Tab. 9 mostram que, mantendo-se constantes as demais condições, uma pessoa reage mais rapidamente ao som do que à luz, com tempos, respectivamente, de 0,185 s e 0,225 s. A reação ao tato é a mais rápida de todas, ou seja, 0,175 s[14].

INSPEÇÃO DE RÓTULOS IMPRESSOS. O fabricante de produtos farmacêuticos tem, como tarefa importante, a verificação de que o rótulo correto seja aplicado ao vidro ou caixa dos produtos que ele fabrica. Para a maioria dos produtos, os vidros são enchidos, tampados, rotulados e colocados em caixas de papelão, com o auxílio de máquinas automáticas. Alguns rótulos são impressos em duas ou três cores diferentes e cada um deles deve estar rigorosamente certo e completo em todos os detalhes. Como os rótulos são impressos em máquinas *offset* e é necessária uma impressão separada para cada uma das cores, há a possibilidade de que a máquina possa imprimir erroneamente uma folha e, conseqüentemente, produzir um rótulo imperfeito. A fim de se certificar que todos os rótulos são aceitáveis, eles são individualmente inspecionados.

Para facilitar o primeiro passo na inspeção de rótulos, a Eli Lilly and Company imprime pequenas barras retangulares em uma das bordas da folha, por ocasião da impressão do rótulo (Fig. 117). Há uma barra para cada cor e as barras se localizam, lado a lado, em uma das arestas da folha. A pilha de folhas é colocada sobre a mesa de inspeção. Se todas elas estiverem corretamente impressas, haverá uma linha contínua no sentido da altura da pilha de folhas, uma para cada cor, como nos mostra a Fig. 118. Se houver uma folha em branco ou uma folha para a qual falta uma das cores impressas, é fácil reconhecê-la e removê-la da pilha, inutilizando-a. Este procedimento, além de economizar tempo, tornou possível isolar e remover rótulos defeituosos na fonte, em vez de removê-los posteriormente, no processo, depois que os rótulos tivessem sido cortados em sua dimensão final.

Lista de verificação para o inspecionar

1) Pode-se eliminar a inspeção ou então combiná-la com outra operação?
2) Pode-se usar calibres múltiplos ou testes combinados?

Figura 117. Pequenas barras são impressas na aresta da folha, simultaneamente com a impressão do rótulo. Há uma barra para cada cor, e essas barras localizam-se lado a lado a fim de facilitarem a inspeção

[14]Uma ligeira diferença no tempo de reação é o resultado de diferentes estados psicológicos do operador. Por exemplo, se a atenção do operador é concentrada principalmente no *estímulo*, os tempos de reação serão, provavelmente, ligeiramente mais lentos do que aqueles indicados. Porém, se a sua atenção for dirigida principalmente no sentido das *sensações musculares* que determinam as reações musculares, as reações serão ligeiramente mais velozes

Figura 118. As folhas impressas com rótulos são manuseadas para inspeção. Folhas em branco ou com uma das cores faltando aparecerão como uma interrupção na linha, podendo ser removidas e inutilizadas

3) Podem ser usados um teste de pressão, vibração ou dureza?
4) Pode ser aumentada a intensidade da iluminação ou pode-se rearranjar as fontes luminosas a fim de reduzir o tempo de inspeção?
5) Pode-se substituir uma inspeção visual por uma inspeção mecânica?
6) O operador pode usar óculos que lhe facilitem a tarefa?

MONTAR, DESMONTAR E USAR. A explicação que se segue é aqui incluída, a fim de tornar claro o significado dos therbligs montar e usar. *Usar* sempre se refere à manipulação de uma ferramenta ou dispositivo, com a finalidade para a qual foram projetados. Assim, na Tab. 7, o ato de escrever era tipicamente o therblig usar. Semelhantemente, pintar, furar e serrar são todos therbligs usar. Se uma porca é montada em um parafuso com o auxílio da mão, este movimento é *montar*; entretanto, se se usar uma chave para essa operação, a seqüência é montar (ajustar a chave à porca), usar (girar a chave) e desmontar (remover a chave da porca).

Freqüentemente, segura-se uma ferramenta na palma da mão, enquanto está sendo usada. Por exemplo, o funcionário, verificando caixas em um departamento de expedição, pode colocar uma marca a lápis em certos itens, enquanto eles passam por um transportador. O therblig usar não incluiria o ciclo total, mas apenas aquela parte durante a qual o lápis é usado para a marcação. O uso da espátula na dobragem de folhas (Fig. 141) nos apresenta outro exemplo desse caso.

Alguns analistas são favoráveis à limitação de usar a objetivos finais e restringem montar a atos temporários, como, por exemplo, ajustar uma ferramenta ao seu trabalho. Assim, qualquer montagem permanente de duas ou mais peças seria usar, mesmo quando não fosse envolvida ferramenta alguma. Como esta interpretação resultará provavelmente em confusão para o principiante e levando-se em conta o fato de a outra interpretação ser a geralmente aceita, neste livro, o therblig usar se referirá sempre ao emprego de uma ferramenta ou dispositivo para o fim a que se destinam; e montar será entendido como consistindo da colocação de um objeto em ou sobre outro objeto com o qual se torna uma parte integrante.

PINTANDO COM PISTOLA. O significado do therblig usar é tão extenso que é impossível citarem-se casos representativos. Entretanto incluiremos uma ilustração, porque ela nos fornece uma interpretação deste therblig, que é freqüentemente esquecida. A operação é pintar um motor de refrigerador com o auxílio de uma pistola.

Estudo de movimentos e de tempos

Observando-se a operação, era evidente que **o operador** desperdiçava tinta, pois várias vezes dirigia o revólver não ao motor, mas sim simplesmente pulverizando o ar e fazendo movimentos caprichosos, durante os quais pequena ou mesmo nenhuma parte da tinta era dirigida ao motor. Nesta operação, o movimento usar envolvia não somente tempo, mas também material. Portanto a redução deste movimento significaria economia de tempo e de tinta.

Um estudo de micromovimentos dessa operação, feito com o melhor operador da fábrica, mostrou que, durante 23% do tempo em que se usava a pistola, a pintura não atingia a superfície da unidade e sim perdia-se "pulverizando ar".

Através de cuidadoso treinamento do operador e com algumas mudanças no local de trabalho, incluindo uma mesa giratória acionada a motor e controlada por pedal com três pistolas fixas montadas acima da mesa, obtiveram-se os seguintes resultados.

Economia em tempo — 50%
Redução nos refugos — 60%
Economia anual de mão-de-obra direta — 3 750 dólares
Economia de tinta por ano .... — 5 940 dólares
Custo do desenvolvimento e instalação
    do novo método .... — 1 040 dólares

Além da grande economia de **mão-de-**obra direta e de tinta, houve substancial redução nos refugos.

Lista de verificação para o montar, desmontar e usar

1) Pode ser usado um dispositivo ou gabarito?
2) Pode ser usado um mecanismo ou máquina automática?
3) A montagem pode ser executada em grupo? Pode o processamento ser executado de forma múltipla?
4) Pode ser usada uma ferramenta mais eficiente?
5) Podem ser utilizados batentes?
6) Durante o tempo-máquina pode-se executar outro trabalho?
7) Pode ser usada uma ferramenta acionada mecanicamente?
8) Pode ser usado um dispositivo de sujeição acionado a ar?

MEDIDA PRECISA DA DURAÇÃO DE MOVIMENTOS FUNDAMENTAIS. A duração dos movimentos para várias das investigações referidas neste capítulo encontram-se expressas em 100 milésimos de minuto. Para executar estas leituras, foi usado um aparelho elétrico de registro denominado cimógrafo. Uma fita de papel, semelhante à usada em máquinas de somar, é puxada através da mesa do cimógrafo por meio de roletes que aparecem na frente da máquina. Um motor síncrono aciona os roletes, puxando o papel a uma velocidade constante de 50 m/min.

Penas operadas por um solenóide estão montadas sobre a fita de papel, de tal forma que cada uma delas está em contato com o papel, riscando uma linha reta na fita, durante a passagem desta. Cada pena está ligada ao solenóide de tal forma que quando o circuito deste se fecha, a pena movimenta-se em direção ao solenóide, perpendicularmente à direção do movimento do papel no cimógrafo, marcando um degrau na linha de tinta que é registrada na fita em movimento.

Por meio de células fotoelétricas e outros dispositivos, é possível medir-se os diversos elementos de uma operação sem que se interfira com os movimentos naturais do operador.

REGISTRADOR ELETRÔNICO AUTOMÁTICO DE TEMPO. Apesar de ser o cimógrafo um aparelho satisfatório para a medida de pequenos intervalos de tempo a serem usados no estudo de movimentos, a medida da distância entre os saltos nas linhas da fita é uma tarefa

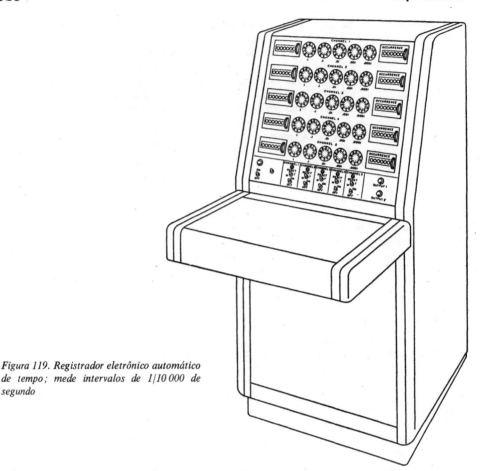

Figura 119. *Registrador eletrônico automático de tempo; mede intervalos de 1/10 000 de segundo*

monótona, requerendo bastante tempo. Um registrador eletrônico (Fig. 119) foi recentemente projetado e construído nos laboratórios da Universidade da Califórnia, sendo usado atualmente por Elwood S. Buffa na medida da duração de movimentos fundamentais da mão. O instrumento é projetado de tal forma que, quando a mão entra em contato com o objeto, inicia-se uma pulsação que liga um contato eletrônico e, terminado o contato entre a mão e o objeto, o contato é desligado. O registrador de tempo pode ser lido diretamente, em décimos--milésimos de segundo, ao início do movimento e ao seu término. É possível obter-se grande volume de dados, registrando 10 ou 100 ciclos consecutivos. Além disso, movimentos distintos da mão podem ser agrupados e registrados conjuntamente. Devido à facilidade com a qual pode-se medir pequenos intervalos de tempo, este aparelho facilitará consideravelmente a pesquisa do estudo de movimentos em laboratórios[15].

---

[15] Para outro equipamento similar, veja Stanley M. Block, Semtar, Automatic Electronic Motion Timer. *Journal of Industrial Engineering*, Vol. 12, n.º 4, julho-agosto, 1961, pp. 276-288

CAPÍTULO 16
Ergonomia

O projeto de métodos de trabalho tem como objetivo principal encontrar a mais eficiente combinação entre homens, máquinas, equipamentos e materiais no ambiente de trabalho. Para isso é muito importante determinar quais são as funções melhor executadas pelo homem e quais pela máquina. O homem possui algumas capacidades naturais que sobrepujam as máquinas, enquanto que algumas máquinas sobrepujam o homem em alguns aspectos. Também o aspecto da economia entra na determinação da combinação homem-máquina. Por exemplo, quando o volume de um produto aumenta, geralmente, uma maior mecanização será lucrativa; mais tarefas são executadas pelas máquinas e menos pelo homem. O objetivo final é naturalmente um processo completamente automático que não necessite de mão-de-obra direta.

Todavia a maioria das tarefas inclui alguma necessidade de mão-de-obra e o analista de métodos de trabalho inicia seus estudos definindo o problema e, daí, projetando um sistema homem-máquina que melhor alcance as metas e objetivos especificados. O conhecimento das capacidades naturais e habilidades de um ser humano é de vital importância no projeto do processo como também do equipamento, do método de trabalho e do ambiente para melhor servir os operários que ali trabalharão. Os conhecimentos adquiridos nesta área provêm de muitos anos de experiência industrial e de resultados de pesquisas cientificamente controladas. Muitas das "normas para eficiência e redução de fadiga" e dos "princípios de economia dos movimentos" não são universais em suas aplicações. Algumas delas não foram verificadas por pesquisas; contudo são usadas proveitosamente como ajuda na definição dos métodos de trabalho e no projeto do equipamento.

Embora engenheiros, fisiólogos e psicólogos tenham conduzido pesquisas, durante vários anos, sobre problemas referentes ao projeto de métodos de trabalho, um grupo altamente especializado dessas pessoas foi chamado, durante a Segunda Guerra Mundial, para ajudar na solução dos problemas homem-máquina com relação ao projeto e à operação e manutenção de equipamento militar. Por exemplo, os painéis de controle dos aviões, navios e submarinos tornaram-se tão complexos que causavam muitos desastres, pois os operadores não conseguiam executar todas as manobras necessárias. O termo *ergonomia* foi usado com referência a atividades nesta área.

O objetivo da ergonomia é o estudo "da adaptação das tarefas e do ambiente de trabalho às características sensoriais, perceptivas, mentais e físicas das pessoas. Essa adaptação leva a consecução de melhores projetos de equipamentos, de sistemas homem-máquina, de produtos de consumo, de métodos e ambientes de trabalho"[1]. Em outras palavras, a ergonomia pode ser definida como sendo o estudo da adaptação do trabalho ao homem. O objeto central do estudo é o ser humano, suas habilidades, capacidades e limitações. Com esses conhecimentos, pode-se dizer quais são as ferramentas, materiais e métodos de trabalho que melhor se lhe adaptam. São levados em conta outros fatores que interferem no trabalho, clima, nível de ruído, vibrações.

[1]Ernest J. McCormick, *Human Engineering.* McGraw-Hill Book Co. New York, 1957, p. 1

Grande parte do trabalho no campo da ergonomia foi executada na forma de pesquisas cuidadosamente controladas e foi financiada por diversas entidades militares e governamentais. A literatura[2] no campo da ergonomia tem a forma de detalhados relatórios de pesquisas e sumários de estudos de pesquisas manuais e tabelas que fornecem referências a projetistas de métodos de trabalho, projetistas de equipamentos, projetistas de produtos e projetistas industriais como também aos que trabalham no campo militar, de foguetes e veículos espaciais. Este conjunto de conhecimentos sempre crescente é útil para todos aqueles interessados no projeto de métodos de trabalho.

Uma pessoa, normalmente, faz três coisas (Fig. 120) para realizar uma tarefa:

1) Recebe informação — através dos órgãos sensoriais, olhos, ouvidos, tato, etc.

2) Toma decisões — age de acordo com a informação recebida na base de seus próprios conhecimentos.

3) Executa a ação — resultante da decisão que foi tomada. A ação poderá ser puramente física, tal como operar uma máquina ou pode envolver comunicações, tais como dar instruções orais ou escritas.

Figura 120. O ciclo básico de controle consite em três partes: percepção, decisão e ação

O projetista de máquinas, equipamento, método de trabalho e ambiente de trabalho terá que possuir conhecimento das funções do ser humano, dimensões de seu corpo, suas limitações e as condições nas quais age mais eficientemente. Projetando qualquer processo ou operação, é sempre necessário verificar quais atividades devem ser realizadas pelo homem e quais pela máquina. A seguinte lista[3] poderá ser útil na solução dos problemas.

Os seres humanos parecem superar as máquinas atuais nas seguintes capacidades:

1) Perceber pequenas quantidades de luz ou som.
2) Perceber e organizar padrões de luz ou som.
3) Improvisar e usar procedimentos flexíveis.
4) Acumular e guardar grande quantidade de informações por longos períodos e relembrar os fatos importantes no tempo apropriado.
5) Raciocinar indutivamente.
6) Exercer julgamento.
7) Desenvolver conceitos e criar métodos.

[2] Alphonse Chapanis, *Research Techniques in Engineering*. The John Hopkins Press, Baltimore, Md., 1959. Alphonse Chapanis, W. R. Garner e C. T. Morgan, *Applied Experimental Psychology: Human Factors in Engineering Design*. John Wiley & Sons., New York, 1949. Henry Dreyfuss, *The Measure of Man-Human Factors in Design*. Whitney Library of Design, New York, 1960. W. F. Floyd e A. T. Welford (eds.), *Symposium on Human Factors in Equipment Design*. H. K. Lewis & Co., Ltd., London, 1954. W. Floyd e A. T. Welford (eds.), *Symposium on Fatigue*. H. K. Lewis & Co., Ltd., London, 1953. *Handbook of Human Engineering Data*. 2.ª ed., Tufts College, Medford, Massachussets, 1952. Wesley E. Woodson, *Human Engineering Guide for Equipment Designers*. University of California Press, Los Angeles-Berkeley, 1954

[3] Ernest J. McCormick, *op. cit.*, p. 421

Estudo de movimentos e de tempos

As máquinas existentes parecem superar os seres humanos nas seguintes capacidades:

1) Reagir rapidamente a sinais de controle.
2) Aplicar grandes forças suavemente e com precisão.
3) Realizar tarefas repetitivas.
4) Guardar informações por breves períodos e depois cancelá-las completamente.
5) Realizar cálculos rapidamente.
6) Realizar diversas funções diferentes simultaneamente.

Em trabalhos importantes, será desejável tabular as diversas maneiras de realizar cada parte da tarefa, começando com os métodos manuais e progredindo a cada passo até o método completamente mecanizado.

Desta maneira, torna-se mais fácil achar o método preferido — aquele com o menor custo. Este processo ajudará na solução do problema da escolha entre o homem ou a máquina para realização de determinada tarefa.

A ergonomia hoje está principalmente interessada em problemas ligados a complicados equipamentos militares e espaciais. Todavia convém que todos os responsáveis por projetos de métodos de trabalho conheçam a fundo as informações provenientes das pesquisas na área da engenharia humana.

PROJETO DE MÉTODOS DE TRABALHO

Exposição geral

O trabalho deverá ser organizado de tal maneira que o operador receberá somente a informação essencial, através do canal sensor apropriado, no tempo e lugar necessários. A informação deverá ser apresentada numa maneira que permita ao operador reagir do melhor modo possível.

Na fase de tomada de decisão da tarefa, o trabalho deverá ser organizado de tal modo que as interpretações e decisões sejam o mais automáticas possível. O número de escolhas que o operador poderá tomar a um dado momento deverá ser o menor possível[4].

O método de trabalho deverá ser projetado de maneira que permita ao operador realizar a tarefa no menor tempo possível e com maior facilidade e satisfação. O número de membros do corpo envolvidos e o número de movimentos executados deverão ser os menores possíveis, como também o comprimento dos movimentos deverá ser o menor possível. O trabalho deverá ser projetado de forma que resulte no menor desgaste de energia e menor tensão fisiológica possível. Ambas deverão ser medidas pelas calorias gastas e pelos batimentos cardíacos por minuto[5].

INFORMAÇÃO SOBRE OS DADOS BÁSICOS DO CORPO HUMANO E DADOS BÁSICOS DE CONTROLES

As informações contidas nos desenhos[6] das Figs. 121 e 124 foram obtidas, após muitos anos de pesquisas, por Henry Dreyfuss e seus associados. Tais informações são de grande valor no projeto de máquinas, de estações de trabalho e na adaptação do ambiente para melhor aclimatação dos indivíduos.

[4]*Ibid.*, p. 439
[5]Veja o Cap. 33, Medida do trabalho por métodos fisiológicos
[6]Tabela reproduzida com permissão do *The Measure of Man*, de Henry Dreyfuss, publicado por Whitney Library of Design, New York, 1960

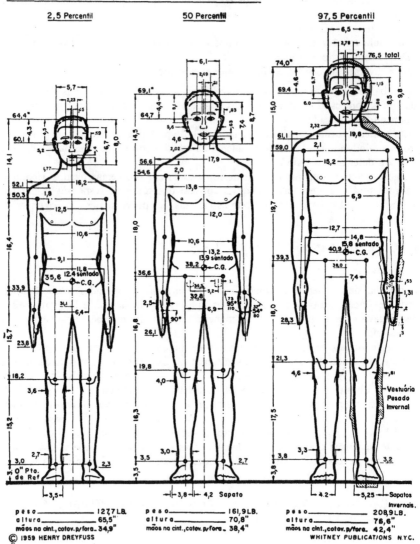

Figura 121. Dimensões humanas do adulto masculino em pé. (Tabela reproduzida do The Measure of Man, *de Henry Dreyfuss, publicado por Whitney Library of Design, New York)*

Estudo de movimentos e de tempos **171**

DADOS ANTROPOMÉTRICOS - HOMEM ADULTO EM PÉ
INCLUEM 95% DA POPULAÇÃO ADULTA MASCULINA DOS E.U.A.

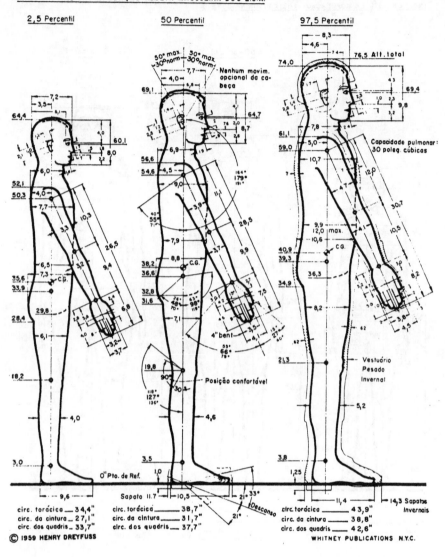

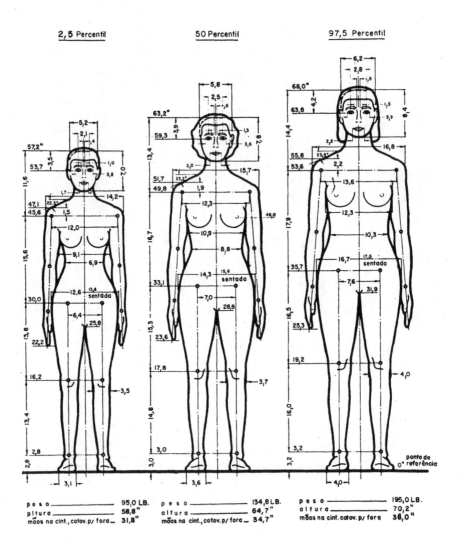

Figura 122. Dimensões humanas do adulto feminino em pé. (Tabela reproduzida do The Measure of Man, *de Henry Dreyfuss, publicado por Whitney Library of Design, New York)*

Estudo de movimentos e de tempos

DADOS ANTROPOMÉTRICOS – MULHER ADULTA EM PÉ
INCLUEM 95% DA POPULAÇÃO ADULTA FEMININA DOS E.U.A.

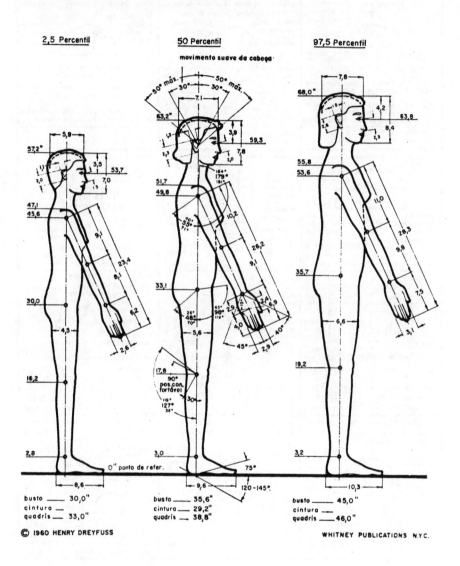

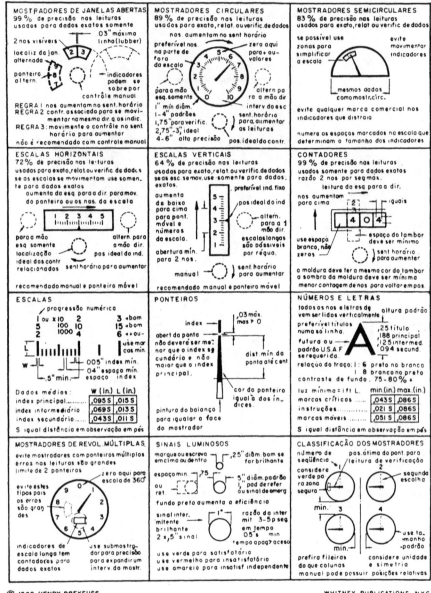

Figura 123. Exposição dos dados básicos. (Reproduzido do The Measure of Man, de Henry Dreyfuss, publicado por Whitney Library of Design, New York)

Estudo de movimentos e de tempos **175**

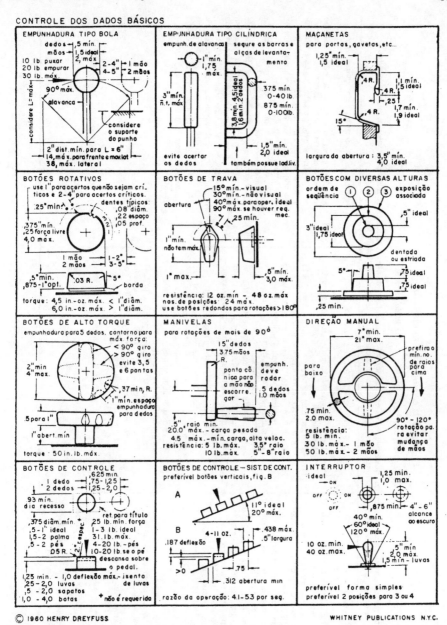

Figura 124. Controle dos dados básicos. (*Reproduzido do* The Measure of Man, *de Henry Dreyfuss, publicado por Whitney Library of Design, New York*)

Princípios da economia dos movimentos

Tabela para economia de movimentos e redução de fadiga

Estas vinte e duas normas ou princípios de economia dos movimentos poderão ser aplicadas vantajosamente em trabalhos de fábrica e escritório. Embora nem todas possam ser aplicadas a cada operação, elas formam uma base para melhorar a eficiência e reduzir a fadiga em trabalhos manuais.

Uso do corpo humano	Disposição do local de trabalho	Projetos das ferramentas e do equipamento
1. As duas mãos devem iniciar e terminar no mesmo instante os seus movimentos (p. 178).	10. Deve existir lugar definido e fixo para todas as ferramentas e materiais (p. 204).	18. As mãos devem ser aliviadas de todo o trabalho que possa ser executado mais convenientemente por um dispositivo, um gabarito, ou um mecanismo acionado a pedal (p. 229).
2. As duas mãos não devem permanecer inativas ao mesmo tempo, exceto durante os períodos de descanso (p. 178).	11. Ferramentas, materiais e controles devem se localizar perto do local de uso (p. 205).	19. Quando possível devem-se combinar duas ou mais ferramentas (p. 234).
3. Os movimentos dos braços devem ser executados em direções opostas e simétricas, devendo ser feitos simultaneamente (p. 178).	12. Deverão ser usados depósitos e caixas alimentadoras por gravidade para distribuição do material o mais perto do local de uso (p. 212).	20. As ferramentas e os materiais devem ser pré-colocados sempre que possível (p. 235).
4. Deve ser empregado o movimento manual que corresponda à classificação mais baixa de movimentos e com o qual seja possível executar satisfatoriamente o trabalho (p. 186).	13. A distribuição da peça processada deve ser feita por gravidade sempre que possível (p. 216).	21. Nos casos em que cada um dos dedos execute um movimento específico, como na datilografia, a carga deve ser distribuída de acordo com as capacidades intrínsecas de cada dedo (p. 236).
5. Deve-se empregar a quantidade de movimento a fim de ajudar ao trabalhador quando possível, sendo que esta deve ser reduzida ao mínimo nos casos em que tiver de ser vencida por esforço muscular (p. 190).	14 Materiais e ferramentas devem ser localizados de forma a permitir a melhor seqüência de movimentos (p. 217).	22. Devem-se localizar alavancas, barras cruzadas e volantes em posições tais, que o operador possa manipulá-los com alteração mínima da posição do corpo e com a maior vantagem mecânica (p. 239).
6. Os movimentos suaves, curvos e contínuos das mãos são preferíveis aos movimentos em linha reta que necessitam mudanças bruscas de direção (p. 192).	15. Deve-se providenciar condições adequadas para a visão. A boa iluminação é o primeiro requisito para percepção visual satisfatória (p. 217).	
7. Os movimentos parabólicos são mais rápidos, mais fáceis e mais precisos do que movimentos restritos ou "controlados" (p. 196).	16. A altura do local de trabalho e da banqueta que lhe corresponda devem ser tais, que possibilitem ao operário trabalhar alternadamente em pé e sentado, tão facilmente quanto possível (p. 224).	
8. O trabalho deve ser disposto de forma a permitir ritmo suave e natural sempre que possível (p. 197).	17. Deve-se fornecer a cada trabalhador uma cadeira de tipo e altura tais que permitam boa postura para os trabalhos (p. 227).	
9. Fixações da vista deveriam ser tão reduzidas e tão próximas quanto possível (p. 198).		

Ralph M. Barnes

CAPÍTULO 17

Princípios de economia dos movimentos relacionados com o uso do corpo humano

Apesar de as exposições gerais contidas no fim do Cap. 16 (página 169) serem de grande valor, a experiência mostra que o uso de "listas de verificação", de "normas para a redução da fadiga" e de "princípios de economia dos movimentos" pode ajudar no projeto de métodos de trabalho.

Gilbreth enunciou certas "regras para eficiência e economia dos movimentos"[1] que influenciam o trabalho das mãos, e, periodicamente, outros investigadores desse campo têm contribuído para o aumento dessa lista.

Torna-se necessária uma pesquisa adicional que venha a aumentar nosso conhecimento sobre as capacidades intrínsecas dos vários membros do corpo humano. Ainda há muito a ser feito na determinação das leis fundamentais que permitam a obtenção de esforço produtivo máximo com o mínimo de fadiga resultante.

Apesar de se discutir a matéria deste capítulo sob o título "Princípios de economia dos movimentos", talvez a designação mais adequada fosse "Algumas regras para a economia dos movimentos e redução da fadiga".

A tentativa de coligir e codificar a informação, existente como guia na determinação de métodos que resultem em máxima economia dos movimentos, esbarra numa série de dificuldades. Se se tenta apresentar princípios gerais, é provável que eles sejam abstratos e de pequena aplicação prática; por outro lado, se regras determinadas com aplicações específicas forem apresentadas, elas poderão pecar pela falta de universalidade na aplicação. Tem-se o costume de se apresentar enunciados gerais dos princípios, sem serem incluídas aplicações práticas ou informações adicionais. Esta forma de exposição não tem sido satisfatória, tendo mesmo retardado o desenvolvimento do uso do estudo de movimentos e de tempos.

A finalidade deste e dos dois capítulos seguintes é interpretar, por meio de ilustrações específicas, algumas das regras gerais ou princípios de economia dos movimentos que têm sido usados com sucesso.

Nem todos os princípios apresentados nesses capítulos têm igual importância, nem mesmo esta discussão inclui todos os fatores que influenciam a determinação de melhores métodos para a execução de um trabalho. Esses princípios, entretanto, formam uma base, um código ou corpo de regras que, se aplicados por uma pessoa treinada na técnica do estudo de movimentos, possibilitará aumento considerável na produção do trabalho com um mínimo de fadiga.

Esses princípios serão apresentados sob as três seguintes subdivisões.

1) Princípios de economia dos movimentos relacionados com o uso do corpo humano.
2) Princípios de economia dos movimentos relacionados com o arranjo do local de trabalho.
3) Princípios de economia dos movimentos relacionados com o projeto das ferramentas e equipamentos.

---

[1]F. B. e L. M. Gilbreth, A Fourth Dimension for Measuring Skill for Obtaining the One Best Way. *Society of Industrial Engineering Bulletin*, Vol. 5, n.º 11, novembro 1923

PRINCÍPIOS DE ECONOMIA DOS MOVIMENTOS RELACIONADOS COM O USO DO CORPO HUMANO

1. As duas mãos devem iniciar e terminar os seus movimentos no mesmo instante.
2. As duas mãos não devem permanecer inativas ao mesmo tempo, exceto durante os períodos de descanso.
3. Os movimentos dos braços devem ser executados em direções opostas e simétricas, devendo ser feitos simultaneamente.

Esses três princípios são intimamente relacionados, podendo ser melhor considerados em conjunto[2]. Para a maioria das pessoas, parece natural que se trabalhe produtivamente com uma das mãos enquanto a outra segura o objeto no qual se executa o trabalho. Isto é usualmente indesejável. As duas mãos devem trabalhar juntas, cada uma delas iniciando e completando o movimento ao mesmo tempo. Os movimentos das duas mãos devem ser simultaneamente simétricos.

É óbvio que, em muitos tipos de trabalho, pode-se produzir mais usando-se as duas mãos em vez de uma só. Para a maioria das pessoas, é vantajoso dispor-se tarefas semelhantes nos lados direito e esquerdo do local de trabalho, tornando possível assim que as mãos direita e esquerda se movimentem juntas, cada uma delas executando os mesmos movimentos. Os movimentos simétricos dos braços tendem a se balancear mutuamente, reduzindo os choques sobre o corpo e permitindo ao operário executar sua tarefa com menor esforço físico e mental. Devido à necessidade de equilíbrio, aparentemente desenvolvem-se menores tensões no corpo humano quando as mãos se deslocam simetricamente do que quando elas executam movimentos assimétricos.

A fim de ilustrarem como melhores métodos podem ser desenvolvidos através da análise dos movimentos da mão e aplicando-se os três primeiros princípios de economia dos movimentos, serão citados a seguir alguns exemplos.

MONTAGEM DE PARAFUSO E ARRUELAS. Uma empresa utiliza oito parafusos de 3/8" × 1" montados com três arruelas cada (Figs. 125 e 126) na montagem final de um dos seus produtos. Esta operação se torna mais fácil quando as arruelas são previamente montadas no parafuso; conseqüentemente, o parafuso e as arruelas são montados por moças em bancadas situadas em outro departamento.

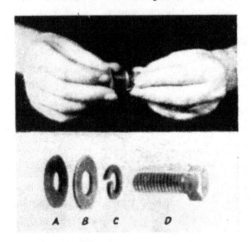

Figura 125. Montagem de parafuso e arruelas. (A) arruela de borracha especial; (B) arruela de aço lisa; (C) arruela de pressão; (D) parafuso 3/8" × 1"

[2]*Ibid.*, p. 6

Estudo de movimentos e de tempos

Figura 126. O furo da arruela de borracha é ligeiramente menor do que o diâmetro externo do parafuso, de forma que, quando este é forçado através do furo, as duas peças se ajustam, evitando que as arruelas caiam

MÉTODO ANTIGO. A montagem do parafuso e das arruelas era feita originariamente da maneira que se segue. Depósitos com parafusos, arruelas de retenção, arruelas de aço e arruelas de borracha eram colocados sobre a bancada, como nos mostra a Fig. 69.

O operador dirigia-se ao depósito de parafusos, agarrava um deles com a mão esquerda e o transportava ao local de montagem. Com a mão direita, agarrava uma arruela de retenção de seu depósito sobre a bancada e a colocava no parafuso, seguida por uma arruela de aço e por uma arruela de borracha. Dessa forma, completava-se o conjunto, e, com a mão esquerda, o operador colocava-o no depósito à sua esquerda. A Fig. 100 fornece a folha de análise para esta operação e a Fig. 99 apresenta as fotografias correspondentes a um ciclo.

Pode-se perceber rapidamente que, com essa forma de execução, violou-se cada um dos três princípios enunciados, mesmo sendo esse o método usual para se executar tal trabalho. A mão esquerda *segurou* o parafuso durante a maior parte do ciclo, enquanto que a direita trabalhava produtivamente. Tampouco eram simétricos ou simultâneos os movimentos das duas mãos.

MÉTODO MELHORADO. Construiu-se um dispositivo simples de madeira, cercado por alimentadores metálicos de gravidade, como nos mostram as Figs. 127, 128 e 129. Os alimentadores que contêm as arruelas estão dispostos em duplicata, de forma que ambas as mãos podem mover-se simultaneamente montando as arruelas em dois parafusos, ao mesmo tempo. Como vemos na Fig. 127, o alimentador 1 contém as arruelas de borracha, o alimentador 2

Figura 127. Alimentadores, dispositivo e plano inclinado usados na montagem do parafuso e arruelas

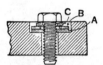

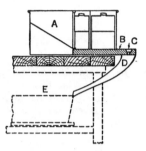

Figura 128. Detalhe ampliado do encaixe no dispositivo de madeira para a montagem do parafuso e arruelas. (A) *arruela de borracha;* (B) *arruela de aço lisa;* (C) *arruela de pressão*

Figura 129. Corte transversal dos alimentadores mostrando o plano inclinado. (A) *alimentadores com fundo inclinado;* (B) *topo do dispositivo;* (C) *furos alargados no dispositivo;* (D) *plano inclinado;* (E) *depósito para os conjuntos prontos*

contém as arruelas de aço, o alimentador 3, as arruelas de retenção e o alimentador 4, que se encontra em frente ao dispositivo, contém os parafusos. Os fundos dos alimentadores são inclinados para a frente num ângulo de 30°, de modo que os materiais caem, por gravidade, em frente ao dispositivo conforme as peças para a montagem forem sendo usadas.

Fizeram-se dois furos escareados na parte frontal do dispositivo (Fig. 128), nos quais as três arruelas ajustam-se com certa folga; a arruela de borracha, no fundo, seguida pela arruela de aço, e, sobre elas, a arruela de retenção. Um furo, ligeiramente maior do que o diâmetro do parafuso, atravessa o dispositivo como mostra a Fig. 128. Colocou-se uma rampa metálica em frente ao dispositivo de madeira, com aberturas para a direita e para a esquerda dos dois recessos, de tal forma que os conjuntos montados podem ser soltos no início dessa rampa e transportados, por gravidade, a um depósito debaixo da bancada (Fig. 129).

Figura 130. Arranjo físico do local de trabalho (método antigo). Colocando quatro folhas de material de propaganda em um envelope

Estudo de movimentos e de tempos **181**

Montando o parafuso e as arruelas como mostra o gráfico da Fig. 102, as duas mãos movem-se simultaneamente para os alimentadores 1, agarram as arruelas de borracha que se encontram sobre o dispositivo de madeira em frente aos alimentadores e escorregam-nas ao seu lugar nos dois recessos do dispositivo. As duas mãos, de maneira semelhante, escorregam as arruelas de aço ao seu lugar sobre as arruelas de borracha e, finalmente, executam o mesmo com as arruelas de retenção. Cada mão, então, agarra um parafuso e o introduz através das arruelas que se encontram alinhadas de modo a seus furos serem concêntricos. O furo da arruela de borracha é ligeiramente menor que o diâmetro externo (da rosca) do parafuso, de forma que, quando este é forçado através do furo, as duas peças se ajustam, permitindo ao conjunto ser retirado sem que as arruelas caiam (Fig. 126). As duas mãos soltam simultaneamente os conjuntos sobre a rampa metálica. Como o operador inicia um novo ciclo com as mãos nessa posição, os dedos indicador e médio de cada mão estão em posição para agarrarem a arruela de borracha, o que é feito praticamente com a ponta dos dedos.

Um estudo detalhado dos métodos antigo e melhorado para montagem do parafuso e das arruelas fornece:

Tempo médio por conjunto, método antigo	0,084 de minuto
Tempo médio por conjunto, método melhorado	<u>0,055</u> de minuto
Tempo economizado	0,029 de minuto

Aumento de produção $= 53\%^{(3)}$

---

[3]Os resultados de um método melhorado são, algumas vezes, expressos em "aumento porcentual da produção" e, outras vezes, em "porcentagem de tempo economizado". Estas duas porcentagens não têm o mesmo significado. Talvez os seguintes cálculos esclareçam este ponto:

Aumento porcentual da produção

$$\frac{\left[\begin{array}{c}\text{Peças produzidas}\\ \text{por minuto,}\\ \text{método novo}\end{array}\right] - \left[\begin{array}{c}\text{Peças produzidas}\\ \text{por minuto,}\\ \text{método antigo}\end{array}\right]}{\left[\begin{array}{c}\text{Peças produzidas por minuto}\\ \text{método antigo}\end{array}\right]} \times 100 = \text{Aumento porcentual da produção}$$

Exemplo

Tempo por conjunto, método antigo $= 0,084$ de minuto
Número de conjuntos por minuto, método antigo $= 1 - 0,084 = 11,9$
Tempo por conjunto, método novo $= 0,055$ de minuto
Número de conjuntos por minuto, método novo $= 1 - 0,055 = 18,2$

$$\frac{18,2 - 11,9}{11,9} \times 100 = 53\% \text{ de aumento na produção}$$

Porcentagem de tempo economizado

$$\frac{\begin{array}{c}\text{Tempo por peça,}\\ \text{método antigo}\end{array} - \begin{array}{c}\text{Tempo por peça,}\\ \text{método novo}\end{array}}{[\text{Tempo por peça, método antigo}]} \times 100 = \text{Porcentagem de tempo economizado}$$

Exemplo

Tempo por peça, método antigo $= 0,084$ de minuto
Tempo por peça, método melhorado $= 0,055$ de minuto

$$\frac{0,084 - 0,055}{0,084} \times 100 = 35\% \text{ de tempo economizado}$$

Contrariamente ao método antigo de montagem, o método melhorado está de acordo com cada um dos três princípios de economia dos movimentos já mencionados. As duas mãos iniciam e terminam seus movimentos no mesmo instante e deslocam-se simultaneamente em direções opostas. Não há tempo de espera e nenhuma das mãos é usada como dispositivo para segurar o material durante a execução de trabalho produtivo pela outra mão, como no método antigo.

COLOCAÇÃO DE MATERIAL DE PROPAGANDA EM ENVELOPES. Esta operação consiste em inserir quatro folhas de material de propaganda em um envelope, dobrando-se posteriormente a aba do envelope. A tarefa era executada agarrando-se as folhas, uma de cada vez, com a mão direita, transferindo-as para a mão esquerda, acertando a concordância dos lados e, então, colocando-as no envelope (Fig. 130). É evidente que a mão *esquerda* permanecia inativa parte do tempo, segurava as folhas parte do tempo e trabalhava de maneira ineficiente durante o restante do ciclo. Além disso, a mão *direita* permanecia inativa uma parte da operação.

MÉTODO MELHORADO. Pregaram-se duas pequenas peças triangulares, feitas de papelão e fita colante, em folhas planas de papelão (Fig. 131). Colocou-se o material de propaganda encostado aos dois lados das peças triangulares, que assim serviam de dispositivo, permitindo que o operador agarrasse simultaneamente duas folhas com cada mão. Dedais de borracha facilitavam o ato de agarrar. Como as folhas, com o tamanho apresentado na Fig. 132, eram envelopadas em intervalos freqüentes, instalou-se definitivamente o local de trabalho para execução desta tarefa. Os blocos de madeira triangulares estão indicados em *A*. A operação agora consiste em agarrar-se duas folhas de papel, simultaneamente, com cada uma das mãos, juntá-las, acertar os cantos no bloco *B* e colocá-las no envelope.

Quando o operador usava o método antigo, pegando folha por folha, a produção era de 350/h. Com o arranjo físico do local de trabalho melhorado e usando o novo método, a produção aumentou para 750 envelopes/h. O novo método é tão mais fácil de ser executado do que o antigo que propiciou a obtenção de mais de o dobro da produção anterior.

DOBRAMENTO E MONTAGEM DE CAIXAS DE PAPELÃO. As salsichas são embaladas em caixas de papelão, a fim de serem entregues aos varejistas. As caixas de papelão são entregues aos embaladores em folhas, e cada uma delas deve ter as pontas dobradas e colocadas juntas, antes que as caixas possam receber as salsichas. Sobre o fundo coloca-se uma tampa ligeiramente maior do que ele (Fig. 133). A forma e o tipo do fundo e da tampa das caixas são semelhantes, isto é, ambos são montados da mesma maneira.

Figura 131. Dispositivo temporário para se juntar duas folhas de material de propaganda

Estudo de movimentos e de tempos

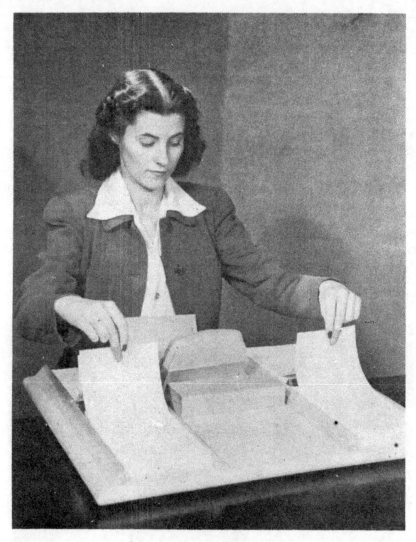

Figura 132. Arranjo físico do local de trabalho (método melhorado). Colocando quatro folhas de material de propaganda em um envelope. (A) *blocos triangulares;* (B) *bloco para acertar os cantos das folhas*

MÉTODO ANTIGO. O operador andava 3 m, pegava um maço de 50 folhas de caixa "planas" e o transportava à sua bancada. Usando as duas mãos, agarrava um grupo de oito cartões, dobrava-os nas linhas pontilhadas a fim de facilitar a operação e os colocava na mesa, com as extremidades em frente de si. Após isto, agarrava os lados da caixa e, simultaneamente, dobrava as paredes laterais e as abas da frente em direção ao centro do cartão (Fig. 134). Segurando a aba esquerda em sua posição, inseria a lingüeta da aba direita no rasgo existente na aba esquerda. Empurrava para a frente a caixa parcialmente formada, aproximadamente, 10 cm. O procedimento acima descrito era repetido até que quatro caixas tivessem uma de

Figura 133. Caixa de papelão para embalagem de salsichas

suas extremidades dobrada. O operador, então, pegava o grupo de cartões parcialmente formados e o girava de forma que as extremidades não dobradas ficassem em frente de si. Repetia-se a operação de dobramento na outra ponta, e a caixa de papelão, completamente formada, era colocada em um transportador, a fim de que nela se acondicionassem as salsichas.

MÉTODO MELHORADO. Projetou-se e construiu-se um dispositivo simples de madeira[4] apresentado na Fig. 135. Os maços de caixas "planas" são agora entregues pelo carro próximo à bancada de montagem. O operador obtém um maço de 50 cartões, transporta-o para a mesa e coloca-o no dispositivo A da Fig. 135. A mão esquerda aproxima-se da parte inferior da pilha

Figura 134. Método antigo de montar caixas. A mão esquerda segura a aba enquanto a direita introduz a lingüeta no seu rasgo.

[4]Método melhorado desenvolvido por Eugene J. Smith

Estudo de movimentos e de tempos

Figura 135. Método melhorado de montar caixas. O dispositivo auxilia a formação da caixa e a mantém em posição, enquanto ambas as mãos prendem as lingüetas. As abas dos dois extremos da caixa são montadas simultaneamente. A operadora dobrou sua produção

de caixas "planas", agarra a extremidade da aba central e posiciona-a sobre o dispositivo *B*. A mão direita coloca a caixa previamente formada no transportador e agarra a aba central do lado direito da caixa, que já se encontra posicionada no dispositivo. Segurando as duas abas centrais, uma em cada mão, o operador dobra-as para cima e empurra a caixa contra o dispositivo. O dispositivo força a parede lateral posterior a formar um ângulo de 90° com o fundo, dobra as duas abas posteriores para a frente, num ângulo de 90°, e dobra a parede lateral anterior, juntamente com as abas que lhe correspondem, aproximadamente 45°. Simultaneamente, com as duas mãos, o operador se dirige para as abas que possuem as lingüetas, dobra-as em direção aos rasgos existentes nas abas posteriores, colocando-as nesses rasgos. Enquanto o operador segura as lingüetas em posição com os dedos, os polegares puxam os cantos frontais da caixa a fim de prenderem definitivamente as lingüetas nos rasgos. Assim, completa-se a formação da caixa, e o operador coloca-a no transportador, como anteriormente.

RESULTADOS. O método melhorado possibilitou ao operador um aumento de 100% na produção. O custo do dispositivo foi aproximadamente 10 dólares. O método melhorado é superior ao antigo por duas razões: (1) eliminação da operação de se quebrarem "costuras" ou linhas de dobramento nos cartões, antes de serem formadas as caixas; (2) eliminação do ato de segurar uma aba em posição com uma das mãos enquanto a outra coloca a lingüeta em sua posição.

MOVIMENTOS ASSIMÉTRICOS. Freqüentemente, a natureza do trabalho não permite ao operador movimentar seus braços simultaneamente em direções opostas e simétricas. Quando esse for o caso, é possível que o trabalho possa ser disposto de tal forma que o operador possa mover seus braços simultaneamente em direções perpendiculares entre si. Um exemplo desse

Figura 136. Movimentos simultâneos dos braços em direções perpendiculares entre si. A operação consiste em embrulhar e empacotar interruptores elétricos

tipo de movimento é apresentado na Fig. 136. A operação consiste em embrulhar e colocar interruptores elétricos em uma caixa. O método antigo consistia em colocar-se o produto a ser embalado em uma das pontas de uma folha de papel e terminar a operação por um processo combinado de dobramento e rotação. Colocava-se o produto em uma caixa de fibra, na qual era colocada a cobertura. Esse método de embalagem desperdiçava tanto tempo e esforço quanto papel. No método melhorado retiram-se duas fitas de papel de depósitos (A e B Fig. 136), que estão colocados sobre o topo da caixa de fibra, com movimentos perpendiculares das duas mãos. O interruptor é colocado então sobre o papel e empurrado para dentro da caixa, dobrando-se ambas as pontas do papel sobre o interruptor com movimentos simultâneos das duas mãos. Finalmente, coloca-se a cobertura sobre a caixa. O novo método de embalagem dos interruptores elétricos requer 40% do tempo e do esforço dispendidos com o método antigo.

Há um certo balanço e facilidade de controle muscular que são peculiares aos movimentos executados em direções perpendiculares, tornando-os efetivamente superiores aos movimentos simultâneos dos braços na mesma direção. Entretanto, eles não são tão fáceis quanto os movimentos simultâneos dos braços em direções opostas e só devem ser usados quando for impossível a execução destes últimos.

TRABALHO EXECUTADO COM UMA E DUAS MÃOS. Os resultados de um estudo[5] sobre o tempo para selecionar e agarrar, transportar e dispor porcas colocadas em dois tipos de alimentadores, usando-se a mão direita, a mão esquerda e as duas mãos simultaneamente, estão apresentados na Tab. 10.

A operação consistia em selecionar e agarrar porcas (n.os 2 e 8) de um alimentador, carregá-las uma distância de 12,5 cm e colocá-las em um furo sobre a mesa. O estudo foi feito com uma caixa retangular e foi repetido usando-se um alimentador com bandeja. Esses alimentadores serão apresentados na Tab. 12, no próximo capítulo. O operador, de início, trabalhou exclusivamente com a mão direita, depois com a esquerda e finalmente com ambas as mãos.

O tempo mínimo para o ciclo resultou do uso da mão direita. Um ciclo com a mão esquerda requereu 6% de tempo a mais com a caixa retangular e 12% a mais com o alimentador de bandeja; um ciclo com ambas as mãos requereu 30 e 40% de tempo a mais. Entretanto, como os dois ciclos foram executados simultaneamente, quando as duas mãos eram usadas, o tempo correspondente a cada ciclo era consideravelmente menor do que o resultante do uso exclusivo da mão direita.

[5] University of Iowa Studies in Engineering, *Boletim* 21

Tabela 10. Estudo do trabalho executado com uma e duas mãos

		Somente trabalho da mão direita		Somente trabalho da mão esquerda		Trabalho simultâneo das duas mãos	
		Depósito Retangular	Depósito com bandeja	Depósito Retangular	Depósito com bandeja	Depósito Retangular	Depósito com bandeja
SELECIONAR E AGARRAR Porcas de um lote A. (Veja figura acima)	Tempo em minutos	0,00723	0,00438	0,00822	0,00520	0,01307	0,00674
	Tempo em porcentagem (Menor tempo = 100%)	100	100	114	118	181	154
TRANSPORTE CARREGADO Movimentar porcas através de uma distância de 12,5 cm de A, até B	Tempo em minutos	0,00292	0,00235	0,00347	0,00234	0,00380	0,00270
	Tempo em porcentagem (Menor tempo = 100%)	100	100	119	100	130	115
SOLTAR Solta porcas no furo de 25,4 cm na parte de cima da mesa em B	Tempo em minutos	0,00403	0,00403	0,00380	0,00453	0,00463	0,00500
	Tempo em porcentagem (Menor tempo = 100%)	106	100	100	112	122	124
TRANSPORTE VAZIO Move a mão para o lote A para as porcas	Tempo em minutos	0,00314	0,00277	0,00282	0,00304	0,00308	0,00337
	Tempo em porcentagem (Menor tempo = 100%)	111	100	100	110	110	122
CICLO TOTAL	Tempo em minutos	0,01730	0,01351	0,01832	0,01510	0,02459	0,01778
	Tempo em porcentagem (Menor tempo = 100%)	100	100	106	112	142	131

Sob as condições observadas nesta pesquisa e com os operadores estudados, evidenciou-se que um bom operador no uso de uma das mãos era também um bom operador quando usava simultaneamente as duas mãos, e um operador relativamente ineficiente no emprego de uma das mãos também o era quando usasse as duas mãos. Isto sugere que a introdução de trabalhos com as duas mãos, em lugar de trabalho ineficiente com uma única mão, não será inconveniente maior, qualquer que seja o operador empregado.

4. *Deve ser empregado o movimento manual que corresponda à classificação mais baixa de movimentos e com o qual seja possível executar satisfatoriamente o trabalho.*

As cinco classes gerais dos movimentos das mãos serão apresentadas aqui, pois elas dão ênfase ao fato de que os materiais e ferramentas devem estar localizados tão próximos quanto possível do local de uso e que os movimentos manuais devem ser tão curtos quanto o trabalho permitir. A classificação mais baixa, que é apresentada em primeiro lugar, requer quantidade mínima de esforço e de tempo e provavelmente produz menor fadiga.

Classificação geral dos movimentos da mão

1) Movimentos dos dedos.
2) Movimentos envolvendo dedos e pulso.
3) Movimentos envolvendo dedos, pulso e antebraço.
4) Movimentos envolvendo dedos, pulso, antebraço e braço.
5) Movimentos envolvendo dedos, pulso, antebraço, braço e ombro. Esta classe necessita mudança de postura.

O operador da Fig. 137 está operando uma serra oscilante para corte de sarrafos em uma fábrica de mobília. Encontrou-se um método melhor (Fig. 138), e, agora, o operador aciona a serra, por meio de um interruptor, com a mão direita, enquanto alimenta o estoque com a esquerda. Uma guarda diretamente em frente da serra protege o operador. Além desta economia de tempo e de esforço por parte do operador, instalaram-se transportadores de correia que levam a madeira ao desbastador e os cavacos diretamente ao incinerador. Originalmente, cada operador necessitava de um ajudante; agora, um ajudante serve a três operadores[6].

Figura 137. Método manual para operar serra oscilante em fábrica de mobília (método antigo)

[6]Martin S. Meyers, Evaluation of the Industrial Engineering Program in Small Plant Management. *Proceedings Sixth Industrial Engineering Institute,* University of California, Los Angeles-Berkeley, p. 37

Estudo de movimentos e de tempos

Figura 138. A serra oscilante é agora operada por um interruptor próximo à mão direita do operador (método melhorado)

Por mais desejável que seja manterem-se os movimentos manuais tão curtos quanto possível, é incorreto admitir-se que os movimentos dos dedos sejam menos fatigantes que os movimentos do antebraço. Isto fica claro quando lembramos de nossas primeiras lições de escrever, pois sabe-se que movimentos livres do antebraço e do punho são mais fáceis, mais rápidos e mais uniformes do que os movimentos dos dedos. Na telegrafia, a introdução de uma chave telegráfica que se desloca lateralmente em vez de verticalmente foi o resultado da observação de que os movimentos laterais permitem ao operador trabalhar com o punho livre e menos controlado[7].

Em outra investigação de movimentos, concluiu-se que os movimentos dos dedos eram mais fatigantes, menos precisos e mais lentos que os movimentos do antebraço[8]. Todas as evidências nos parecem mostrar que o antebraço é o membro mais indicado para ser usado em trabalhos leves e que, em tarefas altamente repetitivas, os movimentos em torno do pulso e do cotovelo são superiores em todos os aspectos aos dos dedos ou dos ombros.

DESGASTE FISIOLÓGICO DO DOBRAMENTO DO CORPO. Os movimentos do corpo gastam tempo e resultam também num alto desgaste fisiológico. Recentemente, foi feito um estudo sistemático da operação de levantar tijolos de 3 kg, sob várias condições[9]. Foram medidas mudanças em gastos de energia e em batimentos cardíacos. Os resultados do estudo estão indicados na Tab. 11 e na Fig. 139.

No método A, o operador levantou um tijolo duma plataforma a 5 pol do chão e o colocou numa bancada de 33 pol de altura. Este fato acarretava um dobramento pronunciado do corpo. No método B, eram transferidos de uma plataforma de 37 pol de altura para uma bancada de 33 pol de altura. Esta série de movimentos exigia uma série pequena de movimentos do corpo. O operador trabalhou com quatro velocidades diferentes. Na velocidade menor,

[7]M. Smith, B. Culpin e E. Farmer, A Study of Telegrapher's Cramp. Industrial Fatigue Research Board, *Relatório* 43, 1927

[8]R. H. Stetson e J. A. McDill, Mechanisms of the Different Types of Movement. *Psychological Monograph*, Vol. 32, n.º 3, conjunto n.º 145, 1923, p. 37

[9]Estudo executado no UCLA Work Physiology Laboratory por Ralph M. Barnes, Robert B. Andrews, James I. Williams e B. J. Hamilton

Tabela 11. Desgaste fisiológico para dois métodos diferentes de manusear tijolos

Operador	MÉTODO A Dobramento pronunciado do corpo								MÉTODO B Dobramento leve do corpo							
	Gasto de energia, em calorias por minuto				Batimentos cardíacos, em pulsações por minuto				Gasto de energia, em calorias por minuto				Batimentos cardíacos, em pulsações por minuto			
	Número de tijolos movidos por minuto				Número de tijolos movidos por minuto				Número de tijolos movidos por minuto				Número de tijolos movidos por minuto			
	16	22	28	34	16	22	28	34	16	22	28	34	16	22	28	34
1	5,4	5,7	6,8	8,5	102	104	109	131	2,8	3,1	3,3	5,8	92	92	92	113
2	5,4	6,8	7,9	10,2	110	126	134	155	2,3	2,6	3,3	3,8	100	97	107	109
3	5,3	6,8	8,5	11,7	102	113	126	159	2,5	2,7	3,0	3,8	90	97	97	95
Média	5,4	6,4	7,7	10,1	105	114	123	148	2,5	2,8	3,2	4,5	94	95	99	106

havia um aumento de batimentos cardíacos de 94 a 105 batimentos/min. Na velocidade maior, foi notado um aumento de 106 a 148 batimentos/min. Da mesma forma, o gasto de energia aumentou de 2,5 a 5,4 calorias na velocidade menor e de 4,5 a 10,1 calorias na velocidade maior. Esses dados fornecem uma avaliação quantitativa do desgaste fisiológico necessário nos dobramentos excessivos do corpo.

5. *Deve-se empregar a quantidade de movimento para ajudar o trabalhador quando possível, devendo ser reduzida ao mínimo nos casos em que tiver de ser vencida pelo esforço muscular.*

A quantidade de movimento de um objeto é sua massa multiplicada por sua velocidade. Na maior parte do trabalho executado nas fábricas, o peso total deslocado pelo operador consiste de três partes: o peso do material transportado, o peso das ferramentas ou dispositivos e o peso da parte do corpo em deslocamento[(10)]. Freqüentemente, é possível usar-se o impulso da mão, do material ou da ferramenta a fim de executar trabalho útil. Quando for necessário um golpe forte, os movimentos do operador devem ser dispostos de modo que tal golpe seja executado quando atingir sua máxima quantidade de movimento[(11)]. Na construção de um muro de tijolos, por exemplo, "se os tijolos forem transportados da plataforma à parede sem paradas, a quantidade de movimento pode executar tarefa valiosa ajudando a compactar as juntas cheias de argamassa. Se, em vez disso, ela tiver de ser vencida pelos músculos do pedreiro, fadiga (. . .) resultará".

"O ideal será levar os tijolos numa trajetória reta e permitir que o contato com a parede vença a quantidade de movimento"[(12)].

O método melhorado para recobrimento de confeitos, explicado na página 261, é outro exemplo da utilização da quantidade de movimento para execução de trabalho útil. A parte a ser recoberta era submersa na superfície de açúcar derretido pela mão direita ao fim de longo movimento de retorno da mão. A quantidade de movimento desenvolvida neste movimento da mão e do garfo vazio era usada na execução de trabalho útil, em vez de ser dissipada pelos músculos do braço do operador.

[(10)]F. B. Gilbreth, *Motion Study*. Van Nostrand Co., Princeton, N.J., 1911, p. 63
[(11)]C. S. Myers, *Industrial Psychology in Great Britain*. Jonathan Cape, Londres, 1926, p. 88
[(12)]F. B. Gilbreth, *op. cit.*, p. 78

Estudo de movimentos e de tempos

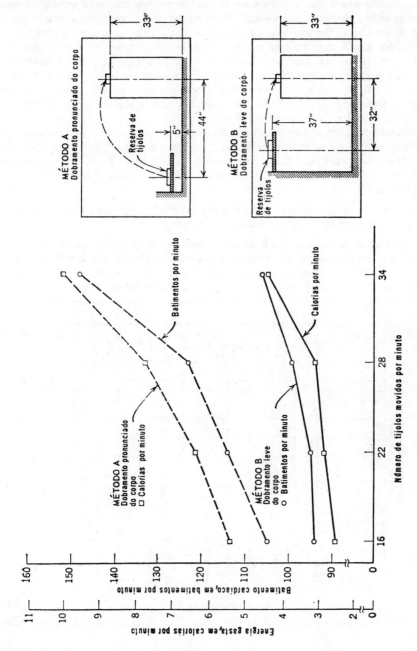

Figura 139. Desgaste fisiológico para dois métodos diferentes de manusear tijolos. Método A, dobramento pronunciado do corpo; método B, dobramento leve do corpo

Em diversas circunstâncias, a quantidade de movimento não tem valor produtivo e sua presença é indesejável por terem os músculos quase sempre que se contrapor à quantidade de movimento desenvolvida. Quando este for o caso, as três classes de massa ou peso previamente citadas devem ser estudadas com a finalidade de se reduzir cada uma delas ao mínimo. Além disso, a velocidade dos movimentos deve ser reduzida usando-se os movimentos mais curtos possíveis. Algumas ferramentas são mais eficientes quando seu peso é o menor possível. Tais ferramentas não dependem de impulso ou do uso de um golpe para funcionar adequadamente. Para diversas espécies de trabalho, uma enxada pesada é mais fatigante do que uma com as mesmas dimensões e rigidez, mas mais leve.

Diversas considerações adicionais influem na determinação das dimensões corretas e do peso dos materiais e ferramentas que conduzem à eficiência máxima. Infelizmente, os dados acumulados têm pouco valor neste caso. Como regra geral, cada caso é função da circunstância e das condições que lhe são peculiares. Conseqüentemente, cada problema deve ser submetido a um estudo especial.

6. *Os movimentos suaves, curvos e contínuos das mãos são preferíveis aos movimentos em linha reta que necessitem de mudanças bruscas de direção.*

A operação de se movimentar um lápis para a frente e para trás em uma folha de papel consiste de duas fases: o movimento, e parada e mudança de direção. Os resultados obtidos em um estudo[13] dos movimentos manuais *transporte carregado* (afastando-se do corpo), *parar* e *mudar de direção* e *transporte carregado* (aproximando-se do corpo) estão apresentados na Fig. 140. Essa figura mostra que 75 a 85% do tempo necessário para se fazer um movimento

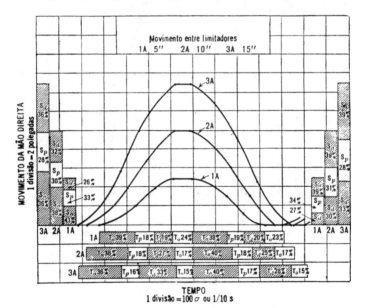

Figura 140. Curvas mostrando o movimento da mão direita através de distâncias variáveis entre limitadores distantes entre si

[13]Investigação por Wayne J. Deegan, *University of Iowa Studies in Engineering*, Boletim 6, pp. 37-51. Também veja resultados de estudo por A. B. Cummins, *University of Iowa Studies in Engineering*. Boletim 12, pp. 8-18

Estudo de movimentos e de tempos 193

completo de ida e volta são usados na movimentação da mão, e os restantes 15 a 25%, na mudança de direção, isto é, durante 15 a 20% do tempo mão e lápis estão imóveis. Estudos posteriores[14] mostram que movimentos contínuos em curva são preferíveis a movimentos em linha reta que envolvam mudanças bruscas e rápidas de direção. Essas mudanças, além de consumirem tempo, ainda fatigam o operador.

Em muitas tarefas na fábrica e no escritório, é possível o uso de movimentos com curvatura suave. Alguns exemplos serão dados a seguir.

DOBRAR PAPEL. A primeira fotografia mostra a operação de dobrar folhas retangulares de papel usado na embalagem de filmes para raios X. A dimensão das folhas varia de 7,5 × × 12,5 cm a 30 × 37,5 cm após o dobramento. Embora sejam dobrados anualmente vários milhões destas folhas, chegou-se à conclusão de que seria mais econômico dobrá-las manualmente do que à máquina, isto devido à diversificação existente nas suas dimensões.

MÉTODO ANTIGO. O operador, segurando uma espátula na palma da mão direita (Fig. 141), agarrava o canto inferior direito (*A*) da folha a ser dobrada. Dobrava esse lado da folha sobre o ponto *D*, onde as duas mãos alinhavam os dois cantos do papel. Com um movimento da mão direita afastando-se do corpo e usando a espátula como ferramenta para assentar a dobra, atingia a folha de papel dobrada aproximadamente no ponto médio *C*, assentando o vinco de *D* e *E*. No ponto *E*, a mão mudava de direção e se dirigia ao ponto *F*, onde a ponta da espátula era inserida sob a folha dobrada, a fim de auxiliar a mão esquerda a dispô-la na pilha de folhas dobradas (*G*).

Figura 141. Trajetória da mão para vincar folha de papel dobrada (método antigo). Há uma mudança brusca de direção em D *e também em* E. *São necessários dois movimentos da espátula para acentuar a dobra*

[14] Veja nota de rodapé n.º 13

194 Ralph M. Barnes

MÉTODO MELHORADO. No método melhorado (Fig. 142), o operador agarra o canto inferior direito (A) da folha de papel a ser dobrada. Conduz esse canto ao ponto D, onde as duas mãos alinham os cantos da folha de papel. O operador movimenta a mão direita com uma trajetória formando um suave "S", a espátula entrando em contato com o papel no ponto X, onde começa a marcar o vinco terminado no ponto Y. O dobramento completa-se com um único golpe da espátula. Então, a mão executa um movimento em curva suave de Y a Z, onde, como no método antigo, a ponta da espátula é inserida sob a folha dobrada, a fim de auxiliar a mão esquerda a dispô-la na pilha de folhas prontas (G).

RESULTADOS. O método melhorado requer um único movimento para vincar a folha, em substituição aos dois (um curto e um longo) empregados no método antigo. Além disso, o método melhorado usa dois movimentos curvos da mão, em vez das duas mudanças completas de direção e uma mudança de direção de 90°.

Um estudo de micromovimentos desses dois métodos mostra que a formação de vinco na folha, pelo método antigo, requeria 0,009 de minuto em contraposição aos 0,005 de minuto dispendidos com o uso do novo método. O método melhorado de se vincar a dobra, aliado a algumas outras alterações no ciclo, reduziu o tempo, por ciclo, de 0,058 a 0,033 de minuto, o que propiciou um aumento na produção de 43%.

RECOBRIR CONFEITOS. Outro exemplo da vantagem que apresentam os movimentos curvos em relação aos movimentos em linha reta com mudanças bruscas da direção é a operação de recobrimento de confeitos[15].

MÉTODO ANTIGO. O processo de recobrimento consistia no seguinte: um "núcleo" (uma amêndoa, ou noz, ou castanha do Pará, ou caramelo) era mergulhado em um caldeirão com açúcar derretido usando-se a mão esquerda, sendo recoberto com açúcar derretido, com o auxílio de um garfo seguro pela mão direita. O confeito assim recoberto era colocado em uma bandeja à direita do operador com o auxílio da mão direita. O recobrimento de cada parte requeria aproximadamente 2 s.

Embora as linhas da Fig. 143 não mostrem os movimentos exatos da mão direita, elas nos dão uma idéia dos principais movimentos empregados. Enquanto a mão esquerda colocava um núcleo no caldeirão com açúcar derretido, a mão direita transportava o garfo vazio da bandeja (A) ao caldeirão (B) e mexia a porção mais grossa do açúcar derretido, dirigindo-a ao centro, no ponto X. Quando essa mão chegava ao ponto C, ela dirigia-se ao lado esquerdo do caldeirão, carregando o garfo contendo o núcleo. O núcleo era levantado no ponto D e carregado para a bandeja, onde era depositado. As objeções a este método de recobrimento são a mudança de direção brusca da mão no ponto B e, posteriormente, no ponto C, onde a direção praticamente era revertida. Essas paradas e as mudanças bruscas de direção submetiam os músculos do braço a um esforço desnecessário.

MÉTODO MELHORADO. O método melhorado está apresentado esquematicamente na Fig. 144. O núcleo é recoberto por um movimento suave da mão, que substitui os diversos movimentos em ziguezague usados no método antigo. No método melhorado, a mão, depois de colocar a parte recoberta na bandeja, desloca-se, como anteriormente, de A para B, mas atinge B no meio de uma curva descendente com a mão na posição mais adequada para executar o trabalho. Isto torna possível utilizar-se a quantidade de impulso acumulado durante o movimento de A a B na execução da parte mais fatigante do trabalho, sendo a parte submersa a porção do processo que oferece a maior resistência ao deslocamento da mão. No

---

[15]E. Farmer, Time and Motion Study. Industrial Fadigue Research Board, *Relatório* 14, 1921, pp. 36-41. As Figs. 143 e 144 foram reproduzidas com permissão do Tesoureiro do H. M. Stationery Office, Londres

Estudo de movimentos e de tempos

Figura 142. Trajetória da mão para vincar folha de papel dobrada (método melhorado). A mão descreve um suave "S", acentuando a dobra com um único movimento da espátula. A produção aumentou 43% em relação à anterior

processo antigo, este movimento era executado por um ligeiro movimento para trás, imediatamente depois de a mão ter parado e alterado a direção de seu deslocamento.

Além do mais, a quantidade de movimento que se desenvolvia durante o movimento *A-B* era perdida no método antigo, pois no ponto *B* era efetuada mudança brusca de direção. No método melhorado, usando o movimento descendente da mão, atinge-se o açúcar derretido, aproximadamente no centro movimentando o confeito sob sua superfície na segunda parte do movimento e emergindo-o no ponto *C*. O confeito é então depositado na bandeja com movimento circular, a fim de dar-lhe o acabamento. No novo método, a mão percorre trajetória suave, efetuando todas as mudanças de direção com o auxílio de curvas.

RESULTADOS. Ensinou-se o método melhorado a um grupo de operários da fábrica e, após curto período de treinamento, obteve-se um aumento de 27% na produção. Entretanto, como o método antigo vinha sendo usado por alguns operários já há muitos anos, era difícil persuadir alguns deles a tentarem efetivamente o método a ser implantado.

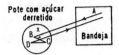

Figura 143. Método antigo para recobrir confeitos

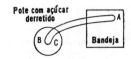

Figura 144. Método melhorado para recobrir confeitos

196 Ralph M. Barnes

Como estava se iniciando a instalação de uma nova seção de recobrimento de confeitos equipada com novas mesas e bandejas, treinou-se um grupo de operários novos de acordo com o método adequado. Decorridos três meses de trabalho nessa nova seção, esses operários produziam em média 88% a mais do que os operários de habilidade equivalente nas antigas seções.

7. *Os movimentos parabólicos são mais rápidos, mais fáceis e mais precisos do que os movimentos restritos ou "controlados".*

Os movimentos voluntários dos membros do corpo humano podem ser divididos em duas classes ou grupos gerais. Nos movimentos controlados ou de *fixação*, contraem-se grupos opostos de músculos, um grupo contra o outro. Por exemplo, quando se desloca um lápis em direção ao papel como ato preparatório para escrever, entram em ação dois ou mais grupos de músculos. Os grupos positivos de músculos deslocam a mão, e os grupos antagonísticos opõem-se aos movimentos. Quando os dois grupos de músculos agem de forma desigual ou desbalanceada, a mão permanece fixa, embora encontre-se preparada para agir em qualquer direção e a qualquer instante. O método de escrever usando o indicador e o polegar é uma ilustração excelente dos movimentos de fixação.

O movimento *balístico* é um movimento rápido e fácil, causado por uma única contração de um grupo positivo de músculos, sem qualquer contração de músculos antagonísticos que procurem opor-se ao deslocamento. A contração dos músculos coloca o membro do corpo em movimento, e, como esses músculos agem apenas durante a primeira parte do deslocamento, o membro desliza durante a parte restante da trajetória com os músculos relaxados. O movimento balístico é controlado pelo impulso inicial. Uma vez iniciado, não pode ter sua trajetória alterada[16]. O movimento balístico pode terminar (1) pela contração de músculos oponentes, (2) por um obstáculo ou (3) por dissipação do impulso do movimento, como quando damos uma tacada de golfe.

O movimento balístico é preferido ao movimento de fixação e deve ser usado sempre quando possível. É menos fatigante, pois os músculos se contraem somente no início do movimento, estando relaxados durante a parte restante. O movimento balístico é mais poderoso, mais rápido, mais preciso e menos propício a causar cãimbras musculares. É mais suave que o movimento de fixação, que é causado pela contração de dois grupos de músculos, um agindo contra o outro de maneira contínua. O carpinteiro habilidoso, quando usa o martelo a fim de pregar um prego, ilustra um movimento balístico. Ele orienta o martelo e, então, inicia o golpe. Os músculos contraem-se apenas durante a primeira parte do movimento; ficam inativos durante a segunda parte da trajetória. As curvas descritas pela batuta de um maestro fornecem outra ilustração de um movimento balístico. P. R. Spencer compreendeu o valor dos movimentos balísticos; a "escrita livre", por ele ensinada, produz maior velocidade e precisão com a menor fadiga que a possível com o método de escrever usando o indicador e o polegar, na qual os músculos da mão estão sempre tensos. O movimento balístico é o ensinado aos operadores de telégrafos, pianistas, violinistas e atletas; todos eles pessoas que necessitam de movimentos rápidos e precisos. Não é difícil desenvolver-se movimentos livres, desenvoltos e fáceis do punho e do antebraço. A mão deve girar em torno do pulso para movimentos mais curtos, e o antebraço, em torno do cotovelo para movimentos mais longos. Experiências nos mostram que os movimentos dos punhos e do cotovelo são mais rápidos do que os movimentos dos dedos e dos ombros[17].

[16]L. D. Hartson, Analysis of Skilled Movements. *Personnel Journal*, Vol. 11, n.° 1, junho, 1932, pp. 28-43

[17]Wm. L. Bryan, On the Development of Voluntary Motor Ability. *American Journal of Psychology*, Vol. 5, n.° 2, p. 171

Estudo de movimentos e de tempos **197**

8. *O trabalho deve ser disposto de modo a permitir ritmo suave e natural sempre que possível.*

O ritmo é essencial para a execução uniforme e automática de uma operação. O ritmo pode ser interpretado de duas maneiras diferentes. O significado mais comumente associado a ele é a velocidade ou a rapidez com a qual são executados movimentos repetidos. Comumente, refere-se ao ritmo de andar e respirar. O operador alimentando uma máquina trabalha com um ritmo que depende da velocidade daquela. Ritmo, então, nesse sentido, refere-se à repetição regular, por um indivíduo, de um certo ciclo de movimentos. O ritmo pode ser interpretado de uma segunda maneira:

Um movimento pode ser perfeitamente regular, uniforme e recorrente e, apesar disso, não dar a impressão de ritmo. Se uma pessoa movimentar a mão ou o braço com um movimento circular, a mão pode passar por um ponto do círculo com muito maior freqüência do que aconteceria em ritmos inferiores, e, mesmo assim, não se desenvolveria a impressão de ritmo, *desde que a mão se deslocasse uniformemente e em trajetória circular.* A fim de se desenvolver o ritmo no sentido psicológico, torna-se necessária a seguinte alteração no movimento. A trajetória da mão deve ser elíptica; a velocidade do movimento deve ser maior em uma parte da órbita do que no resto; imediatamente após a mão ter percorrido o arco pelo qual ela passa com maior velocidade, deve haver uma sensação de tensão, de esforço muscular; nesse ponto, o movimento é retardado, quase parando; então, a mão continua a se movimentar vagarosamente, até que atinja o arco de maior velocidade. O movimento rápido através do arco de velocidade, a repentina sensação de tensão e o retardamento ao fim desse movimento rápido constituem a pulsação. Inconscientemente, eles representam um evento, e uma série de tais eventos ligados em um ciclo como acima descrevemos constitui o ritmo. Cada pulsação rítmica é *acentuada* (. . .) Em todas as formas de atividade onde se requeira ritmo, o golpe, a pulsação, o impacto, é a parte importante; todo o restante é conexão e preparação[18].

Ritmo, tanto no sentido de uma seqüência regular de movimentos uniformes quanto no sentido de uma seqüência regular de movimentos acentuados, é importante para o operário. Uniformidade, facilidade e velocidade de trabalho são conseguidas através de adequado arranjo físico do local de trabalho, ferramentas e materiais. A seqüência correta de movimentos possibilita ao trabalhador estabelecer o ritmo que torna a operação praticamente de execução automática. O operador executa o trabalho sem esforço mental.

Em diversas espécies de trabalho, existe a oportunidade para acentuar-se certos pontos no ciclo de movimentos. Por exemplo, cada operador de prensa excêntrica alimentando a prensa à mão tende a alimentar a chapa de material com um rápido impulso, o que constitui um ponto acentuado no ciclo. Quando o trabalho permitir, é natural que o trabalhador desenvolva o ritmo no segundo sentido.

RITMO INDIVIDUAL. Alguns autores afirmam que cada indivíduo tem um ritmo "natural" ou velocidade de movimentos que lhe permite trabalhar com o mínimo esforço. Chegaram mesmo a declarar que se devia permitir aos indivíduos trabalharem nessa velocidade natural, sem que nenhuma força externa, tal como um incentivo, fosse exercida, a fim de obrigá-los a trabalharem mais rapidamente do que em seu ritmo natural[19]. Já que parece difícil determinar-se o ritmo natural para uma determinada pessoa e como pode-se ensinar à maioria dos trabalhadores a alterar seu ritmo na execução do trabalho (a trabalhar em diferentes velocidades ou usar diferentes movimentos), parece que não se deve dar ênfase demasiada a esse

[18]R. H. Stetson, A Motor Theory of Rhythm and Discrete Succession. *Psychology Review*, Vol. 12, n.º 4, p. 258

[19]E. Farmer, Time and Motion Study. *Engineering and Industrial Management*, Vol. 7 (N.S.), n.º 5, p. 138

198   *Ralph M. Barnes*

ritmo natural. O hábito é uma força poderosa que afeta a velocidade e a seqüência de movimentos usadas por um operário na execução de sua tarefa. Uma vez desenvolvido, *realmente* grande esforço é necessário por parte do operário para alterar ou modificar este hábito.

Uma indústria de máquinas de escrever tinha diversos polidores com grande experiência, que há vários anos vinham polindo uma peça determinada das máquinas de escrever. Esses polidores estavam acostumados a usar um número certo de golpes da politriz e conheciam o acabamento que a peça deveria ter a fim de passar na inspeção. Em um novo projeto da máquina de escrever, esta peça se localizava em posição mais obscura do que na anterior, não necessitando de polimento tão acentuado. Ensinou-se aos polidores qual seria o polimento exato para a nova máquina de escrever, tendo sido eles cuidadosamente instruídos acerca do acabamento que seria requerido a fim de passar na inspeção. Os operadores, entretanto, tiveram dificuldades em mudar os seus hábitos. Eles "esqueciam" de usar menos golpes e, como resultado, produziam trabalho de qualidade superior à necessária e em quantidade menor do que a possível. Com atenção constante e persistente, depois de quatro dias, esses polidores passaram a produzir peças tendo o acabamento exatamente desejado e com produção maior de peças por hora.

Cada trabalhador percebe que esforço, consciência e persistência são necessários à execução de uma nova tarefa ou, então, para fazer uma tarefa antiga de um novo modo. Para a maioria das pessoas, as alterações não são impossíveis e podem ser feitas de imediato. Há alguns casos em que uma certa seqüência de movimentos está sendo feita a tanto tempo por uma pessoa, que não seria prudente tentar alterá-la. Isso pode, talvez, ser dito também a respeito da velocidade com a qual certas pessoas trabalham. ·

Quando um trabalhador se cansa, se distrai ou, ainda, quer voluntariamente produzir menos, ele pode ou diminuir sua velocidade e manter um ritmo menor ou, então, introduzir esperas e interrupções no ciclo, na forma de movimentos suplementares.

EFEITO DA FADIGA NO RITMO. Em um estudo sobre operações de polimento em uma fábrica de talheres, observou-se que, durante a manhã, os polidores trabalhavam com velocidade uniforme, terminando as peças em intervalos regulares[20]. À tarde, entretanto, a pressão usada para segurar a faca ou a colher contra a politriz aumentava, usavam-se maior número de golpes, e o tempo para polir uma peça era maior do que o da manhã, quando era mantido ritmo regular. A fadiga, assim, parece influenciar o ritmo, perturbando a coordenação que permite trabalho rápido e fácil. "O trabalhador cansado, portanto, não somente trabalha mais devagar do que quando descansado, mas também dispende sua energia sem critério[21]".

9. *Fixações dos olhos deveriam ser reduzidas a um mínimo e se encontrarem tão próximas entre si quanto possível.*

MOVIMENTOS DOS OLHOS. Apesar de alguns tipos de trabalho serem executados com reduzido controle do olhar, desde que seja requerida percepção visual, é desejável que a tarefa seja disposta de modo a permitir aos olhos dirigirem o trabalho efetivamente, isto é, o local de trabalho deve ser disposto de forma às fixações dos olhos serem reduzidas a um mínimo e se encontrem tão próximas entre si quanto possível.

A Fig. 145 nos mostra os movimentos da cabeça, dos olhos, e das mãos de um operador executando uma operação simples de montagem. Pequenas arruelas metálicas pintadas de verde em um lado e de preto no outro devem ser montadas com o lado verde para cima no dispositivo colocado diretamente à frente do operador. Alimentadores simétricos contendo

---

[20]E. Farmer e R. S. Brooke, Motion Study in Metal Polishing. Industrial Fatigue Research Board, *Relatório* 15, pp. 1-65

[21]*Ibid., p.* 51

Estudo de movimentos e de tempos **199**

Figura 145. Reprodução do filme que mostra os movimentos dos olhos e das mãos de um operador montando pequenas peças

arruelas foram dispostos em cada lado dos dispositivos. Como nos mostra a figura, era necessário ao operador olhar primeiramente à direita e depois à esquerda antes de agarrar as arruelas. A primeira coluna de quadros da Fig. 145 mostra o operador olhando à sua direita, preparando-se para agarrar uma arruela do depósito correspondente. Na segunda e na terceira colunas de quadros, o operador olha à esquerda e agarra uma arruela do depósito correspondente. A quarta coluna de quadros mostra o movimento simultâneo das mãos transportando arruelas para o dispositivo. Os 36 quadros do filme foram tirados a uma velocidade de 1 000 exposições/min.

A distância que deve ser percorrida pelos olhos e mãos e a natureza da operação irão determinar se as mãos precisam esperar pelos olhos, aumentando dessa forma o tempo para executar a tarefa. Neste caso, se os depósitos tivessem sido colocados diretamente à frente do operador, os movimentos da cabeça teriam sido inteiramente eliminados, e o deslocamento do olhar, grandemente reduzido.

EMBALAGEM DE PEQUENAS PEÇAS. A fim de se determinar um método mais eficiente para embalar pequenas peças, realizou-se um estudo[22] dos diversos métodos a serem empregados. A operação consistia na colocação de sete pequenos parafusos de quatro tamanhos diferentes em um pequeno envelope e colá-lo. A Fig. 146 mostra o arranjo físico do local de trabalho para o método antigo. A disposição dos materiais mostrada na Fig. 147 propiciou substancial economia de tempo. Entretanto fêz-se posteriormente uma segunda melhoria (Fig. 148) que resultou em maior redução do tempo para a operação. Como essa operação exige certo controle visual, dispôs-se o local de trabalho de modo a permitir ao operador a redução da trajetória dos movimentos da cabeça e dos olhos e também a encurtar os movimentos das mãos. Este ponto enfatiza ainda mais que os movimentos dos olhos devem ser sempre considerados na determinação do melhor método de se executar uma tarefa.

Figura 146. Arranjo físico do local de trabalho para embalagem de parafusos (método antigo). (A) envelopes com aba com cola; (B) parafuso de rosca soberba 1/2", n.° 5; (C) parafusos de rosca soberba 3/4", n.° 5; (D) parafusos de rosca soberba 1", n.° 7; (E) parafusos de rosca soberba 1", n.° 9; (F) umidificador; (G) envelopes prontos

Figura 147. Arranjo físico do local de trabalho para embalagem de parafusos (primeiro melhoramento)

Figura 148. Arranjo físico do local de trabalho para embalagem de parafusos (segundo melhoramento)

[22] Este estudo foi executado por Bert H. Norem e John M. MacKenzie

Estudo de movimentos e de tempos

I. À medida que a pinça começava a se abrir, soltando a peça na matriz, os olhos passavam à mão esquerda a fim de dirigirem o movimento de agarrar a próxima peça com a pinça. A primeira fixação dos olhos ocorre no ponto A.

II. Antes que a mão direita abandonasse o controle da peça na pinça, os olhos se dirigiam à bandeja com as peças, a fim de selecionarem a próxima. A segunda fixação ocorre em B.

III. Quando a mão esquerda estiver suficientemente dirigida em direção à peça na bandeja, os olhos se desviam para a matriz a fim de controlarem a mão direita na localização da peça sobre os pinos pilotos. A terceira fixação ocorre no ponto C.

IV. Os olhos permanecem focalizados na matriz, até que a peça seja localizada. Retira-se a peça com o auxílio de um ejetor acionado a pedal, enquanto a mão direita se aproxima da próxima peça.

Figura 149. Operação com prensa excêntrica mostrando as fixações dos olhos e os movimentos das mãos para um principiante. Eram usadas três fixações por ciclo

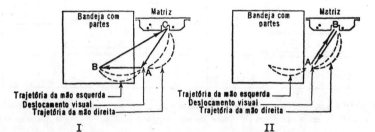

Figura 150. Operação com prensa excêntrica. Desenhos esquemáticos mostrando as fixações dos olhos e os movimentos das mãos. (I) três fixações dos olhos; (II) duas fixações dos olhos

COORDENAÇÃO DOS OLHOS E DAS MÃOS. Em um estudo[23] sobre o efeito da prática nos movimentos individuais em uma operação de prensa excêntrica, uma das observações foi o efeito da prática nos movimentos do olhar. A operação consistia em formar a barra de contato de um relé. O arranjo físico do local de trabalho e o dispositivo apresentados nas

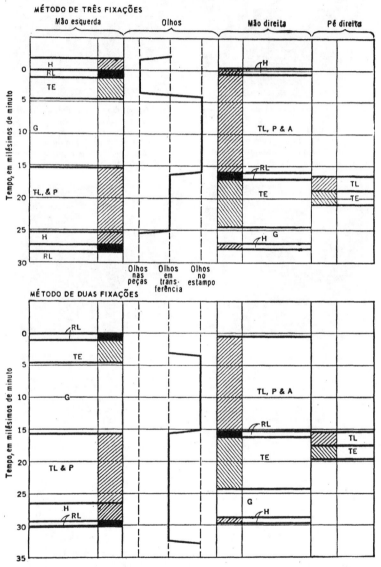

Figura 151. Gráfico simo para os movimentos das mãos e dos olhos em uma operação com prensa excêntrica mostrando os métodos que resultavam em duas e em três fixações. (Símbolos — veja Apêndice A)

[23] Ralph B. Barnes, James S. Perkins e J. M. Juran, A Study of the Effect of Practice on the Elements of a Factory Operation. *University of Iowa Studies in Engineering*, Boletim 22

Estudo de movimentos e de tempos **203**

Figs. 149 e 150 foram projetados a fim de duplicar os movimentos mecânicos e os movimentos manuais da operação tal como na fábrica.

Os movimentos dos olhos e das mãos para um principiante (Figs. 149 e 150-I) são os seguintes.

À medida que a pinça começava a se abrir, soltando a peça na matriz, os olhos passavam à mão esquerda a fim de dirigirem o movimento de agarrar a próxima peça com a pinça. A primeira fixação dos olhos ocorre no ponto A da Fig. 149-I.

Antes que a mão direita abandonasse o controle da peça na pinça, os olhos se dirigiam à bandeja com as peças, a fim de selecionarem a próxima. A segunda fixação ocorre em B da Fig. 149-II.

Quando a mão esquerda estiver suficientemente dirigida em direção à peça na bandeja, os olhos se desviam para a matriz a fim de controlarem a mão direita na localização da peça sobre os pinos pilotos. A terceira fixação ocorre no ponto C da Fig. 149-III.

Os olhos permanecem focalizados na matriz, até que a peça seja localizada. Retira-se a peça com o auxílio de um ejetor acionado a pedal, enquanto a mão direita se aproxima da próxima peça. Depois de 10 000 ciclos de prática, 56% dos ciclos tinham três fixações, e os restantes 44% tinham duas fixações. A princípio, o tempo do ciclo tinha em média 0,0584 min; após os 10 000 ciclos de prática, o tempo médio era 0,0258 min.

Quando ocorriam apenas duas fixações, os movimentos das mãos eram os mesmos, mas os olhos não se fixavam nas peças a serem processadas. Os olhos se fixariam na peça quando esta fosse transferida da mão esquerda para a direita em A da Fig. 150-II e, então, se deslocariam para o dispositivo a fim de controlarem a localização da peça sobre o pino piloto B da Fig. 150-II. Apesar de a princípio ser necessário olhar as peças na bandeja a fim de facilitar o agarrar, com a prática, não era necessária grande fixação do olhar (Fig. 151). Acredita-se que a atenção se concentrava nas peças e na mão que as agarrava, mas não era essencial que os olhos vissem as peças com clareza.

Desta forma, parece que a melhor coordenação resultante da prática não somente possibilitava ao operador executar cada um dos movimentos em menor tempo (apesar de todos eles não serem afetados da mesma maneira pela prática), mas também reduziu o número de fixações necessárias.

CAPÍTULO 18

Princípios de economia dos movimentos relacionados com o local de trabalho

10. *Deve existir lugar definido e fixo para todas as ferramentas e materiais.*

O operador deve poder encontrar sempre as ferramentas e materiais no mesmo local. Semelhantemente, peças acabadas e conjuntos montados devem ser dispostos em locais visíveis. Por exemplo, na montagem do parafuso com as arruelas, a mão deve se mover sem direção mental para o alimentador contendo as arruelas de borracha, para as arruelas de aço, para as arruelas de retenção e finalmente para os parafusos. Não deve ser necessário que o operador tenha que pensar onde os materiais se localizam.

Posições definidas para os materiais e ferramentas auxiliam o trabalhador na formação do hábito, permitindo desenvolvimento rápido de automaticidade. Nunca é demais afirmar que é altamente conveniente ao trabalhador poder trabalhar com o mínimo de direção mental consciente. Freqüentemente, materiais e ferramentas estão espalhados sobre o local de trabalho de tal forma que o operador deve não somente exercer esforço mental, mas também precisa procurar a peça ou a ferramenta necessária em um determinado instante. Os próprios operários são favoráveis à introdução de locais definidos para os materiais e ferramentas, desde que isso reduza a fadiga e economize tempo. Não há razão alguma para que cansemos desnecessariamente o trabalhador, obrigando-o a decidir que ferramenta deve ser usada ou que peça deverá ser montada. Se dispuséssemos convenientemente os materiais e as ferramentas, com um pouco de prática, o operador, automaticamente, executaria o trabalho na seqüência adequada, com rapidez e mínimo dispêndio de esforço. Quando os olhos precisam dirigir a mão que se aproxima de um objeto, os primeiros usualmente precedem a segunda. Entretanto, se materiais ou ferramentas estão localizados em posição definida e se são sempre retirados de um mesmo lugar, a mão, automaticamente, encontra a localização certa, e, em muitos casos, os olhos permanecem fixos no ponto onde as ferramentas ou materiais serão utilizados.

MESA PARA SEÇÃO DE EXPEDIÇÃO. Os princípios do estudo dos movimentos têm sido aplicados com sucesso em várias empresas não-fabris, tais como escritórios, restaurantes, hotéis, lojas e firmas que se encarregam da expedição de encomendas. A Fig. 152 mostra uma bancada semicircular especialmente projetada para pesar, selar e registrar o custo de pequenas encomendas na seção de despachos de uma firma encarregada da expedição de encomendas[1]. As encomendas a serem despachadas chegam à mesa por uma rampa situada no extremo esquerdo da mesa, são pesadas, seladas, registradas e empurradas para um transportador de correia adjacente à rampa de alimentação. Não é necessário levantar-se o pacote. Note que a mesa possui "posicionadores" para réguas, pinos, impressos, carimbos, máquina de somar etc. Uma gaveta sob a mesa fornece lugar aos objetos pessoais do operador. Esse local de trabalho é um exemplo típico do cuidado com o qual cada atividade foi estudada nessa organização e indica como o trabalho foi facilitado.

[1]Ilustração e dados, cortesia de John A. Aldridge

Estudo de movimentos e de tempos

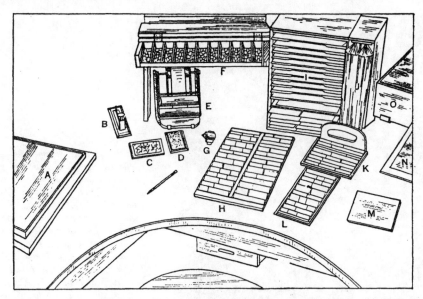

Figura 152. Mesa especial para pesar, selar e emitir notas relativas a pequenos pacotes em uma agência de despachos. (A) *balanças;* (B) *grampeador;* (C) *caixa para alfinetes;* (D) *almofada de carimbo;* (E) *carretel com fita adesiva;* (F) *selos postais;* (G) *contador;* (H) *comprovantes;* (I) *impressos para cartas;* (J) *impressos para alterações de ordens;* (K) *recibos;* (L) *impressos para cobrança;* (M) *bloco para rascunho;* (N) *máquina de somar;* (O) *papéis para encomendas especiais*

11. *Ferramentas, materiais e controles devem se localizar perto do local de uso.*

Freqüentemente, o local de trabalho, como, por exemplo, uma bancada, máquina, escrivaninha ou mesa, é arranjado de modo que as ferramentas e materiais situem-se alinhados. Isso não é correto, porque uma pessoa, naturalmente, trabalha em áreas limitadas por arcos de círculo.

ÁREA NORMAL DE TRABALHO. Considerando o plano horizontal, há uma área definida e limitada que pode ser usada pelo operário com dispêndio normal de energia. Há uma área normal de trabalho para a mão direita e para a mão esquerda trabalhando separadamente e para as duas mãos trabalhando juntas (Figs. 154 e 155). A área normal de trabalho para a mão direita é determinada por um arco descrito por um movimento da mão direita sobre a mesa. Somente o antebraço está horizontal, e o braço permanece em sua posição natural, ao lado do corpo, até o ponto em que tende a se afastar dele quando a mão movimenta-se em direção à parte extrema do local de trabalho. A área normal de trabalho para a mão esquerda é determinada de forma semelhante. Os arcos normais obtidos com as mãos direita e esquerda cruzam-se em um ponto à frente do trabalhador. A área comum constitui a zona na qual o trabalho com as duas mãos pode ser feito mais convenientemente.

ÁREA MÁXIMA DE TRABALHO. Existe uma área máxima de trabalho para a mão direita e para a mão esquerda trabalhando separadamente e para as duas mãos trabalhando juntas (Figs. 154 e 155). A área máxima de trabalho para a mão direita é determinada pela área percorrida durante o movimento circular da mão direita sobre a mesa tendo como centro o ombro direito. A área normal de trabalho para a mão esquerda é determinada de forma seme-

Figura 153. Caixas especiais de ferramentas são fornecidas aos eletricistas de manutenção das fábricas da Douglas Aircraft Company. As oficinas de serviço localizam-se geralmente no centro das áreas de produção, de modo que os eletricistas podem atender aos chamados percorrendo distâncias reduzidas e com todas as ferramentas necessárias. (De Descentralized Maintenance for Continuous Output, por A. T. Kuehner, Factory Management and Maintenance, Vol. 101, n.º 3, pp. 123-128)

lhante. A parte comum às duas áreas constitui a zona além da qual o trabalho bimanual não pode ser executado sem perturbar consideravelmente a postura, o que é acompanhado de fadiga excessiva.

Cada uma das mãos tem o seu espaço normal de trabalho no plano vertical e no plano horizontal, espaço em que o trabalho pode ser feito com o mínimo de tempo e esforço (Fig. 156). Um espaço máximo de trabalho também pode ser determinado, além do qual o trabalho não pode ser executado sem alteração da postura. Na localização de materiais ou ferramentas na estação de trabalho, devemos considerar todos estes fatos.

As Figs. 157 e 158 dão ênfase à importância de se dispor o material *em torno* do local de trabalho e tão próximo quanto possível. Na Fig. 157, os cinco alimentadores que contêm o material estão fora da área máxima de trabalho, tornando necessário curvar-se o corpo a fim de alcançá-los. Na Fig. 158, os alimentadores estão colocados dentro da área normal de trabalho, permitindo um movimento pertencente à terceira categoria, que não exige nenhum movimento do corpo. O uso de dispositivo duplo e de alimentadores colocados simetricamente a cada lado do dispositivo permite que as duas mãos façam movimentos simultâneos, em direções opostas, durante a execução da operação. Este arranjo facilita movimentos naturais, fáceis e rítmicos dos braços.

As ferramentas e peças que devam ser manuseadas várias vezes durante uma operação devem ser localizadas mais próximas do dispositivo ou da posição de trabalho do que aquelas

Estudo de movimentos e de tempos

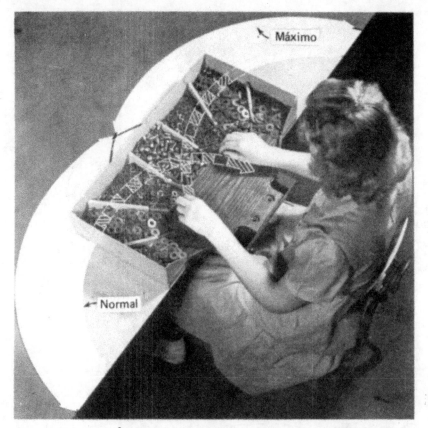

Figura 154. Áreas normal e máxima de trabalho no plano horizontal

manuseadas apenas uma vez. Por exemplo, se uma operação consiste na montagem de certo número de parafusos em uma placa de interruptor metálico, os alimentadores com os parafusos devem ser colocados mais próximos do dispositivo do que os alimentadores com as placas. Isto é feito porque apenas uma placa deve ser transportada do alimentador ao dispositivo por ciclo, enquanto que diversos parafusos devem ser transportados de seus alimentadores ao dispositivo.

Considerando esse ponto, é igualmente importante lembrarmos que as peças devem ser dispostas de modo a permitirem movimentos mais curtos do olhar, menor número de focalizações dos olhos e melhor seqüência de movimentos, ajudando, além disso, o operador a desenvolver rapidamente movimentos automáticos e rítmicos.

RESULTADOS OBTIDOS PELA COLOCAÇÃO DE PEÇAS PRÓXIMAS AO DISPOSITIVO. A produção de um modelo de rádio requer a montagem de 260 subconjuntos. Dois movimentos manuais são necessários para agarrar cada peça do alimentador a fim de processá-la ou montá-la: o movimento da mão em direção ao alimentador e o movimento de retorno. Encurtando-se essa distância 15 cm, há uma economia de tempo de 34 000 h/ano.

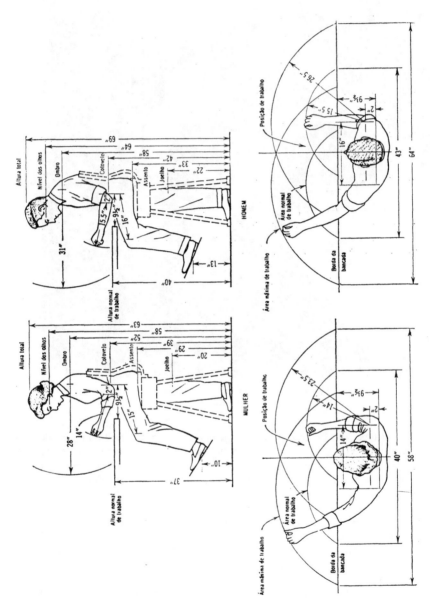

Figura 155. Dimensões das áreas normal e máxima de trabalho nos planos horizontal e vertical desenvolvidas e usadas pela Seção de Desenvolvimento de Processos da General Motors. (De Richard R. Farley, Some Principles of Methods and Motion Study as Used in Development Work. General Motors Engineering Journal, Vol. 2, n.° 6, pp. 20-25)

Estudo de movimentos e de tempos

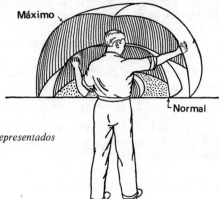

Figura 156. Espaços normal e máximo de trabalho representados em três dimensões

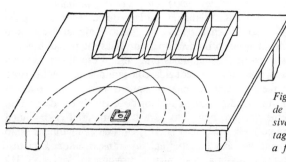

Figura 157. Arranjo físico incorreto do local de trabalho. Os alimentadores estão excessivamente afastados do dispositivo para montagem. O operador precisa inclinar-se à frente a fim de pegar as peças nos alimentadores

Figura 158. Arranjo físico correto do local de trabalho. Os alimentadores estão próximos do dispositivo, possibilitando ao operador obter as peças nos alimentadores com movimentos fáceis e rápidos do antebraço. Em diversas espécies de trabalho, os olhos têm que dirigir as mãos. Quando isso ocorrer, a área de trabalho deve se localizar diretamente em frente ao operador, de forma que as focalizações do olhar se dêem em número mínimo e estejam tão juntas quanto possível. Em outras palavras, o ângulo A deve ser o menor possível, e a distância Y, tão curta quanto o permitir a natureza do trabalho

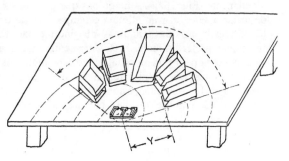

Número de peças transportadas	260
Movimentos (da mão em direção ao alimentador e de retorno)	2
Economia média de tempo ao movimentar a mão 15 cm de distância a menos, em min	
ou	0,002

$$260 \times \frac{2 \times 0,002}{60} = 0,017 \text{ de hora por rádio}$$

Essa economia de 0,017 de hora ou 62 s por rádio e por dia é extremamente pequena. Entretanto, como essa indústria fabrica 8 000 rádios/dia, as economias diárias serão 8 000 × × 0,017 = 136 h/dia.

Se essa produção for efetuada durante 250 dias úteis do ano: 250 dias × 136 h/dia = = 34 000 h economizadas por ano.

Outra maneira de se encarar essa economia é pela distância total percorrida. Se economizarmos 15 cm no movimento de retorno, a economia total será de 30 cm.

260 peças × 30 cm = 7 800 cm economizados por rádio

8 000 rádios × 7 800 cm por rádio = 62 400 000 cm economizados por dia, ou seja, 624 km economizados por dia; 624 km por dia × 250 dias úteis = 156 000 km economizados por ano[2].

DISPOSIÇÃO DE MÁQUINAS. O enunciado que se segue pode ser considerado como um corolário à regra 11: *Na produção contínua ou em linha, as máquinas e equipamentos devem estar colocados de modo a exigirem o mínimo de movimento por parte do operador.*

As máquinas da Fig. 159 estão dispostas em uma linha reta ao lado do corredor. Há espaço suficiente entre as máquinas para colocação de um carrinho no qual o material é colocado antes e depois de ser processado. Quando um único homem opera diversas máquinas, é necessário que ele ande distância considerável porque as máquinas estão muito espalhadas. O corredor é desnecessário e a distância percorrida pode ser reduzida colocando-se as máquinas ao lado de um transportador. Freqüentemente, colocam-se as máquinas paralelamente a um transportador, como na Fig. 160. Esta disposição, embora melhor do que a ilustrada na Fig. 159, ainda requer que o operador efetue um giro completo para levar material da máquina ao transportador e vice-versa. Um arranjo melhor é o da Fig. 161, em que as máquinas estão colocadas próximas e perpendicularmente ao eixo longitudinal do transportador. Esta disposição permite ao operador transportar o material com menor movimento do corpo. Há ainda um quarto método de se disporem máquinas, que muitas vezes pode ser usado convenientemente (Fig. 162). As máquinas que possam ser operadas por um homem são agrupadas de forma a se reduzir ao mínimo o tempo necessário para que o operador se movimente, após ter carregado uma das máquinas, dirigindo-se para remover a peça acabada da próxima e carregando-a posteriormente. Freqüentemente, máquinas usadas para executar operações sucessivas em uma peça podem ser agrupadas de modo que esta peça, um fundido ou forjado, possa ser processada em *A* (plataforma na Fig. 162), a primeira operação sendo executada pela máquina H31, a seguinte, pela máquina L12 e a terceira operação pela H31B. O tempo-máquina e o tempo de manuseio seriam balanceados de tal forma que o operador pudesse manter as

Passagem para movimentação

Figura 159. Máquinas dispostas na forma convencional. O material é transportado em tabuleiros com o auxílio de empilhadeiras. Um corredor permite o acesso a cada máquina

Transportador de correia ou de roletes

Figura 160. Máquinas dispostas paralelamente a um transportador de correia ou de roletes. O material é transportado para e das máquinas com o auxílio de transportador, eliminando a necessidade do corredor. O operador gira o corpo 180° a fim de usar o transportador

[2]Este caso foi desenvolvido para uso no curso de treinamento da RCA por G. A. Godwin, quando engenheiro de produção da Divisão RCA Victor da Radio Corporation of America

Estudo de movimentos e de tempos

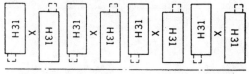
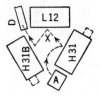

Transportador de correia ou de roletes

Figura 161. Máquinas dispostas perpendicularmente a um transportador de correia ou de roletes. O operador gira o corpo 90° a fim de usar o transportador

Figura 162. Máquinas dispostas em grupo. O tempo-máquina e o tempo de manuseio são balanceados de forma a possibilitarem que um homem mantenha todo o grupo em operação

máquinas em operação sem esperas excessivas. Da terceira máquina a peça é enviada, se necessário, ao próximo grupo de máquinas por intermédio de uma rampa em *D*.

OPERAÇÕES DO DEPARTAMENTO DE EXPEDIÇÃO. A aplicação dos princípios de economia dos movimentos às operações de expedição podem resultar em economia substancial de tempo e de mão-de-obra.

VELHA BANCADA PARA EMBALAGEM. Uma bancada para embalagem projetada por C. H. Cox para uso no departamento de expedição da Merck and Company mostra como o princípio de se localizar os materiais e as ferramentas próximos e em frente ao operador possibilita que este faça o seu trabalho com maior facilidade e mais rapidamente[3].

A operação de embalagem consistia principalmente em se encaixotarem garrafas e caixas contendo substâncias químicas para expedição. A Fig. 163 mostra a bancada original com 2,70 m de comprimento, contendo fita adesiva, vidros de cola, caixas de pregos, martelo, escova, faca, tesoura etc. Protetores, papéis e almofadas para protegerem os vidros e rótulos para caixas especiais eram armazenados na metade posterior da bancada, em armários colocados debaixo da mesa. Nenhum equipamento ou material estava pré-posicionando em localização definida. Como a embalagem não era feita nesta bancada, todo o equipamento e material estava situado fora da área máxima de trabalho. As caixas eram colocadas e acondicionadas em uma banqueta de 60 cm × 1,20 m que se dispunha perpendicularmente à bancada. Um fardo de crina estava colocado no chão, em frente à bancada e do lado esquerdo da banqueta. O operador carregava cada peça a ser embalada da prateleira do carrinho à bancada, embrulhava cada item, carregava-o para a caixa, colocava-o em posição, dirigia-se ao monte de crina, voltava à caixa e colocava a crina. Cada vez que fosse necessário o uso de cola, rótulos ou escova, era preciso dar-se vários passos ao longo da área de embalagem. O operador, na Fig. 163, está cortando fita adesiva para selar a caixa pronta que se encontra na banqueta.

NOVA BANCADA PARA EMBALAGEM. A nova bancada de empacotamento (Fig. 164) combina as três unidades em uma só. Todos os equipamentos e materiais estão convenientemente localizados na área máxima de trabalho. À esquerda encontra-se um depósito para a crina, à direita está a banqueta. Acima desta, há um compartimento para martelo, escova, faca etc. Acima deste, uma gaveta para pregos e percevejos; à esquerda desta gaveta, há um posicionador para o lápis do operador e uma prateleira para o registro de sua produção. No extremo direito da bancada, uma prateleira segura a máquina com a fita adesiva; um compartimento maior contém um depósito de cola mais funcional; ao lado deles, quatro compar-

---

[3]C. H. Cox, Work Simplification Applied to the Shipping Department. *American Management Association, Série de Produção*, 115, p. 3

Figura 163. Bancada para embalagem (projeto antigo)

timentos para os separadores de papelão corrugado comum. No extremo esquerdo da bancada está o material de uso menos freqüente, como, por exemplo, seis tamanhos de rótulos especiais, almofadas de amianto, tampas de grandes dimensões e fitas compridas de papelão corrugado.

Se o operador desejar, ele pode permanecer na mesma posição para selecionar e preparar a caixa, escolher o material a ser empacotado, que se encontra na monovia, apanhar cola e fita, selecionar todo o material de proteção, pegar as fitas e escovas e registrar o trabalho na sua folha de produção. Apesar de não ser recomendado que o operador permaneça em uma única posição, esta bancada eliminou milhares de passos desnecessários.

12. *Deverão ser usados depósitos e alimentadores por gravidade para distribuírem o material mais perto do local de uso.*

Um alimentador com o fundo inclinado permite que o material escorregue por gravidade e seja posicionado na frente, evitando que o operador tenha que mergulhar suas mãos na caixa a fim de agarrar as peças (Figs. 127 e 129). Entretanto nem sempre é possível escorregar-se o material à sua posição, como no caso da montagem do parafuso e das arruelas. Com maior freqüência, usam-se alimentadores semelhantes aos da Fig. 165. Quando for necessário o uso

Estudo de movimentos e de tempos

Figura 164. Bancada para embalagem (projeto melhorado)

de diversas peças, como na montagem de um interruptor elétrico, torna-se necessário colocar-se os alimentadores uns sobre os outros, a fim de que o material fique a uma distância conveniente do operador.

Alimentadores de dimensões padronizadas, tais como os apresentados na Fig. 165, são equipamentos obrigatórios em várias fábricas. Os alimentadores são intercambiáveis, existindo três alturas e três larguras diferentes. Pelo uso destes alimentadores padronizados, pode-se fazer qualquer combinação que convenha à operação em estudo. Algumas indústrias tentam fazer seus alimentadores de tamanho suficiente para conter o material necessário a 4 h de trabalho, o que, provavelmente, é uma dimensão econômica para várias espécies de material.

A Fig. 166 mostra o equipamento padronizado de local de trabalho usado pela Divisão de Métodos de Manufatura da RCA[4]. Alimentadores, posicionadores de ferramenta, bandeja, posicionadores de ferro de soldar etc. são intercambiáveis e podem ser montados com igual facilidade em uma bancada, prensa, rebitadeira ou colocados em qualquer prateleira padronizada e em qualquer posição. Este equipamento padronizado é inteiramente flexível, podendo ser rapidamente adaptado a fim de ser usado na produção de um novo aparelho de

[4] Ilustração e dados cortesia da Divisão RCA Victor da Rádio Corporation of America

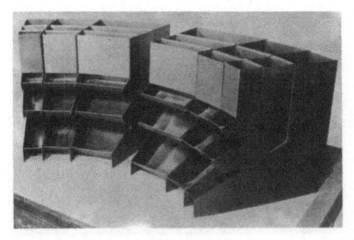

Figura 165. Alimentadores padronizados do tipo de gravidade

Figura 166. Equipamento padronizado para local de trabalho. (A) *alimentador tipo bandeja, comprimento (da parte traseira à ponta), 14 cm, largura, 5,4, 10,8 ou 21,6 cm;* (B) *bandeja sem borda, comprimento, 10,8 ou 21,6 cm, largura, 14 cm;* (C) *depósito aberto — tipo normal de bancada, comprimento (da parte posterior à frente), 20,3 cm, largura 12,7, 20,3 ou 25,4 cm, profundidade 20,3 mm;* (D) *depósito aberto — tipo de suporte, comprimento (da parte posterior à frente), 20,3 cm, largura na parte posterior, 21,5 cm, largura na frente, 14 cm, profundidade, 1,6 cm;* (E) *armação encurvada para sustentar as bandejas, profundidade, 13,8 cm altura, 11,8 cm;* (F) *braçadeiras universais para colocação de dispositivos de montagem;* (G) *caixa sobre rodas projetada para receber alimentadores de materiais ou depósitos com produtos acabados*

rádio. Quando a produção de um novo tipo de rádio se inicia, basta desmontar-se o equipamento e os alimentadores padronizados e redispô-los para a nova tarefa. A própria bancada é feita de seções padronizadas possuindo tubulações para alimentação de ar comprimido e conduítes para instalações elétricas. Quando for necessária uma bancada longa ou comprida, é suficiente reunir-se diversas seções de bancadas padronizadas e ligar-se o circuito elétrico à linha principal. O próprio preparador é capaz de completar a tarefa, tornando desnecessário o uso de um eletricista ou encanador.

A Fig. 167 mostra um alimentador com uma bandeja longa acoplada a ele. Essa bandeja facilita o agarrar peças muito pequenas. Retira-se certo número de peças da caixa, colocando-as na bandeja. É então fácil selecionar e agarrar partes individuais. O alimentador de gravidade comum (Fig. 165) pode ter uma bandeja presa a ele. Esse tipo de alimentador é superior ao da Fig. 167, pois não necessita ser recarregado com tanta freqüência.

Figura 167. Alimentador com bandeja para facilitar os atos de selecionar e agarrar peças

ESTUDO DE TRÊS TIPOS DE ALIMENTADORES. Os resultados de um estudo[5] do tempo necessário para agarrar parafusos e porcas colocadas em vários tipos de alimentadores estão apresentados na Tab. 12.

A operação consistia em selecionar e agarrar com a mão direita um parafuso ou uma porca do alimentador, carregando-o por uma distância de 12,5 cm e soltando-o em um furo sobre a mesa. Mediram-se com precisão os tempos para cada um dos movimentos de selecionar, agarrar, transporte carregado, soltar e transporte vazio.

Tabela 12. Tempo necessário para agarrar, transportar e dispor porcas sextavadas e parafusos de cabeça sextavada retirados de vários tipos de depósitos (alimentadores)

	1–Depósito do tipo de moinho		2–Depósito retangular		3–Depósito com bandeja	
	Porcas	Parafusos	Porcas	Parafusos	Porcas	Parafusos
Tempo, em minutos	0,01377	0,01567	0,01480	0,01614	0,01160	0,01428
Tempo, em porcentagem (Menor tempo = 100%)	119	110	128	113	100	100

[5]University of Iowa Studies in Engineering. *Boletim* 16, p. 28; também, *Iron Age*, Vol. 19, n.º 13, pp. 32-37

O alimentador com bandeja (3) requereu o tempo mínimo; o alimentador (1) requereu 19% de tempo a mais e a caixa retangular (2) requereu 28% de tempo a mais do que o alimentador (3).

13. *A distribuição da peça processada deve ser feita por gravidade sempre que possível.*

O trabalho deve ser disposto de tal modo que as unidades acabadas possam ser dispostas simplesmente largando-as na posição em que são completadas, chegando ao seu destino por gravidade. Isto economiza tempo e libera as duas mãos de tal forma que elas possam dar início ao próximo ciclo imediatamente, sem perturbar o ritmo. Quando se usar uma rampa que transporta as peças acabadas, ela deve ser localizada de modo que as peças possam ser largadas na posição em que são terminadas ou tão perto deste ponto quanto possível.

Um exemplo perfeito deste fato é apresentado na Fig. 168. A operação é rebarbar um furo na ponta de uma pequena placa angular. Abaixa-se a broca por meio de um pedal, e a placa é mantida em posição para a operação por meio de um dispositivo. O dispositivo é montado na bancada da furadeira e se situa em um quadro de madeira montado a 15 cm acima da mesa. Este quadro serve como um local de trabalho auxiliar, tornando desnecessário cortar-se os furos para disposição sobre a mesa da furadeira. Os furos cortados no quadro de ambos os lados do dispositivo conduzem a uma rampa de disposição.

A peça a ser processada é colocada no dispositivo, abaixando-se então a broca de encontro a ela. Isto mantém a peça em posição durante a operação e, quando a rebarbação está completa e a broca é levantada, a placa cai do dispositivo no topo da rampa de disposição. Neste caso, devido à quantidade de peças a serem trabalhadas, justificou-se economicamente equipar-se a furadeira da forma acima descrita.

Na montagem do parafuso com as arruelas (Fig. 127), era necessário levantar-se os conjuntos montados do dispositivo e movê-los alguns centímetros, lateralmente, antes de soltá-los na rampa. Uma solução ainda melhor teria sido fazer os conjuntos caírem através do dispositivo por movimento de afastamento entre duas metades do dispositivo, o que poderia ser conseguido por intermédio de um pedal. Isto, entretanto, teria aumentado o custo do dispositivo, o que não se justificava na fábrica onde ele foi usado.

Muitas pessoas não fazem idéia do tempo que pode ser perdido na disposição de peças acabadas. Recentemente fêz-se um estudo da operação calibrar-se pequenos pinos em um dispositivo montado na borda de uma mesa e depois jogá-los em uma caixa situada primeiramente

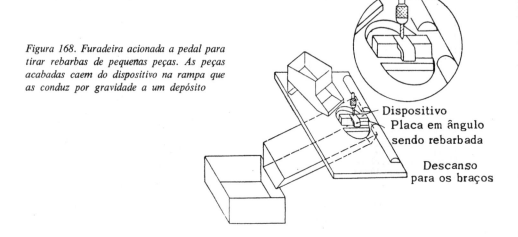

Figura 168. Furadeira acionada a pedal para tirar rebarbas de pequenas peças. As peças acabadas caem do dispositivo na rampa que as conduz por gravidade a um depósito

Estudo de movimentos e de tempos **217**

à distância de 7,5 cm do dispositivo, depois à distância de 25 cm e, finalmente, à distância de 50 cm. O tempo necessário para os movimentos transporte carregado e soltar foi mínimo quando os pinos eram jogados na caixa mais próxima do dispositivo. Para a caixa a 25 cm foi necessário 18% a mais de tempo, porcentagem esta que passou a 34% quando a caixa se encontrava a 50 cm.

14. *Materiais e ferramentas devem ser localizados de forma a permitirem a melhor seqüência de movimentos.*

O material necessário no início de um ciclo deve ser colocado próximo ao ponto em que se dispõe a peça acabada no ciclo precedente. Na montagem do parafuso e das arruelas (Fig. 127), as arruelas de borracha encontravam-se em alimentadores colocados em seguida à rampa, na qual os conjuntos eram dispostos durante os últimos movimentos do ciclo anterior. Esta solução permitia o uso das duas mãos da melhor maneira possível no início do novo ciclo. A posição do movimento no ciclo pode afetar o tempo para a sua execução. Por exemplo, o tempo para o movimento transporte vazio é provavelmente maior quando seguido pelo movimento selecionar do que quando seguido por um movimento bem definido, como o agarrar uma peça pré-posicionada. A razão para isso é que a mente começa a selecionar durante o transporte vazio. Quando o movimento transporte carregado é seguido por um posicionamento, ele é retardado pela preparação mental para o posicionar. O tempo para o movimento agarrar é afetado pela velocidade da mão no movimento que precede o agarrar. Uma seqüência satisfatória de movimentos em um tipo de trabalho pode auxiliar a determinação da seqüência adequada a outros tipos de trabalho.

15. *Deve-se providenciar condições adequadas para a visão. A boa iluminação é o primeiro requisito para a percepção visual satisfatória.*

A percepção visual pode se dar sob condições tão variáveis que os requisitos de iluminação necessários a um tipo de trabalho nem sempre são os mais adequados para um outro tipo. Por exemplo, os requisitos para visão em trabalho de relojoaria seriam diferentes daqueles recomendados para a inspeção de couros ou de placas estanhadas em busca de defeitos superficiais. Entretanto, se fornecermos iluminação adequada, a visão se torna mais fácil em cada caso, embora isto possa não ser a solução completa do problema. Iluminação adequada significa (1) luz de intensidade suficiente para a tarefa em estudo, (2) luz de cor adequada e sem ofuscamento e (3) luz proveniente da direção correta. Devemos ter em mente que a visibilidade de um objeto é determinada pelas seguintes variáveis[6]: brilho do objeto, seu contraste com o fundo, suas dimensões, tempo disponível para visão, distância do objeto ao olho e outros fatores, como distrações, fadiga, tempo de reação e ofuscamento. Essas variáveis são tão relacionadas que a deficiência em uma pode ser compensada por um aumento de uma ou mais das restantes, desde que todos os fatores acima estejam dentro de certos limites[7].

A intensidade de iluminação incidente sobre um objeto e o fator de reflexão do objeto ou do fundo no qual este se situa devem ser considerados em conjunto quando se providenciar iluminação adequada. Por exemplo, as páginas de uma lista telefônica são escuras, e o contraste entre as letras impressas e a página não é tão grande como no caso de um livro com papel de boa qualidade. O papel da lista telefônica reflete apenas 57% da luz incidente, enquanto que o papel do livro reflete cerca de 80%. Desta forma, a luz necessária para se ler uma lista telefônica é duas ou três vezes superior à requerida para se ler com igual facilidade

[6]M. Luckiesh e F. K. Moss, The Applied Science of Seeing. *Transactions of the Illuminating Engineering Society*, Vol. 28, p. 846

[7]M. Luckiesh e F. K. Moss., The Human Seeing-Machine. *Journal of the Franklin Institute*, Vol. 215, n.º 6, p. 647

os mesmos detalhes de nomes e números impressos com tinta mais preta no papel branco de livro[8]. A tarefa de costurar um tecido muito escuro é difícil, mesmo sob as melhores condições de iluminação. Por exemplo, um tecido escuro com fator de reflexão de 4% requereria 200 velas para produzir brilho equivalente ao de 10 velas em fazenda branca[9]. O conhecimento desses detalhes sugere o uso de maior intensidade de iluminação ou fundos mais claros para trabalhos com objetos de fator de reflexão pequeno ou para trabalho muito delicado. A dimensão da imagem do objeto formada na retina do olho deve ser suficientemente grande para permitir discriminações adequadas de detalhes. Este fator assume máxima importância em trabalhos muito delicados. Um aumento na iluminação do objeto ou o aumento do contraste entre o objeto e o meio ambiente produz o mesmo efeito, entre limites, do que uma redução da distância entre o olho e o objeto.

ALÍVIO DA TENSÃO SOBRE OS OLHOS EM TRABALHO DE MONTAGEM PRECISA.
O caso seguinte[10] mostra as mudanças que podem ser introduzidas com o intuito de melhorarem as condições de visão em trabalho de montagem precisa. A operação consistia na montagem e no ajuste de peças de um mecanismo muito delicado para medição elétrica. A tarefa era executada por homens, e a duração da operação era cerca de 3/4 de hora por unidade. O esforço dos olhos era demasiado e a fadiga excessiva pois, para certas partes da operação, a iluminação era tão inadequada em relação à dimensão das peças que o trabalho tinha de ser mantido próximo aos olhos.

A fim de remediar estas condições, introduziu-se um período de descanso e melhorou-se a iluminação do local de trabalho. A Fig. 169 mostra as novas unidades para iluminação. Devido ao fato de certas partes da operação poderem ser mais convenientemente executadas colocando o mecanismo contra um fundo iluminado, uma luz de fundo foi colocada na bancada, permanecendo acesa durante todo o tempo. Quando era necessário examinar-se o conjunto sob luz direta, apertava-se o pedal que ligava a lâmpada superior. Testes mostraram que a melhor cor para a luz de fundo era o branco ou o amarelo-pálido, e que esta não deveria provocar ofuscação.

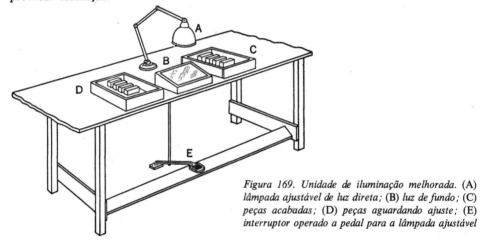

Figura 169. Unidade de iluminação melhorada. (A) lâmpada ajustável de luz direta; (B) luz de fundo; (C) peças acabadas; (D) peças aguardando ajuste; (E) interruptor operado a pedal para a lâmpada ajustável

[8]M. Luckiesh, *Seeing and Human Welfare*. Williams & Wilkins, Baltimore, p. 85
[9]M. Luckiesh e F. K. Moss, The Applied Science of Seeing. *Transactions of the Illuminating Engineering Society*, Vol. 28, p. 854
[10]J. H. Mitchell, The Relief of Eyestrain on a Fine Assembly Process. *The Human Factor*, Vol. 10, n.º 10, p. 341

Estudo de movimentos e de tempos

Os efeitos do período de descanso e da iluminação melhorada nos seis homens que compunham o grupo experimental durante o período de teste, foram uma melhoria na qualidade do trabalho e também um aumento na produção de 20%. O período de descanso foi incluído como tempo trabalhado no cálculo da produção horária.

USO DE ÓCULOS ESPECIAIS PARA TRABALHO MUITO DELICADO. Em certos tipos de trabalho, os olhos devem ser mantidos bastante próximos do objeto, por maior que seja a intensidade de iluminação. O uso constante dos olhos tão próximos a objetos impõe séria tensão[11] nos músculos de convergência e acomodação[12]. Experiências mostram que o uso de óculos especiais é recomendado a fim de permitir que os olhos assumam sua condição normal. Um aumento na produção de, aproximadamente, 12% resultou do uso de óculos em trabalhos do tipo montar filamentos de lâmpadas, pegar fios de meias e rematar em processo de tecelagem[13].

TEMPO PARA OLHAR. A visão só pode ocorrer após ter cessado o deslocamento dos olhos, posterior à focalização do objeto. No processo de se ler uma página impressa, por exemplo, os olhos não se deslocam em um movimento contínuo ao longo da linha, mas sim movem-se em uma série de saltos ou deslocamentos. Os olhos começam na margem esquerda da linha impressa e progridem de fixação em fixação para a margem direita. Os olhos se deslocam então ou retornam para a margem esquerda da próxima linha com um movimento suave e único, durante o qual nada se vê. Os movimentos dos olhos são coordenados, e um deles não pode se movimentar voluntariamente sem o outro. O número de movimentos e de pausas que os olhos fazem na leitura de uma linha impressa variará usualmente de três a sete, dependendo da extensão da linha, visibilidade de impressão, habilidade do leitor e outros fatores.

Concorda-se que o comprimento ótimo para a linha seja de 7,5 a 10 cm. O tipo corpo 10 parece ser a dimensão ideal apesar de existir alguma evidência de que esta dimensão ótima pode variar de forma considerável[14].

Pausas de fixação requerem em média 0,17 de segundo. Experiências mostram que o intervalo de tempo mais curto possível para que uma pessoa tenha impressão visual adequada varia de 0,07 a 0,30 de segundo, com média 0,17 de segundo[15]. A intensidade de iluminação afeta o tempo necessário à visão. "Se um objeto com 50% de constraste pode ser visto a uma certa intensidade de iluminação quando o tempo disponível é 0,30 de segundo, a intensidade de iluminação tem que ser triplicada a fim de que o objeto possa ser visto quando o tempo é reduzido a 0,07 de segundo"[16].

TRABALHOS DE INSPEÇÃO

A existência de condições adequadas é de importância capital em trabalho de inspeção. Tal trabalho é usualmente repetitivo, exato por natureza, com demandas predominantemente

[11]H. C. Weston e S. Adams, On the Relief of Eyestrain among Persons Performing Very Fine Work. Industrial Fatigue Research Board, *Relatório* 49, 1928, p. iii

[12]"Quando vemos um objeto próximo, acontecem simultaneamente duas ações musculares, uma causando ligeira convergência dos olhos, possibilitando que a imagem se forme no mesmo ponto da retina de cada olho, e a outra alterando a curvatura das lentes dos olhos, mantendo assim o objeto em foco. A primeira dessas ações é conhecida como *convergência*, e a segunda, como *acomodação* (...)" *Ibid.*, p. iii

[13]*Ibid.*, p. 5

[14]M. D. Vernon, *The Experimental Study of Reading*, Cambridge University Press, Londres, pp. 165-166

[15]M. Luckiesh, *Seeing and Human Welfare*. Williams & Wilkins, Baltimore, p. 96

[16]*Ibid.*, p. 96

mentais. Tensão constante e uso contínuo dos olhos são requeridos em várias espécies de trabalho de inspeção. A percepção de um defeito deve ser seguida por ação instantânea do inspetor a fim de rejeitar a peça defeituosa. Alguns indivíduos conseguem ver menores diferenças do que outros e perceber as mesmas diferenças com maior velocidade. Como os tempos de reação e a acuidade visual são elementos importantes na maioria dos trabalhos de inspeção, é essencial que as pessoas sejam selecionadas por meio de testes adequados antes de serem empregadas em tal trabalho[17].

INSPEÇÃO DE CARRETÉIS METÁLICOS. A fim de se ilustrar como se cuidou do problema do estabelecimento de condições adequadas à visão, algumas aplicações práticas são aqui incluídas. O primeiro caso é a inspeção de carretéis metálicos a fim de se determinar a existência de dentes, riscos, excesso de tinta, pintura deficiente e flanges entortados. Como o método melhorado de inspeção envolve vários princípios de economia dos movimentos, além dos relacionados com os problemas de iluminação, esta operação é apresentada em detalhes.

MÉTODO ORIGINAL. O inspetor sentava-se em frente a uma mesa, como mostra a Fig. 170. Os carretéis a serem inspecionados eram colocados à sua esquerda em uma caixa de aço (*A*). Os carretéis aprovados eram ordenados em uma pequena bandeja metálica (*B*) à sua direita. Carretéis defeituosos eram jogados em bandejas colocadas na parte posterior da mesa e diretamente em frente ao inspetor. Elas eram classificadas como (*C*) flanges tortos, (*D*) pintura deficiente, (*E*) canudos sobrepostos, (*F*) flanges não-centrados, (*G*) amassados, (*H*) pintura excessiva.

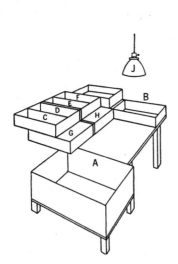 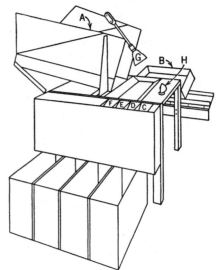

Figura 170. Arranjo físico do local de trabalho para inspeção de carretéis metálicos (método antigo). (A) *depósito de carretéis a serem inspecionados;* (B) *carretéis aceitos;* (C-D-E-F-G-H) **carretéis rejeitados. A iluminação se fazia pela lâmpada em** J

Figura 171. Arranjo físico do local de trabalho para inspeção de carretéis metálicos (primeiro método melhorado). (A) *suprimento de carretéis a serem inspecionados;* (B) *carretéis aceitos;* (C-D-E-F) *carretéis rejeitados. Observe a localização das lâmpadas em G e H*

[17]S. Wyatt e J. N. Langdon, Inspection Processes in Industry. Industrial Health Research Board, *Relatório* 63, p. 46

Estudo de movimentos e de tempos **221**

ELEMENTOS DA OPERAÇÃO. O inspetor, dirigindo-se à caixa (previamente colocada pelo movimentador de materiais), à sua esquerda, agarrava carretéis com ambas as mãos e os transportava para a mesa à sua frente, onde os depositava. Isto se repetia até que uma pilha fosse acumulada. O inspetor buscava uma bandeja vazia para os carretéis aprovados em uma pilha à sua direita. Também posicionava bandejas vazias para os diversos tipos de defeitos. O inspetor procedia então à inspeção dos carretéis da maneira que se segue.

1) Pegava um carretel da pilha com os dedos polegar e indicador de cada mão e inspecionava os flanges externos olhando-os diretamente, inclinava ligeiramente os carretéis e, girando-os, inspecionava-os a fim de determinar a existência de flanges encurvados. Girava os carretéis 180° e repetia os elementos descritos para o outro flange. Recolocava os carretéis na horizontal e, girando-os, inspecionava-os em busca de defeitos na parte interna dos flanges.

Se os carretéis fossem bons, ele os colocava na palma da mão; se se encontrasse um defeito, o carretel seria colocado na bandeja de rejeitados que lhe correspondesse. Estes elementos se repetiam até que três a quatro carretéis (dependendo de suas dimensões) tivessem sido acumulados em cada uma das mãos.

2) O inspetor colocava os carretéis da mão direita na bandeja de carretéis aprovados, à sua direita. Transferia os carretéis acumulados na mão esquerda à mão direita e os colocava na bandeja com a mão direita. Durante esse tempo, a mão esquerda permanecia inativa. O inspetor movimentava então ambas as mãos para a pilha em sua frente e repetia os elementos do item 1.

3) À medida que os carretéis sem defeitos fossem se acumulando na bandeja, o operador os colocava em posição empurrando cada fila contra a anterior ou, caso se tratasse da primeira fila, empurrando-a contra a parte lateral da bandeja.

4) Quando a bandeja estava cheia, o inspetor preenchia um impresso e o colocava no fim da bandeja. Esta era colocada na parte posterior da mesa, de onde era transportada pelo movimentador de materiais.

PRIMEIRO MÉTODO MELHORADO. O inspetor sentava-se em frente à mesa, como mostra a Fig. 171. Os carretéis a serem inspecionados eram colocados no depósito (*A*, Fig. 171) pelo movimentador de materiais e conduzidos por gravidade à mesa de inspeção. Os carretéis aprovados eram colocados, ordenadamente, na bandeja (*B*) à direita do inspetor. Esta bandeja encontrava-se inclinada um certo ângulo e em altura conveniente para que se dispussessem os carretéis com mínimo esforço. Quando se encontrava um carretel defeituoso, ele era colocado em uma das quatro aberturas do topo da mesa, à esquerda do inspetor. Por intermédio de rampas, eles eram conduzidos a bandejas que se encontravam no chão. Carretéis defeituosos eram classificados como (*C*) flanges tortos, (*D*) pintura deficiente, (*E*) pintura excessiva ou (*F*) amassados.

Elementos da operação

Elementos para carretéis aceitos

Mão esquerda	*Mão direita*
1. Agarrar dois carretéis.	1. Arrumar carretéis aceitos na bandeja.
2. Transferir um carretel à mão direita.	2. Receber um carretel na mão esquerda.
3. Inspecionar flange superior sob a luz superior.	3. Inspecionar flange superior sob a luz superior.
4. Girar o carretel 60°.	4. Girar o carretel 60°.
5. Inspecionar outro flange em frente à luz inferior.	5. Inspecionar outro flange em frente à luz inferior.

6. Inspecionar o canudo enquanto o carretel é girado entre os dedos polegar e indicador, sob a luz superior.
7. Passar o carretel à palma da mão.
8. Agarrar um carretel.

6. Inspecionar o canudo enquanto o carretel é girado entre os dedos polegar e indicador, sob a luz superior.
7. Passar o carretel à palma da mão.
8. Agarrar um carretel.

Repetir os elementos 3, 4, 5, 6, 7, 8, até que cada mão contenha três ou quatro carretéis.

9. Transferir carretéis à mão direita.

9. Receber carretéis da mão esquerda.

Elementos para carretéis defeituosos

Mão esquerda

1. Quando forem encontrados pintura em excesso, flanges tortos ou sobreposições nos elementos 3, 5 ou 6, rejeitar o carretel para a rampa de disposição. Quando houver pintura deficiente no elemento 3, inspecionar carretel (elementos 5 e 6) a fim de pesquisar outros defeitos antes da rejeição.
2. Agarrar o carretel da mão direita e rejeitá-lo.

Mão direita

1. Agarrar outro carretel.

2. Quando se encontrar um carretel defeituoso na mão direita, transferi-lo à mão esquerda e obter novo carretel.

Elementos auxiliares

1. Obter bandeja vazia da pilha atrás do inspetor e posicioná-la à direita.

2. Quando a bandeja estiver cheia, preencher impresso e colocá-lo na extremidade da bandeja.

3. Empurrar a bandeja cheia para a parte posterior da mesa, a fim de que seja recolhida pelo movimentador de materiais.

Comparação dos dois métodos de inspeção. O primeiro método melhorado de inspeção era superior ao método antigo pelas seguintes razões:

1) Duas luzes na bancada nova forneciam iluminação à inspeção, de forma que somente era necessário girar o carretel 60° a fim de inspecioná-lo dos dois lados. No método antigo, usando-se apenas uma luz, era necessário girá-lo 180°. No primeiro método melhorado aumentou-se a intensidade de iluminação até o ponto em que a inspeção era feita a 150 velas. As lâmpadas eram completamente protegidas a fim de se evitar o ofuscamento.

2) O trabalho das duas mãos estava disposto de tal forma que praticamente não havia espera no ciclo.

3) Os carretéis a serem inspecionados eram colocados na rampa pelo movimentador de materiais e conduzidos por gravidade (ocasionalmente, puxados pelo inspetor com o auxílio de um gancho) à mesa de inspeção. Isto economizava o tempo de transporte dos carretéis da caixa para a mesa, como era necessário no método antigo.

4) Os carretéis rejeitados eram jogados em aberturas localizadas em posição conveniente e perto da área de trabalho das mãos. No método antigo, o inspetor tinha que jogar os carretéis nas bandejas que se encontravam à sua frente.

5) A bandeja em que eram colocados os carretéis aceitos se localizava em altura conveniente e estava inclinada em um ângulo adequado.

6) A bandeja com o trabalho inspecionado estava colocada sobre uma pista metálica, podendo ser facilmente empurrada para a parte posterior da mesa, de onde o movimentador

Estudo de movimentos e de tempos **223**

de materiais a removia. Não era necessário ao inspetor levantar as bandejas que se encontrassem cheias de carretéis.

7) Propiciou-se aos inspetores um período de descanso de 5 min ao final de cada hora, o que provocou reação favorável entre eles. Anteriormente, os períodos de descanso eram de 5 min, um pela manhã e outro à tarde.

8) Descansos para os braços do operador tendem a tornar as mãos mais firmes e a reduzir a fadiga. As cadeiras foram cuidadosamente ajustadas de forma a servirem a cada inspetor em particular.

Treinamento de inspetores. Foi necessário estudo considerável ao projeto da nova bancada e à determinação do procedimento adequado para os elementos de inspeção. Depois de se ter obtido o método mais satisfatório, os inspetores foram cuidadosamente treinados. Usaram-se filmes em câmera lenta para se mostrar a seqüência de movimentos, e, somente após treinamento cuidadoso e persistente, os inspetores foram capazes de executarem o trabalho da forma especificada, produzindo assim a quantidade de trabalho que seria de se esperar.

Reduções no custo. Usando o primeiro método melhorado, os operários eram capazes de inspecionar o *dobro* de carretéis por dia, o que aparentemente era feito com menor cansaço dos olhos e fadiga reduzida. Menos da metade da área do departamento era necessária ao trabalho de inspeção, de forma que o departamento apresentava melhor aparência do que anteriormente; a qualidade da inspeção não foi alterada pelo aumento da produção, e as novas bancadas custaram menos de 25 dólares cada uma.

SEGUNDO MÉTODO MELHORADO. O primeiro melhoramento no método de inspecionar carretéis foi introduzido sem que fosse necessária alguma alteração no projeto do carretel e sem o uso de equipamentos mecânicos, calibres de precisão ou qualquer outro dispositivo além da mesa especialmente projetada e equipada, com duas lâmpadas comuns de 60 W localizadas em uma posição definida e com um certo ângulo sobre a bancada. Entretanto, com o aumento do volume de carretéis produzidos e com o aumento do salário-hora dos trabalhadores, a inspeção de carretéis foi nova e cuidadosamente estudada. Concluiu-se desse estudo que poderia ser desenvolvido um equipamento que executasse automaticamente a operação de inspeção. Em vez de se tentar projetar desde o início uma máquina completamente automática, decidiu-se fazer melhorias no método, uma cada vez. Em primeiro lugar, os carretéis foram reprojetados de forma que ambos os lados fossem idênticos. Isto tornou desnecessário ordenar-se os carretéis aceitos nas bandejas. Como o fator limitante na operação de inspeção era a habilidade do inspetor no manuseio dos carretéis, projetou-se um calibre de pista. Enquanto os carretéis se deslocavam nesses calibres de pistas (*D*, Fig. 172), determinavam-se simultaneamente as tolerâncias internas e externas. Se o carretel atravessasse o calibre, teria passado na inspeção; caso contrário, seria removido pelo operador como sendo defeituoso. A fim de se reduzir o tempo de posicionamento na alimentação dos carretéis nos calibres, cortaram-se dois furos elípticos (*B*, Fig. 172) no topo da bancada. Um funil de forma especial colocado debaixo dos furos permitia ao operador soltar os carretéis com mínima necessidade de alinhamento anterior. Os funis ou guias depositavam os carretéis no segmento de entrada (*C*, Fig. 172) do calibre. Este segundo melhoramento no método eliminou inteiramente a inspeção visual e resultou em um aumento de 108% na produção, relativamente ao primeiro método melhorado.

Com o aumento ainda maior de volume, tornou-se econômico projetar um alimentador vibratório, que dirigia os carretéis aos calibres, e ao inspetor cabia somente a remoção dos rejeitados das quatro pistas de calibres que compunham a unidade de trabalho. Este método resultou em aumento de 125%, relativamente ao segundo método melhorado. Para um sumário das diversas melhorias nesta operação, veja Fig. 197.

Figura 172. Arranjo físico do local de trabalho para inspeção de carretéis metálicos (segundo método melhorado). (A) *suprimento de carretéis a serem inspecionados;* (B) *furos que conduzem os carretéis a serem inspecionados aos calibres;* (C) *segmento de entrada do calibre;* (D) *pista inclinada do calibre;* (E) *carretéis aceitos;* (F) *carretéis rejeitados*

INSPEÇÃO POR LUZ TRANSMITIDA. Produtos feitos de material transparente ou translúcido podem ser inspecionados transmitindo-se luz através do produto. Fibras partidas, nós e outros defeitos em tecidos, facilmente percebidos, bolhas, rupturas e material estranho em vidro e em celulose aparecem quando se usa a luz transmitida para a inspeção.

Em uma fábrica, usava-se luz transmitida na inspeção de garrafas de leite a fim de reconhecer sujeiras, rupturas, graxa e pedaços de vidro quebrado. Em um nicho acima da transportadora, na qual as garrafas lavadas se dirigiam para as máquinas de enchimento de leite, colocaram-se, lado a lado, lâmpadas de 200 W. Dessa forma, conseguia-se na superfície da transportadora intensidade de aproximadamente 150 velas.

A parte posterior da superfície de inspeção era branca a fim de revelar defeitos pretos, e a correia transportadora era preta a fim de facilitar o reconhecimento de peças quebradas de vidro, que poderiam se situar no fundo da garrafa. Um operador podia inspecionar 128 garrafas/min à medida que elas passavam no transportador.

16. *A altura do local de trabalho e da banqueta que lhe corresponde deve ser tal que possibilite ao operário trabalhar alternadamente em pé e sentado, tão facilmente quanto possível.*

Deve ser possível ao trabalhador variar sua posição de trabalho, sentando-se ou ficando em pé, conforme preferir[18]. Esta disposição permite que o indivíduo descanse certos grupos de músculos, e, além do mais, uma mudança de posição sempre tende a melhorar a circulação. Tanto a posição em pé quanto a posição sentada produzem maior fadiga do que a posição alternada. Em muitas espécies de trabalho, a provisão para esta combinação de sentar-se e

---

[18] First Principles of Industrial Posture and Seating. Departamento do Trabalho de New York, *Boletim Especial* 141, p. 2

Estudo de movimentos e de tempos **225**

levantar-se pode ser feita facilmente. Do ponto de vista da saúde do operário, este fato é tão importante que alguns estados norte-americanos têm leis requerendo que o local de trabalho seja disposto de modo a permitir execução de tarefas em posição sentada ou em pé.

Bancadas e assentos para o trabalho. Deverá ser provido sempre que possível e na extensão que a natureza do trabalho permitir, a juízo da comissão o seguinte:

Deverão ser providenciadas banquetas nos locais de trabalho ou junto a máquinas para todas as mulheres ou menores empregados, e tais assentos deverão ser ajustáveis de forma que a posição do trabalhador relativamente ao trabalho seja substancialmente a mesma, quer ele esteja sentado ou em pé. Bancadas, incluindo as usadas para corte e para enlatamento e também as transportadoras para escolha, devem ser de tais dimensões e projeto que não haja impedimento físico ao trabalho eficiente, tanto sentado como em pé, devendo existir descansos ajustáveis para os pés[19].

Embora seja indicado que a altura do local de trabalho e da cadeira sirvam ao operário que os usará, isso nem sempre é possível. Em muitos casos, pode ser necessário fazerem-se bancadas de altura tal que sejam mais adequadas ao trabalhador médio.

A altura do cotovelo do operador até o assoalho é comumente usada como ponto de partida na determinação da altura adequada à mesa de trabalho e à cadeira.

A Industrial Welfare Commission of California concluiu que a altura média do cotovelo do operário em relação ao assoalho é de, aproximadamente, 1 m para mulheres (para homens, 5 ou 7,5 cm a mais) e que uma grande porcentagem de trabalhadores não apresentaria variações superiores a 3,7 cm em relação a essa altura média[20].

Tomando-se 1 m como altura média do cotovelo para operários do sexo feminino (os limites sendo 85 e 112,5 cm) e com a mão podendo trabalhar de 2,5 a 7,5 cm abaixo do cotovelo, a altura média da mesa de trabalho deverá ser de 92,5 a 97,5 cm.

A cadeira deve ter uma altura de 62,5 a 77,5 cm, dependendo das proporções de cada indivíduo. Estas alturas, para a mesa e para a cadeira, permitem que o trabalhador permaneça em pé ou sentado durante a execução do trabalho, mantendo o cotovelo e a mão na mesma posição relativa ao local de trabalho.

ESPAÇO ENTRE A SUPERFÍCIE SUPERIOR DA CADEIRA E A SUPERFÍCIE INFERIOR DA BANCADA.

O local de trabalho deve permitir espaço suficiente para as pernas do trabalhador. Braços, colunas e outras obstruções sob o local de trabalho interferem freqüentemente com a posição natural do trabalhador, causando postura inadequada e desconfortável. Essas obstruções devem ser eliminadas. O local de trabalho não deve ter de preferência mais de 5 cm de espessura, e deve existir espaço de 15 a 25 cm entre o topo do assento da cadeira e a superfície inferior da bancada.

Uma bancada com 92,5 cm de altura será muito alta para uma pessoa baixa, mas isso pode ser corrigido colocando-se um tablado de altura adequada no assoalho em que o operário permanece em pé. Para um operário alto, uma pequena plataforma pode ser colocada sobre a bancada a fim de elevar a altura do local de trabalho. Quando isso não pode ser feito, o operário alto encontra-se em posição desfavorável quando trabalha em pé, embora isso não ocorra quando ele está sentado.

Em algumas espécies de trabalho, é necessário ter-se equipamentos ou alimentadores de material montados sobre a superfície da bancada. Isso tem o efeito de aumentar a "espessura"

[19]Seating of Women and Minors in the Fruit and Vegetable Canning Industry. Comissão de Bem-estar Industrial da California, *Boletim* 2.ª, p. 3

[20]*Ibid.*, p. 3

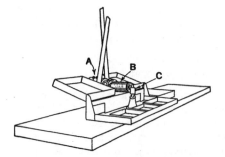

Figura 173. *Torno de bancada cortado ao meio a fim de permitir ao operário trabalhar alternadamente em pé ou sentado. Este torno é usado na montagem de partes de seringas de borracha dura*

da bancada. O local de trabalho com mais de 12,5 cm de espessura, geralmente, não possibilita ao operário uma posição alternada de sentar-se e ficar em pé.

A altura mínima da mesa para uma posição confortável é determinada por um outro fator limitante. Uma distância de não mais de 20 cm entre o cotovelo e a superfície inferior da mesa tem que ser mantida se se quiser manter uma posição conveniente. Uma distância muito maior do que essa intervém com a posição natural do joelho. Usando-se esta distância de 20 cm como fator limitante e estabelecendo-se 2,5 cm para a espessura da bancada, a altura mínima do topo da mesa deverá ser aproximadamente 83,5 cm.

Em algumas fábricas cortaram-se tornos de bancada ao meio (Fig. 173), montando-os sobre a bancada com o eixo de rotação perpendicular à aresta frontal da bancada. Esta disposição permite posição alternada, em pé e sentado, e facilita o trabalho com as duas mãos[21].

APOIOS PARA OS BRAÇOS. Ocasionalmente, o trabalho pode ser de tal natureza que seja desejável se fornecerem apoios para os braços. Estes apoios são mais eficientes para trabalhos que requeiram pequeno movimento do antebraço, com as mãos trabalhando aproximadamente na mesma posição, a alguma distância do corpo, por período longos de tempo. Operações leves de furar, rosquear e alargar freqüentemente pertencem a este tipo.

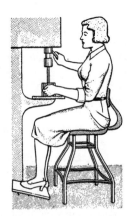

Figura 174. *Um apoio para as costas bem projetado e convenientemente ajustado auxilia a se manter a espinha erecta, aliviando o esforço nos músculos das costas*

Figura 175. *O assento da cadeira deve ter forma adequada, e as arestas frontais devem ser bem arredondadas*

[21] W. R. Mullee. Motion Study Is Safety's Partner, *National Safety News*, Vol. 34, n.° 5, p. 23

Estudo de movimentos e de tempos **227**

Neste tipo de trabalho, é cômodo ter-se almofadas para descanso dos braços, colocadas no topo ou na aresta da bancada, em posição para suportar o antebraço. Os descansos para os braços não devem interferir com os movimentos necessários dos braços ou das mãos. A Fig. 168 mostra um desses apoios.

APOIOS PARA OS PÉS. Quando se usarem cadeiras altas, deve-se providenciar apoio para os pés. Este apoio, preferivelmente, deve estar ligado ao chão ou à bancada; embora não tão conveniente, ele pode ser preso à cadeira. O apoio para os pés deve ter largura e comprimento suficientes para permitirem que os pés se apóiem inteiramente sobre eles, possibilitando ainda certo movimento. Isto requer uma largura de 30 cm ou mais.

17. Deve-se fornecer a cada trabalhador uma cadeira do tipo e de altura tais que permitam boa postura.

As frases seguintes explicam claramente o que se entende por boa postura[22].

BOA POSTURA. Quando uma pessoa fica em pé corretamente, os vários segmentos do corpo (cabeça, pescoço, tórax e abdomen) estão balanceados verticalmente, uns sobre os outros, de tal forma que o peso se aplica principalmente na estrutura óssea, exercendo um mínimo de tensão nos músculos e ligamentos. Nesta postura, sob condições normais, as funções orgânicas — respiração, circulação, digestão etc. — são executadas com mínima obstrução mecânica e com eficiência máxima.

POSTURA CORRETA PARA SE TRABALHAR SENTADO. O ponto importante a ser sempre observado, relativamente ao uso do corpo, é que ele deve ser mantido em linha reta, dos quadris ao pescoço, não devendo ser flexionado na cintura. Qualquer posição que permita essa flexão diminui a vitalidade do indivíduo, produz desconforto nas costas e, naturalmente, diminui a eficiência.

As posturas incorretas mais freqüentes são aquelas em que o indivíduo afunda-se na cadeira ou quando se inclina para um lado, ambas fatigantes e prejudiciais à saúde.

Quando o trabalhador está sentado, a cadeira deve facilitar, e não obrigá-lo a manter uma boa postura. Uma boa cadeira deve ter as seguintes características.

1) A cadeira deve ser de altura ajustável, de modo que possa ser facilmente adaptada ao indivíduo que a usa. Cadeiras não ajustáveis podem ser obtidas em diferentes alturas e distribuídas aos operários de acordo com as respectivas estaturas. Geralmente, estas cadeiras não são tão práticas quanto as do tipo ajustável. A cadeira deve ser ajustada a uma altura que permita ao trabalhador sentar-se confortavelmente, com ambos os pés descansando sobre o chão ou sobre o apoio (Fig. 174).

2) A cadeira deve ser de construção rígida, preferivelmente com estrutura de aço, e assento e apoio para as costas em madeira. Os cantos do assento e do apoio devem ser arredondados de forma a não existirem cantos vivos, que possam vir a causar desconforto e impedir a cir-

---

[22]Lei trabalhista do Estado de New York, Artigo 150: "Um número suficiente de assentos adequados com encostos, quando praticável, deve ser providenciado e mantido em cada fábrica, estabelecimento mercantil, elevador de passageiros ou de carga, hotel e restaurante, para empregados do sexo feminino que poderão usar tais assentos, em proporção razoável, a fim de preservar sua saúde. Nas fábricas, operários do sexo feminino poderão usar assentos desde que seu trabalho possa ser executado, sem inconveniente, na posição sentada. Em estabelecimentos mercantis, deve existir pelo menos um assento para cada três empregados do sexo feminino, e, se as tarefas desses empregados forem executadas principalmente em frente a um balcão ou mesa, tais assentos deverão ser colocados também em frente ou, se as tarefas forem executadas principalmente atrás de um balcão ou mesa, eles deverão ser colocados atrás dos mesmos"

228   *Ralph M. Barnes*

culação. Cadeiras giratórias e cadeiras sobre carretilhas não são recomendadas para o trabalho em fábrica, a menos que sejam absolutamente necessárias. A movimentação fácil de tais cadeiras tende a originar ligeiros movimentos durante seu uso. Isso ocorre principalmente se o trabalho requer algum esforço muscular. A cadeira pode possuir escorregadores metálicos que permitam ao trabalhador empurrá-la para trás quando ele desejar trabalhar em pé, sem se desviar do trabalho.

3) O assento da cadeira deve ter forma adequada. Deve permitir que o peso do corpo se distribua por igual, sendo assim, confortável. As arestas frontais do assento devem ser arredondadas (Fig. 175). Para trabalho normal, a aresta anterior da cadeira deve ser aproximadamente 2,5 cm mais alta do que a aresta posterior. Quando a pessoa que a utiliza trabalhar inclinada para a frente, o assento da cadeira deve ser aproximadamente plano. O assento deve ter largura suficiente para acomodar o corpo — de 40,6 a 43,2 cm. Entretanto a sua profundidade não deverá ultrapassar 33 a 35,6 cm. O assento raso permite ao corpo se inclinar na altura dos quadris quando se movimenta para a frente, enquanto que um assento profundo tende a impedir que isso ocorra forçando o corpo a inclinar-se a partir da cintura, encurvando a espinha e prejudicando a postura. O assento profundo tende também a impedir a circulação do sangue na parte inferior da coxa, próxima ao joelho.

4) Deve existir um apoio para as costas que suporte a parte inferior da espinha (Fig. 174). A cadeira não deve possuir encostos ou barras situados a alturas inferiores a 15 cm do assento. O corpo deve situar-se o mais junto possível do encosto, de forma que o apoio para as costas possa suportar a parte inferior da espádua. A aresta inferior do apoio deve situar-se de 15 a 17,5 cm acima do assento, dependendo do indivíduo. O apoio pode ter de 7,5 a 10 cm de altura e de 25 a 30 cm de largura. Esse apoio pode ser pequeno e mesmo assim dar sustentação satisfatória. Pode ser projetado de forma a não interferir com os movimentos dos braços do indivíduo durante a execução do trabalho. É importante que o apoio para as costas seja ajustável, de modo a ser adaptado ao corpo do trabalhador. Quando este se inclina para a frente enquanto trabalha, o apoio não tem valor algum; entretanto o trabalhador pode usá-lo quando descansa, e ele serve nessas condições para relaxamento muscular instantâneo[23].

---

[23]É bom lembrar que todos esses dados numéricos valem para o operário norte-americano (N. do R.)

CAPÍTULO 19
Princípios de economia dos movimentos relacionados com o projeto de ferramentas e equipamentos

18. *As mãos devem ser aliviadas de todo o trabalho que possa ser executado mais convenientemente por um dispositivo, um gabarito ou um mecanismo acionado a pedal.*

Da observação das ferramentas e dispositivos encontrados em uma fábrica, compreendemos que muitos projetistas de ferramentas não dão a devida atenção aos princípios de economia dos movimentos durante a fase de projeto. Na maioria dos casos, os dispositivos podem ser operados apenas manualmente, enquanto que equipamentos operados a pedal permitiriam ao operador ter as duas mãos livres para executar outros movimentos.

FERRAMENTAS E DISPOSITIVOS OPERADOS A PEDAL. Uma ferramenta manual pode ser ligada a um pedal, de forma que a ferramenta seja inteiramente manipulada pelos pés do operador. O ferro de soldar (*A*, Fig. 176) é levantado e abaixado pelo pedal (*B*). Após

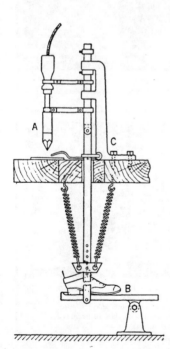

Figura 176. Ferro de soldar acionado a pedal

Figura 177. Uma unidade motora controlada por um pedal gira o tubo para o soldador

ter-se soldado a junta e levantado o ferro de soldar, abre-se a válvula (C) da linha de ar comprimido, e um jato de ar resfria a junta soldada. Uma empresa economizou 50% em tempo na operação de soldar um fio à extremidade de uma proteção eletrostática usando esse ferro de soldar acionado a pedal.

A operação de cortar e soldar tubulações é uma atividade importante do departamento de manutenção e de construção de várias indústrias. A fim de tornar esse trabalho mais simples e permitir que o soldador trabalhasse de modo mais eficiente, a Procter and Gamble Company projetou e construiu uma unidade controlada a pedal (Fig. 177) que gira o cano ou tubo enquanto o soldador trabalha em posição confortável.

Algumas vezes, é possível usar-se dois pedais que atuem em diferentes peças de um dispositivo ou de uma máquina. Tal arranjo não deverá causar dificuldade alguma ao operador. Todos nós sabemos dos diversos pedais que o automóvel possui e que são acionados facilmente pelo chofer, freqüentemente dirigindo em alta velocidade.

ABERTURA DE CAIXAS DE PAPELÃO. A operação apresentada na Fig. 178 consiste em abrir-se uma caixa de papelão e dobrar as abas do fundo como ato preparatório a sua ocupação com caixas de cereais para o café da manhã, no departamento de embalagem de uma indústria

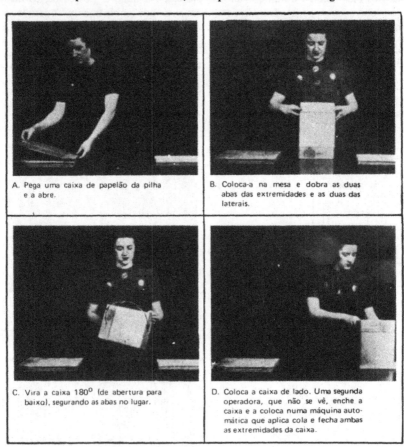

Figura 178. Formando caixas de papelão para embalagem (método antigo)

de cereais. As caixas são entregues à mesa de embalagem e empilhadas horizontalmente, como nos mostra a Fig. 178.

MÉTODO MELHORADO. A operação é a mesma que a descrita acima. Entretanto as caixas são colocadas verticalmente, sobre a mesa, em vez de horizontalmente (Fig. 179). Um dispositivo simples feito de arame grosso, projetado por E. H. Hollen, é usado para ajudar o operador a dobrar as duas abas do fundo e as duas abas laterais.

Como o tempo necessário para montar a caixa e dobrar as abas do fundo é tão pequeno usando este método melhorado, o mesmo operador que executa esta operação também enche as caixas de papelão com caixas de cereal (D, Fig. 179). A caixa de papelão é então transportada a uma máquina automática que aplica cola e fecha os dois lados.

Observe que o dispositivo não tem peças móveis. Foi feito de alguns metros de fio e de um pedaço de madeira, com o custo total de poucos dólares. Usando esse dispositivo, o operador pode montar as caixas em menos da metade do tempo requerido pelo método original. O aumento real na produção foi de 112%. O dispositivo economiza diversos movimentos das

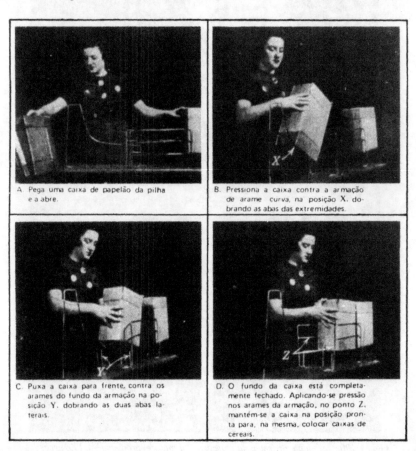

Figura 179. Formando caixas de papelão para embalagem (método melhorado). A produção aumentou 112%. Também como resultado deste estudo, a caixa foi reprojetada, o que propiciou economia superior a 20 000 dólares por ano no custo da caixa

mãos. Também como resultado desse estudo, a caixa foi reprojetada, economizando mais de 20 000 dólares por ano no custo da caixa de papelão.

MÁQUINA DE REPASSAR ROSCAS. A máquina de repassar roscas apresentada na Fig. 180, construída a um custo de 786 dólares, produz 1 100 peças/h[1]. Ela substitui uma máquina--padrão de dois eixos que custara 1 356 dólares, produzindo 600 peças/h. A máquina melhorada, que incorpora diversos dos princípios de economia dos movimentos, foi construída sob a direção de O. W. Habel, Gerente de Fábrica da Saginaw Steering Gear Division, General Motors Corporation.

Figura 180. Máquina de repassar roscas. Volume de produção: 1 100 peças/h

[1] O. W. Habel e G. G. Kearful, Machine Design and Motion Economy. *Mechanical Engineering*, Vol. 61, n.º 12, p. 897.

Estudo de movimentos e de tempos **233**

Algumas das razões pelas quais a nova máquina possibilitou ao operador dobrar sua produção por hora são apresentadas a seguir.

1) Movimentos manuais foram substituídos por movimentos mecânicos e pelos pés. O operador, sentado em frente à máquina, pega um *blank* em cada mão, de uma posição conveniente, na mesa, colocando-o no dispositivo de duas estações. A pressão exercida com o pé direito na válvula de ar opera a garra de fixação. A pressão no pedal com o pé esquerdo abaixa a ferramenta.

2) As peças não passam de uma das mãos à outra, e o produto acabado é transportado para uma caixa com auxílio de uma rampa.

3) Os movimentos dos olhos e das mãos conservam-se dentro do espaço normal de trabalho.

4) As mãos não são usadas para segurar ou manipular alguma peça da máquina. Não existem pequenos controles para buscar e manipular.

5) Os dispositivos de fixação têm bocas em forma de campânula a fim de facilitarem o posicionamento das peças.

Não é necessário citar outras ilustrações de aparelhos operados a pedal porque seu uso é muito comum na prática. De fato, seria conveniente perguntarmos com relação a qualquer espécie de trabalho de máquina ou de bancada "pode-se usar um dispositivo operado a pedal a fim de facilitar o trabalho?".

PROJETO DE PEDAIS. Apesar de o pedal ser uma das ajudas mais comuns para livrar as mãos para que estas possam executar trabalho produtivo, a maioria dos pedais é de projeto inconveniente.

Os pedais podem ser classificados como (1) pedais que requerem esforço considerável para manipulação e (2) pedais que requerem esforço reduzido. A primeira classe é bem ilustrada por máquinas de passar roupa e certas prensas-pedal e cisalhadoras operadas com o pé. A segunda classe é ilustrada por puncionadoras mecanizadas, pelo controle de máquinas de costura elétricas e pelos pedais mostrados nas Figs. 176 e 177.

Particularmente na primeira classe, onde se requer força considerável para a manipulação, o pedal deve ter largura suficiente para permitir operação por qualquer um dos pés. A fim de facilitar este detalhe, alguns pedais tomam toda a extensão da frente da máquina. O pedal também deve ser projetado de forma que o pé que o opera possa ser auxiliado por parte do

Figura 181. Pedal de projeto inconveniente

peso do corpo. Pedais de projeto precário, como o apresentado na Fig. 181, tendem a colocar todo o peso do corpo em um dos pés, afastando o corpo de sua posição normal e tendo como resultado esforço excessivo e fadiga por parte do operador[2].

ESTUDO DE CINCO TIPOS DE PEDAIS. A Fig. 182 mostra os resultados de um estudo[3] feito para determinar a eficiência relativa de cinco diferentes tipos de pedais. Cada pedal foi acionado contra uma mola tensora, requerendo 0,2305 kgf para o movimento completo. Por exemplo, o pedal 1 tinha o fulcro sob o calcanhar, e a parte da frente da planta do pé movia-se uma distância de 5 cm contra uma resistência de 4,54 kg. Todos os pedais foram operados como se fossem do tipo "disparo", semelhante ao que seria encontrado em uma prensa-pedal. Isto é, pediu-se ao operador que pressionasse o pedal tão rapidamente quanto possível, medindo-se com um cimógrafo o tempo para o movimento completo de cada pedal. Os resultados do estudo (Fig. 182) mostram que o operador, usando o pedal 1, consumiu o menor tempo por movimento. O pedal 4 requereu o tempo mais longo: 34% a mais do que o pedal 1.

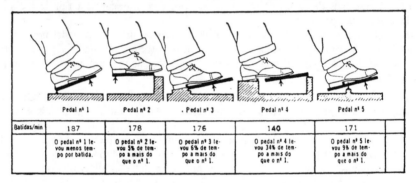

Figura 182. Resultados de um estudo sobre cinco tipos de pedais

19. *Quando possível, deve-se combinar duas ou mais ferramentas.*

Geralmente, é mais rápido girar 180° uma pequena ferramenta com duas extremidades, do que colocar uma ferramenta sobre a bancada e agarrar outra. Há muitos exemplos de combinações de duas ferramentas — martelo e gancho para puxar pregos, chave inglesa contendo duas chaves em um mesmo eixo, lápis e borracha — e a pessoa que projetou o telefone de mesa usou essa idéia quando incorporou o transmissor e o receptor em uma única unidade. Duas ferramentas muito convenientes, desenvolvidas por uma indústria de equipamentos elétricos situada no meio-oeste norte-americano, estão ilustradas nas Figs. 183 e 184. A primeira delas substitui a chave de fenda e a pinça, segura o parafuso em sua posição durante a montagem. A segunda ferramenta substitui a chave de boca e a chave de fenda, permite que se coloque o parafuso na posição adequada e, ao mesmo tempo, torna possível ao operador manter a porca em posição por meio de uma chave de boca que se movimenta sobre a chave de fenda.

A prática de usar-se somente os dedos polegar, indicador e médio é tão difundida que devemos chamar a atenção para o fato de que os dedos anular e mínimo e também a palma

[2] L. A. Legros e H. C. Weston, On the Design of Machinery in Relation to the Operator. Industrial Fatigue Research Board, *Relatório* 36, p. 13. A Fig. 181 foi reproduzida com permissão do Tesoureiro, H. M. Stationery Office, Londres

[3] Ralph M. Barnes, Henry Hardaway e Odif Podolsky, Which Pedal Is Best? *Factory Management and Maintenance*, Vol. 100, n.º 1, p. 98

Estudo de movimentos e de tempos

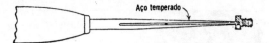

Figura 183. Combinação de chave de fenda e pinça

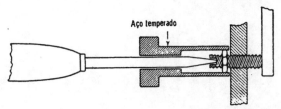

Figura 184. Combinação de chave de fenda e chave de boca

da mão devem ser usados sempre que possível. A combinação de chave de fenda e chave de boca mostrada na Fig. 184, por exemplo, permite a utilização completa da mão a ser usada. Os dedos polegar, indicador e médio manipulam a chave de boca enquanto a palma da mão e os dedos anular e mínimo manipulam a chave de fenda. A parafusadora pneumática múltipla apresentada na Fig. 185 é usada para apertar as cinco porcas da roda de uma só vez[4]. O cabo mantém a parafusadora em posição conveniente e torna o trabalho mais fácil.

20. *As ferramentas e os materiais devem ser pré-colocados sempre que possível.*

Pré-colocar é o ato de colocar o objeto em lugar pré-determinado de tal forma que, quando for necessário usá-lo da próxima vez, ele possa ser agarrado na posição mais conveniente ao uso. Para pré-colocar ferramentas, deve existir um apoio com a forma de soquete,

Figura 185. A parafusadora pneumática múltipla pode apertar de uma só vez as cinco porcas da roda

[4]Fábrica de montagem da Ford Motor Company, em San Jose

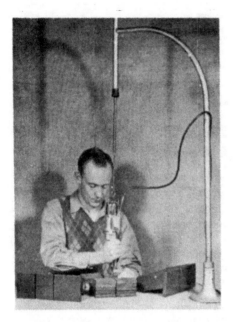

Figura 186. Chave de boca acionada a motor elétrico

compartimento, braçadeira ou gancho, ao qual a ferramenta possa ser devolvida após o uso e onde permaneça em posição para a próxima operação (Fig. 186). A ferramenta é sempre colocada no mesmo local. O apoio deve ser de tal natureza que a mão possa rapidamente soltar a ferramenta em seu lugar. Além disso, o apoio deve permitir que se agarre a ferramenta da mesma maneira em que vai ser mantida durante o uso. O exemplo mais característico de pré-colocação é o porta-canetas que mantém a caneta em posição para escrever, mesmo quando não em uso, e do qual ela pode ser fácil e rapidamente removida ou colocada.

21. *Nos casos em que cada um dos dedos executa um movimento específico, como na datilografia, a carga deve ser distribuída de acordo com as capacidades intrínsecas de cada dedo.*

A pessoa que normalmente escreve com a mão direita executa o trabalho com menos fadiga e com maior destreza com a mão direita do que com a esquerda. Embora a maioria das pessoas possa ser treinada para trabalhar igualmente bem com qualquer uma das mãos, na maioria das operações fabris, os dedos têm capacidades intrínsecas diferentes para executar trabalho. Os dedos indicador e médio das duas mãos são usualmente superiores em perfórmance aos dedos anular e mínimo.

DISPOSIÇÃO DAS TECLAS DA MÁQUINA DE ESCREVER. Um estudo feito para determinar a posição das teclas de uma máquina de escrever que fornecesse a máxima eficiência[5] também ilustra essa diferença na capacidade dos dedos (Fig. 187). A parte do estudo que maior interesse apresenta para nós é a que revelou ser a habilidade da mão direita, quando comparada com a da mão esquerda, de 100 para 88,87 ou, aproximadamente, de 10 para 9. Isto coincide com as conclusões de outro investigador anteriormente citado[6]. Os dados da Tab. 13

[5] R. E. Hoke, Improvement of Speed and Accuracy in Typewriting. *Johns Hopkins Studies in Education*, n.º 7, pp. 1-42

[6] Wm. L. Bryan, On the Development of Voluntary Motor Ability. *American Journal of Psychology*, Vol. 5, n.º 2, p. 123

Estudo de movimentos e de tempos

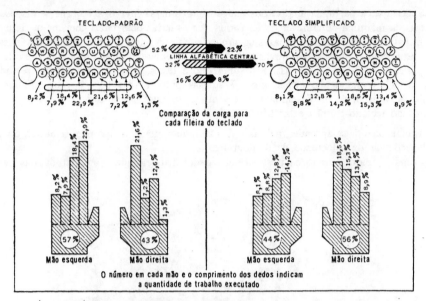

Figura 187. Comparação do teclado atual da máquina de escrever com o teclado simplificado. Os números indicam as cargas comparativas para cada linha, mão e dedo. O novo teclado, à direita, tem as letras rearranjadas de modo a submeter a mão direita à porção de carga correta. Setenta por cento das palavras comumente usadas escrevem-se com a linha alfabética central, na qual os dedos estão posicionados

Tabela 13. Carga relativa de cada dedo no teclado da máquina de escrever "ideal" e no da máquina comum usada atualmente

	Mão esquerda				Mão direita			
Dedo	4	3	2	1	1	2	3	4
Carga ideal	855	900	975	1028	1097	1096	991	968
Carga no teclado atual	803	658	1492	1535	1490	640	996	296

mostram as cargas ideais em golpes baseadas na habilidade dos dedos. As solicitações dos dedos com relação às máquinas de escrever atuais são apresentadas para fim de comparação.
Esses dados mostram que os dedos indicador e médio da mão direita deveriam suportar as cargas maiores, enquanto que o dedo mínimo da mão esquerda deveria estar submetido a carga menor. Eles também mostram que a carga total da mão direita, na máquina de escrever atual, é 3 422, e a da mão esquerda, 4 488, fornecendo uma relação de 100 para 131,25, quando, na realidade, deveria ser de 100 para 88,87. Portanto há uma sobrecarga na mão esquerda de 47,7% quando comparamos com a carga da mão direita.

Sugeriu-se, a partir da análise dos dados obtidos nessa investigação, que se dispusessem as teclas da máquina de escrever de tal forma que as letras ocorrentes com maior freqüência fossem batidas com os dedos capazes de suportar maiores cargas. De fato, diversos investigadores neste campo propuseram novos teclados; o apresentado à direita da Fig. 187 é o teclado "simplificado" DVORAK-DEALEY[7] submetido a testes, durante determinado período de anos, na Universidade de Washington. Pesquisas patrocinadas pela Carnegie Foundation for the Advancement of Teaching indicam que o teclado simplificado elimina muitos dos defeitos do teclado-padrão e também que é

1) mais fácil de se aprender, pelo fato de que requer menos tempo para se atingir qualquer nível particular de velocidade de datilografia;

2) mais rápido, pois torna possível velocidades mais elevadas para datilógrafas médias;

Figura 188. Painel de controles automático e manual para torno-revólver com placa pneumática. Todos os controles foram localizados na parte dianteira do cabeçote para que todos os comandos das várias unidades possam ser facilmente observados e controlados pelo operador na posição normal de operação

[7]A. Dvorak, N. I. Merrick, W. L. Dealey e G. C. Ford, *Typewriting Behavior.* American Book Co., New York, 1936, p. 219. Reproduzido com permissão

Estudo de movimentos e de tempos

3) mais preciso, pois se incorre em menor número de erros de datilografia;

4) menos fatigante, pois simplifica os movimentos de batida de tecla e adapta as cargas dos dedos e das mãos às habilidades relativas dos mesmos[8].

Apesar das vantagens citadas, dois problemas práticos impediram qualquer uso mais generalizado do teclado simplificado até o presente momento. Em primeiro lugar, máquinas de escrever com o teclado simplificado não são encontradas nos escritórios e nas escolas, e pessoas em fase de aprendizado hesitam em usar um teclado que não tenha uso difundido. Em segundo lugar, testes[9] parecem demonstrar que não seria econômico treinarem-se novamente datilógrafos experientes a usarem o teclado simplificado. O uso generalizado deste teclado, basicamente superior, terá de esperar até que se resolvam estes problemas.

22. *Deve-se localizar alavancas, barras cruzadas e volantes em posições tais que o operador possa manipulá-los com alteração mínima da posição do corpo e com a maior vantagem mecânica.*

Alguns fabricantes de máquinas-ferramenta compreendem que é possível construir-se uma máquina que execute satisfatoriamente suas funções, sendo ao mesmo tempo fácil de ser operada. A menos que a máquina seja totalmente automática, a sua produção dependerá de certo modo da atuação do operador. Quanto mais a máquina for conveniente de se operar, tanto maior deverá ser a produção.

Por exemplo, a Gisholt Machine Company incorporou um seletor de velocidades aos seus tornos-revólveres universais. Esse dispositivo possibilita que o operador obtenha fácil e rapidamente qualquer uma das velocidades de rotação disponíveis. É operado mecanicamente; o operador simplesmente procede à ajustagem, e a máquina, automaticamente, efetua a mudança a fim de fornecer a velocidade correta de rotação. A Fig. 188 mostra o painel de controles automático e manual de um torno de placa da Gisholt.

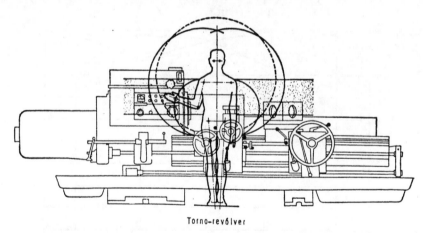

Torno-revólver

Figura 189. Controles agrupados próximo à área normal de operação. O painel principal de controles pode ser facilmente alcançado pela mão esquerda do operador. (De Robert H. Hose, Designing the Product to test human dimensions. Product Engineering, Vol. 26, n.º 9, p. 171)

[8] Dwight D. W. Davis, An Evaluation of the Simplified Typewriter Keyboard. *Journal of Business Education*, Vol. 11, n.º 2, outubro, 1935, p. 21; A. Dvorak, There is a Better Typewriter Keyboard. *National Business Education Quarterly*, Vol. 12, n.º 2, dezembro, 1943, pp. 51-58

[9] Earl P. Strong. *A Comparative Experiment in Simplified Keyboard Retraining and Standard Keyboard Supplementary Training*. General Services Administration, Washington, D. C., 1956

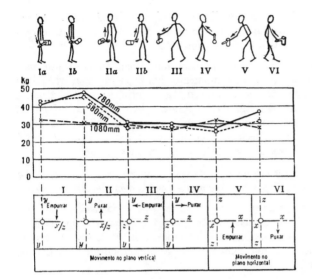

Figura 190. Resultado do estudo relativo a alavancas

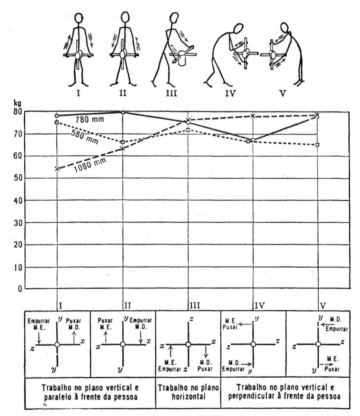

Figura 191. Resultado do estudo relativo a barras cruzadas

O operador não deve abandonar sua posição normal de trabalho a fim de operar a máquina. As alavancas devem ser localizadas de tal modo que ele não precise se inclinar ou girar o corpo de forma desconfortável a fim de manipulá-las (Fig. 189). Quando as condições ideais não puderem ser estabelecidas, deve-se aproximar delas o máximo possível.

Sabe-se que as alavancas podem ser operadas mais efetivamente em certas posições e a certas alturas do que em outras[10]. A literatura sobre o assunto fornece um estudo exaustivo, feito para determinar a eficiência de alavancas, barras cruzadas e volantes, localizados tanto no plano horizontal quanto no vertical e a três alturas diferentes do chão[11]. Esses dispositivos foram dispostos de tal modo que a força necessária para puxá-los ou empurrá-los era indicada em quilogramas por intermédio de um dinamômetro.

A finalidade dos testes foi a determinação do esforço máximo que poderia ser exercido em cada caso. Cada um dos três dispositivos foi testado nas várias posições apresentadas nas Figs. 190, 191 e 192.

A escala vertical representa a força, em quilogramas, exercida pela pessoa, e a escala horizontal mostra a posição particular da alavanca, barra cruzada ou volante testado. As

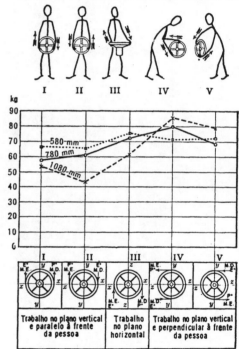

Figura 192. Resultado do estudo relativo a volantes

[10] A. Chapanis, W. R. Garner e C. T. Morgan, *Applied Experimental Psychology*: *Human Factors in Engineering Design*. John Wiley and Sons, New York, 1949; *Handbook of Human Engineering Data*. 2.ª ed., Tufts College Institute for Applied Experimental Psychology, 1951; Wesley E. Woodson, *Human Engineering Guide for Equipment Designers*. Departamento de Publicações da Universidade da California, Berkeley, 1954; L. E. Davis, Human Factors in Design of Manual Machine Controls. *Mechanical Engineering*, Vol. 71, pp. 811-816

[11] W. P. Kühne, Studien zur optimalen Kraftreaktion an Maschinenbedienungselementen (Estudos sobre a Força Ótima Exercida em Controles de Máquinas). *Industrielle Psychotechnik*, Vol. 3, n.º 6, pp. 167-172

famílias de curvas, em cada um dos gráficos, correspondem às três alturas diferentes, para as quais se efetuaram testes, a saber, 580 mm, 780 mm e 1 080 mm. Por exemplo, na Fig. 190 conseguiu-se maior eficiência da alavanca à altura de 780 mm em relação ao chão e na posição II da escala horizontal, que corresponde à posição em que a alavanca estava horizontal e o operador a empurrava para baixo.

O volante alcançou sua máxima eficiência quando colocado à altura de 1 080 mm em um plano vertical, posição IV na Fig. 192. O operador, colocado em um dos lados do volante, empurrava com a mão direita, puxando-o com a esquerda.

CAPÍTULO 20

Estudo de movimentos, mecanização e automação

Através dos séculos, o homem tem encontrado meios mais fáceis e melhores para produzir os bens que necessita e deseja. Originariamente, o trabalho consistia em atividades executadas com as mãos; depois desenvolveram-se ferramentas simples e, mais tarde, máquinas de acionamento mecânico. Hoje em dia, o equipamento inteiramente automático torna possível a eliminação da maior parte do trabalho manual do homem, transferindo-o à máquina. Já há muito tempo reconhece-se que o aumento na produtividade por homem-hora é fator importante na melhoria do padrão de vida de uma nação. Poucas pessoas são favoráveis ao uso da energia humana para executar trabalho que possa ser levado a efeito por máquinas, de uma forma melhor e mais barata. Está longe o dia, entretanto, em que todo o trabalho manual desaparecerá da indústria. Algumas atividades são excessivamente complexas para serem mecanizadas e, dessa forma, devem ser executadas manualmente. Algumas tarefas ocorrem tão raramente que é antieconômico o uso de máquinas. Além do mais, outros fatores podem afetar a extensão com que se deva proceder à mecanização em uma dada situação — fatores tais como qualidade, produção, utilização de material, segurança, existência de operários qualificados, disponibilidade de capital e vida provável do produto em execução.

Como a aplicação dos princípios de economia dos movimentos normalmente requer reduzido investimento de capital e possui baixo custo de projeto, sugere-se que o melhor método manual ou a melhor combinação de método manual e máquina sejam desenvolvidos e usados como uma base para a avaliação de um processo automático ou mecanizado que esteja sendo proposto. Por exemplo, uma empresa tem como rotina a determinação e a avaliação de métodos alternativos. Ao considerar uma operação relativamente complexa e de grande volume, far-se-ia uma comparação dos custos estimados para execução de cada elemento ou cada suboperação manual e também automaticamente. Por exemplo, em uma operação de prensa, as peças poderiam ser alimentadas manual ou automaticamente; a prensa poderia ser acionada manual ou automaticamente, e as peças acabadas poderiam ser removidas com o auxílio da mão ou ejetadas de forma automática. O custo de instalação e de manutenção de cada um dos componentes automáticos teria de ser comparado aos custos do método manual. Entretanto deveria ser usado como base de comparação um método manual eficiente, ao qual se tivesse aplicado os princípios de economia dos movimentos.

No caso hipotético apresentado na Fig. 193, a operação tem três elementos, qualquer um dos quais pode ser executado manual ou automaticamente. Há oito combinações possíveis, podendo ser estimado o custo para cada uma delas. A combinação que conduz a um custo mínimo será a recomendada, em igualdade as demais condições influentes.

Os dois primeiros casos descritos neste capítulo mostram como se alterou a produção por homem-hora através de mudanças no método, desde a operação inteiramente manual à mecanização parcial e, finalmente, com a produção inteiramente automática. No terceiro caso, referente ao manuseio de produtos acabados em um armazém, o custo do tabuleiro constituiu-se em fator adicional que afetou o custo total de manuseio no armazém.

Combinação	Elementos da operação		
	1	2	3
A	Manual	Manual	Manual
B	Automático	Manual	Manual
C	Automático	Automático	Manual
D	Automático	Manual	Automático
E	Manual	Automático	Manual
F	Manual	Manual	Automático
G	Manual	Automático	Automático
H	Automático	Automático	Automático

Figura 193. Oito combinações possíveis de execução manual e automática de uma operação com três elementos

ESCOLHA E EMBALAGEM DE OVOS PARA DISTRIBUIÇÃO

Um estudo cuidadoso do método de escolher, separar por tamanho e empacotar ovos, para distribuição, em uma fábrica[1] na California resultou em aumento substancial da produção e na redução dos custos de mão-de-obra. Basicamente, o processo consistia de três partes: (1) determinação do tipo; (2) determinação do peso; (3) embalagem dos ovos em caixas de papelão. Originalmente, este era o método: o operador pegava dois ovos em cada mão, segurando-os um de cada vez, em frente a uma luz intensa. Examinava os ovos com relação à aparência exterior (cor, textura, espessura da casca) e à qualidade interior (dimensão e mobilidade da clara, posição e tamanho da bolsa de ar e outras características que indicam a qualidade do ovo). Isso feito, o ovo era colocado na caixa apropriada do local de trabalho. Nesta operação de seleção, os ovos eram classificados em oito diferentes tipos de qualidade e em sete categorias de pesos diferentes.

Foram introduzidas três modificações importantes nos métodos de escolha e produção.

PRIMEIRO MÉTODO MELHORADO. A primeira melhoria foi conseguida através da aplicação, ao trabalho, dos princípios de economia dos movimentos. Uma pequena correia transportadora, acionada por um motor controlado a pedal, transportava os ovos a serem inspecionados para uma posição conveniente ao operador. Colocaram-se prateleiras semicirculares em diversos níveis acima do transportador a fim de facilitarem a colocação dos ovos de diferentes tipos e pesos nas caixas de papelão. Uma lâmpada resfriada a ar, de desenho especial, aumentou ainda mais a eficiência do local de trabalho. Como resultado dessas melhorias, a produção aumentou aproximadamente 20%.

SEGUNDO MÉTODO MELHORADO. ESCOLHA E EMPACOTAMENTO MECANIZADO. A fim de se aumentar ainda mais a produtividade, instalou-se uma máquina[2] que

[1]Michel Brothers, Santa Monica, California
[2]Projetada e construída pela FMC Corporation, Riverside, California

Estudo de movimentos e de tempos

executava automaticamente duas das três partes da tarefa. O operador e a máquina trabalhavam juntos da seguinte maneira. O operador, trabalhando na entrada da máquina, determinava o tipo dos ovos, como no primeiro método melhorado. Entretanto o ovo era retirado diretamente da caixa em que era recebido do produtor. O operador simplesmente inspecionava os ovos em frente à luz, como no método antigo, determinava o seu tipo, colocando-os em oito pequenos transportadores localizados diretamente à sua frente, um para cada classificação de qualidade. A partir deste ponto, o processo era inteiramente automático. Cada ovo era automaticamente pesado e marcado com um código em tinta invisível, sendo dirigido, por meio de um dispositivo de memória e controles eletrônicos, a uma das 22 estações de enchimento de caixas existentes na máquina, onde era depositado na caixa adequada. Quando a caixa, com uma dúzia de ovos, estivesse cheia, colocava-se a tampa, e a caixa era selada, datada e transportada para um operador que a colocava em uma caixa maior. Estas caixas eram levadas, por um transportador, em direção ao armazenamento. Seis operadores, dois auxiliares e um encarregado eram capazes de processar aproximadamente 1 620 dúzias de ovos/h. Esta quantidade era anteriormente processada por doze moças.

TERCEIRO MÉTODO MELHORADO. INSPEÇÃO MECANIZADA EM FRENTE À LUZ, CLASSIFICAÇÃO POR TAMANHO E EMPACOTAMENTO. Recentemente foram introduzidas algumas modificações nas instalações para o processamento de ovos que aumentaram ainda mais a eficiência e melhoraram a qualidade e uniformidade dos ovos selecionados. Em primeiro lugar foi estudado um plano de incentivos ao produtor de ovos na forma de melhor preço por dúzia caso os ovos alcançassem o padrão de qualidade especificado. Para alcançar esse padrão de qualidade, o avicultor deve eliminar do bando de aves as poedeiras que botam ovos de qualidade inferior — normalmente as galinhas mais velhas. Durante a semana, os ovos das granjas produtoras são inspecionados por amostragem, e o "nível de qualidade" é baseado nos registros de inspeção. Esse nível de qualidade será tomado como base para a semana seguinte.

Figura 194. Novo projeto de caixa para ovos. A caixa de papelão contém doze bandejas para 30 ovos cada. O projeto da caixa recortada facilita a circulação do ar e permite o resfriamento mais rápido dos ovos na câmara frigorífica da granja. Facilita também a remoção das bandejas na fábrica de processamento

O processo é o seguinte: os ovos recolhidos pelo avicultor são colocados diretamente em bandejas especiais, cada uma contendo 30 ovos. As bandejas, por sua vez, são colocadas em caixas com capacidade para 30 dúzias (Fig. 194). As caixas são colocadas numa câmara frigorífica, até sua retirada pelo caminhão e sua entrega à instalação de processamento. Quando chegam à instalação de processamento, os ovos são recolocados em câmaras frigoríficas, onde são mantidos separados para que não haja confusão quanto ao produtor. Quando os ovos devem ser classificados, eles são colocados na parte dianteira da máquina de processamento[3] (Fig. 195), onde um carregador coloca as bandejas numa correia transportadora que distribui automaticamente os ovos, por igual, numa outra correia transportadora de borracha. Os ovos são lavados e secos automaticamente. Após essa operação, eles passam por uma bateria com seis lâmpadas de 1 000 W cada, onde um operador, chamado escolhedor, examina os ovos que passam e retira os rachados ou com manchas de sujeira que não foram removidas pelo processo de lavagem.

Em seguida, cada ovo é automaticamente pesado e separado de acordo com a seguinte classificação: especial, muito grande, grande, médio, pequeno e muito pequeno. As cestas com os ovos passam em seguida por um detetor de sangue, onde são retirados todos os ovos que contenham a menor mancha de sangue. Os ovos de boa qualidade são retirados automaticamente da correia transportadora e colocados numa caixa de papelão.

Quando a caixa está cheia, é automaticamente fechada, lacrada, codificada, datada e entregue a um operador que a coloca numa cesta retangular de arame para quinze dúzias de

Figura 195. Equipamento mecanizado para manuseio dos ovos. As bandejas contendo 30 ovos cada, são transferidas das caixas para o "equipamento de carregamento" por meio de correia transportadora. O "separador" retira os ovos rachados e sujos ao passarem pela bateria de luzes. Os ovos são colocados em caixas de papelão que são automaticamente fechadas, seladas e datadas

[3]*Ibid.*

Estudo de movimentos e de tempos

Capital investido em construções e equipamentos — quatro métodos diferentes de classificação e empacotamento de ovos para distribuição

Método	Total do pessoal lotado (operadores)	Número total de ovos manuseados, em dúzias Por hora	Número total de ovos manuseados, em dúzias Por operador por hora	Capital investido, em dólares (equipamentos e construções) Total	Capital investido, em dólares (equipamentos e construções) Por operador	Capital investido, em dólares (equipamentos e construções) Por dúzias de ovos manuseados por hora
1. Método original manual de inspeção com luz	10	1 120	112	80 000	8 000	70
2. Método melhorado manual de inspeção com luz	12	1 620	135	80 000	6 667	41
3. Método manual de inspeção com luz, separação por tamanho e empacotamento mecanizados	9	1 620	180	140 000	15 555	86
4. Lavagem, separação por tamanho e empacotamento mecanizados	7	1 800	257	140 000	20 000	78

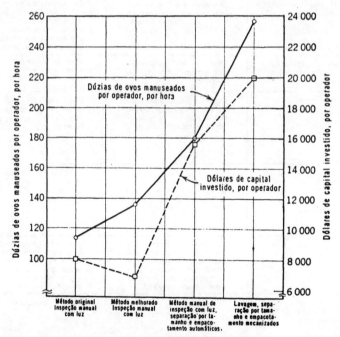

Figura 196. Curvas mostrando o número de ovos processados, em dúzias, por operador, por hora e o capital investido em equipamentos, em dólares, por operador para cada um dos quatro métodos diferentes de manuseio e empacotamento dos ovos

	I	II
	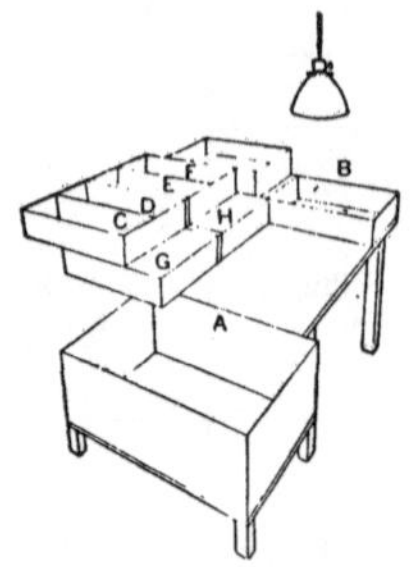	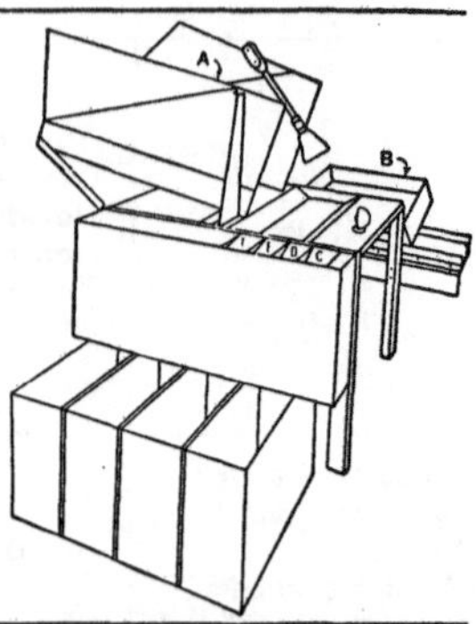
Breve explanação do método usado.	Método original. Inspecionam-se os carretéis empilhados no tampo da bancada.	Disposição melhorada do lugar de trabalho. O uso de luz permite que a inspeção seja efetuada sem virar os carretéis.
Equipamento usado.	Bancada normal.	Bancada especial.
Método de suprir carretéis para inspeção.	Os carretéis a serem inspecionados são colocados em caixas ao lado da bancada, no chão.	Os carretéis a serem inspecionados são distribuídos na superfície da bancada especial por meio de depósito alimentador situado na parte traseira da bancada.
Localização da fonte de iluminação para a inspeção dos carretéis.	Fonte normal de iluminação situada acima da bancada.	Duas fontes de iluminação localizadas em posições vantajosas, acima do lugar de trabalho.
Método de inspeção.	Carretéis inspecionados numa extremidade, depois rodados 180º e inspecionados na outra extremidade.	Duas fontes de iluminação permitem que a inspeção seja efetuada sem virar os carretéis.
Destino dos carretéis em boas condições.	Os carretéis em boas condições são empilhados, em ordem, na bandeja à direita do operador.	Os carretéis em boas condições são empilhados, em ordem, na bandeja à direita do operador.
Destino dos carretéis defeituosos.	As peças defeituosas são colocadas pelo operador numa das seis bandejas localizadas na parte traseira da bancada para seis diferentes classes de rejeição.	As peças defeituosas são colocadas, pelo operador numa das quatro frestas à esquerda da bancada para quatro diferentes classes de rejeição.
Aumento de produção do operador por hora, em comparação com o método anterior.	Método original.	100% do método I.

Figura 197. Resumo de cinco métodos para inspeção de carretéis metálicos

MÉTODOS

III	IV	V
O carretel foi redesenhado com as duas pontas iguais. O uso de dois calibres de largura eliminou a inspeção visual dos carretéis.	Uma bandeja vibratória mecânica de alimentação para quatro calibres de largura com carretéis elimina a alimentação manual e a inspeção visual.	Parece que as rejeições podem ser retiradas dos calibres de largura por meios mecânicos, permitindo assim uma operação completamente automática.
Bancada especial. Aberturas afuniladas no tampo da bancada que dirigem os carretéis aos calibres de largura colocados na parte inferior do tampo.	Correia transportadora, bandeja vibratória mecânica de alimentação, quatro calibres de largura.	Equipamento completamente automático.
Os carretéis a serem inspecionados são distribuídos na superfície da bancada por meio de depósito alimentador situado na parte traseira da bancada especial (O depósito alimentador não é mostrado no croqui acima).	Os carretéis a serem inspecionados são trazidos para a bandeja vibratória de alimentação por correia transportadora desde o local da operação anterior.	Os carretéis a serem inspecionados são trazidos para a bandeja vibratória de alimentação por correia transportadora desde o local da operação anterior.
Iluminação normal.	Iluminação normal.	Iluminação normal.
Não existe inspeção visual. Carretéis bons rolam através calibres de largura. Peças defeituosas não passam pelos calibres e são removidas pelo operador.	Não existe inspeção visual. Carretéis bons rolam através calibres de largura. Peças defeituosas não passam pelos calibres e são removidas pelo operador.	Não existe inspeção visual. Carretéis bons rolam através calibres de largura. Peças defeituosas não passam pelos calibres e são removidas por meios mecânicos.
Os carretéis em boas condições rolam diretamente dos calibres para uma bandeja colocada na parte inferior do tampo. Os carretéis têm as pontas idênticas e não precisam ser empilhados em ordem.	Os carretéis em boas condições rolam diretamente dos calibres para um plano inclinado que os deposita numa bandeja.	Os carretéis em boas condições são transferidos por correia transportadora, diretamente para a próxima operação.
As peças defeituosas são colocadas, pelo operador em frestas situadas em ambos os lados da bancada.	As peças defeituosas são colocadas, pelo operador, numa fresta situada na parte central do local de trabalho.	As peças defeituosas são jogadas num plano de inclinação por dispositivo mecânico.
108% do método II.	125% do método III.	Equipamento automático que dispensa operador. Uma pessoa poderá controlar várias unidades. Um homem de manutenção é suficiente para cuidar de uma bateria de máquinas.

Carro de mão

MÉTODO →

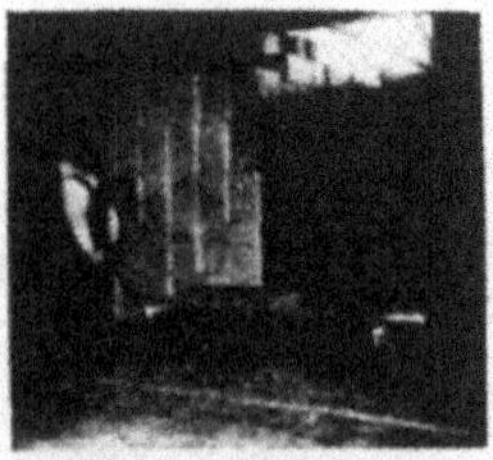

HOMENS NECESSÁRIOS

Manual	35,3
Operadores de empilhadeira	0
Total	35,3

EQUIPAMENTO →

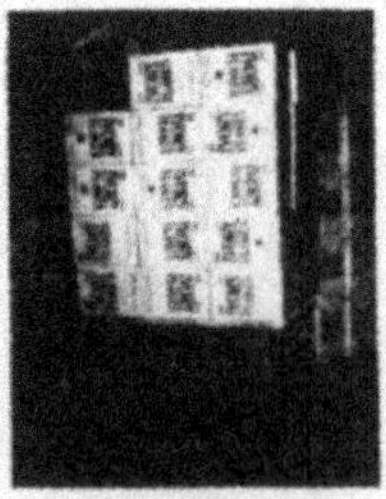

INVESTIMENTO

Carros de mão	(36)	$7,200
Empilhadeiras	(7)	..
Tabuleiros	(11.000)	..
Total		$7,200

CUSTO	Ano	Caixa
Salários	$143,465	0,0197
Administração salarial a 17%	24,389	0,0036
Despesas com tabuleiros de madeira	..	
Despesas com tabuleiros de papelão	..	..
Despesa de operação	..	..
Manutenção	342	..
Depreciação a 12,5%	900	0,0001
Seguro e taxas a 1%	72	..
Total	$169,168	0,0234
ECONOMIA	Base	Base

*Despesas com tabuleiros de papelão

Figura 198. Comparação de métodos de manuseio de produtos acabados em um armazém de uma fábrica com produção de 30 000 volumes/dia. Supor (1) 15 000 volumes/dia para embarque, 15 000 volumes/dia para armazenagem; (2) tempo no armazém, 4 semanas; (3) produto manualmente transportado da rampa para o tabuleiro ou carrinho, e do tabuleiro ou do carrinho para o carro

Estudo de movimentos e de tempos

Empilhadeira	Tabuleiro especial	Dispositivo de aperto

16,5	16,5	16,5
6,2	6,8	6,3
22,7	23,3	22,8

$28 000	$38 500	$38 500
49 500	*	..
$77 500	$38 500	$38 500

Ano	Caixa	Ano	Caixa	Ano	Caixa
$ 93 871	0,0129	$ 96 648	0,0133	$ 94 361	0,0130
15 958	0,0022	16 430	0,0023	16 041	0,0022
9 251	0,0013	..	..	..	..
..	..	8 833	0,0012		
2 572	0,0004	2 838	0,0004	2 619	0,0004
3 453	0,0005	4 862	0,0007	4 486	0,0006
9 688	0,0013	4 813	0,0006	4 813	0,0006
775	0,0001	385	..	385	..
$135 568	0,0187	$134 809	0,0185	$122 705	0,0168
$ 33 600	0,0046	$ 34 359	0,0047	$ 46 463	0,0064

252   *Ralph M. Barnes*

ovos. As cestas são transportadas nas correias até as câmaras frigoríficas. As cestas com os ovos serão posteriormente despachadas às mercearias e colocadas diretamente em exposição nas geladeiras, eliminando assim uma operação de manuseio. Um grupo formado de um carregador, um escolhedor, três encaixotadores, um inspetor e um encarregado podem processar aproximadamente 1 800 dúzias de ovos/h.

As curvas na Fig. 196 indicam que o "número de dúzias de ovos manuseados por operador, por hora" aumentou de 112, pelo método antigo, para 257 pelo presente método. Entretanto o investimento em equipamentos e construção civil por operador aumentou de 6 667 dólares no primeiro método melhorado para 20 000 dólares no presente método. Os interessados encontram-se quase sempre na situação de terem que avaliar o custo da mão-de-obra e do capital inicial investido para determinarem o método preferido. Neste caso, cada melhoria na mecanização reduziu o custo da mão-de-obra e o custo total do processamento dos ovos. Além disso, o método aqui descrito permite o fornecimento de ovos de tamanho e qualidade uniformes e permite o pagamento de um preço melhor por dúzia ao agricultor pela melhor qualidade dos ovos que aprendeu a produzir.

NOVO PROJETO DE CAIXA PARA OVOS. A caixa de papelão ondulado para ovos (Fig. 194) consiste em um catre, ou parte inferior, com furos próprios nas extremidades que funcionam como alças para facilitar o levantamento da caixa. As duas laterais são cortadas para facilitar a colocação e a retirada das bandejas especiais. A tampa de papelão encaixa até o fundo do catre e apresenta nas extremidades dois furos que funcionam também como alças. Estes furos correspondem aos furos do catre. A caixa contém doze bandejas de 30 ovos cada, um total de 30 dúzias. Os ovos são recolhidos na granja, colocados nas bandejas, e estas, diretamente na caixa, eliminando, conseqüentemente, uma operação de manuseio. Os cortes laterais facilitam a circulação do ar e permitem o resfriamento mais rápido dos ovos nas câmaras frigoríficas da granja. Essa nova caixa para ovos foi estudada pelo Departamento de Agricultura da Universidade da California e é amplamente usada pelos avicultores e pelos interessados em processamento de ovos.

INSPEÇÃO DE CARRETÉIS METÁLICOS

Durante um período de 25 anos introduziram-se quatro melhorias na inspeção de carretéis metálicos (Fig. 197). O primeiro melhoramento (Método II) resultou de um melhor arranjo físico do local de trabalho e do uso de duas fontes de luz que tornaram desnecessário girar-se o carretel 180° a fim de inspecioná-lo. Uma descrição completa desse método pode ser encontrada na página 294. Esse método, apesar de ter dobrado a produção, ainda requeria 100% de inspeção por parte do operador. Alguns anos mais tarde, os carretéis foram reprojetados de modo a serem as duas extremidades iguais. Esta alteração no projeto permitiu o uso de dois calibres que eliminaram a inspeção visual dos carretéis. Todos os carretéis aceitos eram transportados por intermédio de guias para as bandejas. Qualquer carretel rejeitado permanecia no calibre, de onde era removido pelo operador. Esse método (Método III) resultou em um aumento de 108% na produção relativamente ao método anterior. O método usado atualmente (Método IV) utiliza um alimentador mecânico vibratório que alimenta os carretéis nos calibres, automaticamente, tornando desnecessário que o operador o faça com as mãos. Esse alimentador mecânico, conduzindo carretéis a quatro calibres, proporcionou um aumento de 125% na produção em relação ao Método III.

Parece possível projetar-se um dispositivo mecânico que remova os carretéis rejeitados dos calibres, tornando, dessa forma, a operação inteiramente automática. Os carretéis a serem inspecionados poderiam ser transportados, da operação anterior ao alimentador vibratório, por intermédio de uma correia transportadora; eles poderiam ser inspecionados automatica-

Estudo de movimentos e de tempos 253

Figura 199. Dispositivo para empilhadeira que torna desnecessário o uso de tabuleiros

mente, e, então, os carretéis aceitos poderiam ser transportados à próxima operação com o auxílio de outra correia transportadora. Seria de se esperar que uma única pessoa pudesse atender a diversas destas unidades. Cada bateria de máquinas requereria um encarregado de manutenção.

Atualmente está sendo projetado um dispositivo mecânico para retirar os carretéis rejeitados dos calibres. Este fato permitirá à operação tornar-se completamente automática. Os carretéis que deverão ser inspecionados serão levados, da operação anterior ao alimentador mecânico vibratório, por meio de uma correia transportadora. Serão inspecionados automaticamente, e os carretéis de boa qualidade serão levados por uma correia transportadora para a próxima operação.

COMPARAÇÃO DE MÉTODOS DE MANUSEIO EM UM ARMAZÉM DE PRODUTOS ACABADOS

Existem situações em que o fator determinante não é a mão-de-obra. A Fig. 198 mostra quatro métodos distintos de manuseio em um armazém de produtos acabados, usados pela Procter and Gamble Company. Originalmente era usado um carrinho com fundo plano, o que fornecia um custo total de manuseio de 2,34 dólares por 100 caixas. A substituição por uma empilhadeira com tabuleiros de madeira resultou em uma redução nos custos de manuseio para 1,87 dólares por 100 caixas. Projetou-se um tabuleiro especial que reduziu os custos de paletização e também economizou espaço vertical no armazém. Esse método forneceu um custo de 1,85 dólares por 100 caixas. O tabuleiro especial era constituído de papelão pesado e resistente, substituindo o tabuleiro de madeira anteriormente usado. Esse tabuleiro custa aproximadamente 50 centavos de dólar em comparação aos 4,50 dólares para o tabuleiro de madeira. Recentemente, incorporou-se à empilhadeira um dispositivo para aperto de carga que elimina inteiramente o tabuleiro (Fig. 199). Esse método para manusear caixas reduziu o custo para 1,68 dólares por 100 caixas. Na parte inferior da Fig. 198 encontra-se uma classificação detalhada dos diversos custos para cada um dos quatro métodos.

CAPÍTULO 21

Padronização — registro do método padronizado

Após ter-se encontrado o melhor método para a execução, é essencial que se faça um registro permanente dele — o registro do método padronizado. Além de servir como registro permanente da operação, esse documento pode ser usado como folha de instruções para o operador ou, então, como auxiliar ao mestre e ao instrutor durante o treinamento do operador.

O REGISTRO DO MÉTODO PADRONIZADO COMO UM DOCUMENTO PERMANENTE. Uma vez que o método melhorado tenha sido padronizado e colocado em execução, torna-se necessária vigilância constante por parte da administração a fim de que o padrão seja mantido. Freqüentemente, o equipamento e as ferramentas se desajustam, aparecem folgas nas correias, e os materiais diferem das especificações. Quando existirem essas condições, não se pode esperar que o operador venha a executar a operação da forma prevista. Somente através da manutenção rigorosa das condições padronizadas é que se pode ter confiança razoável que a produção e qualidade requeridas serão alcançadas.

Muitas vezes, os tempos-padrão são usados como base para incentivos salariais, e a maioria dos planos de incentivo ou implicam, ou especificamente afirmam que os tempos-padrão não serão alterados[1], a menos que se verifique uma mudança do método usado na execução do trabalho. Desta forma, torna-se essencial que, logo após a aprovação do método melhorado, se faça um registro completo e preciso de todos os elementos que nele intervêm. Se esse registro não for mantido, será quase impossível assegurar-se, no futuro, se o método usado é o mesmo que vigorava no instante em que o padrão foi estabelecido pela primeira vez.

Uma empresa emprega os impressos apresentados nas Figs. 200 e 201 como registro permanente de cada operação. Esse registro do método padronizado é preparado pela pessoa que executa o estudo de movimentos e de tempos ou, então, pela pessoa que supervisiona a investigação, isto quando o trabalho é executado por uma equipe. Esses dois impressos são preparados depois de o método correto ter sido estabelecido e se encontrar em execução. Os impressos "Condições padronizadas de operação" e "Condições gerais de operação" usados por essa empresa são de cores diferentes, o primeiro amarelo e o segundo salmão. Para cada um desses impressos, emitem-se um original e uma cópia. O original é colocado em uma pasta, juntamente com os estudos de tempos iniciais referentes à operação, e arquivado nos escritórios do departamento de padrões de incentivos. A cópia em carbono é arquivada no escritório do mestre do departamento no qual a operação é executada. Ela é usada pelo operador, pelo mestre e pelo anotador.

O impresso "Condições padronizadas de operação" contém os detalhes completos da operação específica; o impresso "Condições gerais de operação", como o nome indica, contém informações de ordem mais geral sobre a operação e sua localização relativamente ao resto do departamento ou edifício, informação sobre o fluxo do material em direção ao e se afastando do local de trabalho, condições de trabalho e assuntos correlatos.

Algumas classes de trabalho são relativamente simples, podendo-se preparar rapidamente o registro do método padronizado. Em trabalho de usinagem, por exemplo, as velocidades

---

[1]Veja Ralph M. Barnes, *Industrial Engineering Survey*. University of California, 1963

Estudo de movimentos e de tempos

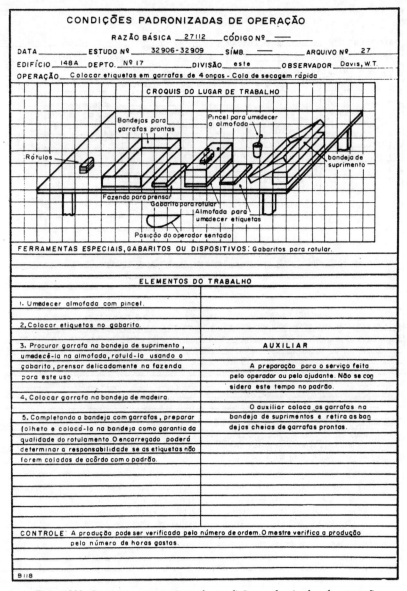

Figura 200. Impresso para registro de condições padronizadas de operação

de rotação e de avanço, a forma e dimensões das ferramentas, o óleo para resfriamento usado e o método de se prender a peça são os fatores importantes. O impresso da Fig. 322, desenvolvido por uma empresa com a finalidade básica de fornecer instruções ao operador, também pode ser usado como um registro permanente da operação.

Em algumas fábricas, onde muitas operações são semelhantes, desenvolvem-se métodos para uma classe de trabalho, estabelecendo-se os tempos-padrão a partir de tabelas de tempos

CONDIÇÕES GERAIS DE OPERAÇÃO

DATA DE EMISSÃO_____ RAZÃO BÁSICA N°_____ 27112 _____ CÓDIGO N°_____

EDIFÍCIO__ 148A __ DPTO.__ N°17 ____ DIVISÃO__ Leste ____ OBSERVADOR __Davis, W.T.__

TIPO DE OPERAÇÃO_Encher e empacotar garrafas contendo líquido

DISPOSIÇÃO DA OPERAÇÃO OU LOCALIZAÇÃO

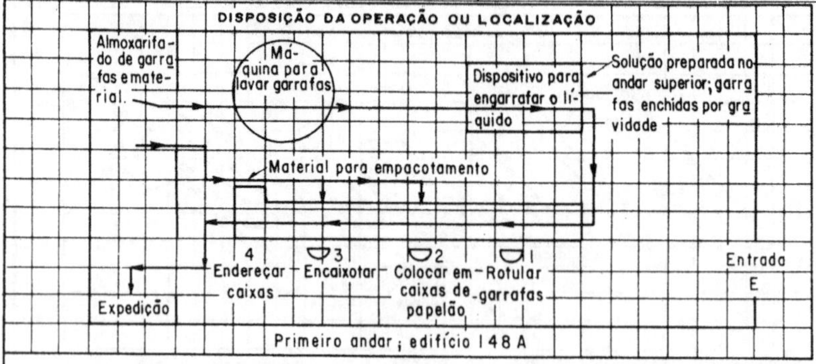

Almoxarifado de garrafas e material. — Máquina para lavar garrafas — Dispositivo para engarrafar o líquido — Solução preparada no andar superior; garrafas enchidas por gravidade

Material para empacotamento

4 Endereçar caixas — ▽3 Encaixotar — ▽2 Colocar em caixas de papelão — ◁1 Rotular garrafas — Entrada E

Expedição

Primeiro andar ; edifício 148 A

CLASSIF. DA APLICAÇÃO Unidade projetada para manuseio de garrafas para produto líquido.

DESCRIÇÃO DO EQUIPAMENTO-PADRÃO Linha controlada de produção desde o suprimento até o produto acabado na expedição. O equipamento consiste em u'a máquina para lavar garrafas N° 3712-A, dispositivo para engarrafar o líquido N° 2192-O, conjunto de lugares de trabalho situados numa longa bancada, para o rotulamento, empacotamento, encaixotamento e máquina de colocação de endereços N° 3127-C. Garrafas manuseadas em bandejas de madeira para prevenir acidentes causados por vidro quebrado.

DESCRIÇÃO DAS CONDIÇÕES DE TRABALHO Horas normais de trabalho das 8 às 12, das 13 às 17. Trabalho executado em local arejado, em condições de luz natural. Iluminação artificial disponível se necessário. Os lavadores de garrafas vestem aventais de borracha e luvas. Os engarrafadores usam óculos, avental de borracha, luvas e mangas.

FLUXOGRAMA DE MATÉRIA-PRIMA E SUPRIMENTOS Garrafas a serem lavadas na máquina provenientes do armazém. Garrafas limpas transferidas para o dispositivo de engarrafar o líquido. Transferidas por carrinho desde o dispositivo de engarrafamento até à bancada de trabalho. As garrafas rotuladas são colocadas em caixas de papelão, e estas caixas são encaixotadas em caixas de madeira. À caixa pronta é aplicado o endereço pela máquina. Após isto, é enviada 'a expedição. O material de empacotamento e rótulos são transferidos do almoxarifado para o lugar de trabalho.

B117

Figura 201. Impresso para registro de condições gerais de operação

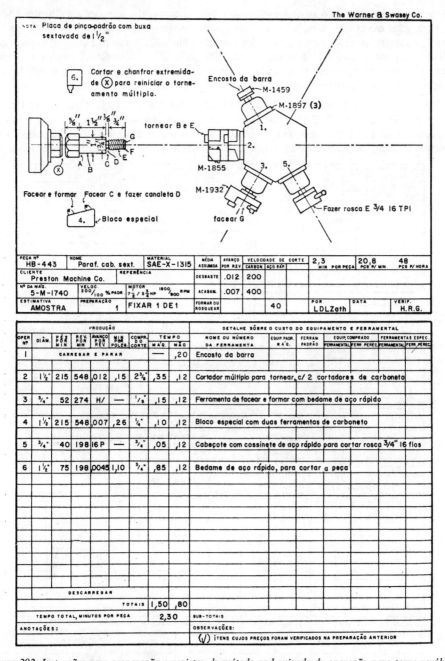

Figura 202. Instruções para preparação e registro do método padronizado da operação para torno-revólver

pré-determinados ou com o auxílio de fórmulas. Nesses casos, as operações semelhantes podem ser agrupadas em classes, e para cada classe pode-se preparar um registro do método padronizado, contendo os elementos básicos. Por exemplo (Fig. 322), todos os *blanks* de engrenagem usinados no torno-revólver JL58 (operação 5TR, caso D) apresentam a mesma seqüência de movimentos do operador e da máquina, embora a velocidade de rotação, o avanço e as dimensões das ferramentas empregadas variem com o disco usinado.

COMBINAÇÃO DE FOLHA DE CÁLCULOS, FOLHA DE INSTRUÇÕES E REGISTRO DO MÉTODO PADRONIZADO. A Jones and Lamson Machine Company usa o impresso apresentado na Fig. 203 como uma combinação de folha de cálculos, folha de instruções e registro do método padronizado. A operação apresentada é a usinagem duma engrenagem

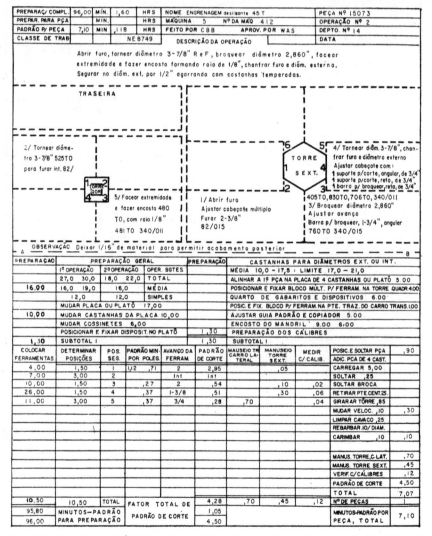

Figura 203. Combinação de folha de cálculos, folha de instruções e registro do método padronizado

Estudo de movimentos e de tempos

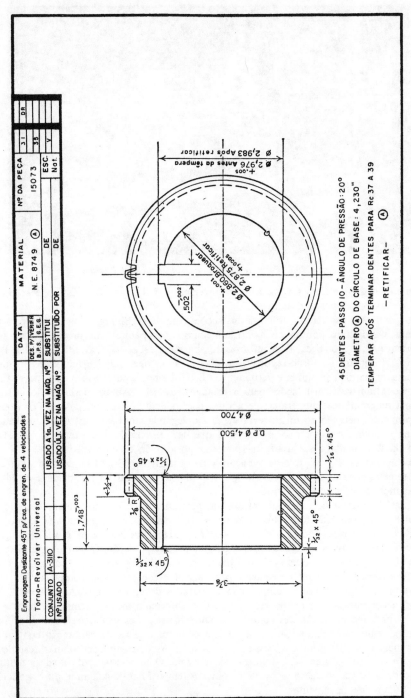

Figura 204. *Desenho detalhado de uma engrenagem deslizante; número da peça: 15 073*

Figura 205. Torno-revólver universal Jones and Lamson

deslizante (Fig. 204) em um torno-revólver universal n.° 5 JL (Fig. 205). Esta operação é executada na fábrica Jones and Lamson.

É o seguinte o uso dado à folha de instruções (Fig. 203). Entrega-se ao operador a parte da folha acima da linha pontilhada *A-B*. Ela inclui o tempo-padrão para preparação e o tempo operacional-padrão por peça. Esta informação aparece à esquerda e ao alto da folha. Para a operação 2 (primeira no torno-revólver), estabelece-se ao operador um tempo de 96 min, ou 1,6 h, para preparar a máquina e 7,10 min, ou 0,118 de hora, para usinar cada peça. Em seguida, encontram-se as instalações para a usinagem da peça. Abaixo destas estão instruções em forma diagramática, numeradas de acordo com a seqüência de operações. Por exemplo, 1/ é a primeira operação no torno-revólver, 2/ é a segunda etc. Estas instruções também fornecem ao operador o número da ferramenta que deve ser usada. Por exemplo, 525 TO é o número da ferramenta a ser usada na primeira posição do torno-revólver.

As velocidades de rotação e de avanço a serem usadas também são fornecidas. Por exemplo, na terceira posição do torno-revólver, o operador deverá usar uma velocidade de 340 rpm e um avanço de 0,011 pol por rpm.

A metade inferior da folha mostra exatamente como foi calculado o tempo-padrão para a operação. Essa parte da folha, que é mantida no departamento de estudos de tempo, pode ser usada como referência no caso em que ocorra uma reclamação ou erro. No canto esquerdo dessa seção encontra-se o tempo de preparação para cada operação. O tempo geral de preparação é 16 min, sendo este o valor médio para a preparação. Abaixo deste valor fornece-se o tempo às diversas operações necessárias para que a preparação seja completa. Na coluna adjacente a esta encontra-se o tempo para as paradas de ajustamento. As colunas 4, 5 e 6 mostram a computação do tempo real de corte. Esse cálculo inclui o tempo de corte e uma tolerância para incentivo. As três colunas seguintes fornecem os tempos relativos a operações diversas de manuseio e calibração. Todo o tempo de manuseio e de calibração contém 15% de tolerância para descanso e necessidades pessoais. As duas últimas colunas resumem os tempos de corte e de manuseio, totalizando 7,10 min. O fator 1,05, pelo qual se multiplica o tempo de corte da coluna 6 a fim de se obter o tempo final de 4,05 min, é uma tolerância para a afiação de ferramentas.

Estudo de movimentos e de tempos

REGISTRO ATRAVÉS DE FILMES. A melhor forma de se registrar algumas operações manuais complicadas é através de filmes. De fato, em alguns casos, pode ser mais econômico registrar-se a operação dessa forma do que se depender inteiramente de uma descrição escrita da tarefa. Em operações importantes freqüentemente tiram-se filmes "antes" e "depois" com finalidades diversas que podem também servir como suplemento para o registro do método padronizado. Entretanto, pequeno número de empresas tem utilizado filmes neste caso.

CAPÍTULO 22

Relação entre o estudo de movimentos e de tempos e os incentivos salariais

Durante vários anos, a ênfase principal do campo do estudo de movimentos e de tempos foi dada ao estabelecimento de tempos-padrão para serem usados em planos de incentivo salarial. Apesar de o estudo de tempos e de os planos de incentivos ainda serem intensamente usados, chegou-se à conclusão que o estudo de movimentos é também uma ferramenta poderosa na redução de custos. De fato, algumas pessoas acreditam que ele tem maior valor potencial do que o estudo de tempos e os incentivos salariais. Certamente, a administração das empresas está encorajando e colhendo resultados desta aplicação mais ampla do estudo de movimentos e de tempos. Também é provável que os empregados venham a reagir mais favoravelmente a este programa, particularmente porque o estudo de movimentos tem como objetivo principal encontrar a maneira mais fácil e mais satisfatória de se executar um trabalho, o que usualmente aumenta a produção sem requerer que o empregado aumente o seu esforço.

NECESSIDADE DE SE MEDIR OS RESULTADOS DO TRABALHO. A mão-de-obra é fator importante no custo da produção de produtos manufaturados, e, desta forma, a administração precisa considerar os custos de mão-de-obra, bem como todos os demais custos na operação de uma empresa. É tarefa da administração verificar que os seus empregados não executem trabalho inútil e desnecessário. Todas as operações devem ser submetidas à análise cuidadosa, devendo se encontrar o método mais fácil e melhor para cada operação individual. Sempre que possível, deve-se medir o trabalho e também informar-se ao operário qual é a tarefa-padrão para um dia de trabalho. Em todas essas atividades, a administração não pode se esquecer que cada operário é uma pessoa, devendo ser tratado como tal. Se a administração espera ganhar e manter o interesse e a cooperação de seus empregados, deve se certificar que cada ação da empresa beneficiará cada um dos trabalhadores. Há consenso geral em relação ao fato de a atitude mental do operário, sua moral, "vontade de trabalhar" e entusiasmo em relação à tarefa e à empresa representarem auxílio valioso para a administração. Por maiores que sejam, os salários sozinhos não garantem a existência destes atributos desejáveis entre o pessoal da empresa.

A maior parte das coisas de valor são compradas através de medidas, isto é, paga-se um preço por um certo número de unidades de um dado artigo de qualidades especificadas. Por exemplo, compra-se o açúcar por quilo, os tecidos por metro e a energia pelo quilowatt-hora. Quando um único fator deve ser medido, a unidade de medida referir-se-á exclusivamente àquele fator. Desta forma, a distância pode ser medida em unidades de comprimento, e o espaço em unidades de volume. Quando estiverem envolvidos dois fatores, entretanto, como no caso da energia elétrica, a unidade de medida deve incluir tempo e potência.

Estudo de movimentos e de tempos **263**

Todo o trabalho é basicamente uma combinação de esforço manual e mental dispendidos em um dado período de tempo. A maior parte do trabalho de fábrica e também porção considerável do trabalho de escritório são de natureza manual, sendo este o tipo de trabalho considerado neste livro.

O valor do trabalho é determinado mais pelos resultados obtidos do que pelo esforço dispendido. Isto é verdadeiro, quer uma pessoa trabalhe para si mesma ou para outra pessoa qualquer. É a produtividade do operário que basicamente mede o seu valor para quem o emprega. Como os resultados obtidos derivam da aplicação de esforço, sendo influenciados tanto pela duração como pela intensidade desse esforço, a unidade para a medida do trabalho precisa incluir tanto quantidade quanto tempo. O trabalho, em geral, é medido adequadamente em termos da quantidade executada por unidade de tempo, isto é, peças por hora ou toneladas por dia. Ordinariamente, especifica-se um padrão de qualidade, e somente as unidades que satisfaçam à qualidade-padrão são consideradas como unidades produzidas.

Embora o princípio de se pagar o trabalho proporcionalmente à sua produtividade tenha recebido algumas críticas, há muitos pontos favoráveis a um plano desta espécie, desde que adequadamente administrado. A maior dificuldade na aplicação dos incentivos salariais reside na determinação da tarefa-padrão. A resposta à pergunta "O que constitui um dia de trabalho--padrão?" é de grande importância prática.

O estudo de movimentos e de tempos é o sistema mais preciso que conhecemos atualmente para medir os resultados do trabalho. Embora não seja uma ferramenta perfeita, se aplicado por pessoas qualificadas e corretamente treinadas, trará resultados satisfatórios tanto para o empregado como para o empregador.

No passado e, infelizmente, ainda hoje, em pequena escala, os tempos-padrão têm sido estabelecidos na base de (1) resultados obtidos pelos operários no passado; (2) estimativa feita pelo supervisor ou por um "estimador"; e (3) tempo global obtido para um lote experimental. Estes métodos de se "medir" o que deveria constituir um dia de trabalho raramente são satisfatórios, não devendo ser usados como base de um plano de incentivos à mão-de-obra direta da fábrica. Um estudo de tempos cuidadosamente executado por um analista competente deverá ser a base para a definição de tempos-padrão. É claro que o uso adequado de tempos pré-determinados, tempos sintéticos ou amostragem do trabalho é também bastante aceitável.

EFEITOS DO ESTUDO DE MOVIMENTOS E DE TEMPOS E DAS APLICAÇÕES DOS PLANOS DE INCENTIVO SOBRE O OPERÁRIO. As duas fases do estudo de movimentos e de tempos que mais de perto se relacionam com o operário são (1) a melhoria do método de trabalho, e (2) o estabelecimento de um tempo-padrão como base de um plano de incentivo salarial. Estas duas funções afetam o operário de formas distintas. Ambas tendem a reduzir o custo unitário da mão-de-obra, principalmente pela redução do número de homens-hora necessários; conseqüentemente, ambas tendem a substituir o trabalho em uma dada operação. Isto é, desde que as janelas de uma fábrica possam ser lavadas na metade do tempo anteriormente gasto através do uso de um método cuidadosamente planejado e de um incentivo salarial, a folha de pagamento da empresa incluirá apenas metade dos lavadores de janela que seriam empregados se o método antigo fosse usado. Sob esse aspecto, o estudo de movimentos e de tempos também é incluído na categoria, juntamente com ferramentas e equipamentos, que reduz o custo da mão-de-obra através do aumento da eficiência.

Todos sabem que o elevado padrão de vida que vigora nos E.U.A. foi atingido devido à elevada produtividade da mão-de-obra daquele país. O número de homens-hora por unidade de área necessário ao plantio, cultivo e colheita de produtos agrícolas tem decrescido constantemente. Durante os últimos 40 anos, o número de homens-hora necessário para minerar uma tonelada de carvão foi reduzido à metade, e as indústrias produtivas têm continuamente

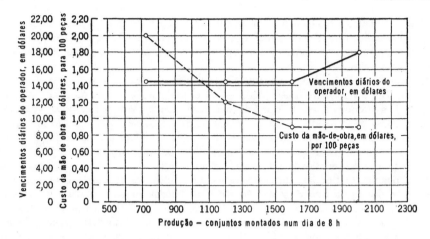

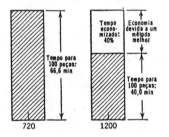
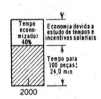

CASO I

Método. Montar uma peça por vez. A mão esquerda segura o suporte enquanto a mão direita monta as peças. Método deficiente.
Supervisão. Deficiente.
Atuação do operador. Deficiente.
Método de pagamento salarial. Dia de trabalho. Vencimento por hora = $ 1,80. Vencimentos, por dia, do operador = $ 14,40.
Média de produção obtida de registros anteriores = 720 peças para um dia de 8 h. Tempo médio para 100 peças = 66,6 min.
Custo médio da m. o. para 100 peças = $ 2,00.

CASO II

Método. Montar duas peças ao mesmo tempo, usando dispositivo especial. Método bom.
Supervisão. Deficiente.
Atuação do operador. Deficiente.
Método de pagamento salarial. Dia de trabalho. Vencimento por hora = $ 1,80. Vencimento, por dia, do operador = $ 14,40.
Média de produção obtida de registros anteriores = 1 200 peças para um dia de 8 h. Tempo médio para 100 peças = 40,0 min.
Custo médio da m. o. para 100 peças = $ 1,20.

CASO III

Método. Montar duas peças ao mesmo tempo, usando dispositivo especial. Método bom.
Supervisão. Boa.
Atuação do operador. Boa. O operador ganha agora na base de incentivos.
Método de pagamento salarial. Preço por peça com garantia de vencimento mínimo de $ 1,80 por hora. Tempo-padrão para 100 peças determinado pelo estudo de tempos = 30,0 min. Preço unitário considerando 100 peças = $ 0,90. Produção padronizada diária = 1 600 peças. Média de peças efetivamente produzidas por este operador diariamente = 2 000. Vencimentos médios diários deste operador = $ 18,00.
Custo médio da m. o. para 100 peças = $ 0,90.

OPERAÇÃO: Montar suporte para motor esmeril de bancada.
OPERADOR: Helen G. Meyers, n.º 746 231.
VENCIMENTO-BASE: $ 1,80 por hora − Dia de 8 h − semana de 40 h.
PLANO DE INCENTIVO SALARIAL: Preço por peça produzida.
N. do T. − Valores em dólares

Figura 206. Relação entre o estudo de movimentos e de tempos e o incentivo salarial

Estudo de movimentos e de tempos **265**

produzido mais com menor número de homens-hora. A longo prazo, todos se beneficiam com o aumento da produtividade[1]. Cada organização deve contribuir para a obtenção de tais benefícios sem exigir que seus operários trabalhem excessivamente e sem criar desemprego, mesmo temporário. Algumas empresas garantem aos seus empregados que não se verificarão dispensas como resultado da introdução de novas máquinas, processos ou métodos, ou devido à implantação de um sistema de incentivo salarial.

Unicamente através da melhoria de métodos, o trabalho freqüentemente torna-se tão fácil que, com o mesmo dispêndio de energia por parte do operador, consegue-se produzir maior número de unidades por dia. Assim, através do uso de alimentadores em duplicatas e de um dispositivo simples para a montagem do parafuso e das arruelas descrita no Cap. 17, o operador conseguiu executar 50% a mais de trabalho no mesmo intervalo de tempo. Esta fase do estudo de movimentos e de tempos torna possível ao operador produzir mais sem maior dispêndio de energia.

Ao contrário, a segunda fase do estudo de movimentos e de tempos, ou seja, o estabelecimento de um tempo-padrão a ser usado com um plano de incentivo salarial reduz o número de homens-hora através da oferta de maior remuneração ao operador, desde que este esteja disposto a trabalhar mais em um dado período de tempo. A fim de fazer jus a esta remuneração extra, o operador produz mais, principalmente através da eliminação das esperas, da maior concentração no trabalho e também através de maior dispêndio de energia.

Talvez a melhor maneira de se esclarecer estas considerações seja com o auxílio de um exemplo. Este caso indicará não somente como essas duas fases do estudo de movimentos e de tempos afetam o operário através de um aumento em sua remuneração, mas também como afetam o empregador através de uma redução do custo da mão-de-obra direta do produto. Suponhamos que o operador não tenha qualquer acréscimo salarial, e a melhoria resulte unicamente de alteração no método.

A operação é a montagem de um apoio para o material a ser usado em uma retificadora de bancada. Os dados da Fig. 206 mostram uma economia de 40% no tempo, resultante de um melhoramento no método de montagem do apoio. Tanto no Caso I quanto no Caso II, o operador trabalhava sem incentivo, isto é, recebia sua razão horária independentemente da produção alcançada. Em ambos os casos, o operador exercia o mesmo esforço físico, sendo também necessária a mesma concentração mental. Entretanto, no Caso I, o operador executava 720 conjuntos por dia, enquanto que, no Caso II, montava 1 200 conjuntos por dia. Este aumento na produção resultou não do aumento da velocidade, mas de uma melhor disposição do local de trabalho e do uso de um dispositivo especial que permitia melhor uso das mãos do operador. Este podia executar mais trabalho no mesmo tempo e com o mesmo dispêndio de energia, pois era possível montar-se um conjunto com menor número de movimentos, sem segurar partes que produziam cansaço e com o ritmo adequado, o que não era possível no Caso I.

No Caso III, estabeleceu-se um tempo-padrão através de cronometragem, juntamente com um prêmio por peça relativo à operação. Desta forma, o operador tinha a oportunidade de receber remuneração maior do que seu salário básico, 14,40 dólares diários. De fato, era possível ao operador executar facilmente 25% a mais de trabalho do que o estabelecido pelo padrão, e, como conseqüência desta produção extra, receber 18 dólares por dia.

[1]A seguinte citação é do "Acordo entre a General Motors Corporation e a UAW-CIO", 20 de setembro de 1961, p. 77: "O fator de melhoria anual, aqui incluso, reconhece que uma elevação constante do padrão de vida dos empregados depende do progresso tecnológico, de melhores ferramentas, métodos, processos e equipamentos, e uma atitude de cooperação de todas as partes com relação a este progresso. Mais do que isto, reconhece o princípio que produzir mais com o mesmo dispêndio de esforço humano é um legítimo objetivo econômico e social".

266 Ralph M. Barnes

O aumento da produção resultante do plano de incentivo salarial teve lugar porque o operário trabalhou com mais afinco do que no Caso II, isto é, ele trabalhou mais constantemente durante o dia, eliminou esperas, usou tempo menor para suas necessidades pessoais e, talvez, interrompeu o trabalho com menos freqüência para conversar com os seus companheiros. Iniciou o trabalho na hora certa e trabalhou até o encerramento do período, concentrando-se no trabalho que executava durante todo o dia. Apesar de ser bastante provável que o operador usasse aproximadamente os mesmos movimentos, para completar um ciclo, no Caso III e no Caso II, é certo que ele se esforçou mais no Caso III do que no Caso II. O incentivo salarial foi o responsável por esse aumento. É também mais provável que o operador se sentisse mais cansado ao fim do dia no Caso III do que no Caso II.

Maior produção, com o auxílio de métodos melhorados, ordinariamente não causa aumento na fadiga do operário. De fato, o método melhorado é usualmente o mais fácil, causa maior satisfação e é menos fatigante do que o método original. Por outro lado, a aplicação de um incentivo salarial geralmente obriga o operador a trabalhar mais intensamente. O esforço exercido pelo operador dependerá de sua inclinação própria e de sua adequação ao trabalho. Com o plano de incentivos com prêmio de 100%, a recompensa é diretamente proporcional à produção.

Para o empregador, a aplicação do estudo de movimentos reduziu em 40% o custo da mão-de-obra direta, e o estabelecimento do plano de incentivos levou à redução de outros 40%. O custo da mão-de-obra direta por 100 peças, no Caso I, era 2 dólares, no Caso II, 1,20 dólares e, no Caso III, 0,90 dólares. Isto está representado graficamente pela curva na parte superior da Fig. 206.

MANEIRAS PELAS QUAIS O ESTUDO DE MOVIMENTOS E DE TEMPOS E OS PLANOS DE INCENTIVO AUMENTAM A PRODUÇÃO.

Muitas vezes, pergunta-se por que existe tanta diferença entre a quantidade produzida por uma pessoa que recebe na base de horas trabalhadas sem que existam padrões estabelecidos para a sua tarefa e a produção da mesma pessoa depois de se ter estabelecido o tempo-padrão e estando em vigor um plano de incentivos.

Há três razões principais pelas quais o estudo de movimentos e de tempos e a instalação do plano de incentivos podem vir a aumentar a produção diária da mão-de-obra direta.

1) Melhores métodos de trabalho tornam possível ao operário produzir mais com o mesmo esforço. Em algumas organizações, constitui rotina o melhoramento dos métodos antes de se começar o estudo de tempos. Mesmo que isso não aconteça, ainda é possível que algumas melhorias venham a resultar do estudo preliminar que sempre precede um estudo de tempos.

Em algumas fábricas, principalmente nas mal administradas, poderemos encontrar trabalho feito de forma empírica, planejamento inadequado, falta de padronização e uma idéia vaga do que constitua a tarefa para um dia de trabalho. Nessas fábricas, os materiais que se afastam dos padronizados obrigam os operadores a trabalharem mais vagarosamente ou, então, a executarem operações extras que resultam em menor produção horária. As máquinas e o equipamento não sendo mantidos em boas condições podem ocasionar esperas. Falta de trabalho, demoras para afiar ferramentas e supervisão inadequada podem causar inatividade do operário. O estudo de tempos revela essas ineficiências, e um sistema de incentivo salarial exige que elas sejam corrigidas. A padronização dos materiais, métodos, ferramentas, equipamentos e condições de trabalho *sempre deve preceder* a implantação de um plano de incentivos. Isto é responsabilidade da administração.

2) Cada operário tem conhecimento do que constitui um dia de trabalho e, desde que lhe seja pago um bônus para o trabalho produzido acima do estabelecido, na maioria dos casos, ele mesmo procurará eliminar o tempo perdido que esteja sob seu controle, tal como início

Estudo de movimentos e de tempos

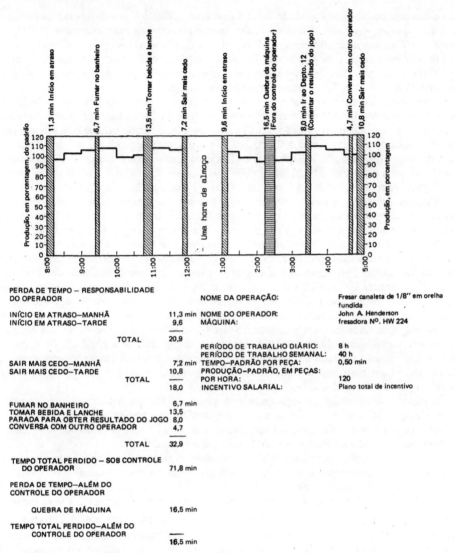

Figura 207. Curva de produção para um dia. A produção está expressa em porcentagem, tendo como base a atividade-padrão (100%)

atrasado do trabalho, abandono prematuro do trabalho e esperas desnecessárias durante o dia. Além disso, ele pressionará a administração a eliminar as causas de esperas que não estejam sob seu controle, tais como falta de material, quebra de máquinas e demoras para afiar as ferramentas.

Por exemplo, a Fig. 207 apresenta graficamente os resultados de um estudo contínuo da produção de um dia de trabalho de uma operação de ciclo curto em uma fresadora. O operador trabalhava em uma parte isolada da fábrica, tinha supervisão deficiente nesta operação específica e, no dia em que o estudo foi feito, perdeu 38,9 min por ter iniciado o trabalho atra-

268

sado e também por tê-lo abandonado antes do previsto e 32,9 min por outras razões pessoais. Apesar de que um operador, numa operação dessa espécie, tenha uma tolerância de 10% ou 48 min por dia para necessidades pessoais e períodos de descansos, este operador ocupou um total de 71,8 min, ou seja, os 48 min que lhe caberiam por direito e mais 23,8 min. Na maioria das fábricas, um incentivo salarial e uma pequena motivação provavelmente persuadiriam este trabalhador a trabalhar durante os 23,8 min perdidos.

O tempo-padrão deve ser estabelecido de forma que uma pessoa qualificada, trabalhando com o ritmo normal durante 432 min (480 – 48 = 432) do dia, produziria 432 minutos-padrão de trabalho. Como mostram os dados da Fig. 207, durante o tempo em que este homem realmente trabalhava, seu ritmo médio foi de 102%. Entretanto sua produção foi de apenas 799 peças durante 8 h do dia. Se ele tivesse trabalhado com este mesmo ritmo de 102% durante os 432 min, teria produzido 881 peças. É claro que a perda de produção resultante da quebra da máquina com duração de 16,5 min não pode ser controlada pelo operador.

Algumas pessoas preferem trabalhar durante parte ou mesmo durante todo o tempo reservado para as necessidades pessoais e fadiga. Quando não houver períodos fixos de descanso, o trabalhador será pago pela sua produção durante esse tempo. Devemos notar que as tolerâncias para fadiga têm como finalidade permitirem que o operador relaxe e se recupere durante o dia de trabalho e, portanto, espera-se que a maioria dos trabalhadores usem o tempo com esta finalidade. Entretanto alguns operários parecem não ter necessidade desse período de descanso, preferindo trabalhar durante todo o dia com intervalo apenas para o almoço.

3) Como o padrão para a operação é estabelecido de modo a permitir aos operadores qualificados poderem facilmente excedê-lo, fazendo jus ao incentivo, esses planos servem para encorajar os trabalhadores, aumentando sua velocidade e produzindo mais por hora do que fariam normalmente. Com referência novamente à Fig. 207, se a eficiência do operador foi de 102%, quando seu salário era calculado a partir das horas trabalhadas, devemos esperar que ele trabalhará mais rapidamente se receber pagamento extra por todo o trabalho que exceder o padrão para esta tarefa.

A maioria das pessoas consegue exceder a produção horária definida como "normal", e a produção média de um grupo de operadores qualificados trabalhando sob um plano de incentivo usualmente excede o normal uma margem de 15 a 35%. Um estudo de 82 empresas mostrou que a produção média era 29% acima do normal[2].

A medida do trabalho estabelece a tarefa-padrão correta, e o plano de incentivos tem como finalidade recompensar o trabalhador pela produção em que ele excede a padronizada. O esforço que um empregado exerce em um dado período ou em um dia particular é matéria inteiramente pessoal. Cada pessoa recebe o seu salário-hora independentemente de sua produção.

UMA APLICAÇÃO DO ESTUDO DE MOVIMENTOS E DE TEMPOS E DE UM SISTEMA DE INCENTIVOS. A procura de um produto novo freqüentemente supera as previsões, e, a fim de satisfazer esta procura, usam-se horas-extras ou compram-se novas máquinas, alterando-se pouco ou mesmo nada os métodos produtivos. Eventualmente, entretanto, far-se-á uma análise mais cuidadosa de cada operação, e algumas organizações procedem a tal análise no instante em que estabelecem incentivos para o trabalho. O caso que se segue fornece um registro diário dos passos tomados e dos resultados obtidos em uma operação. Esta era uma montagem relativamente complicada envolvendo calibração e ajustamento. A tarefa vinha sendo executada já há uma semana com um sistema de remuneração horária, e a produção média por operador era cerca de 22 peças/h (Fig. 208).

O mestre sugeriu um novo método, e construiu-se um dispositivo especial que foi instalado ao fim do dia 16 de abril. Esse novo dispositivo e o novo arranjo físico do local do trabalho

[2]Ralph M. Barnes, *Industrial Engineering Survey*, University of California, 1963

Estudo de movimentos e de tempos

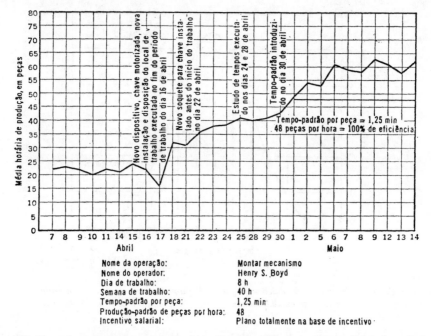

Figura 208. Curva de produção mostrando os efeitos da implantação de incentivo salarial. A produção está expressa em peças por hora

tornaram possível ao operador executar mais rapidamente as montagens, mas surgiram certas dificuldades com a chave de boca. O operador gostava do novo arranjo físico, mas reclamou que a boca da chave pneumática era muito pequena em relação às porcas. A produção caiu para 16 peças/h, principalmente devido à dificuldade encontrada na chave. Depois de ter trabalhado no dia 17 de abril, o mestre obteve uma boca mais larga para a chave, mas no dia seguinte o operador ainda encontrava alguma dificuldade. Ordenou-se uma nova chave. A produção, entretanto, subiu para 32 peças/h no dia 18 de abril. No período da manhã de 22 de abril, instalou-se uma nova boca na chave pneumática que facilitou o uso, resultando num aumento da produção para 36 peças/h. A produção gradualmente aumentou para cerca de 40 peças/h. O operador estava admirado com a produção da qual ele era capaz cada dia. Nos dias 24 e 28 de abril, procedeu-se a um estudo de tempos da operação. O padrão foi estabelecido em 49 peças/h, e este novo padrão entrou em efeito em 30 de abril. No dia seguinte, a produção média horária foi de 49 peças/h e, um dia após, subiu para 54 peças. A produção se estabilizou em cerca de 58 a 60 peças/h, o que representa uma eficiência de 120 a 125%. Neste nível de produção, o operador recebe um bônus de 20 a 25%, ou seja, uma remuneração superior em 20 a 25% a que recebia antes da implantação do plano de incentivo salarial.

DISTRIBUIÇÃO DO ÍNDICE DE DESEMPENHO DE UM OPERADOR ANTES E DEPOIS DA APLICAÇÃO DO PLANO DE INCENTIVO. Uma empresa fabricante de fechaduras obteve alguns dados interessantes sobre o desempenho do operador durante a instalação de um plano de incentivo salarial[3]. Depois da padronização dos métodos e con-

---

[3] Donald C. Demangate, *Statistical Evaluation of Worker Productivity. Proceedings Sixth Industrial Engineering Institute*, University of California, Los Angeles-Berkeley, pp. 89-91

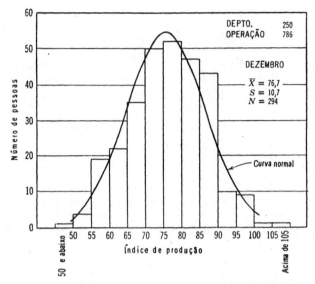

Figura 209. Curva de distribuição do índice de produção diária para operários no departamento de montagem final, no mes de dezembro, período imediatamente anterior à implantação do plano de incentivo

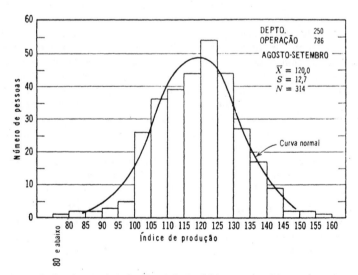

Figura 210. Curva de distribuição do índice de produção diária para operários no departamento de montagem final depois de o plano de incentivo estar funcionando aproximadamente 8 meses

Estudo de movimentos e de tempos

dições e do estabelecimento dos tempos-padrão, foi necessário retardar a aplicação do plano de incentivo por diversos meses. Durante este período, os registros da produção foram mantidos, e o índice de desempenho de cada operador foi calculado como se estivesse sendo pago incentivo, recebendo os operários sua razão horária normal. A Fig. 209 mostra a curva de distribuição para 294 operários do departamento de montagem final, durante o mês de dezembro, período imediatamente anterior à efetivação do plano de incentivo salarial. O índice médio de desempenho para esse grupo era 76,7%. A Fig. 210 mostra a curva de distribuição para o mesmo departamento depois que o plano de incentivos já estava em prática há aproximadamente 8 meses. Neste caso, o índice médio de desempenho aumentou para 120%, mas a forma geral da curva de distribuição não difere da apresentada na Fig. 209.

CAPÍTULO 23

Estudo de tempos: equipamentos para o estudo de tempos; execução do estudo de tempos

A cronometragem direta é o método mais empregado na indústria para a medida do trabalho. Como será explicado mais tarde, também há um lugar definido para os padrões de tempo estabelecidos por tempos pré-determinados, tempos sintéticos e amostragem do trabalho. A Fig. 211 resume os diversos métodos e mecanismos usados na medida do trabalho.

Cada um dos métodos usados na determinação do tempo-padrão requerido para se executar uma dada tarefa será apresentado neste e nos nove capítulos que se seguem. Este capítulo descreve o equipamento usado e explica como se faz um estudo de tempos. Os Caps. 24 e 25 mostram como se determinam o fator de ritmo, as tolerâncias e o tempo-padrão. O Cap. 26 descreve progressos recentes alcançados na mecanização do estudo de tempos e no uso de sistemas eletrônicos de processamento de dados na medida do trabalho. Os Caps. 27, 28 e 29 tratam dos tempos pré-determinados e das fórmulas para a determinação sintética dos tempos-padrão, e os Caps. 30 e 31 mostram como os tempos sintéticos podem ser usados na obtenção do tempo-padrão para uma operação, sem o uso do cronômetro. O Cap. 32 apresenta uma descrição bastante completa da amostragem do trabalho, uma técnica para se medir o trabalho relativamente nova, mas de grande utilidade.

DEFINIÇÃO DO ESTUDO DE TEMPOS. O estudo de tempos é usado na determinação do tempo necessário para uma pessoa qualificada e bem treinada, trabalhando em ritmo normal, executar uma tarefa especificada. Esta é a terceira parte da definição do estudo de movimentos e de tempos que aparece na página 1. Devemos notar que, enquanto o estudo de movimentos é predominantemente analítico, o estudo de tempos envolve medida. O estudo de tempos é usado para se medir o trabalho. O resultado do estudo de tempos é o tempo, em minutos, que uma pessoa adaptada ao trabalho e completamente treinada no método específico levará para executar a tarefa trabalhando em um ritmo considerado normal. Este tempo é denominado o *tempo-padrão* para a operação.

USO DO ESTUDO DE TEMPOS. Embora o estudo de tempos tenha sua maior aplicação na determinação dos tempos-padrão a serem usados em conexão com um plano de incentivos, o estudo de tempos é hoje usado com diversas finalidades.

1) Estabelecer programações e planejar o trabalho.

2) Determinar os custos-padrão e como um auxílio ao preparo de orçamentos.

3) Estimar o custo de um produto antes do início da fabricação. Esta informação é de valor no preparo de propostas para concorrências e na determinação do preço de venda do produto.

4) Determinar a eficiência de máquinas, o número de máquinas que uma pessoa pode operar, o número de homens necessários ao funcionamento de um grupo, e como um auxílio ao balanceamento de linhas de montagem e de trabalho controlado por transportadores.

5) Determinar tempos-padrão a serem usados como base para o pagamento de incentivo à mão-de-obra direta.

Estudo de movimentos e de tempos | **273**

Sem medidas	ESTIMATIVA*	Usualmente por pessoa de experiência
	ATUAÇÃO PASSADA*	Proveniente dos arquivos da companhia

Métodos e acessórios para medida do trabalho	ESTUDO DE TEMPOS	Dados obtidos por meio de:
		(a) Cronômetro
		   1. Decimal - cronômetro para minutos
		   2. Decimal - cronômetro para horas
		(b) Máquinas de filmar
		   1. Baixa velocidade - 50 a 100 fotografias ou imagens por minuto. Dispositivo de tempo, para a máquina cinematográfica, operado por motor elétrico ou solenóide.
		   2. Velocidade normal - 960 imagens por minuto. Máquina acionada a mola ou por motor elétrico.
		   3. Velocidade normal modificada - 1 000 imagens por minuto. Máquina acionada por motor elétrico.
		   4. Velocidade e som - 1 440 imagens por minuto. Máquina acionada a mola ou por motor elétrico.
		   5. Alta velocidade - 64 a 128 imagens por segundo. Máquina acionada a mola ou por motor elétrico.
		   6. Altíssima velocidade - 1 000 a 3 000 imagens por segundo. Máquina acionada por motor elétrico.
		(c) Máquina para uso de fita ou disco
		   1. Máquina para estudo de tempo, tal como Marsto-chron
		   2. Cimógrafo - tal como Esterline Gravador de operações Angus.
		   3. Gravador Servis.
		(d) Medidor de tempo eletrônico-informações e dados de tempos puncionados em fita. Máquina tal como aquela desenvolvida pela IBM e por R. R. Donnelley & Sons Co.

	DADOS ELEMENT.	Informação obtida de dados do est. de tempo e do est. de movimentos
	DADOS DE ESTUDOS DE TEMPO E MOVIMENTOS	Alguns sistemas usados normalmente. (Indicados cronologicamente pela data na qual o sistema foi usado ou publicado pela primeira vez.) (a) Análise de tempo e movimentos (b) Fatores-trabalho (c) Dados de estudo de tempo e movimentos para operações de montagem. (Dados de "obter" e "colocar".) (d) Sistema MTM (e) Estudo de tempo por movimentos básicos (f) Tempo da dimensão dos movimentos

	AMOSTRAGEM DO TRABALHO	Medida por amostragem
		(a) O observador obtém e registra os dados
		   1. Registra e analisa os dados manualmente
		   2. Registra os dados pelo sistema IBM de cartões ou pelo sistema IBM de análise de dados.
		
		(b) Informação obtida por máquina cinemat. que registra a ação.
		   1. Registra e analisa os dados do filme manualmente
		   2. Registra os dados do filme em cartões IBM, e o IBM analisa os dados.

*Usado freqüentemente para estimativa de custos e orçamentos, mas não são recomendados para estabelecer padrões de tempo para mão-de-obra direta a fim de determinação de incentivo salarial.

Figura 211. Métodos e acessórios para a medida do trabalho

6) Determinar tempos-padrão a serem usados como base para o pagamento da mão-de--obra indireta, tais como os movimentadores de materiais e os preparadores.

7) Determinar tempos-padrão a serem usados como base do controle de custo da mão--de-obra.

EQUIPAMENTO PARA O ESTUDO DE TEMPOS

O equipamento necessário à execução de um estudo de tempos consiste de um aparelho medidor e de equipamentos auxiliares. A medida do tempo pode ser efetuada por (1) cronômetro, (2) máquina de filmar (acionada por motor síncrono ou com um microcronômetro exposto na cena a fim de indicar o tempo) e (3) máquina para registro de tempos. O equipamento auxiliar consiste de prancheta para observações, tacômetro e régua de cálculo.

CRONÔMETRO DECIMAL. O cronômetro é o aparelho mais usado para o registro de tempos num estudo de tempos. O cronômetro de minuto decimal e o cronômetro de hora decimal são os dois únicos tipos de cronômetros usados neste trabalho, sendo o primeiro de uso mais difundido do que o segundo. Entretanto a máquina de filmar e a máquina para registro de tempos têm encontrado aplicação crescente neste campo.

O cronômetro de minuto decimal (Fig. 212) tem o mostrador dividido em 100 espaços iguais, cada um deles representando 0,01 min, pois o ponteiro executa uma rotação completa por minuto. Um mostrador menor está dividido em trinta espaços, cada um dos quais representa 1 min, e o ponteiro executa uma rotação completa em 30 min. O relógio é acionado pelo controle *A* e pelo botão de corda *B* (Fig. 212). O início e a parada do cronômetro são controlados por *A*. É possível parar-se o ponteiro em qualquer ponto do mostrador e reiniciar o movimento a partir desta posição. A pressão exercida sobre o botão *B* faz retornar o ponteiro a zero; o movimento inicia-se imediatamente após cessar a aplicação de pressão sobre o botão. O ponteiro pode ser mantido na posição zero pressionando-se o botão continuamente ou empurrando-se o controle *A* em direção oposta ao botão.

O cronômetro de hora decimal é semelhante ao cronômetro de minuto decimal tanto em projeto quanto em operação, mas tem seu mostrador dividido em 100 espaços, cada um dos quais representando 0,0001 h, pois o ponteiro executa 100 rotações por hora. O pequeno mostrador do cronômetro está dividido em trinta espaços, cada um dos quais representa 0,01 h,

Figura 212. Cronômetro de minuto decimal

Estudo de movimentos e de tempos 275

e o ponteiro executa $3\frac{1}{3}$ rotações por hora. A principal vantagem desse cronômetro é que as leituras se fazem diretamente em frações de hora, que é a unidade comum de medida de tempo na indústria. A principal desvantagem do cronômetro de hora decimal reside no fato de ser mais difícil trabalhar-se com quatro casas decimais do que com duas casas decimais. Esse fato é notado principalmente no registro na folha de observações dos dados lidos no cronômetro. O cronômetro de segundos não é recomendado, sendo raramente usado neste trabalho.

MÁQUINA DE FILMAR. O tempo para os elementos de uma operação pode ser obtido a partir de filmes tirados com uma máquina acionada por motor síncrono (Fig. 213), de velocidade conhecida, ou colocando-se um microcronômetro na cena a ser filmada. O método de filmagem foi explicado no Cap. 13.

A velocidade usada com maior freqüência é a de 1 000 quadros/min, o que permite a medida do tempo em milésimos de minuto. O filme constitui-se em um registro permanente do método usado, bem como do tempo necessário a cada um dos elementos da operação. Além disso, o filme pode ser projetado na velocidade exata em que foi tirado, podendo-se assim estudar o desempenho do operador. Em outras palavras, pode-se avaliar o ritmo do operador, isto é, relacioná-lo com a velocidade padronizada. Máquinas de filmar com velocidades superiores a 1 000 quadros/min também podem ser usadas; existe também um dispositivo especial para tirar filmes com velocidades de 50 ou 100 quadros/min.

Figura 213. Máquina de filmar acionada por motor síncrono; fornece velocidade constante de 1 000 quadros/min

MÁQUINAS PARA O REGISTRO DE TEMPOS. A máquina para registro de tempos consiste de uma pequena caixa, através da qual a fita de papel se desloca movida por um motor elétrico com velocidade uniforme de 25,4 cm/min. A fita tem impressa uma escala com inter-

276

Ralph M. Barnes

valos de 0,254 cm, e, portanto, uma divisão na fita equivale a 0,01 de minuto. A máquina para o estudo de tempos tem duas chaves que, quando pressionadas, imprimem marcas na fita. Comumente, registra-se o início de um elemento pressionando-se ambas as chaves, e o fim do elemento é registrado pressionando-se uma única chave. É necessário dispor-se de circuito elétrico que forneça a voltagem correta a fim de operar o motor da máquina de registro.

Esta máquina para o registro de tempos pode ser usada em substituição ao cronômetro e possibilita a medida de elementos mais curtos do que seria possível com o uso de um cronômetro. A máquina parece ter maior utilidade quando se quer medir os tempos de ciclos curtos e onde o operador siga uma dada rotina sem a introdução de elementos estranhos. O registrador Servis é um instrumento acionado por corda que registra tempos em um disco de papel recoberto com cera, por intermédio de uma agulha ligada, por pequeno pêndulo interno, ao instrumento. Prende-se o registrador à máquina ou a uma parte do equipamento, e a vibração da máquina faz com que a agulha registre o "tempo de trabalho" no disco. Quando a máquina pára, cessa a vibração do pêndulo, e o instrumento registra o "tempo de espera'" no disco. O disco, dividido em horas e minutos, indica a duração do tempo de trabalho, do tempo de espera e também o instante do dia em que cada um deles ocorre. O instrumento tem maior valor para o registro de esperas e de tempos perdidos. Não é usado para fazer-se estudo de tempos.

Um medidor automático, eletrônico, de tempo, um registrador e um computador a serem usados em estudos de tempos foram desenvolvidos, estando descritos no Cap. 26.

PRANCHETA PARA OBSERVAÇÕES. Uma prancheta leve, ligeiramente maior que a folha de observações, é usada para segurar o papel e o cronômetro. Há vários tipos possíveis, mas o melhor deles parece ser montar o cronômetro, rigidamente, no canto superior direito da prancheta e prender a folha de observações com o auxílio de um prendedor que se encontra no lado ou no topo da prancheta. A prancheta para observações apresentada na Fig. 214 é comumente usada. Como o analista, na maioria dos casos, trabalha em pé, é desejável que o cronômetro e o papel estejam dispostos da forma mais conveniente.

Durante o estudo de tempos, o observador deve segurar a prancheta contra o corpo e o braço esquerdo, de tal forma que o cronômetro possa ser operado com o polegar e o indicador da mão esquerda. O observador segura a prancheta com a mão e o braço esquerdo, mantendo sua mão direita livre para tomar nota dos dados.

Permanecendo em pé, na posição adequada, relativamente ao trabalho em observação e segurando a prancheta de forma que o mostrador do cronômetro situe-se na linha de divisão, o observador pode se concentrar mais facilmente nos três objetos que requerem sua atenção, isto é, o operador, o cronômetro e a folha de observações.

A folha de observações é um impresso com espaços reservados para o registro de informações referentes à operação em estudo. Essas informações usualmente incluem uma descrição detalhada da operação, o nome do operador, o nome do cronometrista, a data e o local do estudo. O impresso também possui espaço para o registro das leituras do cronômetro de cada elemento da operação, para a avaliação do ritmo do operador e para os cálculos. Também pode existir espaço para um esquema do local de trabalho, um desenho da peça e especificações do material, dispositivos, calibres e ferramentas.

As folhas de observações diferem quanto as dimensões e a disposição, mas a mais usada é a de 21,6 × 28 cm, principalmente por ser fácil de arquivar. As folhas de observações apresentadas nas Figs. 215, 235 e 239 têm mostrado ser satisfatórias em indústrias que fabricam uma linha diversificada de produtos. Algumas organizações julgam conveniente suplementar a folha de observações com uma folha para cálculos separada (Fig. 241) e uma folha contendo uma descrição mais completa de cada elemento (Fig. 244).

Estudo de movimentos e de tempos

277

Figura 214. Prancheta para observações com folha de observações para registro de dados colhidos pelo método repetitivo

OUTROS EQUIPAMENTOS. Para o estudo de operações em máquinas-ferramenta é necessário um tacômetro. É uma regra útil ao analista verificar as velocidades de rotação e os avanços antes do início do estudo de tempos, mesmo que a máquina tenha anexa uma tabela que forneça essa informação para cada posição das alavancas de rotação e de avanço.

A régua de cálculo é recomendada como valioso auxílio a todo analista de estudo de movimentos e de tempos. Pode-se comprar ou construir réguas de cálculos especiais para serem usadas com maior vantagem em certos tipos de trabalho.

EXECUÇÃO DO ESTUDO DE TEMPOS

O procedimento a ser seguido na execução do estudo de tempos pode variar com alguma liberdade, dependendo do tipo de operação em estudo e da aplicação a ser dada aos dados obtidos. Entretanto os oitos passos seguintes são necessários.

1) Obtenha e registre informações sobre a operação e o operador em estudo.
2) Divida a operação em elementos e registre uma descrição completa do método.
3) Observe e registre o tempo gasto pelo operador.
4) Determine o número de ciclos a ser cronometrado.

FOLHA DE OBSERVAÇÕES

FOLHA 1–1 FOLHA — DATA

OPERAÇÃO Abrir furo de ¼" — Nº DA OP. D-20

NOME DA PEÇA Eixo de motor — Nº DA PEÇA MS-267

NOME DA MÁQUINA Avey — Nº MÁQUINA 2174

NOME E MATRÍCULA DO OPERADOR S.K.Adams 1347 — HOMEM ☑ MULHER ☐

EXPERIÊNCIA DE SERVIÇO 18 meses na furadeira com avanço manual — MATERIAL S.A.E. 2315

MESTRE H. Miller — Nº DA SEÇÃO DL 21

INÍCIO 10:15 — FIM 10:38 — TEMPO DECORRIDO 23 — UNIDADES ACABADAS 20 — TEMPO EFETIVO PARA 100 PÇS 115 — Nº DE MÁQUINAS OPERADAS 1

ELEMENTOS	VEL	AVAN	T/R	1	2	3	4	5	6	7	8	9	10	T.ESC
1. Levantar peça e colocá-la no gabarito			T	.12	.11	.12	.13	.12	.10	.12	.12	.14	.12	
			R	.12	.29	.39	.54	.66	.77	.92	8.01	14	.32	
2. Apertar parafuso de fixação			T	.13	.12	.12	.14	.11	.12	.12	.13	.12	.11	
			R	.25	.41	.51	.68	.77	.89	7.04	.14	.26	.43	
3. Aproximar manualmente a broca			T	.05	.04	.04	.04	.05	.04	.04	.04	.03	.04	
			R	.30	.45	.55	.72	.82	.93	.08	.18	.29	.47	
4. ABRIR FURO DE ¼"	980	H	T	.57	.54	.56	.51	.54	.58	.52	.53	.59	.56	
			R	.87	.99	3.11	4.23	5.36	6.51	.60	.71	.88	11.03	
5. Retirar a broca do furo			T	.04	.03	.03	.03	.03	.03	.03	.03	.04	.03	
			R	.91	2.02	.14	.26	.39	.54	.63	.74	.92	.06	
6. Retirar parafuso de fixação			T	.06	.06	.07	.06	.06	.06	.06	.06	.07	.08	
			R	.97	.08	.21	.32	.45	.60	.69	.80	.99	.14	
7. Retirar peça do gabarito			T	.08	.09	.08	.08	.09	.08	.07	.08	.09	.07	
			R	1.05	.17	.29	.40	.54	.68	.76	.88	10 08	.21	
8. Limpar cavacos com ar comprimido			T	.13	.10	.12	.14	.13	.12	.13	.12	.12	.11	
			R	.18	.27	.41	.54	.67	.80	.89	9.00	.20	.32	
9.			T											
			R											
10. (1)			T	.12	.11	.13	.14	.12	.12	.11	.13	.12	.12	.12
			R	11.44	.56	.69	.82	.87	17.01	18.09	.21	.31	.42	
11. (2)			T	.12	.14	.12	.11	.12	.10	.13	.15	.12	.11	.12
			R	.56	.70	.81	.93	.99	.11	.22	.36	.43	.53	
12. (3)			T	.04	.04	.04	.03	.04	.04	.04	.04	.04	.04	.04
			R	.60	.74	.85	.96	16.03	.15	.26	.40	.47	.57	
13. (4)			T	.54	.53	.55	.52	.57	.54	.50	.53	.55	.54	.54
			R	12.14	13.27	14.40	15.48	.60	.69	.76	.93	21 02	22.11	
14. (5)			T	.03	.03	.03	.03	.03	.03	.03	.03	.03	.03	.03
			R	.17	.30	.43	.51	.63	.72	.79	.96	.05	.14	
15. (6)			T	.06	.06	.06	.07	.06	.05	.06	.06	.05	.06	.06
			R	.23	.36	.49	.58	.69	.77	.85	20.02	.10	.20	
16. (7)			T	.08	.08	.09	.08	.08	.07	.08	.06	.08	.08	.08
			R	.31	.44	.58	.66	.77	.84	.93	.08	.18	.28	
17. (8)			T	.14	.12	.10	.09	.12	.14	.15	.11	.12	12	.12
			R	.45	.56	.68	.75	.89	.98	19.08	.19	.30	22.40	
18.			T											1.11
			R											

TEMPO ESCOLHIDO 1,11 — ÍNDICE 100% — TEMPO NORMAL 1,11 — TOLERÂNCIA TOTAL 5% — TEMPO PADRÃO 1,17

Comprimento total 12" — Abrir furo de ¼"

FERRAMENTAS, GABARITOS, CALIBRES: Gabarito Nº D-12-33
Usar broca de ¼" de diâm., aço rápido
Avanço manual
Usar óleo S4

EXECUTADO POR J.B.M.

Figura 215. Cronometragem de uma operação de furar feita pelo método contínuo

Estudo de movimentos e de tempos **279**

5) Avalie o ritmo do operador.
6) Verifique se foi cronometrado um número suficiente de ciclos.
7) Determine as tolerâncias.
8) Determine o tempo-padrão para a operação.

REQUISIÇÃO PARA UM ESTUDO DE TEMPO. Não se faz um estudo de tempo a menos que uma pessoa autorizada o requisite. Geralmente é o mestre que emite a requisição, mas o gerente da fábrica, o engenheiro-chefe, o supervisor do controle da produção, o contador de custos ou um outro membro da organização pode também fazê-lo.

Se a finalidade for o estabelecimento de um tempo-padrão para uma nova tarefa a fim de se estabelecer um plano de incentivos, na maioria das fábricas, é responsabilidade do mestre verificar se a operação está sendo executada satisfatoriamente antes de requisitar o estudo. Ele também deve verificar se os operadores aprenderam completamente a tarefa e se estão seguindo o método prescrito. O mestre deve informar aos operadores, com antecedência, que o estudo de tempos vai ser realizado, pondo-os também a par dos objetivos do estudo.

Os estudos de tempos devem ser feitos exclusivamente por membros do departamento de estudo de tempos. Não se deve permitir que pessoas não-autorizadas executem estudos de tempo, mesmo quando estes não venham a se constituir como base para planos do incentivo salarial.

A OPERAÇÃO ESTÁ SUFICIENTEMENTE PREPARADA PARA O ESTUDO DE TEMPOS? Depois de o departamento de estudos de tempos ter recebido uma requisição para um estudo de tempos e de um analista ter sido designado para executar o estudo, este deve examinar a operação juntamente com o encarregado do departamento. Durante a discussão de cada elemento da operação, o analista deve perguntar a si mesmo "A operação está suficientemente preparada para um estudo de tempos?". O tempo-padrão estabelecido para uma tarefa não será correto se o método para a execução da tarefa tiver mudado, se os materiais não corresponderem às especificações, se as velocidades da máquina variarem ou se outra condição de trabalho diferir da que vigorava quando o estudo de tempos foi realizado. Desta forma, o analista deve examinar a operação com o intuito de sugerir qualquer alteração que julgue necessária, antes que se execute o estudo de tempos. Mesmo que o mestre tenha preparado originalmente a operação ou tenha procedido à verificação do método escolhido com o engenheiro de processos que o estabeleceu, o analista de estudos de tempos deve questionar cada fase do trabalho, formulando perguntas como as seguintes.

1) Pode-se aumentar a velocidade de rotação ou avanço da máquina sem se afetar a vida ótima da ferramenta ou sem se afetar adversamente a qualidade do produto?
2) Pode-se introduzir alterações nas ferramentas a fim de reduzir o tempo do ciclo?.
3) Pode-se aproximar os materiais da área de trabalho a fim de reduzir o tempo de manuseio?
4) O equipamento está operando corretamente e o produto apresenta a necessária qualidade?
5) As condições de segurança na operação são satisfatórias?

Supõe-se que o analista de estudo de tempos tenha conhecimentos em estudo de movimentos e que use toda a sua experiência na análise da operação que será cronometrada. Qualquer alteração sugerida que o mestre deseje adotar deve ser feita antes que se inicie o estudo. É claro que o mestre é quem decide a maneira pela qual a tarefa deve ser executada, mas ambos devem discutir cada elemento da operação e devem concordar que a operação está pronta para o estudo de tempos. Nos capítulos anteriores discutiu-se a padronização do trabalho e acentuou-se o fato de que toda a padronização deve preceder o estabelecimento

280   *Ralph M. Barnes*

do tempo-padrão. O refinamento a ser dado a esse trabalho foi indicado na Tab. 1; pode variar da investigação do tipo A, muito elaborada, requerendo tempo e despesa consideráveis, às dos tipos D e E, que requerem apenas uma análise superficial e uma verificação geral dos métodos.

Se uma mudança de vulto tiver de ser introduzida na operação e caso seja necessário tempo considerável à instalação do novo método, pode ser preferível executar-se um estudo de tempos para o método atual e, depois disso, após a instalação dos melhoramentos, reestudar-se a operação a fim de se estabelecer um novo tempo-padrão. Se as mudanças em consideração forem relativamente pequenas, é freqüentemente preferível que elas sejam instaladas antes de se submeter a operação ao estudo de tempos.

EXECUÇÃO DO ESTUDO DE TEMPOS. As fases do estudo de tempos que podem ser executadas no local de trabalho, simultaneamente com o desenvolvimento da operação, serão descritas neste e no próximo capítulo. Elas consistem na obtenção e registro das informações necessárias, na divisão da operação em elementos, no registro destes elementos em seqüência adequada, na cronometragem destes elementos e registro das leituras, na determinação do número de ciclos a ser cronometrado, na avaliação do ritmo do operador e na preparação de um esquema da peça e do local de trabalho.

REGISTRO DAS INFORMAÇÕES. Todas as informações que devem ser incluídas no cabeçalho da folha de observações têm de ser cuidadosamente registradas. Isso é importante, pois um estudo de tempos incompleto não tem valor prático algum; o primeiro lugar a ser completado é o preenchimento das informações necessárias à identificação. A menos que isso seja feito, o estudo não terá valor algum como registro ou como fonte de informações para tempos pré-determinados, alguns meses após sua execução, porque o analista certamente terá esquecido as circunstâncias que cercavam a execução da operação. Na maioria dos casos, as informações necessárias com relação a operação, peça, material, cliente, número da ordem, dimensão do lote etc., podem ser obtidas da folha do roteiro, lista de materiais ou desenho da peça.

Deve-se desenhar um esquema da peça na parte inferior ou nas costas da folha de observações se esta não possuir um lugar especial para tal fim. Um esquema do local de trabalho também deve ser incluído, mostrando a posição do operador e a localização das ferramentas, dispositivos e materiais. Deverão ser fornecidas as especificações dos materiais empregados, devendo-se além disso registrar uma descrição do equipamento usado. Ordinariamente, a marca, a classe, o tipo e as dimensões da máquina constituem descrições suficientes. Desde que a máquina possua número de identificação, ele deve ser incluído. Deve ser feito um registro preciso do número, dimensões e descrição de ferramentas, dispositivos, calibres e templates. Devem ser registrados o nome e o número do operador, e, finalmente, a folha de observações deve ser assinada pelo analista.

DIVISÃO DA OPERAÇÃO EM ELEMENTOS E REGISTRO DA DESCRIÇÃO DO MÉTODO. O tempo-padrão para uma operação aplica-se unicamente a essa operação; portanto deve-se registrar na folha de observações ou em folhas auxiliares anexas a ela uma descrição completa e detalhada do método. A importância desta descrição não pode ser exagerada. Em qualquer época posterior ao estabelecimento do padrão, o departamento de estudo de tempos pode ser solicitado a verificar se o operador está executando a operação de modo semelhante à que vigorava na ocasião em que foi feito o estudo de tempos. A informação contida na folha de observações é a descrição mais completa do método que o departamento de estudo de tempos possui para levar a efeito tal verificação.

Estudo de movimentos e de tempos

281

RAZÕES PARA A DIVISÃO EM ELEMENTOS. A cronometragem de uma operação inteira como um único elemento raramente é satisfatória, e um estudo agregado não substitui um estudo de tempos. A divisão da operação em elementos curtos e a cronometragem individual de cada um deles são partes essenciais do estudo de tempos pelas seguintes razões:

1) Uma das melhores maneiras para se descrever uma operação é subdividi-la em um número definido de elementos mensuráveis e descrever cada um deles separadamente. Geralmente são especificados em primeiro lugar aqueles elementos da operação que ocorrem regularmente, e, após eles, seguem-se todos os outros elementos que são parte integrante da tarefa em estudo. Algumas vezes é desejável preparar-se uma descrição detalhada dos elementos de uma operação em uma folha separada, anexando-a à folha de observações. Os pontos inicial e **final** para cada elemento podem ser especificamente indicados (página **319 e** Fig. **244).** Freqüentemente, os elementos retirados de um estudo de tempos podem servir como um "registro do método padronizado" para a operação (Fig. 322). Tal lista de elementos também pode ser usada no treinamento de novos operários.

2) Pode-se determinar tempos-padrão para os elementos da operação. Esses tempos-padrão elementares tornam possível a determinação sintética do tempo-padrão total para uma operação (Cap. 27).

3) Um estudo de tempos pode demonstrar que se está tomando tempo excessivo na execução de certos elementos da operação ou que, ao contrário, dispende-se muito pouco tempo em outros elementos. Esta última condição algumas vezes ocorre em elementos de inspeção. Também a análise elementar de uma operação pode mostrar ligeiras variações no método que não poderiam ser detectadas tão facilmente em um estudo geral.

4) O ritmo de trabalho de um operador pode variar durante o ciclo. O estudo de tempos permite que se avaliem os ritmos para cada um dos elementos da operação.

Quando se executarem estudos de tempos relativos a novos produtos ou a um novo tipo de trabalho, deve-se proceder a cuidadosa análise de todos os elementos variáveis que possam vir a ocorrer. É desejável que se estabeleçam tempos-padrão elementares o mais cedo possível, e tais padrões podem ser obtidos com maior rapidez se a orientação geral a ser seguida nos estudos for preparada antes que se execute qualquer determinação específica. É importante que se prepare uma definição padronizada dos elementos, de tal forma que estes possam ser repetidos em todos os estudos de tempos.

REGRAS PARA A DIVISÃO DE UMA OPERAÇÃO EM ELEMENTOS. Como já foi explicado, todo o trabalho manual pode ser dividido em movimentos fundamentais da mão ou therbligs. Essas subdivisões têm duração excessivamente curta para serem cronometradas com cronômetros comuns. Um número delas, portanto, precisa ser agrupado em elementos de duração suficiente para que possa ser convenientemente cronometrado. Na divisão de uma operação em elementos, devemos ter em mente três regras básicas.

1) Os elementos devem ser tão curtos quanto o compatível com uma medida precisa.
2) O tempo de manuseio deve ser separado do tempo-máquina.
3) Os elementos constantes devem ser separados dos elementos variáveis.

Um estudo de tempos precisa ser um estudo dos elementos da operação e não simplesmente um registro do tempo total requerido por ciclo, a fim de ser utilizável. Se os elementos forem excessivamente curtos, entretanto, será impossível cronometrá-los com precisão.

Em trabalhos de usinagem é desejável separar-se o tempo-máquina, isto é, o tempo em que a máquina executa trabalho, do tempo em que o operador trabalha. Há várias razões para isso. Quando as velocidades de avanço e de rotação são automaticamente controladas, é possível calcular-se o tempo requerido para usinagem e, dessa forma, verificar as leituras reais cronometradas, desde que o tempo-máquina seja registrado separadamente. Além disso, o início e o fim de um corte são pontos excelentes para o início e término de um elemento. Quando se pretende desenvolver tempos-padrão elementares e fórmulas, é essencial que se separe o tempo-máquina do tempo de manuseio. No Cap. 27 serão explicadas as razões para esta separação.

Os elementos constantes de um ciclo devem ser separados dos variáveis. O termo *elemento constante* refere-se aos elementos cuja duração indepènde da dimensão, peso, comprimento e forma da peça. Por exemplo, soldando-se as costuras de latas feitas à mão, o tempo para se encostar o ferro à barra de soldar é uma constante, enquanto que o tempo para soldar a junção lateral da lata é variável, dependendo diretamente do comprimento da costura.

O analista treinado na técnica do estudo de micromovimentos terá facilidade em decidir quais os elementos em que a operação deve ser subdividida, pois estes são simplesmente combinações de movimentos fundamentais. O analista sem tal treinamento deverá tomar o cuidado de escolher elementos que se iniciem e terminem em pontos bem definidos no ciclo. Estes pontos terão que ser memorizados de modo que o analista observe sempre seu cronômetro exatamente no mesmo ponto do ciclo; de outra forma, o tempo para os elementos será incorreto.

Cada elemento deverá ser concisamente anotado na folha de observações. É aconselhável que se usem símbolos para representar elementos que se repetem com freqüência. Em algumas indústrias, usa-se um código-padrão de símbolos comum a todos os analistas. Quando forem utilizados símbolos, seus significados devem aparecer em todas as folhas de observação.

COLETA E REGISTRO DE DADOS. Os três métodos mais comuns para a leitura do cronômetro são (1) leitura contínua, (2) leitura repetitiva e (3) leitura acumulada. Os dois primeiros métodos têm uso muito mais difundido do que o último.

Leitura contínua. No método de leitura contínua, o observador começa a cronometragem no início do primeiro elemento e mantém o cronômetro em movimento durante o período de estudo (Fig. 215). O observador verifica a leitura do cronômetro ao fim de cada elemento e registra essa leitura na folha de observações, em frente ao seu nome ou símbolo. A Fig. 235 ilustra o método de leitura contínua para cronometragem. A operação "Fazer macho para moldura de manivela" foi dividida em quatro elementos. O observador acionou seu cronômetro no início do primeiro elemento, leu-o ao fim do primeiro elemento e registrou a observação na coluna vertical, linha inferior. De forma semelhante, observou o cronômetro ao fim de cada elemento, registrando as leituras para o primeiro ciclo na coluna 1. Cronometrou-se então o segundo ciclo, registrando-se os dados na segunda coluna vertical e assim por diante.

O tempo para cada elemento foi posteriormente determinado por subtração (Fig. 216). Assim, para o primeiro elemento, 0,09 (0,09 – 0 = 0,09) de minuto foi colocado na linha superior, em frente primeiro ao elemento. De forma semelhante, para o segundo elemento, 0,06 (0,15 –

ESTUDO Nº 8765

ELEMENTOS	VELO-CIDADE	AVANÇO	1
1. Encher a caixa de macho com 3 punhados de areia. Comprimir a areia cada vez			0,09
			0,9
2. Prensar a areia com um golpe de colher. Limpar com um movimeto de colher			0,06
			0,15
3. Obter e colocar chapa em cima da caixa de macho, virar, raspar e retirar a caixa			0,013
			0,28
4. Transportar chapa, com macho, 4 pés. Transferir para o carrinho que entrará na estufa			0,04
			0,32

Figura 216. Parte da folha de observações para a operação "Fazer macho para moldura de manivela". Estão apresentados as leituras do cronômetro e os tempos obtidos por subtração para o primeiro ciclo. Veja Fig. 235 para um estudo completo

– 0,09 = 0,06) de minuto foi colocado na primeira coluna vertical, diretamente em frente ao segundo elemento.

Leitura repetitiva. No método repetitivo de leitura, os ponteiros do cronômetro são retornados ao zero ao fim de cada elemento. No início do primeiro elemento, o observador retorna o ponteiro ao zero pressionando o botão do cronômetro. O braço instantaneamente reinicia seu movimento para frente, possibilitando que se meça a duração do primeiro elemento. Ao fim do primeiro elemento, o analista lê o cronômetro, retorna o ponteiro ao zero e registra a leitura. De maneira semelhante, ele observa os demais elementos. Este método de leitura fornece tempos diretos sem necessidade de subtrações, e os dados são registrados na folha de observações, imediatamente após terem sido lidos no cronômetro (Fig. 239).

Algumas pessoas julgam que há uma tendência para o observador negligenciar o registro de esperas, elementos estranhos ou movimentos falsos do operador simplesmente mantendo apertado o botão do cronômetro. Isto não é uma crítica válida ao método repetitivo, pois deve-se instruir o observador a registrar *todos os elementos* que ocorrem durante o estudo. A principal vantagem do método repetitivo sobre o método contínuo é que o tempo de observação para cada elemento é visível na folha de observações e, assim, o analista de estudo de tempos pode notar as variações nos valores enquanto faz o estudo.

Leitura acumulada. O método de leitura acumulada permite a leitura direta do tempo para cada elemento através do uso de dois cronômetros. Esses cronômetros são montados juntos na prancheta de observações (Fig. 217), sendo ligados por um mecanismo de alavanca, de tal modo que, quando se dá início ao primeiro cronômetro, o segundo pára automaticamente e vice-versa. Se desejarmos, o cronômetro pode ser retornado ao zero imediatamente

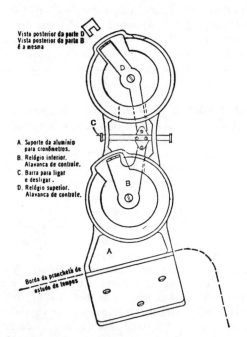 

Figura 217. Dois cronômetros ligados por mecanismo conveniente para o método de leitura acumulada de cronometragem

284 — Ralph M. Barnes

após a leitura, o que torna as subtrações desnecessárias. O cronômetro é lido mais facilmente e com maior precisão porque seus ponteiros não estão em movimento durante a leitura.

REGISTRO DAS LEITURAS DO CRONÔMETRO. Para a pessoa inexperiente, pode parecer difícil que o observador execute as diversas tarefas que lhe cabem em sucessão tão rápida, ou seja, observar o operador, ler o cronômetro e registrar os dados na folha de observações; mas isto é feito com facilidade após um pouco de experiência.

Freqüentemente, um som marcante acompanha o início e o fim do elemento. No estudo da operação de furar (Fig. 215), quando o eixo é colocado em seu lugar no dispositivo, há um som metálico que nos indica o fim do primeiro elemento. Estes sons ajudam o observador a fazer suas leituras, e o analista logo aprende a fazer uso deles.

Deve-se insistir na manutenção da orientação geral, segundo a qual cada parte da operação deve ser cuidadosamente registrada. Se, por exemplo, cada quinta ou décima parte for calibrada, tal informação deverá ser incluída na folha de observações, devendo-se fazer número suficiente de leituras desse elemento a fim de inclui-lo no tempo operacional. O tempo para o elemento, é claro, seria dividido por cinco ou por dez, conforme o caso, a fim de se ratear o tempo para a calibração.

Elementos como "mudar ferramentas", "eliminar cavacos do dispositivo", "retirar peças acabadas", "substituir depósito de alimentação vazio", "lubrificar matriz", devem ser con-considerados partes específicas da operação, devendo ser cronometrados como tais. Existem alguns elementos que ocorrem esporadicamente. Neste caso, é preciso um número suficiente de leituras e informações sobre a freqüência dessas ocorrências para que o tempo possa ser rateado corretamente.

Quando ocorrem elementos estranhos, eles devem ser cronometrados e incluídos na folha de observações. Esses elementos podem ou não ser incluídos no tempo-padrão, dependendo de sua natureza. Por elementos estranhos, entende-se aqueles que não ocorrem regularmente no ciclo, tais como queda acidental de uma chave ou de uma parte do material no chão, necessidade de apertar a correia da máquina, troca de ferramenta quebrada ou colocação de óleo em um parafuso do dispositivo.

NÚMERO DE CICLOS A SER CRONOMETRADO. O tempo requerido à execução dos elementos de uma operação varia ligeiramente de ciclo para ciclo. Mesmo que o operador trabalhe a um ritmo constante, nem sempre executará cada elemento de ciclos consecutivos exatamente no mesmo tempo. As variações no tempo podem resultar de diferenças na posição das peças e ferramentas usadas pelo operador, de variações na leitura do cronômetro e de diferenças possíveis na determinação do ponto exato de término, no qual a leitura deve ser feita. Com matérias-primas altamente padronizadas, ferramentas e equipamentos em boas condições, condições ideais de trabalho e um operador qualificado e bem treinado, a variação nas leituras para um elemento não seria grande, mas, mesmo assim, haveria certa variabilidade.

O estudo de tempos é um processo de amostragem; conseqüentemente, quanto maior o número de ciclos cronometrado tanto mais representativos serão os resultados obtidos para a atividade em estudo. Consistência nas leituras do cronômetro é de interesse primordial para o analista. Por exemplo, estudaram-se 20 ciclos para a operação ilustrada na Fig. 215, e o tempo para o elemento 1 do estudo variou entre 0,10 a 0,14 de minuto. Se todas as 20 leituras tivessem sido 0,10 de minuto, a consistência teria sido perfeita, e 0,10 obviamente teria sido escolhido como duração para o elemento. Quanto maior a variabilidade das leituras de um elemento tanto maior terá de ser o número de observações para que se obtenha a precisão desejada.

Estudo de movimentos e de tempos **285**

FÓRMULA PARA DETERMINAR O NÚMERO DE OBSERVAÇÕES.

As fórmulas 1 e 2 desta seção fornecem métodos simples para calcular o erro na duração média de um elemento para um dado número de leituras[1]. Admita-se que as variações no tempo entre duas observações são aleatórias, o que parece ser uma hipótese razoável. O erro-padrão para a média de cada elemento (erro-padrão da média) nos é dado pela fórmula[2]

$$\sigma\bar{x} = \frac{\sigma'}{\sqrt{N}}, \tag{1}$$

onde

$\sigma\bar{x}$ = desvio-padrão da distribuição por amostragem da média,
σ' = desvio-padrão do universo original,
N = número efetivo de observações do elemento.

O desvio-padrão é representado por σ (sigma). Por definição, é a raiz quadrada da média dos quadrados dos desvios das observações em relação a sua média[3], isto é,

$$\sigma = \sqrt{\frac{(X_1 - \bar{X})^2 + (X_2 - \bar{X})^2 + \cdots + (X_n - \bar{X})^2}{N}} = \sqrt{\frac{\Sigma(X - \bar{X})^2}{N}} = \sqrt{\frac{\Sigma X^2}{N} - X^2}, \tag{2}$$

onde

X = leitura do cronômetro ou observação individual,
$\bar{X}$ = (ler "xis-barra") média de todas as leituras de um elemento,
Σ = (ler "sigma") somatório das leituras individuais.

Como $\bar{X} = \dfrac{\Sigma X}{N}$,

$$\sigma = \sqrt{\frac{\Sigma X^2}{N} - \left(\frac{\Sigma X}{N}\right)^2} = \frac{1}{N} \sqrt{N\Sigma X^2 - (\Sigma X)^2}. \tag{3}$$

Combinando-se as fórmulas 1 e 3,

$$\sigma\bar{x} = \frac{\dfrac{1}{N} \sqrt{N\Sigma X^2 - (\Sigma X)^2}}{\sqrt{N'}}. \tag{4}$$

Deve-se decidir relativamente ao nível de confiança e ao erro relativo desejados a serem usados na determinação do número de observações necessário. Em estudo de tempos são geralmente usados o nível de confiança de 95% e um erro relativo de $\pm 5\%$. Isto significa que, com 95% de probabilidade, a média dos valores observados para o elemento não diferirá mais de $\pm 5\%$ do valor verdadeiro para a duração do elemento. Então

$$0,05 \ X = 2\sigma\bar{x} \text{ ou } 0,05 \frac{\Sigma X}{N} = 2\sigma\bar{x},$$

[1] Uma das primeiras fórmulas matemáticas para a determinação do número de observações foi sugerida por E. B. Royer, How Many Observations Are Necessary in Setting Wage-Incentive Standards? *Personnel*, Vol. 13, n.º 4, maio, 1937, pp. 137-139

[2] Veja E. L. Grant, *Statistical Quality Control*, 2.ª ed., McGraw-Hill Book Co., New York, p. 87 (ou qualquer outro livro sobre controle estatístico da qualidade)

[3] *Ibid.*, pp. 52-53

$$0{,}05\ \frac{\Sigma X}{N} = 2\ \frac{\dfrac{1}{N}\ \sqrt{N\Sigma X^2-(\Sigma X)^2}}{\sqrt{N'}},$$

$$N' = \left(\frac{40\ \sqrt{N\Sigma X^2-(\Sigma X)^2}}{\Sigma X}\right)^2,\tag{5}$$

onde N' é o número necessário de observações para prever o tempo verdadeiro com erro relativo de $\pm\,5\%$ e 95% de confiança.

Se o critério adotado correspondesse ao nível de confiança de 95% e a um erro relativo de $\pm\,10\%$, a fórmula seria

$$N' = \left(\frac{20\ \sqrt{N\Sigma X^2-(\Sigma X)^2}}{X}\right)^2.\tag{6}$$

Operação:	Fazer macho para moldura da alavanca nº 7253
Elemento nº 2:	Pressionar a areia com um movimento da colher de pedreiro Limpar o excesso com um movimento da colher

Leituras individuais, em 0,01 de minuto X	Quadrado das leituras individuais X^2
6	36
5	25
8	64
6	36
5	25
5	25
6	36
5	25
5	25
6	36
6	36
5	25
5	25
6	36
6	36
5	25
5	25
5	25
5	25
6	36
6	36
6	36
6	36
5	25
6	36
6	36
7	49
6	36
5	25
5	25
$\Sigma X = 169$	$\Sigma X^2 = 967$

Figura 218. Valores para X *e* X^2 *para o elemento 2 do estudo de tempos apresentado na Fig. 235*

Estudo de movimentos e de tempos　　　　　　　　　　　　　　　　　　　　　**287**

Exemplo. Suponha que tenham sido feitas 30 observações de um elemento, como mostra a primeira coluna da Fig. 218, e que o observador deseja saber se esse número é suficiente para fornecer um erro relativo de $\pm 5\%$ e um nível de confiança de 95%. Neste caso, a fórmula a ser usada é a de número 5. A Fig. 218 mostra a soma das 30 observações e a soma dos quadrados para as 30 observações. Substituindo esses dados na fórmula 5, os cálculos seriam os seguintes

$$N' = \left(\frac{40\sqrt{30 \times 967 - 169^2}}{169}\right)^2 = \left(\frac{40\sqrt{29\,010 - 28\,561}}{169}\right)^2$$

$$= \left(\frac{40 \times 21,2}{169}\right)^2 = \left(\frac{848}{169}\right)^2 = 25 \text{ observações.}$$

Outra fórmula usada para determinar o número de ciclos a ser cronometrado é

$$N' = \left[\frac{40\,N}{\Sigma X}\sqrt{\frac{\Sigma X^2 - (\Sigma X)^2/N}{N-1}}\right]^2. \tag{7}$$

Tabela 14. Número de leituras do estudo de tempos N' requerido para erro relativo de $\pm 5\%$ e nível de confiança de 95%

$\dfrac{R}{X}$	Dados da amostra de		$\dfrac{R}{X}$	Dados da amostra de		$\dfrac{R}{X}$	Dados da amostra de	
	5	10		5	10		5	10
0,10	3	2	0,42	52	30	0,74	162	93
0,12	4	2	0,44	57	33	0,76	171	98
0,14	6	3	0,46	63	36	0,78	180	103
0,16	8	4	0,48	68	39	0,80	190	108
0,18	10	6	0,50	74	42	0,82	199	113
0,20	12	7	0,52	80	46	0,84	209	119
0,22	14	8	0,54	86	49	0,86	218	125
0,24	17	10	0,56	93	53	0,88	229	131
0,26	20	11	0,58	100	57	0,90	239	138
0,28	23	13	0,60	107	61	0,92	250	143
0,30	27	15	0,62	114	65	0,94	261	149
0,32	30	17	0,64	121	69	0,96	273	156
0,34	34	20	0,66	129	74	0,98	284	162
0,36	38	22	0,68	137	78	1,00	296	169
0,38	43	24	0,70	145	83			
0,40	47	27	0,72	153	88			

R = amplitude do tempo para amostra que é igual o valor maior do estudo de tempo elementar menos o valor menor do estudo de tempo elementar.

$\overline{X}$ = valor médio de tempo do elemento para a amostra (para $\pm 10\%$ de erro relativo e 95% de nível de confiança, divida a resposta por 4).

288 — Ralph M. Barnes

Essa fórmula resulta da substituição da fórmula 3 pela seguinte expressão

$$\sigma = \sqrt{\frac{\Sigma X^2 - (\Sigma X)^2/N}{N-1}}.$$

A fórmula 7 tende a ser mais precisa do que a anterior quando o número de ciclos cronometrados decresce.

ESTIMATIVA DO NÚMERO DE OBSERVAÇÕES. A Maytag Company usa o seguinte procedimento para estimar o número de observações a ser levantado.

1) Cronometre (*a*) dez leituras para ciclos de 2 min ou menos, (*b*) cinco leituras para ciclos de mais de 2 min.

2) Determine a amplitude R. Esta é obtida pela diferença entre o maior valor H e o menor valor L $(H - L = R)$.

3) Determine a média X. Esta é a soma das leituras dividida pelo número total de observações (que será 5 ou 10). Esta média pode ser aproximada pelo valor maior mais o valor menor dividido por 2, isto é, $(H + L)/2$.

4) Determine R/X, ou seja, amplitude dividida pela média.

5) Determine o número de leituras necessárias[4] da Tab. 14. Leia na primeira coluna o valor R/X; na coluna relativa à dimensão da amostra será encontrado o número de observações necessário (para um nível de confiança de 95% e um erro relativo de $\pm 10\%$, divida o número encontrado por 4).

6) Continue as observações até que seja obtido o número requerido.

Uma cópia da Tab. 14 é anexada à prancheta de observações, de forma que o observador possa determinar no próprio local de trabalho o número aproximado de leituras necessárias.

[4]Os valores da Tab. 14 foram determinados da seguinte forma. Pode-se demonstrar (veja Grant, *op. cit.*, p. 83) que

$$\sigma' = \frac{\bar{R}}{d_2}.$$

onde

$\bar{R}$ = amplitude média, a média das amplitudes observadas para subgrupos com o mesmo número de leituras,

d_2 = fator baseado no número de leituras no subgrupo (veja Grant, *op. cit.*, p. 512).

Da fórmula 1,

$$\sigma\bar{x} = \frac{\sigma'}{\sqrt{N}} \text{ ou } \sigma' = \sigma\bar{x}\sqrt{N},$$

então

$$\sigma\bar{x} = \frac{\bar{R}}{d_2\sqrt{N}} \text{ ou } 2\,\sigma\bar{x} = 2\frac{\bar{R}}{d_2\sqrt{N}}.$$

Com uma confiança de 95% e erro relativo de $\pm 5\%$, temos $0,05\,\bar{X} = 2\sigma\bar{x}$.

$$0,05\,\bar{X} = \frac{2\bar{R}}{d_2\sqrt{N}}$$

$$0,025\,d_2\,\sqrt{N} = \frac{\bar{R}}{X}.$$

Quando o número de observações no subgrupo é 5, então $d_2 = 2,326$. Quando o número é 10, então $d_2 = 3,078$ (veja Grant, *op. cit.*, p. 512)

Estudo de movimentos e de tempos

Elemento 1	0,07	0,09	0,06	0,07	0,08	0,08	0,07	0,08	0,09	0,07
Elemento 2	0,12	0,13	0,12	0,12	0,11	0,13	0,12	0,11	0,13	0,12
Elemento 3	0,56	0,57	0,55	0,56	0,57	0,56	0,54	0,56	0,56	0,55

Figura 219. Estudo de tempos para dez ciclos da operação. A média para as dez observações relativas ao elemento 1 é 0,076 de minuto

Exemplo. A Fig. 219 mostra um estudo de tempos para dez ciclos consecutivos de uma operação constituída de três elementos. É o seguinte o procedimento seguido para determinação do número de leituras necessário a fim de fornecer um erro relativo de $\pm 5\%$ e um nível de confiança de 95%.

1) Cronometre, a Fig. 219 fornece dez ciclos para cada elemento. Neste exemplo será usado o elemento 1.

2) Determine a amplitude R para o elemento 1.

$$R = H - L = 0,09 - 0,06 = 0,03 \text{ de minuto.}$$

3) Determine a média $\overline{X}$.

$$\overline{X} = \frac{0,76}{10} = 0,076 \text{ de minuto.}$$

4) Determine o valor $R/\overline{X}$.

$$\frac{R}{\overline{X}} = \frac{0,03}{0,076} = 0,395.$$

5) Determine o número de leituras necessário da Tab. 14. Como 0,395 é mais próximo de 0,40 do que de 0,38, o número de leituras correspondente a 0,40 é 27.

6) Continue o estudo até obter um total de 27 leituras.

VERIFICAÇÃO FINAL RELATIVA AO NÚMERO DE OBSERVAÇÕES. A Tab. 14 foi usada no início do estudo a fim de determinar o número aproximado de observações necessário. Depois de ter completado o estudo (Fig. 220), o analista de tempos de Maytag verificou se havia sido obtido número suficiente de leituras, usando o seguinte procedimento[5].

Elemento 1	0,07 0,09 0,06 0,07	0,08 0,08 0,07 0,08	0,09 0,07 0,08 0,08	0,07 0,09 0,08 0,08
	0,03	0,01	0,02	0,02
Elemento 1	0,06 0,07 0,08 0,08	0,08 0,09 0,09 0,06	0,07 0,08 0,08 0,09	0,10 0,10 0,07 0,08
	0,02	0,03	0,02	0,03

Figura 220. Dados do estudo de tempos para o elemento 1 mostrando subgrupos de 4 observações. A média das 32 observações é 0,0787 de minuto. $\overline{X} = 0,0787$

[5]Para uma exposição excelente de procedimento semelhante, veja John M. Allderige, *Statistical Procedures in Stop Watch Work Measurement. Journal of Industrial Engineering*, Vol. 7, n.º 4, julho-agosto, 1956, pp. 154-163

1) Divida as leituras para cada elemento em subgrupos de 4 (Fig. 220).
2) Determine a amplitude R para cada subgrupo. Esta é o valor do tempo máximo menos o valor do tempo mínimo.
3) Determine a amplitude média $\bar{R}$ para os subgrupos. Isto é feito calculando-se a média das amplitudes para todos os subgrupos.
4) Determine a média $\bar{X}$. Esta é o valor médio que é normalmente encontrado quando fazemos um estudo de tempos.
5) Determine o número necessário de leituras a partir da Fig. 221. Na escala vertical encontra-se a amplitude média $\bar{R}$ e, na escala horizontal, o valor médio do elemento $\bar{X}$; verifique a posição do ponto de interseção em relação às linhas diagonais do gráfico.
6) Determine a precisão realmente obtida da Fig. 222. Entre na escala vertical, usando o número de leituras que seria necessário para um erro relativo de $\pm$ 5%, até que a linha interseccione o número de leituras realmente observadas; na escala horizontal, pode-se ler então a precisão real obtida.

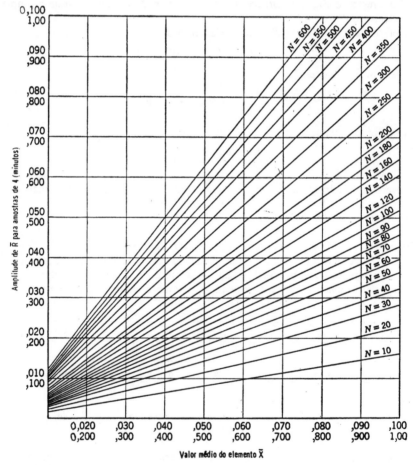

Figura 221. Curvas relacionando amplitude média para amostras de quatro elementos e valor médio do elemento cronometrado. Todas as leituras, em minutos

Estudo de movimentos e de tempos

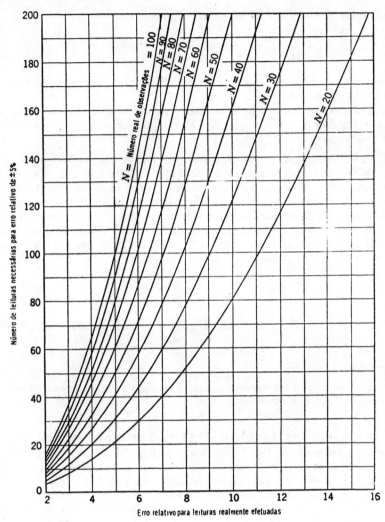

Figura 222. Curvas relacionando o número de leituras necessário para erro relativo máximo de ± 5%, o número de leituras realmente observadas e o erro relativo máximo, porcentual, para as leituras executadas

Exemplo. No estudo apresentado na Fig. 220, determinar (a) o número de leituras necessário para um nível de confiança de 95% e um erro relativo de ± 5% e (b) a precisão obtida com o número real de leituras se este for menor do que o número resultante em (a).

Solução para (a) (número de leituras necessário para erro relativo de ± 5%).

1) Divida o número de leituras para este elemento em subgrupos de 4 (Fig. 220).
2) Determine a amplitude R para cada subgrupo.

$$0,03 + 0,01 + 0,02 + 0,02 + 0,02 + 0,03 + 0,02 + 0,03 = 0,18.$$

3) Determine a amplitude média $\bar{R}$ do subgrupo.

$$\bar{R} = \frac{0,18}{8} = 0,0225 \text{ de minuto.}$$

4) Determine a média $\bar{X}$. A média das observações para o elemento 1, decorrente do estudo, é 0,0787 de minuto.

5) Determine o número de leituras necessário para o nível de 95% de confiança e erro relativo de ± 5% da Fig. 221. (Solução para $\bar{R} = 0,0225$ e $\bar{X} = 0,0787$ é N = aproximadamente 30 observações.)

Solução para (b) (precisão obtida com o número real de observações). A fim de ilustrar o emprego da Fig. 222; suponha que o analista de tempos tenha feito apenas 20 observações, como indicado na Fig. 223 e que o número de observações necessário é 30. O erro relativo fornecido pelas 20 observações pode ser obtido das curvas da Fig. 222, da forma que se segue. Com o valor 30 na escala vertical, verifique o ponto correspondente na curva para $N = 20$. A partir desse ponto, leia o erro relativo na escala horizontal. Neste caso, será ± 6%. Isto significa com 20 observações, o erro relativo é ± 6%, enquanto que, com 30 observações, ele seria de ± 5%.

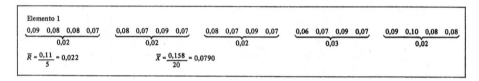

Figura 223. Dados do estudo de tempos para o elemento 1 mostrando subgrupos de 4 observações. A média das 20 observações é 0,079 de minuto. $\bar{X} = 0,079$

USO DO ÁBACO PARA DETERMINAR O NÚMERO DE OBSERVAÇÕES.

Uma empresa usa o impresso apresentado na Fig. 224 e o ábaco da Fig. 225 para determinar o número de observações. O analista de estudo de tempos faz o número de observações que ele julga necessário e, durante a própria execução do estudo, determina para cada elemento a amplitude para cada grupo de quatro observações e a média de todas as observações. Então, com o auxílio do ábaco que ele traz preso à sua prancheta de observação, verifica o número necessário de observações para um erro relativo de ± 5% e um nível de confiança de 95%. Ele também determina a precisão fornecida pelas leituras realizadas até então.

Por exemplo, foram feitas 24 observações do elemento "Furar 1/16" na alavanca de controle", como apresentado na Fig. 224. A amplitude média é $\bar{R} = 0,30$ de minuto, e o tempo médio é $\bar{X} = 1,05$ min. Como indicado na Fig. 225, o número de observações requerido é 36. A Fig. 225 também mostra que as 24 observações realizadas fornecem um erro relativo de ± 5,6%.

A ANÁLISE DOS DADOS DO ESTUDO DE TEMPOS ATRAVÉS DE UM GRÁFICO DE CONTROLE.

O gráfico de controle é um meio excelente para testar a consistência dos dados do estudo de tempos. Os valores médios $\bar{X}$ (média de um grupo de 4 elementos) das leituras do estudo de tempo são marcados, em seqüência, no gráfico de controle da Fig. 226. Os limites superior e inferior de controle são determinados da forma que se segue. Usando-se o ábaco da Fig. 225, acha-se o valor de $\bar{R}$ na escala e lê-se o valor correspondente de $3\sigma\bar{x}$.

Estudo de movimentos e de tempos

FOLHA 1 DE 1

OPERAÇÃO: Abrir furo de Ø1/16" na alavanca de controle					OP. Nº: DR 12				
NOME DA PEÇA: Alavanca de controle					Nº DA PEÇA: CL 28				
NOME E Nº DA MÁQ.: Furadeira especial nº 249					OBSERVADOR: T. S. Wilson				
NOME E Nº DO OPERADOR: John Williams nº 16432					HOMEM ☑ MULHER ☐		DATA:		
ELEMENTO	**EXT.**	**SOMA (S)**	**MÉDIA ($\bar{x}$)**	**AMPL. (R)**	**ELEMENTO**	**EXT.**	**SOMA (S)**	**MÉDIA ($\bar{x}$)**	**AMPL. (R)**
Elemento nº 4: Abrir furo de Ø1/16" na alavanca de controle.	1,02					1,17			
Avanço manual. Só tempo de furação	1,32					0,92			
	1,08					0,90			
	0,99	4,41	1,10	0,33		1,05	4,04	1,01	0,27
	1,04								
	0,96								
	1,18								
	0,90	4,08	1,02	0,28					
	1,01								
	0,94								
	0,96								
	1,24	4,15	1,04	0,30					
	1,28								
	1,13								
	0,98								
	0,96	4,35	1,09	0,32	TOTAIS		25,27		1,79
	1,08				Nº DE MEDIDAS TOMADAS 24				
	1,22				TOTAL(S) ÷ Nº DE MEDIDAS TOMADAS } TEMPO MÉDIO ($\bar{x}$) 25,27 ÷ 24		1,05		
	1,01				Nº DE GRUPOS DE 4				6
	0,93	4,24	1,06	0,29	TOTAL(R) ÷ NÚMERO DE GRUPOS } MÉDIA DE AMPL.(R) 1,79 ÷ 6				0,30
					DO GRÁFICO DE PRECISÃO } LEITURAS NECESSÁRIAS P/ ±5% DE PRECISÃO				36
					PRECISÃO OBTIDA DAS LEITURAS TOMADAS				±5,5%
					MÉDIA				105%

Figura 224. Folha de recapitulação para dados do estudo de tempos

Quando $\bar{R} = 0,30$, teremos $3\sigma\bar{x} = \pm 0,22$. Como $\bar{x} = 1,05$, o limite superior de controle é igual a $1,05 + 0,22 = 1,27$. O limite inferior de controle é $1,05 - 0,22 = 0,83$.

Como mostra a Fig. 226, todos os pontos estão compreendidos entre os limites de controle; os dados são consistentes, e o tempo de 1,05 min, para este elemento, é aceitável.

AVALIAÇÃO DO RITMO. Enquanto o analista do estudo de tempos registra os dados, ele também avalia a velocidade do operador em relação à sua opinião de qual seria a velocidade normal para a operação em estudo. O observador deseja obter, para cada elemento, um número suficiente de leituras que lhe forneça uma amostra representativa para a avaliação do ritmo. Posteriormente, o ritmo avaliado será aplicado a este "tempo representativo" a fim de se obter o tempo normal para o elemento.

Há diversos "sistemas" ou métodos de se chegar à avaliação do ritmo, todos eles dependendo da opinião pessoal do analista do estudo de tempos. Um dos métodos mais comuns de avaliação do ritmo consiste na determinação de um fator para a operação considerada como um todo. No início e no fim do estudo e, talvez, durante instantes intermediários, o observador se concentra na avaliação da velocidade do operador. Seu objetivo é determinar o nível médio de execução com o qual o operador trabalhava durante a coleta dos dados. Esta avaliação é registrada na folha de observações na forma de um fator de ritmo (Fig. 215).

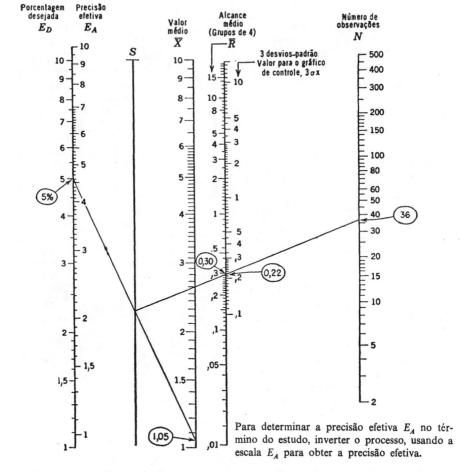

Para determinar o número de observações:

1. Ligar E_D e $\bar{X}$ com linha reta.
2. Ligar a interseção daquela linha na escala S e $\bar{R}$.
3. Continuar a linha até alcançar à direita a escala N e ler o número de observações a serem executadas.

Exemplo: $E_D = 5\%$, $\bar{X} = 1,05$, $\bar{R} = 0,30$, $N = 36$.

Para determinar a precisão efetiva E_A no término do estudo, inverter o processo, usando a escala E_A para obter a precisão efetiva.

Para determinar 3 desvios-padrão $3\sigma\bar{x}$, use a escala $\bar{R}$, lendo o valor $3\sigma\bar{x}$ na escala do lado direito.

Exemplo: $\bar{R} = 0,30$. Procurar o valor $\bar{R}$ no ponto 0,30. Ler o valor $3\sigma\bar{x} = 0,22$.

Figura 225. Ábaco para a determinação do número de observações necessários para fornecer erro relativo máximo de ± 5% e confiança de 95% e também para a determinação dos limites de controle do gráfico de controle

Estudo de movimentos e de tempos

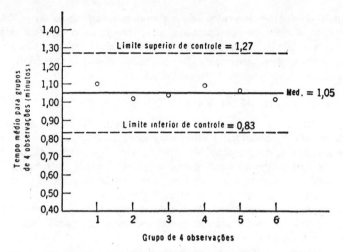

Figura 226. Gráfico de controle para observações de um estudo de tempos

Outro método possível consiste em se determinar um fator de ritmo para cada elemento da operação [6]. Este é o sistema usado com maior freqüência atualmente. Um método ainda mais refinado requer que o analista avalie o ritmo para cada elemento no instante em que este for cronometrado, registrando a avaliação para o elemento na folha de observações simultaneamente com o registro da leitura do cronômetro. Quando esse método fosse usado, haveria uma avaliação de ritmo registrada para cada leitura do cronômetro. Embora isso seja possível, é muito difícil ao analista avaliar cada leitura do cronômetro, a menos que os elementos sejam relativamente longos. O uso do fator de ritmo será explicado em maiores detalhes no Cap. 24.

SELEÇÃO DO OPERADOR A SER CRONOMETRADO. Se mais de uma pessoa executar a mesma operação, o analista do estudo de tempos poderá cronometrar um ou mais dos operadores. Se todos os operadores estão usando exatamente o mesmo método, isto é, o recomendado para a tarefa, e se há uma diferença na velocidade com a qual os operários trabalham, é costume estudar-se o operador que trabalhe mais próximo do ritmo normal. Como o fator de ritmo é usado para avaliar a velocidade do operador do ciclo, teoricamente não faz diferença cronometrar-se o operador mais rápido ou o mais lento. Entretanto é reconhecidamente mais difícil avaliar-se corretamente o ritmo de um operador muito lento. Não é desejável que se estude um principiante, porque seu método raramente será igual ao que empregará quando tiver adquirido maior habilidade através da experiência na execução da tarefa (Cap. 36).

Não devemos subestimar o fato de que é importante manter-se o espírito de boa vontade e de cooperação do empregado com relação ao estudo de movimentos e de tempos. Por razões psicológicas, freqüentemente é mais aconselhável cronometrar-se um operador médio do que o operador mais rápido. Os operários, não compreendendo completamente o processo da avaliação do ritmo, tendem a sentir que os padrões de tempo serão estabelecidos, baseando-se diretamente na produção da pessoa cronometrada. Se essa pessoa for a melhor na tarefa específica, eles poderão pensar que o tempo-padrão para a operação será tão baixo que será muito difícil ou mesmo impossível ao operador médio vir a satisfazê-lo.

[6]Um levantamento efetuado em 7 444 cronometristas mostrou que 34% deles avaliavam o ritmo do estudo, 53% avaliavam o ritmo para cada elemento e 13% avaliavam o ritmo para cada leitura efetuada no cronômetro

Como o estudo de micromovimentos não é comumente empregado na indústria para a melhoria de métodos, a melhoria das operações será, em muitos casos, relacionada com o estudo de tempos, de modo que o mesmo operador servirá como objeto de estudo em todas as fases do procedimento. Freqüentemente, há uma única pessoa executando a operação e, conseqüentemente, não há o problema da escolha do operador.

PASSOS A SEREM SEGUIDOS NA EXECUÇÃO DE UM ESTUDO DE TEMPOS

1) Discuta a operação a ser cronometrada com o mestre do departamento.

2) Certifique-se que o operador foi informado sobre a execução do estudo de tempos.

3) Obtenha a cooperação do operador. Explique a ele o que vai ser feito.

4) Certifique-se que a operação está preparada para o estudo de tempos.

5) Obtenha todas as informações necessárias e registre-as na folha de observações.

6) Faça um esquema da peça e do local de trabalho.

7) Divida a operação em seus elementos e registre-os na folha de observações. Se necessário, descreva o método de forma mais completa em folhas separadas, indicando o início e o término de cada elemento.

8) Estime o número de ciclos a ser cronometrado.

9) Registre a hora no início do estudo de tempos.

10) Acione o cronômetro no início do primeiro elemento do ciclo. Leia e registre o tempo para cada elemento da operação.

11) Ao se completar o estudo de tempos, quando for lido o cronômetro ao fim do último elemento, registre a hora na folha de observações.

12) Avalie o ritmo do operador e registre as avaliações na folha de observações.

13) Coloque a data do estudo e assine a folha de observações.

14) Verifique se um número suficiente de ciclos foi cronometrado.

15) Coloque os dados em um gráfico de controle.

CAPÍTULO 24
Estudo de tempos: avaliação do ritmo

Após os dados terem sido obtidos em um estudo de tempos, o passo seguinte é a subtração das leituras sucessivas do cronômetro a fim de se calcular o tempo para cada elemento. É conveniente que as diferenças sejam registradas à tinta a fim de destacá-las dos demais dados e também para torná-las permanentes.

SELEÇÃO DOS VALORES PARA DURAÇÃO DOS ELEMENTOS. Como mostra o estudo da Fig. 235, há 45 leituras para cada um dos 4 elementos. Torna-se agora necessário selecionar dentre esses dados um valor representativo para cada um dos 4 elementos.

Ocasionalmente, poderão aparecer tempos ou muito altos ou muito baixos, devido a um erro na leitura do cronômetro; tais leituras não devem ser incluídas na seleção de valor para a duração dos elementos. Entretanto, a existência de considerável variação nos tempos sucessivos para certos elementos não quer dizer que devamos eliminar todos os elementos excessivamente longos ou curtos. Em muitos casos, há boas razões para a existência dessas discrepâncias. Um fundido mais duro pode requerer tempo maior para furação ou uma peça com uma rebarba pode levar mais tempo para ser colocada no dispositivo. Se estes valores são típicos ou representativos daquilo que se pode esperar na operação, eles não devem ser eliminados do estudo ainda que pareçam anormais. É boa norma de ação não se eliminar nenhuma leitura, a menos que haja razão definida para isto.

Muitas organizações usam a *média* aritmética das leituras do cronômetro para a determinação do tempo representativo para o elemento. Como este é o método mais comum no tratamento de dados e é fácil de ser explicado ao operário está ganhando aceitação entre os analistas de estudos de tempos.

O *método modal*, também usado extensivamente, consiste em adotar para o elemento o tempo que ocorra com maior freqüência. Valores extremos terão menor efeito sobre o tempo selecionado quando se usa este método do que quando se emprega o método da média. Os tempos selecionados no estudo de tempos apresentado na Fig. 215 foram determinados pelo método modal. Devemos lembrar que o observador aplicará o seu fator de ritmo ao tempo selecionado para o elemento. Por esta razão, a mesma consideração cuidadosa que damos à determinação do fator de ritmo deve ser dada à determinação do tempo selecionado.

Depois de determinado o tempo para cada elemento, o passo seguinte no estabelecimento do tempo-padrão é a determinação do fator de ritmo.

DETERMINAÇÃO DO FATOR DE RITMO

Talvez a fase mais importante e mais difícil do estudo de tempo, consista na avaliação da velocidade[1] ou ritmo com o qual a pessoa trabalha durante a execução do estudo. O ana-

---

[1]Os termos *velocidade, esforço, tempo, ritmo* e *atividade* referem-se à velocidade dos movimentos do operador. *Velocidade* e *esforço* são termos comumente usados por analistas do estudo de tempos, e o termo *tempo* está ganhando aceitação. Neste livro, estes termos serão usados indistintamente e *terão todos um único significado* — velocidade de movimentos

298

Ralph M. Barnes

lista de estudo de tempos precisa julgar a velocidade do operador, enquanto estiver fazendo o estudo. Isto é chamado avaliação de ritmo.

DEFINIÇÃO DA AVALIAÇÃO DE RITMO. Avaliação de ritmo é o processo durante o qual o analista de estudos de tempos compara o ritmo do operador em observação com o seu próprio conceito de ritmo normal[2]. Posteriormente, este fator de ritmo será aplicado ao tempo selecionado a fim de obter-se o tempo normal para esta tarefa.

A avaliação do ritmo depende do julgamento pessoal do analista de estudo de tempos, e infelizmente não há maneira alguma de se estabelecer um tempo-padrão para uma operação sem ter que se basear no julgamento do analista.

Todos nós sabemos que há grande diferença na velocidade natural de trabalho de diferentes pessoas. Por exemplo, algumas pessoas andam devagar, outras andam depressa. O tempo requerido para que uma pessoa ande uma dada distância, variará, é claro, com a sua velocidade. O ritmo ou velocidade pode ser avaliado. Por exemplo, se andar a uma velocidade de 3 km/h é considerado como velocidade normal ou 100%, há um padrão definido para ser usado como base na avaliação do ritmo da tarefa andar. Andar 2 km/h equivaleria a 66,66% do normal e 4 km/h corresponderia a 133,33%. O que se mede são os resultados. Se a tarefa consiste na movimentação de um ponto a outro, e a velocidade de 3 km/h é considerada normal (100%), podemos então usar um fator de ritmo porcentual na medida do desempenho.

SISTEMAS PARA AVALIAÇÃO DE RITMO. Vários sistemas são empregados para avaliar o ritmo. Vamos citar seis deles e daremos maior atenção ao que recebe o nome de desempenho do ritmo.

1. *Avaliação do ritmo através da habilidade e do esforço.* Por volta de 1916, Charles E. Bedaux introduziu o sistema Bedaux de incentivo salarial e controle do trabalho nos E.U.A.

Habilidade			Esforço		
+0,15	A1	Super–hábil	+0,13	A1	Excessivo
+0,13	A2		+0,12	A2	
+0,11	B1	Excelente	+0,10	B1	Excelente
+0,08	B2		+0,08	B2	
+0,06	C1	Bom	+0,05	C1	Bom
+0,03	C2		+0,02	C2	
0,00	D	Médio	0,00	D	Médio
−0,05	E1	Regular	−0,04	E1	Regular
−0,10	E2		−0,08	E2	
−0,16	F1	Fraco	−0,12	F1	Fraco
−0,22	F2		−0,17	F2	
Condições			Consistência		
+0,06	A	Ideal	+0,04	A	Perfeita
+0,04	B	Excelente	+0,03	B	Excelente
+0,02	C	Boa	+0,01	C	Boa
0,00	D	Média	0,00	D	Média
−0,03	E	Regular	−0,02	E	Regular
−0,07	F	Fraca	−0,04	F	Fraca

Figura 227. Tabela de estimativas de desempenho

[2]Comitê para Avaliação de Ritmo dos Estudos de Tempo do SAM, *Advanced Management*, Vol. **6**, n.º 3, p. 110

Estudo de movimentos e de tempos **299**

Seu plano baseava-se em estudos de tempos, e seus padrões eram expressos em pontos ou "B". Um ponto ou B era simplesmente outra denominação para aquilo que designamos como um minuto-padrão. Seu procedimento de estudo de tempos incluía a avaliação da habilidade e do esforço do operador e o uso de uma tabela-padrão de tolerâncias para a fadiga. Para Bedaux, 60 pontos correspondiam à execução-padrão. Em outras palavras, um operador, trabalhando em ritmo normal, deveria produzir 60B por hora, e esperava-se que, sob um sistema de incentivo, a execução média se situasse em torno de 70 a 80 pontos/h.

Antes de Bedaux, a avaliação do ritmo era feita principalmente selecionando-se leituras do cronômetro dentre os dados obtidos no estudo de tempos. Assim, se se julgasse que o operador estava trabalhando rapidamente, uma leitura consideravelmente acima da média seria adotada como representativa para o elemento; se, pelo contrário, o operador trabalhasse lentamente, escolher-se-ia uma leitura do cronômetro abaixo da média. O sistema Bedaux representava um processo definido com relação a este método informal de se avaliar o ritmo do operador.

2. *Sistema Westinghouse para avaliação do ritmo*. Um sistema com quatro fatores[3] para estimativas da eficiência do operador foi desenvolvido na Westinghouse, tendo sido publicado primeiramente em 1927. Esses quatro fatores são (1) habilidade, (2) esforço, (3) condições, e (4) consistência. O sistema fornece uma tabela com valores numéricos para cada fator (Fig. 227) e o tempo selecionado obtido através do estudo de tempos e normalizado pela aplicação da soma das avaliações para os quatro fatores. Por exemplo, se o tempo selecionado para uma operação fosse 0,5 de minuto e se as avaliações fossem as seguintes

Habilidade excelente, B2	+0,08
Esforço bom, C2	+0,02
Condições boas, C	+0,02
Consistência boa, C	+0,01
Total	+0,13

então o tempo normal para esta operação seria 0,565 de minuto ($0{,}50 \times 1{,}13 = 0{,}565$).

3. *Avaliação sintética do ritmo*. Avaliação sintética do ritmo[4] é o nome dado ao método de se avaliar a velocidade do operador comparando-a com valores retirados de tabelas de tempos sintéticos. O procedimento consiste em se fazer um estudo de tempos de forma usual e, depois, comparar os valores obtidos para o maior número possível de elementos com valores sintéticos para os elementos correspondentes. Pode-se estabelecer uma relação entre o tempo sintético para o elemento e o tempo cronometrado correspondente. Para este elemento, esta relação será o índice de execução ou fator de ritmo para o operador. A fórmula para calcular o fator de ritmo é

$$R = \frac{P}{A},$$

onde R = fator de ritmo,

P = tempo sintético-padrão para o elemento, expresso em minutos,

A = tempo médio cronometrado (tempo selecionado) para o mesmo elemento P, expresso em minutos.

A Tab. 15 ilustra o método de se proceder ao cálculo. O tempo selecionado para os elementos 1 e 3 era 0,12 e 0,17 de minuto respectivamente. Os tempos para esses dois elementos retirados de uma tabela de tempos sintéticos eram 0,13 e 0,19 de minuto respectivamente. No primeiro caso, o fator de ritmo era 108% ($0{,}13 + 0{,}12 \times 100 = 108\%$) e, no segundo

---

[3]Descrito em *Time and Motion Study*. 3.ª ed., por S. M. Lowry, H. B. Maynard e G. Stegemerten, McGraw-Hill Book Co., New York, 1940, p. 233

[4]R. L. Morrow, *Motion Economy and Work Measurement*. Ronald Press Co., New York, 1957, p. 443

300
Ralph M. Barnes

Tabela 15. Comparação entre os tempos médios atuais e os tempos determinados dos dados de movimentos e de tempos

Elemento do estudo de tempos	Tempo médio cronometrado (tempo selecionado), em minutos	Tempo determinado dos dados de movimentos e de tempos, em minutos	Cálculo do fator de ritmo, $R = \dfrac{P}{A}$	Fator de ritmo médio
1	0,12	0,13	108	110
2	0,09			110
3	0,17	0,19	112	110
4	0,26			110
5	0,32			110
6	0,07			110

caso, era 112% ($0,19 + 0,17 \times 100 = 112\%$). O fator de ritmo médio seria a média entre 108 e 112, ou seja, 110%. Este fator de ritmo médio era então aplicado a todos os elementos do estudo. O fator de ritmo, é claro, aplica-se unicamente aos elementos manualmente controlados.

4. *Avaliação objetiva do ritmo.* Um outro método para avaliação do ritmo recebeu o nome de *avaliação objetiva do ritmo*[5]. Inicialmente, avalia-se a velocidade do operador em relação a uma velocidade-padrão única, independente da dificuldade da tarefa. O observador simplesmente avalia a velocidade do movimento ou o grau de atividade, não prestando atenção à tarefa em si mesma. Após esta primeira avaliação, adiciona-se uma tolerância ou ajustamento secundário para compensar a dificuldade da tarefa. A dificuldade operacional é dividida em seis classes, e o método fornece uma tabela de porcentagens para cada um desses seis fatores. Os seis fatores ou categorias são (1) quantidade do corpo usada; (2) pedais; (3) trabalho bimanual; (4) coordenação olhos-mão; (5) necessidades de manuseio; e (6) peso. O exemplo seguinte ilustra a determinação do tempo normal para um elemento com o uso deste sistema.

Exemplo. Se o tempo selecionado para um elemento é 0,26 de minuto, a avaliação da velocidade é 95%, e a soma de todos os ajustamentos secundários é 20%, então o tempo normal será 0,297 de minuto ($0,26 \times 0,95 \times 1,20$).

5. *Avaliação fisiológica do nível de desempenho.* Têm-se feito diversos estudos demonstrativos da relação existente entre o trabalho físico e a quantidade de oxigênio consumida por uma pessoa (páginas 445 a 468). Recentemente, concluiu-se que a variação das batidas do coração também é uma medida da atividade muscular em que se pode confiar, sendo, além do mais, muito mais simples medir-se a pulsação do que o consumo de oxigênio[6]. A medida

[5]M. E. Mundel, *Motion and Time Study.* 3.ª ed. Prentice-Hall, Englewood Cliffs, N. J., 1960, p. 406

[6]James H. Green, W. H. M. Morris e J. E. Wiebers, A Method for Measuring Physiological Cost of Work. *Journal of Industrial Engineering*, Vol. 10, n.º 3, maio-junho, 1959, pp. 180-184; C. J. Anson, The Physiological Measurement of Effort. *Time and Motion Study*, Londres, Vol. 3, n.º 2, fevereiro, 1954, pp. 23-31; Lucien Brouha, Physiological Approach to Problems of Work Measurement. *Proceedings Ninth Annual Industrial Engineering Institute*, University of California, Los Angeles-Berkeley, fevereiro, 1957; J. A. C. Williams, Physiological Measurements in work Study. *Time and Motion Study*, Londres, Vol. 3, n.º 11, novembro, 1954, pp. 18-21; H. H. Young, The Relationship between Hearth Rate and the Intensity of Work for Selected Tasks. *Journal of Industrial Engineering*, Vol. 7, n.º 6, novembro-dezembro, 1956, pp. 300-303; W. E. Splinter e C. W. Suggs, Instrument Records Hearth Rate for Energy Studies. *Agricultural Engineering*, Vol. 37, n.º 9, setembro, 1956, pp. 618-619. Veja também o Cap. 33, Medição de Trabalho por Métodos Fisiológicos

Estudo de movimentos e de tempos

da pulsação do coração pode ser feita com o estetoscópio comum e um cronômetro, podendo-se também usar um dispositivo telemétrico que sirva para registrar continuamente a pulsação do coração sem interferir com as atividades normais da pessoa.

O método consiste em se fazer uma pessoa executar sua tarefa por um período especificado, medindo-se então a pulsação ao fim desse período e também após 1, 2 e 3 min de descanso, durante os quais a pessoa permanece imóvel em uma cadeira. Parece viável que se possa determinar uma pulsação normal ou básica, podendo-se então medir novas tarefas relativamente a este padrão. Por exemplo, se um operador, usando o método pré-estabelecido, trabalhasse um período de 10 min, produzindo cinco peças, a variação nas batidas do seu coração (a partir do estado de repouso) seria o índice do esforço necessário para a execução dessa tarefa específica. Devido às diferenças individuais, seria necessário fazer este operador executar uma ou mais das tarefas básicas a fim de se relacionar a sua pulsação com o que é considerado padrão para a fábrica ou indústria. O fato de um número crescente de pessoas, em várias partes do mundo, estar trabalhando neste problema sugere que a medida da pulsação eventualmente virá ocupar um lugar de destaque em relação aos outros métodos de medida do trabalho. Para trabalho muito leve e atividades físicas que não alteram a pulsação do coração, a plataforma de força de Lauru poderá vir a se constituir em um dispositivo preciso de medida[7] (Cap. 34).

6. *Desempenho do ritmo*. Sem dúvida, o sistema de avaliação de ritmo mais usado nos E.U.A. é o de se avaliar um fator único — a velocidade do operador, o ritmo ou o tempo. Este sistema é chamado de *desempenho do ritmo*. Este fator de ritmo pode ser expresso em porcentagem, em pontos por hora ou em outras unidades[8]. Neste livro, será usado o sistema de porcentagem, com o nível normal de execução correspondente a 100%; por exemplo, andar a uma velocidade de 3 km/h corresponde a 100%. Sendo este sistema muito usado, será discutido em detalhes nas páginas finais deste capítulo.

OS LIMITES DA CAPACIDADE HUMANA. De nossas próprias observações e experiências, sabemos que existe grande diferença nas capacidades e habilidades de indivíduos em todas as atividades humanas. Temos visto atletas correrem 1 milha em 3 min 58 s e 10 000 m em 28 min 42,8 s, e temos ouvido falar em feitos físicos tais como o de um homem levantar 627,8 kg sem ajuda. Estes, entretanto, são exceções raras. Wechsler mostra que os limites da maior parte das atividades físicas e mentais apresentam uma relação de 2 para 1, desde que eliminemos as exceções raras[9]. Isto é, o mais dotado tem aproximadamente capacidade duas vezes maior do que o menos dotado. Na fábrica, isso significa que, se tivéssemos um grande número de pessoas executando a mesma tarefa manual, usando o mesmo método, o operador mais rápido produziria aproximadamente o dobro em um dado intervalo de tempo do que o operador mais lento. A Tab. 16 mostra a produção média diária de 121 operários operando tornos semi-

---

[7]Lucien Brouha, Physiological Techniques in Work Measurement. *Proceedings Eleventh Annual Management Engineering Conference*, SAM-ASME, New York, abril, 1956, pp. 129-158; Lucien Lauru, Introduction de la Mesure dans L'étude et la Simplification des Mouvements. *Travail et Méthodes*, n.º 73, dezembro, 1953, pp. 27-35, e janeiro, 1954, pp. 27-37; Lucien Lauru e Lucien Brouha, Physiological Study of Motions. *Advanced Management*, Vol. 22, n.º 3, março, 1957, pp. 17-24

[8]Uma investigação relativa aos procedimentos usados no estudo de tempos entre 82 empresas mostrou que 73% usavam o sistema 100%, 16% usavam o sistema de pontos, 11% usavam o sistema Westinghouse e 4% usavam outros sistemas. Ralph M. Barnes, *Industrial Engineering Survey*. University of California, 1963

[9]David Wechsler, *The Range of Human Capacities*. 2.ª ed., Williams & Wilkins, Baltimore, 1052, p. 94

Tabela 16. Diferença na atuação de operários trabalhando em tornos semi-automáticos

Número de operadores	Produção média, em peças por hora, por dia	Distribuição		
		Nº	Porcentos	Intervalo
1	104	1	1	100 a 109
2	98			
1	91	5	4	90 a 99
2	90			
2	89			
2	87			
1	86			
2	85			
6	84	25	21	80 a 89
2	83			
1	82			
1	81			
8	80			
4	79			
1	78			
3	77			
4	76			
4	75	40	33	70 a 79
1	74			
2	73			
4	72			
3	71			
14	70			
3	69			
2	68			
3	67			
4	66			
3	64	45	37	60 a 69
6	63			
4	62			
6	61			
14	60			
1	58			
1	55			
1	54	5	4	50 a 59
1	52			
1	51			
Total 121	Média 72	121	100	

(Produção média de operadores para um dia)

Estudo de movimentos e de tempos

Tabela 17. *Atuação de pessoas colocando blocos de madeira em um furo*

(32 blocos de 9,5 × 9,5 × 50,8 mm pré-posicionados em quatro filas na bancada; furo de 50,8 × 10,16 mm e a 11,43 mm da borda da mesa)

Número de pessoas	Tempo por ciclo, em minutos	Distribuição	
		Número no intervalo	Porcentagem no intervalo
1	0,28		
5	0,30	30	6
4	0,31		
20	0,32		
20	0,33		
27	0,34		
33	0,35	150	30
33	0,36		
17	0,365		
20	0,37		
16	0,375		
31	0,38		
5	0,385		
35	0,39	199	40
47	0,40		
24	0,41		
25	0,42		
16	0,425		
13	0,43		
11	0,435		
18	0,44		
27	0,45	109	22
10	0,46		
15	0,47		
11	0,48		
4	0,49		
1	0,495		
2	0,50		
2	0,52	12	2
6	0,54		
1	0,60		
Total 500	Média 0,395	500	100

304

-automáticos, sendo o trabalho idêntico para todos os operadores[10]. Trabalhavam sob um sistema de incentivo salarial e recebiam um prêmio para todo o trabalho que ultrapassasse 60 peças/h, sendo este o nível de execução normal estabelecido por estudo de tempos. Como mostra a tabela, o operador menos dotado produziu 51 peças/h, e o melhor operador produziu 104 peças/h, ou seja, uma relação de 1 para 2,04.

T. R. Turnball conduziu uma experiência em sua fábrica fazendo que 500 empregados jogassem 32 blocos de 9,5 × 9,5 × 50,8 mm (pré-posicionados em quatro filas na bancada) em um furo de 5,08 × 10,16 mm situado a 11,43 cm da borda da mesa. Inicialmente, explicou--se para cada "operador" o método exato de se executar a tarefa. O operador então observava a pessoa à sua frente executando a tarefa e era solicitado a jogar os 32 blocos no furo o mais rapidamente possível. Um observador registrava o tempo necessário à execução da operação. Como mostra a Tab. 17, o operador mais lento levou 0,60 de minuto (100 ciclos/h), enquanto que o mais rápido levou somente 0,28 de minuto (214 ciclos/h), ou seja, uma relação de 1 para 2,14. Essa relação de 1 para 2 seria de se esperar somente nos casos em que consideramos um grande número de pessoas trabalhando, como o que seria encontrado em uma fábrica. Em qualquer grupo grande é provável que um desajustado ocasional ou uma pessoa excepcional possam ficar fora dessa relação.

DISTRIBUIÇÃO DE FREQÜÊNCIAS. Tendo estabelecido a amplitude das velocidades de trabalho, é interessante saber-se qual seria a distribuição seguida por um grupo de operários fabris executando todos eles a mesma tarefa.

A Fig. 228 mostra uma maneira de apresentar os dados da produção média horária para os 121 operadores de tornos semi-automáticos. Os operadores que produziram em média de 50 a 59 peças/h neste dia particular foram classificados na primeira linha horizontal. Neste grupo caíram cinco pessoas. Aqueles que produziram em média 60 a 69 peças/h foram incluídos na segunda linha. Este grupo comportou 45 pessoas. De maneira semelhante, classificaram-se os operadores em cada um dos seis grupos, do mais lento ao mais rápido, totalizando 121 pessoas. Este gráfico é denominado uma distribuição de freqüências.

A Fig. 229 apresenta uma forma mais conveniente de mostrar a distribuição das freqüências. A variação total (abscissas) é o intervalo entre a produção horária mais baixa (51)

Intervalo Produção média horária		Número
50 a 59	ЖҜ	5
60 a 69	ЖҜ ЖҜ ЖҜ ЖҜ ЖҜ ЖҜ ЖҜ ЖҜ ЖҜ	45
70 a 79	ЖҜ ЖҜ ЖҜ ЖҜ ЖҜ ЖҜ ЖҜ ЖҜ	40
80 a 89	ЖҜ ЖҜ ЖҜ ЖҜ ЖҜ	25
90 a 99	ЖҜ	5
100 a 109	I	1

Figura 228. Resumo mostrando o número de operadores em cada intervalo. Produção média horária de 121 operadores trabalhando em tornos semi-automáticos

[10]Os 121 operários usados neste trabalho pertenciam a uma organização de vulto, bem gerida, gozando de reputação excelente já há vários anos. Esta tarefa em particular pagava um salário-hora garantido, igual ao vigente nas demais fábricas da comunidade, dando-se, além disso, oportunidades para que os operários recebessem um prêmio de produção. Os padrões de tempo eram cuidadosa e precisamente estabelecidos por estudos de tempos e eram garantidos contra alterações. Na época em que foram levantados os dados da Tab. 16, esta operação vinha sendo executada já há vários anos, e o tempo-padrão vigorava também há bastante tempo. Os operários que trabalhavam nesta operação haviam sido selecionados e treinados com cuidado considerável e pareciam estar convencidos da inexistência de "teto para os salários". Isto é, não havia evidência de que os operários estivessem restringindo a produção temerosos de que o prêmio fosse cortado se um operário viesse a ganhar "demais". Portanto a produção desses 121 operários é representativa daquela que pode ser esperada de um grupo de pessoas bem ajustadas ao trabalho que executam

Estudo de movimentos e de tempos

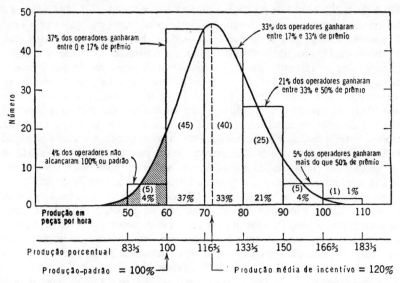

Figura 229. Curva normal ajustada à distribuição da produção de 121 operadores trabalhando em tornos semi-automáticos. Dados da Tab. 16

e a produção horária mais alta (104). Mantiveram-se os registros da produção aproximando-se à unidade inteira mais próxima completada em cada dia. A escala das abscissas está definida em seis intervalos convenientes. A curva mostrada na Fig. 229 é denominada curva de distribuição das freqüências.

A Fig. 230 mostra uma curva normal ajustada ao tempo necessário para que cada uma das 500 pessoas executasse a operação com blocos.

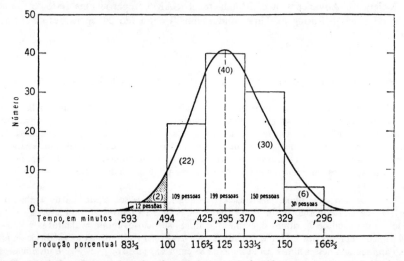

Figura 230. Curva normal ajustada à distribuição dos tempos de 500 pessoas que executaram a operação de jogar os blocos. Dados obtidos da Tab. 17

306   Ralph M. Barnes

ESTABELECIMENTO DE UM PADRÃO COMO BASE PARA AVALIAÇÃO DO RITMO.
Os dados obtidos por um estudo de tempos mostram o tempo real gasto pelo operador na execução de uma série de elementos consecutivos do trabalho. Eles nada dizem com relação ao ritmo com o qual o operador trabalhou durante a realização do estudo de tempos. O operador poderia estar trabalhando a um nível equivalente ao apresentado pelo operador que se encontra na primeira linha da Tab. 16 ou então poderia trabalhar a um nível correspondente aquele do operador que se encontra na última linha da tabela. Torna-se necessário considerar-se a velocidade do operador a fim de se poder determinar um padrão que permita a um operador, trabalhando em um ritmo normal, executar a tarefa no tempo estabelecido.

Já foram vistas a necessidade de avaliação do ritmo e também a maneira pela qual o fator de ritmo é usado. É necessário o estabelecimento de um padrão para que a avaliação do ritmo possa ser usada como uma medida válida. Precisa-se definir qual será o normal ou padrão. Dizer-se que a velocidade normal é a velocidade que podemos esperar de uma pessoa qualificada, trabalhando sem incentivo, usando o método padronizado, não define adequadamente o termo. Em realidade, não existe definição que seja inteiramente satisfatória. Entretanto a velocidade ou ritmo normal de movimentos pode ser demonstrada; pode-se fazer filmes de operações típicas com o operador trabalhando em um ritmo normal ou em níveis conhecidos acima ou abaixo do normal. Qualquer pessoa com inteligência média pode aprender a avaliar o ritmo do operador em relação ao padrão estabelecido.

Alguns exemplos de ritmo normal são andar 4 827 m em 1 h[11]; repartir um baralho em quatro pilhas iguais em 0,50 min[12]; encher uma tábua perfurada com trinta pinos em 0,41 min[13].

A General Motors Corporation preparou uma série de onze filmes, cada um deles contendo uma seqüência diferente de movimentos do corpo e dos braços encontrados comumente em trabalhos fabris. Em cada um desses filmes, o operador aparece trabalhando em dez velocidades diferentes entre 75% e 150%, sendo 100% adotado como velocidade normal. Esse conjunto de filmes é usado em conexão com programas de treinamento para analistas de estudos de tempos e também para familiarizar supervisores e mestres com as técnicas do estudo de tempos[14].

A Society for Advancement of Management (SAM) preparou uma série de filmes sobre avaliação de ritmo ("Rating of Time Study Films") contendo 24 operações de fábrica e de escritório.

---

[11]Ralph Presgrave, *Dynamics of Time Study*. 2.ª ed., McGraw-Hill Book Co., New York, 1954, p. 154

[12]Um baralho de 52 cartas é distribuído da seguinte forma por uma pessoa sentada a uma mesa: segura-se o baralho com a mão esquerda, e a carta de cima é posicionada com os dedos polegar e indicador da mão esquerda; a mão direita agarra a carta posicionada, transporta-a e joga-a sobre a mesa. As quatro pilhas de cartas se encontram nos vértices de um quadrado de 25 cm de lado. As únicas exigências são que as cartas se encontrem com a face virada para baixo e as quatro pilhas se encontrem separadas entre si

[13]Para especificações relativas aos pinos e à tábua perfurada e descrição do método, veja o Cap. 11, Fig. 87

[14]O autor tem onze filmes silenciosos (Unidade I, Filmes sobre Medida de Trabalho — cinco rolos e Unidade II, de mesmo título — seis rolos) e três filmes sonoros mostrando 25 operadores trabalhando em um total de 80 ritmos diferentes. Os filmes silenciosos foram avaliados por 5 000 pessoas de mais de 350 empresas dos E.U.A. e Canadá, e uma avaliação padronizada foi estabelecida para cada operação apresentada nesses filmes. Um estudo de 83 empresas mostrou que 73% usam filmes para verificar a habilidade de avaliação de ritmos de seus analistas de estudo de tempos. *Industrial Engineering Survey*. University of California, 1963

Estudo de movimentos e de tempos **307**

Algumas empresas procederam a levantamentos relativos a vários estudos de tempos, de forma que cada uma das empresas participantes sabe agora qual é a posição de seu conceito de execução normal relativamente à média para a comunidade[15].

FILME PARA AVALIAÇÃO DE RITMO. A forma mais comum de filme para avaliação de ritmo é preparada fazendo-se operadores experientes, executando a mesma operação, trabalharem com diversas velocidades. Juntam-se as várias seções do filme, separando-as entre si por um pedaço de filme em branco, cada seção identificada por um código. Desta forma, o *filme* de uma operação poderá consistir de dez ou doze seções diferentes representando dez ou doze ritmos de trabalho distintos.

Outra forma comum de filme para avaliação de ritmo é o "loop". Cada seção do filme que acabamos de descrever é colada em uma laçada juntando-se as duas pontas. Isso permite projetar-se o filme durante o tempo que o espectador deseje vê-lo. Os "loops" de filme, é claro, podem ser mostrados em qualquer ordem que se deseje. O filme pode ainda assumir uma outra forma. Pode-se imprimir em um quadro do filme 4, 6 ou 12 imagens, isto é, a área de um quadro pode ser subdividida em seções retangulares, e o filme, para cada velocidade diferente, reproduzido em uma dessas áreas. Os quadros seriam dispostos em ordem de acordo com a velocidade, do mais lento ao mais rápido. Desta forma, seria possível ter-se, simultaneamente, na tela doze operadores trabalhando a doze velocidades diferentes. Este filme é denominado *filme de imagem múltipla.*

O filme, em qualquer uma dessas três formas, pode ser usado no treinamento de pessoas para avaliação de ritmo e também pode ser exibido como treinamento periódico. Tanto o filme em "loop" quanto o filme de imagem múltipla podem ser usados para fins comparativos. Se tivesse sido feito um filme da operação em estudo, este poderia ser projetado em uma tela ao lado do filme de imagem múltipla. O analista poderia facilmente orientar-se no filme de imagem múltipla para avaliar o ritmo do filme "desconhecido".

RELAÇÃO ENTRE "RITMO NORMAL" E "RITMO DE INCENTIVO". Como os tempos--padrão são freqüentemente usados como base de um método qualquer de incentivo salarial, há interesse em se estudar a relação entre o ritmo normal e o ritmo médio que pode ser esperado de pessoas trabalhando sob incentivo salarial. Nos E.U.A., a maioria dos prêmios médios de incentivo se encontram entre 15% e 45%, com média em torno de 25% a 30%. A explicação seguinte mostra como se pode estabelecer, em uma fábrica, a relação entre o ritmo normal e ritmo médio de incentivo. Também serve para dar ênfase ao ponto de que a atividade da grande maioria dos trabalhadores sob incentivo deve ser relativamente próxima à média para o grupo. Se o ritmo médio de incentivo for 125%, é de se esperar que a produção média horária de dois terços dos trabalhadores caia entre limites que se estendem de 15% abaixo deste ponto a 15% acima dele. Apenas 3 ou 4% do grupo excederia o nível de atividade de 150%, e, raramente, um operador excederia o nível de 160 a 165%.

A fim de consubstanciar as afirmações acima, será feita referência à curva de distribuição normal (Fig. 231). Há considerável evidência mostrando que, se as velocidades de trabalho de cada membro de um grupo com grande número de pessoas, tal como encontraríamos em uma fábrica, fossem dispostas em uma linha horizontal de acordo com sua magnitude expressa em porcentagem da normal, e se a escala vertical indicasse a freqüência e ocorrência, a forma da curva se aproximaria bastante da curva normal.

Adotando-se esta hipótese, pode-se desenhar uma curva de distribuição normal (Fig. 231) com cinco intervalos que cubram uma variação da velocidade de 200%. O ritmo do operador mais lento é metade do ritmo do mais rápido, o que fornece uma relação de 1 para 2.

[15]Veja *Work Measurement Manual* por Ralph M. Barnes. 4.ª ed., pp. 253-297

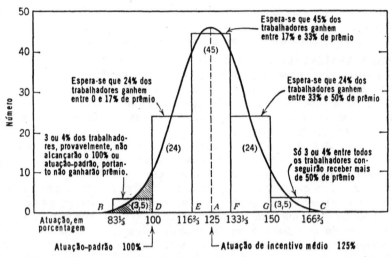

Figura 231. Gráfico mostrando o número de operários em cada classe, cobrindo todo o intervalo de variação determinado a partir da curva de distribuição normal. A relação observada entre o operário mais lento (83 1/3%) e o mais rápido (166 2/3%) é de 1 para 2. Usa-se um plano de incentivo salarial de 100%. Supõe-se que um prêmio seja pago a toda produção que ultrapasse o padrão, isto é, para cada acréscimo de 1% com relação ao padrão, o trabalhador recebe um salário adicional de 1% sobre sua razão horária. Esta razão é assegurada a todos os operários, quer eles alcancem ou não a produção de 100%. A razão horária é estabelecida através de avaliação de cargos

O próximo passo consiste em estabelecer o ponto da curva que representará o ritmo normal[16]. Se for admitido que este grupo de pessoas já estava trabalhando sob incentivo e que o seu ritmo médio de incentivo é 25% maior do que o normal, o ponto A da Fig. 231 pode ser designado como 125%. Este ponto representaria a média para o grupo. Se no segmento B-C estão representados os ritmos de 83 1/3 a 166 2/3%, o ponto D representa 100% ou a velocidade normal. De forma semelhante, o ponto B representa 83 1/3%, o ponto E 116 2/3%, F representa 133 1/3%, G representa 150% e C representa 166 2/3%. O número em cada uma das barras verticais indica a porcentagem de indivíduos que se situariam em cada um dos cinco intervalos[17].

Não é de se esperar, é claro, que qualquer grupo de operários se ajuste exatamente à distribuição normal embora um exame da Fig. 229 revele que a produção desse grupo de 121 operadores se ajusta razoavelmente à curva normal. Deve-se observar que o padrão estabelecido pelo estudo de tempos era 60 peças/h, isto é, 60 peças/h correspondiam a uma atividade de 100%. A produção média para o grupo foi 72 peças/h, valor 20% maior do que o padrão. Nesse dia específico, o ritmo médio de incentivo para esse grupo de operários foi 120%. Cinco operários trabalharam tão devagar que não atingiram o nível normal ou 100%. Mesmo assim, esses cinco operários receberam sua razão horária básica. O operário mais rápido produziu 104 peças/h, ou seja, 73% acima do normal. Em outras palavras, esse operário trabalhou a um ritmo igual a 173%.

[16] Este método para determinar a relação entre o ritmo normal e o ritmo médio de incentivo sugerido por Ralph Presgrave parece ser o mais lógico dos apresentados até agora. Veja *Dynamics of Time Study*. 2.ª ed., por Ralph Presgrave, McGraw-Hill Book Co., New York, 1945, Cap. 10

[17] Para informações relativas à curva de distribuição normal, consultar qualquer livro sobre estatística

Estudo de movimentos e de tempos

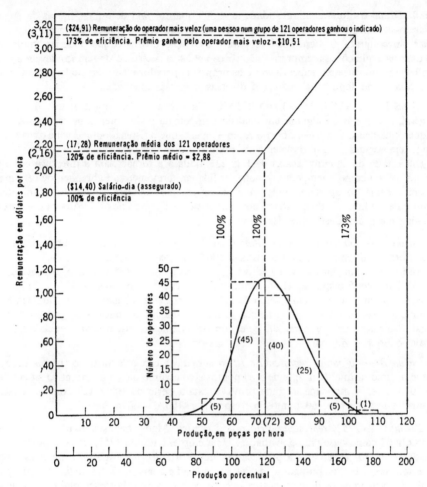

Figura 232. Curva de distribuição e de salários para 121 operadores de tornos semi-automáticos. A produção média é 72 peças/h, e a remuneração média está 20% acima do salário-hora assegurado

A Fig. 232 mostra a distribuição e a curva dos vencimentos para os 121 operadores de tornos semi-automáticos. A Fig. 230 apresenta a curva normal ajustada aos tempos dispendidos por 500 pessoas executando a operação de jogar os blocos.

ESTABELECIMENTO DO PADRÃO PARA UMA EMPRESA. Depois de haver apreendido as idéias básicas da avaliação de ritmo, cada empresa deve estabelecer um padrão para seu uso próprio. Deve-se chegar a um acordo com respeito a qual será o ritmo normal para as operações daquela empresa. O primeiro passo seria o estabelecimento de um padrão para operações do tipo de andar, dar cartas e outras semelhantes. Nos E.U.A. usam-se em larga escala os padrões fornecidos na página 306.

A seguir, selecionam-se para demonstração operações simples que possam ser executadas por qualquer pessoa e que façam parte da rotina da empresa. Deve-se padronizar o método e estabelecer-se o tempo para cada tarefa, fazendo-se que o operador trabalhe com um ritmo

310   *Ralph M. Barnes*

normal. Tiram-se filmes com velocidade de 1 000 quadros/min de tarefas típicas da empresa, avaliando-se o ritmo para cada um deles. Desta forma, com o correr do tempo consegue-se formar um conjunto de filmes-padrão para a avaliação do ritmo que pode ser usado como base para as avaliações na empresa. Não só os analistas de estudo de tempos devem aprender a avaliar o ritmo; mestres, supervisores e os próprios operadores também podem ser instruídos; e isto está sendo feito atualmente em diversas empresas americanas.

ESCALAS PARA AVALIAÇÃO DO RITMO. Há várias escalas para avaliação do ritmo em uso geral, e sem dúvida alguma um analista competente pode obter bons resultados usando qualquer uma delas. Um levantamento recente mostra que o sistema porcentual é o mais usado, estando em segundo lugar o sistema de pontos.

Um estudo das quatro escalas da Fig. 233 ajudará a tornar clara a diferença entre estes sistemas. Assim como a temperatura pode ser lida em termômetros Fahrenheit ou centígrados, também o ritmo do operador pode ser expresso em porcentagem, pontos ou outra unidade qualquer de medida. Como o sistema porcentual é o mais usado nos E.U.A. será o empregado na maior parte das ilustrações deste livro.

Escala A — 100% representa o ritmo normal. A atividade normal[18] (ritmo normal, velocidade normal ou tempo normal) equivale a 100% na escala A. Quando esta escala for usada, espera-se que o ritmo médio de incentivo situe-se entre 115 e 135%, sendo, em média, igual a 125%. Isto significa que aqueles operadores que produzem por dia de 15% a 35% a mais do que o normal receberão um prêmio de 15 a 35% por essa atividade extra. Também é de se esperar que, ocasionalmente, uma pessoa venha a trabalhar em um ritmo igual ao dobro do normal. Seu fator de ritmo seria 200%, e, conseqüentemente, esse operário receberia o dobro do salário horário normal.

Escala B — 60 pontos representa o ritmo normal. A escala B ilustra o sistema de pontos em que o ritmo normal corresponde a 60 pontos e com ritmo médio de incentivo situado entre 70 e 80 pontos. A atividade máxima provável estará perto de 100 a 120 pontos. A escala é semelhante à A em que 60 pontos corresponde a 100%.

Escala C — 125% representa o ritmo de incentivo. Alguns analistas usam o "ritmo médio de incentivo" como base para a avaliação. Uma empresa adotou 125% como o ponto no qual seria desejável que se situasse a produção média. Portanto procuram determinar esse ponto, nele estabelecem o "tempo-padrão de incentivo", adicionando 25% à razão horária para o cálculo dos vencimentos de uma pessoa que atinge esse ponto. Por exemplo, em vez de dizer que o tempo-padrão é 1,00 min por peça e que a razão horária é, por exemplo, 2,40 dólares, o que fornece 4 centavos de dólar por peça, dir-se-ia que a produção esperada é 75 peças/h e que, quando o operador atingir esse ponto, receberá 3 dólares por hora (o que equivale ao preço de 4 centavos de dólar por peça). Embora este plano seja tão razoável quanto os demais, algumas pessoas julgam que é difícil de ser explicado aos operadores e que não tem vantagens sobre o plano que use a escala A.

Escala D — 100% representa o ritmo de incentivo. Certas organizações usam uma escala que tem 100% como "ritmo médio de incentivo" e esse ponto é geralmente estabelecido 25% acima da atividade normal. Portanto, nesta escala, 80% corresponde ao ritmo normal.

EFEITO DA VELOCIDADE E DO MÉTODO SOBRE A PRODUÇÃO. Resumindo, há dois fatores principais que influenciam o número de unidades que uma pessoa, executando

---

[18] Um levantamento entre 82 empresas revelou que 87% usam o ritmo "normal" como base para a avaliação nos estudos de tempos, 12% usam o ritmo "médio de incentivo". Um por cento das empresas entre as consultadas deixou de responder a esta pergunta. *Industrial Engineering Survey.* 1963

Estudo de movimentos e de tempos

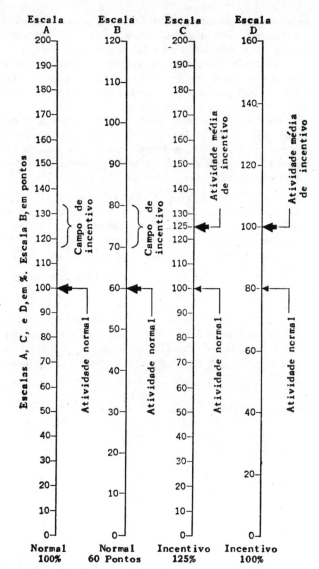

Figura 233. Quatro escalas para avaliação de ritmo

operações manuais, pode produzir em um dado intervalo de tempo. Eles são (1) a velocidade dos movimentos musculares e (2) o método de execução da tarefa.

A velocidade, tempo ou ritmo, que se relaciona com a atividade física do operário pode ser avaliada pelo fator de ritmo, como anteriormente descrito. O método é geralmente definido como o conjunto de movimentos requeridos à execução de uma dada operação. Do ponto de vista prático, o método para uma operação específica deve poder ser mantido em execução dia após dia e deve ser tal que o operário possa ser treinado a segui-lo. Com esta definição de método, é óbvio que, quando operários diferentes executarem uma operação, eles desenvolverão, com a prática, alguns refinamentos. Certas pessoas diriam que eles se tornaram mais habilidosos. Entretanto, se for feita uma análise cuidadosa da operação, concluir-se-á que um operador habilidoso usa método diferente dos demais. No Cap. 36 serão apresentados estudos para consubstanciar estas afirmações.

Como não existe nem um padrão nem uma unidade para medir diferenças de método, a única maneira de se tratar este fator reside em padronizar-se o método e estabelecer-se um tempo-padrão para o método especificado. O tempo-padrão não se aplicaria se fosse usado um método diferente do padronizado.

Embora nas condições usuais das fábricas seja de se esperar alguma variação no método, desde que se tenha cuidado no desenvolvimento do método correto para execução da tarefa e desde que os operadores sejam treinados a executá-la da maneira especificada antes de se proceder ao estudo de tempos, pode-se minimizar o problema das variações na produção resultantes de variações no método.

APLICAÇÃO DO FATOR DE RITMO. O fator de ritmo é aplicado ao tempo selecionado para fornecer o tempo normal. Suponha que, em uma operação particular de montagem de um interruptor elétrico, o operador executou a tarefa, consistentemente, durante todo o ciclo e durante todo o estudo, e que o tempo selecionado total foi 0,80 de minuto. Com o fator de ritmo para o estudo de 110%, o tempo normal seria calculado de maneira que se segue.

$$\text{tempo normal} = \text{tempo selecionado} \times \frac{\text{ritmo porcentual}}{100} = 0,80 \times \frac{110}{100} = 0,88 \text{ de minuto.}$$

Este valor 0,88 representa o tempo que um operador qualificado e treinado, trabalhando com um ritmo normal, levaria para completar um ciclo da operação. Ele não é o tempo-padrão para a tarefa, pois é necessário adicionar-se as tolerâncias ao tempo normal a fim de se obter o tempo-padrão. A determinação e a aplicação das tolerâncias serão explicadas no Cap. 25.

CAPÍTULO 25

Estudo de tempos: determinação das tolerâncias e do tempo-padrão

DETERMINAÇÃO DAS TOLERÂNCIAS

O *tempo normal* para uma operação não contém tolerância alguma. É simplesmente o tempo necessário para que um operador qualificado execute a operação trabalhando em um ritmo normal. Entretanto não é de se esperar que uma pessoa trabalhe o dia inteiro sem algumas interrupções; o operador pode dispender o seu tempo em necessidades pessoais, descansando ou por motivos fora de seu controle. As tolerâncias para essas interrupções da produção podem ser classificadas em (1) tolerância pessoal, (2) tolerância para a fadiga, ou (3) tolerância de espera.

O tempo-padrão deve conter a duração de todos os elementos da operação e, além disso, deve incluir o tempo para todas as tolerâncias necessárias. O tempo-padrão é igual ao tempo normal mais as tolerâncias. Tolerância não é uma parte do fator de ritmo, e resultados mais satisfatórios serão obtidos se ela for aplicada separadamente.

TOLERÂNCIA PESSOAL. Todo o operário deve ter tempo reservado para suas necessidades pessoais, e, por esta razão, as tolerâncias pessoais serão consideradas em primeiro lugar. A duração desta tolerância pode ser determinada através de um levantamento contínuo ou então por amostragem do trabalho. Para trabalho leve, onde o operador trabalha 8 h por dia sem períodos de descanso pré-estabelecidos, o trabalhador médio usará para tempo pessoal de 2 a 5% (10 a 24 min) por dia.

Embora a necessidade de tempo pessoal varie mais com o indivíduo do que com o tipo de trabalho, é um fato que os empregados precisam de maior tolerância pessoal quando o trabalho é pesado e é executado em condições desfavoráveis, particularmente em atmosfera quente e úmida. Nestas condições, é possível que os estudos venham a mostrar que mais do que 5% do tempo deve ser reservado às tolerâncias pessoais.

TOLERÂNCIA PARA A FADIGA. Nas empresas dos E.U.A. tomaram-se tantas medidas para eliminar a fadiga que esta já não possui a mesma importância anterior. De fato, a fadiga tem consequências tão pequenas em alguns tipos de trabalho que nenhuma tolerância é realmente necessária. Há várias razões para isso. Encurtaram-se a duração do dia de trabalho e o número de dias trabalhados por semana; melhoraram-se máquinas, equipamentos de manuseio mecânico, ferramentas e dispositivos, de forma que o trabalho de um dia é feito mais facilmente, e o operador trabalha com maior conforto físico do que anteriormente. Os acidentes de trabalho também diminuíram, de modo que o medo de ferimento físico é menor[1].

É claro que ainda existem certos tipos de trabalho que envolvem esforço físico pesado, sendo executados em condições adversas de calor, umidade, poeira e perigo de acidente, requerendo, desta forma, descanso para o operador. A fadiga resulta de um grande número de causas, tanto mentais quanto físicas.

[1]No caso brasileiro, estes fatos ainda não se verificam (N. do R.)

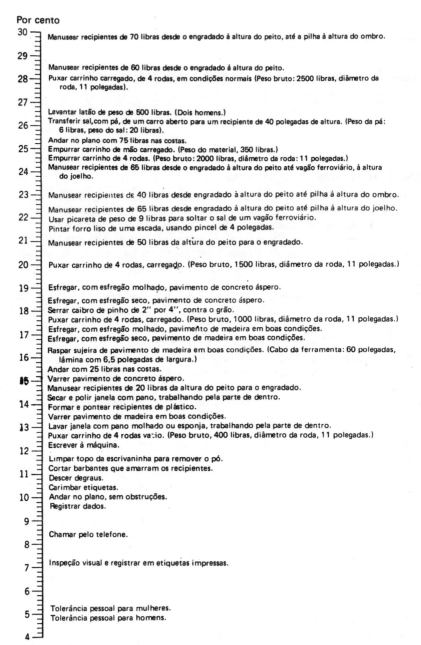

Figura 234. Tabela de tolerâncias pessoais e para a fadiga usada por uma empresa, envolvendo principalmente operações de manuseio e com carrinhos de mão. As tolerâncias dadas incluem o tempo para necessidades pessoais

Estudo de movimentos e de tempos   **315**

Até o presente momento, não há forma satisfatória de se medir a fadiga. As medições fisiológicas prometem providenciar meios objetivos para determinar-se o tempo e a duração dos períodos de trabalho e de descanso durante o dia. Entretanto, nos E.U.A., ainda não foram completados as pesquisas e os testes necessários para provar este procedimento.

A experiência nos mostra que uma pessoa necessita de descanso quando seu trabalho é árduo. A determinação do intervalo de tempo a ser concedido para o descanso é um problema muito complexo. O tempo necessário para o descanso varia com o indivíduo, com a duração do intervalo do ciclo durante o qual a pessoa está sobrecarregada, com as condições sob as quais o trabalho é executado e com muitos outros fatores. Algumas empresas, baseadas em larga experiência, chegaram a tolerâncias para a fadiga que parecem ser satisfatórias (Fig. 234). Algumas organizações envolvendo trabalho físico pesado, como, por exemplo, o empilhamento de caixas pesadas em armazéns ou caminhões, experimentaram diversas combinações de períodos de repouso e de trabalho até que se obtivessem tolerâncias satisfatórias.

Períodos de descanso organizados, durante os quais não se permite que os operários trabalhem, constituem uma das melhores soluções para o problema. A duração ótima e o número de períodos de descanso precisam ser determinados. O plano mais comum é o que fornece um período de descanso durante o meio da manhã e um durante o meio da tarde. A duração desses períodos, ordinariamente, varia de 5 a 15 min cada um[2].

Desde que não exista nenhum plano de incentivo salarial, algumas empresas pagam pelos períodos de descanso a mesma razão horária normal do empregado. Se for usado um plano de incentivos e se as tolerâncias para a fadiga tiverem sido incorporadas ao tempo-padrão, os empregados não serão pagos pelos períodos de descanso. O trabalhador simplesmente usa a sua tolerância para a fadiga durante o período especificado, em vez de gozá-la em intervalos à sua escolha durante o dia. Deve-se repetir que a tolerância para a fadiga não é necessária em muitos dos trabalhos leves da fábrica, e que os períodos de descanso organizados fornecem tempo suficiente para repouso a outro grupo de operações fabris. A quantidade de trabalhos pesados nas fábricas modernas está gradualmente diminuindo, devido ao maior uso de máquinas e de equipamentos mecanizados de manuseio; conseqüentemente, o problema da tolerância para a fadiga diminui de importância para o analista de estudo de tempos.

TOLERÂNCIA PARA ESPERA. As esperas podem ser evitáveis ou inevitáveis. As esperas feitas intencionalmente pelo operador não serão consideradas na determinação do tempo-padrão. Na realidade, ocorrem esperas inevitáveis causadas pela máquina, pelo operador ou por alguma força externa.

Supõe-se que as máquinas e equipamentos sejam mantidos em boas condições. Quando há uma quebra ou quando reparos se tornam necessários, normalmente transfere-se o operador de trabalho, e essas esperas não são computadas no tempo-padrão. Em tais casos, paga-se ao operário este tempo de espera com sua razão horária normal. Algumas vezes, há necessidade de ajustamentos ligeiros, quebra de ferramentas como brocas e tarraxas, tempo perdido devido à variação ocasional no material e interrupções pelos supervisores, sendo que estes casos têm que ser incluídos no padrão. Cada espera inevitável deve se constituir em um desafio para o analista e para o mestre, devendo ser feito todo o esforço possível a fim de eliminá-las. O tipo e a freqüência da ocorrência de esperas para uma dada classe de trabalho pode ser determinada através de estudos contínuos ou de amostragens do trabalho feitas durante período de tempo suficientemente extenso para fornecer dados de confiança.

APLICAÇÃO DAS TOLERÂNCIAS. A tolerância pessoal é aplicada como uma porcentagem do tempo normal e afeta tanto o tempo de manuseio quanto o tempo-máquina. Por con-

---

[2]Para uma discussão mais detalhada sobre períodos de descanso, veja o Cap. 33

316   *Ralph M. Barnes*

veniência, algumas vezes a tolerância para fadiga é aplicada semelhantemente, embora algumas pessoas acreditem que esta tolerância deva se aplicar unicamente àqueles períodos durante os quais o operador trabalha, e não ao tempo do ciclo durante o qual a máquina trabalha. As esperas são aplicadas como uma porcentagem do tempo normal; quando se tratar de tolerância para esperas de máquina, ela aplicar-se-á exclusivamente aos elementos de tempo-máquina. Se estas três tolerâncias forem aplicadas uniformemente a todos os elementos, elas podem ser somadas e aplicadas juntas, necessitando um único cálculo.

Embora as tolerâncias tradicionalmente tenham sido aplicadas como porcentagem do tempo normal a ser adicionada a este tempo a fim de se obter o tempo-padrão, há uma tendência de se considerar as tolerâncias em termos de minutos por dia de trabalho. Assim, em vez de se referir à tolerância pessoal como 5%, dir-se-ia 24 min por dia de 8 h ($480 \times 5\% = 24$). Se esta fosse a única tolerância concedida, o tempo de trabalho, neste caso, seria 456 min por dia ($480 - 24 = 456$).

Se na operação de montagem referida na página 313 fosse introduzida uma tolerância de 5% para tempo pessoal, este valor seria somado ao tempo normal para essa operação da seguinte forma

tempo-padrão = tempo normal + (tempo normal × tolerâncias, em $\%$) = 0,88 + (0,88 × × 0,05) = 0,88 + 0,044 = 0,924 de minuto.

Sumariando,

tempo selecionado = 0,80 de minuto,
fator de ritmo   = 110%,
tolerância pessoal = 5%,
$$\text{tempo normal} = 0,80 \times \frac{110}{100} = 0,88 \text{ de minuto,}$$
tempo-padrão   = 0,88 + (0,88 × 0,05) = 0,924 de minuto.

Outra forma de se calcular isto é
tempo-padrão   = 0,88 × 1,05 = 0,924 de minuto.

Embora este método de se aplicar a tolerância pessoal seja o mais comumente usado hoje em dia, ele não é absolutamente correto. Se por uma tolerância de 5% subentendemos que 24 min por dia de 8 h devem ser colocados à disposição do operário para suas necessidades pessoais, e se o tempo normal para uma montagem do interruptor elétrico é de 0,88 de minuto, então, durante os 456 min disponíveis para o trabalho ($480 - 24 = 456$), o operador poderia produzir 518 peças (456 dividido por 0,88 = 518). Como o dia de 8 h consiste em 480 min, o tempo-padrão por peça é 0,926 de minuto (480 dividido por 518 = 0,926). Outra maneira de se enunciar isto é

$$\text{tempo-padrão} = \text{tempo normal} \times \frac{100}{100 - \text{tolerância, em } \%} =$$
$$= 0,88 \times \frac{100}{100 - 5} =$$
$$= 0,88 \times \frac{100}{95} = 0,926 \text{ de minuto.}$$

Não somente este método de se incorporar as tolerâncias no tempo-padrão é correto, mas há valor considerável em se definir o tempo total em minutos por dias de 8 h para cada tipo de tolerância. Para o mestre ou operador, a afirmação de que 24 min por dia lhe são

Estudo de movimentos e de tempos **317**

ESTUDO Nº 9/63 — FOLHA DE OBSERVAÇÕES — FOLHA 1 1 FÔLHA

ELEMENTOS	VELOC	AVAN	LINHA SUPERIOR: TEMPOS SUBTRAÍDOS / LINHA INFERIOR: LEITURAS															TEMPO MIN	TEMPO MÉDIO	TEMPO ISOL LÍMPO	OCC POR CICLO	ANUAÇÃO	TEMPO NORMAL
			1	2	3	4	5	6	7	8	9	10	11	12	13	14	15						
1. Encher caixa de macho com 3 punhados de areia. Comprimir a areia cada vez.			,09	,09	,09	,08	,08	,08	,10	,07	,08	,08	,09	,07	,08	,09	,06	,06	,081	,081	1	115	,093
			,09	,41	,71	1,07	,78	,67	,98	,28	,57	,87	,18	,46	,76	4,05	,32						
2. Prensar a areia com um golpe de colher. Limpar com um movimento de colher.			,06	,05	,08	,06	,05	,05	,06	,05	,05	,06	,06	,05	,05	,06	,06	,05	,059	,059	1	125	,074
			,15	,46	,79	,13	,43	,72	2,04	,33	,62	,91	,24	,51	,81	,11	,38						
3. Obter e colocar chapa em cima da caixa de macho, virar, raspar e retirar a caixa.			,13	,13	,15	,14	,13	,13	,14	,13	,14	,13	,12	,14	,12	,13	,13	,10	,126	,126	1	135	,170
			,28	,59	,94	,27	,56	,85	,18	,46	,76	3,06	,36	,65	,93	,24	,51						
4. Transportar chapa, com macho, 4 pés. Transferir para o carrinho que entrará na estufa			,04	,03	,04	,03	,03	,03	,03	,03	,03	,03	,03	,03	,02	,03	,03	,02	,032	,032	1	125	,040
			,32	,62	,98	,30	,59	,88	,21	,49	,79	,09	,39	,68	,96	,26	,54						
(1)			,07	,10	,08	,08	,08	,08	,07	,08	,08	,08	,07	,07	,08	,09	,09						
			,61	,95	,25	,53	,83	,12	,41	,71	7,01	,28	,55	,84	,16	,48	,77						
(2)			,05	,05	,05	,05	,06	,06	,06	,06	,05	,06	,06	,06	,06	,05	,05						
			,66	5,00	,30	,58	,89	,18	,47	,77	,06	,34	,61	,91	,22	,53	,82						
(3)			,14	,13	,12	,13	,12	,13	,13	,12	,11	,12	,13	,13	,14	,13	,13						
			,80	,13	,42	,71	6,01	,31	,60	,89	,17	,46	,74	8,04	,36	,66	,95						
(4)			,05	,04	,04	,03	,03	,03	,03	,03	,03	,04	,04	,03	,02	,03	,03						
			,85	,17	,45	,75	,04	,34	,63	,93	,20	,48	,77	,08	,39	,68	,98						
(1)			,07	,07	,08	,08	,07	,08	,07	,08	,09	,08	,08	,08	,08	,08	,09						
			2,06	,34	,64	,93	,21	,50	,78	11,07	,39	,69	,99	,29	,59	,89	,19						
(2)			,05	,06	,05	,06	,06	,07	,06	,06	,05	,07	,06	,06	,07	,06	,08						
			,10	,40	,69	,99	,27	,57	,84	,14	,47	,76	12,0?	,35	,66	,95	,27						
(3)			,14	,13	,13	,11	,12	,11	,11	,12	,10	,12	,12	,13	,12	,12	,11						
			,24	,53	,82	10,10	,39	,68	,95	,26	,57	,88	,17	,46	,78	13,07	,38						
(4)			,03	,03	,04	,03	,03	,04	,04	,04	,04	,04	,03	,03	,03	,03	,03						
			,27	,56	,85	,14	,42	,71	,99	,30	,61	,91	,20	,51	,81	,10	,41						

ELEMENTOS ESTRANHOS

Elementos de cálculo

Nº 1	Nº 2	Nº 3	Nº 4
,06-ı ,07-ᴍᴍ	,01-ᴍᴍᴠ ,06-ᴍᴍᴍᴍᴠ	,10-ı ,11-ᴍᴍ	,02-ᴍ ,03-ᴍᴍᴍᴍ
,03-ᴍᴍᴍᴠ ,01-ᴍᴍ	,07-ᴍ ,08-ᴍ	,12-ᴍᴍ ,13-ᴍᴍᴍ	,01-ᴍ ,04-ᴍᴍ
,10"		,14-ᴍ² ,15-ı	

FERRAMENTAS, GABARITOS, CALIBRES, MODELOS, ETC.
Caixa de macho Nº C-10 7253. Tamanho 1¼" x 3¼" x 8¾" Peso 1 libra Colher de moldador de 5"
Placa de 4" x 9", pêso com macho 3¾ libras Areia para macho A16

MÉDIA GERAL	INÍCIO	FIM	TEMPO INTERMEDIÁRIO	UNIDADES ACABADAS	TEMPO EFETIVO POR PEÇA
125	9.18	9.32	14:00	45	0,81 Min

Figura 235. Frente da folha de observações — operação de fazer macho

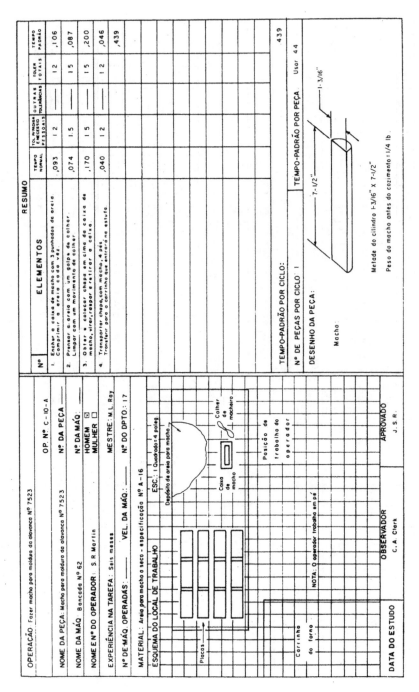

Figura 236. Verso da folha de observações — operação de fazer macho

Estudo de movimentos e de tempos

319

concedidos para tempo pessoal tem maior significado do que se dizer simplesmente que foi adicionado 5% ao tempo normal do ciclo para necessidades pessoais.

DETERMINAÇÃO DO TEMPO-PADRÃO

CRONOMETRAGEM DE UMA OPERAÇÃO DE SE FAZER MACHO. O estudo de tempos apresentado na Fig. 215 é um tipo muito comum de cronometragem usado hoje em dia, apesar de muitas organizações avaliarem o ritmo para cada elemento separadamente, em vez de fazerem uma avaliação global para o estudo e também determinarem e aplicarem as tolerâncias pessoais e para a fadiga a cada elemento. As Figs. 235 e 236 apresentam um estudo deste tipo.

Tabela 18. Elementos da operação de fabricação de machos

Descrição detalhada	Descrição resumida anotada na folha de observações com o fim da operação para as leituras do cronômetro
1. Andar 1,22 m desde a prateleira da estufa até a bancada, pegar a caixa de macho com ambas as mãos, empurrar a areia solta à frente da bancada para o fundo da mesma com o lado da caixa. Segurar a caixa de macho com a mão esquerda e encher a caixa de macho com três punhados de areia, prensando a areia na caixa de macho a cada vez.	1. Encher a caixa de macho com três punhados de areia. Prensar a cada vez. *Fim da operação* quando a mão direita agarra a colher.
2. Pegar a colher com a mão direita, prensar a areia, com a colher, na parte superior da caixa, tirar o excesso de areia (passar o lado da colher na tampa da caixa), removendo-o com o lado da colher. Pôr a colher na bancada, ao lado direito da caixa de macho.	2. Prensar a areia com a colher. Retirar o excesso de areia. *Fim da operação* quando a colher é deixada na bancada (atinge a bancada).
3. Pegar a placa e carregá-la desde a pilha da bancada até o lado esquerdo da caixa de macho (0,90 m), virar a placa e colocá-la em cima da caixa de macho. Tirar a placa e a caixa de macho. Apanhar a colher com a mão direita, dar duas pancadas com o cabo da mesma e colocar a colher na bancada, ao lado direito da caixa de macho. Usando ambas as mãos, levantar cuidadosamente a caixa de macho da placa, deixando o macho ficar na placa. Pôr a caixa de macho ao lado direito da bancada.	3. Apanhar e colocar a placa na caixa de macho, virar, bater e remover a caixa. *Fim da operação* quando a caixa de macho é colocada na bancada (atinge a bancada).
4. Andar, carregando placa e macho, 1,22 m para a esquerda e colocá-los na prateleira da estufa.	4. Carregar placa com macho 1,22 m. Colocar na prateleira da estufa. *Fim da operação* quando a placa toca a prateleira da estufa.

320   *Ralph M. Barnes*

A operação estudada era a preparação de macho de areia seca em uma caixa de madeira. Na coluna esquerda da Tab. 18, encontra-se uma descrição completa da operação, e, na coluna direita da folha de observações, encontra-se um registro em forma de descrição abreviada. Igualmente estão registrados os pontos de término usados nas leituras do cronômetro.

Antes de se iniciar a cronometragem, preencheu-se o verso da folha de observações (Fig. 236), fêz-se um esquema do local de trabalho colocando-se no canto direito inferior da folha um esquema do macho.

Usou-se um cronômetro de minuto decimal lido com o método contínuo de leitura. Durante o estudo, o analista avaliava a velocidade do operador para cada elemento da operação. Em estudos como este, o analista pode ocasionalmente registrar um fator de ritmo relativo a uma leitura do cronômetro durante a execução do estudo. Depois de haver completado o estudo, ele registrará o ritmo avaliado para cada elemento do estudo. Esses valores são registrados na parte frontal da folha de observações (Fig. 235), na coluna vertical designada "Avaliação". Um fator de ritmo geral para o estudo é também registrado no espaço existente no canto inferior direito da folha de observações. Ele pode ser usado em conexão com o tempo decorrido e com o número de peças produzidas para verificar o tempo-padrão após a determinação final.

O tempo selecionado para cada elemento é determinado sumariando-se os dados da forma apresentada na folha de observações. Se não houver espaço nessa folha, este sumário pode ser feito em outra folha de papel e anexado à folha de observações. O sumário mostra que, para o elemento 1, a duração mínima é 0,06; a duração que ocorre com maior freqüência é 0,08 e 0,081 é a média. De forma semelhante, determinam-se valores para os outros três elementos do estudo. O número de vezes que o elemento ocorre no estudo é registrado na coluna intitulada "Ocorrência por ciclo".

Os tempos normais são calculados da seguinte maneira

$$\text{tempo normal} = \text{tempo selecionado} \times \frac{\text{avaliação porcentual do ritmo}}{100}.$$

Para o elemento 1 (Fig. 237), o tempo normal é determinado da seguinte maneira

$$\text{tempo selecionado} = 0,081 \text{ de minuto,}$$
$$\text{fator de ritmo} \quad = 115\%,$$
$$\text{tempo normal} \quad = 0,081 \times \frac{115}{100} = 0,093 \text{ de minuto.}$$

ESTUDO Nº 8765									FOLHA DE OBSERVAÇÕES						
ELEMENTOS	**LINHA SUPERIOR: TEMPOS SUBTRAÍDOS**								**LINHA INFERIOR: LEITURAS**						
	1	2	3	4	5	6	7	8	9	10	11	12	13	14	15
1. Encher caixa de macho com 3 punhados de areia. Comprimir a areia cada vez.	,09	,09	,09	,09	,08	,08	,10	,07	,08	,08	,09	,07	,08	,09	,06

																	TEMPO EM MIN	TEMPO MÉDIO	TEMPO ESCO LHIDO	OCC POR CICLO	AVALIAÇÃO	TEMPO NORMAL
,07	,10	,08	,08	,08	,08	,07	,08	,08	,08	,07	,07	,08	,09	,09			,06	,081	,081	1	115	,093

Figura 237. Parte da folha de observações para a operação "Fazer macho para moldura da alavanca". Estão apresentados os tempos mínimo, médio e selecionado, o fator de ritmo e o tempo normal para cada elemento. Veja Fig. 235 para um estudo completo

Estudo de movimentos e de tempos

RESUMO DO ESTUDO DE TEMPOS. Depois de terem sido calculados os tempos normais para cada elemento, faz-se um sumário no verso da folha de observações, no espaço existente para tal fim. Determinam-se para cada elemento as tolerâncias pessoais e para a fadiga, registrando-as na coluna apropriada. Para o primeiro e quarto elementos são concedidos 12%, e 15% para o segundo e terceiro. Estas tolerâncias são obtidas de uma tabela semelhante à apresentada na Fig. 234. Não se concedem outras tolerâncias. O tempo-padrão para cada elemento é determinado da seguinte maneira

$$\text{tempo-padrão} = \text{tempo normal} \times \frac{100}{100 - \text{tolerância, em } \%}$$

Para o elemento 1 isto é

$$\text{tempo-padrão} = 0,093 \times \frac{100}{100 - 12} = 0,093 \times \frac{100}{88} = 0,106 \text{ de minuto.}$$

De maneira semelhante, determina-se o tempo-padrão para cada um dos quatro elementos (Fig. 238). Estes tempos são somados para fornecerem o tempo-padrão ao ciclo. Como se produz uma peça por ciclo, o tempo-padrão por peça é igual ao tempo-padrão por ciclo.

Um ajudante fornece ao macheiro a areia de fundição e as placas, assim como os carros de forno vazios; portanto o tempo para este trabalho não é incluído no padrão. Se este trabalho fizesse parte da tarefa do macheiro, teria sido cronometrado e incluído como elemento adicional na operação.

RESUMO						
Nº	ELEMENTOS	TEMPO NORMAL	TOLER. P FADIGA E PESSOAIS	OUTRAS TOLER.	TOLER TOTAIS	TEMPO-PADRÃO
1. Encher caixa de macho com 3 punhados de areia Comprimir a areia cada vez		,093	12	—	12	,106
2. Prensar a areia com um golpe de colher Limpar com um movimento de colher		,074	15	—	15	,087
3. Obter e colocar chapa em cima da caixa de macho, virar, raspar e retirar a caixa		,170	15	—	15	,200
4. Transportar chapa, com macho, 4 pés Transferir para o carrinho que entrará na estufa		,040	12	—	12	,046
						,439

Figura 238. Parte da folha de observações para a operação "Fazer macho para moldura da alavanca". Estão apresentados o tempo normal, tolerâncias e tempo-padrão para cada elemento. Veja Fig. 235 para um estudo completo

CRONOMETRAGEM DE UMA OPERAÇÃO DE MONTAGEM E DE COLAGEM. As Figs. 239 e 240 mostram a folha de observações para uma operação de montagem e colagem em uma fábrica de sapatos de solas de borracha. A Fig. 241 mostra a folha de cálculos, e a Fig. 242 a folha de incentivos por peça, que é uma autorização para se colocar em efeito o prêmio por peça. Esses impressos são parte do manual de estudo de tempos apresentado no Apêndice A.

DESCRIÇÃO DA OPERAÇÃO COM O AUXÍLIO DE UM GRÁFICO DAS DUAS MÃOS. Muitos dos problemas com o estudo de tempos são criados porque o método usado na execução da operação não foi registrado em detalhes suficientes na folha de observações. Uma das formas de se encaminhar a solução deste problema é preparar-se uma descrição dos movimentos das mãos direita e esquerda de cada elemento da operação. Isto pode ser feito através

FOLHA DE OBSERVAÇÕES

DEPARTAMENTO Sapatos **DATA** **OBSERVADOR** R. J. Parson

MESTRE W. M. Wilson **OPERADOR** Betty Walker

OPERAÇÃO Montar e colar saltos na sola de sapato

NO.	ELEMENTOS	UNIDADES POR ELEM.	1	2	3	4	5	6	7	8	9	10	11	12	TEMPO TOTAL	Nº DE OBSERVAÇÕES	TEMPO MÉDIO	LEIT. MAIS FREQÜENTE	TEMPO MÍNIMO	TEMPO REPRESENTATIVO	AVALIAÇÃO DO RITMO	TEMPO NORMAL
1.	Obter suprimento de saltos	20 Pr.	,06 ,10	,07 ,08	,10 ,09	,07 ,08	,08 ,09	,08 ,08	,07	,08	,09	,10	,08	,09	1,49	18	,083	,08	,06	,083	100	,083
2.	Obter suprimento de solas	20 Pr.	,12 ,15	,15 ,13	,10 ,12	,14	,13	,14	,13	,14	,13	,15	,13	,13	1,99	15	,133	,13	,10	,133	100	,133
3.	Pegar, separar e colocar solas em 15 pilhas	7½ Pr.	,41 ,43	,43 ,44	,42	,40	,44	,43	,42	,43	,45	,44	,45	,43	6,02	14	,430	,43	,40	,430	110	,473
4.	Pegar e colocar saltos sobre a sola	½ Pr.	,06 ,05 ,07 ,05	,05 ,05 ,08 ,05	,05 ,05 05 ,06	06 ,07 ,05	,06 ,06 ,05	,05 ,06 ,06	05 ,07 ,05	,05 ,06 ,05	,05 ,05 ,06	,05 ,06 ,05	,06 ,06 ,05	,05 ,05 ,06	2,15	39	,056	,05	,04	,056	100	,056
5.	Pegar pincel c/ cola, colar e soltar o pincel	7½ Pr.	,24 ,24 ,26	,24 ,23 ,24	,23 25 ,25	,23 ,24 24	,22 ,23 ,25	,22 ,23 ,23	,22 24 ,23	,23 22 ,25	,22 ,24	,26 ,23	,23 ,24	,23 ,23	4,62	20	,231	,23	,18	,231	95	,219
6.	Empilhar partes coladas	30	,26 ,24	,24 ,25	,25 ,26	24 ,24	,25	,23	,23	,25	,24	,23	,24	,23	3,88	16	,242	,24	,18	,242	100	,242
7.	Marcar dimensão na pilha	30	,04 ,04	,04 ,04	,04 ,05	04 ,04	,04 ,04	,04 ,06	,04 ,04	,05 ,05	,04 ,05	,04 ,06	,05 ,05	,04	1,02	23	,044	,04	,02	,044	100	,044
8.	Colocar de lado partes prontas	30	,08 ,10	,07 ,08	,08 ,09	,10 ,08	,09	,09	,08	,06	,08	,08	,09	,08	1,33	16	,083	,08	,06	,083	100	,083
9.	Obter suprimento de cola	2000	1,14	1,20	1,27	1,16	1,23								6,00	5	1,20		1,14	1,20	100	1,200
10.	Esvaziar e limpar a lata de cola	2000	1,23	1,11	1,18	1,20									4,72	4	1,18		1,02	1,18	100	1,180
11.	Limpar o lugar de trabalho e cobrir as peças	2000	1,90	1,95	2,11	1,83									7,79	4	1,948		1,83	1,948	100	1,948
12.	Registrar a produção	120	(DE TEMPOS PRÉ-DET.)																			,070

ELEMENTOS RAROS	OCORRÊNCIA	TEMPO	AVALIAÇÃO DO RITMO	TEMPO NORMALIZADO

OBS.: INÍCIO __10:24__ FIM __11:06__ DURAÇÃO _____ Nº DE UNIDADES _____ UNIDADES P/ HORA _____

TS 103

Figura 239. Frente da folha de observações — cronometragem para uma operação de montagem e colagem feita com o método repetitivo

EQUIPAMENTO USADO

Bancada

Recipiente de cola e pincel

DESENHO DA PEÇA

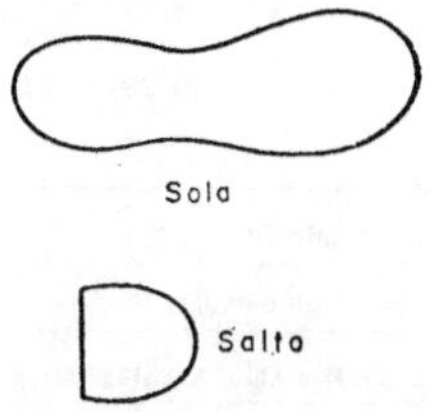

Sola

Salto

DISPOSIÇÃO DADA AO TRABALHO ACABADO: No carro com prateleiras (T431)

MATERIAIS E SUPRIMENTOS

DESCRIÇÃO	PARES POR UNIDADE	FONTE	SUPRIDO POR	SUPRIDO COMO
Cola # CT1031		Tanque	operador	

ESQUEMA DO LOCAL DE TRABALHO ESCALA: 1:2

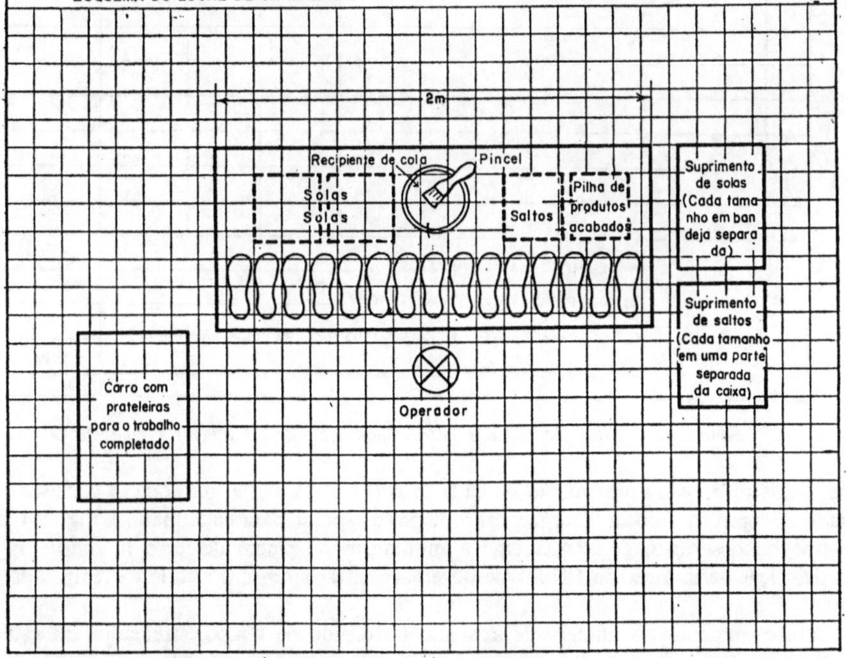

2m

Recipiente de cola — Pincel

Solas
Solas

Saltos

Pilha de produtos acabados

Suprimento de solas (Cada tamanho em bandeja separada)

Suprimento de saltos (Cada tamanho em uma parte separada da caixa)

Carro com prateleiras para o trabalho completado

Operador

Figura 240. Verso da folha de observações — operação de montagem e colagem

FOLHA DE CÁLCULOS

OPERAÇÃO __Montar e colar salto na sola de sapato__

DEPARTAMENTO __Sapatos__   DATA ____

Nº	ELEMENTOS	TEMPO NORMAL POR ELEMENTO	UNIDADES POR ELEMENTO (Peças)	OCORRÊNCIA DE ELEMENTOS POR 100 peças	TEMPO NORMAL POR 100 peças
1	Obter suprimento de saltos	,083	20	5	,415
2	Obter suprimento de solas	,133	20	5	,665
3	Pegar, separar e colocar solas em 15 pilhas	,473	7½	13⅓	6,292
4	Pegar e colocar salto sôbre a sola	,056	½	200	11,200
5	Obter pincel com cola, colar e soltar pincel	,219	7½	13⅓	2,919
6	Empilhar partes coladas	,242	30	3⅓	,807
7	Marcar dimensão na pilha	,044	30	3⅓	,147
8	Colocar de lado partes prontas	,083	30	3⅓	,276
9	Obter suprimento de cola	1,200	2000	,05	,060
10	Esvaziar e limpar depósito de cola	1,180	2000	,05	,059
11	Limpar o local de trabalho e cobrir o trabalho	1,948	2000	,05	,098
12	Registrar a produção	,07	120	,83	,058

(A) TEMPO NORMAL, EM MINUTOS	22,996
(B) TOLERÂNCIAS (10%), EM MINUTOS	2,299
(C) TEMPO-PADRÃO TOTAL, EM MINUTOS POR 100 PEÇAS (A + B = C)	25,3
(D) PRODUÇÃO HORÁRIA	237 Peças

TS124

Figura 241. Folha de cálculos para a operação de montagem e colagem

de um registro de cada movimento de cada mão (Figs. 84 e 100) ou pode se consistir em um registro de agarrar, colocar, usar, segurar, dispor e esperar para cada mão. A Fig. 244 contém este tipo de descrição, correspondente à montagem de placas de ferro fundido (Fig. 243). Esta descrição seria anexada à folha de observações, fazendo-se o estudo de tempos da forma usual.

Com o aumento do número de analistas do estudo de tempos, treinados em estudo de micromovimentos e no uso dos tempos sintéticos, é certo que aumentará o emprego da descrição da operação através do gráfico de operações.

Estudo de movimentos e de tempos **325**

FOLHA DE INCENTIVOS

DEPARTAMENTO	Sala de montagem de sapatos	EFETIVA NO DIA
OPERAÇÃO	Montar e colar pinos do salto na entresola	
TIPO DE SAPATO	Botas comuns para mulheres, moças e crianças	
	Botas de qualidade para mulheres, moças e crianças	

Nº DA TAREFA   16 – 16   TRABALHO POR DIA
                16 – 15   TRABALHO POR TAREFA

MÉDIA DO TRABALHO DIÁRIO	OPERAÇÃO	DIA DE TRABALHO, PRODUÇÃO HORÁRIA	PREÇO MÉDIO UNITÁRIO NA BASE DE 100 PARES
1,75	Montar e colar pinos do salto na entresola	237 Pares	$0,75

APROVADO _____ J. S. Fuller _____ GERENTE

APROVADO _____ Earl Stone _____ CHEFE DO ESTUDO DE TEMPOS

TS 106

Figura 242. Folha de incentivos para a operação de montagem e colagem

ESTUDOS DE PRODUÇÃO. Embora o estudo de movimentos e de tempos possa ter sido feito com cuidado, e a folha de instruções possa ter sido preparada e entregue ao operador, algumas vezes, há reclamação de que o operador não consegue executar a tarefa no tempo especificado pela folha de instruções. Se, depois de uma verificação preliminar, houve a impressão de que a impossibilidade de se executar a tarefa no tempo estabelecido não é falha do operador, é essencial que se faça um novo estudo de tempos para verificar o estudo original. Esse estudo, algumas vezes designado como estudo de produção, cobre um período de tempo mais longo que o do estudo original — chegando, algumas vezes, a um ou dois dias. A Fig. 245 mostra um resumo de um estudo de produção.

A inabilidade do operador em executar a tarefa no tempo pré-determinado pode ser resultante de qualquer uma ou de uma combinação destas causas: condições dos materiais, ferramentas ou equipamentos diferentes das que vigoravam quando se fez o estudo original; mudanças no método, no arranjo físico ou nas condições de trabalho; o operador não teve experiência suficiente na tarefa ou não se adapta ao trabalho; ou erros no próprio estudo de tempos. O estudo de produção deve ser feito em detalhes suficientes para permitirem a verificação dos tempos elementares.

Embora devam ser feitos todos os esforços para evitar erros no estabelecimento do padrão original, é essencial que a administração esteja sempre pronta a retificar erros ou demonstrar a correção do tempo-padrão. Os trabalhadores devem confiar nos padrões e nas pessoas que os estabelecem.

ESTUDOS DE AMOSTRAGEM DO TRABALHO. Tem-se usado de forma crescente a amostragem do trabalho para suplementar ou substituir o estudo de produção. Como será explicado em maiores detalhes no Cap. 32, a amostragem do trabalho é um método melhor e mais econômico para a obtenção dos dados do que o levantamento contínuo.

Figura 243. Arranjo físico para a montagem de placas de ferro fundido. Suspensa sobre o dispositivo encontra--se chave acionada a ar comprimido

REGISTRO E ARQUIVAMENTO. Quando um estudo de tempos deve ser feito para uma série de operações semelhantes, é desejável que cada um dos elementos seja definido cuidadosamente a fim de se possibilitar a determinação de tempos pré-determinados. Por exemplo, na operação "soldar costura lateral de lata retangular", os elementos são definidos (p. 359), e, independentemente da pessoa que execute o estudo de tempos dos trabalhos de solda, essa divisão uniforme da operação em elementos será conservada. Prepara-se um impresso, e os dados essenciais de cada estudo de tempos da soldagem das costuras laterais são registrados nele. Depois de se ter acumulado dados em número suficiente, eles serão usados no estabelecimento de fórmulas para a determinação sintética de tempos-padrão nas operações de solda, como ilustrado no Cap. 28.

Os dados referentes ao estudo de tempos e demais características de operações devem ser arquivados de maneira a possibilitar fácil acesso a essas informações.

TEMPOS-PADRÃO GARANTIDOS. O tempo-padrão deve ser assegurado contra mudanças, a menos que haja alteração no método, materiais, ferramentas, equipamento, arranjo físico, ou condições de trabalho, ou, então, quando tenha havido um erro no cálculo do padrão.

Quando se estabelece um tempo-padrão para uma tarefa, compreende-se que o operador deverá executar a operação exatamente como especificado no registro do método padronizado ou na folha de instruções. Se a operação não for executada dessa forma, o padrão não tem

Estudo de movimentos e de tempos

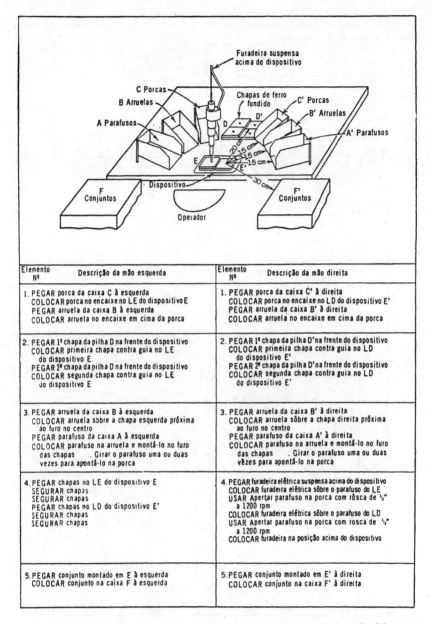

Figura 244. Gráfico de operações para a montagem de placas de ferro fundido

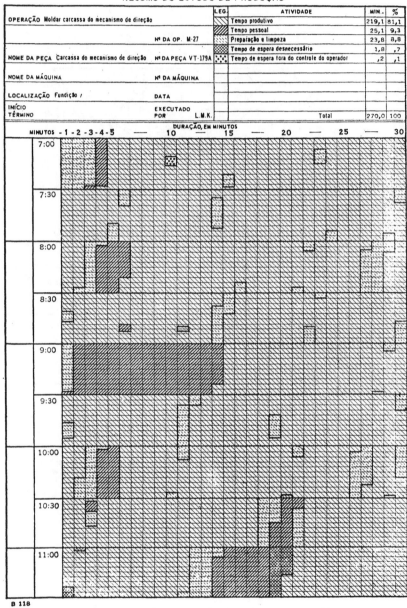

Figura 245. Sumário de um estudo de produção cobrindo um período de 4:30 h

efeito. Entretanto, desde que o operador execute o trabalho da maneira pré-estabelecida, a empresa deve assegurar que o tempo-padrão não será alterado. A empresa deve seguir essa política de modo a cada operador se sentir livre para trabalhar à velocidade que bem entender. O operador não deve temer que o tempo-padrão para a tarefa venha a ser reduzido se ele "ganhar demais", quando sob um sistema de incentivo salarial.

ALTERAÇÃO DE MÉTODOS. Quando existir uma alteração no método, materiais, ferramentas ou outros fatores que afetem o tempo da operação, esta deve ser reestruturada, estabelecendo-se novo tempo-padrão. Se o operador sugerir uma mudança que reduza o tempo operacional, melhore a qualidade ou torne a tarefa mais segura, deve ser recompensado imediatamente por sua sugestão. Se a empresa possuir um sistema de sugestões, ele deve ser recompensado através dos meios regulares. Quando o novo padrão para o método melhorado tiver sido estabelecido, o operador deverá poder executá-lo e ganhar seu incentivo usual, tão facilmente quanto o fazia antes da introdução da melhoria. Uma alteração do método não deve ser usada como uma desculpa para se reduzir o tempo-padrão. Se a administração espera obter e manter o espírito de cooperação de seus empregados, deve assegurar que estes ganhem e não venham a perder como resultado de suas sugestões.

AUDITORIA DE MÉTODOS, TEMPOS-PADRÃO E PLANOS DE INCENTIVO SALARIAL. Auditoria é um procedimento que tem como finalidade determinar a maneira pela qual os padrões e as técnicas estabelecidos estão sendo executados. Ordinariamente, o relatório de auditoria incluiria uma descrição das variações com relação ao registro do método padronizado, uma avaliação destas variações e recomendações para mudanças e correções.

O projeto de um plano de medida de trabalho e de incentivo salarial deve prever uma auditoria periódica. Um programa de incentivo salarial baseia-se em procedimentos cuidadosamente estabelecidos, e, a menos que estes procedimentos sejam seguidos com exatidão, o plano pode se tornar desfavorável à administração ou aos empregados, dependendo da natureza do erro. Se um plano de incentivo salarial não for cuidadosamente mantido, a remu-

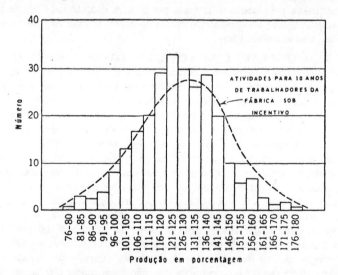

Figura 246. Distribuição do índice de produção de 237 operários que trabalham sob incentivo no Departamento 24, durante o período de três meses, terminando em 31 de março. A linha pontilhada é a curva de distribuição para o índice de produção dos últimos 10 anos de todos os operários da fábrica que trabalham sob incentivo

330   *Ralph M. Barnes*

neração de alguns empregados pode sair da linha, isto é, pode se tornar muito alta quando comparada com a de outros empregados. Esta desigualdade é indesejável, tanto para a administração quanto para os operários. A administração deseja ter certeza de que os padrões serão mantidos ano após ano, e os empregados que trabalham sob incentivo desejam estar certos que o plano continuará em uma base sólida e justa. Um bom programa de auditoria pode contribuir efetivamente para a obtenção destas finalidades.

Uma empresa muito conhecida administrou seu programa de medida de trabalho e incentivo salarial tão eficientemente que o índice de atividade média de aproximadamente 9 000 empregados, trabalhando sob incentivo, variou em torno de 3% nos últimos 25 anos. O índice de atividade média atual para todos os operários, trabalhando sob incentivo, é 132%. Há 25 anos, esta empresa deu início ao plano de calcular o índice de atividade média por operadores, departamentos, divisões e para toda a empresa de três em três meses. Em conexão com esta análise, constrói-se uma curva de distribuição (Fig. 246) mostrando o índice de atividade dos trabalhadores sob incentivo por departamento, sendo sobreposta a esta a curva do índice de atividade média para todos os empregados sob incentivo da empresa nos últimos dez anos. Essa empresa dá grande ênfase à auditoria e usa os engenheiros de produção mais experientes e mais competentes na condução de suas auditorias.

A seguinte programação para auditoria de métodos, tempos-padrão e incentivos salariais é usada pela Procter and Gamble Company[3].

Horas por ano	Freqüência da auditoria
0-10	3 anos
10-50	2 anos
50-600	1 ano
Acima de 600	2 vezes por ano

Isso significa que uma operação não executada mais de 10 h por ano seria verificada pelo menos uma vez em cada 3 anos, enquanto que uma operação executada mais do que 600 h por ano seria analisada pelo menos duas vezes por ano. A Procter and Gamble adere estritamente a essa programação, pois consideram mais importante manter os padrões atuais do que estender padrões a novas operações.

ESTUDO DE TEMPOS COMO UMA ATIVIDADE DA ASSESSORIA. O departamento de estudo de tempos é um departamento de assessoria e não uma função de linha (Fig. 247). É importante que cada engenheiro de produção mantenha este fato bem claro em sua mente. Como um departamento de assessoria deve trabalhar em comum acordo com os mestres e grupos de supervisão, é importante que o pessoal da linha conheça em detalhes os princípios, técnicas e métodos do departamento de estudo de tempos. Os mestres devem ter conhecimento suficiente de estudo de tempos para explicarem a um operador do departamento como se faz um estudo de tempos, que elementos são incluídos na operação e, exatamente, como se determina o tempo-padrão para a operação. O mestre deve ser capaz de fazer isso sem recorrer ao auxílio do departamento de estudo de tempos. Em situações especiais, é claro, o mestre pode obter informações adicionais desse departamento ou, em alguns casos, pode ser conveniente que o analista suplemente a informação dada pelo mestre aos operários.

Algumas vezes, é útil traçar-se um paralelo entre duas atividades independentes a fim de se esclarecer uma situação. Guy J. Bates, da General Motors, usou a seguinte analogia. Quando o número de refugos em um departamento de produção aumenta de repente, e o operador da máquina afirma que a causa é um calibre de inspeção desajustado, o mestre deverá examinar

---

[3]Richard A. Forberg, Effective Control of the Industrial Engineering Function. *Proceedings Twelfth Management Engineering Conference*, SAM-ASME, New York, abril, 1957, p. 214

Estudo de movimentos e de tempos

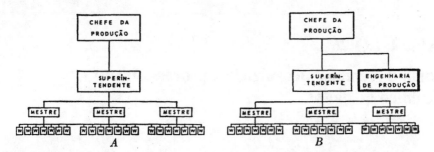

Figura 247. Organogramas. A, *organização típica em linha;* B, *organização linha e assessoria mostrando o departamento de assessoria típico*

o calibre a fim de ver se há alguma coisa errada e medir, ele mesmo, algumas partes a fim de se certificar que o operador está usando o calibre da maneira certa. Se não se encontrar a causa da dificuldade, o mestre chamará o chefe do departamento de inspeção e o fará verificar o caso. O mestre poderá estar presente durante a verificação, mas ele esperará que o inspetor-chefe tome qualquer medição que pareça necessária para determinar se o número excessivo de rejeições depende de erro do calibre.

Da mesma forma com o trabalho do estudo de tempos — assim como o inspetor e o departamento de ferramentas constroem, mantêm e verificam todos os calibres e dispositivos de inspeção, da mesma forma o departamento de estudo de tempos estabelece e mantém todos os padrões. Se um operador reclama que o tempo-padrão é muito baixo e que ele não consegue ganhar prêmio, espera-se que o mestre verifique a operação através da folha de instruções a fim de ver se a operação está sendo executada de acordo com o método pré-estabelecido. Isto envolve a verificação dos materiais, velocidade de rotação e avanço da máquina e outras condições da operação. Se, depois de ter verificado estas condições, o mestre for incapaz de achar uma causa para o erro aparente no padrão, ele requisitará um analista de estudos de tempos para vir ao departamento verificar o padrão. O mestre poderá ou não permanecer com o analista durante a verificação, mas certamente seguirá em detalhes o procedimento desta verificação e saberá a causa da dificuldade e os meios usados para a correção da situação.

Para todas as funções de assessoria na fábrica, é necessário balancear-se com cuidado os deveres do departamento de engenharia de produção e dos departamentos linha. Embora o departamento de estudo de tempos seja totalmente responsável pelo estabelecimento e manutenção dos padrões na fábrica, o engenheiro de produção trabalha através do mestre e nunca o substitui. Um mestre indiferente, preguiçoso ou antagônico não cooperará de boa vontade. Em tais situações, esta atitude deve levar o departamento de estudo de tempos e a alta administração a mostrarem ao mestre por que é de sua própria conveniência, da conveniência da empresa e da conveniência dos operadores de seu departamento entender o estudo de tempos e seguir os procedimentos estabelecidos pela organização, com relação à administração do estudo de tempos e dos planos de incentivo salarial.

CAPÍTULO 26

Estudo de tempos mecanizado e processamento eletrônico de dados

A cronometragem geralmente é muito cara e muito demorada para medir operações de ciclo longo, atividades complexas de grupos de homens e de máquinas e equipamento altamente mecanizado. No passado, muitas vezes, nem se tentava medir tal trabalho, porque o estudo de tempos não era satisfatório para esse fim. Hoje, entretanto, a amostragem do trabalho e a máquina de filmar de disparo regulável estão sendo usadas de forma crescente para estudar tais operações. Também, um registrador eletrônico de tempos promete tornar tais estudos facilmente realizáveis, podendo abrir as portas à mecanização do próprio estudo de tempos.

MEDIDOR E REGISTRADOR DE ELEMENTOS DO TRABALHO PARA COMPUTAÇÃO AUTOMÁTICA. R. R. Donnelley and Sons Co., trabalhando com a International Business Machines Co., desenvolveram um equipamento especial (Fig. 248) por eles designado como WETARFAC (Work Element Timer and Recorder for Automatic Computing) com o objetivo de estudar operações com ciclo longo em suas fábricas[1]. Este equipamento é uma unidade contendo componentes IBM padronizados, projetados para perfurar em uma fita de papel com cinco canais os dados do estudo de tempos que lhes são alimentados. Uma máquina de escrever elétrica montada sobre a unidade executa uma cópia de todos os dados para o exame visual enquanto o estudo de tempos está em progresso.

Essa máquina contém um painel de dados consistindo de 27 controles rotativos de dez posições cada. Cada controle pode registrar um dígito de 0 a 9. Pela utilização de um código numérico, todos os dados constantes, com data, ano, turno, número da operação, número do estudo, número da máquina, código do grupo, podem ser introduzidos no registrador. O teclado contém seis filas com nove teclas cada. As três primeiras colunas são usadas para registrar o código do elemento, as duas colunas seguintes, para entrar a freqüência ou subcódigo e a última coluna, para registrar o fator de ritmo. Ao fim de cada elemento, o observador pressiona a tecla do elemento.

O aparelho registrará no impressor e na fita o código do elemento, a freqüência do item ou subcódigo, o fator de ritmo e o tempo no qual o elemento termina. O tempo é aproximado para o centésimo de minuto mais próximo. Se o elemento for observado, e, por alguma razão, o analista desejar desprezar esta leitura, basta apertar a tecla com a marca X. Isto dá a entrada do dado no impressor e na fita perfurada, mas bloqueia a entrada para o manuseio automático especial.

Quando se completa o estudo de tempos, a fita de cinco canais é enviada ao departamento de tabulação. Aí, um conversor de fita a cartão é usado para produzir um cartão perfurado para cada elemento do estudo. Cada cartão contém a informação constante, o código para o elemento, o tempo para o elemento e o fator de ritmo. Com o estudo de tempos transferido

---

[1]Charles W. Lake, Jr., Automeasurement — Mechanized Time Study. *Proceedings Ninth Industrial Engineering Institute*, University of California, Los Angeles-Berkeley, fevereiro, 1957; também, Gordon R. Ewing, Automeasurement. *Proceedings Seventh Annual Conference of the American Institute of Industrial Engineers*, Washington, D. C., maio, 1956, pp. 12-1 a 12-10

Estudo de movimentos e de tempos 333

Figura 248. Usado WETARFAC para um estudo de tempos

para cartões perfurados, pode-se facilmente determinar, com um computador IBM, a média do elemento, o desvio-padrão, o erro-padrão da média e o coeficiente de variação. Em outras palavras, toda a informação desejada com relação ao elemento pode ser apresentada em termos estatísticos, como mostra a Fig. 249, e essa informação pode ser datilografada com o uso de uma tabuladora IBM.

A máquina para estudos de tempos não somente aumenta a eficiência do observador, mas também transfere a tarefa de execução de cálculos monótonos ao computador IBM; em alguns casos, este pode ser diretamente ligado às máquinas de produção e a equipamentos de processamento, eliminando inteiramente o observador de estudos de tempos.

REGISTRADOR AUTOMÁTICO DE FREQÜÊNCIA E DE TEMPO. O registrador de freqüência e de tempo, apresentado na Fig. 250, foi projetado por engenheiros da Donnelley a fim de reduzir o número de homens-hora necessário para obter dados de estudos de tempos. Este registrador é acoplado a uma das ponteadeiras automáticas. Ele automaticamente compila os seguintes dados: tempo total de operação, tempo total de parada, tempo de espera sem incentivo, freqüência do tempo de espera sem incentivo, tempo total de espera, freqüência das esperas, tempo total para cada uma das 27 classificações de espera, freqüência para cada um desses tipos, velocidade de operação e hora de ocorrência das mudanças de velocidade.

AUTOMEDIDA. Os engenheiros de Donnelley acreditam que o estudo de tempos e o registro da produção precisam ser automatizados. Eles criaram o termo *automedida*, que definem como um sistema para a coleta e o processamento automático de dados, com o objetivo de medir a produtividade de forma estatisticamente científica.

É de se esperar que um equipamento como o WETARFAC encontre diversos usos na indústria. Com a crescente importância das velocidades de máquinas, esperas, produção e qualidade na operação de máquinas grandes e dispendiosas, não é difícil visualizar-se registradores automáticos de tempo ligados diretamente às máquinas ou a linhas de produção em diversos tipos de indústria. Tais máquinas poderiam fornecer registro contínuo de atividades,

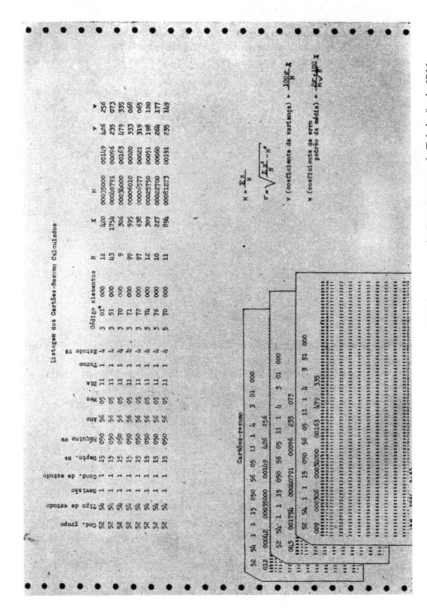

Figura 249. Folha de resumo de estudo de tempos tal como vem do Departamento de Tabulação da IBM

Estudo de movimentos e de tempos

Figura 250. Registrador de tempos e de freqüências que, automaticamente, obtém informações sobre tempos de operações e esperas de ponteadeiras automáticas pesadas

com informações acerca das interrupções e de fatos relativos aos passos empregados na sua correção. Isto forneceria à administração informações para controle impossíveis de ser obtidas atualmente.

PROCESSAMENTO ELETRÔNICO DE DADOS PARA DETERMINAÇÃO DE TEMPOS--PADRÃO A SEREM OBTIDOS DE DADOS-PADRÃO. Algumas empresas possuem arquivos de tempos pré-determinados que cobrem várias atividades distintas executadas na fábrica e no escritório. Quando uma nova operação é posta em execução, pode-se estabelecer o tempo-padrão para essa tarefa com dados retirados do arquivo de tempos pré-determinados, mas o trabalho necessário à aplicação dos dados elementares é monótono, consumindo tempo apreciável. A Pratt and Whitney Aircraft Division, United Aircraft Corporation, usa uma máquina eletrônica de processamento de dados (IBM 702) para computar tempos-padrão para operações de inspeção e usinagem[2].

Iniciando com tarefas contendo dados relativos a tempos pré-determinados para inspeção, um programa contendo aproximadamente 3 000 instruções juntamente com a tabela, ocupa aproximadamente 8 000 posições na memória do computador. A Fig. 251 mostra a organização do processamento de dados e o procedimento geral para o estabelecimento dos tempos--padrão para tarefas de inspeção. O uso do computador torna possível obterem-se informações

[2] Joseph Motycka, New Advances in Time Study – Electronic Data Processing. *Proceedings National Conference American Institute of Industrial Engineers,* Detroit, maio, 1961, pp. 159-163; Joseph Motycka e Travers Auburn, Electronic Data Processing Comes to Time Study. *Journal of Industrial Engineering,* Vol. 8, n.º 1, janeiro-fevereiro, 1957, pp. 11-18

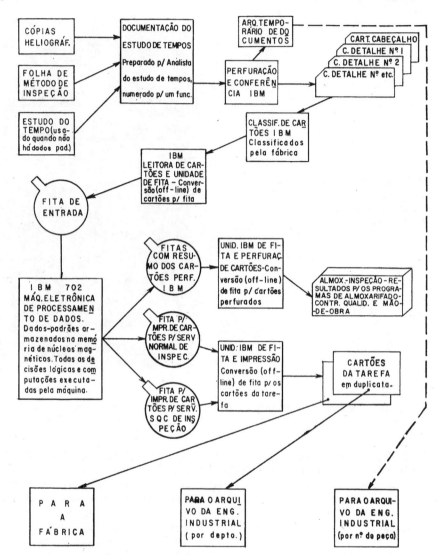

Figura 251. Organização de padrões de inspeção para o processamento eletrônico de dados

que, antes, eram consideradas impossíveis de ser coletadas pelo método convencional. Por exemplo, a preparação da tarefa é executada pelo inspetor, e isto é uma parte da operação regular. Usando-se o computador, o tempo de preparação pode ser incorporado ao padrão, independentemente da dimensão do lote, sem requerer tempo extra para computação.

O processamento automático de dados reduziu em dois terços o tempo para calcular padrões de tempo obtidos de dados padronizados. Além de processar os dados, o computador é capaz de calcular o tempo-máquina. Dadas as dimensões da peça e o tipo de corte, o computador, usando dados da memória, tais como material, velocidades de rotação e avanço, pode determinar o tempo-padrão da operação para qualquer tipo de máquina-ferramenta. Dessa

Estudo de movimentos e de tempos

DUPL. DE TODOS CARTÕES NOTAS

T	N9 DA PEÇA	OPER.	SUB O	REV.	SEQ.	REV. PFD CAT. % U	N9 E.C.	DEPTO M	RESP	ANAL.	APR. D.R.	DATA	N9 CART.	IDENTIFICAÇÃO DE NOVA OPER.
MN	987 654	0015	00	P 00	bbbA	01 15 H	69 696	333	110	9	1 3	17 05 62		PEÇA N9 OPER. SUB O CH

T - TIPO DE CÓDIGO
bbbB | R | 1974 · 1972

MÁQ. ALT. GRUPO 1, MÁQ. ALT. GRUPO 2, MÁQ. ALT. GRUPO 3, N TEMPO PROD., TEMPO DESM., TEMPO PREP., TEMPO INT., N9 DE SÉRIE, TEMPO DEV.

MN - NOVA OPERAÇÃO
MR - REVISÃO DE OPERAÇÃO EXISTENTE

DESCRIÇÃO DA OPERAÇÃO
bbbC | FRESAR A DIMENSÃO .250", CONFORME DESENHO
bbbD |
bbbE |

O - CÓDIGO DE OPERAÇÃO

P - OPERAÇÃO DE PRODUÇÃO
S - OPER. DE PREPARAÇÃO
T - OPER. DE DESMONTAGEM

U - CÓDIGO DE UNIDADE

OBSERVAÇÕES

		VERIF.	AVANÇO	PL	CALIBRE INSPEC.
bbbF	INSPECIONAR				
bbbG	VERIF. DIMENSÃO 13/16	1	1/10	WH	RÉGUA
bbbH	VERIF. DIMENSÃO 250"	2	1/10	WH	MICRÔMETRO
bbbZ					

U - PRODUÇÃO DADA EM HS.
U - HS/100
H - HS/1,000
T - HS/10,000
D -

D - CÓDIGO DE IMPRESSÃO

M/E CD	CÓDIGO	FREQÜÊNCIA M P S C	DESCRIÇÃO
1/0	MGLCOI	1,0	(F/TL. N9 24242 A)
2/0	MFCSOO	1,0	
3/0	MFNWO5	1,0	
4/0	MALMOI	1,0 S	LIGAR A MÁQUINA
5/0	MGUCOI	1,0	
6/0	MCASOI	1,0	OF. DISPOSITIVO
7/0	1,1 MTGSOI	,1 C	13/16
8/0	1,1 MIGMOI	,2 C	DIMENSÃO 250"
9/0	FORM OOOI	1974	A/1,450, B/1,250, C/1,350, D/135, E/5,
9/0	FORM OOOI	1	F/,003, G/26, H/8, I/,17

B - IMPRIMIR O MTA NORMAL E MA CONDENSADO
N - IM PRIMIR SO O MA CONDENS.
OUTROS - IM PRIMIR SO MTA NORM.

R - CAMPO DESEJADO

P - NÃO IMPRIMIR PADRÃO OU MIP
E - NÃO IMPRIMIR MIP
OUTROS - IMPRIMIR AMBOS O MIP E O PADRÃO

E - CÓDIGO DE ESTIMATIVA

F - REGULAR
P - PROVISÓRIO
R - TEMPORÁRIO
C - LISTA DE CONTROLE

Figura 252. Dados para o cálculo de um novo padrão de tempo de uma operação mecânica típica

PRIME MFCT. CORP.

DATA 17/5
PÁG. 01

ANÁLISE TEMPORÁRIA DO MÉTODO

PEÇA Nº 987654   FRESAR A DIM. .250", PELO DES.
OPERAÇÃO Nº 015-00-P
DEPTO. Nº 333
GRUPO DE MÁQ. 1974   GRUPO ALTERNATIVO DE MÁQ. 1972
REV. Nº 00

E.C. Nº 69696
ANALISTA 9
APROVAÇÃO 13
DEPTO. RESP. 110

AJUSTES DA MÁQUINA E DADOS

DIÂMETRO DO CORTADOR   5
Nº DE DENTES DO CORTADOR   26
CURSO   3,050
R.P.M. DISPONÍVEL   95
AVANÇO POL/MÍN. DISP.   7,0

DISPOSITIVOS

TL. Nº 24242A

OBSERVAÇÕES

INSP. CARACTERÍSTICAS   VERIFIC. AVANÇO   PL   CALIBRE DE INSP.
VERIF. DIMENSÕES 13/16   1   1/10   WH   ESCALA
VERIF. DIMENSÕES 0,250   2   1/10   WH   MICRÔMETRO

SEQÜÊNCIA DE OPERAÇÕES

SEQ.	DESCRIÇÃO	EXIGÊNCIA
1,0	COLOCAR PEÇA NO GABARITO T/TL. Nº 24242A	
2,0	APERTAR E DESAPERTAR BRAÇADEIRA GIRATÓRIA	
3,0	APERTAR PORCA COM CHAVE DE BOCA OU ESTRELA	
4,0	LIGAR MÁQUINA	
5,0	DESCARREGAR GABARITO	
6,0	LIMPAR A SUPERFÍCIE DO GABARITO COM AR COMPRIMIDO	
7,0	VERIFICAR DIMENSÃO COM ESCALA 13/16 DIM.	
8,0	VERIFICAR DIMENSÃO COM MICRÔMETRO .250 DIM	
9,0	A/APP, B/CLR, C/LOC, D/SFM, E/CD, F/CLT, G/NT, H/ADV, I/TF, A/1,450, B/,250, C/1,350, D/135, E/5, F/,003, G/26, H/8, I/,17	

PRIME MFCT. CORP.

DATA 17/5
PÁG. 01

ANÁLISE TEMPORÁRIA DO TEMPO

PEÇA Nº 987654
OPERAÇÃO Nº 015-00-P
DEPTO. Nº 333
GRUPO DE MÁQ. 1974

E.C. Nº 69696
ANALISTA 9
APROVAÇÃO 13
GRUPO DE MÁQ. 110

SEQÜÊNCIA DE OPERAÇÕES

SEQ.	CÓDIGO	TMU	FREQ.	HR./100	TOT. ACUM.
1,0	MGLC01	64	1,0000	,0640	,0640
2,0	MFCS00	30	1,0000	,0300	,0940
3,0	MFNW05	210	1,0000	,2100	,3040
4,0	MALM01	26	1,0000	,0260	,3300
5,0	MGUC01	42	1,0000	,0420	,3720
6,0	MCAS01	71	1,0000	,0710	,4430
7,0	IIMIGS01	187	,1000	,0187	,4430
8,0	IIMIGM01	173	,1000	,0173	,4430
9,0	FORMA 0001, TEMPO DE MÁQ.			1,7848	2,2278
	ADMISSÃO PARA FERRAMENTA			,1235	2,3513
	PFD — 15 PCT			,3527	2,7040
	TEMPO-PADRÃO HR/100				2,704

Figura 253. *Relatório da análise dos métodos e dos tempos obtidos a partir dos dados de entrada*

Estudo de movimentos e de tempos

339

forma, as tarefas monótonas de rotina anteriormente executadas pelo analista passarão a ser feitas pela máquina, liberando a pessoa para trabalhos mais produtivos.

SISTEMA APERFEIÇOADO DE PROCESSAMENTO ELETRÔNICO DE DADOS (PED) PARA DETERMINAÇÃO DE MÉTODOS E ESTABELECIMENTO DE PADRÕES DE TEMPOS. A Service Bureau Corporation, empresa subsidiária da International Business Machine Corporation, desenvolveu recentemente um sistema de processamento de dados projetado para prestar ajuda ao engenheiro de produção na determinação de métodos e na definição de padrões de tempos para uma grande variedade de operações de manufatura[3]. A SBC denominou esse sistema de AUTORATE[4].

O sistema AUTORATE consiste em programas de computadores que incorporam dois fichários gerais nos quais são armazenadas as informações para processamentos futuros. O primeiro fichário, chamado fichário de códigos, consiste em códigos que representam movimentos manuais elementares, isto é, para cada código é dada uma breve descrição do movimento como também o seu valor de tempo. Qualquer sistema de dados de tempos de movimentos pré-determinados pode ser usado para compilar as fichas de códigos. Conseqüentemente, o engenheiro de produção terá simplesmente que fornecer ao computador uma lista consecutiva de elementos codificados, com as suas freqüências, para obter respostas. O computador fará uma análise completa da operação, apresentando uma descrição para cada elemento e o tempo--padrão correspondente. A informação será imprimida diretamente em um impresso projetado especialmente. O segundo fichário geral do sistema AUTORATE é chamado fichário de avaliação. Consiste em um registro resumido de cada método e análise de tempo estabelecidos para cada operação necessária. As fichas são automaticamente armazenadas no fichário de avaliação logo após a sua preparação.

A existência do fichário de avaliação permite a reprodução de todos os métodos estabelecidos anteriormente, como também das análises de tempo já definidas. A função principal do fichário de avaliação é permitir ao engenheiro de produção modificar padrões já estabelecidos com um mínimo de esforço. O engenheiro simplesmente submete as modificações ou as revisões à forma de código, e o computador fornecerá uma solução completa, atualizada e pronta para uso imediato. Naturalmente, cada revisão ou mudança de um padrão existente é imediatamente anotada na ficha de avaliação.

A Fig. 252 mostra os dados de entrada para o cálculo de um padrão de tempo de uma operação mecânica, e a Fig. 253 mostra o relatório fornecido pelo computador.

---

[3]Reproduzido com permissão de A Report on the Autorate System, The Service Bureau Corporation. New York, 1962. Veja também You Can Set Standard's with a Computer. *Mill and Factory*, Vol. 71, n.º 5, novembro, 1962, pp. 68-69

[4]Um serviço patenteado do The Service Bureau Corporation

CAPÍTULO 27

Determinação de tempos-padrão a partir de tempos elementares e de fórmulas

Vários estudos de tempos de uma mesma operação são feitos sem se pensar que os dados obtidos podem vir a ter valor para outra operação qualquer. Entretanto algumas espécies de trabalho têm certos elementos que são semelhantes. Por exemplo, em uma dada classe de trabalho de usinagem, todos os elementos podem ser virtualmente iguais com exceção do tempo--máquina ou tempo de corte. O mesmo dispositivo usado para fazer um furo de 1/4" na extremidade de um eixo (Fig. 215) pode ser usado também na furação de eixos de dimensões diferentes. Desde que o diâmetro e o comprimento dos eixos estejam compreendidos entre certos limites, o tempo de manuseio para todos eles será praticamente constante, e a única variável na operação é o tempo necessário para a furação, o que varia com o diâmetro e profundidade do furo. Outras operações usando dispositivos semelhantes a este teriam certos elementos em comum, tais como "apertar parafusos" ou "abaixar a broca em direção à peça".

Sempre que devem ser executados estudos de movimentos e de tempos de operações diferentes, mas pertencentes a classes homogêneas, tais como em furadeiras de precisão, prensas, tornos e fresadoras de engrenagens com caracol, é preferível considerar-se cada classe como uma unidade, executando as melhorias de métodos que pareçam adequadas e padronizando todos os fatores para a classe inteira de trabalho. Quando os estudos de tempo, neste campo, forem iniciados, deve-se selecionar os elementos de modo a ser possível a construção de tabelas de tempos pré-determinados que possam ser aplicados a todos os elementos que apareçam continuamente em uma dada classe de trabalho.

USO DE VALORES DE TEMPO PARA ELEMENTOS CONSTANTES. A fim de se assegurar consistência, os dados apresentados nas Tabs. 19 a 21 foram obtidos a partir de um

Tabela 19. Dados de tempos de ajustagem para furadeiras de precisão (tempo de preparação)

Descrição do trabalho	Tempo, em min
1. Peça pequena, segura em um gabarito, que pode ser facilmente manuseada	15
2. Peça pequena, segura em uma morsa	15
3. Peça pequena, segura à mesa por um ou dois tirantes	15
4. Peça pequena, segura em um gabarito que possui um número de furos rosqueados e escareados	30
5. Peça pequena, segura em um gabarito, e o gabarito seguro em uma morsa	30
6. Peça média, segura por um ou dois tirantes	30
7. Peça média, segura por um rasgo em T para não virar na mesa	15
8. Peça do tipo circular com arruelas, anéis, buchas e luvas seguros à mesa por um tirante através do centro	15

Estudo de movimentos e de tempos **341**

Tabela 20. Dados de tempos elementares para furadeiras de precisão (tempo para prender e remover do mandril)

Classes (peça segura em um gabarito)

- *A.* Segurar por parafuso de borboleta
- *B.* Segurar por parafuso de retenção
- *C.* Segurar por parafusos de borboleta e de retenção
- *D.* Segurar por tirante e parafuso de borboleta
- *E.* Segurar por tirante e parafuso de retenção
- *F.* Segurar por tirante, parafuso de borboleta e parafuso de retenção

Elementos	Tempo, em centésimos de minuto					
	A	*B*	*C*	*D*	*E*	*F*
1. Pegar a peça e colocá-la no gabarito	12	12	12	12	12	12
2. Colocar o tirante no lugar e apertar o parafuso de aperto	–	–	–	10	10	10
3. Apertar parafuso de borboleta	08	–	08	08	–	08
4. Apertar o parafuso de retenção	–	12	12	–	12	12
5. Soltar parafuso de retenção	–	06	06	–	06	06
6. Soltar parafuso de borboleta	05	–	05	05	–	05
7. Retirar o tirante e soltar o parafuso	–	–	–	08	08	08
8. Remover a peça do gabarito	08	08	08	08	08	08
9. Eliminar os cavacos com ar comprimido	12	12	12	12	12	12
Total	45	50	63	63	68	81

Nota. Adicionar 0,32 min quando o gabarito é preso à mesa. Somar 0,07 min para cada parafuso de borboleta adicional. Somar 0,08 min para cada parafuso de retenção adicional

número suficiente de estudos de tempos de tipos representativos de trabalho. Dispondo-se de dados dessa espécie no departamento de estudos de tempos, é possível estabelecer-se tempos--padrão para os elementos de manuseio de qualquer tarefa em uma furadeira de precisão que se enquadre nas classes apresentadas nas Tabs. 20 e 21. Esses dados não fornecem o tempo necessário à execução do furo na peça; conseqüentemente, esta informação tem que ser obtida por intermédio de um estudo de tempos desse elemento.

Supondo que se dispusesse das Tabs. 19, 20 e 21 e que fosse necessário determinar-se o tempo-padrão para se executar um furo de 1/4″ na extremidade de um eixo (Fig. 215), o procedimento seria o seguinte:

Prender e remover a peça (da Tab. 20)	0,50
(Classe *B*, peça presa por parafuso de retenção)	
Manipulação da máquina (da Tab. 21)	0,07
(Classe *A*, furação, uma broca e nenhuma bucha)	
EXECUTAR FURO DE 1/4″	
(cronometragem executada de forma semelhante à da Fig. 215)	0,54
Tempo normal total por peça	1,11
Tolerância — 5%	0,06
Tempo-padrão total por peça	1,17 min

Tempo de preparação (da Tab. 19) = 15 min

342 Ralph M. Barnes

Tabela 21. Dados de tempos elementares para furadeiras de precisão (tempo de manipulação da máquina)

Classes
A. Furar; uma broca sem bucha
B. Furar; colocar e remover a bucha
C. Furar; colocar e remover a broca
D. Furar; colocar e remover a broca e a bucha

Elementos	Tempo, em centésimos de minuto			
	A	B	C	D
1. Colocar a bucha no gabarito	–	06	–	06
2. Colocar a broca no mandril	–	–	04	04
3. Avançar a broca para iniciar o trabalho	04	04	04	04
4. Levantar a broca do furo	03	03	03	03
5. Remover a bucha do gabarito	–	05	–	05
6. Remover a broca do mandril	–	–	03	03
Total	07	18	14	25

Nota. Adicione 0,15 min quando o mandril de troca rápida não está em uso (casos *B* e *C*). Adicione 0,06 min para o deslocamento da peça para a próxima operação. Adicione 0,05 min quando o alargador é lubrificado antes de entrar no furo

O valor de tempos pré-determinados como os acima ilustrados é evidente. Eles reduzem o número de estudos de tempo necessários, encurtam o tempo requerido para o estabelecimento de um padrão, e tendem a introduzir maior precisão e uniformidade nos tempos-padrão para uma dada classe de trabalho.

O próximo passo é a preparação de fórmulas que tornem possível calcularem-se rapidamente valores para os tempos-máquina. Com tempos pré-determinados para os elementos de manuseio e calculando-se os tempos para os elementos da máquina, é possível determinar-se o tempo-padrão para uma dada operação sem a necessidade de se fazer o estudo de tempos. Usando-se este procedimento, o tempo-padrão pode ser rapidamente determinado. Neste caso, o departamento de estudo de tempos deveria receber com antecedência um desenho detalhado da peça a ser produzida, juntamente com a folha de operações ou folha de andamento.

DETERMINAÇÃO DOS TEMPOS-PADRÃO PARA ELEMENTOS VARIÁVEIS. Em todas as espécies de trabalho de usinagem, o tempo para manipular a máquina e para prender e remover a peça deve permanecer constante para cada elemento, desde que as dimensões e a forma da peça se mantenham entre limites razoáveis. O elemento variável é o tempo de corte. Esse tempo-máquina pode ser calculado, particularmente quando se usa avanço automático. Por exemplo, em trabalhos de fresagem com avanço automático, se são conhecidos o avanço da mesa, em polegadas por rotação de ferramenta, e também a velocidade desta, em rotações por minuto, o cálculo do tempo necessário para fresagens de uma peça de um dado comprimento é um simples problema de aritmética. Deve-se adicionar ao comprimento da peça uma certa tolerância a fim de cobrir a aproximação e a saída da ferramenta; entretanto estes elementos também podem ser calculados facilmente. De forma semelhante, prendendo-se à placa

Estudo de movimentos e de tempos

de um torno um eixo de um dado comprimento e conhecendo-se o avanço e a velocidade de rotação, é bastante simples calcular-se o tempo necessário a um corte da ferramenta. Portanto, em trabalhos de usinagem, o tempo de manuseio (uma constante) mais o tempo-máquina (uma variável) mais as tolerâncias será igual ao tempo-padrão para a execução de uma dada operação.

Na operação de soldar a costura lateral na fabricação de latas retangulares (Cap. 28), a variável principal é o elemento "soldar o comprimento total da costura". O tempo para esse elemento é diretamente proporcional ao comprimento da costura.

ESTABELECIMENTO DE TEMPOS-PADRÃO PARA FRESAGEM DE QUADRADOS OU HEXÁGONOS EM PARAFUSOS, PINOS OU EIXOS

Com a ajuda das quatro tabelas seguintes, é possível determinar-se o tempo-padrão para preparar-se uma fresa e para a fresagem de um quadrado ou hexágono na cabeça de parafusos, pinos ou eixos. Os dados das Tabs. 22 e 23 foram determinados a partir de cronometragem

Tabela 22. Dados de tempos de ajustagem para fresadoras (tempo de preparação; classe de máquina 36)

1. *Tempos básicos de preparação* – minutos

Tipo	Tamanho da peça		
	Pequeno	Médio	Grande
A. Amarrar em mesa ou placa (4 tirantes)	25	25	25
B. Segurar na morsa	25	25	25
C. Segurar em duas morsas	–	30	30
D. Morsa com castanhas postiças	35	35	35
E. Segurar no gabarito	35	45	60
F. Segurar no mandril do cabeçote divisor	35	35	–
G. Segurar nos cabeçotes divisor e móvel	45	45	–

2. *Ferramental adicional usado* – tempo a ser adicionado ao tempo básico de preparação

Peças do ferramental	Tamanho da peça		
	Pequeno	Médio	Grande
H. Cada tirante adicional	5	5	5
J. Cantoneira	10	15	15
K. Fresagem múltipla			
(1) limites fracionais	10	10	10
(2) limites decimais	15	15	15
L. Mesa falsa	10	15	20
M. Mesa redonda – avanço manual	10	20	20
N. Mesa redonda – avanço mecânico	20	30	30
P. Cabeçote de alta velocidade	–	40	–
Q. Cabeçote universal	–	60	–

344   *Ralph M. Barnes*

Tabela 23. Dados de tempos elementares para fresar quadrados ou hexágonos em parafusos, pinos e eixos (classe de máquina 36; tabela de fresar 1A)

1. *Tempo de preparação* — Completo — Veja tab. de preparação
   Mudança de tamanho — Fresa de topo — 10 min
   Fresa múltipla — 20 min

2. *Especificações*
   A. Método de segurar — 1 — Placa de três castanhas (parafusos pequenos)
      2 — Segurar entre centros (eixos)
      3 — Árvore com rosca e divisor (peças pequenas com roscas nas pontas

   B. Cortadores — 1 — Fresa de seis cortes
      2 — Fresas múltiplas (dentes escalonados, 6 pol.; fresas com cortadores laterais
   C. Comprimento do plano   — 5/8 pol-1 3/4 pol
   D. Tamanho do quadrado ou hexágono — 1/2 pol-1 5/8 pol
   E. Número de cortes   — 1 por lado
   F. Material   — SAE 2315
   G. Divisão   — Usar placa de divisão rápida quando possível

3. *Tempo de operação* — Manipulação da máquina e tempo de preparação

		Método de fixação								
		1				2		3		
Elementos	Veloc. rpm	Quad.		Hex.		Quad.	Hex.	Quad.		Hex.	
		214	58	214	58	214	214	214	58	214	58
	Tipo de fresa	Fresa 6 cortes	Fresa múltipla	Fresa 6 cortes	Fresa múltipla	Fresa 6 cortes	Fresa 6 cortes	Fresa 6 cortes	Fresa múltipla	Fresa 6 cortes	Fresa múltipla
1. Parar máquina		0,04	0,04	0,04	0,04	0,04	0,04	0,04	0,04	0,04	0,04
2. Afrouxar grampo no suporte		—	—	—	—	0,08	0,08	—	—	—	—
3. Soltar centro		—	—	—	—	0,08	0,08	—	—	—	—
4. Soltar peça		0,04	0,04	0,04	0,04	—	—	0,08	0,08	0,08	0,08
5. Remover peça		0,06	0,06	0,06	0,06	0,10	0,10	0,08	0,08	0,08	0,08
6. Remover grampo		—	—	—	—	0,08	0,08	—	—	—	—
7. Recolocar grampo		—	—	—	—	0,08	0,08	—	—	—	—
8. Limpar cavacos		—	—	—	—	0,05	0,05	0,08	0,08	0,08	0,08
9. Colocar peça		0,08	0,08	0,08	0,08	0,08	0,08	0,12	0,12	0,12	0,12
10. Apertar		0,12	0,12	0,12	0,12	0,18	0,18	0,10	0,10	0,10	0,10
11. Ligar máquina		0,02	0,02	0,02	0,02	0,02	0,02	0,02	0,02	0,02	0,02
12. Avançar para cortar		0,04	0,06	0,04	0,06	0,04	0,04	0,04	0,06	0,04	0,06
13. Mudar profundidade	$2\frac{7}{8}$**	*	*	*	*	*	*	*	*	*	*
14. Fresar	ou $3\frac{1}{8}$	M	M	M	M	M	M	M	M	M	M
15. Dividir***		0,15	0,05	0,25	0,10	0,15	0,25	0,15	0,05	0,25	0,10
16. Recuar mesa		0,05	0,07	0,05	0,07	0,05	0,05	0,05	0,07	0,05	0,07
TOTAIS		0,60	0,54	0,70	0,59	1,03	1,13	0,76	0,70	0,86	0,75

*De 0,08 de folga quando necessário
**Avanço em polegadas por minuto, dependendo do acabamento desejado
***Os tempos acima são para divisão rápida. (Dobre o tempo de divisão quando se usa ajuste micrométrico.)

$$M = \text{tempo de corte} = \frac{(L + OT) \times \text{n.}^o \text{ de cortes}}{\text{avanço}}$$

Tempo básico = $HT + M$

Tempo-padrão = tempo básico + folga

Estudo de movimentos e de tempos 345

Tabela 24. Tempo de manuseio para fresar quadrados e hexágonos em parafusos, pinos e eixos (classe de máquina 36; tabela de fresar 1B)

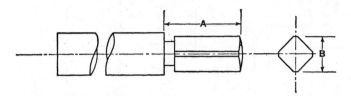

Caso 1 — Usando uma fresa de 6 cortes (Veja Tab. 1C para fresa múltipla) Tempo por peça, em minutos

Sím-bolo	A (Veja o desenho acima)	B (Veja o desenho acima)	Placa de 3 castanhas				Entre centros				Árvore com rosca e divisor manual			
			Quadrado		Hexagonal		Quadrado		Hexagonal		Quadrado		Hexagonal	
			Ajuste 2⅞	Ajuste 3⅝	Ajuste 2⅞	Ajuste 3⅝	Ajuste 2⅞	Ajuste 3⅝	Ajuste 2⅞	Ajuste 3⅝	Ajuste 2⅞	Ajuste 3⅝	Ajuste 2⅞	Ajuste 3⅝
			C	D	E	F	G	H	J	K	L	M	N	O
1		½	2,4	2,1	3,2	2,7	2,9	2,5	3,7	3,2	2,6	2,3	3,4	2,9
2		9/16	2,5	2,1	3,3	2,8	3,0	2,6	3,7	3,2	2,7	2,3	3,5	2,9
3		⅝	2,6	2,1	3,3	2,8	3,0	2,6	3,8	3,3	2,8	2,4	3,5	3,0
4		11/16	2,6	2,2	3,5	2,9	3,1	2,7	3,9	3,4	2,8	2,4	3,6	3,1
5	¾ até 1¾ de polegada	¾	2,7	2,3	3,5	3,0	3,2	2,8	4,0	3,4	2,9	2,5	3,7	3,1
6		13/16	2,8	2,3	3,6	3,0	3,3	2,8	4,1	3,5	3,0	2,5	3,8	3,2
7		⅞	2,8	2,4	3,6	3,1	3,3	2,8	4,1	3,6	3,0	2,6	3,9	3,3
8		1	3,0	2,5	3,8	3,2	3,4	3,0	4,2	3,6	3,1	2,7	4,1	3,3
9		1⅛	3,1	2,6	4,0	3,3	3,5	3,0	4,4	3,7	3,3	2,8	4,2	3,4
10		1¼	3,2	2,7	4,1	3,4	3,7	3,2	4,5	3,9	3,4	2,9	4,3	3,6
11		1⅜	3,3	2,8	4,2	3,5	3,8	3,3	4,7	4,0	3,5	3,0	4,4	3,7
12		1½	3,5	2,9	4,4	3,6	4,0	3,4	4,8	4,1	3,7	3,1	4,5	3,8
13		1⅝	3,6	3,0	4,5	3,7	4,1	3,5	5,0	4,2	3,8	3,2	4,7	3,9

1. Os valores, nesta tabela, variam com B, conseqüentemente verificar que A caia dentro dos limites de 5/8" até 1 3/4", antes de usar os dados.
2. Estes tempos-padrão são baseados em
   (a) Comprimento do curso = B + saída
   (b) Tempos de manuseio da Tab. 1A
   (c) Tolerância de 5%
3. Exemplos para o uso da tabela acima.
   (a) Supor B = 5/8", A = 1". Cabeça do eixo quadrada, presa entre pontas, fresa de 6 cortes, avanço de 3 5/8. Desde que A caia dentro dos limites acima, esta tabela é válida. Ler na tabela, abaixo de 3-H, tempo-padrão = 2,6 min por peça.
   (b) Supor B = 1 1/4", A = 1 1/2". Parafuso de cabeça sextavada (hexagonal). Prender na árvore com rosca, fresa de 6 cortes, avanço, 2 7/8". Desde que A caia dentro dos limites acima, esta tabela é válida. Leia na tabela, abaixo de 10-N, tempo-padrão = 4,3 min por peça.
   (*Obs.* avanço ou ajuste)

Tabela 25. Tempo de manuseio para fresar quadrados e hexágonos em parafusos, pinos e eixos (classe de máquina 36; tabela de fresar 1C)

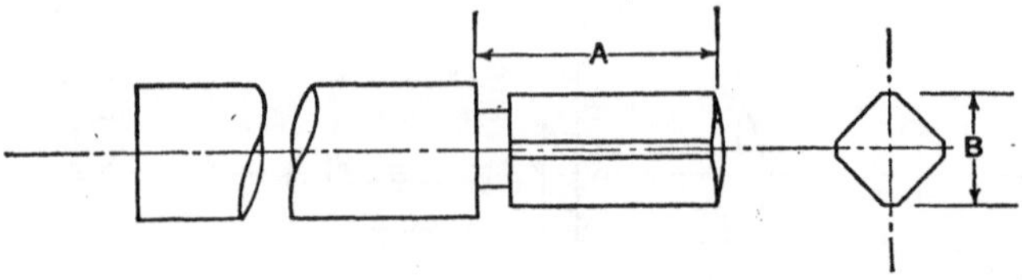

Caso 2 – Usando fresa múltipla (Veja Tab. 1B para fresa de 6 cortes). Tempo por peça, em minutos

Símbolo	A (Veja o desenho acima)	B (Veja o desenho acima)	Placa de 3 castanhas				Árvore com rosca e divisor manual			
			Quadrado		Hexagonal		Quadrado		Hexagonal	
			Ajuste 2 7/8	Ajuste 3 5/8	Ajuste 2 7/8	Ajuste 3 5/8	Ajuste 2 7/8	Ajuste 3 5/8	Ajuste 2 7/8	Ajuste 3 5/8
			C	*D*	*E*	*F*	*G*	*H*	*J*	*K*
1	5/8	½ até 1⅝ de polegada	1,05	0,95	1,35	1,2	1,15	1,10	1,5	1,4
2	11/16		1,10	1,0	1,40	1,25	1,25	1,15	1,6	1,4
3	3/4		1,15	1,05	1,5	1,25	1,35	1,20	1,7	1,5
4	13/16		1,20	1,05	1,6	1,30	1,35	1,25	1,7	1,5
5	7/8		1,20	1,10	1,6	1,35	1,40	1,25	1,8	1,6
6	15/16		1,25	1,15	1,7	1,45	1,45	1,30	1,8	1,7
7	1		1,35	1,20	1,8	1,50	1,50	1,35	1,9	1,7
8	1 1/16		1,35	1,20	1,9	1,5	1,6	1,35	2,0	1,8
9	1 1/8		1,40	1,25	1,9	1,6	1,6	1,40	2,1	1,8
10	1 3/16		1,45	1,30	2,0	1,7	1,7	1,45	2,2	1,9
11	1 1/4		1,50	1,30	2,1	1,8	1,7	1,5	2,2	2,0
12	1 3/8		1,60	1,40	2,2	1,9	1,8	1,6	2,4	2,1
13	1 1/2		1,7	1,45	2,3	2,0	1,9	1,6	2,5	2,2
14	1 5/8		1,8	1,6	2,5	2,1	2,0	1,7	2,6	2,3
15	1 3/4		1,9	1,6	2,6	2,2	2,1	1,8	2,7	2,4

1. Os valores, nesta tabela, variam com A, conseqüentemente verificar que B caia dentro dos limites de 1/2″ até 1 5/8″, antes de usar os dados.
2. Estes tempos-padrão são baseados em

   (*a*) Comprimento do curso = A
   (*b*) Tempos de manuseio da Tab. 1A
   (*c*) Tolerância de 5%

3. Exemplos para o uso da tabela acima.

   (*a*) Supor **A** = 1″, B = 1 3/16″. Parafuso de cabeça quadrada, seguro em mandril, fresa múltipla, 3 5/8″ de avanço. Desde que B caia dentro dos limites acima, esta tabela é válida. Ler na tabela, abaixo de 7-*D*, tempo-padrão = 1,20 min por peça.
   (*b*) Supor A = 11/16″, B = 0,578″. Parafuso de ajuste de cabeça sextavada (hexagonal), seguro nas castanhas, fresa múltipla, 3 5/8″ de avanço. Desde que B caia dentro dos limites acima, esta tabela é válida. Ler na tabela, abaixo de 2-*F*, tempo-padrão = 1,25 min por peça.
   (*Obs.* avanço ou ajuste)

Estudo de movimentos e de tempos

direta. A fim de se obterem dados de confiança, um número suficiente de tarefas representativas foi estudado. As Tabs. 24 e 25 foram compiladas a fim de facilitarem a determinação do tempo-padrão para uma operação. Os exemplos encontrados na parte inferior dessas tabelas ilustram o seu uso.

Há dois métodos para fresar quadrados e hexágonos: (1) usando uma única fresa, o que requer um corte separado para cada lado (usar Tab. 24), e (2) usando fresa múltipla, que corta os dois lados de uma só vez (usar Tab. 25).

COMPUTAÇÃO DE DADOS DA TAB. 24 — FRESANDO COM FRESA DE SEIS CORTES.
Esta operação de fresagem é executada com uma ferramenta única; desta forma são necessários quatro cortes para fresar um quadrado e seis cortes para fresar um hexágono. A dimensão B (esquemas nas Tabs. 24 e 25) é o diâmetro torneado do eixo e não a espessura da face a ser cortada, isto porque os desenhos detalhados (Fig. 254) são dimensionados desta forma. Como o lado de um quadrado é igual a 0,7071 vezes o diâmetro do círculo circunscrito, e o lado do hexágono é igual ao raio do círculo circunscrito, é fácil fazer-se a conversão. Quando se usa uma fresa única, o corte é feito através da face, e o tempo para o corte varia com B, sendo independente da dimensão A, desde que esta se encontre entre os limites estabelecidos, isto é, entre 5/8 e $1\frac{3}{4}$ pol. O tempo total de manuseio (HT) mais o tempo total de corte (M) mais as tolerâncias é igual ao tempo total para a operação. O tempo de manuseio compõe-se do tempo de manipulação da máquina mais o tempo para se prender e remover a peça, como apresentado na Tab. 23. O tempo de corte pode ser calculado a partir da fórmula

$$M = \frac{(L + OT)N}{F},$$

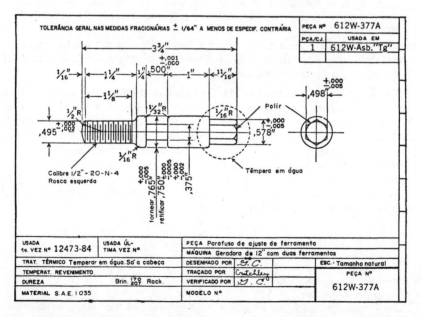

Figura 254. Desenho detalhado de um parafuso de ajuste de ferramentas, peça 612W-377A

348

onde M = tempo de corte, em minutos;
$\qquad L$ = comprimento de corte, em polegadas,
$\qquad\qquad$ a) $L = 0{,}707 \times B$ para o quadrado,
$\qquad\qquad$ b) $L = 0{,}5 \times B$ para o hexágono;
$\qquad OT$ = saída = 1/2 do diâmetro da fresa, em polegadas;
$\qquad N$ = número de cortes por peça,
$\qquad\qquad$ a) N = quatro para um quadrado,
$\qquad\qquad$ b) N = seis para um hexágono;
$\qquad F$ = avanço da mesa, em polegadas por minuto,
$\qquad\qquad$ a) para acabamento fino, usar 2 7/8″,
$\qquad\qquad$ b) para acabamento comum, usar 3 5/8″.

Exemplo. Suponha que o eixo da parte superior da Tab. 24 tenha as seguintes dimensões: $A = 1\,3/4$ pol; $B = 1$ pol. Acabamento comum (avanço = 3 5/8 pol/min); fresagem de quadrado em eixo de 1 3/4 pol de diâmetro; fresa de seis cortes; peça segura em placa de três castanhas.

O tempo de manuseio (HT) é obtido na Tab. 23 sob o método de prender 1, quadrado, fresa de seis cortes, sendo igual a 0,60 min.

O tempo de corte é calculado a partir da fórmula

$$M = \frac{(0{,}707 + 0{,}875) \times 4}{3{,}625} = \frac{6{,}328}{3{,}625} = 1{,}748 \qquad \begin{aligned} L &= 0{,}707 \times 1 = 0{,}707 \\ OT &= 1/2 \text{ de } 1\,3/4 = 7/8 \end{aligned}$$

$$\begin{aligned} HT &= 0{,}60 & N &= 4 \\ M &= 1{,}748 & F &= 3{,}625 \end{aligned}$$

$\qquad\qquad\qquad$ tempo normal total $= \overline{2{,}348}$
$\qquad\qquad\qquad$ tolerância de 5% $\quad = \underline{0{,}117}$
$\qquad\qquad\qquad$ tempo-padrão total $= \overline{2{,}465}$, usar 2,5 min.

Com referência à Tab. 24, como se usa uma fresa única e A se encontra entre os limites dados, essa tabela pode ser aplicada sob o símbolo 8-D, o tempo-padrão é igual a 2,5 min, o que coincide com o anteriormente calculado.

COMPUTAÇÃO DOS DADOS DA TAB. 25 — FRESAGEM USANDO FRESA MÚLTIPLA. Esta operação de fresagem é executada com uma fresa múltipla como segue. Cortam-se dois lados de uma única vez, sendo necessários dois cortes para o quadrado e três para o hexágono. Ao executar o corte, a fresa se desloca da extremidade, em direção ao encosto; portanto o tempo de corte varia com A e é independente de B, desde que este caia no campo dos dados, isto é, desde que o diâmetro do eixo se situe entre 1/2 pol e $1\frac{5}{8}$ pol.

O tempo-padrão-total para esta operação é igual ao tempo de manuseio (HT) mais o tempo de corte (M) mais as tolerâncias. O tempo de manuseio é obtido diretamente da Tab. 23, e o tempo de corte pode ser calculado a partir da fórmula

$$M = \frac{(L + OT)N}{F},$$

onde

$\qquad M$ = tempo de corte, em minutos;
$\qquad L$ = comprimento do corte = A;
$\qquad OT$ = saída — como a direção da trajetória, na fresa múltipla, é da extremidade ao suporte, não se permite tolerância de saída;

Estudo de movimentos e de tempos

N = número de cortes por peça,
  a) N = dois para um quadrado,
  b) N = três para um hexágono;
F = avanço (ajuste) da mesa, em polegadas por minuto.

Exemplo. A operação consiste em fresar um hexágono no parafuso de ajuste de ferramenta apresentado na Fig. 254. Do desenho (Fig. 254) e da folha de operações (não apresentada) podem ser obtidas as seguintes informações: A = 11/16 pol, B = 0,578 pol; acabamento comum; avanço, 3 5/8 pol/min; fresa múltipla, 7 pol; peça presa em placa de três castanhas.

Tempo de manuseio a partir da Tab. 23 = 0,59 min.

O tempo de corte é calculado a partir da fórmula

$$M = \frac{(0{,}6875 + 0)\,3}{3{,}625} = 0{,}569 \text{ min}$$

$L = 11/16 = 0{,}6875$
$OT = 0$
$N = 3$
$A = 3\,5/8 = 3{,}625$

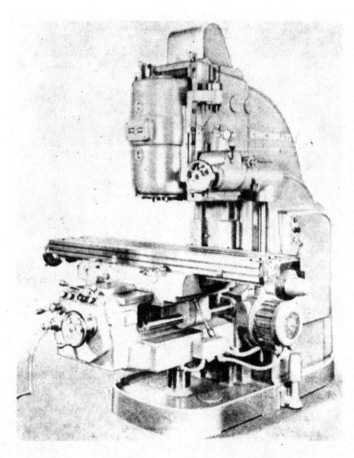

Figura 255. Fresadora vertical Cincinnati (cortesia da Cincinnati Milling Machine Co.)

Portanto o tempo total para a operação é

$$HT = 0,59$$
$$M = \underline{0,569}$$
$$\text{tempo normal total} = \overline{1,159}$$
$$\text{tolerância de } 5\% = \underline{0,058}$$
$$\text{tempo-padrão total} = \overline{1,217}, \text{ usar } 1,25 \text{ min.}$$

Desde que se use fresa múltipla e desde que B se situe entre os limites dados, a Tab. 25 é aplicável. Sob o símbolo 2-*F*, lê-se o tempo-padrão de 1,25 min, o que coincide com o calculado anteriormente.

CAPÍTULO 28

Uso de tempos pré-determinados e de fórmulas: fresagem de engrenagens com caracol, soldagem de latas

TEMPO-PADRÃO PARA FRESAGEM DE ENGRENAGENS COM CARACOL

O exemplo seguinte do uso de tempos pré-determinados e de fórmulas para o estabelecimento de tempos-padrão para a fresagem de engrenagens com caracol demonstra como os princípios anteriormente explicados podem ser aplicados a trabalho relativamente complicado. Os dados e o procedimento aqui apresentados são usados já há vários anos por um conhecido fabricante de máquinas-ferramenta e ainda preenchem seus objetivos de forma eficiente.

Apesar de os dados se aplicarem ao corte de engrenagens cilíndricas e helicoidais de dentes retos, apenas os referentes às engrenagens cilíndricas de dentes retos serão aqui apresentados. Esses dados são aplicáveis a engrenagens cilíndricas de dentes retos com módulo, variando de 4,23 a 0,793 (6 a 32 DP), de aço ou ferro fundido, com furos redondos ou entalhados. Foram usadas fresadoras de engrenagens com caracol Barber-Colman, como a apresentada na Fig. 256. Os lotes das peças a serem fresadas (*blanks*) eram pequenos[1].

Figura 256. Fresadora de engrenagens Barber-Colman

[1]Embora *blank* seja um termo norte-americano, é largamente usado em nossa indústria identificando a peça pronta a ter os dentes cortados. Em geral, indica a peça semi-acabada (N. do T.)

352 Ralph M. Barnes

Tabela 26. Tempo de manuseio — engrenagem de dentes retos, fresa Barber-Colman — manipulação da máquina

Operações	Engrenagem dentada			Engrenagem helicoidal	
	Caracol normal, uma entrada	Caracol normal, duas entradas	Caracol combinado, desbaste e acabamento	Uma entrada	Duas entradas
1. Avançar carrinho	0,08	0,08	0,08	0,25	0,25
2. Destravar caracol	–	–	0,04	–	–
3. Avançar o caracol, lado desbaste	–	–	0,15	–	–
4. Travar caracol	–	–	0,04	–	–
5. Mudar engrenagens	–	–	0,05	–	–
6. Ligar máquina	0,02	0,02	0,02	0,02	0,02
7. Cortar	T	T	T	T	T
8. Soltar porcas do braço (2)	0,04	0,04	–	0,04	0,04
9. Soltar porcas verticais (4)	0,06	0,06	–	0,06	0,06
10. Levantar peça	0,03	–	–	0,03	0,03
11. Recuar carrinho	0,07	0,07	–	0,25	0,25
12. Abaixar peça na posição	–	0,08	–	–	0,08
13. Apertar porcas verticais (4)	0,08	0,08	–	0,08	0,08
14. Apertar porcas do braço (2)	0,06	0,06	–	0,06	0,06
15. Avançar carrinho	–	0,08	–	–	–
16. Destravar caracol	–	–	0,04	–	–
17. Posicionar caracol, lado acabamento	–	–	0,15	–	–
18. Ajustar caracol	–	–	0,25	–	–
19. Travar caracol	–	–	0,04	–	–
20. Mudar engrenagens	–	–	0,05	–	–
21. Ligar máquina	–	0,02	0,02	–	0,02
22. Cortar	–	T	T	–	T
23. Soltar porcas do braço (2)	–	0,04	–	–	0,04
24. Soltar porcas verticais (4)	–	0,06	–	–	0,06
25. Levantar peça	–	0,03	–	–	0,03
26. Afastar carrinho	–	0,07	0,07	–	0,25
27. Apertar porcas verticais (4)	–	0,08	–	–	0,08
28. Apertar porcas do braço (2)	–	0,06	–	–	0,06
Tempo-padrão	0,44	0,93	1,00	0,79	1,41

T = tempo de corte, em minutos

Nota. Acrescentar 0,55 min para ajustar o caracol em linha com o cabeçote, quando necessário

As seguintes explicações, concernentes às Tabs. 26, 27 e 28, podem torná-las mais facilmente compreensíveis.

Tab. 26. Tempo de manuseio — manipulação da máquina. O tempo de manipulação da máquina dependerá do método usado no corte das engrenagens. São apresentados três diferentes métodos para as engrenagens de dentes retos. O tempo requerido para prender e remover a engrenagem (Tab. 27) é independente do método de corte.

Estudo de movimentos e de tempos   **353**

Tabela 27. *Tempo de manuseio — engrenagem de dentes retos, fresa*
Barber-Colman — colocar e remover

Operações	Tempo (min.)	
	A	B
1. Colocar peça semi-acabada	0,05 N	0,05 N
2. Colocar arruelas e porcas do eixo	0,23	–
3. Lubrificar o centro	0,10	0,10
4. Avançar cabeçote	0,03	0,03
5. Travar cabeçote	0,02	0,02
6. Apertar centro	0,04	0,04
7. Apertar porca do eixo	0,10	–
8. Colocar arruela e arruela de pressão	–	0,08
9. Apertar barra de suporte	–	0,10
10. Soltar porca do eixo	0,06	–
11. Soltar barra de suporte	–	0,06
12. Destravar cabeçote	0,02	0,02
13. Recuar cabeçote	0,03	0,03
14. Retirar arruelas de pressão e normais	–	0,06
15. Retirar porca do eixo e arruela	0,12	–
16. Retirar engrenagens	0,09	0,09
Tempo-padrão	0,84 + 0,05 N	0,63 + 0,05 N

A = eixo travado com porca. Usar eixo travado com porca para eixos de diâmetros até $1^5/_{16}$ pol.
B = eixo móvel. Usar eixos móveis para eixos de diâmetro de $^{15}/_{16}$ pol e maiores.
N = número de peças usinadas de uma só vez.

Nota. Acrescentar 0,20 min para inserir chaveta quando chavetas e peças semi-acabadas **devem ser** alinhadas com os dentes

Tab. 27. Tempo de manuseio — colocar e remover. Os dados mostram que o tempo necessário para colocar e remover as engrenagens varia com os diferentes tipos de montagens.

Tab. 28. Tolerância de aproximação. A tolerância de aproximação necessária para fresagem de engrenagens com caracol é determinada de forma semelhante à usada para fresagem comum. É afetada pelo diâmetro da ferramenta e pela profundidade do corte. A tolerância de 1/8 pol para fresagem de acabamento é suficiente para cobrir a folga no início e no fim do corte.

Fórmula para o tempo de corte

$$M = \frac{N \times L}{F \times S \times H},$$

onde M = tempo de corte, em minutos;
N = número de dentes;
L = comprimento total do corte (comprimento da face mais tolerância de aproximação);

354   *Ralph M. Barnes*

F = avanço, em polegadas por rotação da peça;
S = velocidade do caracol, em rpm;
H = número de entradas,
    a) simples = 1,
    b) dupla = 2.

A fresagem de engranagens com caracol é uma ação de corte contínua, desde o início até o fim da trajetória do caracol sobre toda a face da engrenagem. Uma rotação do trabalho desloca o caracol uma distância igual à do avanço.

$$\frac{N \text{ (número de dentes)}}{H \text{ (número de entradas do caracol)}} = \text{rotações da ferramenta por rotação do trabalho} \tag{1}$$

$$\frac{N/H \text{ (rotações da fresa por rotação do trabalho)}}{S \text{ (velocidade de rotação, em rpm)}} = \text{tempo, em minutos por rotação do trabalho} \tag{2}$$

Como

$$\frac{L \text{ (comprimento total da face)}}{F \text{ (avanço, em polegadas por rotação do trabalho)}} = \text{número de rotações necessárias do trabalho,} \tag{3}$$

então

$$M = \frac{N/H}{S} \times \frac{L}{F} = \frac{N \times L}{F \times S \times H}. \tag{4}$$

Exemplo. A fim de ilustrar como os dados e a fórmula são aplicados, será determinado o tempo necessário para fresar uma engrenagem cilíndrica de dentes retos. Admita que foi recebida uma ordem para 24 engrenagens divisoras iguais às apresentadas na Fig. 257. O procedimento é o seguinte.

1) Os seguintes dados são obtidos do desenho da engrenagem (Fig. 257). Comprimento da face, 1,005 pol; módulo, 1,59 (DP, 16); n.º de dentes (N), 70; diâmetro do furo, 1,3125 pol; material, 4 620; caracol HBG 573, engrenagem cilíndrica retificada.
2) Método de corte (Tab. 29). Fresagem com caracol de engrenagem cilíndrica com dentes retificados, módulo, 1,59 (DP, 16). Adotar um corte, caracol de duas entradas.
3) Tempo de preparação da (Tab. 30): 35 min.
4) Número de engrenagens usinadas de uma só vez (Tab. 31). Diâmetro do furo, 15/16 a 19/16 pol; comprimento útil da árvore, 6 pol; face, 1 pol; eixo preso por porca. Seis engrenagens.
5) Diâmetro externo do caracol (Tab. 32). Caracol HBG 573, 2,50 pol.
6) Velocidade de rotação do caracol (Tab. 29). Fresagem de engrenagens cilíndricas com dentes retificados, módulo, 1,59 (DP, 16) 204 rpm.
7) Avanço (Tab. 29). Fresagem de engrenagens cilíndricas de dentes retos, módulo, 1,59 (DP, 16) − 0,050 pol por rotação do trabalho.
8) Tolerância de aproximação (Tab. 28). Módulo, 1,59 (DP, 16), diâmetro externo do caracol, 2,50 pol − 0,56 pol.

Estudo de movimentos e de tempos

Tabela 28. Tolerância de aproximação

Diâm. primit.	Altura total	— Diâmetro externo da ferramenta																
		2"	2¼"	2½"	2¾"	3"	3¼"	3½"	3¾"	4"	4¼"	4½"	4¾"	5"	5¼"	5½"	5¾"	6"
20	0,108	0,46	0,48	0,51	0,54	0,56	0,59	0,61	0,63	0,65	0,67							
16	0,135	0,50	0,54	0,56	0,60	0,62	0,65	0,67	0,70	0,73	0,74	0,78						
15	0,144	0,52	0,55	0,58	0,61	0,64	0,67	0,70	0,72	0,75	0,77	0,79	0,81					
14	0,154	0,53	0,57	0,60	0,63	0,66	0,69	0,72	0,74	0,76	0,79	0,81	0,84	0,85				
13	0,166	0,55	0,59	0,62	0,66	0,69	0,72	0,75	0,77	0,80	0,82	0,85	0,87	0,90	0,92			
12	0,180	0,57	0,59	0,65	0,68	0,71	0,74	0,77	0,80	0,83	0,86	0,88	0,91	0,93	0,96	0,99		
11	0,196	0,59	0,64	0,67	0,71	0,74	0,77	0,81	0,84	0,86	0,89	0,92	0,95	0,98	1,00	1,03	1,05	
10	0,216	0,62	0,66	0,70	0,74	0,78	0,81	0,85	0,87	0,90	0,94	0,95	0,99	1,02	1,04	1,06	1,09	1,12
9	0,240	0,65	0,70	0,74	0,78	0,82	0,85	0,89	0,92	0,95	0,98	1,01	1,04	1,07	1,10	1,12	1,15	1,17
8	0,270	0,68	0,73	0,78	0,82	0,86	0,90	0,93	0,97	1,00	1,04	1,07	1,10	1,13	1,16	1,19	1,22	1,25
7	0,308	0,72	0,77	0,82	0,86	0,90	0,95	0,98	1,03	1,06	1,10	1,14	1,17	1,19	1,23	1,25	1,30	1,32
6	0,360	0,76	0,82	0,88	0,93	0,97	1,02	1,06	1,11	1,15	1,19	1,22	1,26	1,29	1,33	1,36	1,39	1,43
5	0,432	0,82	0,89	0,95	1,00	1,05	1,10	1,15	1,20	1,24	1,28	1,32	1,37	1,40	1,44	1,48	1,51	1,56
4	0,540		0,96	1,03	1,09	1,15	1,21	1,26	1,32	1,37	1,41	1,47	1,51	1,55	1,60	1,64	1,71	1,72
3	0,720			1,05	1,21	1,28	1,35	1,42	1,48	1,54	1,59	1,65	1,70	1,76	1,80	1,86	1,90	1,95
2½	0,863				1,27	1,36	1,44	1,51	1,55	1,64	1,71	1,77	1,83	1,89	1,95	2,00	2,06	2,11
2	1,079					1,44	1,53	1,62	1,70	1,78	1,85	1,93	1,99	2,06	2,12	2,18	2,25	2,31
1¾	1,232						1,58	1,68	1,77	1,86	1,94	2,01	2,08	2,16	2,23	2,30	2,36	2,43
1½	1,438							1,72	1,83	1,92	2,01	2,10	2,19	2,27	2,32	2,42	2,50	2,57
1¼	1,726								1,87	1,99	2,10	2,19	2,29	2,30	2,47	2,50	2,64	2,72
1	2,157									1,99	2,13	2,26	2,37	2,48	2,59	2,70	2,79	2,89

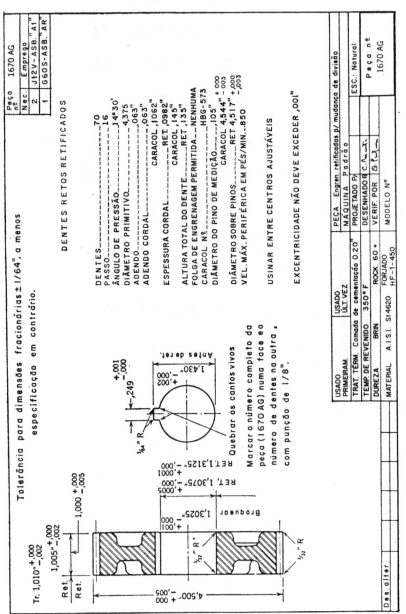

Figura 257. Desenho detalhado de engrenagem divisora do câmbio retificada

Estudo de movimentos e de tempos　　　　　　　　　　　　　　　　**357**

Tabela 29. Tabela de velocidades e avanço — método de corte

Passo diametral	Velocidade do cortador, em pés/min	Velocidade do caracol, em rpm	Avanço, em pol/rotação	Método de corte
Engrenagens fresadas acabadas				
6-7	90	103	0,050	2 passes, caracol normal de 1 entrada
8-20	100	139	0,050	2 passes, caracol normal de 1 entrada
20-32 incl.	115	174	0,036	1 passe, caracol normal de 1 entrada
Engrenagens de dentes retos, fresados e retificados				
16	150	204	0,050	1 passe, caracol de 2 entradas
20	160	204	0,050	1 passe, caracol de 2 entradas
32	170	240	0,045	1 passe, caracol de 2 entradas
Engrenagens helicoidais de dentes fresados e retificados				
8	130	139	0,040	2 passes, caracol de 2 entradas
10	120	150	0,040	1 passe, caracol de 2 entradas
12	110	150	0,040	1 passe, caracol de 2 entradas
24	100	150	0,040	1 passe, caracol de 2 entradas

Tabela 30. Tempo de preparação — engrenagem dentada frontal,
fresa Barber-Colman
Máquinas 183, 315, 531, 906, 908

Operações	Tempo, min
1. Apanhar desenho e relógio	2,0
2. Remover caracol	1,0
3. Remover eixo	1,0
4. Obter caracol e eixo	3,0
5. Colocar caracol	3,0
6. Ajustar ângulo	1,0
7. Colocar eixo	2,0
8. Escolher eixo	2,0
9. Trocar engrenagens da divisão	3,0
10. Mudar engrenagens da velocidade	1,0
11. Mudar engrenagens de avanço	3,0
12. Verificar todas as engrenagens	2,0
13. Medir peça e ajustar a profundidade do corte	2,0
14. Verificar divisão e tamanho	7,0
15. Localizar os pontos de parada	1,0
Tempo-padrão de preparação	
Entalhados	35,0
Engrenagens dentadas	35,0
Engrenagens helicoidais	40,0
Tempo-padrão − mudar caracol	10,0

Tabela 31. *Número de engrenagens usinadas de uma só vez*

Diâmetro do furo, pol	Comprimento útil do eixo, pol
$1\frac{5}{16}$-$1\frac{9}{16}$	6
$\frac{3}{4}$-$1\frac{5}{16}$	3
$\frac{1}{2}$-$\frac{3}{4}$	$1\frac{1}{2}$

Tabela 32. *Lista de tipos de caracóis*

Número da fresa	Diâmetro primitivo	Mão	Diâmetro externo, polegadas	Ângulo de pressão graus PA	Avanço
HB708	5	D	$3^{1}/_2$	$14^{1}/_2$	S
HB550	5	D	4	20	S
HB710	6	D	$3^{1}/_4$	$14^{1}/_2$	S
HB734	6	E	$3^{1}/_4$	20	S
HB542	7	D	3	$14^{1}/_2$	S
HBS592	8	D	$3^{1}/_2$	20	2
HBS593	8	E	$3^{1}/_2$	20	2
HB712A	8	D	3	$14^{1}/_2$	S
HB737A	8	E	3	$14^{1}/_2$	S
HB713	9	D	3	$14^{1}/_2$	S
HBS586	10	D	3	20	2
HBS587	10	E	3	20	2
HBS590	10	D	$2^{3}/_4$	20	S
HBS591	10	E	$2^{3}/_4$	20	S
HB526	11	D	$2^{3}/_4$	$14^{1}/_2$	S
HB744	12	D	$2^{3}/_4$	20	S
HB745	12	D	3	20	2
HB605	12	D	$2^{3}/_4$	$14^{1}/_2$	2
HB606	12	E	$2^{3}/_4$	$14^{1}/_2$	2
HB571	13	E	$2^{3}/_4$	20	S
HB716	14	D	$2^{1}/_2$	$14^{1}/_2$	S
HBG573	16	D	$2^{1}/_2$	$14^{1}/_2$	2
HBS597	16	D	$2^{3}/_4$	20	2
HB742	16	D	$2^{1}/_2$	$14^{1}/_2$	S
HB580	20	D	$2^{1}/_2$	20	2
HB721	24	D	$2^{1}/_2$	$14^{1}/_2$	2
HB746	24	E	$2^{1}/_2$	$14^{1}/_2$	2
HBS608	30	D	$2^{3}/_4$	20	S
HB579	32	D	$2^{3}/_4$	20	2
HB701	48	D	$1^{7}/_8$	$14^{1}/_2$	S

Estudo de movimentos e de tempos

359

9) Cálculo do tempo de corte, da fórmula

$$M = \frac{N \times L}{F \times S \times H}$$

$N = 70$
$L = (6 \times 1{,}005) + 0{,}56$
$F = 0{,}050$
$S = 204$
$H = 2$

$$M = \frac{70 \times (6{,}030 + 0{,}56)}{0{,}050 \times 204 \times 2} = 22{,}61 \text{ min.}$$

10) Determinação do tempo total de manuseio.
Manipulação da máquina (Tab. 26), coluna 1 (engrenagem cilíndrica, caracol
regular, um corte) — 0,44
Colocar e remover (Tab. 27) eixo preso com porca A, $0{,}84 + (6 \times 0{,}05)$ — 1,14
Tempo total de manuseio — 1,58 min
   11) Determinação do tempo-padrão total.
Tempo total de manuseio, 6 engrenagens — 1,58
Tempo total de corte, 6 engrenagens — 22,61
Tempo total normal, 6 engrenagens — 24,19 min

Tolerâncias
5% do tempo de manuseio — 0,08
5% do corte, até 20 min — 1,00
Tempo-padrão total, 6 engrenagens — 25,27 min
Tempo-padrão total, 1 engrenagem — 4,21 min

TEMPO-PADRÃO PARA SOLDAR COSTURAS LATERAIS EXISTENTES NO CORPO DE UMA LATA

Latas retangulares, de forma semelhante à apresentada na Fig. 258, são produzidas para a exportação de instrumentos de desenho e aparelhos cirúrgicos. Os lotes de produção usualmente são pequenos, e o número de dimensões diferentes sobe a 60, variando em volume de poucos centímetros cúbicos a 0,03 de metro cúbico. A produção total de latas de qualquer dimensão não é suficientemente grande para justificar o desenvolvimento de equipamento especial.

OPERAÇÕES NA PRODUÇÃO DAS LATAS

No corpo

1) Cortar o corpo com o comprimento e a largura corretos.
2) Fazer quatro dobras na dobradeira.
3) Soldar costura lateral.

Na tampa

1) Cortar a faixa lateral da cobertura no comprimento e na largura corretos.
2) Furar a lingüeta de abertura.
3) Marcar e cortar a ponta da lingüeta de abertura, dobrando-a 90°
4) Fazer a primeira dobra na dobradeira.

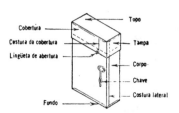

Figura 258. Lata retangular para embalagem de instrumentos para exportação

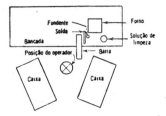

Figura 259. Arranjo físico do local de trabalho para soldagem de latas retangulares

Nos topos e fundos

1) Cortar com o comprimento e a largura corretos.
2) Chanfrar os quatro cantos.
3) Dobrar os quatro lados.

Conjunto

1) Formar a faixa lateral de cobertura e soldar a costura.
2) Soldar o topo à tampa, soldar o fundo ao corpo e, então, soldar a chave da lingüeta ao corpo.
3) Inspecionar, lavar e secar.

Como o principal objetivo deste caso é ilustrar a aplicação de princípios, consideraremos apenas uma das operações em detalhe: soldar a costura lateral do corpo.

DETERMINAÇÃO DO TEMPO-PADRÃO PARA SOLDAGEM DA COSTURA LATERAL DO CORPO. Foi mais conveniente usar-se o cronômetro para se obter dados relativos a todos os elementos, com exceção da soldagem. Para este elemento, foram usados estudos de micromovimentos.

DEFINIÇÃO DOS ELEMENTOS-PADRÃO PARA SOLDAGEM DA COSTURA LATERAL

1. Posicionar a peça na vareta e aplicar fundente à costura. O *tempo inicia-se* quando a mão solta a última lata acabada na caixa. O *tempo termina* quando a mão completa a aplicação do fundente e começa a se deslocar para o ferro de soldar que se encontra no forno.

2. Pontear[1] a costura e pegar o prendedor posicionando-o na lata, de forma a manter as partes a serem soldadas em firme contato. O *tempo do elemento inicia-se* no instante em que a mão começa a se deslocar para o forno de soldar do elemento precedente. O elemento *termina* quando a mão inicia o seu movimento em direção ao ferro de soldar, no forno, após ter posicionado o prendedor.

3. Soldar o comprimento total da costura. O elemento *tem início* quando a mão começa a se movimentar em direção ao ferro de soldar que se encontra no forno. O elemento *termina* quando a mão solta o ferro de soldar após tê-lo colocado no forno.

4. Enxugar a costura com pano úmido e dispor a lata. O elemento *inicia-se* quando a mão solta o ferro no forno. O *tempo termina* quando a mão solta a lata na caixa.

[1] "Pontear" refere-se ao ato de colocar um pingo de solda na costura para mantê-la na posição correta durante a soldagem. Uma costura comprida requer maior número de pontos do que uma curta

Estudo de movimentos e de tempos **361**

TEMPO-PADRÃO PARA OS ELEMENTOS

Minutos por
100 latas

1. Posicionar a peça na vareta e aplicar fundente à costura. Este elemento
é constante para todos os tamanhos de lata.   14,0
2. Pontear a costura e pegar o prendedor posicionando-o na lata, de forma
a manter as partes a serem soldadas em firme contato.
   (*a*) Sem pontear (costuras menores do que 7,53 cm de comprimento)   0
   (*b*) Dois pontos por costura (costuras de 7,6 cm a 30,5 cm de comprimento) 16,0
   (*c*) Três pontos por costura (costuras de 30,6 cm a 61 cm de comprimento) 23,0

Se a costura tiver comprimento menor do que 7,62 cm, este elemento é desnecessário.
Se o comprimento da costura estiver compreendido entre 7,63 e 30,48 cm, ela precisa ser ponteada em dois lugares e presa com prendedor especial antes da soldagem. Comprimentos compreendidos entre 30,49 e 60,96 cm requerem três pontos e também o uso do prendedor. Os
tempos-padrão foram determinados por estudos de tempos.
   3. Soldar o comprimento total da costura. O operário agarra o ferro de soldar, mergulha-o
no pote com a solução para limpeza, encosta-o na barra de solda, transporta-o à costura e
desloca a ponta do ferro ao longo da costura soldando-a até que termine a solda existente no
ferro. O ferro é novamente transportado para a barra de solda a fim de ser reabastecido, repe-
tindo-se a operação de soldagem. Se a costura tiver sido ponteada, será necessário um número
menor de contatos do ferro com a barra de soldar.
   (*a*) Agarrar o ferro, mergulhá-lo no pote com a solução para limpeza e dispô-lo no
forno = 0,08 min, uma constante por costura ou série de costuras (estudo de micromovimentos).
   (*b*) Soldar a costura. Do estudo de micromovimentos concluiu-se que, na soldagem de
costuras de vários comprimentos, existia uma relação linear entre o tempo (em min) para
soldar uma costura e o comprimento da costura (em cm): tempo para soldagem $= L \times 0,005511$,
onde L = comprimento da costura a ser soldada (em cm).
   (*c*) Encostar o ferro de soldar na solda e transportá-lo à costura $= N \times 0,04$ min. $N =$
$=$ número de contatos necessários à costura (Tab. 33).
   4. Enxugar a costura com pano úmido e dispor a lata = 10,0 min por 100 latas, uma
constante para latas de todas as dimensões.

Tabela 33. Valores de N

(N = número de imersões do ferro vérsus solda por costura)*

Valor de N	Comprimento da solda, em cm	
	Sem pontear	Ponteado
1	0–15,24	0–25,40
2	15,25–30,48	25,41–50,80
3	30,49–45,72	50,81–76,45
4	45,73–60,96	
5	60,97–76,20	

*De estudos de cronometragem e micromovimentos

362 *Ralph M. Barnes*

ELEMENTOS AUXILIARES

5. O tempo para o manuseio das caixas cheias e vazias varia com o tamanho da lata. Tempo de manuseio para as latas = $P \times 0,0003543$ min (P = soma do comprimento, largura e profundidade da lata, em pol). Obtido a partir de cronometragem contínua (estudos de produção).

6. Limar, forjar e reestanhar ferros de soldar. Requer 22 min por dia de 480 min, ou 4,6% do dia. Obtido a partir de cronometragem contínua (estudos de produção).

SOMA DE TODOS OS ELEMENTOS CONSTANTES

	Minutos por 100 latas
1. Posicionar a peça na vareta e aplicar fundente à costura.	14,0
2. Pontear a costura e pegar o prendedor posicionando-o na lata.	
(a)	0,0
(b)	16,0
(c)	23,0
3. Enxugar a costura com pano úmido e dispor a lata.	10,0

FÓRMULA PARA A DETERMINAÇÃO DO TEMPO-PADRÃO

$$\begin{matrix} \text{Tempo-padrão,} \\ \text{em minutos por} = 100 \\ \text{100 latas} \end{matrix} \begin{pmatrix} \text{tempo para} & \text{tempo para} & \text{tempo para} \\ \text{elementos} + \text{soldagem} + \text{manuseio} \\ \text{constantes} & & \text{da lata} \end{pmatrix} \begin{matrix} \text{tempo para} \\ + \text{manuten-} \\ \text{ção do ferro} \end{matrix}$$

$$= 100 + 4,6\{D + [0,08 + (L \times 0,005511) + (N \times 0,04)] + + (P \times 0,0003543)\}$$

$$= 104,6 \quad \{D + [0,08 + (L \times 0,005511) + (N \times 0,04)] + + (P \times 0,0003543)\},$$

onde L = comprimento da costura a ser soldada, em cm,

N = número de contatos necessários para completar a costura (Tab. 33),

P = soma do comprimento, largura e profundidade da lata, em cm,

D = soma de todas as constantes (Tab. 34).

APLICAÇÃO DA FÓRMULA. A lata 439 tem as seguintes dimensões: comprimento, 21,91 cm; largura, 1,90 cm; profundidade, 22,75 cm. Os valores dos termos são: $L = 27,51$ cm; $N = 2,0$; $P = 49,53$ cm; $D = 0,40$. Substituindo estes valores na fórmula, temos

$$\text{Padrão} = 104,6\{0,40 + [0,08 + (27,51 \times 0,005511) + (2 \times 0,04)] + + (49,53 \times 0,0003543)\} =$$
$$= 76,26, \text{ usar } 76,3 \text{ min}$$

Embora o método para o estabelecimento de uma fórmula para a determinação do tempo-padrão de soldagem da costura lateral tenha sido apresentado em detalhes, não é necessário que se siga esta rotina longa para cada lote ou latas com dimensões novas. Essa fórmula aplica-se à operação "soldar costura lateral" de todas as latas retangulares cujas dimensões se enquadrem dentro do campo do estudo. De fato, nem é necessário usar-se a fórmula, pois, a partir desta, foram construídas tabelas com as quais é muito simples determinar-se o tempo-padrão para operações de solda em uma lata de qualquer dimensão. Essas tabelas são extremamente fáceis de ser utilizadas.

Estudo de movimentos e de tempos									**363**

Tabela 34. *Valores* de D

(D = soma de todos os elementos constantes)

Valores de D, em min por lata	Comprimento da solda, em cm	Número de ponteamentos
0,24	0– 7,61	0
0,40	7,62–30,48	2
0,47	30,49–70,96	3

RESULTADOS. Antes da padronização da disposição do local de trabalho e do método de fabricação das latas, todos os tempos-padrão eram estabelecidos por estudos de tempos individuais. Como apenas latas com certas dimensões tinham sido estudadas, a maior parte deste trabalho não se encontrava sob incentivo salarial.

Depois de se ter completado o programa de padronização e o cálculo das tabelas para o estabelecimento de tempos-padrão, foi possível determinar-se rapidamente o padrão para as operações de soldagem de uma lata com qualquer dimensão.

A redução nos custos de mão-de-obra, resultante da melhoria dos métodos, da aplicação dos tempos-padrão e do incentivo salarial às operações de solda proporcionou uma economia de aproximadamente 4 000 homens-hora de mão-de-obra direta por ano. O analista gastou 510 h para completar o trabalho de estudo de movimentos e de tempos, relativos a esse projeto.

CAPÍTULO 29

Determinação de tempos-padrão para trabalho de matrizes e ferramentas

De todas as operações industriais, o trabalho de ferramentaria é um dos mais difíceis de ser padronizado e colocado sob um plano de incentivo salarial. A execução de ferramentas e matrizes requer elevado grau de precisão, o trabalho não é repetitivo e raramente é necessária mais do que uma ferramenta de um certo tipo. Este trabalho requer ferramenteiros altamente qualificados, e, em algumas operações, é também necessário quantidade apreciável de limagem, escareado e ajustagens manuais. Apesar disso, embora pareça que não existem duas ferramentas semelhantes, todas as ferramentas de uma dada classe possuem partes análogas, e cada parte requer operações semelhantes em sua produção. A variação no tempo requerido para uma mesma operação em partes semelhantes é devida a características da peça em questão, tais como suas dimensões e a espécie do material. Como foi feito em vários casos nos capítulos anteriores, é possível dividir-se cada operação em elementos que permanecem constantes e nos que variam com as dimensões, forma e outras características da peça.

O material a ser apresentado neste capítulo foi tirado de um importante trabalho realizado por Floyd R. Spencer na padronização do trabalho de matrizes e de ferramentas em uma fábrica de vulto. Este trabalho inclui a compilação dos dados para os tempos pré-determinados e a construção de gráficos e fórmulas para a determinação dos tempos-padrão. Usando estes padrões, estabeleceu-se um sistema de incentivo salarial que reduziu sensivelmente o custo deste trabalho. Os ferramenteiros tinham confiança no método de estabelecimento de padrões e o julgavam superior ao método rudimentar de se "estimar" o tempo para tal tarefa, como é feito na maioria das ferramentarias. O plano de incentivos baseado nestes tempos-padrão torna possível que os ferramenteiros tenham vencimentos substancialmente superiores aos que percebiam anteriormente.

A determinação do tempo-padrão com o auxílio de gráficos, curvas, e fórmulas requer 1/4 a 1/2 do tempo necessário para a estimação, como executada anteriormente. Por exemplo, são necessários 3 a 5 min para estabelecer-se tempos-padrão para todas as operações requeridas na execução da matriz de corte simples apresentada nas Figs. 260 e 261, enquanto que, pelo processo antigo de "estimação", este tempo seria de 10 a 15 min. Uma pessoa agora determina os tempos-padrão para um departamento com 125 ferramenteiros, enquanto, na maioria das oficinas, cada conjunto de 30 ferramenteiros requer um estimador.

TIPOS DE MATRIZES. Os vários tipos de matrizes para os quais existem tempos pré-determinados são (1) matriz de corte simples, (2) matriz composta de corte e perfuração, (3) matriz de perfuração simples e múltipla, (4) matriz de cizalhamento, (5) matriz de corte e repuxo, (6) matriz para formar e (7) matrizes diversas.

MATRIZES DE CORTE SIMPLES. A matriz de corte simples, como a apresentada na Fig. 260, será usada como ilustração devido à sua simplicidade e uso geral. Será dada uma explicação do método usado para classificar todo o trabalho de matrizes, como também a maneira pela qual foram estabelecidos os dados para os tempos pré-determinados, para os gráficos e as

Estudo de movimentos e de tempos

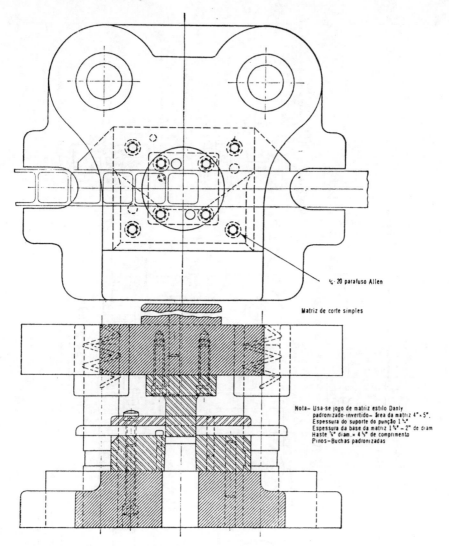

Figura 260. *Matriz de corte simples*

fórmulas, e, finalmente, será apresentado um caso específico para mostrar como se estabelece o tempo-padrão para a execução de uma matriz particular.

A ferramentaria à qual se aplicam esses dados emprega normalmente 125 ferramenteiros, servindo uma fábrica que emprega de 4 000 a 5 000 trabalhadores. Os produtos são altamente diversificados, tendo dimensões relativamente pequenas.

O primeiro passo no estabelecimento de um método para a determinação dos tempos--padrão para a execução de matrizes de corte foi classificar todas as chapas cortadas que normalmente seriam produzidas por este tipo de matriz. Um levantamento de todo o trabalho dessa espécie conduziu à seguinte classificação geral.

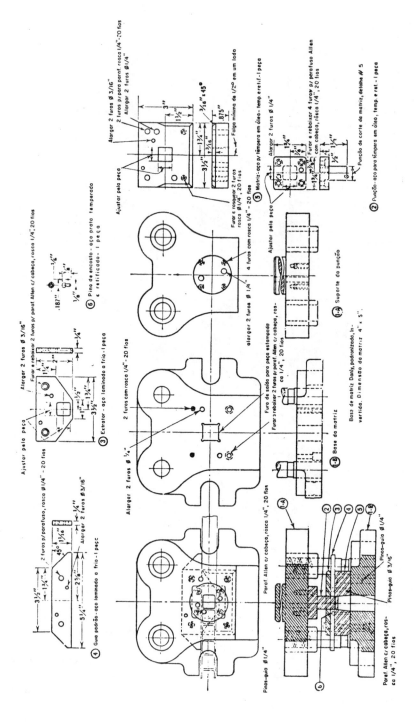

Figura 261. Detalhes das partes de uma matriz de corte simples (cortesia da E. W. Bliss Co.)

Tabela 35 — Classificação do trabalho executado em matrizes de corte simples

Classificação	Número 1	Número 2	Número 3	
Forma da chapa cortada	Circulares	Quadrados ou retangulares	Formas diversas	
	Circular	Contorno reto	Peças semi-acabadas, cortadas cujo perfil é composto de curvas suaves e linhas retas ou uma combinação das duas primeiras classificações.	Peças semi-acabadas, cujo perfil é bastante irregular, não sendo similares com peças semi-acabadas de perfil redondo ou reto.
	Circular com reentrância	Com reentrâncias		
	Circular com saliências	Com saliências		
Dimensões da chapa cortada	Diâmetro de ½" até 4"	¾ × 1 ½" a 5 ½ × 7"	Mesmos limites que nas classificações Nº 1 e 2	

368 Ralph M. Barnes

1) Chapas cortadas redondas.
2) Chapas cortadas quadradas ou retangulares.
3) Todas as chapas cortadas de outras formas.

Na classificação geral das peças com contornos redondos ou contornos quadrados ou retangulares é preciso estabelecer uma subclassificação relativamente à existência de saliências ou rebaixos. Em geral, é recomendável utilizarem-se inserções para saliências ou rebaixos na peça em questão. Essas inserções seriam usadas na base da matriz e punção (Figs. 260 e 261) para saliências e no bloco da matriz para os rebaixos. As inserções são usadas devido ao seu baixo custo de substituição em caso de quebra. A Tab. 35 fornece uma classificação completa de chapas cortadas.

É costume comprar-se conjuntos de matrizes de produtores especializados na execução destas peças. O conjunto consiste em duas peças como mostram as Figs. 260 e 261, ou seja, o suporte do punção, parte 1A, e a base da matriz, parte 1B. A classificação dos conjuntos de matriz está apresentada na Tab. 36.

Tabela 36. Classificação, por tamanho, de conjuntos de matrizes, comprados no mercado

Símbolo	B1	B2	B3	B4	B5	B6	B7	B8
Tamanho máximo de recorte redondo	$1^{3}/_{8}$	$1^{7}/_{8}$	$2^{3}/_{8}$	$3^{1}/_{8}$	$3^{7}/_{8}$	$4^{1}/_{4}$	5	6
Tamanho máximo de recorte retangular	$3/_{8} \times 1^{1}/_{2}$	$1/2 \times 2$	$1^{1}/_{8} \times 2^{3}/_{8}$	$2^{1}/_{4} \times 3^{1}/_{4}$	3×4	$4^{1}/_{4} \times 4^{1}/_{4}$	$4^{1}/_{2} \times 7$	$5^{1}/_{2} \times 7$

PARTES DE UMA MATRIZ DE CORTE. O princípio de operação de uma matriz de corte é bastante simples. A fita de metal a ser cortada é alimentada na matriz da direita para a esquerda, como mostra a Fig. 260. O punção, que tem a forma da peça a ser cortada, move-se para baixo pela ação da prensa e punciona a peça na fita, forçando-a através da matriz. O extrator remove a peça do punção ao voltar para a sua posição normal.

A Fig. 260 mostra o desenho de conjunto de uma matriz de corte simples, e a Fig. 261 mostra as partes componentes desta matriz. A seguir encontra-se uma lista das partes componentes desta matriz.

1A — Suporte do punção ⎱
1B — Base da matriz ⎰ conjunto da matriz (comprado)
2 — Punção
3 — Extrator
4 — Guia do material
5 — Bloco da matriz
6 — Pino de localização (uma peça-padrão)

OPERAÇÕES NO SUPORTE DO PUNÇÃO — PARTE 1A. Embora os conjuntos de matrizes, compostos do suporte do punção e da base da matriz, tenham sido comprados de terceiros, foram executadas as seguintes operações nestas peças.

Operação 1: preparar fresa; fresar haste até altura adequada.

Operação 2: traçar, furar e rosquear os orifícios dos parafusos; furar e alargar as cavilhas.

O próximo passo consistiu na determinação das variáveis ou fatores-básicos que governavam o tempo necessário a cada operação e porcentagem do tempo total controlado em cada fator.

Tabela 37. Fator governante — tamanho da matriz para obter peça semi-acabada

(Tempo, em horas)

Número da Operação	Porcentagem de Tempo Controlado pelo Fator	Símbolos dos Tamanhos das Matrizes Compradas							
		B1	B2	B3	B4	B5	B6	B7	B8
1	100	0,70	0,75	0,78	0,80	0,88	0,96	1,08	1,22
2	15	0,10	0,15	0,21	0,27	0,32	0,39	0,44	0,50

Tabela 38. Fator governante — número de parafusos e pinos

(Tempo, em horas)

Número da Operação	Porcentagem de Tempo Controlado pelo Fator	3 Parafs. 2 Pinos	4 Parafs. 2 Pinos	6 Parafs. 2 Pinos	8 Parafs. 3 Pinos	12 Parafs. 4 Pinos	14 Parafs. 6 Pinos	18 Parafs. 8 Pinos	20 Parafs. 10 Pinos
2	85	0,50	0,65	0,85	1,10	1,39	1,70	2,10	2,30

	Porcentagem
Operação 1. Dimensão e peso do suporte de punção	100
Operação 2. N.° de parafusos e de furos de cavilhas	85
Dimensão e peso do suporte de punção	15

Na ferramentaria fizeram-se estudos reais das operações necessárias à usinagem do suporte do punção. Obtiveram-se dados para diversas dimensões e pesos, e, finalmente, após terem sido verificados e testados com relação à precisão, estes dados foram compilados em forma tabular para uso conveniente (Tabs. 37 e 38).

OPERAÇÕES NO BLOCO DA MATRIZ — PARTE 5. O bloco da matriz é talvez a parte mais importante da ferramenta e deve ser executado com precisão a fim de produzir peças que estejam de acordo com as especificações.

Na determinação dos tempos-padrão para a execução do bloco de matriz foi usado o seguinte procedimento.

1) Fez-se uma lista de todas as variáveis ou fatores governantes que afetariam de uma forma ou de outra o tempo necessário à execução do bloco da matriz. Eles foram:

a) Perímetro da chapa cortada (*blank*).

b) Número de ângulos internos.

c) Número de lados (comprimento igual ou superior a 6,35 mm).

d) Número de raios.

e) Curvas na chapa cujo centro é externo a esta.

f) Especificações do material a ser cortado.

2) Fez-se uma lista das operações que o ferramenteiro teria que executar para completar o bloco da matriz, anotando-se os fatores que influiriam no tempo requerido (Tab. 39).

Tabela 39 — Operações e fatores governantes para o bloco de matriz — parte 5

Número da operação	Operação	Fator principal
1	Cortar	a) Tipo do material b) Tamanho da peça
2	Usinar no tamanho — esmerilhamento total	a) Tipo do material b) Tamanho da peça
3	Esquema da superfície do bloco	a) Comprimento do contorno b) Número de ângulos internos c) Número de lados d) Número de raios e) Número de curvas com centros fora do semi-acabado
4	Contorno trabalhado no bloco	a) Mesmos fatores acima — operação 3
5	Furar e abrir rosca, furar e escarear os furos para pinos	a) Números de furos para parafusos e pinos b) Tamanho dos furos
6	Temperar	a) Tipo do material
7	Retificar	a) Tipo do material b) Tamanho da peça

Estudo de movimentos e de tempos 371

3) Determinaram-se tempos-padrão para todas as operações dentro de todo o campo de variação dos fatores governantes. Isto foi muito mais difícil do que a determinação dos tempos-padrão para a execução do suporte de punção, porque na produção do bloco da matriz intervém um número muito maior de variáveis. Estudaram-se aproximadamente 100 blocos de matriz das mais diversas formas, levando-se período de tempo considerável para obter e classificar estes dados e para estabelecer corretamente as relações existentes entre eles.

CURVAS PARA O ESTABELECIMENTO DO TEMPO-PADRÃO PARA A OPERAÇÃO 4.
Das sete operações requeridas para se fazer o bloco da matriz, a mais interessante para fins ilustrativos é a operação 4, "usinar a forma no bloco". A Tab. 39 fornece as cinco variáveis ou fatores que governam o tempo requerido à execução dessa operação. As curvas da Fig. 262

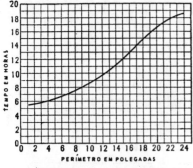

A. Perímetro da chapa cortada

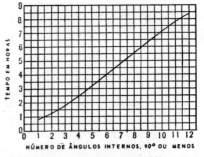

B. Número de ângulos internos, 90° ou menos

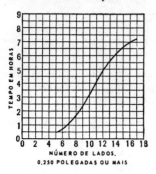

C. Número de lados maiores ou iguais a 0,250 pol

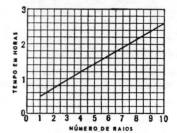

D. Números de raios

Figura 262. Curvas para o estabelecimento de tempo-padrão para a operação 4 na parte 5 (usinar forma do bloco da matriz) — matriz de corte simples

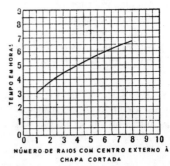

E. Números de raios com centros externos à chapa cortada

372   Ralph M. Barnes

Tabela 40. Tempo-padrão para execução da operação 4, usinar forma no bloco da matriz
(Tempo em horas)

a) Contorno em polegadas	1	3	6	10	12	14	18	20	24
Tempo	5,5	5,9	6,9	8,5	9,6	11,3	15,0	16,7	18,7
b) Angulos internos, 90º ou menores	1	2	3	4	5	6	8	10	12
Tempo	0,8	1,2	1,75	2,6	3,3	4,1	5,6	7,1	8,4
c) Número de lados (compr. de 0,250 de polegadas ou maiores	5	6	7	8	9	10	12	14	16
Tempo	0,5	0,7	1,1	1,7	2,3	3,3	4,9	6,2	6,9
d) Número de raios	1	2	3	4	5	6	8	10	
Tempo	0,5	0,7	0,9	1,2	1,4	1,7	2,1	2,6	
e) Número de raios com centros externos à chapa cortada	1	2	3	4	5	6	7	8	
Tempo	3,0	3,8	4,5	5,0	5,5	5,9	6,3	6,7	

mostram a relação entre as variáveis e os tempos correspondentes. Estes dados também se encontram na Tab. 40.

Exemplo. Para determinar o tempo requerido à execução da operação 4, "usinar forma no bloco da matriz", para a chapa cortada apresentada na Fig. 263, o procedimento seria o seguinte:

		Curva (Fig. n.°)	Tempo-padrão, horas
(*a*) Perímetros, em polegadas[1]	10,75	264*a*	9,00
(*b*) Ângulos internos	4	264*b*	2,50
(*c*) Número de lados	12	264*c*	5,00
(*d*) Número de raios	6	264*d*	1,75
(*e*) Número de raios com centros externos	0	—	—
Tempo-padrão total, em horas	4	—	18,25

As curvas-padrão da Fig. 262 cobrem todas as combinações possíveis de contornos e dimensões afetando a operação 4. O espaço não permite a inclusão das curvas e dos dados para as outras operações do bloco da matriz. O mesmo procedimento foi seguido não somente

---

[1]O perímetro de matrizes irregulares é determinado com o auxílio de um medidor de mapas — um aparelho simples que fornece a distância diretamente em polegadas

Figura 263. Forma da chapa cortada (blank). A, *ângulos internos;* R, *raios;* S, *lados*

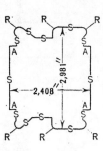

Tabela 41. Peças do conjunto do estampo (macho e fêmea) — base para definição dos tempos de ajuste

Matrizes compostas — estampar e perfurar — classe 2
Semi-acabadas com lados retos ou com contorno de curvas suaves

Número do gráfico	Peças componentes do estampo (macho e fêmea)	Base do gráfico (abscissa)
20-21-22	Sapata — punção (macho) extrator — fêmea (do punção)	Contorno, em polegadas — número de lados com ângulos de 90° ou menos
5-7-13	Base do estampo — espiga — trabalho de montagem final — têmpera e serviços vários	Tamanho do conjunto de estampos
8	Punções A. Redondos B. Quadrados e retangulares C. Outros formatos	A. Diâmetro do perfurador B. Contorno do perfurador C. Contorno da peça a ser estampara (bruto) — número de ângulos Contorno do perfurador Comprimento das ranhuras
10	Abrir furos centrais redondos através da base e do punção — não centrar	Diâmetros do perfurador
11	Abrir furos quadrados com reentrâncias e projeções bem como furos de formas irregulares, através da base — punção — sapata	Contorno do perfurador do punção — número de ângulos — número de curvas — número de projeções — comprimento de reentrâncias de 0,125 pol de largura ou menos
12	Buchas	Diâmetro do perfurador — número requerido
13	Curvas de raio pequeno	Número de curvas que requerem enchimento adicional
13 A	Raios internos	Número de raios que requerem enchimento adicional
14	Projeções e reentrâncias nos estampos de corte e puncionamento (com ou sem peças postiças)	Número de projeções e reentrâncias
14 A	Projeções e reentrâncias (sem quebra de continuidade)	Comprimento do contorno do material a ser removido

374

Ralph M. Barnes

Tabela 42. Cálculo do tempo-padrão para punção vazio, perfurar e estampar

Matriz composta mostrada na Fig. 264

Número de gráfico	Informação desejada	Informação aplicável ao estampo da Fig. 264	Leituras das curvas — tempo- -padrão (h)
20 e 21	Contorno do semi-acabado	$10\frac{3}{4}$	34
22	Número dos lados	18	$17\frac{3}{4}$
	Ângulos externos, 90° ou menos	6	$4\frac{3}{4}$
5-7-13	Tamanho do conjunto de estampos	$C1\frac{1}{2}$	$27\frac{1}{4}$
	Contorno geral	quadrado	
	Número total de perfurações	5	$1\frac{1}{4}$
8 A	Número dos perfuradores	4	$2\frac{1}{4}$
	Diâmetro dos perfuradores	0,068	
	Tipo — perfurador	Tipo B	
8 B	Contorno do perfurador	$5\frac{1}{4}$	$5\frac{3}{4}$
	Número de perfuradores	1	
8 C	Contorno do material do qual é feito o semi- -acabado		
	Ângulo de 90° ou menor		
	Largura até 0,125 pol		
	Contorno do perfurador		
10	Número dos perfuradores	4	6
	Diâmetro dos perfuradores	0,068	
11 A	Contorno do perfurador	$5\frac{1}{4}$	$9\frac{1}{4}$
	Número de projeções no punção perfurador	10	11
11 B	Número de ângulos de 90° ou menores		
	Se formar ranhura de 0,125 pol de largura ou menor—comprimento		
12	Número de buchas	4	$2\frac{1}{2}$
	Tamanho do diâmetro interno	0,068	
13	Número de curvas secundárias		
13 A	Número de raios	6	$8\frac{1}{2}$
14	Número de projeções ou reentrâncias	10	$50\frac{1}{2}$
14 A	Comprimento do contorno para material re- tirado		
	Tempo-padrão		180,75*

*Classificação de qualidade $C = 180,75$ h. Classificação de qualidade $B = 180,75 \times 112 = 202,44$. Use 205 h

para as operações restantes do bloco da matriz, mas também para todas as operações em outras partes da matriz de corte.

De maneira semelhante, desenvolveram-se dados elementares, gráficos, curvas e fórmulas para sete classes de matrizes referidas na página 364.

CLASSIFICAÇÃO DE QUALIDADE. É necessário que se mostre como a qualidade da ferramenta influi na determinação do tempo-padrão para a execução da matriz. Os requerimentos de qualidade para uma matriz dependem dos seguintes fatores.

1) Aparência do produto.
2) Quantidade total a ser produzida.
3) Uso do produto.

Estudo de movimentos e de tempos

4) Função das peças produzidas.
5) Fatores de custo dos produtos.

Um estudo desses fatores resultou no estabelecimento da seguinte classificação de qualidade.

Classe C. Leitura direta das curvas e gráficos.
Classe B. Leitura das curvas e dos gráficos multiplicada por 112%.
Classe A. Leitura das curvas e gráficos multiplicada por 130%.

A decisão relativa à classificação dos punções e matrizes vários é feita antes que estes sejam projetados, anotando-se esta classificação quando da execução dos desenhos.

APLICAÇÃO DO INCENTIVO SALARIAL. Como as peças prensadas geralmente requerem uma série de operações para sua manufatura, as diversas matrizes necessárias à produção completa da peça são projetadas de uma só vez. É costume projetar-se cada ferramenta em conjunto, mostrando sua construção, listando o material necessário e indicando qualquer característica especial, sem mostrar-se em detalhes as partes individuais. Os tempos-padrão são estabelecidos pelos métodos anteriormente descritos. A ordem e o conjunto de ferramentas é então dada a um contra-mestre na ferramentaria, ao qual são designados tantos assistentes

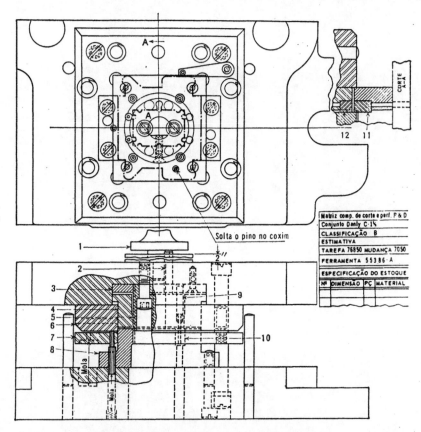

Figura 264. Matriz composta de corte e perfuração

quantos possam executar a tarefa eficientemente. Esses ferramenteiros executam a série completa de ferramentas para uma dada peça como um grupo e dividem as economias obtidas por intermédio de um incentivo baseado na diferença entre o tempo realmente consumido e o tempo-padrão estabelecido para a tarefa. O grupo é dissolvido quando se completa a execução desta série de ferramentas, formando-se novos grupos para outras ferramentas.

MATRIZES COMPOSTAS DE CORTE E PERFURAÇÃO. As matrizes compostas de corte e perfuração são mais complexas do que as matrizes de corte simples, pois as primeiras possuem maior número de peças. O método para padronizar e estabelecer dados-padrão para a execução destas matrizes é exatamente o mesmo que o descrito para a matriz de corte simples.

O espaço não permite a apresentação do material referente às matrizes compostas. Entretanto a Tab. 41 fornece uma lista das peças, e o resumo da Tab. 42 fornece o tempo-padrão para a execução completa da matriz composta apresentada na Fig. 264.

CAPÍTULO 30
Sistemas pré-determinados de tempos sintéticos: dados sintéticos para operações de montagem

Embora os sistemas de tempos sintéticos tenham sido usados de forma limitada por vários anos, sua aplicação tem aumentado desde que o número de sistemas existentes se tornou maior e também desde que as pessoas neles interessadas passaram a compreender melhor as vantagens e as limitações desses dados.

A Fig. 265 inclui nove sistemas de tempos sintéticos, quatro dos quais serão descritos neste e no próximo capítulo. Diversos sistemas bem projetados que hoje se encontram em operação não estão incluídos na Fig. 265 porque não se dispõe de informação publicada sobre eles. Além do mais, algumas empresas modificaram o sistema ou sistemas com os quais iniciaram o uso de tempos sintéticos através de pesquisa própria. Portanto é impossível saber-se quantos sistemas distintos de tempos sintéticos estão em uso corrente nos E.U.A. Entretanto todos esses sistemas possuem muito em comum.

Talvez a maior vantagem dos tempos sintéticos em relação à cronometragem seja que os primeiros tornam possível a pré-determinação do tempo-padrão a uma tarefa ou atividade, desde que sejam conhecidas as características dos movimentos. Pode-se determinar com antecedência o tempo necessário à execução de uma operação, simplesmente examinando-se um esquema do local de trabalho e uma descrição do método a ser empregado. Da mesma forma, pode-se fazer uma avaliação precisa de diversos métodos de trabalho ou de diferentes projetos de ferramenta. Os sistemas de tempos sintéticos também têm sido usados de forma considerável no estabelecimento de dados pré-determinados para vários tipos de máquinas e equipamentos, tornando mais rápido o estabelecimento dos tempos-padrão para as tarefas a serem executadas neste equipamento. O uso dos tempos elementares, freqüentemente, resulta em maior consistência nos tempos-padrão.

Os principais usos dos sistemas de tempos sintéticos podem ser divididos nas duas classes seguintes.

Avaliação de métodos

1) Melhoria de métodos existentes.
2) Avaliação de métodos propostos antes do início da produção.
3) Avaliação de projetos de ferramentas, dispositivos e equipamentos.
4) Auxílio ao projeto do produto.
5) Treinamento do pessoal de supervisão para orientá-los em relação ao estudo de movimentos e de tempos.

Estabelecimento de tempos-padrão

1) Uso direto dos tempos sintéticos para o estabelecimento de tempos-padrão.
2) Compilação de dados-padrão e de fórmulas para classes específicas de trabalho a fim de tornar mais rápido o estabelecimento de tempos-padrão.
3) Verificação dos padrões estabelecidos por estudo de tempos.
4) Auditoria de tempos-padrão.

Nome do sistema	Data da primeira aplicação	Primeira publicação descrevendo o sistema
Análise do tempo para movimentos (MTA)	1924	Os dados não foram publicados, porém as informações referentes ao MTA foram publicados no *Motion-Time Analysis Bulletin*, uma publicação de A. B. Segur & Co.
Movimentos dos membros do corpo	1938	*Applied Time and Motion Study*, por W.G. Holmes, Ronald Press Co., New York, 1938
Dados sintéticos para trabalho de montagem (obter e colocar)	1938	*Motion and Time Study*, 2.ª ed., por Ralph M. Barnes, John Wiley and Sons, New York, 1940, Caps. 22 e 23
O sistema fator-trabalho	1938	Motion-Time Standards, por J. H. Quick, W. J. Shea e R. E. Koehler, *Factory Management and Maintenance*. Vol. 103 n.º 5, maio, 1945, pp. 97 a 108
Tempos-padrão elementares para trabalho básico manual	1942	Establishing Time Values by Elementary Motion Analysis, por M. G. Schaefer, *Proceedings Tenth Time and Motion Study Clinic*. IMS, Chicago, novembro, 1946, pp. 21 a 27
Methods-time measurement, (MTM)	1948	*Methods-Time Measurement*, por H. B. Maynard, G.J. Stegemerten e J.L. Schwab McGraw-Hill Book Co., New York, 1948
Estudo de tempos por movimentos básicos (BMT)	1950	Manuais, por J. D. Woods & Gordon, Ltd., Toronto, Canadá, 1950
Tempos de movimentos dimensionais (DMT)	1952	New Motion Time Method Defined, por H. C. Geppinger, *Iron Age*. Vol. 171 n.º 2, 8 de janeiro, 1953, pp. 106 a 108
Tempos pré-determinados para trabalho humano	1952	A System of Predetermined Human Work Times, por Irwin P. Lazarus Ph. D., Purdue University, 1952

Figura 265. Resumo de dados relativos a vários sistemas de tempos sintéticos

Publicação contendo informações sobre o sistema	Como foram obtidos os dados originais	Sistema desenvolvido por
Motion-Time-Analysis, por A. B. Segur, *Industrial Engineering Handbook* H. B. Maynard, ed., McGraw-Hill Book Co., New York, 1956, pp. 4-101 a 4-118	Filmagem, análise de micromovimentos, cimógrafo	A. B. Segur
Applied Time and Motion Study, por W. G. Holmes, Ronald Press Co., New York, 1938	Desconhecido	W. G. Holmes
Motion and Time Study, 4.ª ed., por Ralph M. Barnes, John Wiley & Sons, New York, 1958, Cap. 28	Estudo de tempos, filmagem de operações de fábrica, estudos de laboratório	Harold Engstrom, H. C. Seppinger e outros membros da fábrica de Bridgeport da General Electric Co.
The Work-Factor System, por J. H. Quick, James H. Duncan e James A. Malcom, J., *Industrial Engineering Handbook* H. B. Maynard, ed., McGraw-Hill Book Co., New York, 1956. pp. 4-40 a 4-90	Estudo de tempos, filmagem de operações de fábrica, estudo de movimentos com luz estroboscópica	J. H. Quick W. J. Shea R. E. Koehler
Establishing Time Values by Elementary Motions, por M.G.Schaefer, *Proceedings Tenth Time and Motion Study Clinic.* IMS, Chicago, novembro, 1946. Também Development and Use of Time Values for Elemental Motions, por M. G. Schaefer, *Proceedings Second Time Study and Methods Conference*, SAM—ASME, New York, abril 1947	Estudos com cimógrafo, filmagem de operações industriais e estudos com registro elétrico do tempo (tempo medido até 0,0001 min.)	Western Electric Co.
Methods-Time Measurement, por H. B. Maynard, G. J. Stegemerten e J. L. Schwab, McGraw-Hill Book Co., New York, 1948	Estudo de tempos, filmagem de operações de fábrica	H. B. Maynard G. J. Stegemerten J. L. Schwab
Basic Motion Timestudy, por G. B. Bailey e Ralph Presgrave, McGraw-Hill Book Co., New York, 1957	Estudos de laboratório	Ralph Presgrave G. B. Bailey J. A. Lowden
Dimensional Motion Times, por H. C. Geppinger, John Wiley & Sons, New York, 1955	Estudo de tempos, filmagem, estudos de laboratório	H. C. Geppinger
Synthesized Standards from Basic Motion Times, *Handbook of Industrial Engineering and Management.* W. G. Ireson e E. L. Grant, ed. Prentice-Hall, Englewood Cliffs, N. J., 1955, pp. 373-378	Filmagem de operações de fábrica	Irvin P. Lazarus

É importante que os tempos sintéticos sejam aplicados única e exclusivamente por pessoas capazes e bem treinadas. Freqüentemente, diz-se que os sistemas de tempos sintéticos são superiores aos métodos de cronometragem, pois é desnecessária a avaliação do ritmo, eliminando-se a opinião pessoal do analista. Isto, evidentemente, é verdadeiro.

Há, entretanto, diversos pontos na aplicação do sistema de tempos sintéticos nos quais o julgamento do analista também é importante. Treinamento intensivo no uso de um sistema de tempos sintéticos particular é essencial a fim de minimizar esses fatores de julgamento. Se diversas pessoas, em um departamento, estão estabelecendo tempos-padrão por intermédio de sistemas de tempos sintéticos, é especialmente importante que todas sejam treinadas a usar os dados da mesma forma, na medida do possível.

Os quatro sistemas descritos neste e no capítulo seguinte estão apresentados em ordem cronológica de introdução nos E.U.A. São eles (1) tempos sintéticos para operações de montagem, (2) sistema fator-trabalho[1], (3) MTM e (4) estudos de tempos por movimentos básicos (BMT).

TEMPOS SINTÉTICOS PARA OPERAÇÕES DE MONTAGEM

O sistema de tempos sintéticos descrito neste capítulo foi desenvolvido por Harold Engstrom e seus companheiros, quando ele era supervisor de estudos de movimentos na fábrica de Bridgeport da General Electric Company. Os dados foram usados com sucesso por essa empresa, inicialmente para estimar o custo de mão-de-obra em produtos novos e, posteriormente, no estabelecimento de tempos-padrão. O sistema foi projetado especialmente para o estabelecimento de tempos-padrão em operações de montagem, na divisão de aparelhos eletrodomésticos, não se destinando à aplicação universal.

ARRANJO FÍSICO DO LOCAL DE TRABALHO. Sempre que possível, o arranjo físico do local de trabalho para montagem deve assemelhar-se ao esquematizado na Fig. 266. As peças devem ser supridas ao operador em alimentadores *bem projetados,* bandejas ou outros depósitos localizados nas áreas indicadas. Em operações progressivas de montagem, os subconjuntos serão entregues ao operador na área de trabalho pontilhada (61 cm da borda do dispositivo ou bancada mais próxima ao operador). Este arranjo físico fornece ao operador um local de trabalho que obedece aos princípios do estudo de movimentos, sendo a base pela qual valores corretos para os tempos-padrão foram estabelecidos.

Com a disposição indicada para o local de trabalho, a grande maioria dos transportes vazios ou transportes carregados do operador estarão circunscritos a distâncias inferiores a

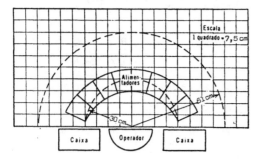

Figura 266. Arranjo físico de local de trabalho típico

---

[1] Neste livro, o sistema *work-factor* foi denominado sistema fator-trabalho; para o *methods-time-measurement,* foi conservada a notação MTM, e o *basic motion timestudy* foi traduzido como estudo de tempos por movimentos básicos (N. do T.)

Estudo de movimentos e de tempos **381**

61 cm. Como a maioria das peças para montagem são pequenas ou médias, as distâncias médias de transporte vazio ou transporte carregado serão bastante inferiores a 61 cm. Conseqüentemente, as correções para o transporte vazio e transporte carregado são calculadas ligeiramente superiores à média prevista, permitindo-se distâncias até 61 cm.

DETERMINAÇÃO DO TEMPO-PADRÃO PARA UMA OPERAÇÃO DE MONTAGEM.

Os dados apresentados nas Figs. 267 e 268 e a folha de cálculo para tempos-padrão (Figs. 270 e 271) podem ser usados para estabelecer os tempos-padrão das operações de montagem.

Em uma operação de montagem, uma variedade de peças é fornecida ao operador que as monta em posições definidas. O operador tem que *agarrar* cada peça e *colocá-la* em sua posição certa com relação ao resto do conjunto.

Ferramentas ou máquinas podem ser *usadas* para prender peças. Finalmente, antes de se completar o ciclo de montagem, é necessário que se *coloque de lado* ou se *disponha* a parte ou conjunto. Todas as operações de montagem compõem-se de uma seqüência desses elementos. Com finalidade de análise prática, é desnecessário reduzir-se essas quatro divisões a elementos menores, desde que as variáveis que os afetem sejam reconhecidas e corretamente avaliadas.

"AGARRAR" COMO UMA VARIÁVEL PRIMÁRIA.

Durante qualquer operação de montagem, consome-se tempo obtido, mantendo ou relaxando o controle sobre peças, ferramentas ou máquinas. Nas operações de montagem estudadas, este controle era predominantemente manual.

Determinou-se que o tipo de agarrar usado no controle da peça a ser montada era talvez a variável mais importante, afetando o tempo para obter e colocar. Embora o tipo de agarrar possa ser afetado por características especiais do projeto ou da dificuldade relativa de montagem, esse é principalmente função das dimensões da peça. Portanto, para todas as finalidades práticas, a dimensão da peça pode ser usada com base para avaliar a variação dos tempos de obter ou colocar.

DIMENSÃO DA PEÇA E TIPO DE AGARRAR.

A dimensão da peça constitui-se em uma base satisfatória para avaliar as variações dos tempos desde que seja definida de acordo com o tipo de agarrar do empregado. Devemos lembrar, entretanto, que um *agarrar* pode ser usado para obter uma dada peça e outro usado para *colocá-la* eficientemente.

QUATRO TIPOS DE AGARRAR.

A análise de diversas operações individuais indicam que o agarrar pode ser classificado em quatro divisões ou tipos, cada qual indicando as dimensões das peças que *normalmente* empregam cada tipo do agarrar.

1. Três dedos e polegar (3F). Este agarrar é usado em um objeto com dimensões tais que permitam a colocação de três dedos e do polegar em torno de si (ao menos em duas dimensões) sem que se amontoem e sem que seja necessária extensão dos dedos a fim de assegurar o controle. Este agarrar, em peças com estas dimensões, é o mais fácil de ser executado e, na maioria dos casos, fornece controle máximo (Fig. 267).

2. Extensão da mão (H). Este agarrar é usado em qualquer objeto cujas dimensões requeiram a extensão da mão e cujo peso, acabamento ou condições de controle não tornem essencial o uso das duas mãos. O controle é bom e obtido rapidamente.

3. Dois dedos e polegar (2F). Este agarrar é usado onde é impossível obter-se um agarrar com três dedos sobre um objeto, devido às suas dimensões reduzidas.

4. Duas mãos (2H). Este agarrar é usado sempre que as dimensões, peso, projeto ou acabamento requeiram o uso das duas mãos para a movimentação do objeto ou onde o posicionamento seja tão difícil que seja necessário o uso de uma das mãos como guia.

CONDIÇÕES DO AGARRAR	DIMENSÃO DO OBJ	
Facilidade com a qual o a. garrar é executado.	(Médio) 3 F Três dedos e polegar	(Grande) H Mão estendida
CONDIÇÃO A A melhor condição possível para o garrar. O objeto é pré-posicionado ou a operação de agarrar não é prejudicada por outros objetos em contato com a peça a ser agarrada.	Classe de tempo. $\quad$ U'a mão $8''=0,006$ Nº **1** $\qquad$ U'a mão $12''=0,007$ $\qquad$ Duas mãos sim. $12''=0,010$ 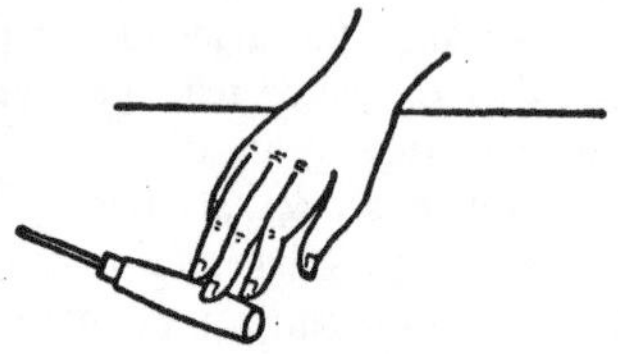 Pegar a chave de fenda, $8''$ a direita do lugar de trabalho, em cima do tampo da bancada.	Classe de tempo $\quad$ U'a mão $8''=$ Nº **1** $\qquad$ U'a mão $12''=$ $\qquad$ Duas mãos sim. $12''=$ 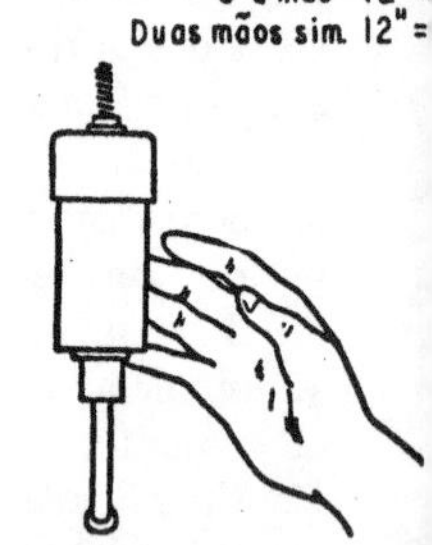 Pegar a chave de fenda motorizada, suspens ma do lugar de trabalho.
CONDIÇÃO B Boa condição para agarrar. As peças podem estar amontoadas e ser necessária alguma seleção para obter uma única peça. Não serão necessárias o perações difíceis de separação de vido o entrelaçamento.	Classe de tempo $\quad$ U'a mão $8''=0,006$ Nº **1** $\qquad$ U'a mão $12''=0,007$ $\qquad$ Duas mãos sim. $12''=0,010$ 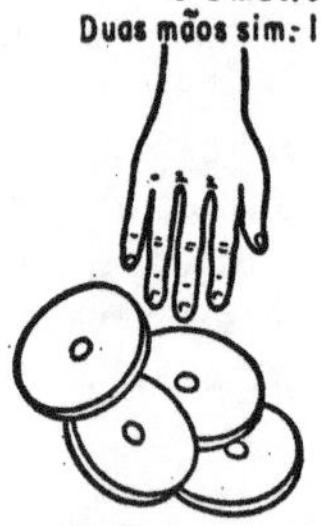 Pegar peq. disco semi-acabado para usinar engrenagens $8''$ a dir. do lugar de trabalho.	Classe de tempo $\quad$ U'a mão $8''=$ Nº **2** $\qquad$ U'a mão $24''=$ $\qquad$ Duas mãos sim. $24''=$ 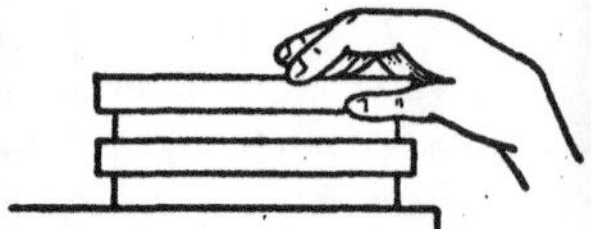 Pegar a peça fundida de alumínio da pilha frente do operador.
CONDIÇÃO C O formato da peça ou seu acabamento impedem o agarrar fácil. As peças podem entrelaçar-se, juntar-se, podem ser encaixotadas com separadores ou podem necessitar de manuseio especial.	Classe de tempo $\quad$ U'a mão $8''=0,011$ Nº **2** $\qquad$ U'a mão $24''=0,013$ $\qquad$ Duas mãos sim. $24''=0,017$ 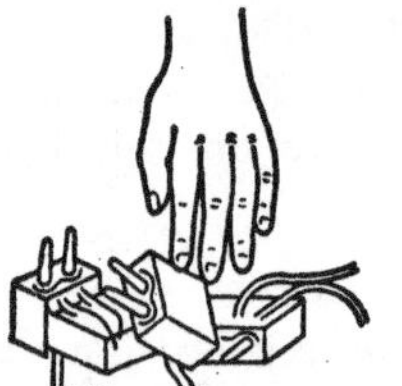 Pegar subconjunto da caixa dos terminais do ly gar de suprimento $8''$ a esq. do local de trab. Os fios podem se entrelaçar.	Classe de tempo $\quad$ U'a mão $8''=$ Nº **3** $\qquad$ U'a mão $24''=$ $\qquad$ Duas mãos sim. $24''=$ 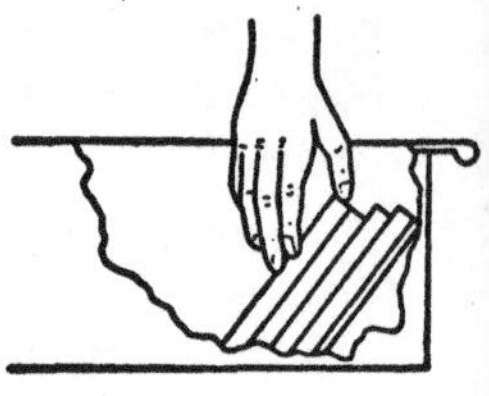 Pegar a armação da chapa de cozinhar panq da cx. de suprimento a dir. do operador. Sep res de tecido protegem o acabam. da arm

Figura 267. Tempos-padrão para obter (pegar) corrigidos pelas distâncias de transporte. Tempo, em minut

Estudo de movimentos e de tempos

383

TIPO DO AGARRAR		TEMPO PA RA OBTER Classe nº.	TEMPO- -PADRÃO Cor. dist. de transp.
(Pequeno) 2 F Dois dedos e polegar	**(Muito grande) 2 H** Duas mãos		
Classe de tempo **1** U'a mão 8"=0,006 U'a mão 12"=0,007 Duas mãos sim. 12"=0,010	Classe de tempo Nº **1** Duas mãos 8"=0,006 Duas mãos 12"=0,007		
[ilustração: mão com dois dedos e polegar segurando parafuso]	[ilustração: duas mãos segurando aparelho circular]	1	0,007
...ar um parafuso peq.(um dos vários seguros na ...esq.) da mão esq. que posiciona a porca para o ...rrar. Tipo de operação usado raramente.	Pegar o aparelho para "waffle" completo para dig pô-lo.		
Classe de tempo **2** U'a mão 8"=0,011 U'a mão 24"=0,013 Duas mãos sim. 24"=0,017	Classe de tempo Nº **2** Duas mãos 8"=0,011 Duas mãos 8"=0,013		
[ilustração: mão sobre caixa com arruela]	[ilustração: duas mãos segurando chapa com padrão waffle]	2	0,013
...ar uma arruela de latão de 1/4" da caixa que se ...ontra ao lado do local de trabalho.	Pegar a chapa do aparelho para "waffle" da bancada.		
Classe de tempo **3** U'a mão 8"=0,019 U'a mão 24"=0,021 Duas mãos sim. 24"=0,028		3	0,021
[ilustração: mão sobre caixa com arruela de pressão]	Classe de tempo Nº **4** Duas mãos 8"=0,024 Duas mãos 24"=0,026 [ilustração: duas mãos dentro de caçamba pegando peça fundida] Pegar a peça fundida da caçamba. Nota: Esta oper. é usada raramente. É só usada qdo. peças pesadas são re tiradas de caçambas au cxs. de papelão. O posicionam. das mãos deverá ser efetuado em área restrita an- tes de efetuar a operação final de agarrar. Esta dificuldade é a razão pela qual classifica-se o "pegar" do 2H na cond. C.	4	0,026
...ar uma arruela de pressão (aço) de 3/8" ...aixa ao lado do lugar de trabalho.			

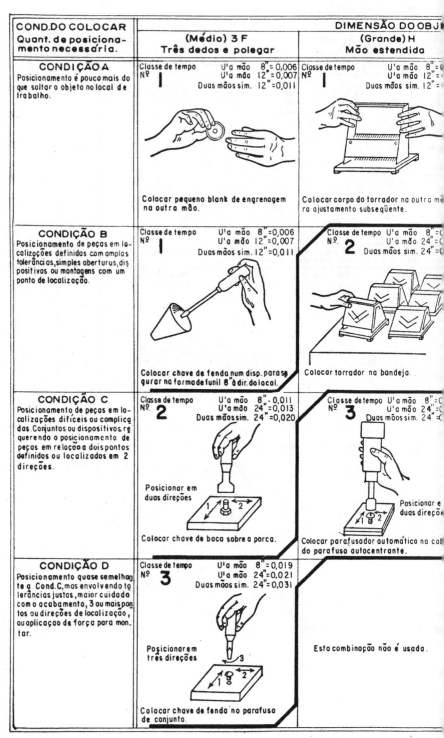

Figura 268. Tempos-padrão para colocar corrigidos pelas distâncias de transporte. Tempo, em minu

E TIPO DO AGARRAR

(Pequeno) 2F — Dois dedos e polegar	(Muito grande) 2H — Duas mãos	TEMPO PARA COLOC. Classe nº	TEMPO-PADRÃO Cor. dist. de transp.
Classe de tempo Nº 1 — U'a mão 8"=0,006 / U'a mão 12"=0,007 / Duas mãos sim. 12"=0,011. Colocar um peq. parafuso na outra mão. Raramente é usado a não ser para colocar uma peça na outra mão.		1	0,007
	Classe de tempo Duas mãos Nº 2 — Duas mãos 8"=0,011 / Duas mãos 12"=0,013. Deslocar montagem parcial do aparelho de "waffle" para a posição aprox. sob o parafusador.	2	0,013
Classe de tempo Nº 2 — U'a mão 8"=0,011 / U'a mão 24"=0,013 / Duas mãos sim. 24"=0,020. Colocar arruelas lisas de aço num pino ou perno com tolerâncias folgadas.			
	Classe de tempo Duas mãos Nº 3 — Duas mãos 8"=0,019 / Duas mãos 24"=0,021. Colocar placa retangular de alumínio no dispositivo.	3	0,021
Classe de tempo Nº 3 — U'a mão 8"=0,019 / U'a mão 24"=0,021 / Duas mãos sim. 24"=0,031. Colocar parafuso em furo rosqueado. Posicionar em duas direções		4	0,026
	Classe de tempo Duas mãos Nº 5 — Duas mãos 8"=0,030 / Duas mãos 24"=0,036. Colocar torrador no dispositivo localizando pino para apertar parafuso.	5	0,036
Classe de tempo Nº 4 — U'a mão 8"=0,024 / U'a mão 24"=0,026 / Duas mãos sim. 24"=0,039. Colocar porca em terminal com espaço limitado onde os dedos ficam apertados.	**Classe de tempo Nº 6** — Duas mãos 8"=0,042 / Duas mãos 24"=0,048. Colocar tampa sobre a unid. na montagem da grelha para aparelho de "waffle".	6	0,048

LIMITAÇÕES DO "OBTER". No estabelecimento de padrões para os tempos de obter, pareceu razoável incluirem-se no obter apenas dois elementos — transporte vazio e agarrar (ou selecionar e agarrar). O tempo para o agarrar é afetado não somente pelas dimensões da parte agarrada, como discutimos, mas também por variações impostas pelo arranjo físico do local de trabalho ou pelo projeto peculiar das partes.

CONDIÇÕES DO OBTER. Cada um dos quatro tipos de agarrar varia com as condições de operação vigentes. Essas variações são agrupadas em três classes, dependendo da facilidade com a qual o agarrar pode ser executado sob essas condições.

A Fig. 267 ilustra os quatro tipos diferentes de agarrar (dimensões do objeto) para cada uma de três condições diferentes de agarrar. Também é apresentado o valor do tempo-padrão, em minutos.

LIMITAÇÕES DO "COLOCAR". O estabelecimento de tempos para o colocar foi um problema mais complexo, pois o colocar inclui transporte carregado, posicionar (pré-colocar) e soltar. Do estudo determinaram-se quatro classes, funções da quantidade necessária de posicionamento e pré-colocação (Fig. 268).

"DISPOR" É UM "COLOCAR". Como as operações de dispor que se enquadram na condição D se constituem realmente em se colocar de lado uma parte, ferramenta ou dispositivo, elas foram avaliadas na mesma base do que as operações de colocar.

RESUMO. Os parágrafos anteriores apresentaram uma forma para classificar a grande maioria das operações de montagem encontradas na seção de utensílios eletrodomésticos. Estabelece-se um meio de definir operações de uma maneira que elimina a maior parte das variações resultantes da opinião pessoal daqueles que usem os dados.

Quando se tiver alcançado familiaridade com as condições básicas de operação, a classificação adequada para qualquer operação é fácil e rapidamente reconhecida. Observe-se que as Figs. 267 e 268 contêm apenas seis valores de tempo diferentes para o total de 27 combinações de condições.

USO DA FOLHA DE CÁLCULO. A folha de cálculo para tempos-padrão pode ser usada para estimar os custos de montagem de produtos a serem produzidos ou para o estabelecimento de tempos-padrão em operações de montagens nas quais os procedimentos e métodos já se encontram em execução.

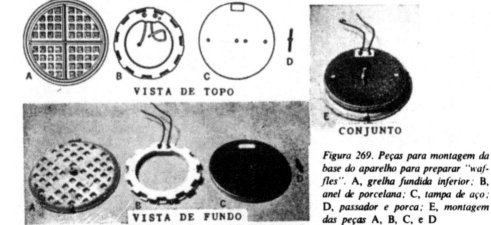

Figura 269. Peças para montagem da base do aparelho para preparar "waffles". A, grelha fundida inferior; B, anel de porcelana; C, tampa de aço; D, passador e porca; E, montagem das peças A, B, C, e D

Estudo de movimentos e de tempos **387**

Exemplo. Montagem de peças em um aparelho para "WAFFLE". O exemplo seguinte, obtido da linha de montagem do aparelho para "waffle" n.º 119Y 197, será usado para explicar o procedimento.

1. *Operação*

Montar a unidade e a tampa à grelha fundida inferior do aparelho para "waffle".

2. *Equipamentos*

O equipamento disponível para esta operação é:

1) Uma chave de fenda elétrica Millers Falls.
2) Bancada com transportador.
3) Cadeira.
4) Duas caixas e estantes.
5) Duas caixas de papelão (7,62 × 10,16 × 12,7 cm).

3. *Partes*

Há cinco partes (Fig. 269) usadas neste ciclo de montagem:

1) Caixa com a grelha fundida inferior, à esquerda do operador.
2) Unidade, anel de porcelana e subconjunto, na correia transportadora na parte central da bancada.
3) Tampa, na caixa à direita do operador.
4) Passador, 1/4″ — 20,3 cm de comprimento, em caixa de papelão.
5) Porca, 1/4″ — 20, em caixa de papelão.

4. *Dispositivo*

Não é usado dispositivo.

5. *Descrição do ciclo*

1) O operador alcança a caixa à esquerda e seleciona uma grelha fundida.
2) Levanta o fundido, examinando as bordas e a face, e o coloca na bancada com a face voltada para baixo, com a dobradiça virada para si.
3) Com a mão esquerda, dirige-se à pilha de unidades no transportador, agarra a unidade de cima com ambas as mãos.
4) Coloca-a na grelha fundida, com a ponta dos fios sobre a dobradiça.
5) Enquanto a mão esquerda endireita e levanta esses fios, a direita segura a unidade.
6) A mão direita alcança a caixa à direita e obtém uma tampa, que é então
7) Colocada sobre os fios na grelha e unidade.
8) A mão direita se dirige então à caixa com os passadores, obtém um e
9) Coloca-o através da tampa no furo rosqueado do fundido
10) A mão direita alcança a segunda caixa, obtém a porca, e
11) Coloca-a no passador. Durante estas últimas operações (8 a 11), a mão esquerda segurou o conjunto. Após ter colocado a porca, a mão direita
12) Obtém a chave de fenda elétrica (enquanto isso, a mão esquerda empurrou o conjunto a uma posição aproximada embaixo do parafusador), então
13) A mão direita posiciona a chave de fenda elétrica relativamente ao passador e à porca e
14) Opera a chave de fenda. Quando a mão direita
15) Solta a chave de fenda, a mão esquerda levanta o conjunto da bancada. A mão direita então
16) Agarra o conjunto e
17) Coloca-o na pilha de conjuntos montados à direita do local de trabalho, voltando vazia para a posição inicial.

PROCEDIMENTO

1. *Registre todos os dados relativos à tarefa*
   a) Na parte da frente ou lado de "resumo" da folha de cálculo (Fig. 270), escreva nos espaços indicados: o departamento, o número do departamento, o nome do analista, o número do desenho do conjunto, a data e o nome do mestre.

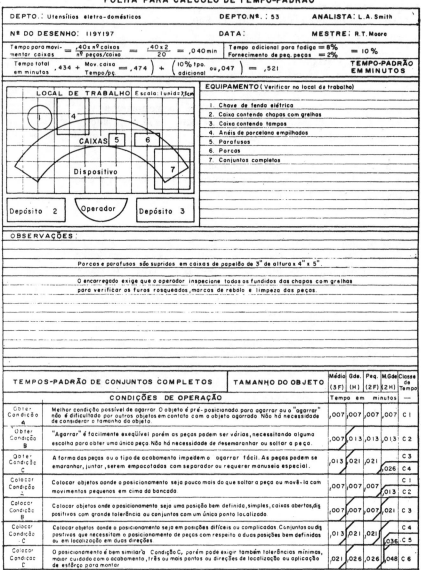

Figura 270. Folha de cálculo do tempo-padrão para montagem de aparelho para preparar "waffles" (frente)

Estudo de movimentos e de tempos

Figura 271. Folha de cálculo do tempo-padrão para montagem de aparelho para preparar "waffles" (verso)

b) Registre sob o título "Equipamento" as partes do equipamento e todas as peças necessárias à operação, anotando a posição de cada item no esquema.

c) No verso da folha, escreva um título breve ou descrição resumida da operação na seção intitulada "Operação" (seção 1 da Fig. 271).

2. *Analise o ciclo de montagem*

a) Reduza a operação a uma sucessão de elementos pequenos baseados em uma combinação de *obter* e *colocar* ou *obter, colocar, usar* e *dispor* para cada peça e ferramenta do ciclo.

b) Relacione estes elementos no verso da folha sob o título "Elementos da operação" (seção 2 da Fig. 271).

c) Analise cada um desses elementos sucessivamente. Avalie as qualidades inerentes ou peculiaridades do projeto ou preparação para cada elemento, e determine a classificação adequada a cada um deles relativamente às definições das classes.

d) Marque a classe apropriada (seções 3 e 5) em frente a cada elemento de montagem.

e) Marque na seção 4 os elementos que envolvam distâncias de transporte maiores do que o máximo permitido à classe.

f) Analise o conjunto completo e observe a possível necessidade de qualquer inspeção, antes, durante ou depois da montagem. Indique a freqüência provável de tal inspeção se necessária.

g) Analise a preparação com relação a tolerâncias para reposição de partes, tanto grandes quanto pequenas. Anote o que é necessário.

3. *Calcule o tempo da operação de montagem*

a) Some as marcas em cada coluna das seções 3, 4 e 5 (Fig. 271).

b) Multiplique o tempo-padrão para cada pelo número de marcas na coluna correspondente.

c) Totalize os resultados e registre o total na coluna 6.

4. *Cálculo do tempo-padrão*

a) O tempo total para o ciclo de montagem, ao pé da coluna 6 (Fig. 271), é registrado na folha de resumo (Fig. 270), seguindo o "Tempo total", neste caso, 0,434 min.

b) A tolerância à reposição de peças é calculada em duas partes.

1) Duas caixas de 20 peças cada uma alimentam as duas peças maiores. Valores adequados são inseridos na fórmula

$$\frac{0,40 \text{ min} \times \text{número de caixas}}{\text{número de peças por caixas}} = \text{tempo por ciclo,}$$

na folha de resumo (Fig. 270). O tempo do ciclo é calculado e registrado:

$$\frac{0,40 \times 2}{20} = 0,040 \text{ min.}$$

2) A reposição de pequenas peças, porca e passador, é levada em conta como uma porcentagem. Neste item inclui-se 2% de tolerância para a fadiga e necessidades pessoais.

c) Ao tempo total (*a*), adiciona-se o tempo por ciclo, necessário à movimentação de caixas. A soma desses dois valores é registrada no centro da quarta linha (0,434 + + 0,040 = 0,474 min).

Estudo de movimentos e de tempos **391**

d) A porcentagem total de tolerâncias dadas ao operador para a fadiga, tempo pessoal e outras razões é então registrada à direita, na terceira linha — neste caso, 8% para a fadiga e tempo pessoal + 2% para a reposição de peças, ou seja, um total de 10%.

e) Esta porcentagem (d) é adicionada ao tempo total (c), colocando-se a soma, em minutos, na quarta linha à direita, precedendo o "Tempo-padrão": $0,474 + (0,10 \times \times 0,474) = 0,474 + 0,047 = 0,521$ min.

DETALHES DA ANÁLISE

ANÁLISE DO CICLO. Na *Descrição do ciclo* (página 387), a operação foi descrita em forma de passos. Dividindo esses passos em elementos de operação de forma apropriada a registro no verso da folha de cálculos (Fig. 271), temos:

1) Obter (1) e colocar (2) chapa com grelha na mesa.
2) Obter (3) e colocar (4) resist. sobre a chapa com grelha.
3) Obter e colocar (5) fios. Só ajustar (esta é uma operação simples de posicionamento e ajustagem).
4) Obter (6) e colocar (7) tampa.
5) Obter (8), colocar e iniciar (9) colocação do parafuso (passador).
6) Obter (10), colocar e iniciar (11) a colocação da porca.
7) Obter (12), colocar (13), usar (14) e dispor (15) a chave de fenda elétrica.
8) Obter (16) e dispor (17) o conjunto.
9) Inspecionar fundido da chapa (incluída em 2). Um elemento de inspeção é mantido separado dos elementos do ciclo desde que condições especiais possam alterar sua importância periodicamente. Neste caso particular, a inspeção é 100%.

ANÁLISE DOS ELEMENTOS DA OPERAÇÃO. A esta altura, a seção 1 (Operação) e a seção 2 (Elementos da operação) do lado de análise da folha de cálculo (Fig. 271) já estão preenchidas. Será descrito, a seguir, o método de avaliação de cada elemento. Neste exemplo, serão usadas as letras *G, P, D* e *S*, em vez das marcas, com o intuito de maior clareza, pois elas indicam a natureza da marca, obter, colocar, dispor e iniciar respectivamente.

1. Obter e colocar grelha fundida no local de trabalho

Obter. A grelha fundida encontra-se em uma caixa, à esquerda do operador. A distância do local de trabalho é 75 cm. A grelha é uma peça *grande*, apoiando-se sobre outra. Isto é uma Classe 3 de obter, pois as partes não podem ser agarradas com facilidade. Marcar *G* e *P*, Classe 3, 0,021 min.

Colocar. A grelha é colocada no local de trabalho com a parte inferior virada para cima e com a dobradiça em frente ao operador. Isto é uma Classe 3 de colocar, pois as grelhas não estão colocadas de forma a permitirem o posicionamento automático, e, desta forma, embora a parte não seja colocada em um dispositivo, prefere-se a Classe 3 à Classe 2. Marcar *G* e *P*, Classe 3, 0,021 min. Como a grelha fundida encontra-se a 75 cm, torna-se necessária uma tolerância adicional para transporte vazio e transporte carregado. Marcar transporte vazio e transporte carregado entre 0,012 min 60 e 90 cm de distância.

2. Obter e colocar unidade na grelha

Obter. As unidades de porcelana são fornecidas pelo operador, que as empilha, cinco ou seis por pilha, a aproximadamente 50 cm do local de trabalho. A unidade é agarrada facilmente. Isto é um obter Classe 2, pois as peças encontram-se em quantidade, mas não existem dificuldades de separação. Anotar *G* e *P*, Classe 2, 0,013 min.

392   *Ralph M. Barnes*

Colocar. A unidade é colocada na grelha fundida, alinhando-se os dois rebaixos da unidade com as saliências da grelha. As unidades estão sempre com o lado correto para cima. Isto é um colocar Classe 5, pois a peça é guiada pelas duas mãos a uma posição que envolve dois pontos de locação. Anotar *P*, Classe 5, 0,036 min.

3. *Obter e colocar terminais*

Isto é somente um ajuste dos terminais já montados à unidade a fim de facilitar a próxima operação de montagem.

Obter. A mão esquerda agarra os dois terminais que se encontram dirigidos ao operador, possibilitando um agarrar fácil, constituindo-se assim em um simples obter Classe 1. Anotar *G* e *P*, Classe, 1, 0,007 min.

Colocar. A mão esquerda coloca os terminais em posição vertical e os endireita enquanto eles passam por entre os dedos; um simples colocar Classe 1. Marcar *G* e *P*, Classe 1, 0,007 min.

4. *Obter e colocar tampa*

Obter. As tampas estão numa caixa, à direita do operador, a uma distância do local de trabalho de cerca de 75 cm. A tampa é uma peça grande, apoiando-se contra ou empilhada sobre outras. Isto é um obter Classe 3, pois as peças não estão colocadas de modo a facilitar o agarrar, como acontece na Classe 2. Anotar *G* e *P*, Classe 3, 0,021 min.

Colocar. **A tampa é colocada sobre os terminais verticais da unidade (um ponto de locação) e com as duas mãos é colocada no conjunto, alinhando-se os dois furos da tampa com** os dois ressaltos da unidade (segundo e terceiro pontos de locação). Peças grandes, colocadas com as duas mãos, com três pontos de locação no conjunto requerem o colocar Classe 6. Anotar *P*, Classe 6, 0,048 min. Como a tampa encontra-se a 75 cm, é necessária uma tolerância adicional de transporte vazio ou transporte carregado. Anotar transporte vazio e transporte carregado acima de 60 até 90 cm, 0,012 min.

5. *Obter, colocar e iniciar a rosquear o passador (parafuso)*

Obter. Parafusos, porcas e outros artigos deste tipo normalmente se enquadram em um obter Classe 2. Neste caso, não existem alimentadores bem projetados para o passador. O agarrar é dificultado pela forma e dimensão do alimentador, usando-se um obter Classe 3. Anotar *G* e *P*, Classe 3, 0,021 min.

Colocar. O passador é inserido, através de um furo grande da tampa, dentro de um furo rosqueado na grelha. O passador e o furo rosqueado são projetados com a finalidade de facilitarem a montagem, e o colocar normalmente pertenceria à Classe 2, mas a dificuldade de introduzi-lo no furo da tampa justifica o uso da Classe 3. Anotar *G* e *P*, Classe 3, 0,021 min.

    Iniciar a rosquear. O colocar inclui a inserção do passador, mas a rigidez requer uma volta adicional no passador. Dessa forma, inclui-se um obter e colocar Classe 1 para girar o passador uma ou duas voltas adicionais. Anotar *duas vezes* *G* e *P*, Classe 1, 0,007 min.

6. *Obter, colocar e iniciar a rosquear a porca*

Obter. A porca também é colocada em um alimentador impróprio. Usa-se também um obter Classe 3 pelas mesmas razões do item 5. Anotar *G* e *P*, Classe 3, 0,021 min.

Estudo de movimentos e de tempos   **393**

Colocar. A porca requer tanta localização quanto o passador, mas, além disso, deve ser mantida perpendicular a ele no início da rosca. Este elemento é usualmente Classe 3. Anotar *G* e *P*, Classe 3, 0,021 min.

Iniciar a rosquear a porca. Anotar 2 *vezes G* e *P*, Classe 1, pela mesma razão do item 5.

7. Obter, colocar, usar e dispor a chave de fenda elétrica

Obter. A chave de fenda elétrica encontra-se suspensa sobre o local de trabalho, facilitando extremamente o agarrar. Isto é tipicamente o obter Classe 1. Entretanto a mão esquerda posiciona o conjunto durante o obter, de forma que será usado um obter *simultâneo* Classe 1. Anotar *G*2, Classe 1, 0,010 min.

Colocar. A colocação da chave de fenda elétrica no passador e na porca requer a orientação da chave em duas direções (definição da Classe 3). Anotar *G* e *P*, Classe 3, 0,021 min.

Usar. Parafusar o passador e a porca mecanicamente foi determinado em seu valor médio, incorporando-se uma coluna separada para este elemento. Anotar tempos de processo, chave de fenda, 0,020 min.

Dispor. Como a chave de fenda é suspensa por intermédio de molas, a sua disposição é um movimento simples para uma posição aproximada e um soltar. Isto é um colocar Classe 1. Anotar *G* e *P*, Classe 1, 0,007 min.

8. Obter e dispor o conjunto

Obter. A mão esquerda segurava o conjunto durante o uso da chave de fenda elétrica. Enquanto a mão direita se desfaz da chave de fenda, a mão esquerda levanta o conjunto, posicionando-o para o agarrar. Isto é necessário, pois a montagem progressiva se faz da esquerda para a direita, e o conjunto pronto é empilhado à direita. Como o conjunto é pré-colocado para o agarrar, o obter pertence à Classe 1. Anotar *G* e *P*, Classe 1, 0,007 min.

Dispor. O conjunto é empilhado com os outros conjuntos previamente montados. Isto requer um posicionamento preciso, com localização definida. Usar e colocar, Classe 3. Marcar *G* e *P*, Classe 3, 0,021 min. A distância é superior a 60 cm, marcar transporte vazio e transporte carregado entre 60 e 90 cm, 0,012 min.

9. Inspecionar grelha fundida 100%

Em cada ciclo, é necessário inspecionar-se rapidamente a grelha fundida. Esse elemento é uma adição ao elemento colocar (1). Foi avaliado a partir de valores de tempo para therbligs.

1) Examinar o furo rosqueado no fundido	
a) Focalizar os olhos no furo	0,002
b) Examinar o furo	0,003
2) Examinar as bordas procurando marcas de retificação e a face para verificar sua limpeza	
a) Girar a peça fundida	0,003
b) Focalizar os olhos três vezes (3 × 0,002)	0,006
c) Examinar três pontos (3 × 0,003)	0,009
d) Girar a peça fundida	0,003
Total	0,026 min

CAPÍTULO 31

Sistemas pré-determinados de tempos sintéticos: o sistema fator-trabalho, o sistema MTM e o sistema para estudo de tempos por movimentos básicos

O SISTEMA FATOR-TRABALHO

O sistema fator-trabalho[1] foi um dos primeiros sistemas pré-determinados de tempos sintéticos a ter o seu uso generalizado. A primeira aplicação real foi feita em 1938, e os primeiros valores para os tempos foram publicados pela primeira vez em 1945[2].

Este sistema torna possível a determinação do tempo normal ou tempo selecionado para tarefas manuais pelo uso de dados sintéticos. Inicialmente, faz-se uma análise detalhada de cada tarefa, baseando-se na identificação das quatro principais variáveis de trabalho e usando o fator-trabalho como unidade de medida. Aplica-se a cada movimento o tempo-padrão que lhe corresponde obtido da tabela de tempos sintéticos.

Define-se um movimento básico como aquele movimento que envolva a dificuldade ou precisão mínima para uma dada distância e combinação de membros, por exemplo, jogar um parafuso em uma caixa. O fator-trabalho é uma unidade usada como índice do tempo adicional requerido além do tempo básico quando os movimentos são executados envolvendo as seguintes variáveis: (1) controle manual, (2) peso ou resistência.

Quatro variáveis principais. De acordo com o sistema fator-trabalho, há quatro variáveis principais que afetam o tempo de execução de movimentos manuais: (1) membro do corpo usado, identificado por definição precisa, (2) distância percorrida, (3) controle manual requerido, medido em fator-trabalho, definido ou dimensional e (4) peso ou resistência encontrada, convertida a fator-trabalho.

Membro do corpo. O sistema reconhece seis membros do corpo, fornecendo tempos sintéticos para cada um deles: dedo ou mão, braço, antebraço, tronco, pé e perna.

A Tab. 43 apresenta valores de tempo para estes membros do corpo.

Distância. Todas as distâncias, excetuando-se aquelas que envolvam mudanças de direção, medem-se no segmento que une os pontos de início e de término no movimento descrito pelo membro. O ponto do membro para o qual a distância deve ser medida está apresentado na Tab. 43.

Controle manual. A seguinte classificação dos tipos e graus de controle reflete a dificuldade envolvida: fator-trabalho de parada definida, fator-trabalho de controle direcional, fator-trabalho de cuidado (precaução) e fator-trabalho de mudança de direção.

---

[1]Reproduzido com permissão de *Work-Factor Time Standards* por Joseph H. Quick, James H. Duncan e James A. Malcon Jr., McGraw-Hill Book Co., New York, 1962. Veja também The Work-Factor System por Joseph H. Quick, James H. Duncan e James A. Malcolm Jr., *Industrial Engineering Handbook*. H. B. Maynard, ed. McGraw-Hill Book Co., New York, 1956, pp. 4-40 a 4-90

[2]J. H. Quick, W. J. Shea e R. E. Koehler, Motion-Time Standards. *Factory Management and Maintenance*, Vol. 103, n.º 5, maio, 1945, pp. 97-108

Estudo de movimentos e de tempos **395**

Peso ou resistência. O efeito do peso sobre o tempo varia com (1) o membro do corpo usado e (2) o sexo do operador. As duas variáveis, distância e membro do corpo, são medidas respectivamente em termos de polegadas e do membro usado. Elas não são modificadas ou afetadas por fator-trabalho[3].

A fim de facilitar a compreensão do princípio fator-trabalho este pode ser considerado simplesmente como um meio de se descrever um movimento com relação ao controle necessário ou ao peso (ou resistência) envolvidos em sua execução.

Como os valores de tempo de um fator-trabalho foram estabelecidos em forma tabular, resta ao analista somente tornar-se familiar com as dimensões específicas e regras necessárias para determinar o número de fator-trabalho envolvido em um dado movimento. Como os movimentos mais simples ou básicos não envolvem nenhum fator-trabalho, é evidente que conforme o movimento se torna mais complexo, serão adicionados novos fatores-trabalho, aumentando conseqüentemente o tempo de execução.

A TABELA DE TEMPOS SINTÉTICOS DO SISTEMA DO FATOR-TRABALHO. A tabela de tempos sintéticos do sistema do fator-trabalho (Tab. 43) inclui todos os tempos sintéticos do sistema em forma tabular. Estes tempos estão dispostos de tal forma que, quando um movimento tiver sido identificado com relação às quatro variáveis principais, o valor do tempo correto pode ser selecionado rapidamente.

ELEMENTOS-PADRÃO DE TRABALHO. O sistema fator-trabalho reconhece os seguintes elementos-padrão de trabalho.

1) Transporte (Alcançar e Movimentar) (TRP).
2) Agarrar (GR).
3) Pré-colocar (PP).
4) Montar (ASY).
5) Usar (Tempo Manual, de Processo ou Máquina) (US).
6) Desmontar (DSY).
7) Processo Mental (MP).
8) Soltar (RL).

NOTAÇÃO DO SISTEMA. Os símbolos empregados para os membros do corpo e fator--trabalho estão apresentados na Fig. 272.

REGISTRO DA ANÁLISE. Usam-se símbolos para o registro da análise de movimentos. Indica-se primeiro um membro do corpo; em segundo lugar, a distância percorrida; e finalmente o fator-trabalho. Por exemplo,

Descrição do movimento	Análise do movimento	Tempo, minutos
1) Jogar pequena peça a uma distância de 25,4 cm (movimento básico)	A10	0,0042
2) Alcançar a 50,8 cm o parafuso no alimentador (movimento de parada definida)	A20D	0,0080
3) Deslocar tijolo de 1,8 kg da pilha e colocá-lo na bancada a uma distância de 76 cm (peso, movimento de parada definida)	A30WD	0,0119

Exemplo. A análise dos movimentos necessários para se obter uma caneta do porta-caneta, marcar um X no papel, recolocar a caneta no porta-caneta, e voltar a mão ao papel está apresentada na Fig. 273. O porta-caneta localiza-se a aproximadamente 30,48 cm do centro da área onde se deverá escrever.

[3]Uma polegada é igual a 2,54 cm; 1 libra é igual a 453,592 g (N. do R.)

Tabela 43. Tabela de tempos sintéticos do sistema fator-trabalho

DISTÂNCIA PERCORRIDA	BÁSICA	FATORES – TRABALHO				DISTÂNCIA PERCORRIDA	BÁSICA	FATORES – TRABALHO			
		1	2	3	4			1	2	3	4
(A) BRAÇO - Medida nos nós dos dedos						(L) PERNA - Medida no tornozelo					
1"	18	26	34	40	46	1"	21	30	39	46	53
2"	20	29	37	44	50	2"	23	33	42	51	58
3"	22	32	41	50	57	3"	26	37	48	57	65
4"	26	38	48	58	66	4"	30	43	55	66	76
5"	29	43	55	65	75	5"	34	49	63	75	86
6"	32	47	60	72	83	6"	37	54	69	83	95
7"	35	51	65	78	90	7"	40	59	75	90	103
8"	38	54	70	84	96	8"	43	63	80	96	110
9"	40	58	74	89	102	9"	46	66	85	102	117
10"	42	61	78	93	107	10"	48	70	89	107	123
11"	44	63	81	98	112	11"	50	72	94	112	129
12"	46	65	85	102	117	12"	52	75	97	117	134
13"	47	67	88	105	121	13"	54	77	101	121	139
14"	49	69	90	109	125	14"	56	80	103	125	144
15"	51	71	92	113	129	15"	58	82	106	130	149
16"	52	73	94	115	133	16"	60	84	108	133	153
17"	54	75	96	118	137	17"	62	86	111	135	158
18"	55	76	98	120	140	18"	63	88	113	137	161
19"	56	78	100	122	142	19"	65	90	115	140	164
20"	58	80	102	124	144	20"	67	92	117	142	166
22"	61	83	106	128	148	22"	70	96	121	147	171
24"	63	86	109	131	152	24"	73	99	126	151	175
26"	66	90	113	135	156	26"	75	103	130	155	179
28"	68	93	116	139	159	28"	78	107	134	159	183
30"	70	96	119	142	163	30"	81	110	137	163	187
35"	76	103	128	151	171	35"	87	118	147	173	197
40"	8L	109	135	159	179	40"	93	126	155	182	206
Peso em libras Masc.	2	7	13	20	Acima	Peso em libras Masc.	8	42	Acima	—	—
Fem.	1	3½	6½	10	Acima	Fem.	4	21	Acima	—	—

Tabela 43. (Continuação)

(T) TRONCO - Medido no ombro

1"	26	38	49	58	67
2"	29	42	53	64	73
3"	32	47	60	72	82
4"	38	55	70	84	96
5"	43	62	79	95	109
6"	47	68	87	105	120
7"	51	74	95	114	130
8"	54	79	101	121	139
9"	58	84	107	128	147
10"	61	88	113	135	155
11"	63	91	118	141	162
12"	66	94	123	147	169
13"	68	97	127	153	175
14"	71	100	130	158	182
15"	73	103	133	163	188
16"	75	105	136	167	193
17"	78	108	139	170	199
18"	80	111	142	173	203
19"	82	113	145	176	206
20"	84	116	148	179	209
Peso em libras Masc.	11	58	Acima	—	—
Fem.	5½	29	Acima	—	—

(F,H) DEDO-MÃO - Medido na ponta do dedo

1"	16	23	29	35	40
2"	17	25	32	38	44
3"	19	28	36	43	49
4"	23	33	42	50	58
Peso em libras Masc.	⅔	2½	4	Acima	—
Fem.	⅓	1¼	4	Acima	—

(FT) PÉ - Medido no dedo

1"	20	29	37	44	51
2"	22	32	40	48	55
3"	24	35	45	55	63
4"	29	41	53	64	73
Peso em libras Masc.	5	22	Acima	—	—
Fem.	2½	11	Acima	—	—

(FS) MOMENTO DO ANTEBRAÇO - Medido nos nós dos dedos

45°	17	22	28	32	37
90°	23	30	37	43	49
135°	28	36	44	52	58
180°	31	40	49	57	65
Torque lbs.pols. Masc.	3	13	Acima	—	—
Fem.	1½	6½	Acima	—	—

SÍMBOLOS DA Work-Factor*

- W - Peso ou resistência
- S - Controle direcional
- P - Precaução
- U - Mudança de direção
- D - Parada

TEMPO DE CAMINHAR

	PASSOS DE 30"		
TIPO	1	2	MAIS DE 2
Geral	Análise	260	120 + 80/Passo
Restrito	da Tabela	300	120 + 100/Passo

Adicione 100 para 120° - 180° vire no começo ou fim

Subir degraus (8" subida - 10" plano) — 126
Descer degraus — 100

INSPEÇÃO VISUAL

Foco	20
Inspecionar	30/ponto
Reação	20
Giro da cabeça	45° 40 , 90° 60

Iunid. de tempo = .006 segundo
= .0001 minuto
= .00000167 hora

*Work-Factor é a marca registrada da Work-Factor Company. Todas as tabelas são reproduzidas com licença da Work-Factor Company, que possui os direitos autorais

Tabela 44. Tabela do sistema fator-trabalho para a operação "agarrar"

TAMANHO (Dimensão principal ou comprimento)	AGARRAR OBJETOS COMPLEXOS DE UMA PILHA AO ACASO													Adicione para objetos misturados, abrig. e escorreg.*
	SÓLIDOS E JUNTAMENTE AGRUPADOS (mais que 3/64) 0,0469"		OBJETOS FINOS E PLANOS — ESPESSURA				CILINDROS E SÓLIDOS CORTADOS EM SEÇÕES REG. — DIÂMETRO							
			menor que 1/64 0-0,0156"		(1/64 a 3/64) 0,0156"-0,0469"		0-0,0625" (1/16)	0,0626"-0,125" (1/8)	0,1251"-0,1875" (1/16)	0,1876"-0,5000" (1/2)		0,5001" e acima (maior de 1/2)		
	Cego —simo	Visual —simo	Cego —simo	Visual —simo	Cego —simo	Visual —simo	Cego —simo	Cego —simo	Cego —simo	Cego —simo	Visual —simo	Cego —simo	Visual —simo	—simo
0,0000"-0,0625" 1/16" e menor	120 172	B B	— —	— —	131 189	B B	S S	S S	S S	S S	S S	S S	S S	17 26
0,0626"-0,1250" mais 1/16" a 1/8"	79 111	B B	108 154	B B	85 120	B B	85 120	S S	S S	S S	S S	S S	S S	12 18
0,1251"-0,1875" mais 1/8" a 1/16"	64 88	B B	102 145	B B	74 103	B B	79 111	74 103	S S	*S S	S S	S S	S S	12 18
0,1876"-0,2500" mais 3/16" a 1/4"	48 64	B B	72 100	B B	56 76	B B	79 111	68 94	64 88	S S	S S	S S	S S	8 12
0,2501"-0,5000" mais 1/4" a 1/2"	40 52	B B	64 88	B B	48 64	B B	62 85	56 76	56 76	44 58	B B	S S	S S	8 12
0,5001"-1,0000" mais 1/2" a 1"	40 52	32 40	64 88	60 82	48 64	44 58	62 85	56 76	48 64	48 64	44 58	40 52	32 40	8 12
1,0001"-4,0000" mais 1" a 4"	37 48	20 22	53 72	36 46	45 60	28 34	56 76	48 64	40 52	40 52	36 46	37 48	20 22	8 12
4,0001" e acima mais 4"	46 61	20 22	70 97	44 58	62 85	36 46	56 76	48 64	40 52	40 52	36 46	37 48	20 22	9 14

B = Use coluna cega, pois a escolha visual não apresenta vantagens. S = Use tabela sólida
* Adicione a folga indicada quando os objetos são (a) misturados (não requerendo duas mãos para separá-los), (b) encaixados juntos pela forma ou filme; (c) escorregadios (de óleo ou polidos). Quando objetos estão misturados e escorregadios ou encaixados e escorregadios, use valores dobrados da tabela. NOTA: Condições especiais deverão ser analisadas em detalhe.

Estudo de movimentos e de tempos

Tabela 44. *(Continuação)*

DISTÂNCIA ENTRE ALVOS

Distância entre alvos	% Adicional para alinhamento	Método de alinhamento
0 – 0,99"	Neg.	Simo
1 – 1,99"	10%	Simo
2 – 2,99"	30%	Simo
3 – 4,99"	50%	Simo
5 – 6,99"	70%	Simo
7 – 14,99"	Alinhe 1.º, ponha 1.º, alinhe 2.º (1), ponha 2.º	
15" e acima	Alinhe 1.º, ponha 1.º, focar e inspecionar, alinhe 2.º (1), ponha 2.º	

(1) Se ligado, trate 2.ª montagem como um alvo aberto sem parte de cima

ALVO CEGO

Distância do alvo até a área visível	% Adicional para alinhamento	
	Permanente (cego todo o tempo)	Temporária (cego durante a mont.)
0,0 – 0,49"	20%	0%
0,5 – 0,99"	30%	10%
1,0 – 1,99"	40%	20%
2,0 – 2,99"	70%	30%
3,0 – 4,99"	130%	50%
5,0 – 6,99"	250%	70%
7,0 – 10,00"	380%	120%

DISTÂNCIA DE AGARRAR

Distância do ponto de agarrar até o ponto de alinhamento	% Adicional para alinhamento	Distância do mov. para cima
0 – 1,99"	Neg.	1"
2 – 2,99"	10%	1"
3 – 4,99"	20%	2"
5 – 6,99"	30%	2"
7 – 9,99"	40%	3"
10 – 14,99"	60%	5"
15 – 19,99"	80%	6"
20" e acima	100%	7" e acima

REGRA GERAL PARA MONTAGEM

1. Quando requerido, adicione W e P WORK FACTORS para todos movimentos de montagem de acordo com as regras de transporte.
2. Reduza o número de alinhamentos de 50% quando as mãos são rigidamente suportadas.
3. Quando à distância de agarrar, dois alvos e alvo cego são envolvidos, adicione cada porcentagem no alinh. original. Não amontoe porcentagem.
4. Alinhamentos para montagem de superfície são tomados de colunas de 0,224 e são A1SD movimentos.
5. Índices são F1S, A1S ou FS45°S.

Tabela 45. Tabela do sistema fator-trabalho para as operações de "montagem"

	NÚMERO MÉDIO DE ALINHAMENTOS (MOVIMENTOS AIS)											
DIÂMETRO DO ALVO	ALVOS FECHADOS						ALVOS ABERTOS					
	Razão do diâm. do fecho ÷ Diâm. do alvo						Razão do diâm. do fecho ÷ Diâm. do alvo					
	Até 0,224		0,225 até 0,289		0,290 até 0,414		0,415 até 0,899		0,900 até 0,934		0,935 até 1,000	
0,875" e acima	(D*)	18	(D*)	18	(D*)	18	(1/4)	25	(1/4⁻)	51	(1/4⁻)	59
0,625" a 0,874"	(D*)	18	(D*)	18	(SD*)	18	(1/4)	25	(1/4⁻)	51	(1/4⁻)	59
0,375" a 0,624"	(SD*)	18	(SD*)	18	(1/4)	25	(1/2)	31	(1/2⁻)	57	(1/2⁻)	65
0,225" a 0,374"	(1/2)	31	(1)	44	(1)	44	(1 1/2)	57	(1 1/2⁻)	83	(1 1/2⁻)	91
0,175" a 0,224"	(1)	44	(1)	44	(1)	44	(1 1/2)	57	(1 1/2⁻)	83	(1 1/2⁻)	91
0,125" a 0,174"	(1)	44	(1 1/4)	51	(1 1/2)	57	(1 1/2)	57	(1 1/2⁻)	83	(1 1/2⁻)	91
0,075" a 0,124"	(2 1/2)	83	(2 1/2)	83	(2 1/2)	83	(2 1/2)	83	(2 1/2⁻)	109	(2 1/2⁻)	117
0,025" a 0,074"	(3)	96	(3)	96	(3)	96	(3)	96	(3⁻)	122	(3⁻⁻)	130

ALVOS ABERTOS:

DIÂMETRO DO ALVO	Até 0,224		0,225 até 0,289		0,290 até 0,414		0,415 até 0,899		0,900 até 0,934		0,935 até 1.000	
0,875" e acima	(D*)	18	(D*)	18	(D*)	18	(D*)	18	(1/4⁻)	51	(1/4⁻)	59
0,625" a 0,874"	(D*)	18	(D*)	18	(D*)	18	(SD*)	18	(1/4⁻)	51	(1/4⁻)	59
0,375" a 0,624"	(SD*)	18	(SD*)	18	(SD*)	18	(1/2)	31	(1/2⁻)	57	(1/2⁻)	65
0,225" a 0,374"	(1/4)	25	(1/2)	31	(1/2)	31	(3/4)	38	(3/4⁻)	64	(3/4⁻)	72
0,175" a 0,224"	(1/2)	31	(1/2)	31	(1/2)	31	(3/4)	38	(3/4⁻)	64	(3/4⁻)	72
0,125" a 0,174"	(3/4)	38	(1)	44	(1)	44	(1)	44	(1⁻)	70	(1⁻)	78
0,075" a 0,124"	(1 1/4)	51	(1 1/4)	51	(1 1/4)	51	(1 1/4)	51	(1 1/4⁻)	77	(1 1/4⁻)	85
0,025" a 0,074"	(1 1/2)	57	(1 1/2)	57	(1 1/2)	57	(1 1/2)	57	(1 1/2⁻)	83	(1 1/2⁻)	91

* Letras indicam Work Factors em movimento da montagem anterior.

⁻ Requer A(X)S para cima para todas razões de 0,900 e maiores (valores da tabela incluem A1S para cima)

⁻⁻ Requer A(Y)S para cima e A(Z)P ponha para todas razões de 0,935 e maiores (valores da tabela incluem A1S para cima e A1P ponha)

Estudo de movimentos e de tempos

Membro do corpo	Símbolo	Fator – trabalho (escritos nesta seqüência)	Símbolo
Dedo	F	Peso ou resistência	W
Mão	H	Controle direcional (Dirigir)	S
Braço	A	Cuidado (Precaução)	P
Movimento do antebraço	FS	Mudança de direção	U
Tronco	T	Parada definida	D
Pé	FT		
Perna	L		
Giro da cabeça	HT		

(N. do T.) Símbolos conforme o original.

Figura 272. Símbolos para os membros do corpo e fator-trabalho

SISTEMAS DO FATOR-TRABALHO SIMPLIFICADO E ABREVIADO. Pode-se estabelecer tempos-padrão a partir de cada um dos três sistemas de fator-trabalho seguintes: detalhado, simplificado e abreviado. O sistema detalhado foi descrito nos parágrafos precedentes. Existem algumas situações para as quais não se justifica o uso do sistema detalhado. A essa categoria pertencem operações de ciclo longo e estudos feitos para determinação de estimativas de custos. O sistema simplificado baseia-se em médias apropriadas dos dados detalhados e permite que o analista aplique os dados mais rapidamente. Quando se aplicam os dados simplificados a operações apropriadas, espera-se que se obtenham tempos selecionados que permitem de 0 a 5% mais em tempo do que o resultante do estudo detalhado.

Número do elemento	Descrição do elemento	Análise do movimento	Tempo em minutos
1	Alcançar a caneta (12")	A12D	0,0065
2	Agarrar caneta	1/2 F1	0,0008
3	Mover para o papel (12")	A12D	0,0065
4	Posicionar caneta no papel	F1SD	0,0029
5	Fazer a 1ª perna do X	F1D	0,0023
6	Posicionar caneta para o 2º movimento	F1D	0,0023
7	Fazer a 2ª perna do X	F1D	0,0023
8	Mover caneta para o porta caneta (12")	A12SD	0,0085
9	Alinhar caneta com porta caneta	1/4 VA1S	0,0007
10	Colocar caneta no porta caneta	F1P	0,0023
11	Soltar a caneta	1/2 F1	0,0008
12	Mover braço para o papel (12")	A12D	0,0065
	Tempo total		0.0424

Figura 273. Exemplo de análise de Fator-trabalho

402 — Ralph M. Barnes

O sistema abreviado foi desenvolvido para preencher a necessidade existente para um sistema muito simples de tempos sintéticos. Ele fornece um procedimento rápido de medida, usando impresso especial de estudo de tempos que contêm os dados relativos aos tempos sintéticos. A unidade de tempo do sistema abreviado é 0,005 min, enquanto que os outros dois sistemas usam 0,0001 min. Quando corretamente aplicado a tipos de trabalho adequados, o sistema abreviado deverá fornecer em média tempos que se encontrem em um intervalo de ± 12% dos fornecidos pelo sistema detalhado.

O sistema MTM (*methods-time measurement*) de tempos sintéticos[4] foi desenvolvido a partir do estudo de filmes de operações industriais, tendo seus tempos-padrão publicados pela primeira vez em 1948. Este sistema define-se como o procedimento que analisa qualquer operação manual ou método em movimentos básicos requeridos para sua execução, associando a cada movimento um tempo sintético determinado pela natureza do movimento e pelas condições sob as quais ele é executado.

As Tabs. 46 a 55 fornecem os tempos sintéticos para cada um dos elementos básicos. A unidade de tempo usada nessas tabelas é um centésimo milésimo de hora (0,00001 h), sendo designada uma unidade de medida de tempo (TMU)[5]. Portanto um TMU vale 0,0006 min.

ALCANÇAR. Alcançar é o elemento básico usado quando a finalidade principal é transportar a mão ou o dedo a um destino. O tempo para o alcançar varia com os seguintes fatores (1) condição (natureza do destino), (2) distância percorrida e (3) tipo do alcançar.

CLASSE DE ALCANÇAR. Há cinco classes de alcançar (Tab. 46). O tempo para executar um alcançar é afetado pela natureza do objeto que a mão alcança.

Alcançar Caso A: para um objeto em localização definida, para um objeto na outra mão ou sobre o qual a outra mão descansa.

Alcançar Caso B: para um objeto do qual se conhece a localização geral. Esta localização pode variar ligeiramente de ciclo para ciclo.

Alcançar Caso C: para objetos situados em um grupo de objetos.

Alcançar Caso D: para um objeto muito pequeno ou quando seja necessário um agarrar de precisão.

Alcançar Caso E: para uma localização indefinida a fim de balancear o corpo, para o próximo movimento ou desimpedindo o caminho.

A *distância percorrida* em um movimento é medida sobre a trajetória e não pela distância entre os pontos terminais.

Há três tipos de alcançar a serem considerados: (1) a mão não está em movimento no início e no fim do alcançar, (2) a mão está em movimento ou no início ou no fim do alcançar e (3) a mão está em movimento tanto no início quanto no fim do alcançar.

MOVIMENTAR. Movimentar é o elemento básico usado quando a finalidade predominante é o transporte do objeto a um destino. Há três classes de movimentar:

Movimentar Caso A: objeto para a outra mão ou de encontro a um batente.

Movimentar Caso B: objeto para localização aproximada ou indefinida.

Movimentar Caso C: objeto para localização exata.

---

[4]Reproduzido com permissão. MTM Association for Standards and Research e *Methods-Time Measurement* por Harold B. Maynard, G. J. Stegemerten e John L. Schawb, McGraw-Hill Book Co., New York, 1948. Veja também Methods-Time Measurement por John L. Schawb, *Industrial Engineering Handbook*. Harold B. Maynard, ed., McGraw-Hill Book Co., New York, 1956, pp. 4-14 a 4-39

[5]TMU representa *time measurement unit* (N. do T.)

Estudo de movimentos e de tempos   **403**

Tabela 46. Alcançar (R)

Distância movimentada polegadas	Tempo TMU				Mão em movimento		CASO E DESCRIÇÃO
	A	B	C ou D	E	A	B	
3/4 ou menos	2,0	2,0	2,0	2,0	1,6	1,6	A. Alcance o objeto em localização fixo ou objeto em outra mão ou na outra mão onde ele se encontra
1	2,5	2,5	3,6	2,4	2,3	2,3	
2	4,0	4,0	5,9	3,8	3,5	2,7	
3	5,3	5,3	7,3	5,3	4,5	3,6	B. Alcance um único objeto em posição que poderá variar um pouco em cada ciclo
4	6,1	6,4	8,4	6,8	4,9	4,3	
5	6,5	7,8	9,4	7,4	5,3	5,0	
6	7,0	8,6	10,1	8,0	5,7	5,7	C. Alcance o objeto misturado com outros num grupo onde ocorrerá procura e seleção
7	7,4	9,3	10,8	8,7	6,1	6,5	
8	7,9	10,1	11,5	9,3	6,5	7,2	
9	8,3	10,8	12,2	9,9	6,9	7,9	D. Alcance um objeto muito pequeno ou onde segurar cuidadosamente é requerido
10	8,7	11,5	12,9	10,5	7,3	8,6	
12	9,6	12,9	14,2	11,8	8,1	10,1	
14	10,5	14,4	15,6	13,0	8,9	11,5	E. Alcance uma posição indefinida para por a mão em posição para balancear o corpo ou para o próximo movimento ou para tirar do caminho.
16	11,4	15,8	17,0	14,2	9,7	12,9	
18	12,3	17,2	18,4	15,5	10,5	14,4	
20	13,1	18,6	19,8	16,7	11,3	15,8	
22	14,0	20,1	21,2	18,0	12,1	17,3	
24	14,9	21,5	22,5	19,2	12,9	18,8	
26	15,8	22,9	23,9	20,4	13,7	20,2	
28	16,7	24,4	25,3	21,7	14,5	21,7	
30	17,5	25,8	26,7	22,9	15,3	23,2	

O tempo para o movimentar é afetado pelas seguintes variáveis: (1) condição (natureza do destino), (2) distância percorrida em movimento, (3) tipo do movimento e (4) fator de peso, estático e dinâmico.

O tempo para o movimentar é afetado pela *distância*, à semelhança do que acontece ao alcançar. Os três *tipos* de movimentar são os mesmos que os descritos para o alcançar. Quando se movimenta um objeto ou aplica-se uma força (acima de 1 134 g), torna-se necessário tempo adicional, como indicado na Tab. 47.

GIRAR. Girar é um movimento empregado para girar a mão, vazia ou carregada, com o movimento que provoca a rotação da mão, pulso e antebraço, tendo como eixo o próprio antebraço. O tempo para girar depende de duas variáveis: (1) grau de giro e (2) fator de peso, como indicado na Tab. 48.

AGARRAR. Agarrar é o elemento básico empregado quando a finalidade predominante é assegurar-se controle suficiente de um ou mais objetos com os dedos ou com a mão, a fim de

Tabela 47. Movimentar (M)

Distância Movimentada Polegadas	Tempo TMU				Peso Permitido			CASO E DESCRIÇÃO
	A	B	C	mãos em movimento B	Peso (lb) Até	Fator	Constante TMU	
¾ ou menos	2,0	2,0	2,0	1,7	2,5	O	O	A. Mova objeto para outra mão ou contra o ante- para
1	2,5	2,9	3,4	2,3				
2	3,6	4,6	5,2	2,9	7,5	1,06	2,2	
3	4,9	5,7	6,7	3,6				
4	6,1	6,9	8,0	4,3	12,5	1,11	3,9	
5	7,3	8,0	9,2	5,0				
6	8,1	8,9	10,3	5,7	17,5	1,17	5,6	
7	8,9	9,7	11,1	6,5				
8	9,7	10,6	11,8	7,2				B. Mova objeto para local aproximado ou indefinido
9	10,5	11,5	12,7	7,9	22,5	1,22	7,4	
10	11,3	12,2	13,5	8,6				
12	12,9	13,4	15,2	10,0	27,5	1,28	9,1	
14	14,4	14,6	16,9	11,4				
16	16,0	15,8	18,7	12,8	32,5	1,33	10,8	
18	17,6	17,0	20,4	14,2				
20	19,2	18,2	22,1	15,6	37,5	1,39	12,5	
22	20,8	19,4	23,8	17,0				C. Mova objeto para o local exato
24	22,4	20,6	25,5	18,4	42,5	1,44	14,3	
26	24,0	21,8	27,3	19,8				
28	25,5	23,1	29,0	21,2	47,5	1,50	16,0	
30	27,1	24,3	30,7	22,7				

permitir a execução do próximo elemento básico. As classes de agarrar, com a descrição de cada tipo e os tempos correspondentes, podem ser encontradas na Tab. 49.

POSICIONAR. Posicionar é o elemento básico empregado para alinhar, orientar e montar um objeto com outro objeto, onde os movimentos usados sejam de tal característica que não se justifique a classificação em outros elementos básicos. O tempo para posicionar é afetado por (1) classe do ajuste, (2) simetria e (3) facilidade de manuseio, como apresentado na Tab. 50.

SOLTAR. Soltar é o elemento básico que se refere a abandonar o controle exercido pelos dedos ou mão sobre um objeto (Tab. 51). As duas classificações de soltar são (1) soltar normal, simples abertura dos dedos, e (2) soltar de contato, em que o soltar se inicia e termina no instante em que o próximo alcançar tem início (tempo correspondente = 0).

DESMONTAR. Desmontar é o elemento básico usado para quebrar o contato entre dois objetos. Inclui um movimento involuntário, resultante do repentino término da resistência. O tempo para desmontar é afetado por três variáveis: (1) classe de ajuste, (2) facilidade de manuseio e (3) cuidado requerido no manuseio (Tab. 52).

TEMPOS PARA OS OLHOS. Na maioria dos trabalhos, o tempo de deslocamento e focalização dos olhos não é fator limitante e, conseqüentemente, não afeta o tempo para operação. Entretanto, quando os olhos dirigem os movimentos das mãos ou do corpo, torna-se necessária

Tabela 48. Girar e aplicar pressão (T e AP)

Peso	Tempo TMU para grau de giro										
	30°	45°	60°	75°	90°	105°	120°	135°	150°	165°	180°
Pequeno - O até 2 libras	2,8	3,5	4,1	4,8	5,4	6,1	6,8	7,4	8,1	8,7	9,4
Médio - 2,1 até 10 libras	4,4	5,5	6,5	7,5	8,5	9,6	10,6	11,6	12,7	13,7	14,8
Grande - 10,1 até 35 libras	8,4	10,5	12,3	14,4	16,2	18,3	20,4	22,2	24,3	26,1	28,2
APLIQUE PRESSÃO CASO 1 - 16,2 TMU					APLIQUE PRESSÃO CASO 2 - 10,6 TMU						

Tabela 49. Agarrar (G)

Caso	Tempo TMU	DESCRIÇÃO
1 A	2,0	Agarrar e levantar — Pequeno, médio ou grande objeto sozinho, facilmente agarrado
1 B	3,5	Objetos muito pequenos ou objetos deitados numa superfície plana
1 C 1	7,3	Interferência no agarrar na base e num lado de objetos quase cilíndricos. Diâmetro maior que 1/2"
1 C 2	8,7	Interferência no agarrar na base e num lado de objetos quase cilíndricos. Diâmetro de 1/4" até 1/2"
1 C 3	10,8	Interferência no agarrar na base e num lado de objetos quase cilíndricos. Diâmetro menor que 1/4"
2	5,6	Reagarrar
3	5,6	Agarrar — Transferir
4 A	7,3	Objetos misturados com outros, procurar e selecionar é necessário. Maiores que 1" x 1" x 1"
4 B	9,1	Objetos misturados com outros, procurar e selecionar é necessário. 1/4" x 1/4" x 1/8" até 1" x 1" x 1"
4 C	12,9	Objetos misturados com outros, procurar e selecionar é necessário Menores que 1/4" x 1/4" x 1/8"
5	0	Contato, escorregar e enganchar.

Tabela 50. Posicionar* (P)

CLASSE DE AJUSTE		Simetria	Fácil manuseio	Difícil manuseio
1 — Frouxo	Não é requerida pressão	S	5,6	11,2
		SS	9,1	14,7
		NS	10,4	16,0
2 — Justo	Pouca pressão é requerida	S	16,2	21,8
		SS	19,7	25,3
		NS	21,0	26,6
3 — Exato	Muita pressão requerida	S	43,0	48,6
		SS	46,5	52,1
		NS	17,8	53,4

* Distância movimentada para encaixar — 1" ou menos

Tabela 51. Soltar (RL)

Caso	Tempo TMU	DESCRIÇÃO
1	2,0	Soltar normalmente abrindo os dedos como um movimento independente
2	0	Soltar por contato

Tabela 52. Desmontar (D)

CLASSE DE AJUSTE	Fácil manuseio	Difícil manuseio
1. Frouxo - Pouco esforço, encaixe com movimento subseqüente	4,0	5,7
2. Justo - Esforço normal pouco recuo	7,5	11,8
3. Apertado - Esforço considerável, recuo do mão marcadamente	22,9	34,7

a consideração de tempos para os olhos. Há dois tipos de movimentos dos olhos, tempo de focalização e tempo de deslocamento do olhar (tempo de movimentação dos olhos).

O tempo de focalização é o tempo requerido para focalizar os olhos em um objeto e olhá-lo suficientemente para distinguir certas características na área em que ele possa ser visto, sem deslocar o olhar.

O tempo de deslocamento do olhar é afetado pela distância entre os pontos do qual e para o qual os olhos se deslocam e pela distância medida na perpendicular tirada do olho à linha de deslocamento, como indicado na Tab. 53.

Tabela 53. Tempo de movimentação dos olhos e tempo de focalização (ET e EF)

Tempo de movimentação dos olhos: $15, 2 \times \dfrac{T}{D}$ TMU, com valor máximo de 20 TMU.

onde T = distância dos pontos entre os quais os olhos se movimentam,

D = distância perpendicular dos olhos à linha de movimentação T.

Tempo de focalização da visão: 7,3 TMU

Estudo de movimentos e de tempos

407

Tabela 54. Movimentos do corpo, perna e pé

DESCRIÇÃO	SÍMBOLO	DISTÂNCIA	TEMPO TMU
Movimento dos pés — Tornozelo fixo	F M	até 4″	8,5
Com bastante pressão	F MP	até 6″	19,1
Movimento da perna	L M	adicione cada 1″	7,1
			1,2
Passo ao lado — Caso 1: completo quando a perna direita chega ao chão	SS–Cl	menos que 12″	use tempo de alcance ou de movimento 17,0
		12″	
		adicione cada 1″	,6
Caso 2: perna traseira deverá tocar o chão antes do início do próximo movimento.	SS–C2	12″	34,1
		adicione cada 1″	1,1
Curvar, inclinar ou ajoelhar em um joelho	B,S,KOK		29,0
Levantar	AB,AS,AKOK		31,9
Ajoelhar no chão — ambos os joelhos	KBK		69,4
Levantar	AKBK		76,7
Sentar	SIT		34,7
Levantar da posição sentado	STD		43,4
Gire o corpo de 45 para 90º			
Caso 1: completo quando a perna dianteira chegar ao chão	TBC1		18,6
Caso 2: perna traseira deverá tocar o chão antes do início do próximo movimento.	TBC2		37,2
Andar	W–FT	por pé	5,3
Andar	W–P	por passo	15,0

MOVIMENTOS DO CORPO, PERNA E PÉ. Os movimentos do corpo, perna e pé estão descritos na Tab. 54, onde se encontram também os tempos correspondentes em TMU.

MOVIMENTOS LIMITANTES. Na execução da maioria das operações industriais, é necessário que um ou mais membros do corpo se movimentem ao mesmo tempo. Geralmente, o método mais efetivo de se executar uma operação consiste em movimentar simultaneamente dois ou mais membros do corpo. Dois ou mais movimentos combinados podem ser executados no tempo necessário à execução daquele que leve o tempo máximo, ou o movimento limitante. Quando dois movimentos são executados ao mesmo tempo pelo mesmo membro do corpo, eles são designados *movimentos combinados*. Quando os dois movimentos são executados por membros diferentes, eles são chamados *movimentos simultâneos*. A Tab. 55 serve de guia para os movimentos limitantes, embora não se aplique em todos os casos.

CONVENÇÕES PARA O REGISTRO EM MTM. Achou-se conveniente desenvolver-se um código de referência às diversas classes de movimentos. Por exemplo, "alcançar, caso B, por uma distância de 10″, com a mão em movimento no fim" seria codificado como R10Bm. A Tab. 56 fornece o código para todos os tipos de movimentos.

Tabela 55. Movimentos simultâneos

Legenda:

☐ = FÁCIL realizar simultaneamente

☒ = Poderá ser realizado simultaneamente com PRÁTICA

■ = DIFÍCIL realizar simultaneamente até após bastante prática. Permite ambos tempos.

MOVIMENTOS NÃO INCLUÍDOS NA TABELA ACIMA

GIRAR - Normalmente FÁCIL com todos os movimentos, exceto quando GIRO é controlado ou com DESMONTAR
APLIQUE PRESSÃO - Poderá ser FÁCIL, PRÁTICO e DIFÍCIL. Cada caso deverá ser analisado
POSICIONAR - Classe 3 - Sempre DIFÍCIL
DESMONTAR - Classe 3 - Normalmente DIFÍCIL
SOLTAR - Sempre FÁCIL
DESMONTAR - Qualquer classe poderá ser DIFÍCIL se cuidado deve ser tomado para evitar danos aos objetos

* W = Dentro da área de visão normal.
O = Fora da área de visão normal.
** E = FÁCIL manuseio
D = DIFÍCIL manuseio

Colunas (topo): ALCANÇAR (A,E | B | C,D) — MOVIMENTAR (A,Bm | B | C) — AGARRAR (G1A G2 G5 | G1B G1C | G4) — POSICIONAR (P1S | P1SS P2S | P1NS P2SS P2NS) — DESMONTAR (D1E D1D | D2) — CASO — MOVIMENTO

Linhas (direita): A,E / B (ALCANÇAR) / C,D / A,Bm / B (MOVIMENTAR) / C / G1A,G2,G5 / G1B,G1C (AGARRAR) / G4 / P1S / P1SS,P2S (POSICIONAR) / P1NS,P2SS,P2NS / D1E,D1D (DESMONTAR) / D2

Tabela 56. Abreviações convencionais para registro pelo método MTM (Methods-Time Measurement)

Tabela	Exemplo	Significado
46	R8C	Alcançar, 8 pol, Caso C
	R12Am	Alcançar, 12 pol, Caso A, no fim do movimento a mão ainda se move
47	M6A	Movimentar, 6 pol, Caso A, objeto pesa menos de 2,5 libras
	mM10C	Movimentar, 10 pol, Caso C, no início do movimento a mão não está parada
	M16B15	Movimentar 16 pol, Caso B, objeto pesa 15 libras
48	T30	Girar mão 30°
	T90L	Girar objeto pesando mais de 90 libras 90°
	AP1	Aplicar pressão, inclui reagarrar
49	G1A	Agarrar, Caso G1A
50	P1NSD	Posicionar, ajustagem Classe 1, peça assimétrica, difícil de manusear
51	RL1	Soltar, Caso 1
52	D2E	Desmontar, ajustagem Classe 2, fácil de manusear
53	EF	Tempo de focalização
	ET14/10	Movimento do olho entre pontos distantes 14 pol entre si, onde a linha do movimento dista 10 pol dos olhos
54	FM	Movimento do pé
	SS16C1	Passo lateral, 16 pol, Caso 1
	TBC1	Girar o corpo, Caso 1
	W4P	Andar quatro passos

Estudo de movimentos e de tempos

Ao registrar-se estes símbolos, eles são escritos de forma que indiquem a mão executando os movimentos, a seqüência e os valores de tempos.

ME	TMU	MD
R12C	14,2	
GHA	7,3	
M10A	11,3	
G3	5,6	G3
	5,2	M2C
	5,6	P1SE
	2,0	RL1
Total	51,2	

Isto indica que os seguintes movimentos foram executados. A mão esquerda executa um alcançar Caso C de 12", seguido de um G4A para agarrar um objeto. A mão esquerda, então, desloca o objeto à outra mão. Um agarrar de transferência passa o objeto à mão direita que, então, o desloca 2" para uma localização precisa, posiciona-o e solta-o.

Exemplo. A análise apresentada na Fig. 274 inclui os movimentos necessários para dispor uma peça e obter a seguinte em um dado arranjo físico.

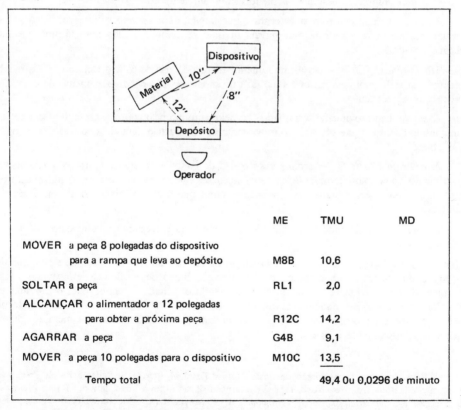

Figura 274. Exemplo de análise MTM — dispor uma peça e obter a próxima

410 Ralph M. Barnes

DADOS SIMPLIFICADOS. Existe uma tabela de dados simplificados que pode ser usada nos casos em que for importante a facilidade de aplicação. Esses dados incluem tolerâncias de 15%, e os números foram arredondados para o inteiro mais próximo.

ESTUDO DE TEMPOS POR MOVIMENTOS BÁSICOS

O estudo de tempos por movimentos básicos (BMT) é um sistema de tempos pré-determinados[5] desenvolvido por Ralph Presgrave, G. B. Bailey e outros membros da J. D. Woods and Gordon, Ltd., de Toronto, Canadá, tendo sido usado pela primeira vez em 1950.

Define-se um movimento básico como um movimento único e completo de um membro do corpo. Um movimento básico ocorre todas as vezes que um membro do corpo, estando em repouso, entra em movimento e volta à posição de repouso.

Os fatores que o sistema BMT leva em consideração incluem (1) a distância percorrida, (2) a atenção visual necessária a completar-se o movimento, (3) o grau de precisão necessário a agarrar ou posicionar, (4) a força necessária no manuseio do peso e (5) execução simultânea de dois movimentos.

CLASSIFICAÇÃO DE MOVIMENTOS. O grau de controle muscular dos dedos, mãos e braços divide-se em três tipos ou classes.

Movimento Classe A — termina sem controle muscular por impacto com um objeto. Este é o tipo mais simples, possuindo o menor valor em tempo.

Exemplo. Um movimento que termina por impacto com objeto sólido, como no golpe de um martelo ou fechando-se uma gaveta quando se mantém a mão nesta última até que chegue ao fundo.

Movimento Classe B — cessa inteiramente através do uso de controle muscular. Os movimentos Classe B requerem maior tempo do que os Classe A, devido ao elemento de desaceleração que é necessário.

Exemplo. Um movimento terminado em meio caminho pelo controle muscular, sem entrar em contato com qualquer objeto — o movimento de um martelo para cima ou o ato de se jogar um objeto.

Movimento Classe C — termina com o uso de controle muscular tanto para retardar o movimento como para terminá-lo em uma ação de agarrar ou de colocar. Aqui, o esforço muscular é usado para retardar o movimento, antes que o objeto seja agarrado ou colocado em posição.

Exemplo. Aproximando-se de um bloco de mesa ou carregando e colocando este bloco sobre a mesa.

DIREÇÃO VISUAL. O tempo para a execução de um movimento é afetado pela necessidade de se movimentarem os olhos durante o movimento do braço. Se os olhos se deslocam ao ponto terminal de um movimento enquanto este está sendo executado, o tempo para o movimento é maior do que o correspondente em que não existisse movimento dos olhos. Quando se torna necessário um movimento dos olhos para completar o deslocamento de um membro, diz-se que este é visualmente dirigido.

---

[6]Reproduzido com permissão de *Basic Motion Timestudy* por G. B. Bailey e Ralph Presgrave, McGraw-Hill Book Co., New York, 1958. Veja também Basic Motion Timestudy por Ralph Presgrave e G. B. Bailey, *Industrial Engineering Handbook*, H. B. Maynard (ed.), McGraw-Hill Book Co., New York, 1956, pp. 4-91 a 4-100

Estudo de movimentos e de tempos

411

Movimento Classe BV — um movimento Classe B visualmente dirigido.
Movimento Classe CV — um movimento Classe C visualmente dirigido.

Deve-se notar que os movimentos Classes BV e CV ocorrem apenas quando os olhos se deslocam com a mão. Se se puder fixar o olhar no ponto terminal do movimento antes que este tenha início, o movimento básico do braço não é afetado, não sendo necessário tempo algum para direção visual.

ALCANÇAR OU MOVIMENTAR. A Tab. 57 apresenta os tempos para alcançar e movimentar (transporte vazio e transporte carregado) para as distâncias e as diversas classes de movimento. Os valores nesta e nas tabelas que se seguem estão expressos em décimos de milésimo de minuto (0,0001). Estes tempos são normais; não incluem tolerâncias para necessidades pessoais, fadigas ou esperas acidentais.

Tabela 57. Alcançar ou movimentar

(Tempo, em décimos-milésimos de minuto)

Polegadas	½	1	2	3	4	5	6	7	8	9	10	12	14	16	18	20	22	24	26	28	30
A	27	30	36	39	42	45	47	50	52	54	56	60	64	68	72	76	80	84	88	92	96
B	32	36	42	46	49	52	55	58	60	62	64	68	72	76	80	84	88	92	96	100	104
BV	36	42	48	53	57	60	63	66	68	70	73	77	81	85	89	93	97	101	105	109	113
C	41	48	55	60	64	68	71	74	77	79	81	86	90	94	98	102	107	111	115	119	123
CV	45	54	62	67	72	76	79	82	85	87	90	95	99	104	108	112	116	120	124	128	132

GIRAR. Os tempos para o movimento girar estão apresentados na Tab. 58. Girar é uma fase especializada dos movimentos alcançar e movimentar, requerendo maiores tempos para as distâncias correspondentes, devido às diferenças nos graus de controle necessários. Eles são medidos em graus e não em polegadas e classificam-se semelhantemente a outros movimentos do braço.

Exemplo. Girando o braço no uso de uma chave de parafuso ou girando a maçaneta da porta.

Tabela 58. Girar

(Tempo, em décimos-milésimos de minuto)

Graus	30	45	60	75	90	120	150	180
A	26	29	32	34	37	43	49	54
B	33	36	40	43	47	54	60	67
BV	40	44	48	52	56	65	72	80
C	56	60	64	68	72	81	88	96
CV	73	77	81	85	89	98	105	113

CONSIDERAÇÃO DE PRECISÃO NO AGARRAR E POSICIONAR. O controle muscular extra, necessário quando o movimento termina, agarrando-se um objeto pequeno ou colocando um objeto em uma localização exata, é caracterizado pelo termo precisão.

O grau de precisão necessário em qualquer situação pode ser claramente identificado.

Nos casos de movimentos que terminam em um agarrar, isto é feito determinando-se os limites entre os quais as pontas dos dedos devem estar situadas a fim de realizar um agarrar satisfatório.

As ilustrações *A* e *B* da Fig. 275 mostram o agarrar de um cubo com 1/4″ de aresta. Em *A*, os dedos estão agarrando o cubo por seu extremo esquerdo, e, em *B*, eles se deslocam a

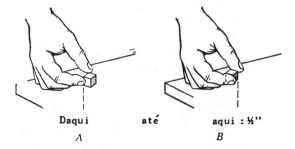

Figura 275. Agarrar um único cubo com ¼ pol de lado

fim de agarrá-lo por sua extremidade direita. A distância entre essas duas posições (1/2") é a medida da precisão.

As ilustrações C e D da Fig. 276 mostram o agarrar do cubo situado na extremidade de uma fila de cubos com arestas de 1/4". A fim de agarrar este cubo sem mexer nos demais, o movimento dos dedos é limitado a uma distância de 1/4". Nestas circunstâncias, a medida da precisão será 1/4".

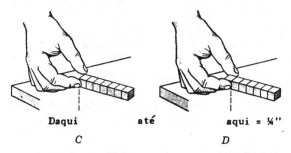

Figura 276. Agarrar o cubo da extremidade de uma fila de cubos com ¼ pol de lado

Os requisitos de precisão para os movimentos que terminam pela colocação de um objeto são encontrados medindo-se a diferença entre as dimensões dos objetos no ponto de contato. A Fig. 277 mostra como se mede a precisão na colocação de um pino circular de diâmetro 1/4" em um furo com diâmetro de 1/2". Neste caso, a precisão é 1/4".

Usa-se a tolerância para a precisão sempre que (*a*) o objeto a ser agarrado tem seu topo a altura menor do que 1/8" sobre a superfície na qual ele se encontra, ou (*b*) o objeto a ser agarrado se constitui em alvo horizontal de menos de 1/2" de comprimento, ou (*c*) a tolerância ou folga entre objetos a serem montados é menor do que 1/2".

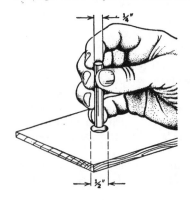

Figura 277. Colocar pino cilíndrico com diâmetro de ¼ pol em furo circular de ½ pol de diâmetro. A precisão é ¼ pol

Estudo de movimentos e de tempos

Tabela 59. Precisão

(Tempo, em décimos-milésimos de minuto)

Polegadas	1	2	3	4	5	6	7	8	9	10	12	14	16	18	20	22	24	26	28	30
1/2" tol.	3	4	6	7	8	9	10	11	12	13	14	16	17	18	19	20	21	22	23	24
1/4" tol.	13	16	18	21	23	25	27	29	31	32	36	39	42	45	48	51	53	55	57	59
1/8" tol.	33	37	41	45	48	52	55	58	60	62	67	72	76	80	83	87	91	94	98	101
1/16" tol.	60	65	69	73	76	80	83	87	90	93	98	103	107	112	115	119	123	127	131	135
1/32" tol.	90	97	102	106	110	114	117	120	123	126	131	135	139	143	147	150	153	157	161	165

A Tab. 59 fornece os tempos para as tolerâncias de precisão.

Exemplo. A tolerância para o movimento do braço de 20″, que se completa entre limites de precisão de 1/4″ é 48. Os valores obtidos desta tabela devem ser adicionados àqueles da Tab. 57, dependendo do grau de precisão.

MOVIMENTOS SIMULTÂNEOS. Quando os movimentos são executados simultaneamente, o tempo para o alcançar e para o movimentar pode sofrer alterações. É necessário que se adicione tempo quando os pontos terminais de ambos os movimentos requerem direção visual, e uma das mãos tem que esperar que os olhos dirijam a outra mão até o fim de seu movimento. O tempo adicionado depende (*a*) da distância entre os pontos terminais dos dois movimentos e (*b*) do grau de precisão requerido ao término dos movimentos. Os valores para execução de movimentos simultâneos apresentados na Tab. 60 são adicionados àqueles para o movimento de um único braço.

Exemplo. A tolerância para movimentos simultâneos dos braços terminando em pontos distantes entre si de 12″ com precisão de 1/4″ é 47.

Tabela 60. Movimentos simultâneos

(Tempo, em décimos-milésimos de minuto)

Distância de separação	0	2	4	6	8	10	12	14	16	18	20	22	24
1/4" tol. e maior	0	10	18	27	34	41	47	54	59	65	69	74	78
1/8" tol.	0	12	21	30	37	44	51	57	63	68	73	78	82
1/16" tol e	0	15	27	37	45	53	61	68	75	80	86	91	96
1/32" tol.	0	19	34	47	58	68	77	84	90	97	103	107	111

FATOR DE FORÇA. Quando for necessário manusear-se um objeto pesado ou quando se precisar vencer resistência de atrito, torna-se necessário esforço muscular adicional. A este esforço extra denomina-se força. A Tab. 61 apresenta os tempos para os fatores de força.

O fator de força é introduzido em três fases, que podem ocorrer separadas ou em combinação: (1) aplicar pressão quando agarrar um objeto, a fim de assegurar o controle sobre o mesmo; (2) depois de se ter adquirido o controle, para vencer a inércia e dar início ao movimento; (3) no fim do movimento, para aplicar esforço muscular a fim de absorver quantidade de movimento e reduzir a velocidade de deslocamento.

Quando um movimento consistir em agarrar, transportar e colocar um objeto pesado, estarão presentes todas as fases do fator de força. Por exemplo, para movimentar um objeto de 10 libras a uma distância de 24″, os tempos para aplicar pressão, iniciar e parar são de dezesseis unidades cada. Este total de 48 seria somado ao tempo normal de movimentação (Tab. 57) para 24″. Para se vencer a resistência do atrito, introduz-se uma tolerância básica em termos de libras de força necessária.

Tabela 61. *Força*

(Tempo, em décimos-milésimos de minuto)

Aplicar pressão, iniciar ou parar

Polegadas	6	12	24
2 Libras	2	3	3
4	6	6	7
6	8	9	10
8	10	11	13
10	13	14	16
15	18	20	22
20	23	26	28
30	31	35	38
40	38	43	47
50	45	50	55

Exemplo. Se for necessária uma força de 6 libras para apertar ou soltar um objeto, adiciona-se uma tolerância de 8 ao tempo normal de movimentação.

MOVIMENTOS DO CORPO. A Tab. 62 apresenta os valores do estudo de tempo por movimentos básicos (BMT) para os movimentos do corpo que não os movimentos dos dedos, mãos e braços, juntamente com os símbolos empregados para cada um deles.

Tabela 62. *Movimentos do corpo*

Símbolo	Unidades	Descrição
LM $(1'' - 6'')$	50	Movimento da perna
Adicionar por pol	2	
FM	55	Movimento do pé
W	100	Andar um passo
SS_1 $(1'' - 6'')$	60	Passo lateral
Adicionar por pol	2	
SS_2 $(1'' - 6'')$	120	Passo lateral
Adicionar por pol	4	
TB_1	110	Girar o corpo
TB_2	220	Girar o corpo
B	180	Inclinar
S	180	Abaixar
K_1	180	Ajoelhar em um joelho
AB etc.	200	Levantar
K_2	440	Ajoelhar em dois joelhos
AK_3	480	Levantar da posição ajoelhada em dois joelhos
SIT	220	Sentar
STAND	270	Levantar

TEMPO PARA OLHAR. Usa-se uma tolerância para o tempo de olhar sempre que (*a*) o início de um movimento do braço é retardado até que os olhos se transfiram de um ponto de focalização a outro ou (*b*) o novo ponto de focalização é diferente do ponto terminal do movimento do braço que é atrasado. O valor para esta tolerância é de 80 unidades.

Estudo de movimentos e de tempos

415

Exemplo. A Fig. 278 apresenta um exemplo do uso do estudo de tempos por movimentos básicos na determinação do tempo necessário para executar a operação "abrir a gaveta, retirar lápis e fechar a gaveta".

Descrição do movimento	Código	Tempo do movimento
1. Alcançar com a mão esquerda a gaveta (12 polegadas) e agarrar o puxador	R12C	86
2. Abrir a gaveta (8 polegadas)	M8B	60
3. Alcançar com a mão direita o lápis na gaveta (6 polegadas) e agarrá-lo	R6C	71
4. Retirar o lápis da gaveta (6 polegadas)	M6B	55
5. Fechar a gaveta (8 polegadas)	M8A	52
Tempo total dos movimentos		324

Tempo normal 324 0,0001 0,0324 de minuto

Figura 278. Exemplo de análise BMT — abrir gaveta, retirar lápis e fechar gaveta

CAPÍTULO 32
Amostragem do trabalho

A amostragem do trabalho foi empregada pela primeira vez por L. H. C. Tippet[1] na indústria têxtil britânica. Foi aplicada nos E.U.A., em 1940, com o nome de "relação de esperas". A amostragem do trabalho possibilita a coleta de dados em tempo menor e a custos mais baixos do que os outros métodos de medida do trabalho.

A amostragem do trabalho tem três usos principais: (1) *relação de espera* — medir atividades e esperas de homens e máquinas — por exemplo, determinar a porcentagem de tempo de um dia na qual um homem trabalha e a porcentagem de tempo na qual ele não trabalha[2]; (2) *amostragem do desempenho* — para medir o tempo de trabalho e o tempo de descanso de uma pessoa que execute uma tarefa manual e para estabelecer um índice ou nível de desempenho para a mesma pessoa durante seu tempo de trabalho[3], (3) *medida do trabalho* — sob certas circunstâncias, para medir tarefas manuais, isto é, estabelecer um tempo-padrão para uma operação.

A amostragem do trabalho[*] baseia-se nas leis das probabilidades. Uma amostra ocasional, retirada de um grupo maior, tende a ter distribuição igual ao grupo maior ou universo. Se a amostra for suficientemente grande, as características dessa amostra diferirão pouco das características do grupo. *Amostra* é o termo usado para o subgrupo, e *população* ou *universo* é o termo empregado para o grupo maior. A obtenção e análise de apenas uma parte do universo é conhecida como *amostragem*.

EXEMPLO SIMPLES DA AMOSTRAGEM DO TRABALHO. A determinação da porcentagem do dia de trabalho na qual o operário ou a máquina trabalha ou não baseia-se na teoria segundo a qual a *freqüência relativa* das observações registradas como inatividade para o homem ou para a máquina é uma medida justa do *tempo* porcentual para o qual a operação está no estado de espera. O erro relativo é função do número de observações realizadas.

A amostragem do trabalho em sua forma mais simples consiste em se fazer observações em intervalos ocasionais de um ou mais operadores ou máquinas e registrar quando eles estão inativos ou trabalhando.

Se o operador estiver trabalhando, isto será registrando no sumário sob o título "trabalhando"; se ele estiver inativo, o registro será feito na parte correspondente a "inativo". A

---

[1]L. H. C. Tippett, Statistical Methods in Textile Research. Uses of the Binominal and Poisson Distributions. A Snap-Reading Method of Making Time Studies of Machines and Operatives in Factory Surveys. *Shirley Institute Memoirs*, Vol. 13, novembro, 1934, pp. 35-93. Também, *Journal of the Textile Institute Transactions*, Vol. 26, fevereiro, 1935, pp. 51-55, 75

[2]D. S. Correl e Ralph M. Barnes, Industrial Application of the Ratic-Delay Method. *Advanced Management*, Vol. 15, n.º 8 e 9, agosto-setembro, 1950

[3]Ralph M. Barnes e Robert B. Andrews, Performance Sampling in Work Measurement. *Journal of Industrial Engineering*, Vol. 6, n.º 6, novembro-dezembro, 1955; veja também Ralph M. Barnes, *Work Sampling*. 2.ª ed., John Wiley and Sons, New York, 1957, pp. 194-221

[*]Neste livro, *work sampling* foi traduzido como amostragem do trabalho, embora também seja empregado o termo amostragem por observações instantâneas (N. do T.)

Estudo de movimentos e de tempos

Figura 279. Resumo do tempo de trabalho e tempo de espera

Estado	Sumário	Total
Trabalhando	𝍬𝍬𝍬𝍬𝍬𝍬 I	36
Inativo	IIII	4

porcentagem do dia que o trabalhador permanece inativo é estimada pela relação entre o número de registros de inatividade e o número total de observações realizadas.

Na Fig. 279, há 36 observações relativas à categoria trabalho e 4 relativas à inatividade, num total de 40 observações. Neste exemplo, a porcentagem de tempo de espera é 4 ÷ 40 × × 100 = 10%. O tempo de trabalho é 36 ÷ 40 × 100 = 90%. Se o estudo tivesse sido realizado para um operador em um dia de 8 h, os resultados indicariam que o operador estava inativo 10% ou 48 min do dia (480 × 0,10 = 48) e que estava trabalhando 90% ou 432 min do dia (480 × 0,90 = 432). Verificamos que a demonstração é vantajosa para explicar esta técnica indicando como um problema é resolvido pela amostragem. A Fig. 280 mostra um painel com 180 blocos, representando os 480 min de um dia de 8 h de trabalho, dispostos na parte inferior do quadro. Os blocos brancos representam o tempo de trabalho, e os blocos coloridos representam o tempo de descanso. Sorteando números em um chapéu ou usando uma mesa de sorteio de números, é possível simular um estudo de amostragem de trabalho.

Figura 280. Painel para demonstração de amostragem do trabalho

A Fig. 282 mostra o tempo de trabalho e o de descanso de um operário para um dia, conforme obtido de um estudo de tempo contínuo. Observações ao acaso são mostradas nas barras.

A Fig. 283 mostra os resultados de um dia completo de estudos de tempo de um operário durante cinco dias de trabalho consecutivos de 8 h cada um. Sugere-se que seja determinada a porcentagem do tempo de descanso para esse operário para uma semana, usando o método de amostragem aleatória. Para tanto, sigam-se instruções dadas nas Figs. 283 e 284.

A amostragem aleatória requer que cada amostra seja realizada de forma correta. Todos os elementos do universo devem ter igual probabilidade de ser retirados. É importante que se entenda e se siga cuidadosamente o conceito de aleatoriedade nos estudos de amostragem do trabalho[4].

[4] Há certa evidência mostrando que os intervalos podem ser regulares, desde que a atividade ou processo em estudo seja ocasional. Veja Harold Davis, A Mathematical Evaluation of a Work Sampling Technique. *Naval Research logistics Quarterly*, Vol. 2, n.° 1 e 2, março-junho, 1955, pp. 11-117

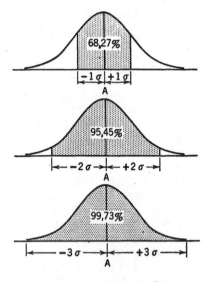

Figura 281. Áreas na curva de distribuição normal

CURVA DE DISTRIBUIÇÃO NORMAL. A curva de distribuição normal é um exemplo típico de distribuição de freqüências e tem importância na amostragem do trabalho, pois representa graficamente a probabilidade da ocorrência de um dado fenômeno aleatório. A curva normal é importante pela relação existente entre a área compreendida sob a curva entre ordenadas, a várias distâncias, em ambos os lados da ordenada média. Na curva superior da Fig. 281, a área sombreada representa um sigma ou um desvio-padrão de cada lado da média A. Essa área será sempre 68,27% da área total abrangida sob a curva. Para dois sigmas têm-se 95,45%, e a área correspondente a três sigmas vale 99,73% da área total.

NÍVEL DE CONFIANÇA. Desde o início, é necessário decidir-se qual é o nível de confiança desejado nos resultados finais da amostragem do trabalho. O nível mais comum é o de 95%. A área sob a curva para dois sigmas ou dois desvios-padrão é 95,45% o que, se arredondado, fornece 95%. Isto significa que a probabilidade de as observações aleatórias virem a representar os fatos é 95%, e 5% corresponde à probabilidade de erro. Um sigma forneceria um intervalo de confiança de 68% (68,27% arredondado para 68%). Isso significa que os dados obtidos através de amostragem ocasional têm 68% de probabilidade de representar os fatos, incorrendo-se em erro 32% das vezes.

Figura 282. Estudo de amostragem por observações instantâneas simples. Os resultados das observações aleatórias são indicados nas linhas que representam um dia de trabalho

Estudo de movimentos e de tempos 419

DEMONSTRAÇÃO DO MÉTODO DE AMOSTRAGEM DO TRABALHO

As faixas representam, em escala, os 240 min de trabalho das manhãs e das tardes de cinco dias de trabalho — de segunda-feira até sexta-feira — num total de uma semana de 40 h de trabalho (2 400 min). São indicados os resultados de um estudo de tempos contínuo para um operador durante uma semana. Branco = tempo de trabalho; hachurado = tempo parado.

O tempo total efetivo de *trabalho* para a semana, de acordo com o estudo de tempos, foi de 2 035 min. O tempo total *parado* para a semana, de acordo com o estudo de tempos, foi de 365 min.

Porcentagem de tempo de trabalho = 2 035/2 400 × 100 = 84,8%
Porcentagem de tempo parado = 365/2 400 × 100 = 15,2%

Agora, verifique como se pode obter informação similar pelo uso da amostragem aleatória. Poderá fornecer as suas próprias observações aleatórias seguindo as instruções da Fig. 284.

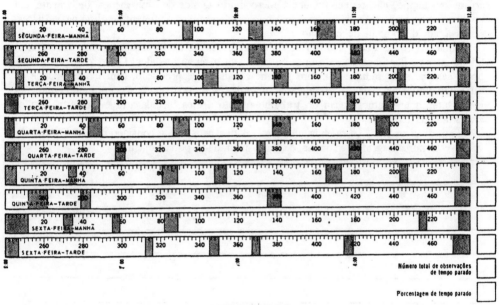

RESULTADOS

Contar o número de vezes que suas marcas caíram na parte hachurada das faixas e colocar esse número no quadrado ao final das mesmas. Adicionar o número de observações de tempo parado e dividir por 200. Isto dará a porcentagem de tempo na qual o operador permaneceu parado durante a semana, de acordo com o processo de amostragem aleatória. Agora, compare a resposta com a porcentagem efetiva de tempo parado de 15,2% que tinha sido originalmente obtida pelo estudo de tempos.

Figura 283. Demonstração do método de amostragem do trabalho. Tempo de trabalho e tempo parado de um operador para cinco dias consecutivos de trabalho

A fórmula para determinar a dimensão da amostra para o nível de confiança de 68% ou um sigma é

$$Sp = \sqrt{\frac{p(1-p)}{N}},$$

420   *Ralph M. Barnes*

onde S = erro relativo desejado,

    p = porcentagem expressa em forma decimal,

    N = número de observações aleatórias (tamanho da amostra).

ERRO RELATIVO NAS MEDIDAS FORNECIDAS PELA AMOSTRAGEM DO TRABALHO. O erro relativo dos resultados da amostragem do trabalho tem de ser considerado com cuidado, porque, ao se proceder à escolha do erro máximo tolerável, se está realmente determinando o número de observações necessárias. Este número, é claro, afeta o tempo e o custo da execução do estudo. A finalidade do estudo de amostragem do trabalho é um guia para o estabelecimento do erro tolerável, mas geralmente este pode ser escolhido entre limites relativamente amplos.

No planejamento de um estudo de amostragem do trabalho, o analista avaliará toda a situação. Ele deseja resultados que sejam satisfatórios do ponto de vista da precisão e que, ao mesmo tempo, não requeiram um número muito grande de observações. Felizmente, em uma amostragem do trabalho, o analista pode pré-determinar o número de observações necessárias a um dado grau de precisão.

Uma das coisas que o analista considerará consciente ou inconscientemente é a variabilidade inerente dos homens, máquinas ou processos a serem medidos. Um departamento que opere semana após semana com um volume constante de produção, com matéria-prima de qualidade uniforme, baixa rotatividade de mão-de-obra e boa supervisão apresenta condições ideais tanto a uma amostragem do trabalho quanto a uma medida através de outra técnica do estudo de tempos.

Para diversos tipos de medida, um erro relativo de $\pm 5\%$ é considerado satisfatório. Às vezes, esta porcentagem é chamada de "erro-padrão da porcentagem".

INSTRUÇÕES

Colocar uma folha de papel-carbono em cima da Fig. 283. Desenhar, *ao acaso*, 20 traços verticais através de cada uma das dez linhas acima. Não espaçar com regularidade os traços — colocá-los ao acaso ao longo do comprimento total da linha. Estes traços representam 20 observações ao acaso do serviço do operador durante o período da manhã e o da tarde. Agora, verificar a parte inferior da Fig. 283. *NOTA*. Para quem não quiser marcar o livro, reproduzir as linhas da Fig. 284 em papel vegetal, desenhar, ao acaso, 20 traços verticais com lápis através de cada uma das dez linhas do papel vegetal e sobrepor a folha de papel vegetal à Fig. 283.

Figura 284. Demonstração do método de amostragem por observações instantâneas (folha de trabalho)

Estudo de movimentos e de tempos **421**

Para os exemplos seguintes serão adotados um nível de confiança de 95% e um erro relativo de ± 5% como sendo satisfatórios. Também supondo que o erro é determinado tendo como base uma distribuição binômia, a fórmula para a determinação do número de observações necessário é

$$Sp = 2 \sqrt{\frac{p(1-p)}{N}}, \tag{1}$$

onde S = erro relativo desejado,

p = porcentagem de ocorrência da atividade ou espera sendo medida, expressa como porcentagem do número total de observações ou como decimal, isto é, 15% = 0,15,

N = número total de amostras aleatórias (dimensão da amostra).

Mesmo quando se conhece o erro relativo, ainda há duas incógnitas na equação: p, a porcentagem de ocorrência e N, o número total de observações. A fim de se determinar N, geralmente admite-se ou estima-se, por um estudo preliminar, o valor de p.

Exemplo. Suponhamos que se queira determinar a porcentagem de inatividade de máquinas automáticas de fazer parafusos num departamento por intermédio de uma amostragem do trabalho. Além disso, suponha que tenham sido adotados um nível de confiança de 95% e um erro relativo de ± 5%. Quer se determinar o número de observações necessário para fornecer os resultados desejados. Antes que a equação 1 possa ser usada, é necessário estimar-se o valor de p. Em outras palavras, deve-se fazer um estudo preliminar para se obter uma primeira aproximação do tempo de inatividade porcentual das máquinas.

Suponhamos que tenha sido feito um total de 100 observações nesse estudo preliminar e que 25 delas corresponderam à inatividade das máquinas a porcentagem de tempo de espera seria 25% (25 ÷ 100 × 100 = 25%).

Pode-se agora calcular N, sendo $p = 25\% = 0,25$ e $S = \pm 5\% = \pm 0,05$,

$$Sp = 2 \sqrt{\frac{p(1-p)}{N}}, \qquad 0,05 \, p = 2 \sqrt{\frac{p(1-p)}{N}},$$

$$0,0025 \, p^2 = 4 \left[\frac{p(1-p)}{N} \right] = \frac{4p(1-p)}{N},$$

$$N = \frac{4p(1-p)}{0,0025 \, p^2} = \frac{4(1-p)}{0,0025 \, p} = \frac{1\,600\,(1-p)}{p} =$$

$$= \frac{1\,600\,(1-0,25)}{0,25} = 4\,800.$$

A Tab. 63 ou o ábaco da Fig. 285 poderiam ser usados na determinação do número de observações.

Quando a amostragem do trabalho estiver sendo executada e já tiverem sido obtidas 500 observações, pode-se fazer novo cálculo a fim de verificar o valor original para N. Suponhamos que os resultados foram os seguintes:

$$
\begin{array}{ll}
\text{Observações de máquinas trabalhando} & \underline{350} \\
\text{Observações de máquinas inativas} & \underline{150} \\
\text{Número total de observações} & 500 \\
\end{array}
$$

150 ÷ 500 × 100 = 30% de tempo de inatividade

Tabela 63. Tabela para determinar o número de observações necessário a um determinado erro relativo
e valor de p, com um nível de confiança de 95%

Porcentagem do tempo total ocupada pela atividade ou espera, p	Erro relativo máximo									
	±1	±2	±3	±4	±5	±6	±7	±8	±9	±10
1	3 960 000	990 000	440 000	247 500	158 400	110 000	80 800	61 900	48 900	39 600
2	1 960 000	490 000	217 800	122 500	78 400	54 400	40 000	30 600	24 200	19 600
3	1 293 300	323 300	143 700	80 800	51 700	35 900	26 400	20 200	16 000	12 900
4	960 000	240 000	106 700	60 000	38 400	26 700	19 600	15 000	11 900	9 600
5	760 000	190 000	84 400	47 500	30 400	21 100	15 500	11 900	9 390	7 600
6	626 700	156 700	69 600	39 200	25 100	17 400	12 800	9 790	7 740	6 270
7	531 400	132 900	59 000	33 200	21 300	14 800	10 800	8 300	6 560	5 310
8	460 000	115 000	51 100	28 800	18 400	12 800	9 380	7 190	5 680	4 600
9	404 400	101 100	44 900	25 300	16 200	11 200	8 250	6 320	5 000	4 040
10	360 000	90 000	40 000	22 500	14 400	10 000	7 340	5 630	4 450	3 600
11	323 600	80 900	36 000	20 200	12 900	8 990	6 600	5 060	4 000	3 240
12	293 300	73 300	32 600	18 300	11 700	8 150	5 980	4 580	3 620	2 930
13	267 700	66 900	29 700	16 700	10 700	7 440	5 460	4 180	3 310	2 680
14	245 700	61 400	27 300	15 400	9 830	6 830	5 010	3 840	3 040	2 460
15	226 700	56 700	25 200	14 200	9 070	6 300	4 620	3 540	2 800	2 270
16	210 000	52 500	23 300	13 100	8 400	5 830	4 280	3 280	2 590	2 100
17	195 300	48 800	21 700	12 200	7 810	5 420	3 980	3 050	2 410	1 950
18	182 200	45 600	20 200	11 400	7 290	5 060	3 720	2 850	2 250	1 820
19	170 500	42 600	18 900	10 700	6 820	4 740	3 480	2 660	2 110	1 710
20	160 000	40 000	17 800	10 000	6 400	4 440	3 260	2 500	1 980	1 600
21	150 500	37 600	16 700	9 400	6 020	4 180	3 070	2 350	1 860	1 510
22	141 800	35 500	15 800	8 860	5 670	3 940	2 890	2 220	1 750	1 420
23	133 900	33 500	14 900	8 370	5 360	3 720	2 730	2 090	1 650	1 340
24	126 700	31 700	14 100	7 920	5 070	3 520	2 580	1 980	1 560	1 270
25	120 000	30 000	13 300	7 500	4 800	3 330	2 450	1 880	1 480	1 200
26	113 800	28 500	12 600	7 120	4 550	3 160	2 320	1 780	1 410	1 140
27	108 100	27 000	12 000	6 760	4 330	3 000	2 210	1 690	1 340	1 080
28	102 900	25 700	11 400	6 430	4 110	2 860	2 100	1 610	1 270	1 030
29	97 900	24 500	10 900	6 120	3 920	2 720	2 000	1 530	1 210	980
30	93 300	23 300	10 400	5 830	3 730	2 590	1 900	1 460	1 150	935
31	89 000	22 300	9 890	5 570	3 560	2 470	1 820	1 390	1 100	890
32	85 000	21 300	9 440	5 310	3 400	2 360	1 730	1 330	1 050	850
33	81 200	20 300	9 000	5 080	3 250	2 260	1 660	1 270	1 000	810
34	77 600	19 400	8 630	4 850	3 110	2 160	1 580	1 210	960	775
35	74 300	18 600	8 250	4 640	2 970	2 060	1 520	1 160	915	745
36	71 100	17 800	7 900	4 440	2 840	1 980	1 450	1 110	880	710
37	68 100	17 000	7 570	4 260	2 720	1 890	1 400	1 060	840	680
38	65 300	16 300	7 250	4 080	2 610	1 810	1 330	1 020	805	655
39	62 600	15 600	6 950	3 910	2 500	1 740	1 280	980	775	625
40	60 000	15 000	6 670	3 750	2 400	1 670	1 220	940	740	600
41	57 600	14 400	6 400	3 600	2 300	1 600	1 170	900	710	575
42	55 200	13 800	6 140	3 450	2 210	1 530	1 130	865	680	550
43	53 000	13 300	5 890	3 310	2 120	1 470	1 080	830	655	530
44	50 900	12 700	5 660	3 180	2 040	1 410	1 040	795	630	510
45	48 900	12 200	5 430	3 060	1 960	1 360	1 000	765	605	490

Estudo de movimentos e de tempos 423

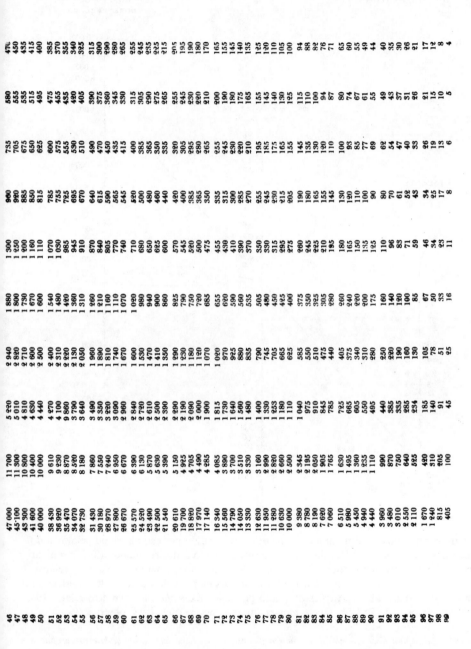

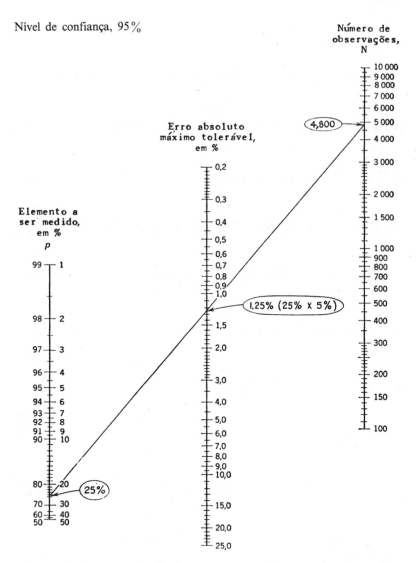

(1) Determinar a média porcentual *p* do elemento a ser medido por estimativa ou pelo método de estudo por experiência. (2) Decidir o erro relativo desejado *S* dos resultados. (3) Determinar a precisão do intervalo multiplicando a média porcentual do elemento *p* pelo erro relativo desejado *S*. (4) Traçar uma reta no ábaco desde *p*, através da precisão do intervalo, até alcançar a linha da quantidade de observações no ponto desejado. *Exemplo*. Para um erro relativo de ± 5% e um valor *p* de 25%, a tabela mostra que são necessários 4 800 observações.

Figura 285. Ábaco para a determinação do número de observações necessário a um dado erro absoluto e valor de p, com um nível de 95% de confiança (cortesia da Johns-Manville Corporation)

Estudo de movimentos e de tempos   **425**

Esta nova informação permite que seja recalculado o número de observações necessário. Agora, $p = 30\% = 0,30$.

$$0,05\,(0,30) = 2\sqrt{\frac{0,30\,(1-0,30)}{N}} \text{ ou } N = \frac{0,84}{0,000225} = 3733.$$

Como será explicado posteriormente, é conveniente que se recalcule N em intervalos regulares, talvez ao fim de cada dia, a fim de melhor avaliar o progresso do estudo. Pode-se usar o gráfico de controle como será explicado mais adiante neste capítulo.

DETERMINAÇÃO DO ERRO RELATIVO PARA UM DADO NÚMERO DE OBSERVAÇÕES. Depois de se ter completado o estudo, faz-se um cálculo a fim de determinar se os resultados estão compreendidos entre os limites pré-estabelecidos. Isto pode ser feito, calculando-se S na fórmula em substituição a N como previamente feito.

Suponhamos que os resultados finais do estudo tenham sido os seguintes:

Observações de máquinas trabalhando	2 600
Observações de máquinas inativas	1 400
Total de observações	4 000

Então, $p = 1\,400 - 4\,000 \times 100 = 35\% = 0,35$

$$Sp = 2\sqrt{\frac{p\,(1-p)}{N}},$$

$$0,35S = 2\sqrt{\frac{0,35\,(1-0,35)}{4\,000}} = 2\sqrt{\frac{0,35\times 0,65}{4\,000}} = 2\sqrt{\frac{(0,2275)}{4\,000}},$$

$$S = \pm\frac{0,01508}{0,35} = \pm 0,043 = \pm 4,3\%.$$

Como $\pm 4,3\%$ é inferior ao valor estabelecido de $\pm 5\%$ para o erro relativo, conclui-se que o número de observações é suficiente.

Neste caso, poder-se-ia dizer que, com 95% de confiança, as máquinas automáticas de fazer parafusos estavam inativas 35% do tempo. O erro relativo de $\pm 4,3\%$ significa que o resultado correto encontra-se entre os limites 33,5 e 36,5%, isto é, $\pm 4,3\%$ de $35\% = \pm 1,5\%$; 35% mais ou menos 1,5% fornece os limites acima citados. O nível de confiança de 95% significa que, em 95 dos 100 casos, os resultados acima representarão os fatos reais.

A Tab. 64 poderia ser usada em lugar da fórmula na determinação do grau de exatidão.

ERRO ABSOLUTO OU PRECISÃO ABSOLUTA DESEJADA. A Tab. 65 apresenta o número de observações necessário a diferentes valores de p com o nível de confiança de 95% e um erro relativo máximo estabelecido em $\pm 5\%$. A tabela mostra imediatamente a relação entre o valor de p e o número necessário de observações. Quando p é 1%, são necessárias 158 400 observações, enquanto que, para $p = 50\%$, são necessárias apenas 1 600. O erro absoluto, no primeiro caso, é $\pm 5\%$ de 1% ou $\pm 0,05\%$. No segundo caso, o erro absoluto é $\pm 5\%$ de 50% ou $\pm 2,5\%$. Parece incoerente requerer-se um erro absoluto de $\pm 0,05\%$ em uma ocasião e satisfazer-se com um erro de $\pm 2,5\%$ em outra. Algumas pessoas acreditam que um erro absoluto de 2,5% ou 3% ou, possivelmente, 3,5% represente um ponto intermediário aceitável para diversos casos de amostragem do trabalho[5].

[5]A. J. Rowe, The Work Sampling Technique. *Transactions of ASME*, fevereiro, 1954, pp. 331-334. Também Relative Versus Absolute Errors in Delay Measurement por A. J. Rowe, *Research Report* n.º 24, University of California, 1953

Tabela 64. Tabela para determinar o erro relativo para um dado número de observações e valor de p com um nível de confiança de 95%

Porcentagem do tempo total ocupada pela atividade ou espera, p	Número de observações														
	10 000	9000	8000	7000	6000	5000	4000	3000	2000	1000	900	800	700	600	500
1	±19,9	±21,0	±22,3	±23,8	±25,7	±28,1	±31,5	±36,3	±44,5	±62,9	±66,3	±70,4	±75,2	±81,3	±89,0
2	14,0	14,8	15,7	16,7	18,1	19,8	22,1	25,6	31,3	44,3	46,7	49,5	52,9	57,2	62,6
3	11,4	12,0	12,7	13,6	14,7	16,1	18,0	20,7	25,4	35,9	37,9	40,2	43,0	46,5	50,8
4	9,8	10,3	11,0	11,7	12,7	13,9	15,5	17,9	21,9	31,0	32,7	34,6	37,0	40,0	43,8
5	8,7	9,2	9,8	10,4	11,3	12,3	13,8	15,9	19,5	27,6	29,1	30,8	33,0	35,6	39,0
6	7,9	8,3	8,9	9,5	10,2	11,2	12,5	14,5	17,7	25,0	26,4	28,0	29,9	32,3	35,4
7	7,3	7,7	8,2	8,7	9,4	10,3	11,5	13,3	16,3	23,1	24,3	25,8	27,6	29,8	32,6
8	6,8	7,2	7,6	8,1	8,8	9,6	10,7	12,4	15,2	21,5	22,6	24,0	25,6	27,7	30,3
9	6,4	6,7	7,1	7,6	8,2	9,0	10,1	11,6	14,2	20,1	21,2	22,5	24,0	26,0	28,4
10	6,0	6,3	6,7	7,2	7,6	8,5	9,5	11,0	13,4	19,0	20,0	21,2	22,7	24,5	26,8
11	5,7	6,0	6,4	6,8	7,3	8,1	9,0	10,4	12,7	18,0	19,0	20,1	21,5	23,2	25,4
12	5,4	5,7	6,1	6,5	7,0	7,7	8,6	9,9	12,1	17,1	18,1	19,2	20,5	22,1	24,2
13	5,2	5,5	5,8	6,2	6,7	7,3	8,2	9,5	11,6	16,4	17,3	18,3	19,6	21,1	23,1
14	5,0	5,2	5,5	5,9	6,4	7,0	7,8	9,1	11,1	15,7	16,5	17,5	18,7	20,2	22,2
15	4,8	5,0	5,3	5,7	6,2	6,7	7,5	8,7	10,6	15,1	15,9	16,8	18,0	19,4	21,3
16	4,6	4,8	5,1	5,5	5,9	6,5	7,3	8,4	10,3	14,5	15,3	16,2	17,3	18,7	20,5
17	4,4	4,7	4,9	5,3	5,7	6,3	7,0	8,1	9,9	14,0	14,7	15,6	16,7	18,0	19,8
18	4,3	4,5	4,8	5,1	5,5	6,0	6,8	7,8	9,5	13,5	14,2	15,1	16,1	17,4	19,1
19	4,1	4,4	4,6	4,9	5,3	5,8	6,5	7,5	9,2	13,1	13,8	14,6	15,6	16,9	18,5
20	4,0	4,2	4,5	4,8	5,2	5,7	6,3	7,3	8,9	12,7	13,3	14,1	15,1	16,3	17,9
21	3,9	4,1	4,3	4,6	5,0	5,5	6,1	7,1	8,7	12,3	12,9	13,7	14,6	15,8	17,4
22	3,8	4,0	4,2	4,5	4,9	5,3	6,0	6,9	8,4	11,9	12,6	13,3	14,2	15,4	16,8
23	3,7	3,9	4,1	4,4	4,7	5,2	5,8	6,7	8,2	11,6	12,2	12,9	13,8	14,9	16,4
24	3,6	3,8	4,0	4,3	4,6	5,0	5,6	6,5	8,0	11,3	11,9	12,6	13,5	14,5	15,9
25	3,5	3,7	3,9	4,1	4,5	4,9	5,5	6,3	7,8	11,0	11,6	12,3	13,1	14,1	15,5
26	3,4	3,6	3,8	4,0	4,4	4,8	5,3	6,2	7,5	10,7	11,2	11,9	12,8	13,8	15,1
27	3,3	3,5	3,7	3,9	4,2	4,7	5,2	6,0	7,4	10,4	11,0	11,6	12,4	13,4	14,7
28	3,2	3,4	3,6	3,8	4,1	4,5	5,1	5,9	7,2	10,1	10,7	11,3	12,1	13,1	14,4
29	3,1	3,3	3,5	3,7	4,0	4,4	5,0	5,7	7,0	9,9	10,4	11,1	11,8	12,8	14,0
30	3,05	3,2	3,4	3,65	3,9	4,3	4,8	5,6	6,8	9,7	10,2	10,8	11,6	12,5	13,7
31	3,00	3,1	3,3	3,60	3,85	4,2	4,7	5,5	6,7	9,4	9,9	10,6	11,3	12,2	13,4
32	2,90	3,05	3,25	3,50	3,75	4,1	4,6	5,3	6,5	9,2	9,7	10,3	11,0	11,9	13,0
33	2,85	3,00	3,20	3,40	3,70	4,0	4,5	5,2	6,4	9,0	9,5	10,1	10,8	11,6	12,7
34	2,80	2,90	3,10	3,30	3,60	3,9	4,4	5,1	6,2	8,8	9,3	9,9	10,5	11,4	12,5
35	2,70	2,85	3,05	3,25	3,50	3,85	4,3	5,0	6,1	8,6	9,1	9,6	10,3	11,1	12,2
36	2,65	2,80	3,00	3,20	3,45	3,75	4,2	4,9	6,0	8,4	8,9	9,4	10,1	10,9	11,9
37	2,60	2,75	2,90	3,10	3,35	3,7	4,1	4,8	5,8	8,3	8,7	9,2	9,9	10,7	11,7
38	2,55	2,70	2,85	3,05	3,30	3,6	4,0	4,7	5,7	8,1	8,6	9,0	9,7	10,4	11,4
39	2,50	2,65	2,80	3,00	3,25	3,55	3,95	4,6	5,6	7,9	8,3	8,8	9,5	10,2	11,2
40	2,45	2,60	2,75	2,90	3,15	3,45	3,85	4,5	5,5	7,8	8,2	8,7	9,3	10,0	11,0
41	2,40	2,55	2,70	2,85	3,10	3,40	3,80	4,4	5,4	7,6	8,0	8,5	9,1	9,8	10,7
42	2,35	2,50	2,65	2,80	3,05	3,30	3,70	4,3	5,3	7,4	7,8	8,3	8,9	9,6	10,5
43	2,30	2,45	2,60	2,75	2,95	3,25	3,65	4,2	5,2	7,3	7,7	8,1	8,7	9,4	10,3
44	2,25	2,40	2,50	2,70	2,90	3,20	3,55	4,1	5,0	7,1	7,5	8,0	8,5	9,2	10,1
45	2,20	2,35	2,45	2,65	2,85	3,15	3,50	4,05	4,95	7,0	7,4	7,8	8,4	9,0	9,9

N	±9,7	±8,8	±8,2	±7,7	±7,2	±6,9	±4,85	±3,95	±3,40	±3,05	±2,80	±2,60	±2,40	±2,30	±2,15
46	9,7	8,8	8,2	7,7	7,2	6,9	4,85	3,95	3,40	3,05	2,80	2,60	2,40	2,30	2,15
47	9,5	8,7	8,0	7,5	7,1	6,7	4,75	3,85	3,35	3,00	2,75	2,55	2,35	2,25	2,10
48	9,3	8,5	7,9	7,4	6,9	6,6	4,65	3,80	3,30	2,95	2,70	2,50	2,30	2,20	2,05
49	9,1	8,4	7,7	7,2	6,8	6,5	4,55	3,70	3,20	2,90	2,65	2,45	2,30	2,15	2,00
50	8,9	8,2	7,6	7,1	6,7	6,3	4,45	3,65	3,15	2,85	2,60	2,40	2,25	2,10	1,96
51	8,76	8,00	7,41	6,93	6,53	6,20	4,38	3,58	3,10	2,77	2,53	2,34	2,19	2,06	1,92
52	8,59	7,84	7,26	6,79	6,40	6,07	4,29	3,51	3,04	2,71	2,48	2,29	2,15	2,02	1,88
53	8,41	7,68	7,11	6,65	6,27	5,95	4,20	3,43	2,97	2,66	2,43	2,25	2,10	1,98	1,84
54	8,23	7,51	6,95	6,51	6,13	5,82	4,11	3,36	2,91	2,60	2,38	2,20	2,06	1,94	1,81
55	8,09	7,39	6,84	6,40	6,03	5,72	4,05	3,30	2,86	2,56	2,34	2,16	2,02	1,91	1,77
56	7,92	7,23	6,69	6,26	5,90	5,60	3,96	3,23	2,80	2,50	2,29	2,12	1,98	1,87	1,73
57	7,74	7,06	6,54	6,12	5,77	5,47	3,87	3,16	2,74	2,45	2,23	2,07	1,93	1,82	1,70
58	7,60	6,94	6,43	6,01	5,67	5,38	3,80	3,10	2,69	2,40	2,19	2,03	1,90	1,79	1,66
59	7,42	6,78	6,27	5,87	5,53	5,25	3,71	3,03	2,62	2,35	2,14	1,98	1,86	1,75	1,63
60	7,29	6,65	6,16	5,76	5,43	5,15	3,64	2,98	2,58	2,30	2,10	1,95	1,82	1,72	1,59
61	7,11	6,49	6,01	5,62	5,30	5,03	3,56	2,90	2,51	2,25	2,05	1,90	1,78	1,68	1,57
62	7,02	6,41	5,93	5,55	5,23	4,96	3,51	2,87	2,48	2,22	2,01	1,88	1,76	1,65	1,53
63	6,84	6,25	5,78	5,41	5,10	4,84	3,42	2,79	2,42	2,16	1,98	1,83	1,71	1,61	1,50
64	6,71	6,12	5,67	5,30	5,00	4,74	3,35	2,74	2,37	2,12	1,94	1,79	1,68	1,58	1,47
65	6,57	6,00	5,56	5,20	4,90	4,65	3,29	2,68	2,32	2,08	1,90	1,76	1,64	1,55	1,44
66	6,44	5,88	5,44	5,09	4,80	4,55	3,22	2,63	2,28	2,04	1,86	1,72	1,61	1,52	1,40
67	6,26	5,72	5,29	4,95	4,67	4,43	3,13	2,56	2,21	1,98	1,81	1,67	1,57	1,48	1,37
68	6,13	5,59	5,18	4,84	4,57	4,33	3,06	2,50	2,17	1,94	1,77	1,64	1,53	1,44	1,34
69	5,99	5,47	5,06	4,74	4,47	4,24	3,00	2,45	2,12	1,89	1,73	1,60	1,50	1,41	1,31
70	5,86	5,35	4,95	4,63	4,37	4,14	2,93	2,39	2,07	1,85	1,69	1,57	1,46	1,38	1,28
71	5,72	5,26	4,85	4,53	4,27	4,05	2,86	2,34	2,02	1,81	1,65	1,53	1,43	1,35	1,24
72	5,55	5,06	4,69	4,38	4,13	3,92	2,77	2,26	1,96	1,75	1,60	1,48	1,39	1,31	1,21
73	5,41	4,94	4,57	4,28	4,03	3,83	2,71	2,21	1,91	1,71	1,56	1,45	1,35	1,28	1,18
74	5,28	4,82	4,46	4,17	3,93	3,73	2,64	2,15	1,87	1,67	1,52	1,41	1,32	1,24	1,15
75	5,14	4,69	4,35	4,07	3,83	3,64	2,57	2,10	1,82	1,63	1,48	1,37	1,29	1,21	1,12
76	5,01	4,57	4,23	3,96	3,73	3,54	2,50	2,04	1,77	1,58	1,45	1,34	1,25	1,18	1,09
77	4,87	4,45	4,12	3,85	3,63	3,45	2,44	1,99	1,72	1,54	1,41	1,30	1,22	1,15	1,06
78	4,74	4,33	4,01	3,75	3,53	3,35	2,37	1,94	1,68	1,50	1,37	1,27	1,19	1,12	1,03
79	4,61	4,21	3,89	3,64	3,43	3,26	2,30	1,88	1,63	1,46	1,33	1,23	1,15	1,09	1,00
80	4,47	4,08	3,78	3,54	3,33	3,16	2,24	1,83	1,58	1,41	1,29	1,20	1,12	1,05	0,97
81	4,34	3,96	3,67	3,43	3,23	3,07	2,17	1,77	1,53	1,37	1,25	1,16	1,08	1,02	0,94
82	4,20	3,84	3,55	3,32	3,13	2,97	2,10	1,72	1,49	1,33	1,21	1,12	1,05	0,99	0,90
83	4,02	3,67	3,40	3,18	3,00	2,85	2,01	1,64	1,42	1,27	1,16	1,08	1,01	0,95	0,87
84	3,89	3,55	3,29	3,08	2,90	2,75	1,95	1,59	1,38	1,23	1,12	1,04	0,97	0,92	0,84
85	3,76	3,43	3,17	2,97	2,80	2,66	1,88	1,53	1,33	1,19	1,08	1,00	0,94	0,89	0,81
86	3,62	3,31	3,06	2,86	2,70	2,56	1,81	1,48	1,28	1,15	1,05	0,97	0,91	0,85	0,77
87	3,44	3,14	2,91	2,72	2,57	2,43	1,72	1,41	1,22	1,09	0,99	0,92	0,86	0,81	0,74
88	3,31	3,02	2,80	2,62	2,47	2,34	1,65	1,35	1,17	1,05	0,96	0,88	0,83	0,78	0,70
89	3,13	2,86	2,65	2,47	2,33	2,21	1,57	1,28	1,10	0,99	0,90	0,84	0,78	0,74	0,67
90	3,00	2,74	2,53	2,37	2,23	2,12	1,50	1,22	1,06	0,95	0,86	0,80	0,75	0,71	0,63
91	2,82	2,57	2,38	2,22	2,10	1,99	1,41	1,15	1,00	0,89	0,81	0,75	0,70	0,66	0,59
92	2,64	2,41	2,23	2,09	1,97	1,87	1,32	1,08	0,93	0,83	0,76	0,71	0,66	0,62	0,55
93	2,46	2,25	2,08	1,94	1,83	1,74	1,23	1,00	0,87	0,78	0,71	0,66	0,61	0,58	0,50
94	2,34	2,04	1,89	1,77	1,67	1,58	1,12	0,91	0,79	0,71	0,65	0,60	0,56	0,53	0,46
95	2,06	1,88	1,74	1,63	1,53	1,45	1,03	0,84	0,73	0,65	0,59	0,55	0,51	0,48	0,41
96	1,83	1,67	1,55	1,45	1,37	1,30	0,92	0,75	0,65	0,58	0,53	0,49	0,46	0,43	0,35
97	1,57	1,43	1,32	1,24	1,17	1,10	0,83	0,64	0,55	0,49	0,45	0,42	0,39	0,37	0,28
98	1,25	1,14	1,06	0,99	0,93	0,88	0,63	0,51	0,44	0,40	0,36	0,33	0,31	0,30	0,20
99	0,89	0,82	0,79	0,71	0,67	0,63	0,45	0,37	0,32	0,28	0,26	0,24	0,23	0,21	0,14

428   *Ralph M. Barnes*

Tabela 65. Relação entre o valor de p e o número de observações

Tempo de ocorrência, porcentagem, p	1	2	3	4	5	10	15	20	25	30	40	50
Número de observações, N	158 400	78 400	51 700	38 400	30 400	14 400	9 070	6 400	4 800	3 730	2 400	1 000

Uma dimensão de amostra com 158 000 observações, por exemplo, não faz sentido em um estudo de amostragem do trabalho. Entretanto esta discussão servirá para explicar por que a fórmula para o erro pode ser modificada quando os valores de p são pequenos. A compreensão do significado de erro absoluto auxiliará o analista a projetar a amostragem do trabalho a ser realizada em uma dada situação.

Tabela 66. Tabela para determinar o número de observações a um dado erro absoluto ou um grau absoluto de precisão e valor de p, com um nível de confiança de 95%

Porcentagem do tempo total ocupada pela atividade ou espera, p	Erro absoluto					
	$\pm 1{,}0\%$	$\pm 1{,}5\%$	$\pm 2{,}0\%$	$\pm 2{,}5\%$	$\pm 3{,}0\%$	$\pm 3{,}5\%$
1	396	176	99	63	44	32
2	784	348	196	125	87	64
3	1 164	517	291	186	129	95
4	1 536	683	384	246	171	125
5	1 900	844	475	304	211	155
6	2 256	1003	564	361	251	184
7	2 604	1157	651	417	289	213
8	2 944	1308	736	471	327	240
9	3 276	1456	819	524	364	267
10	3 600	1600	900	576	400	294
11	3 916	1740	979	627	435	320
12	4 224	1877	1056	676	469	344
13	4 524	2011	1131	724	503	369
14	4 816	2140	1204	771	535	393
15	5 100	2267	1275	816	567	416
16	5 376	2389	1344	860	597	439
17	5 644	2508	1411	903	627	461
18	5 904	2624	1476	945	656	482
19	6 156	2736	1539	985	684	502
20	6 400	2844	1600	1024	711	522
21	6 636	2949	1659	1062	737	542
22	6 864	3050	1716	1098	763	560
23	7 084	3148	1771	1133	787	578
24	7 296	3243	1824	1167	811	596
25	7 500	3333	1875	1200	833	612
26	7 696	3420	1924	1231	855	628
27	7 884	3504	1971	1261	876	644
28	8 064	3584	2016	1290	896	658
29	8 236	3660	2059	1318	915	672
30	8 400	3733	2100	1344	933	686
31	8 556	3803	2139	1369	951	698
32	8 704	3868	2176	1393	967	710
33	8 844	3931	2211	1415	983	722
34	8 976	3989	2244	1436	997	733
35	9 100	4044	2275	1456	1011	743
36	9 216	4096	2304	1475	1024	753
37	9 324	4144	2331	1492	1036	761
38	9 424	4188	2356	1508	1047	769
39	9 516	4229	2379	1523	1057	777
40	9 600	4266	2400	1536	1067	784
41	9 676	4300	2419	1548	1075	790

Estudo de movimentos e de tempos

Porcentagem do tempo total ocupada pela atividade ou espera, p	Erro absoluto					
	±1,0%	±1,5%	±2,0%	±2,5%	±3,0%	±3,5%
42	9 744	4330	2436	1559	1083	795
43	9 804	4357	2451	1569	1089	800
44	9 856	4380	2464	1577	1095	804
45	9 900	4400	2475	1584	1099	808
46	9 936	4416	2484	1590	1104	811
47	9 964	4428	2491	1594	1107	813
48	9 984	4437	2496	1597	1109	815
49	9 996	4442	2499	1599	1110	816
50	10 000	4444	2500	1600	1111	816
51	9996	4442	2499	1599	1110	816
52	9984	4437	2496	1597	1109	815
53	9964	4428	2491	1594	1107	813
54	9936	4416	2484	1590	1104	811
55	9900	4400	2475	1584	1099	808
56	9856	4380	2464	1577	1095	804
57	9804	4357	2451	1569	1089	800
58	9744	4330	2436	1559	1083	795
59	9676	4300	2419	1548	1075	790
60	9600	4266	2400	1536	1067	784
61	9516	4229	2379	1523	1057	777
62	9424	4188	2356	1508	1047	769
63	9324	4144	2331	1492	1036	761
64	9216	4096	2304	1475	1024	753
65	9100	4044	2275	1456	1011	743
66	8976	3989	2244	1436	997	733
67	8844	3931	2211	1415	983	722
68	8704	3868	2176	1393	967	710
69	8556	3803	2139	1369	951	698
70	8400	3733	2100	1344	933	686
71	8236	3660	2059	1318	915	672
72	8064	3584	2016	1290	896	658
73	7884	3504	1971	1261	876	644
74	7696	3420	1924	1231	855	628
75	7500	3333	1875	1200	833	612
76	7296	3243	1824	1167	811	596
77	7084	3148	1771	1133	787	578
78	6864	3050	1716	1098	763	560
79	6636	2949	1659	1062	737	542
80	6400	2844	1600	1024	711	522
81	6156	2736	1539	985	684	502
82	5904	2624	1476	945	656	482
83	5644	2508	1411	903	627	461
84	5376	2389	1344	860	597	439
85	5100	2267	1275	816	567	416
86	4816	2140	1204	771	535	393
87	4524	2011	1131	724	503	369
88	4224	1877	1056	676	469	344
89	3916	1740	979	627	435	320
90	3600	1600	900	576	400	294
91	3276	1456	819	524	364	267
92	2944	1308	736	471	327	240
93	2604	1157	651	417	289	213
94	2256	1003	564	361	251	184
95	1900	844	475	304	211	155
96	1536	683	384	246	171	125
97	1164	517	291	186	129	95
98	784	348	196	125	87	64
99	396	176	99	63	44	32

430   *Ralph M. Barnes*

A Tab. 66 apresenta o número de observações necessário para um dado valor de p e um *dado erro absoluto*, a um nível de 95% de confiança. A Tab. 67 é usada para determinar este erro absoluto para um dado número de observações e um valor de p, ainda a um nível de 95% de confiança.

Tabela 67. Tabela para determinar o erro absoluto ou o grau absoluto de precisão (%) para um determinado número de observações e valor de p; nível de confiança de 95%

Porcentagem do tempo total ocupada pela atividade ou espera, p	Número de observações									
	10,000	9000	8000	7000	6000	5000	4000	3000	2000	1000
1	±0,20	±0,21	±0,22	±0,24	±0,26	±0,28	±0,30	±0,36	±0,44	±0,63
3	0,34	0,36	0,38	0,41	0,44	0,48	0,54	0,62	0,76	1,08
5	0,44	0,46	0,49	0,52	0,56	0,62	0,69	0,79	0,97	1,38
7	0,51	0,54	0,57	0,61	0,66	0,72	0,81	0,93	1,14	1,61
10	0,60	0,63	0,67	0,72	0,77	0,85	0,95	1,10	1,34	1,89
15	0,71	0,75	0,79	0,85	0,92	1,00	1,12	1,29	1,59	2,26
20	0,80	0,84	0,89	0,96	1,03	1,13	1,26	1,46	1,79	2,53
25	0,86	0,91	0,96	1,04	1,11	1,22	1,36	1,57	1,92	2,74
30	0,91	0,96	1,01	1,09	1,17	1,29	1,44	1,66	2,03	2,89
35	0,95	1,00	1,06	1,14	1,23	1,34	1,50	1,73	2,12	3,02
40	0,97	1,02	1,08	1,17	1,25	1,37	1,53	1,77	2,17	3,09
45	0,99	1,04	1,10	1,19	1,28	1,39	1,57	1,80	2,21	3,13
50	1,00	1,06	1,11	1,20	1,29	1,41	1,58	1,82	2,24	3,16

	900	800	700	600	500	400	300	200	100
1	±0,66	±0,70	±0,75	±0,81	±0,89	±1,00	±1,15	±1,41	±1.99
3	1,13	1,21	1,29	1,39	1,52	1,71	1,97	2,41	3,41
5	1,45	1,54	1,65	1,78	1,95	2,18	2,52	3,08	4,36
7	1,70	1,80	1,93	2,08	2,28	2,55	2,94	3,61	5,10
10	1,99	2,12	2,27	2,45	2,68	3,00	3,46	4,24	6,00
15	2,38	2,52	2,70	2,90	3,19	3,57	4,12	5,05	7,14
20	2,67	2,83	3,02	3,27	3,58	4,00	4,62	5,66	8,00
25	2,89	3,06	3,27	3,54	3,87	4,33	4,99	6,12	8,66
30	3,06	3,24	3,46	3,74	4,10	4,58	5,29	6,48	9,17
35	3,18	3,37	3,60	3,90	4,27	4,77	5,51	6,75	9,54
40	3,26	3,46	3,70	3,99	4,38	4,90	5,65	6,92	9,80
45	3,30	3,50	3,74	4,04	4,43	4,95	5,71	7,00	9,91
50	3,33	3,54	3,78	4,08	4,47	5,00	5,77	7,07	10,00

GRÁFICOS DE CONTROLE. Os gráficos de controle são usados freqüentemente no controle de qualidade. Os dados obtidos ao acaso são registrados no gráfico de controle e mostram se o processo encontra-se ou não em controle.

De maneira semelhante, o gráfico de controle na amostragem do trabalho possibilita que o analista registre os resultados diários ou acumulados da amostragem. Se um ponto cai fora dos limites de controle, isto indica que uma condição anormal pode ter se verificado durante aquela parte do estudo. O limite de três desvios-padrão é comumente usado na determinação dos limites superior e inferior de controle. Isto significa que haverá apenas três possibilidades em 1 000 de que um ponto caia fora dos limites, devido a um fator ocasional. Pode-se afirmar com segurança que, quando um ponto cai fora dos limites, há uma razão definida para isto. Por exemplo, um início de incêndio em uma parte do edifício pode interromper a produção nos departamentos adjacentes, e as amostras retiradas destas áreas durante o dia podem apresentar tempo de inatividade excessivo dos operadores estudados. Esta seria uma causa assinalável pela qual os dados estariam fora dos limites de controle naquele dia particular. Visto que este é um acontecimento raro, os dados levantados neste dia não seriam usados, e os resultados

Estudo de movimentos e de tempos

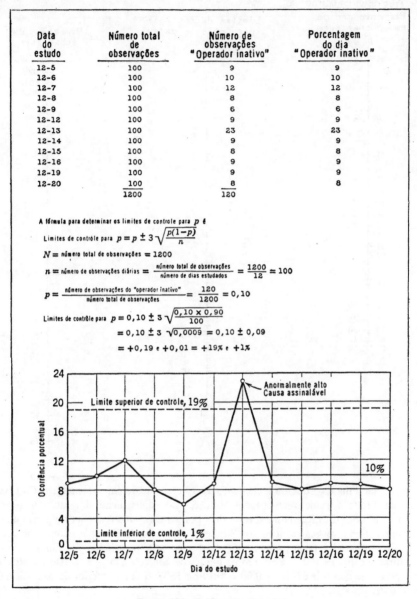

Figura 286. Gráfico de controle

do estudo basear-se-iam nos dados restantes. A fim de se satisfazerem os requisitos relativos ao número de observações, provavelmente seria necessário estender-se o estudo por mais um dia.

Os resultados de uma amostragem de trabalho do tempo de inatividade de um operador de uma prensa pesada estão apresentados na Fig. 286. Realizaram-se cem observações diárias por um período de doze dias de trabalho consecutivos. Os dados indicam que o operador permaneceu inativo 6% do tempo no dia 9 de dezembro e 23% no dia 13 de dezembro.

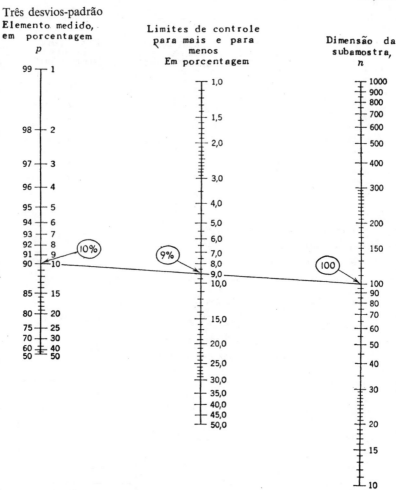

(1) Localizar na linha da esquerda o elemento a ser determinado em porcentagem. (2) Localizar na linha da direita o número de observações executado diariamente durante todo o período que durou o estudo. (3) Ligar entre si esses dois pontos com uma reta e ler no ponto de cruzamento com a linha vertical central os "limites de controle". *Exemplo.* Conforme indicado na Fig. 286, o operador ficou parado 10% do dia, ou seja, $p = 10\%$; n = número de observações durante o dia = 100. Portanto os limites de controle são $\pm 9\%$. Isto significa que o limite superior de controle é $0,10 + 0,09 = 0,19$ ou 13%; o limite inferior de controle é $0,10 - 0,09 = 0,01$, ou seja, 1%.

Figura 287. Ábaco para a determinação dos limites de controle (cortesia da Johns-Manville Corporation)

A Fig. 286 mostra a fórmula para se calcularem os limites superior e inferior de controle, que são respectivamente 19% e 1%, e o gráfico de controle para os dados obtidos. Os resultados do estudo para o dia 13 de dezembro estavam fora de controle devido a uma "causa assinalável" — este foi o dia do princípio de incêndio em um departamento vizinho. O ábaco da Fig. 287 também poderia ser usado para se calcularem os limites superior e inferior de controle.

O gráfico de controle é também útil na determinação da duração de uma amostragem do trabalho. O gráfico na Fig. 288 mostra que a porcentagem de "tratores disponíveis" começa a se estabilizar próximo das 800 observações[6]. Isto indica que já se efetuou um número suficiente de observações. Entretanto, a fim de se certificar de que os resultados finais estão compreendidos entre os limites especificados para o erro relativo, é necessário que se façam as verificações, como foi explicado anteriormente.

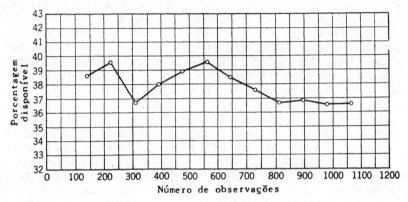

Figura 288. Gráfico mostrando as variações na disponibilidade diária de caminhões durante um estudo de amostragem do trabalho

USO DE TABELAS DE NÚMEROS ALEATÓRIOS. A amostragem do trabalho, para ser estatisticamente aceitável, requer que cada instante individual tenha igual probabilidade de ser escolhido. Em outras palavras, as observações têm de ser aleatórias e independentes. O uso da tabela de números aleatórios é a maneira mais correta de se assegurar que a amostragem seja representativa. A tabela pode ser usada primeiramente para determinar o instante do dia em que a observação deve ser realizada. Pode também ser usada para indicar a ordem na qual os operadores devem ser observados ou o local específico do departamento ou fábrica no qual a leitura deve ser feita.

Na Tab. 68 o primeiro número é 950622. O primeiro dígito deste número pode indicar a hora, e o segundo e terceiro dígitos podem indicar os minutos. Assim, 950 indicaria 9,50, isto é, 9 h 30 min. A segunda metade deste número, 622, poderia corresponder a 6,22 ou, aproximadamente, 18 h 13 min. Visto que essa fábrica opera unicamente durante os períodos das 8 h às 12 h e das 13 h às 17 h, esse número seria abandonado, pois cai fora dos limites do período de trabalho. O próximo número, 133, indicaria que uma observação deveria ser feita a 1,33 ou, aproximadamente, às 13 h 20 min. De forma semelhante, selecionar-se-iam minutos

Tabela 68. Tabela de números aleatórios

950622	220985	742942	783807	907093	989408	037183
133869	362686	485453	194660	687432	674192	695066
899093	785915	610163	414101	171067	096124	978142
269577	163214	211559	168942	326355	358421	268787
947189	069133	356141	679380	866478	595132	347104

[6] Para maiores detalhes sobre este estudo ver Ralph M. Barnes, *Work Sampling*, John Wiley and Sons, New York, 1957, pp. 71-79

434 — Ralph M. Barnes

ocasionais para todas as observações do estudo em questão. Se o número de observações diárias fosse 50, obter-se-iam 50 números da tabela de números aleatórios, colocando-se cada um deles em um cartão. Estes cartões, ordenados do início ao fim do dia, forneceriam a programação a ser seguida pelo analista durante a execução do estudo. Normalmente, não se fazem observações durante o período de almoço ou durante os períodos regulares de descanso.

Na prática, o observador iniciaria sua viagem através do departamento em um lugar diferente a cada observação. O ponto de início poderia também ser selecionado, usando-se a tabela de números aleatórios. O número 9506 poderia indicar que a observação deveria se iniciar às 9 h 30 min, a partir do departamento 6. O observador também poderia alterar o caminho seguido de departamento a departamento a fim de obter maior aleatoriedade.

Visto que é importante seguir-se o plano de amostragem estabelecido, é desejável que ele seja tão simples quanto possível. A Tab. 69 foi obtida de uma tabela de números aleatórios. Essa tabela fornece 25 tempos para observação em ordem cronológica de 14 dias úteis de 8 h cada. As figuras que aparecem nas colunas são facilmente transformadas em horas e minutos. Por exemplo, supondo-se que o período de trabalho tem início às 8 h da manhã, o primeiro tempo da coluna 1, 0:05, seria interpretado como 8 h 5 min, semelhantemente, o último tempo da mesma coluna, 7:25, representaria 8:00 + 7:25 = 15:25, ou seja, 15 h 25 min.

Pelo uso adequado dessa tabela, pode-se obter uma lista de tempos aleatórios de qualquer comprimento que se deseje. Se for planejado um número de observações para um dia igual ou menor que 25, uma coluna será suficiente. Depois que a coluna selecionada tiver sido convertida em horas e minutos, os tempos que caem nos períodos de descanso e no intervalo de almoço são eliminados. Se o número de observações restantes for maior do que o planejado, usam-se números entre parênteses à esquerda de certos tempos para reduzir a lista ao número desejado. Estes números auxiliares indicam a ordem pela qual os tempos foram originariamente selecionados da tabela de números aleatórios. A fim de se manter a aleatoriedade da lista, os números devem ser eliminados na ordem inversa de sua seleção. Assim, se tivessem sido planejadas apenas 20 observações a partir da coluna 1, seriam omitidos os tempos designados como (25), (24), (23), (22) e (21), que seriam respectivamente 3:15, 1:5, 6:20, 1:10, 3:45.

No caso em que se desejasse mais do que 25 observações diárias, poder-se-ia combinar duas ou mais colunas, eliminando-se as duplicações. O procedimento semelhante ao descrito pode ser aplicado a fim de se obter qualquer número necessário de observações.

Para planejar as viagens em dias diferentes, devem ser usadas colunas distintas ou combinações de colunas[7].

PROCEDIMENTO PARA EXECUTAR UM ESTUDO DE AMOSTRAGEM DO TRABALHO

A seguir será descrito o procedimento para planejar e organizar um estudo de amostragem do trabalho, e, na parte final deste capítulo, será dada uma explicação do procedimento a ser seguido quando se desejar medir o trabalho por amostragem.

PASSOS NA EXECUÇÃO DE UM ESTUDO. A execução de um estudo de amostragem por observações instantâneas usualmente requer os seguintes passos.

1) Definir o problema.
   A) Descrever os principais objetivos ou finalidades do projeto ou problema.
   B) Descrever em detalhes cada elemento a ser medido.

---

[7]Ralph M. Barnes e Robert B. Andrews, Performance Sampling in Work Measurement. Relatório sobre pesquisa apresentado em *Work Sampling* por Ralph Barnes, John Wiley and Sons, New York 1957, Cap. 22

Estudo de movimentos e de tempos

Tabela 69. Tabela de tempos aleatórios

1	2	3	4	5	6	7
(19)0:05	0:20	0:10	0:15	(18)0:05	(23)0:10	0:15
0:20	(18)0:50	(16)0:35	0:25	0:25	0:25	(21)0:20
0:55	(24)1:20	0:55	(16)1:20	0:45	(21)0:30	(16)0:35
(22)1:10	(21)1:45	(24)1:00	1:40	1:05	0:40	(15)0:50
(20)1:20	1:55	1:10	1:55	(21)1:50	1:10	1:00
(24)1:35	2:00	1:45	2:00	(20)2:10	1:20	1:25
2:30	2:30	(19)2:00	2:30	2:20	1:30	(23)1:40
3:05	2:40	2:05	(15)2:50	2:30	2:25	(22)1:50
(16)3:10	3:10	(21)2:45	3:10	(19)2:35	2:35	1:55
(25)3:15	(23)3:30	2:50	(18)3:30	(17)2:50	2:40	2:45
3:25	(22)3:40	(22)3:00	3:45	(23)3:00	(24)2:55	(25)3:05
(21)3:45	3:50	3:20	3:50	(16)3:10	(19)3:05	3:50
4:00	4:05	3:30	4:30	3:40	3:15	(19)4:00
4:10	(16)4:15	(20)4:40	(20)4:40	(24)3:45	(17)3:25	4:25
(18)4:35	(17)4:20	4:45	5:10	(15)4:30	(15)3:30	(18)4:45
4:55	(19)4:25	4:55	5:20	5:00	3:40	(20)5:00
5:00	4:30	5:00	(17)5:30	5:45	(16)3:50	5:10
(15)5:05	(15)4:35	(18)5:55	(25)5:45	(22)5:50	4:00	(24)5:15
(17)5:35	5:20	(25)6:00	(19)5:50	5:55	4:15	6:20
5:55	5:35	6:05	(21)6:15	6:00	4:25	6:25
(23)6:20	6:15	(23)6:35	6:20	6:35	(18)4:35	6:50
6:45	(20)6:40	(15)6:40	(24)6:25	6:45	(22)5:40	6:55
6:50	(25)6:45	7:10	6:50	(25)7:00	(25)6:45	7:15
7:10	7:10	7:35	7:30	7:45	6:55	7:40
7:25	7:35	(17)7:50	7:55	7:55	(20)7:35	(17)7:45

8	9	10	11	12	13	14
(17)0:05	0:25	0:05	(25)0:05	(22)0:10	(25)0:10	0:10
(18)0:20	0:30	0:15	(18)0:15	0:20	0:15	(17)0:15
(15)1:05	0:40	0:40	0:20	0:30	1:10	0:20
1:25	(24)0:45	1:30	0:25	1:30	1:25	(22)0:25
1:30	1:00	1:45	0:55	(19)1:45	(21)1:30	(24)0:50
2:05	(18)1:10	(21)2:20	1:20	1:50	1:40	(18)1:25
2:25	(17)1:25	2:25	1:35	2:25	1:45	1:35
(24)2:40	1:40	(22)3:10	1:55	(25)2:35	(16)2:05	(23)2:10
(16)3:00	2:15	(20)3:40	(17)2:10	(17)3:05	2:40	(20)2:15
3:20	2:20	(15)3:50	2:30	3:10	(19)2:45	2:40
4:25	2:30	4:15	2:45	3:50	2:55	2:55
4:45	(15)2:40	(24)4:20	(21)2:50	3:55	(22)3:40	3:35
4:50	2:45	4:30	(22)2:55	4:05	3:45	(21)3:40
(25)4:55	(21)3:05	(25)4:40	(15)3:00	4:10	(18)3:50	4:35
5:05	(16)3:30	4:55	(16)3:30	4:50	(24)4:05	(16)4:45
5:15	3:35	5:00	3:35	(21)5:10	(20)4:25	(19)5:05
5:50	4:00	5:15	(23)3:45	(16)5:25	4:55	5:10
5:55	4:15	(19)5:20	4:05	(15)5:30	5:15	5:50
(22)6:00	(23)4:50	5:25	5:00	(24)6:00	5:45	6:05
(20)6:10	(20)5:45	(23)6:05	(19)5:40	6:05	(15)6:20	6:20
(19)6:20	(22)5:50	(17)6:45	(24)5:50	6:15	6:25	7:05
6:35	6:25	(18)7:15	6:25	6:30	(17)6:30	7:10
(23)7:10	(19)6:50	7:25	7:20	(18)6:50	6:35	7:20
7:15	(25)7:05	7:35	7:40	(23)6:55	(23)7:35	(25)7:50
(21)7:30	7:30	(16)7:55	(20)7:50	(20)7:25	7:50	(15)7:55

436

2) Obter a aprovação do supervisor do departamento no qual o estudo será realizado. Certificar-se de que os operadores a serem estudados e as demais pessoas do departamento compreendem a finalidade do estudo — é essencial obter-se sua cooperação.
3) Determinar o erro relativo máximo a ser tolerado no resultado final. Isso pode ser expresso como erro máximo relativo ou então como erro absoluto máximo tolerável. Deve também ser escolhido um nível de confiança.
4) Fazer um estudo preliminar da porcentagem de ocorrência da atividade ou espera a ser medida. Isso pode ser baseado em experiência anterior; entretanto é preferível fazer-se um estudo preliminar com duração de um ou dois dias.
5) Projetar o estudo.
   A) Determinar o número de observações a ser feito.
   B) Determinar o número de observações necessário. Selecionar e instruir essas pessoas.
   C) Determinar o número de dias ou de turnos necessários para o estudo.
   D) Fazer planos detalhados para a execução das observações, como, por exemplo, o tempo e o caminho a serem seguidos pelo observador.
   E) Projetar um cartão de observações ou cartão IBM.
6) Executar as observações de acordo com o plano. Analisar e resumir os dados.
   A) Fazer as observações e registrar os dados.
   B) Sumariar os dados ao fim de cada dia.
   C) Determinar os limites de controle.
   D) Registrar os dados no gráfico de controle ao fim de cada dia.
7) Verificar o erro relativo ou absoluto dos dados ao fim do estudo.
8) Preparar um relatório apresentando conclusões. Fazer as recomendações se estas forem julgadas necessárias.

FINALIDADE DO ESTUDO. Na maioria das vezes, um estudo de amostragem do trabàlho seria realizado somente através de uma requisição de um supervisor ou gerente de departamento, linha ou assessoria. Em muitas organizações, o departamento de engenharia de produção ou o departamento de métodos e padrões seria designado para fazer o estudo. Entretanto, a menos que o estudo requeira a avaliação do ritmo do operador e o estabelecimento de tempos-padrão, seria desnecessário o uso de analistas treinados ou engenheiros de produção para fazê-lo. De fato, freqüentemente os supervisores fazem, eles mesmos, os estudos de amostragem do trabalho.

Os objetivos do estudo proposto devem ser estabelecidos após a requisição inicial. Deve-se preparar uma descrição completa dos objetivos, a fim de que possam ser adequadamente projetados. O analista deve tentar visualizar em detalhes o que estará contido no relatório final sobre o estudo. Isto auxiliará a determinação do erro tolerável e do tempo necessário para se executar o estudo.

ELEMENTOS A SEREM MEDIDOS. As finalidades do estudo indicarão a maneira pela qual as atividades e esperas devem ser subdivididas. Quando se desejar informação de ordem geral, serão satisfatórios uns poucos elementos. Em outras situações, pode ser essencial uma divisão mais detalhada, e, conseqüentemente, cada elemento representará porcentagem menor do total. Isto requer maior número de observações, aumentando o custo da execução do estudo.

Se o estudo de amostragem do trabalho for feito para auxiliar a redução do tempo de inatividade e aumentar a produção por homem-hora, os elementos devem ser tais que revelem esperas sob o controle do operador, tais como atrasos e saídas antecipadas. Os elementos também devem revelar esperas sob o controle da administração, tais como falta de materiais ou impossibilidade de operação da máquina, devido a consertos ou ajustes. Se a amostragem do trabalho estiver sendo executada para o estabelecimento de tempos-padrão, a unidade

Estudo de movimentos e de tempos **437**

de medida é considerada em primeiro lugar, como em um estudo de tempos. As unidades produzidas têm que permitir contagem fácil e correta.

Qualquer que seja o objetivo do estudo ou a natureza das subdivisões, cada elemento a ser medido precisa ser definido cuidadosamente, de forma que não haja erros em sua identificação. É desejável a preparação cuidadosa de uma definição escrita.

PROJETO DO IMPRESSO PARA OBSERVAÇÕES. Na maioria dos casos, projetar-se-á um novo impresso para cada estudo de amostragem do trabalho. Entretanto a maioria dêsses impressos seguirá orientação semelhante. Um dos objetivos do estudo preliminar é determinar exatamente que informações devem ser obtidas, e isto será a base para o projeto da folha de observações. O impresso deve ser simples e organizado para facilitar o registro e resumo dos dados, devendo conter espaço suficiente para o registro de todas as informações que possam ser necessárias à preparação do relatório final do estudo. Quando o estudo de amostragem do trabalho for usado no estabelecimento de tempos-padrão, o impresso incluirá essencialmente todas as informações que apareceriam em uma folha de observações de estudo de tempos.

Figura 289. Máquina de filmar com motor síncrono e registrador de tempos preparado para acionar a câmera em instantes ocasionais durante um dia de 8 h

438 — Ralph M. Barnes

A experiência mostra que o tempo necessário à tabulação e computação dos resultados de um estudo de amostragem por observações instantâneas pode ser reduzido em 25 a 50% pelo uso de cartões para marcação IBM e de equipamento IBM, comparativamente ao trabalho executado à mão.

A MÁQUINA DE FILMAR PARA ESTUDOS DE AMOSTRAGEM DO TRABALHO.

A máquina de filmar pode ser usada satisfatoriamente para algumas espécies de estudos de amostragem do trabalho. A câmera e o registrador de tempos apresentados na Fig. 289 tornam possível que se tirem filmes em intervalos ocasionais durante o dia de trabalho. Os tempos de observações podem ser pré-estabelecidos, colocando-se pequenos clipes de metal na circunferência do mostrador do registrador. Para determinar a localização dos clipes, pode-se usar uma tabela de números aleatórios. Se desejado, o registrador pode ser disposto de forma a se tirar filmes em intervalos *regulares* durante o dia. O registrador opera um motor síncrono que aciona a máquina a uma velocidade de 1 000 quadros/min. Um acessório permite ao tempo de exposição da máquina ser regulado para intervalos de 2 a 30 s cada. Este tempo seria regulado no registrador e mantido durante todo o estudo. Como o filme é obtido a uma velocidade de 1 000 quadros/min, pode ser projetado a esta velocidade, permitindo que dele se avalie o ritmo do operador. Um motor com uma engrenagem redutora ou um transmissor operado a solenóide pode ser acoplado à máquina para que se tirem filmes à velocidade de 50 a 100 quadros/min (*A*, Fig. 89). Pode-se expor um único quadro ou alguns quadros a intervalos ocasionais ou regulares durante o dia. Para muitos tipos de trabalho, este filme é um registro que permite análise satisfatória das atividades e esperas dos operadores ou máquinas. Com essa câmera, pode-se obter todos os dados necessários do filme, e o registro, para um dia todo, requer metragem relativamente pequena de filme.

AMOSTRAGEM DO DESEMPENHO CONTÍNUO. A administração esforça-se para controlar todos os gastos, e, na maioria das organizações, o controle de gastos de mão-de-obra é de grande importância. O método usual é estabelecer-se um padrão de tempo para uma operação específica e, daí, obter-se uma contagem de número de unidades acabadas por dia. Assim, o número de minutos-padrão ganhos poderá ser comparado com o número de minutos efetivamente trabalhados. Um índice de desempenho poderá ser determinado para cada operário e para o departamento. Este plano de controle de mão-de-obra é largamente usado e é considerado eficiente em muitas situações. No exemplo a seguir, o operador produziu 600 peças boas para as quais o tempo-padrão era 10 min por peça. Trabalhou um dia de 8 h e seu índice de desempenho foi 125% ou 25% acima do padrão.

$$\frac{\begin{pmatrix}\text{número de peças pro-}\\\text{duzidas durante o dia}\end{pmatrix} \times \begin{pmatrix}\text{tempo-padrão por}\\\text{peça, em minutos}\end{pmatrix}}{(\text{horas de trabalho por dia}) \times 60} \times 100 = \text{índice de desempenho}$$

$$\frac{(600 \text{ peças}) \times (10 \text{ min por peça})}{(8 \text{ h}) \times 60} \times 100 = 125\%.$$

Apesar disso, muitas tarefas não podem ser medidas diretamente. Os ciclos poderão ser longos e variados, os métodos poderão não ser padronizados, e é freqüentemente difícil obter-se uma contagem das unidades de trabalho completadas. Muita mão-de-obra indireta cai nessa categoria. Em tais situações, é possível obter-se algum controle do custo de mão-de-obra pelo uso da amostragem de trabalho. A amostragem do desempenho contínuo poderá ser levada a efeito, isto é, observações ao acaso de todos os operários serão feitas em um departamento, durante uma semana ou mês inteiro, e os resultados poderão ser computados para esse período.

Estudo de movimentos e de tempos

Este mesmo procedimento poderá ser repetido semana após semana. A administração poderá receber informações sobre a força de trabalho num departamento, tais como

1) porcentagem do tempo de trabalho;
2) porcentagem do tempo gasto fora do departamento;
3) porcentagem do tempo inativo;
4) índice de desempenho médio enquanto trabalha;
5) fator de eficiência da mão-de-obra (item 1 × item 4).

Algumas empresas apresentam essas informações, semanalmente, num gráfico[8], tal como aquele mostrado na Fig. 290. Este gráfico poderá ser colocado na sala central de gráficos, e cópias serão tiradas para uso do supervisor e para outros membros da administração. Esta forma de amostragem de trabalho pode ser útil como meio de controle do custo da mão-de-obra.

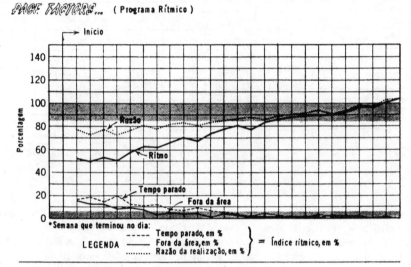

Figura 290. Relatório semanal de controle de mão-de-obra — dados obtidos pelo método de amostragem do desempenho contínuo, chamado pela Northrop[8] de "Programa rítmico".

UM CASO ESPECÍFICO. A Boeing Airplane Company em Wichita, Kansas, está usando a amostragem de desempenho desde outubro de 1953. Atualmente, este programa está sendo usado em 86 departamentos ou seções, e doze observadores são necessários para anotarem as observações e prepararem os relatórios à base mensal[9]. O relatório (Fig. 291) mostra o número total de empregados no departamento, a porcentagem do tempo da força de trabalho

---

[8]D. N. Peterson, Labor Cost Control Through Performance Sampling. *Proceedings Eleventh Industrial Engineering Institute.* University of California, Los Angeles-Berkeley, fevereiro, 1959, pp. 62-73. Das 8 000 pessoas atualmente empregadas na Norair Division da Northrop Corporation, em Hawthorne, California, aproximadamente 90% são controladas pelo plano de controle contínuo por amostragem que a empresa chama de "Pace program"

[9]W. R. Leigthy, Work Sampling in Engineering. *Proceedings Thirteenth Industrial Engineering Institute.* University of California, Los Angeles-Berkeley, fevereiro, 1961, pp. 42-48. A Fig. 291 foi reproduzida com a permissão da Boeing Airplane Company

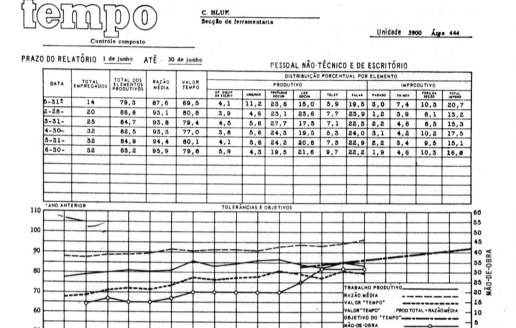

em trabalhos produtivos, a razão média de desempenho e a eficiência produtiva, isto é, o índice de eficiência da mão-de-obra ou "valor do ritmo", como a Boeing o chama. O valor do ritmo é os "elementos produtivos" multiplicados pela "razão média". A folha do relatório mensal também contém a divisão das categorias produtivas e não-produtivas.

Os dados na parte superior do lado direito mostram que, para o mês terminando em 30 de junho, 32 pessoas gastaram 5,9% de seu tempo operando equipamentos de escritório, 4,3% arquivando, 19,5% preparando trabalho burocrático etc., 10,3% do tempo, os funcionários se encontravam fora da área de trabalho e, 1,9% do tempo, eles estavam inativos. Esta informação é indicada graficamente, na parte inferior do relatório. A linha marcada na extrema direita mostra o alvo que o supervisor do departamento estabeleceu como meta para o balanço do ano. O relatório da Fig. 291 é entregue mensalmente ao supervisor do departamento, e um resumo dos relatórios dos diversos departamentos é enviado ao superintendente. Um relatório administrativo contendo os dados condensados de todas as 86 seções é apresentado mensalmente ao gerente geral de manufatura, junto com uma análise escrita ou oral dos dados.

AMOSTRAGEM DO TRABALHO EM ATIVIDADES NÃO-FABRIS. O United California Bank completou recentemente a instalação de um programa de medição de trabalho e controle de mão-de-obra para 140 de suas agências. Atualmente, está estudando, pelo método de amostragem de trabalho, diversos departamentos da matriz[10].

[10] R. W. Lokwood, Work Measurement in a Non-Manufacturing Organization. *Proceedings Fourteenth Industrial Engineering Institute*, University of California, Los Angeles-Berkeley, fevereiro, 1962, pp. 35-41

Estudo de movimentos e de tempos **441**

Estudos de amostragem de trabalho de supervisores, desenhistas, engenheiros e técnicos têm sido realizados com sucesso[11]. Uma grande empresa em expansão que constrói suas próprias fábricas e armazéns executa regularmente medidas de amostragem de trabalho das atividades de todo o pessoal de construção, tais como soldadores, encanadores e carpinteiros.

DETERMINAÇÃO DE TEMPOS-PADRÃO POR AMOSTRAGEM DO TRABALHO

A amostragem pode ser usada na medida do trabalho bem como para medir esperas, tempo de inatividade e desempenho. Em operações repetitivas de ciclo curto, o estudo de tempos, tempos pré-determinados ou tempos sintéticos seriam usualmente preferidos no estabelecimento de tempos-padrão. A amostragem pode ser usada com proveito para medir operações de ciclo longo, trabalhos em que pessoas são empregadas em grupos e atividades que não se prestam ao estudo de tempos.

É possível determinar-se, através da amostragem do trabalho, a porcentagem do dia em que uma pessoa trabalha bem como o ritmo médio por ela mantido durante a sua atividade no dia. Por exemplo, suponha que John Jones trabalha 8 h/dia como operador de uma furadeira. Um estudo de amostragem do trabalho poderia mostrar que ele esteve inativo 15% do dia ou 72 min (480 × 0,15 = 72) e que trabalhou o restante do dia ou 408 min, com um índice médio de atividade de 110%. Se o registro mostrar que ele produziu 420 peças de qualidade aceitável durante o dia, o tempo-padrão para a operação por ele executada poderia ser calculado como na Fig. 292. Supõe-se que as tolerâncias para esta operação seriam obtidas do manual de estudos de tempos da empresa.

Informação	Fonte de dados	Dados para um dia
Tempo dispendido pelo operador (tempo trabalhado e inativo)	Cartões de ponto	480 min
Número de peças produzidas	Depto. de Inspeção	420 peças
Tempo trabalhado, em porcentagem	Amostragem do trabalho	85%
Tempo inativo, em porcentagem	Amostragem do trabalho	15%
Média dos índices de atividade	Amostragem do trabalho	110%
Tolerância total	Manual de estudo de tempos da empresa	15%

$$\text{tempo-padrão por peça} = \frac{\left(\begin{array}{c}\text{tempo}\\\text{total, em}\\\text{minutos}\end{array}\right) \times \left(\begin{array}{c}\text{tempo}\\\text{trabalhado,}\\\text{em \%}\end{array}\right) \times \left(\begin{array}{c}\text{índice}\\\text{de atividade,}\\\text{em \%}\end{array}\right)}{\text{número total de peças produzidas}} + \text{tolerâncias}$$

$$\left(\frac{480 \times 0,85 \times 1,10}{420}\right) \times \left(\frac{100}{100-15}\right) = 1,26 \text{ min.}$$

Figura 292. Folha de dados e cálculo do tempo-padrão

[11]Hugh A. Bogle, Work Sampling Studies of Supervisory and Technical Personnel. *Proceedings Fourteenth Industrial Engineering Institute*, University of California, Los Angeles-Berkeley, fevereiro, 1962, pp. 1-7

442   Ralph M. Barnes

No estabelecimento de um tempo-padrão, seria necessária a mesma análise rigorosa usada no estudo de tempos. O método de execução da operação teria que ser padronizado, preparando-se uma descrição escrita detalhada. Seriam requeridos padrões de qualidade bem como uma confirmação do mestre de que a tarefa estava sendo executada na forma pré-estabelecida. Durante o estudo, o analista faria observações instantâneas, registrando se o operador estava trabalhando ou inativo, e, no primeiro caso, o analista avaliaria o seu ritmo, observando se o operador executava uma parte regular do ciclo de trabalho. Obter-se-iam informações relativas à hora de entrada e à hora de saída e o número total de peças de qualidade aceitável terminadas durante o dia. Esta amostragem poderia medir, com um erro relativo máximo pré-estabelecido, a porcentagem do dia de 8 h em que o operador trabalhava na operação regular da furadeira e seu índice médio de atividade para a porção produtiva do dia.

ESTABELECIMENTO DO TEMPO-PADRÃO PARA UMA OPERAÇÃO DE MONTAGEM. O caso seguinte mostra como se estabeleceu um tempo-padrão para uma operação de montagem mecânica através do uso da amostragem do trabalho.

Dez operadores executavam regularmente essa tarefa, tendo se estudado todos eles durante um período de 3 dias. Cada dia foram feitas 240 observações, totalizando 720 observações. Deste número, o analista concluiu que os operadores trabalhavam 711 vezes, tendo sido registrado o ritmo para cada uma das 711 observações. Nove vezes, durante o período de três dias, o analista observou que os operadores estavam inativos. Como mostra o resumo dos resultados do estudo (Fig. 294), o tempo total dispendido pelos operadores, incluindo tempo de trabalho e tempo de espera, foi 13 650 min. O tempo de trabalho foi 98,7% ($711 \div 720 \times 100 = 98,7\%$). O restante ou 1,3% foi tempo de espera. O número de minutos trabalhados foi 13 473 ($13\,650 \times 98,7 = 13\,473$). Durante este tempo, os dez operadores

Índice de atividade	RESUMO DIÁRIO				Cálculo do índice médio de atividade
	1 de abril	2 de abril	5 de abril	Total	
100	3	6	1	10	100 × 10 = 1 000
105	13	22	9	44	105 × 44 = 4 620
110	32	21	24	77	110 × 77 = 8 470
115	48	45	17	110	115 × 110 = 12 650
120	47	49	39	135	120 × 135 = 16 200
125	27	28	56	111	125 × 111 = 13 875
130	26	13	22	61	130 × 61 = 7 930
135	15	8	11	34	135 × 34 = 4 590
140	14	15	22	51	140 × 51 = 7 140
145	8	20	27	55	145 × 55 = 7 975
150	2	10	11	23	150 × 23 = 3 450 711 87 900
Observações "trabalhando"	235	237	239	711	$\dfrac{87.900}{711} = 123,6$
Observações "inativo"	5	3	1	9	
Total de observações	240	240	240	720	

Figura 293. Folha de resumo diário e de cálculos

Estudo de movimentos e de tempos

Informação	Fonte de dados	Dados para período de três dias
Tempo dispendido pelo operador (tempo trabalhado e inativo)	Cartões de ponto	13.650 min
Número de peças produzidas	Depto. de Inspeção	16.314 peças
Tempo trabalhado, em porcentagem	Amostragem do trabalho	98,7%
Tempo inativo, em porcentagem	Amostragem do trabalho	1,3%
Média dos índices de atividade	Amostragem do trabalho	123,6%
Tolerância total	Manual de estudo de tempos da empresa	15%

$$\text{tempo-padrão por peça} = \frac{\begin{pmatrix} \text{tempo} \\ \text{total, em} \\ \text{minutos} \end{pmatrix} \times \begin{pmatrix} \text{tempo} \\ \text{trabalhado,} \\ \text{em \%} \end{pmatrix} \times \begin{pmatrix} \text{índice} \\ \text{de atividade,} \\ \text{em \%} \end{pmatrix}}{\text{número total de peças produzidas}} + \text{tolerâncias}$$

$$= \left(\frac{13\,650 \times 0,987 \times 1,236}{16\,314} \right) \times \left(\frac{100}{100 - 15} \right) = 1,20 \text{ min.}$$

Figura 294. Folha de dados e cálculo do tempo-padrão

produziram 16 314 conjuntos de qualidade aceitável. O índice médio de atividade para esse grupo foi 123,6%. A Fig. 293 mostra um resumo do índice de atividade para as 711 observações e como foi determinado o índice médio de atividade. Os cálculos mostrando como foi determinado o tempo-padrão para esta operação encontram-se ao pé da Fig. 294.

ALGUMAS VANTAGENS E DESVANTAGENS DA AMOSTRAGEM DO TRABALHO EM COMPARAÇÃO AO ESTUDO DE TEMPOS

Vantagens

1) Muitas operações ou atividades que são impraticáveis ou excessivamente custosas de serem medidas pelo estudo de tempos podem ser prontamente medidas pela amostragem do trabalho.

2) Um único observador pode executar um estudo simultâneo de amostragem do trabalho relativo a vários operadores ou máquinas. Usualmente, na execução de estudos de tempos contínuos, é necessário um analista para cada operador ou máquina.

3) Usualmente, um estudo de amostragem do trabalho requer menor número de homens-hora e custa menos para ser executado do que um estudo de tempos contínuos. O custo do primeiro pode chegar a ser de 5% a 50% do custo do estudo de tempos contínuos.

4) As observações podem ser tomadas durante o período de dias ou semanas, diminuindo a possibilidade de que variações ocasionais afetem os resultados.

5) Há menor possibilidade de se obter resultados errados, pois os operadores não ficam submetidos a observação rigorosa por longos períodos de tempo. Quando um trabalhador

444   *Ralph M. Barnes*

é observado continuamente por um dia inteiro, é pouco provável que ele siga exatamente sua rotina.

6) A menos que seja necessária avaliação de ritmo, não é necessário o uso de analistas de estudos de tempos, treinados como observadores, em um estudo de amostragem do trabalho. Entretanto, se se pretender estabelecer um tempo-padrão ou índice de atividade, deverá ser usado um analista experiente em estudos de tempos.

7) Um estudo de amostragem do trabalho pode ser interrompido a qualquer tempo sem afetar os resultados.

8) As medidas na amostragem do trabalho podem ser feitas com um erro relativo máximo pré-estabelecido. Desta forma, os resultados são mais significativos para aqueles não familiares com os métodos usados na coleta das informações.

9) Na amostragem do trabalho, o analista faz observações instantâneas do operador em intervalos ocasionais durante o dia de trabalho, tornando desnecessários estudos de tempos prolongados.

10) Os estudos de amostragem do trabalho são menos fatigantes e menos monótonos de serem realizados.

11) Os operadores estudados preferem os estudos de amostragem do trabalho aos levantamentos contínuos de estudos de tempos. Algumas pessoas não gostam de ser observadas continuamente durante período longo de tempo.

12) Normalmente, é necessário menor tempo para calcular os resultados de um estudo de amostragem do trabalho. De fato, pode-se usar cartões IBM, e os resultados podem ser obtidos de equipamento IBM convencional.

13) Os estudos de amostragem do trabalho dispensam o uso de cronômetro ou de qualquer dispositivo para a medida de tempo.

Desvantagens

1) O estudo de amostragem do trabalho não é econômico para estudar um único operador ou máquina ou para estudar operadores ou máquinas dispersos sobre área apreciável. O observador gasta uma proporção muito grande de seu tempo dirigindo-se ou afastando-se do local de trabalho ou andando de um local de trabalho para outro. Também, o estudo de tempos, os tempos pré-determinados ou tempos sintéticos são preferidos para o estabelecimento de tempos-padrão para operações repetitivas de ciclo curto.

2) O estudo de tempos permite divisão mais detalhada de atividades e esperas do que a conseguida com a amostragem do trabalho. Esta técnica não fornece tantas informações e tantos detalhes como se pode obter do estudo de tempos.

3) Ao ver o observador, o operador pode alterar sua maneira de agir. Se isto ocorrer, os resultados deste estudo terão pouco valor.

4) Um estudo de amostragem do trabalho de um grupo, obviamente, fornece resultados médios, não havendo informação relativa à ordem de grandeza das diferenças individuais.

5) A administração e os operários podem não entender a natureza estatística da amostragem do trabalho com a mesma rapidez com que aprendem o estudo de tempos.

6) Em certos tipos de estudos de amostragem do trabalho, não se faz registro algum do método usado pelo operador. Desta forma, torna-se necessário refazer inteiramente o estudo quando ocorrer uma mudança de método em qualquer elemento.

7) Há uma tendência da parte de alguns observadores em minimizar a importância de alguns dos princípios fundamentais da amostragem do trabalho, tais como, a dimensão da amostra para um dado erro relativo máximo, a ocasião da retirada das observações, observações instantâneas na localização pré-estabelecida e definição cuidadosa dos elementos e subdivisões do trabalho ou da espera antes do início do estudo.

CAPÍTULO 33

Medida do trabalho por métodos fisiológicos

Através de anos, muitas pessoas tentaram descobrir um método objetivo de medir o trabalho físico. Frederick W. Taylor percebeu a grande necessidade de medir o trabalho e criou o estudo do tempo por cronometragem para executar esta função. No desenvolvimento da técnica de estudo de tempos, experimentou o conceito de cavalo-vapor (isto é, libras-pés de trabalho por minuto) como uma medida de trabalho, mas achou que esta tentativa não era satisfatória.

Já no início deste século, os fisiólogos demonstraram a eficiência do consumo de oxigênio como índice de medida do gasto de energia no trabalho humano. Mais tarde, estudos demonstraram que a taxa de mudança dos batimentos do coração era também uma medida indicativa da atividade física. Durante mais de meio século, foram feitos, em várias partes do mundo, estudos extensivos sobre o gasto de energia humana. Foram também efetuados estudos para adquirir novos conhecimentos sobre o homem[1] para melhor entender a atuação de atletas campeões e para ajudar os mais desfavorecidos fisicamente. Estudos também foram efetuados na área do trabalho fisiológico, notadamente na Inglaterra, Holanda, nos países escandinavos e no Max Planck Institute na Alemanha. Provavelmente, os estudos mais completos nesta área, nos E.U.A., foram feitos pelo Dr. Lucien Brouha[2].

O interesse na fisiologia do trabalho está aumentando nos E.U.A., em parte porque é necessário um método mais objetivo de medir o trabalho físico e também porque melhores aparelhos para medir o consumo de oxigênio e taxa de batimento do coração tornaram-se disponíveis. Existe agora evidência suficiente para demonstrar que medidas fisiológicas podem complementar as técnicas de medidas de trabalho conhecidas atualmente. Além disso, as pesquisas que estão sendo realizadas agora no comércio e indústria, nas faculdades e universidades, no Departamento de Defesa e Agências Espaciais poderão brevemente trazer mudanças nos equipamentos e técnicas. Essas mudanças permitirão que o conceito de fisiologia do trabalho seja normalmente aceito no campo da medida de trabalho.

O trabalho físico resulta em variações de consumo de oxigênio, aumento da taxa de batimento do coração, ventilação pulmonar, temperatura do corpo, concentração de ácido lático no sangue e outros fatores. Embora alguns destes fatores sejam só parcialmente afetados pela atividade muscular, existe uma relação linear entre o consumo de oxigênio, a taxa de batimento do coração, a ventilação pulmonar total e o trabalho físico executado por um indivíduo.

O trabalho físico é executado pelas mãos, pés ou outras partes do corpo. Por exemplo: quando um operário levanta uma caixa de 50 libras do chão numa distância vertical de 3 pés e a coloca na bancada, executa um trabalho de 150 libras-pés.

O gasto fisiológico para o operário executar esta operação resulta das atividades dos músculos dos braços, pernas, costas e outras partes do corpo. Se a caixa estivesse colocada no chão, embaixo da bancada, o gasto fisiológico de arrastá-la para fora e colocá-la na bancada seria ainda maior do que se ela estivesse no chão, diretamente ao lado da bancada.

[1]A. H. Hill, *Living Machinery*. Harcout, Brace and Co., New York, 1927
[2]Lucien Brouha, *Physiology in Industry*. Pergamon Press, New York, 1960

Todavia a tarefa teria sido muito mais fácil se a caixa estivesse colocada numa prateleira, ao lado da bancada de trabalho, na mesma altura desta. Quando é necessário que uma pessoa se abaixe para pegar um objeto do chão ou quando deve trabalhar numa posição encolhida ou desajeitada, seus gastos de energia são maiores do que no caso em que essas condições não estão presentes. Portanto o gasto fisiológico para executar uma tarefa é afetado pelo número e tipo de músculos envolvidos tanto para movimentar um membro do corpo quanto para controlar as contrações antagônicas.

Quando uma pessoa está descansando, sua pulsação e taxa de consumo de oxigênio se mantêm em um nível estável. Daí, quando a pessoa executa um trabalho muscular, isto é, quando muda do "nível de descanso" ao "nível de trabalho", ambos, a pulsação e o consumo de oxigênio, aumentam. Quando o trabalho termina, a recuperação começa, e a pulsação e o consumo de oxigênio voltam ao nível de descanso.

MEDIDA DA PULSAÇÃO. A taxa de batimento do coração do indivíduo em descanso, conforme mostra a Fig. 295, era de 70 batidas por minuto. Quando começou a trabalhar sua pulsação aumentou rapidamente para 110 batimentos por minuto e nivelou durante o período de trabalho. Quando parou de trabalhar, sua pulsação diminuiu de ritmo e finalmente voltou ao nível original de descanso. O aumento na pulsação durante o trabalho poderá ser usado como um índice de gasto fisiológico do trabalho. Também a razão de recuperação, imediatamente após a parada do trabalho, poderá ser utilizada, em alguns casos, na avaliação do gasto fisiológico. Incidentalmente, o gasto *total* fisiológico de uma tarefa não consiste somente no gasto de energia durante o trabalho, mas também o gasto de energia acima do nível normal durante o período de recuperação, isto é, até a recuperação completa.

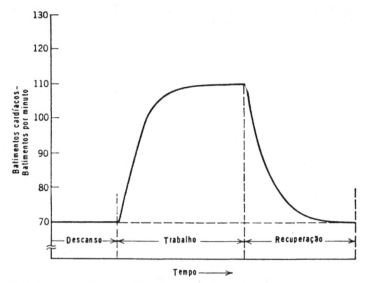

Figura 295. Batimentos cardíacos, em batimentos por minuto, antes, durante e após o trabalho físico

Cada vez que o coração bate, gera-se um pequeno potencial elétrico. Colocando eletrodos em ambos os lados do tórax, este potencial poderá ser recebido e transmitido por fios ou por radiotransmissor para um receptor (Fig. 296). Neste receptor, cada batimento do coração poderá ser contado diretamente ou por meio de um cardiotacômetro, os impulsos poderão ser convertidos em taxa de batimentos do coração, isto é, batidas do coração por minuto. Estes

Estudo de movimentos e de tempos

Figura 296. Aparelho para medição dos batimentos cardíacos e consumo de oxigênio. A, transmissor para medição de batimentos cardíacos; B, respirômetro para medição do volume do ar expirado; C, bolsa de borracha para coleta de amostra ao acaso do ar expirado

dados serão registrados continuamente em um gráfico quadriculado por um miliamperímetro registrador (Fig. 297). O gráfico é, em efeito, uma curva semelhante àquela da Fig. 295.

Os sinais dos batimentos do coração poderão também ser obtidos por meio de uma unidade colocada na orelha, como mostra a Fig. 296. Este aparelho consiste de um foto duo-diodo colocado atrás da orelha e iluminado por uma luz colocada no outro lado da orelha. A opacidade da orelha muda conforme o sangue flua através da orelha em cada batimento do coração. Os impulsos criados em cada batimento do coração poderão ser transmitidos por fio ou radiotransmissor e registrados como descrito anteriormente.

A maioria dos estudos realizados nos E.U.A. medem os batimentos por meio de eletrodos colocados no tórax, embora os investigadores do Max Planck Institute, na Alemanha, tivessem tido considerável sucesso com o aparelho colocado na orelha.

Informações referentes à razão da recuperação também poderão ser obtidas simplesmente usando um estetoscópio e um cronômetro. Estudos realizados no Laboratório de Fadiga de Harvard demonstraram que os dados obtidos desta maneira são dignos de confiança e de fácil obtenção. O processo consiste em obter o número total de batimentos do coração durante o segundo meio-minuto após a parada do trabalho. Em seguida, o número dos batimentos do coração é tomado durante a segunda metade do segundo minuto e a segunda metade do terceiro minuto após a parada do trabalho. Tais dados fazem com que seja possível comparar a taxa de recuperação durante diferentes condições de trabalho. Por exemplo, a Fig. 306 mostra esse tipo de informação para uma pessoa trabalhando sob condições de alta temperatura e umidade, usando (*A*) roupa comum e (*B, C*) roupa ventilada.

MEDIÇÃO DO CONSUMO DE OXIGÊNIO. Mudanças na taxa de consumo de oxigênio do nível de descanso ao nível de trabalho é também uma medida do gasto fisiológico do trabalho realizado. Uma pessoa extrai oxigênio do ar que respira. Para medir o oxigênio con-

Figura 297. Aparelho para receber e gravar os batimentos cardíacos. A, *gravador;* B, *cardiotacômetros;* C, *amplificador*

sumido por unidade de tempo, é necessário medir o volume de ar expirado e a porcentagem de oxigênio contida nesse ar. O consumo de oxigênio poderá ser definido como o volume de oxigênio, indicado em litros por minuto, que o indivíduo extrai do ar que respira. O método mais comum para obter esta informação é por meio de um respirômetro portátil como o da Fig. 296, que é um medidor de gás de modelo leve (2,5 kg), que poderá ser colocado nas costas. A pessoa é equipada com uma máscara e um tubo de borracha de 3 cm que leva o ar expirado da máscara ao respirômetro. O respirômetro indica diretamente o volume de ar expirado, em litros. Uma amostra do ar expirado é tirada a esmo de uma bolsa de borracha, e é feita uma análise de seu conteúdo. Isto permite uma comparação da porcentagem de oxigênio do ar expirado com a do ar do ambiente.

Um gráfico mostrando o gasto de energia antes, durante e após o trabalho físico será muito parecido com o gráfico da taxa de batimento do coração da Fig. 295. No caso de um trabalhador empilhando caixas de 5 kg à razão de doze caixas/min, a taxa de descanso para um estudo foi de 1,2 calorias (abreviação de quilocalorias) por minuto. Quando começou o trabalho, seu gasto de energia aumentou rapidamente para 5,0 calorias/min e, daí, voltou ao nível de descanso. Desta maneira, tanto a taxa de batimentos do coração como o consumo de oxigênio poderão ser usados para medir o trabalho físico.

Embora o consumo de oxigênio tenha sido o mais usado para medir o gasto fisiológico da atividade muscular, equipamentos agora disponíveis permitem medir a taxa de batimentos do coração mais facilmente. Além disso, certos fatores que causam tensão fisiológica, tais como temperatura, umidade e vestimentas, não podem ser corretamente avaliados só pelo consumo de oxigênio.

DIFERENÇAS INDIVIDUAIS. Existe uma grande diferença na capacidade dos indivíduos para executar um trabalho muscular. Foram feitos estudos num grupo de 2 000 estudantes universitários sadios, que incluía homens de baixa eficiência física como também componentes da equipe principal do atletismo. Os resultados desse estudo mostram que a capacidade para

Figura 298. Analisador de oxigênio, manômetro de mercúrio e bomba de vácuo

suportar tensões de trabalho físico pesado foi dez vezes maior para o grupo das pessoas em boa forma física que para o outro grupo.

"Até num grupo mais restrito e altamente selecionado de atletas da equipe principal de atletismo e da equipe de reservas, os melhores atletas foram capazes de executar trabalho físico pesado duas vezes mais eficientemente do que seus colegas menos treinados. Esses resultados acentuam quantitativamente o fato bem conhecido de que os seres humanos variam marcadamente com respeito a suas capacidades físicas e que, até num grupo treinado e selecionado, existem grandes diferenças na taxa fisiológica que os indivíduos devem pagar para executar uma dada tarefa.

A capacidade física de um indivíduo é o resultado de numerosos fatores, tais como o potencial inato do mecanismo fisiológico, idade, saúde, nutrição, sexo, treino específico para uma dada tarefa e para uma dada condição de ambiente. Estes fatores existem em qualquer população industrial, e diferenças similares a essas são encontradas entre os operários"[3].

TREINO — PREPARAÇÃO PARA UM TRABALHO. Verificou-se que o operário bem treinado, fisicamente qualificado e adaptado ao seu trabalho poderá gastar aproximadamente 5 calorias/min ou 2 400 calorias/8 h num dia de trabalho. O gasto fisiológico desse mesmo homem, como aprendiz, na mesma tarefa, seria maior se ele tentasse produzir o mesmo número de unidades de produção por dia. A prática permite ao operário realizar sua tarefa com um gasto menor de energia. Além do mais, quanto melhor treinado for o operário, mais rapidamente seus batimentos cardíacos voltarão ao ritmo normal após ter parado o trabalho. A Fig. 299 mostra o efeito do treinamento na freqüência dos batimentos cardíacos para uma tarefa-padrão. A curva superior mostra os batimentos cardíacos de uma pessoa pedalando uma bicicleta ergométrica durante 20 min com uma carga de trabalho pesada. As outras curvas mostram os batimentos cardíacos após 22 dias, 56 dias e 84 dias de treinamento[4]: No primeiro dia de exercício, a freqüência de batimentos cardíacos alcançou 175 batidas por minuto, após

[3] Lucien Brouha, Physiological Approach to Problems of Work Measurement. *Proceedings Ninth Industrial Engineering Institute*, University of California, Los Angeles-Berkeley, 1957, p. 13
[4] Lucien Brouha, *Physiology in Industry*. Pergamon Press, New York, 1960, p. 30

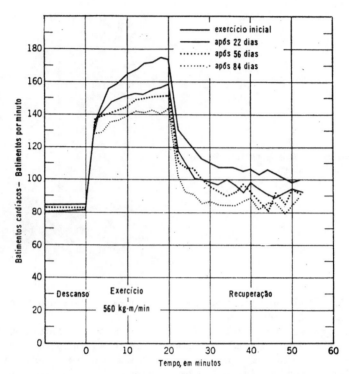

Figura 299. Efeito do treinamento nos batimentos cardíacos para uma quantidade-padrão de exercício: pedalar uma bicicleta ergométrica durante 20 min com uma carga de trabalho pesada. O treinamento consistia em se pedalar a bicicleta 4 dias por semana com a mesma carga de trabalho

84 dias de treino os batimentos não passavam de 143 por minuto. A taxa de recuperação também era muito mais rápida para uma pessoa treinada.

GASTO FISIOLÓGICO DO ANDAR. Estudos do gasto de energia no andar foram realizados por muitos pesquisadores. Os resultados desses estudos[5] parecem indicar que, para velocidades de 2 a 4 milhas/h, o gasto de energia, em calorias/min, é linearmente proporcional à velocidade do andar, em milhas/h. Admitindo-se o gasto metabólico, no estado de descanso (ponto zero na abscissa da Fig. 300), ser de 1,2 calorias/min, a relação poderá ser expressa pela equação

$$C = 1,0V + 1,2$$

onde C é o gasto de energia, em calorias/min, e V é a velocidade do andar, em milhas/h. Como a curva (Fig. 300) mostra, a energia gasta, enquanto se anda a 3 milhas/h, é de 4,2 calorias/min.

Todavia o gasto de energia é também proporcional ao peso do corpo. Um estudo[5] executado com 50 pessoas andando a 3 milhas/h levou à equação

$$C = 0,047W + 1,02$$

[5] R. Passmore e J. V. G. A. Durmin, Human Energy Expenditure. *Physiological Reviews*, Vol. 35, n.º 4, outubro, 1955, p. 806

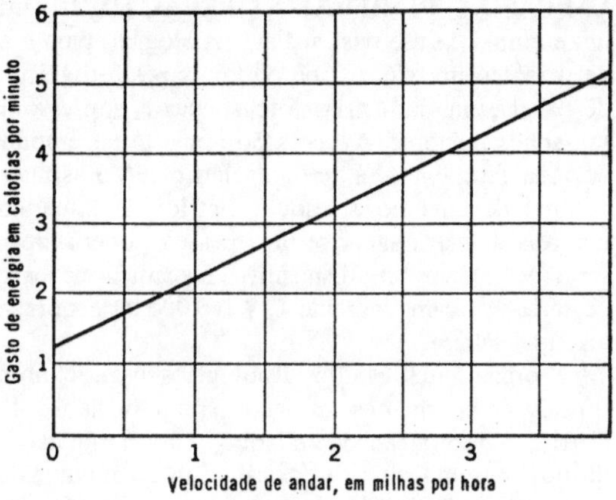

Estudo de movimentos e de tempos

Figura 300. Gráfico mostrando a relação entre o gasto de energia, em calorias/min, e a velocidade do caminhar, em milhas/h

onde *W* é o peso da pessoa, em kg. As curvas da Fig. 301 foram traçadas a partir dos dados obtidos desses estudos. O gasto de energia, para uma pessoa pesando 150 libras e andando a 3 milhas/h, seria 4,2 calorias/min, ao passo que, para uma pessoa de 200 libras, seria 5,3 calorias/min.

USO DE MEDIÇÕES FISIOLÓGICAS NO PROJETO DE MÉTODOS DE TRABALHO.

Quando uma nova fábrica e suas instalações de produção estão sendo projetadas ou compradas, a administração deve, muitas vezes, resolver os seguintes problemas: (a) Pode uma pessoa executar fisicamente uma certa tarefa? (b) Qual será o melhor método de se organizar o trabalho para cada pessoa quando for necessário um grupo para executá-lo? (c) Que período de descanso é necessário a um operário que executa uma tarefa específica? O objetivo é se projetar um programa de trabalho de maneira que o operador execute a tarefa 8 h por dia, 5 dias por semana, sem excesso de fadiga. Medidas fisiológicas de um trabalhador executando uma tarefa específica ou uma operação simulada trazem informações úteis relacionadas a tais problemas.

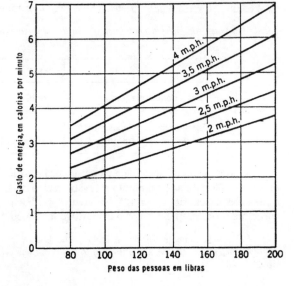

Figura 301. Gráfico mostrando a relação entre o gasto de energia, em calorias/min, a velocidade do caminhar, em milhas/h, e o peso do corpo, em libras

452 — Ralph M. Barnes

UM CASO ESPECÍFICO — OPERAÇÃO DE UMA TESOURA ELÉTRICA. Aqui daremos um exemplo do uso das medidas fisiológicas para a avaliação dos requisitos físicos ao manuseio de uma tesoura elétrica de cortar papel fotográfico. A tesoura elétrica é usada nas fábricas de papel e nas indústrias fotográficas e impressoras para cortar grandes folhas de papel em tamanhos menores. A operação consiste no empilhamento do papel e no seu corte por meio de uma faca ligada à tesoura elétrica. A Eastman Kodak Company estava considerando a compra de uma nova tesoura elétrica de tamanho maior do que as até então usadas[6]. A empresa desejava saber se uma pessoa poderia operar esta nova máquina manualmente ou se seria necessário um dispositivo mecânico de carga e descarga. Este equipamento especial custaria aproximadamente Cr$ 160 000,00 e poria certas limitações na flexibilidade da nova tesoura elétrica.

Foram feitos estudos fisiológicos usando mudanças no consumo de oxigênio e na freqüência de batimentos cardíacos para a avaliação. Foram construídos modelos da nova tesoura elétrica e da estação de trabalho, e foi simulada a operação na nova máquina. A operação da nova tesoura elétrica consistia em se movimentarem pilhas de papel em bruto do estrado localizado no nivelador à mesa da máquina. Cada pilha tinha as seguintes dimensões: 122 × × 109 × 3 cm e pesava aproximadamente 20 kg. Cinco pilhas eram transferidas do estrado à máquina, formando uma pilha de 15 cm de altura com 100 kg. Uma mesa pneumática foi usada como mesa da máquina, reduzindo, dessa maneira, grandemente o esforço requerido para se movimentar o papel. O papel era aparado, e eram feitos dois cortes. Este papel cortado era então transferido a outro estrado que se localizava num nivelador situado no outro flanco da mesa da máquina. Após isto, o ciclo era repetido.

O homem selecionado para o estudo era um operador com larga experiência no uso da tesoura elétrica. No dia anterior ao estudo definitivo, o operador foi solicitado a executar tarefas padronizadas de levantamento de pesos e subir os degraus de uma roda cilíndrica em movimento. Foram obtidos os dados relativos ao consumo de oxigênio e batimentos cardíacos. Os resultados desses testes mostraram que as reações desse operador se encontravam dentro da média de um grupo de outros trabalhadores da fábrica que tinham sido observados anteriormente. No dia do teste, o operador executou a tarefa simulada durante 3 h 30 min. Sua tarefa foi regulada por sinais emitidos de um gravador de fita que dava um ciclo uniforme de tempo de 4,65 min. Os resultados deste estudo são mostrados na Tab. 70.

Tabela 70. Gasto de energia e batimentos cardíacos do operador trabalhando na operação simulada da tesoura elétrica

	Média	Mínimo	Máximo
Gasto de energia, em calorias/min	4,25	4,00	5,00
Batimentos cardíacos, em batimentos por minuto	109	92	118

Como a média de gasto de energia de 4,25 calorias/min e a freqüência de batimentos cardíacos de 109 batidas por minuto estavam dentro da faixa aceita de gasto máximo (5 calorias e uma freqüência de 100 a 125 batimentos cardíacos por minuto), foi decidido que a nova cortadora seria comprada e que o dispositivo mecânico de carga e descarga não seria necessário.

[6]Harry L. Davis e Charles I. Miller, The Use of Work Physiology in Job Design. *Proceedings Annual Conference American Institute of Industrial Engineers*, Atlantic City, New Jersey, maio, 1962, pp. 281-286

Estudo de movimentos e de tempos

Figura 302. *Nova tesoura elétrica para cortar e fazer esquadro em papel fotográfico*

Esse estudo deu à empresa a segurança que a operação da nova máquina não causaria excessiva fadiga ao operador. A tesoura elétrica foi comprada e instalada (Fig. 302), e a experiência atual foi quase idêntica àquela obtida pelo estudo simulado.

ESTABELECIMENTO DE PADRÕES DE TEMPO POR MÉTODOS FISIOLÓGICOS

Os padrões de tempo estabelecidos pelo estudo de tempos ou pelos dados pré-determinados de movimentos e de tempos são geralmente estabelecidos de modo que um operário qualificado, de capacidade média, bem treinado e com prática, trabalhando numa tarefa manual contra o tempo-padrão produzirá dentro de um nível médio de, aproximadamente, 125% durante um certo período de tempo contínuo, quando empregado numa fábrica onde é usado o incentivo salarial. Supõe-se que, aproximadamente, 96% dos trabalhadores produzirão ou excederão o padrão (Fig. 231). É fato conhecido que algumas pessoas obtêm um nível de desempenho de 100% muito mais facilmente que outras. Como resultado, algumas pessoas trabalham regularmente a um nível de 150% ou 160%, enquanto outras, gastando a mesma energia, somente alcançarão o nível de 110% ou 115%. Os padrões de tempo são estabelecidos para a tarefa, isto é, para um trabalho específico e cuidadosamente definido.

Para demonstrar esse ponto, vamos considerar três operadores, Jones, Brown e Smith, que executavam uma operação de empilhamento de caixas[7] no setor de expedição (Fig. 296). Este trabalho era executado pelo operador trabalhando em pé, à frente de uma bancada de 86 cm de altura, retirando da correia transportadora caixas de 4,5 kg de peso e transferindo-as a uma mesa 25 cm mais alta, carimbando e marcando o endereço nas caixas e colocando-as numa correia transportadora situada 25 cm acima da mesa. Cada homem trabalhava a três velocidades diferentes, manuseando as caixas à razão de 6/min, 9/min e 12/min. As velocidades eram determinadas pelo uso de sinais de um gravador de fita. O gasto de energia, em calorias/min, e a mudança em batimentos cardíacos, em batimentos por minuto, são mostrados na Tab. 71 e Fig. 303. Embora os batimentos cardíacos dos três homens não diferissem apreciavelmente em qualquer velocidade, existem algumas diferenças nos gastos de energia medidos pelas calorias/min. À velocidade menor de 6 caixas/min, Jones gastava 3,2 calorias/min, Brown

---

[7] Estudo realizado por Ralph M. Barnes, Robert B. Andrews, James I. Williams e B. J. Hamilton

Tabela 71. Variação nos gastos de energia e batimentos cardíacos para três operadores na sala de expedição, trabalhando em três velocidades diferentes

	Gasto de energia, em calorias/min.			Batimentos cardíacos, em batimentos por minuto		
Caixas manuseadas por minuto	6	9	12	6	9	12
Operador						
Jones	3,2	3,9	5,0	87	93	99
Brown	3,5	4,4	5,5	88	92	98
Smith	2,8	3,7	4,9	89	98	105

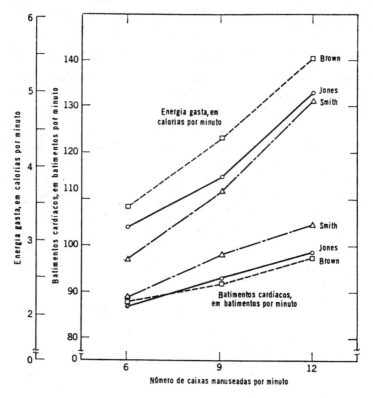

Figura 303. Gráfico mostrando as variações em gasto de energia e batimentos cardíacos para três operadores na sala de expedição, trabalhando em três velocidades diferentes

Estudo de movimentos e de tempos   **455**

3,5 e Smith 2,8. À velocidade maior de 12 caixas/min, o gasto de energia era de 5,0, 5,5 e 4,9 calorias respectivamente.

Medidas fisiológicas podem ser usadas para se comparar o gasto de energia numa tarefa, para a qual existe um padrão de tempo satisfatório, com uma operação similar, para a qual não existe padrão, mas a comparação deverá ser feita com a mesma pessoa. Por exemplo, se, manuseando caixas de 4,5 kg à média de 12 caixas/min, sob as condições descritas anteriormente, foi considerada como uma execução normal[8] e se o gasto de energia de Jones foi de 5 calorias/min, a resposta à pergunta qual deverá ser o tempo-padrão para manusear caixas de 6,8 kg sob as mesmas condições poderá ser obtida fazendo-se Jones manusear caixas de 6,8 kg em várias velocidades, daí selecionando a velocidade que desse o gasto de energia de 5 calorias/min. Desta maneira, o gasto de energia das duas tarefas seria similar, e o tempo-padrão, isto é, o número de caixas de 6,8 kg manuseadas por minuto poderia ser determinado.

[8]Este é um caso hipotético

CAPÍTULO 34
Fadiga

Um dos principais objetivos do estudo de movimentos e de tempos é reduzir a fadiga e tornar o trabalho tão fácil e satisfatório quanto possível. Neste capítulo, estudaremos a natureza da fadiga.

FENÔMENOS ASSOCIADOS À FADIGA

O termo fadiga tem vários significados, dependendo do ponto de vista adotado quando se discute o assunto. Na indústria, a fadiga se refere a três fenômenos relacionados: (1) uma sensação de cansaço; (2) uma mudança fisiológica no corpo (os nervos e os músculos não funcionam tão bem ou tão rapidamente quanto o normal, devido a alterações químicas no organismo resultantes do trabalho); e (3) diminuição da capacidade para a execução do trabalho.

SENSAÇÃO DE CANSAÇO. Uma sensação de cansaço é comumente associada a longos períodos de trabalho. Este é um conceito de natureza subjetiva, e, conseqüentemente, a extensão do cansaço não pode ser determinada por um observador. O cansaço pode se localizar em algum músculo particular ou pode ser uma sensação geral de fraqueza.

Esta sensação de cansaço protege ou previne a exaustão física, mas freqüentemente não há correlação direta com a fadiga fisiológica que se manifesta como um decréscimo na habilidade para a execução do trabalho. Uma pessoa pode se sentir cansada e, mesmo assim, trabalhar tão eficientemente como de costume, ou então pode ser sentir normal e, em realidade, estar trabalhando com baixa produtividade, devido à fadiga fisiológica. Desta forma, a sensação de cansaço não parece ser uma base válida para o julgamento do efeito do trabalho sobre o indivíduo.

MUDANÇAS FISIOLÓGICAS RESULTANTES DO TRABALHO. Do ponto de vista fisiológico, o corpo humano pode ser imaginado como uma máquina[1] que consome combustível e produz energia útil. Os principais mecanismos do corpo envolvidos nessa tarefa são (1) o aparelho circulatório, (2) o aparelho digestivo, (3) os músculos, (4) o sistema nervoso e (5) o aparelho respiratório. O trabalho físico afeta cada um desses mecanismos tanto individual quanto conjuntamente.

A fadiga é o resultado da acumulação de produtos secundários nos músculos e no fluxo sangüíneo, que reduz a capacidade de ação dos músculos. É muito provável que os terminais dos nervos e o sistema nervoso central possam também ser influenciados pelo trabalho, obrigando dessa forma uma pessoa a trabalhar mais devagar quando cansada. Os movimentos musculares são acompanhados por reações químicas que requerem alimentação para sua atividade. Esta alimentação é fornecida como *glicogênio*, substância que é conduzida pelo fluxo sangüíneo e se transforma rapidamente em açúcar. Quando o músculo se contrai, o glicogênio se transforma em ácido lático, um produto que tende a restringir a atividade do músculo. Na fase de recuperação da ação muscular, o oxigênio é empregado para retransformar o ácido lático em glicogênio, possibilitando dessa forma aos músculos a continuação do movimento.

[1] A. V. Hill, *Living Machinery*. Harcourt, Brace and Co., New York

A quantidade de oxigênio e a temperatura ambiente influem sobre a velocidade de recuperação. Se o ritmo de trabalho não é extenuante, o músculo consegue manter balanço satisfatório, não se acumula excessivo ácido lático, e o músculo não entra em "débito de oxigênio", ambos os quais diminuem a capacidade ativa do músculo.

Um exemplo de um indivíduo que se extenua ao máximo nos é dado por um atleta que corra a milha. Ele está usando rapidamente suas disponibilidades de combustível e de oxigênio e, conseqüentemente, requerirá tempo para a sua recuperação, isto é, tempo para restabelecer-se o equilíbrio de seus músculos.

EFEITO DO MEIO FÍSICO NO OPERÁRIO. O gasto fisiológico para se realizar um trabalho é afetado por fatores do meio ambiente, tais como temperatura, umidade, corrente de ar e contaminação atmosférica. Uma pessoa possui certas exigências de energia só para manter as funções corporais; quando realiza um trabalho físico, suas exigências de energia aumentam. Se o meio ambiente de descanso e de trabalho mudarem, por exemplo, se a temperatura for aumentada de 21 °C a 32 °C — então o gasto de energia aumentará em ambos os níveis, isto é, no nível de descanso e no nível de trabalho. Variações nos batimentos cardíacos parecem ser a melhor maneira de se medir o efeito de tais fatores do meio ambiente. A Fig. 304 mostra os batimentos cardíacos e o consumo de oxigênio antes, durante e após um exercício-padrão que foi realizado sob duas condições de temperatura e umidade relativa. Nesse estudo, seis homens pedalavam uma bicicleta ergométrica em duas velocidades diferentes[2]. Os homens traba-

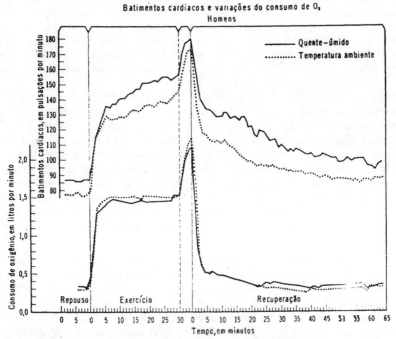

Figura 304. Batimentos cardíacos e consumo de oxigênio durante o período de repouso, durante exercícios com duas cargas diferentes de trabalho e durante o período de recuperação. Estas experiências foram levadas a termo em dois meio ambientes diferentes

[2] Lucien Brouha, Physiological Approach to Problems of Work Measurement. *Proceedings Ninth Industrial Engineering Institute*, University of California, Los Angeles-Berkeley, fevereiro, 1957, p. 13

458 *Ralph M. Barnes*

lhavam 30 min a uma carga média de trabalho e daí um período de 4 min a uma carga pesada. As condições do meio ambiente eram as seguintes:

temperatura normal da sala: 22 °C e 50% de umidade relativa;
temperatura quente e úmida da sala: 32 °C e 82% de umidade relativa.

As curvas mostram que um aumento imediato nos batimentos cardíacos e no consumo de oxigênio ocorre no começo do exercício. Com o progresso do trabalho moderado à temperatura ambiente, há um pequeno aumento nos batimentos cardíacos, porém o consumo de oxigênio permanece a um nível constante. Logo que a carga de trabalho se torna pesada, ambos, os batimentos cardíacos e o consumo de oxigênio, aumentam imediatamente e continuam aumentando até o fim do exercício. Durante o período de recuperação, o consumo de oxigênio retorna ao nível de descanso após 35 min, enquanto que os batimentos cardíacos diminuem menos rapidamente e ainda estão bem acima do nível de descanso após 65 min de recuperação.

Para qualquer trabalho no qual o dispêndio fisiológico é suficientemente grande para produzir alterações significativas na pulsação, as curvas de recuperação dessa pulsação determinarão o custo fisiológico do trabalho e permitirão avaliar qualquer modificação que seja feita com a finalidade de reduzir o esforço e a fadiga. Por exemplo, em um trabalho no qual diversas pessoas tinham que eliminar impurezas na superfície de um líquido com um escorredor comprido e pesado, os tanques se situavam a tal altura acima do nível do chão que a operação tinha que ser executada ao nível dos ombros. As reações médias eram altas, atingindo 160 pulsações por minuto para o primeiro registro feito um minuto após o término da limpeza de um tanque. Construíram-se plataformas especiais que permitiam aos homens a operação em um nível ligeiramente superior a sua cintura. A pulsação média, registrada um minuto após a operação, caiu a 112 batidas por minuto, indicando redução drástica no "trabalho fisiológico" necessário à execução da tarefa[3].

Foi realizado um estudo para se avaliar o efeito do meio ambiente sobre o operador de um martelo mecânico numa forjaria[4]. Os dados sobre os batimentos cardíacos e o consumo de oxigênio foram obtidos de um operário executando seu trabalho na fábrica. O mesmo operário foi consultado a operar uma bicicleta ergométrica, a qual foi movida para a forjaria e colocada ao lado do martelo. O operário operava o ergômetro a uma carga que produzia aproximadamente os mesmos batimentos cardíacos e consumo de oxigênio que quando trabalhava em sua tarefa regular. O ergômetro foi movido para o laboratório, onde a temperatura foi mantida a 21 °C e a umidade relativa a 50%. O operário trabalhava na mesma velocidade que na fábrica. Seus batimentos cardíacos e consumo de oxigênio foram obtidos em laboratório. A diferença foi uma medida dos efeitos do meio ambiente da fábrica, isto é, alta temperatura, umidade, fumaça e gases.

EFEITO DO VESTUÁRIO NA PULSAÇÃO. Apesar de os esforços realizados com a finalidade de reduzirem a fadiga e de melhorarem as condições de trabalho, ainda existem alguns trabalhos pesados que têm que ser executados em condições desfavoráveis de temperatura e umidade. Estudos executados pelo Dr. Lucien Brouha mostram que a pulsação pode ser usada como medida da eficiência de vestuários especiais usados para protegerem o trabalhador contra o calor e contra gases nocivos[5]. A Fig. 305 mostra uma vestimenta, por ele projetada, para

[3]Lucien A. Brouha, Fatigue-Measuring and Reducing It. *Advanced Management*, Vol. 19, n.º 1, janeiro, 1954, p. 13

[4]F. H. Bonjer, Netherlands Institute for Preventive Medicine. Leyden, Holland

[5]Lucien Brouha, Fatigue-Measuring and Reducing It. *Advanced Management*, Vol. 19, n.º 1, janeiro, 1954, p. 9

Estudo de movimentos e de tempos

Figura 305. Capacete e vestimenta ventilados, projetados para protegerem o operário contra o calor e os gases nocivos

ser usada por operários trabalhando em uma fábrica de magnésio. A tarefa consistia na remoção de impurezas do fundo de uma célula de magnésio, usando um escorredor de ferro pesando de 16 a 18 kg e com um cabo de 3 m de comprimento.

Os operários se expunham a temperaturas elevadas provenientes do magnésio fundido e normalmente usavam uma proteção no rosto a fim de protegê-los do calor e um respirador como proteção contra os gases de cloro.

A Fig. 306 mostra o efeito de uma vestimenta ventilada sobre a pulsação do coração. A curva de cima mostra a reação média em 45 operações sem que se usasse a vestimenta. A pulsação era de 127 batidas por minuto ao fim do primeiro minuto, 115 ao fim do segundo e 109 ao fim do terceiro minuto. A segunda curva dá os resultados para homens trabalhando com vestimentas nas quais se injetava ar à temperatura ambiente, 32 °C. A pulsação era de 111 batidas por minuto ao fim do primeiro minuto, 101 ao fim do segundo e 96 ao fim do terceiro. A curva inferior mostra os resultados para homens trabalhando com vestimentas na qual se injetava ar resfriado a 21 °C. Neste caso, as pulsações foram de 92, 85 e 81 ao fim do primeiro, segundo e terceiro minutos respectivamente.

A PLATAFORMA PARA MEDIR ESFORÇOS COMO UM MEIO DE MEDIDA DO TRABALHO. O consumo de oxigênio e a pulsação podem ser usados como medida do trabalho somente quando a atividade física tiver magnitude e duração consideráveis. Movimentos ligeiros das mãos ou do corpo, por exemplo, não podem ser medidos com essas técnicas. A

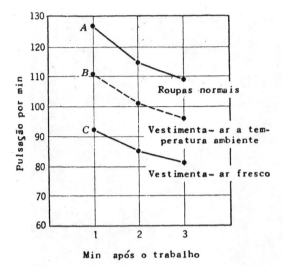

Figura 306. *Curvas de recuperação média da pulsação de operários executando a mesma operação numa fábrica de magnésio.* A, *com roupas normais de trabalho;* B, *vestimenta ventilada com ar a 32 °C;* C, *vestimenta ventilada com ar a 21 °C*

Figura 307. *Plataforma de medição de esforço.* A, *plataforma triangular para suportar o trabalhador;* B, *cristal de quartzo piezoelétrico usado para medir o esforço;* C, *eletrômetros para medir os componentes vertical, frontal e transversal;* E, *registrador de canais múltiplos tipo Sanborn. (Cortesia do Dr. Lucien Brouha e da Du Pont Company)*

Estudo de movimentos e de tempos

"plataforma de força" foi desenvolvida para medir o esforço físico envolvido na execução de trabalho leve ou atividades de curta duração[6]. O mecanismo (Fig. 307) consiste de uma plataforma triangular rígida suspensa em cristais de quartzo, de tal forma que eles reajam a forças verticais, frontais e transversais. Os cristais de quartzo agem como elementos sensitivos e podem ser usados para medir cargas de gramas até uma tonelada ou mais. Estas medidas podem ser amplificadas e registradas. A pessoa em estudo coloca-se na plataforma, e o sistema é ajustado ao valor zero. Qualquer movimento feito pela pessoa afetará a pressão nos cristais de quartzo, e estas variações serão registradas em seus componentes vertical, frontal ou transversal. Essas forças são proporcionais ao esforço exercido pela pessoa na execução da tarefa em estudo.

A Fig. 308, mostra os movimentos de um operário colocando bobinas têxteis em pinos de um carro especial[7]. A Fig. 309 mostra as forças originadas em três dimensões durante o manuseio dessas bobinas em diferentes alturas. Note-se que a primeira, segunda e terceira filas não requerem tanto esforço quanto a fila inferior. Neste último caso, o operador tinha que se abaixar e, posteriormente, se levantar. Isto pode ser notado nitidamente nos registros para os esforços vertical e frontal. O estudo mostrou que o esforço requerido à colocação das bobinas na linha inferior era maior do que o esforço total necessário para se colocar bobinas nos outros quatro pinos. Portanto o pino inferior não deveria ser usado neste caso.

Figura 308. Plataforma de medição de esforços. Fotografia estroboscópica mostrando o operador manuseando bobina de fios têxteis

[6]Lucien Lauru e Lucien Brouha, Physiological Study of Motions. *Advanced Management*, Vol. 22, n.º 3, março, 1957, pp. 17-24
[7]Lucien Lauru e Lucien Brouha, *op. cit.*, p. 20

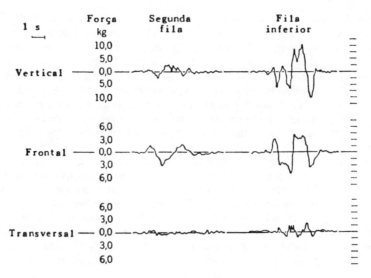

Figura 309. Forças resultantes do manuseio de bobinas em diversas alturas. Observe a mudança de escala para força vertical

A Fig. 310 mostra a força envolvida na abertura e no fechamento de uma gaveta de arquivo em várias alturas. O esforço total (calculado a partir dos três componentes) necessário para se fechar a gaveta de cima era de 16 kg. Neste caso, o mesmo esforço era suficiente para se abrir e fechar a segunda gaveta, 21 kg eram necessários para a terceira gaveta, 30 kg para a quarta e 42 kg para a gaveta inferior.

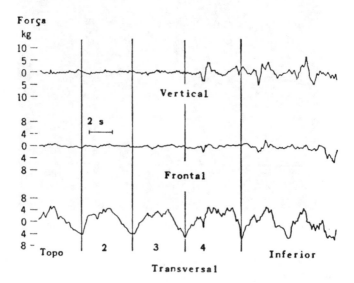

Figura 310. Forças resultantes da abertura e fechamento de gavetas de arquivo em diferentes alturas

Estudo de movimentos e de tempos 463

REDUÇÃO NA PRODUÇÃO COMO INDÍCIO DE FADIGA. Algumas pessoas acreditam que o índice de fadiga mais prático e útil é o seu efeito sobre a quantidade e a qualidade do trabalho individual; que a fadiga pode ser medida em termos de redução na produção resultante de trabalho executado. Entretanto não se pode afirmar com certeza que uma redução na produção resulte de fadiga. O fato de que uma pessoa produza menos durante a última hora do dia pode ser, é claro, devido ao fato de que ela esteja cansada. Também pode ser devido à perda de interesse pelo trabalho, ou a aborrecimentos decorrentes de algum problema particular ou simplesmente porque ela acredita que já tenha produzido o suficiente àquele dia.

A quantidade de trabalho executada por unidade de tempo pode ser indicada com o auxílio de uma curva de produção, algumas vezes chamada curva de trabalho. É possível que a curva de produção para trabalho manual *muito pesado* possa assumir a forma da Fig. 311. Algumas pessoas interpretam esta curva da maneira que se segue. A parte ascendente da curva indica um período de "aquecimento" durante a manhã. Isto é seguido por um aumento na produção até o meio da manhã quando começa a decrescer, possivelmente devido à fadiga do operário. A curva para a tarde é semelhante em forma à da manhã, excetuando-se o fato de que ela decresce mais rapidamente com a aproximação do término do dia.

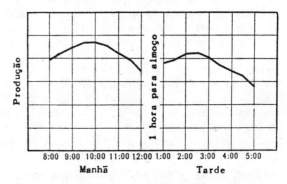

Figura 311. Curva de produção diária típica para um indivíduo executando trabalho muscular pesado

Grande parte do trabalho na indústria de hoje é leve, requerendo pequeno esforço físico por parte do operário. A curva de produção da Fig. 312 parece ser típica para esse tipo de trabalho, havendo relativa uniformidade na produção durante todo o dia. O operador possui tal reserva de energia, e os requisitos físicos da tarefa são tão reduzidos, que é perfeitamente possível para ele manter uma produção constante durante todo o dia. De fato, não é raro

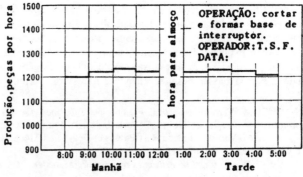

Figura 312. Curva de produção para cortar e formar a base de um interruptor na prensa Bliss n.º 21

464   Ralph M. Barnes

encontrar-se um operador que aumente sua velocidade durante a última hora de trabalho quando uma espera anterior o tenha atrasado ou quando uma ordem de emergência tenha sido colocada na produção.

FATORES QUE AFETAM O GRAU DE FADIGA

Vários fatores afetam as quantidades de trabalho que uma pessoa executa em um dia e de fadiga física resultante desse trabalho. Com certas condições de trabalho e um dado equipamento, a quantidade de trabalho executada em um dia dependerá da habilidade do operário e da velocidade com a qual ele trabalha. Este último fator depende diretamente da tendência do indivíduo ou de sua "vontade de trabalhar" que, por si só, é afetada por diversos fatores. A fadiga resultante de certo nível de atividade dependerá de fatores, tais como (1) horas de trabalho, isto é, a duração do dia de trabalho e o número de horas semanais; (2) o número, a localização e a duração dos períodos de descanso; (3) condições ambientais, tais como iluminação, temperatura, ventilação e ruído; e (4) o próprio trabalho.

HORAS DE TRABALHO. As investigações do Health of Munition Workers Committee, organizado na Inglaterra em 1915, deram ímpeto ao movimento para a redução da duração do dia de trabalho. Naquela época, um dia de 12 a 15 h de trabalho era comum. Os relatórios desse Comitê e de diversas outras investigações executadas desde aquela época indicam a economia resultante de menor duração para o dia de trabalho. Existem provas mostrando que, na maior parte dos trabalhos, excetuando-se operações em que a produção dependa principalmente da velocidade da máquina, a redução no período de trabalho para 8 h resulta em maior produção, tanto horária como diária[8].

Como nos E.U.A. vigoram o dia de 8 h e a semana de 5 dias, é de se julgar que não haverá vantagem em maiores reduções na duração do dia de trabalho, relativamente à *prevenção da fadiga física*. Quando o aumento da procura não puder ser suprido com o dia de 8 h, a possibilidade de dois ou três turnos de 8 h sempre oferece uma saída. Isto também tende a reduzir os custos indiretos de fabricação, visto que esses custos seriam rateados por um número maior de unidades.

PERÍODOS DE DESCANSO. Quando uma pessoa executa trabalho físico pesado, é necessário parar e descansar a intervalos regulares durante o dia de trabalho. Se o trabalho pesado é executado sob condições de alta temperatura e umidade, o operário sentirá uma tensão ainda maior e conseqüentemente necessitará mais tempo para se recuperar. Em tais tarefas, o trabalhador descansará uma parte considerável do dia, quer seja permitido oficialmente pela administração ou não. Vernon concluiu que, em *trabalho pesado*, os homens descansavam de 50 a 25% do tempo de trabalho[9]. Taylor, em suas investigações clássicas sobre o manuseio de lingotes, conseguiu aumento na produção de 12,5 a 47 t diárias, principalmente requerendo que os trabalhadores descansassem 57% e trabalhassem apenas 43% do tempo[10]. Devemos notar que estes exemplos foram tirados de trabalhos pesados e que muitos dos trabalhos da indústria moderna são muito leves, requerendo pequena aplicação física por parte do operador.

Como explicado previamente, uma pessoa pode trabalhar com um gasto de energia de até 5 ou 7 calorias/min sem entrar em "débito de oxigênio". Em qualquer tarefa que não exija a uma pessoa passar desse nível, não é necessário período de descanso. Se o trabalho exigir

---

[8]H. M. Vernon, *Industrial Fatigue and Efficiency.* George Routledge & Sons, Londres, 1921; também Two Studies on Hours of Work. Industrial Fatigue Research Board, *Relatório* 47

[9]H. M. Vernon e outros, Rest Pauses in Heavy and Moderately Heavy Industrial Work. Industrial Fatigue Research Board, *Relatório* 41, p. 20

[10]E. W. Taylor, *The Principles of Scientific Management.* Harper & Bros., New York, 1911, p. 57

Estudo de movimentos e de tempos

465

Tabela 72. *Classificação de cargas de trabalho em termos das reações fisiológicas*

Carga de trabalho	Consumo de oxigênio, em litros/ min.	Gasto de energia, em calorias/ min.	Batimentos cardíacos durante o trabalho, em batimentos por minuto
Leve	0,5—1,0	2,5—5,0	60—100
Moderado	1,0—1,5	5,0—7,5	100—125
Pesado	1,5—2,0	7,5—10,0	125—150
Muito pesado	2,0—2,5	10,0—12,5	150—175

maior demanda física ou se a temperatura e umidade forem altas e o gasto de energia exceder 5 calorias/min ou os batimentos cardíacos excederem 100 a 125 batimentos por minuto, será necessário introduzir-se períodos de descanso. Cada pessoa possui um certo "estoque fisiológico" do qual faz uso. Por exemplo, se uma pessoa estiver trabalhando numa tarefa que requer 10 ou 12 calorias/min em vez de 5, ela estará contraindo um débito fisiológico. Portanto, em tal trabalho, um período de descanso deverá ser introduzido de maneira que a pessoa possa sentar e descansar, permitindo assim repor-se o débito fisiológico ou trazer seus batimentos cardíacos ou seu consumo de oxigênio de volta ao nível normal[11]. A dificuldade de uma tarefa poderá ser avaliada pelo consumo de oxigênio, em litros/min, o gasto de energia, em calorias/min, e os batimentos cardíacos, em batimentos por minuto. O Dr. Brouha compilou uma classificação da carga de trabalho em termos das reações fisiológicas[12], como mostra a Tab. 72. A Tab. 73 mostra os dados dos gastos de energia para diversas tarefas diferentes. Essa informação foi obtida de relatórios de vários pesquisadores e resumida por Passmore e Durnin[13].

Em muitas espécies de trabalho, tanto leve quanto pesado, os períodos de descanso são desejáveis pelas seguintes razões: (1) os períodos de descanso aumentam a quantidade de trabalho executada em um dia, (2) os trabalhadores gostam dos períodos de descanso, (3) os períodos de descanso reduzem a variabilidade na quantidade produzida e tendem a encorajar o operário a manter um nível de execução próximo de sua produção máxima, (4) os períodos de descanso reduzem a fadiga física e (5) eles reduzem o tempo tomado para as necessidades pessoais durante as horas de trabalho. Os períodos de descanso são particularmente efetivos em trabalhos manuais pesados, em operações que requeiram atenção e concentração, como, por exemplo, em trabalhos delicados de inspeção e em tarefas altamente repetitivas e monótonas. Os períodos de descanso são usualmente colocados no meio da manhã e no meio da tarde com duração variando de 5 a 15 min. O número adequado de períodos de descanso, o horário e a duração mais conveniente de cada um deles dependem da natureza do trabalho, podendo ser determinados de maneira satisfatória por tentativas. Em geral, diversos períodos curtos de descanso são melhores que menor número de períodos longos de descanso. Quando uma pessoa deve trabalhar sob condições de calor e umidade, sua taxa de recuperação será muito mais rápida se descansar numa sala com ar condicionado. Onde diversas pessoas traba-

[11]E. A. Müller, The Physiological Basis of Rest Pauses in Heavy Work. *Quarterly Journal of Experimental Physiology*, Vol. 38, n.º 4, 1953

[12]Lucien Brouha, *Physiology in Industry*. Pergamon Press, New York, 1960, p. 87

[13]R. Passmore e J. V. G. A. Durnin, Human Energy Expenditure. *Physiological Reviews*, Vol. 35, n.º 4, outubro, 1955, pp. 816-834

Tabela 73. *Tabela de gasto de energia*

Tipo de operação	Gasto de energia, em calorias/min
Sentado — parado	1,2
Conserto de relógios	1,6
Trabalho de escritório — sentado	1,65
Trabalho leve de montagem	1,8
Desenhista	1,8
Trabalho de escritório — em pé	1,90
Alfaiate, costurando à mão	2,0
Tipógrafo — composição manual	2,2
Alfaiate, costurando à máquina	2,6
Trabalho de funilaria	3,0
Operador de prensa	3,8
Alfaiate passando terno	4,3
Cortando placas de bateria	4,4
Endireitando barras de chumbo para ligação	4,6
Empurrar carrinho de mão a 4,5 km/h com uma carga de 56,7 kg numa superfície razoavelmente plana	5,0
Jogar 8,2 kg de terra com uma pá a uma distância de 1 m e a uma altura de 0,46 m, num ritmo de 12 movimentos/min	5,4
Descarregar caixas de bateria da estufa	6,8
Empurrar carrinho de mão a 4,5 km/h com uma carga de 150 kg numa superfície razoavelmente plana	7,0
Jogar 8,2 kg de terra com uma pá a uma distância de 1 m e a uma altura de 0,92 m, num ritmo de 12 movimentos/min	7,5
Cavar buraco em solo argiloso	8,5
Carregar forno numa fundição	10,2

lham em grupo, a rotação de tarefa a intervalos freqüentes poderá servir para reduzir o gasto total fisiológico por pessoa na qual uma série de músculos diferentes entrarão em uso com a mudança da tarefa.

Testes nos mostram que períodos de descanso estabelecidos pela administração permitem recuperação muito melhor do que aqueles que tenham que ser tomados pelo próprio operário. Este tipo de descanso ou mesmo os forçados por falta de materiais podem ter apenas um quinto do valor que possuem os descansos racionais na redução da fadiga[14].

Quando os trabalhadores são horistas e seus trabalhos não são medidos e quando são empregados para executar tarefas onde possam determinar seu próprio ritmo de trabalho, cada trabalhador poderá descansar quando quiser e será livre para adaptar seu tempo de trabalho e seu tempo de descanso para melhor preencher suas necessidades. Todavia quando uma operação for medida, e o trabalhador tiver uma oportunidade de ganhar um incentivo salarial, será estabelecido um tempo-padrão para a tarefa. Este tempo-padrão conterá um desconto para as necessidades pessoais (tolerância pessoal) e um desconto para descanso ou recuperação (tolerância para fadiga).

Cada empresa possui sua própria tabela para determinar o desconto permitido de fadiga, e, entre as empresas antigas e bem estabelecidas, estes dados foram obtidos por tentativas

[14]H. M. Vernon, *op. cit.*, p. 21

Estudo de movimentos e de tempos

através de um período de muitos anos. Existe uma necessidade real para um método mais sistemático de determinação de tolerância para fadiga. É lógico pensar que medições fisiológicas poderão contribuir para a solução desse problema.

ILUMINAÇÃO, TEMPERATURA E VENTILAÇÃO. A iluminação, temperatura e ventilação têm um efeito definido sobre o conforto físico, atitude mental, produção e fadiga do operário. As condições de trabalho devem ser de tal modo a tornar a fábrica ou escritório locais confortáveis para se trabalhar. Os requisitos para iluminação adequada, temperatura ambiente e ventilação são de conhecimento geral, podendo-se obter equipamento que forneça condições físicas confortáveis para o trabalho. Desses três fatores, a iluminação é talvez o menos satisfatório na maioria das fábricas. Onde o trabalho seja de tal natureza que se torne necessária percepção visual para uma execução satisfatória, a produção invariavelmente aumenta quando se providencia iluminação adequada. Operações de inspeção, tais como aquelas descritas no Cap. 18, são exemplos de trabalhos desta natureza.

RUÍDO E VIBRAÇÃO. Apesar de o ruído aborrecer praticamente a todos, a adaptação a ele é facilmente conseguida pela maioria das pessoas e seus efeitos psicológicos e fisiológicos não são tão sérios como muitos acreditam[15]. Viteles tira as seguintes conclusões de seus estudos sobre o ruído:

(1) Não existe evidência experimental que mostre que a execução automática seja adversamente afetada por ruído ou por vibração.

(2) Mesmo assim, com exceção de certos ruídos "agradáveis", existe concordância geral que tanto o ruído quanto a vibração que acompanha o trabalho são desconfortáveis.

(3) Um fundo continuamente ruidoso parece ter um efeito estimulante inicial, e isto, considerado juntamente com (2), parece indicar que o ruído deve ser encarado como uma condição adversa que é enfrentada com um aumento inconsciente de esforço.

(4) Com trabalho construtivo envolvendo esforço mental, observa-se uma ligeira perda de qualidade, particularmente em esforços continuados. Apesar de que, de acordo com os experimentos que possuimos, a deterioração seja apenas estatisticamente significante, ela pode ser "psicologicamente" significante. A consistência desta pequena perda de qualidade parece indicar a veracidade desta observação.

(5) Ruído descontínuo é mais inconveniente do que ruído contínuo; ruído "significativo" pode ser mais ou menos indesejável do que ruído "sem significado", conforme seja interessante ou familiar[16].

Como o ruído e as vibrações prejudicam a saúde do operário, eles são indesejáveis e devem ser reduzidos ou eliminados na medida do possível. Estamparia, seção de corte e seção de prensas são geralmente segregadas em uma parte da fábrica a fim de que as demais seções possam ser conservadas a um nível de ruído relativamente baixo. Onde grande número de empregados seja afetado e onde o trabalho requeira alto grau de concentração ou atenção, pode se justificar economicamente a redução do ruído, forrando-se as paredes e o teto com revestimento acústico, como é feito em diversos lugares. Algumas indústrias isolam completamente o equipamento ruidoso, como prensas automáticas, com paredes de materiais absorventes. Essas paredes são projetadas de forma que possam ser abertas para a manutenção e ajuste do equipamento.

[15]K. G. Pollock e outros, Two Studies in the Psychological Effects of Noise. Industrial Health Research Board, *Relatório 65*, p. 30

[16]M. S. Viteles, *Industrial Psychology*. W. W. Norton & Co., New York, 1932, p. 510

468 *Ralph M. Barnes*

EFEITO DA ATITUDE MENTAL SOBRE A FADIGA. A fadiga não é aquela coisa simples e de definição fácil que muitas pessoas querem que acreditemos ser. Cathcart[17], Dill[18] e Mayo[19], que escreveram de maneira clara sobre esse assunto, nos indicam as múltiplas facetas da natureza da fadiga.

Um estudo cuidadosamente conduzido, durante um período de vários anos, sobre a fadiga de operários de fábrica, em trabalhos de produção regulares, na Western Electric Company mostrou que a atitude mental dos trabalhadores era o fator mais importante que governara sua eficiência. São conclusões específicas[20] relativas a este ponto.

1) A duração do período de sono tem um efeito ligeiro, mas significativo, sobre o desempenho do indivíduo.

2) É evidente a existência de uma relação entre o desempenho das moças e seu estado emocional ou condições de vida no lar.

3) A produtividade diária total aumenta com os períodos de descanso.

4) Influências externas tendem a criar euforia ou depressão, fatos estes que se refletem na produção.

5) A atitude mental do operador em relação ao seu supervisor e a suas condições de vida no trabalho e no lar é provavelmente o fator individual que mais influi na eficiência do empregado.

MEHORANDO O MÉTODO DE SE EXECUTAR UM TRABALHO. Estima-se que, do trabalho manual executado em nossas fábricas, escritórios, oficinas e lares, cerca de 25 a 50% é desnecessário — que o trabalho poderia ser feito de maneira melhor, produzindo-se o mesmo número de unidades, com menor dispêndio de energia por parte dos trabalhadores. O engenheiro de produção desfrutou posição importante no aumento da eficiência do trabalho, e, hoje em dia, as suas oportunidades neste campo são maiores do que nunca. Na execução dessa tarefa, o estudo de movimentos e de tempos é uma de suas técnicas mais valiosas.

O encontro de um meio mais fácil de se executar um trabalho resulta naturalmente em uma tarefa mais fácil e mais satisfatória para o operário, isto porque o método melhorado é lógico e conveniente, permitindo movimentos suaves, naturais e rítmicos.

---

[17] E. P. Cathcart, *The Human Fatigue in Industry*. Oxford University Press, Londres, 1928

[18] D. B. Dill, Fatigue and Work Efficiency. American Management Association, *Personnel Journal*, Vol. 9, n.º 4, pp. 112-116

[19] E. Mayo, *The Human Problems of an Industrial Civilization*. Macmillan Co., New York, 1933

[20] G. A. Pennock, Industrial Research at Hawthorne, an Experimental Investigation of Rest Periods, Working Conditions, and Other Influences. *Personnel Journal*, Vol. 8, n.º 5, p. 311

CAPÍTULO 35

Programas de treinamento de estudo de movimentos e de tempos

O trabalho do departamento de estudo de movimentos e de tempos, em algumas organizações, não alcança os resultados esperados, isto porque os demais membros da organização não entendem como os estudos são feitos e, conseqüentemente, não dão a este departamento a colaboração e a cooperação que seriam necessárias. Freqüentemente, esta falta de compreensão estende-se do presidente da empresa aos mestres e trabalhadores da fábrica.

Uma das melhores maneiras de superar tais dificuldades é fazer com que todos os membros da organização tenham contato com os métodos e técnicas do estudo de movimentos e de tempos através de programas de treinamento bem organizados e cuidadosamente conduzidos. A seguir, serão descritos alguns programas típicos, tendo em vista esta finalidade.

PROGRAMAS DE TREINAMENTO DE ESTUDO DE MOVIMENTOS

Antes de se iniciar qualquer trabalho, alguém precisa planejá-lo e instalá-lo. Este trabalho preliminar inclui a determinação dos passos a serem seguidos na execução do trabalho, a seleção das ferramentas e do equipamento a ser usado e o treinamento do operador.

Quando a produção de um dado artigo é grande, os engenheiros de assessoria estudam os detalhes e ajudam os mestres e supervisores a dar início à produção. Entretanto grande parte do trabalho não é altamente repetitivo, e um operador pode executar diversas tarefas durante o decorrer de um dia. Nestas instâncias, o supervisor geralmente decide como o trabalho deve ser feito, dispõe o local de trabalho, seleciona as ferramentas e o equipamento e instrui o operador. Por esta razão, é desejável que as pessoas, supervisionando diretamente as operações, conheçam os princípios fundamentais dos bons métodos de trabalho. Mesmo quando se espera que a produção do artigo venha a ser grande e quando são designados engenheiros de produção para estudar os processos de manufatura, o mestre e supervisores normalmente desempenham papel de destaque, ajudando os engenheiros a desenvolver as rotinas a ser seguidas. Aqui também é desejável que o supervisor tenha um conhecimento básico das técnicas usadas pelo engenheiro de produção na melhoria dos métodos de trabalho.

No fim das contas, entretanto, é o operador quem executa a tarefa. É ele quem usa as ferramentas e o equipamento selecionados pelo supervisor ou engenheiro e quem emprega o método por eles sugerido. Portanto é lógico que o operador deva também compreender estes métodos e técnicas que lhe possibilitam executar seu trabalho de forma mais fácil e mais eficiente.

Tem sido demonstrado, em várias ocasiões, que tanto os supervisores quanto os operários podem projetar métodos de trabalho. Naturalmente, o supervisor deve tomar a iniciativa para a melhoria dos métodos. Quando isto for feito, o operador absorverá este conhecimento mais rapidamente, tanto através de instruções dadas pelo mestre como por um curso formal de treinamento.

Programas de treinamento com finalidade de apresentar as técnicas do engenheiro de produção aos administradores, mestres, supervisores e operários fornecem um meio eficiente para estimular a melhoria de métodos em qualquer organização. Um programa de treinamento para projeto e melhoria de métodos, para ser eficiente, deve ser desenvolvido a fim de ir de encontro às necessidades do grupo que receba este treinamento.

UMA PRÉVIA DO PROGRAMA. Um programa de desenvolvimento de métodos, como qualquer outra atividade importante de uma organização, deve ser compreendido e apoiado integralmente pela alta administração para que tenha sucesso. De fato, cada administrador, gerente e supervisor deve ser familiar com a filosofia, os propósitos e os objetivos do programa e deve compreender os princípios e técnicas usados no desenvolvimento de melhores métodos de trabalho. Por esta razão, é essencial que seja dada à alta administração uma prévia ou uma introdução ao programa.

Como já foi indicado, o programa deve ser planejado para satisfazer às necessidades específicas da organização, e a prévia deve refletir o tipo de programa que será desenvolvido.

O PROGRAMA. Em muitos casos, tem sido útil apresentar-se o programa a engenheiros de produção, supervisores, mestres, engenheiros de processo, projetistas de gabaritos e dispositivos, engenheiros mecânicos, líderes de grupos e operadores-chave. É comum um programa de treinamento com 30 a 40 h de duração. Talvez os melhores resultados sejam obtidos quando o programa é dado em um período contínuo de aproximadamente 2 semanas. As manhãs podem ser devotadas às discussões em sala de aula e a demonstrações, e as tardes para se trabalhar em projetos ou problemas. Se o programa incluir trabalho de projeto, é necessário um pequeno laboratório combinado com uma oficina (Figs. 313, 314 e 315). Caso não seja possível apresentar-se o programa em uma seção contínua, o material pode ser dado em uma série de aulas de 1, 2 ou 3 h apresentadas uma ou duas vezes por semana, conforme for mais indicado.

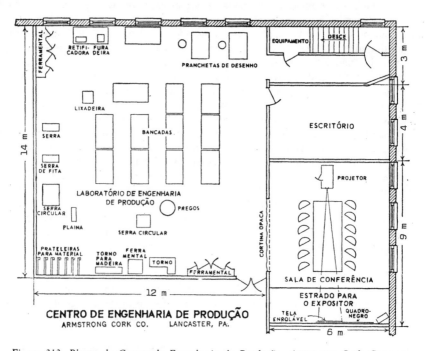

Figura 313. Planta do Centro de Engenharia de Produção, Armstrong Cork Company

Estudo de movimentos e de tempos

Figura 314. Sala de conferências para o Programa de Desenvolvimento de Métodos, Armstrong Cork Company

Figura 315. Laboratório para projetos feitos em conexão com o Programa de Desenvolvimento de Métodos, Armstrong Cork Company

472 *Ralph M. Barnes*

UM CASO ESPECÍFICO. Programas para o desenvolvimento de métodos melhorados têm sido parte integrante do treinamento de administradores na Armstrong Cork Company desde 1945. Esta organização emprega aproximadamente 15 000 pessoas em 18 fábricas situadas nos E.U.A. A empresa é bem administrada e já há vários anos mantém um grupo de engenheiros de produção bem treinados em cada uma de suas fábricas.

Na fábrica principal estabeleceu-se um Centro de Engenharia de Produção e, em 1945, imaginou-se um Programa de Desenvolvimento de Métodos a fim de dar maior ênfase a esta fase de engenharia e produção na empresa, padronizar as técnicas e as rotinas em todas as fábricas e entre todo o pessoal da organização, e preparar o terreno a um Programa de Desenvolvimento de Métodos para mestres e supervisores, que posteriormente seria conduzido em cada fábrica[1].

Grupos de dez a quinze engenheiros de produção, engenheiros de processo, engenheiros mecânicos e de representantes da alta administração vinham ao Centro de Engenharia de Produção para um período de treinamento de duas semanas, consistindo de conferências e de projetos. Ao fim desse programa, uma série mais curta de conferências para mestres e supervisores era levada a termo em cada fábrica. Este programa era projetado especialmente para satisfazer às necessidades particulares da fábrica a qual se destinava. Uma característica importante dessas conferências era o trabalho de projeto que cada mestre executava em seu departamento. Os métodos e técnicas apresentados nas conferências eram por eles aplicados a problemas específicos. A fim de dar a orientação necessária, os engenheiros de produção e o presidente da conferência permaneciam à disposição dos mestres durante o desenvolvimento de seus projetos.

Quando a empresa estabeleceu o Centro de Engenharia de Produção em 1945, o Programa de Desenvolvimento de Métodos foi introduzido como a primeira parte de um programa de treinamento a longo prazo, no campo da engenharia de produção. A Tab. 74 relaciona os programas principais desenvolvidos desde o estabelecimento, em 1946, do Programa de Desenvolvimento de métodos.

Tabela 74. Participação em programas importantes, Armstrong Cork Company

Matérias	Número de fábricas que fornecem aulas	Número de aulas fornecidas	Número de pessoas treinadas
Análise do processo	14	35	350
Análise do homem e do equipamento	18	40	400
Análise do material e do refugo	18	40	400
Liderança de fábrica (para a matriz, em Lancaster, Pennsylvania)	1	10	150
Gerência de produção, Seção de métodos para novos supervisores (no Centro de Engenharia de Produção)	18 (Fábricas participando)	50	380
Totais		175	1 680

[1]John V. Valenteen, A Long-Range Methods Development Program. *Modern Management*, Vol. 8, n.º 5, julho, 1948, pp. 6-9; também, Stimulating and Maintaining Enthusiasm for Methods Improvement. *Proceedings Eighth Industrial Engineering Institute*, University of California, Los Angeles-Berkeley, fevereiro, 1956, pp. 69-74

Estudo de movimentos e de tempos **473**

TRINTA E CINCO ANOS DE TREINAMENTO NO ESTUDO DE MOVIMENTOS. A fábrica de Fort Wayne da General Electric Company tem mantido um programa de treinamento no estudo de movimentos, continuamente, já há quase 40 anos. Desde o início, a empresa viu a importância do treinamento de todos os seus supervisores nos métodos e técnicas do estudo de movimentos.

Em 1928, a General Electric Company enviou representantes de suas várias fábricas a Schenectady, onde era ministrado o treinamento no estudo de movimentos. Este treinamento incluía tanto a instrução em sala de aula quanto a aplicação dos princípios no laboratório e na fábrica. Os representantes, após treinamento completo, voltaram às suas respectivas fábricas a fim de iniciarem entre os colegas seus próprios programas de treinamento.

O programa de treinamento no estudo de movimentos foi iniciado na fábrica de Fort Wayne por L. P. Persing, em janeiro de 1929, quando foi dada uma aula para engenheiros de planejamento e de estudo de tempos. Durante um período de 3 anos foram dados os seguintes cursos[2]:

3	Cursos para engenheiros de planejamento e de estudo de tempos (principiantes)	27
4	Cursos para engenheiros de planejamento e de estudo de tempos (avançados)	61
16	Cursos para mestres gerais, mestres, contramestres, operadores-líderes	268
2	Cursos para projetistas de máquinas e de ferramentas especiais	27
3	Cursos para operadores-líderes, operadores especializados, operadores pessoais (mulheres)	42
1	Curso para engenheiros construtores industriais	22
1	Curso para montadores especializados	16
30	**Número total de cursos** Número total de pessoas treinadas	**463**

Durante o período de treinamento, projetaram-se novos métodos através da aplicação dos princípios do estudo de movimentos. Um total de 96 tarefas foi estudado, tendo seus métodos revistos. Os novos métodos reduziram, em média, o tempo de execução em 40%, e o equipamento e ferramentas necessários para instalar os métodos melhorados custou 7,4% das economias totais.

Desde que o programa teve início, em 1929, o treinamento no estudo de movimentos tem sido dado continuamente. Em triênio recente, foram realizados os seguintes cursos de estudo de movimentos e de tempos na fábrica de Fort Wayne e em suas filiais:

18	Cursos de estudo de movimentos e tempos sintéticos para planejadores, cronometristas e mestres (32 períodos de $1\,^{1}/_{2}$ h, duas vezes por semana)	211
1	Curso de estudo de movimentos e tempos sintéticos para planejadores de métodos e engenheiros de projeto (32 períodos de $1\,^{1}/_{2}$ h, duas vezes por semana)	9
1	Curso de estudo de movimentos e tempos sintéticos para planejadores de métodos, projetistas de ferramentas e mestres (32 períodos de $1\,^{1}/_{2}$ h, duas vezes por semana)	10
1	Curso de estudo de movimentos e tempos sintéticos para engenheiros de produtos (36 períodos de 2 h, duas vezes por semana)	7
1	Curso de estudo de movimentos e tempo sintéticos para planejadores de métodos, engenheiros de projeto e desenhistas-projetistas (20 períodos de 2 h, duas vezes por semana)	11
3	Cursos de estudo de métodos e tempos sintéticos para mestres (20 períodos de 2 h, duas vezes por semana)	24

[2]L. P. Persing, Motion Study-The Teacher. *Factory and Industrial Management*, Vol. 83, n.º 9, setembro, 1932, pp. 337-340

474 — Ralph M. Barnes

2 Cursos de estudo de tempos para cronometristas (24 períodos de 2 h, duas vezes por semana)	16
2 Cursos de estudo de movimentos para aprendizes de ferramenteiro (20 períodos de 1 $^1/_2$ h, duas vezes por semana)	24
36 Cursos de estudo de movimentos e tempos sintéticos para planejadores de processo e de equipamentos, cronoanalistas, mestres, analistas de custos, pessoal de produção e de compras, projetistas de ferramentas e engenheiros de projeto (30 períodos de 1 $^1/_2$ h, duas vezes por semana)	432
65 Número total de cursos Número total de pessoas treinadas	744

Ao fornecer a informação precedente, o sr. Persing também afirmou:

"Milhares de projetos de valor foram desenvolvidos por membros dessas classes, em conexão com o treinamento nos estudo de movimentos e tempos sintéticos durante esse período. Além disso, este tipo de treinamento trouxe maior entendimento da nossa organização e tornou mais eficiente o trabalho de todos os grupos".

Desde o início do programa, em 1929, conduziram-se cerca de 660 cursos, tendo sido treinadas mais de 6 100 pessoas, as quais receberam seu treinamento na fábrica da General Electric, em Fort Wayne.

PROGRAMA DE MUDANÇA DE MÉTODOS. A Procter and Gamble Company, durante a década de 1930, deu ênfase especial em se melhorar o trabalho em suas fábricas e obteve um considerável sucesso[3]. Todavia, no início da década de 1940, a taxa diminuiu consideravelmente, e tornou-se evidente que, se a taxa de custo de redução fosse mantida a um nível aceitável, seria necessário dar mais ênfase nas mudanças dos métodos. Como é essencial convencer-se a administração para que haja mudanças na prática administrativa, desde a diretoria até o último colaborador, iniciou-se um programa de métodos dando sessões de avaliação dos conceitos e técnicas de simplificação de trabalho à administração da fábrica.

Após isto, foi realizado um curso especial para engenheiros de métodos — homens formados em universidades e com prática de 1 a 5 anos na empresa. Após o término do curso de treinamento de uma semana, esses engenheiros retornariam a suas respectivas posições nas fábricas para iniciarem o trabalho como especialistas de métodos.

1. *Especialista.* Durante o período de 1946 a 1949, quando engenheiros treinados em métodos trabalhavam como especialistas na melhoria de métodos, desenvolvendo trabalho mais ou menos independente, houve uma redução de custos de aproximadamente 700 dólares por ano, por membro da administração da fábrica.

O programa foi considerado um sucesso, mais homens foram treinados, e o programa foi introduzido em outras fábricas.

2. *Coordenador.* Contudo este enfoque organizacional tinha algumas limitações. Na década de 50, a posição do engenheiro de métodos passou de especialista a coordenador. Anteriormente, o engenheiro sugeria as mudanças, e o mestre não participava ativamente delas. O mestre tomava as sugestões como crítica ao seu trabalho. Agora, o engenheiro passa dois terços

---

[3]Richard A. Forberg, Administration of the Industrial Engineering Activity. *Proceedings Twelfth Industrial Engineering Institute,* University if California, Los Angeles-Berkeley, 1960, pp. 22-30. Veja também Richard A. Forberg, Effective Control of the Industrial Engineering Function. *Proceeding Management Engineering Conference,* SAM-ASME, abril, 1957, pp. 217-219; Arthur Spinanger, Increasing Profits Through Deliberate Methods Change. *Proceedings Seventeenth Industrial Engineering Institute,* University of California, Los Angeles-Berkeley, 1965, pp. 32-37

Estudo de movimentos e de tempos **475**

de seu tempo ajudando os supervisores da fábrica em seus projetos e um terço trabalhando em seus projetos individuais. Cada membro da administração teve diversos custos selecionados para serem reduzidos.

O engenheiro de métodos também realiza cursos de treinamento, em sua fábrica, para mestres, supervisores e demais membros da administração. Com a participação ativa da gerência da fábrica, a taxa de economia por membro da administração[4] aumentou para US$ 2 300 por ano. Com o crescimento do programa, foi publicado um boletim bimestral para promover a aplicação dos métodos bem sucedidos em outras fábricas e para sumariar os resultados alcançados. O objetivo da empresa era que todos os membros do corpo administrativo (de linha e assessoria) participassem do programa.

3. *Formação de equipes.* No início, qualquer projeto que apresentasse economias potenciais de custos era selecionado para estudo. Alguns apresentavam pequenas economias, mas era importante que as pessoas trabalhassem em projetos nos quais estivessem interessadas. Pequenos sucessos forneciam confiança a maiores projetos.

As fábricas experimentaram vários enfoques organizacionais. Uma fábrica, por exemplo, organizou o pessoal de gerência e supervisão em grupos de quatro a oito pessoas. O estudo das operações feito por grupos de trabalho leva a melhores projetos. Os projetos devem ser julgados de acordo com as economias potenciais que possam trazer. Nessa época, a empresa desenvolveu o que chamou de "tentativa de eliminação". Esse enfoque era aplicado a qualquer custo, operação, máquina ou parte do equipamento através da identificação da causa básica ao custo. Fazia-se a pergunta "O custo está relacionado com a causa básica do problema?". Quando a resposta mostrava que não havia causa básica ou que a causa básica poderia ser eliminada, então o custo também poderia ser eliminado. O processo de identificação da causa básica fornece melhores resultados quando feito por um grupo de pessoas. Esses grupos são chamados de equipes de métodos. Esta maneira de trabalhar trouxe economias anuais, por membro da administração, de US$ 3 000. Além disso, trouxe outros melhoramentos. As oportunidades de reconhecimento de um bom trabalho foram aumentadas. Pessoas que achavam difícil mostrarem resultados foram estimuladas pelo exemplo de outras no grupo. Existia uma rivalidade amigável entre os grupos para ocupar o primeiro lugar na fábrica. Quadros de avisos e jornais internos mostravam a colocação das equipes.

4. *Objetivos para as equipes.* Uma outra fábrica fez uma experiência diferente. Como a fábrica tinha um alto custo, o fator motivador foi dar um enfoque global à redução de custos. De um modo geral, as fábricas se preocupavam apenas com os custos ligados a elas diretamente. Essa fábrica passou a considerar todos os custos: materiais, fretes, taxas e impostos, e outros, além das despesas operacionais comuns. Uma meta de US$ 500 000 foi estabelecida para um ano, o que representava US$ 5 000 por membro da administração. Com a participação dos Departamentos de Compras e de Tráfego e com um esforço considerável de todo o pessoal da fábrica, a meta foi praticamente atingida. No ano de 1954, a economia, por membro da administração para toda a empresa, foi de aproximadamente US$ 4 000.

5. *Objetivos para as equipes de todas as fábricas.* A experiência dessa fábrica mostrou a necessidade da elaboração de um programa global para todas as fábricas, no qual seriam incluídos todos os custos. A assessoria central de engenharia de produção analisou os pontos positivos e negativos do programa de cada fábrica e recomendou a utilização dos aspectos mais produtivos de cada um. O estabelecimento de objetivos para as equipes tornou-se prática generalizada em toda a empresa. Um relatório periódico mostrando uma comparação dos

---

[4]Exemplo: se as economias **anuais da fábrica** foram de US$ 230 000 e o total do pessoal administrativo era 100, as economias por **membro** da administração foram de US$ 230 000 ÷ 100 = US$ 2 300

476 *Ralph M. Barnes*

resultados do programa em cada fábrica era distribuído, aumentando, dessa forma, o desejo de se obterem melhores resultados.

Richard A. Forberg, diretor de Engenharia de Produção da Procter and Gamble, fez o seguinte comentário a respeito do programa:

"No início do programa, as fábricas tendiam a pensar que haviam obtido os melhores resultados. Os projetos mais fáceis já tinham sido todos realizados. O próximo ano será mais difícil, eles pensavam; conseqüentemente, uma meta mais baixa foi estabelecida. Cada ano, tínhamos que convencer as pessoas de que era razoável se tentar alcançar metas sempre mais difíceis.

O estabelecimento de objetivos mais complexos foi aceito devido à experiência adquirida nos programas anteriores de redução de custos. O crescimento dos negócios era outro fator. O estímulo aos membros menos ativos das equipes também apresentava um potencial de aumento das economias.

Embora o processo de definição dos objetivos e metas fosse basicamente democrático, algum tipo de orientação era sempre fornecido. As equipes eram encorajadas a fazerem comparações com o trabalho das outras, usando como critério a quantia economizada por membro da administração. Outros critérios como porcentagem dos gastos operacionais e valor da produção também eram utilizados. O desejo das equipes de mostrarem bons resultados na comparação de todas as fábricas era um forte fator de motivação na escolha de metas e objetivos que requeriam maiores esforços à sua obtenção"

RECONHECIMENTO. O sucesso dos programas de mudança de métodos depende de reconhecimento positivo. Algumas maneiras de se fornecer este reconhecimento são:

Reuniões para os programas de métodos
Comemoração de metas alcançadas
Quadro de colocação das equipes
Jornal mensal de mudança de métodos
Prêmios rotativos
Prêmios pessoais de reconhecimento
Cartas de recomendação

Todas as fábricas descobriram maneiras de reconhecerem concretamente o trabalho das equipes. Uma fábrica, por exemplo, instituiu uma competição num programa de redução de custos e mudança de métodos, onde distintivos de reconhecimento eram dados aos componentes das equipes que completassem os projetos. O importante é que as pessoas eram reconhecidas publicamente e se sentiam realizadas devido à importância de sua contribuição ao trabalho.

SUMÁRIO. Os pontos principais do programa de mudança de métodos da Procter and Gamble são apresentados a seguir.

1. Organização das equipes de métodos

a) Organizar o programa de maneira que cada administrador possa passar parte — possivelmente 5% — de seu tempo trabalhando como membro de uma equipe de métodos.

b) As equipes devem pesquisar todos os custos de sua área. Já passou o tempo em que a redução de custos era feita apenas no setor da mão-de-obra. Todos os custos devem ser analisados.

c) Todo pessoal de administração e gerência deve participar das equipes de métodos.

d) A principal responsabilidade do sucesso do programa deve repousar no pessoal de linha.

Estudo de movimentos e de tempos   **477**

2. **Estabelecimento de metas monetárias**
   a) A experiência da Procter and Gamble mostrou que o estabelecimento das metas deve começar com a supervisão de primeira linha. Comparações entre equipes e fábricas criam um clima saudável de competição.

   b) Uma pessoa qualificada, como um engenheiro de métodos, deve ser designada para assistir e coordenar as equipes de métodos. Ela ajudará com idéias, trabalhará nos relatórios, fornecerá informações sobre outras organizações técnicas e manterá um registro da consecução dos objetivos e metas.

   c) É necessário lutar contra a tendência de que, a cada ano, as metas ficam mais difíceis de ser alcançadas. Os sucessos do passado apontam o caminho de maiores lucros que serão alcançados através da mudança deliberada.

3. **Fornecimento de reconhecimento positivo**
   a) As pessoas gostam de ter o seu trabalho reconhecido na presença de seus companheiros de trabalho. Todos querem participar de uma equipe vencedora. A Procter and Gamble tem feito todo o possível para o desenvolvimento de um ambiente eficiente de trabalho. A Divisão de Engenharia de Produção ampliou o programa de mudança de métodos para os grupos de assessoria técnica e para as funções não-fabris. Por exemplo, a Divisão de Empacotamento estabeleceu metas de redução de custos, e os gerentes de operações dos escritórios incluíram em suas equipes engenheiros de produção. O objetivo é incluir os programas de mudança de métodos na administração da empresa como um todo.

RESULTADOS. A Fig. 316 mostra os resultados dos programas de mudança de métodos. Por exemplo, em 1962, as economias por membro da administração alcançaram uma taxa de US$ 12 900. Desde 1946, quando o programa começou, a taxa de retorno do capital foi de cerca de 1 000%, ou seja, para cada unidade monetária gasta, houve um lucro de dez unidades monetárias.

TREINAMENTO PARA EMPREGADOS NO ESTUDO DE MOVIMENTOS. Embora os programas mais comuns de treinamento tenham sido dirigidos a mestres e supervisores, ultimamente tem se difundido o emprego desses programas para empregados de fábrica e de escritório.

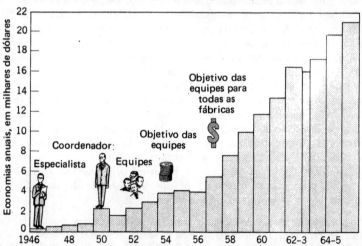

Figura 316. Economias anuais por membro da administração resultantes do programa da mudança de métodos

478   *Ralph M. Barnes*

Em 1949, a Maytag Company inaugurou um programa geral de treinamento em simplificação do trabalho, e, como parte desse programa, todos os empregados de fábrica ou de escritório receberam 10 h de treinamento nesse campo. O programa consiste em quatro aulas de $2^1/_2$ h cada, conduzidas por pessoas do Departamento de Engenharia de Produção e do Departamento de Treinamento. O programa é associado ao "Plano de sugestões dos empregados", também usado na empresa. Esta é uma forma de sistema de sugestão pela qual um empregado recebe 50% das economias resultantes nos primeiros seis meses de uma idéia por ele introduzida. O treinamento em simplificação do trabalho é destinado a auxiliar e a encorajar o empregado a pensar e a submeter idéias que reduzirão os custos de produção da empresa. No ano passado, 60% dos empregados forneceram uma ou mais idéias.

Desde o início desse plano, em 1949, foi apreciado um total de 15 038 idéias, tendo sido aproveitadas 3 231, com um custo de instalação de 101 785 dólares e propiciando uma economia de 1 407 272 dólares à empresa. Durante esse período, os prêmios pagos aos operários por suas sugestões totalizaram 307 106 dólares.

Incidentalmente, os supervisores da Maytag também submeteram idéias para a melhoria de métodos e redução de custo. Desde o começo do programa de simplificação de trabalho dos supervisores, em 1949, 9 431 idéias foram apreciadas e 3 822 foram aproveitadas, com um custo de 442 005 dólares, que resultou numa redução de custo para a empresa de 6 652 771 dólares. Como a redução de custo faz parte do trabalho dos supervisores, não é dado nenhum prêmio a suas idéias.

TREINAMENTO NO ESTUDO DE MOVIMENTOS EM COLÉGIOS E UNIVERSIDADES.
Como o estudo de movimentos e de tempos ocupa lugar tão importante na indústria americana, diversas universidades e escolas técnicas têm incorporado ao seu currículo este assunto. Diversas escolas possuem pessoal técnico e laboratórios para apresentarem esta matéria de maneira bastante satisfatória. A New York University e a State University of Iowa foram as primeiras a oferecerem este treinamento.

ESTUDO DE MOVIMENTOS APLICADO POR TODOS OS MEMBROS DA ORGA-NIZAÇÃO. Se mestres, supervisores, preparadores, pessoal de manutenção, projetistas de ferramentas, contadores, cronometristas, controladores de produção e líderes de grupos tiverem sido treinados no estudo de movimentos, eles poderão aplicar essas idéias ao seu trabalho particular e também serão capazes de difundi-las entre os demais operários da fábrica. E o que é mais importante, cada membro da organização encontra-se à disposição para consultas. Desse grupo de pessoas treinadas, são recebidas constantemente sugestões valiosas.

Apesar de existir um conjunto de princípios ou regras de economia dos movimentos que pode ser preferido no projeto do método para se executar uma tarefa, não há receita única que forneça sempre os melhores resultados. Encontrar-se o melhor método é como a investigação ou a descoberta de algo desconhecido. Sugestões, perguntas e discussões têm grande utilidade. Com diversas pessoas interessadas na solução do problema, é provável que esta seja encontrada mais rapidamente. Este trabalho cooperativo produz uma atmosfera inteiramente diferente da criada quando um "especialista" desenvolve um método sozinho e o instala sem consultar ninguém, ficando com todas as glórias que possam resultar.

A General Electric Company foi uma das primeiras organizações dos E.U.A. a treinar grande parte de sua assessoria no estudo de movimentos, e A. H. Mogensen foi um dos primeiros consultores neste campo a advogar esta prática[5].

---

[5]Para informações sobre simplificação do trabalho, veja Supervisory Training in Work Simplification por Allan H. Mogensen; *Industrial Engineering Handbook*. Harold B. Maynard, ed., McGraw-Hill Book Co., New York, 1956, pp. 8-213 a 8-218; Work Simplification por Herbert F. Goodwin, *Production Handbook*, 2.ª ed., Gordon B. Carson, ed., Ronald Press, Co., New York, 1958, pp. 14-1 a 14-35

Estudo de movimentos e de tempos **479**

COOPERAÇÃO. O treinamento de todos os membros de uma organização nos princípios e métodos do estudo de movimentos e de tempos tende a desenvolver maior cooperação entre os membros do departamento de estudo de movimentos e de tempos e o restante da organização. Nas fábricas em que nem todos conhecem o trabalho desse departamento e, principalmente, onde não se compreende os princípios de economia dos movimentos, freqüentemente há ressentimento por parte de mestres, supervisores, projetistas de ferramentas e outros por ocasião da implantação de novos métodos. Essa oposição é devida principalmente à falta de compreensão do que está sendo feito e talvez devida à falha dos que implantam os métodos em não consultarem os demais interessados no trabalho a fim de obterem suas sugestões.

Não há razão que impeça cada membro da organização estar constantemente à procura de melhores métodos para executar seu trabalho; e, quando se estiver considerando uma tarefa a fim de melhorá-la, todas as pessoas a ela relacionadas devem ter possibilidades de contribuir à melhoria ou, pelo menos, entender integralmente o que se pretende fazer. A cooperação que usualmente resulta quando todos os membros de uma organização estão treinados no uso do estudo de movimentos é um subproduto importante e valioso do programa de treinamento.

PROGRAMAS DE TREINAMENTO DO ESTUDO DE TEMPOS E DA MEDIDA DO TRABALHO

Pessoas com conhecimento dos princípios elementares do estudo de movimentos e projeto de métodos são capazes de fazer sugestões valiosas para a melhoria de métodos, e, conseqüentemente, o treinamento de mestres e supervisores justifica-se nesta base. Entretanto somente uma pessoa qualificada, que tenha tido um período de aprendizagem junto a um cronometrista experiente, deve poder estabelecer padrões de tempo. Pessoas com conhecimento superficial do estudo de tempos não devem tentar executar este trabalho.

PROGRAMAS DE TREINAMENTO EM ESTUDO DE TEMPOS PARA A ALTA ADMINISTRAÇÃO, MESTRES E SUPERVISORES. Um programa de treinamento em estudo de tempos para administradores, mestres e supervisores não tem como finalidade treiná-los na execução de estudo de tempos. Em vez disso, procura-se familiarizá-los com os métodos e procedimentos do estudo de tempos a fim de que eles possam auxiliar o departamento de tempos a melhor executar suas funções. As principais razões que justificam a necessidade de que esses grupos conheçam a maneira pela qual são feitos os estudos de tempos podem ser sumariadas da forma que se segue.

1) O departamento de planejamento e controle de produção compreenderá melhor por que é importante a existência de um fluxo contínuo de peças e materiais com especificações corretas para os departamentos de processamento.

2) O departamento de manutenção sentirá a importância de manter todo o equipamento em boas condições, de forma que resultará menor número de interrupções na operação do equipamento.

3) O departamento de inspeção especificará e manterá um padrão de qualidade definido para cada produto. Se os padrões de qualidade mudam freqüentemente, os tempos-padrão não podem ser usados satisfatoriamente.

4) Todos os ramos da administração relatarão com rapidez ao departamento de estudo de tempos quaisquer mudanças em métodos, ferramentas, equipamentos ou outros fatores que afetem operações sob incentivo. Quando condições fora do controle do operador afetam uma operação sob incentivo, a tarefa deve ser imediatamente retirada do plano de incentivo e colocada em termos de razão horária ou, então, deve-se fazer um ajustamento razoável no padrão a fim de que o operador tenha as mesmas oportunidades de remuneração que anteriormente.

480   *Ralph M. Barnes*

5) Estes grupos compreenderão a importância de manter o registro preciso do trabalho realizado e de aplicar o tempo-padrão correto para cada tarefa completada. Cada operador precisa ser remunerado de acordo com o trabalho que realize — nem mais nem menos.

6) Todos os membros da organização entenderão a avaliação do ritmo do operador e compreenderão o significado da "atividade normal".

7) O mestre cuidará que a operação esteja sendo executada com perfeição antes de requisitar a realização de um estudo de tempos.

UM CASO ESPECÍFICO. Uma fábrica do meio-oeste norte-americano desenvolveu com sucesso um programa de treinamento em estudo de tempos para a alta administração, mestres e supervisores. Como este é um caso típico de programa para organização de dimensões médias, será descrito em algum detalhe. Esta fábrica tem um departamento de estudos de tempos bem organizado, usando-se o plano de incentivo de prêmio por peça.

Características de organização. Uma fábrica com aproximadamente 1 000 operários, 60% dos quais são mulheres.

Produto. Linha completa de sapatos de borracha.

Plano de incentivos salariais. (*a*) Razões horárias estabelecidas por avaliação de cargos; (*b*) tempos-padrão estabelecidos por estudos de tempos; (*c*) prêmio proporcional à produção, com atividade normal correspondendo a uma eficiência de 100%. A este ponto garante-se a razão horária.

Grupos que receberam treinamento.

Grupo 1 — Alta administração[6]
Grupo 2 — Todos os mestres: dois grupos, sete pessoas em cada grupo.
Grupo 3 — Todos os supervisores: três grupos, cinco pessoas em cada grupo.

Observação. Também receberam este treinamento os membros mais novos dos seguintes departamentos: estudo de tempos, planejamento e controle da produção e seção do pessoal.

As aulas duravam aproximadamente 1 ½ h e eram dadas em dias consecutivos. Apresentava-se o mesmo material a todos os grupos. Completaram-se três aulas para o Grupo 1 antes de se dar início às conferências para o Grupo 2, e as aulas deste Grupo terminaram antes do início das conferências do Grupo 3. Todas as conferências foram realizadas no período de trabalho, pela manhã ou logo após o almoço. As aulas tiveram lugar na sala de conferências da fábrica, com amplo espaço e com todas as facilidades para exibição de filmes e demonstração de gráficos.

O gerente de produção compareceu a todas as aulas do Grupo 1 e fez uma introdução do programa para cada um dos outros grupos. Ele também presenciou o final de todas as aulas dos Grupos 2 e 3, certificando-se de que cada mestre e supervisor havia recebido respostas completas e satisfatórias a todas as suas dúvidas. O gerente de produção conhecia bem todas as fases do estudo de tempos e estava convencido de que todos os membros da organização deviam conhecer detalhadamente os procedimentos mais comuns.

As conferências foram conduzidas principalmente pelo chefe do departamento de estudo de tempos, com assistência do gerente de produção. A seguir, será apresentado um sumário das conferências.

Primeira aula. (1) Exposição dos objetivos das conferências feita pelo gerente de produção. Exposição dos benefícios que a empresa espera obter das conferências e dos que advirão às

---

[6]O grupo de alta administração incluía o gerente da fábrica, o superintendente, o químico-chefe, o engenheiro-chefe, o encarregado do planejamento e controle da produção, o encarregado da contabilidade de custos e da folha de pagamento, o projetista-chefe, o chefe do departamento de compras e seus assistentes

Estudo de movimentos e de tempos **481**

pessoas que a elas comparecerem. Descrição geral do material a ser coberto no curso, pelo chefe do departamento de estudo de tempos.

2) Apresentação de um filme de 30 min mostrando um estudo de tempos completo. Este filme mostra, passo a passo, a execução de um estudo de tempos, inclusive o cálculo final do tempo-padrão.

3) Discussão do manual de estudo de tempos da empresa. Este manual foi lido seção por seção, sendo cada uma delas explicada cuidadosamente por meio de ilustrações específicas (Apêndice B).

Segunda aula. Continuação da discussão do manual de estudo de tempos. Trouxe-se da fábrica uma operação real, fazendo-se uma demonstração para o grupo. O estudo de tempos para esta tarefa (Fig. 239), feito previamente, foi copiado em um painel de 1,20 m × 2,40 m e em uma folha de cálculos das mesmas dimensões (Fig. 241). Estes painéis foram pregados às paredes da frente da sala de conferências. Explicou-se ao grupo cada item na folha de estudo de tempos e na folha de cálculos. Esta explicação mostrou a determinação final do tempo-padrão para a tarefa e também a determinação do prêmio por peça. Finalmente, explicou-se como entrou em vigor o plano de incentivo salarial.

Terceira aula. A primeira parte desta seção foi devotada à definição de "atividade normal do operador" de acordo com o conceito vigorante na fábrica. Mostrou-se ao grupo o carretel de introdução da Unidade I do Filme para Medida do Trabalho. Depois disto, cada pessoa avaliou o ritmo de dez velocidades de andar e de um filme com diversas operações fabris. Houve uma discussão geral do significado de "atividade 100%". Acentuou-se a importância de que os mestres soubessem avaliar com precisão a velocidade dos operadores.

Discutiu-se de forma geral o problema dos vencimentos dos operários e suas eficiências acima e abaixo da atividade 100%. Discutiu-se também o número de pessoas que provavelmente atingiriam eficiências de 125 a 150%. Acentuou-se a importância de registrar com precisão o trabalho executado.

Reviu-se o procedimento geral do estudo de tempos, mostrando como ele afetaria o mestre ou supervisor daquele grupo particular. Após isso, houve uma sessão de perguntas e discussões, à qual participaram os chefes dos departamentos de produção e de estudo de tempos.

Depois de se ter completado as aulas com os três grupos, o gerente de produção e o chefe do departamento de estudo de tempos mantiveram uma conferência de 2 h com o presidente e com o representante do sindicato. Apresentou-se a esses dois homens o mesmo material, mas de forma condensada. Esta reunião foi seguida por diversos períodos de discussão.

Acompanhamento. Essa série de três aulas foi seguida cada mês por uma conferência de 1 h para os Grupos 2 e 3, durante a qual reviram-se problemas correntes relativos a padrões e salários, e cada pessoa teve a oportunidade de avaliar o ritmo de filmes de operações fabris, para as quais os ritmos eram conhecidos. Também foram avaliados os ritmos para operações reais da fábrica. Esta empresa possui uma máquina de filmar, um projetor, uma tela e equipamento auxiliar para tirar e exibir filmes de 16 mm.

TREINAMENTO EM ESTUDO DE TEMPOS PARA ENGENHEIROS DE PRODUÇÃO DE DIVERSAS FÁBRICAS DA MESMA ORGANIZAÇÃO. Quando uma indústria possui diversas fábricas em operação, é uma boa política padronizar-se, para todas elas, o procedimento a ser seguido no trabalho de medição, mesmo que os analistas de cada fábrica possam estar fazendo trabalho preciso e consistente do ponto de vista individual. Isso é essencial quando duas ou mais fábricas executam operações idênticas, se são freqüentes as transferências de analistas entre fábricas, se são feitas comparações dos custos de mão-de-obra e se se pretende desenvolver tempos pré-determinados que possam ser usados efetivamente por toda a indústria.

482   *Ralph M. Barnes*

É conveniente que se padronizem as rotinas de estudo de tempos e que se treinem os analistas de tal forma que, se os analistas de todas as fábricas de uma indústria estudassem simultânea, mas independentemente a mesma operação, resultaria essencialmente um único tempo-padrão para a tarefa. Como está crescendo a importância da padronização do estudo de tempos e de treinamento dos analistas nesta rotina será apresentado um caso real mostrando como uma organização procedeu ao treinamento de um grupo de analistas.

UM CASO ESPECÍFICO. O seguinte caso ilustra o que se pode conseguir com um esforço sistemático para melhorar as rotinas do estudo das medidas do trabalho. A indústria aqui referida tem cinco fábricas em quatro Estados do meio-oeste norte-americano e emprega um total de 10 000 pessoas. A indústria está estabelecida há vários anos, tendo usado por muito tempo o estudo de tempos em todas as suas fábricas. Antes da inauguração das conferências de estudo de tempos, cada fábrica tinha seu procedimento próprio com relação ao estudo de tempos, inexistindo praticamente qualquer troca de informações a esse respeito. Como pode ser previsto, os métodos para estudo de tempos diferiam, os impressos usados eram heterogêneos e havia variação considerável nos tempos-padrão para tarefas idênticas executadas nas diversas fábricas.

A alta administração recebeu reclamações de gerentes de fábricas e de representantes do sindicato com relação à variabilidade dos padrões, fato este confirmado por um levantamento das rotinas de estudo de tempos em todas as fábricas. A administração resolveu desenvolver e padronizar procedimentos adequados para estudo de tempos, e inaugurou-se um plano segundo o qual os próprios analistas, orientados por um administrador capacitado, resolveriam os seus problemas. O plano assumiu a forma de conferências de estudo de tempos com duração de dois dias, ocorrendo bimestralmente.

À primeira conferência compareceram os engenheiros de produção, os chefes das cinco fábricas e dois ou três de seus assistentes. As rotinas do estudo das medidas de trabalho usadas em cada fábrica foram descritas e criticadas. Os problemas operacionais diários foram apresentados por todas as pessoas e discutidos pelo grupo. O grupo concordou que eles deveriam tentar a padronização das rotinas e que teriam que adotar as melhores idéias existentes com relação ao estudo de tempos. Projetou-se um novo impresso para o estudo de tempos, tendo sido considerado o problema da avaliação do ritmo.

Em conferências que se sucederam, foram discutidos os seguintes assuntos: métodos de cronometragem, determinação e aplicação de tolerâncias, tempo de espera, desenvolvimento de um procedimento de avaliação de ritmo para toda a indústria, estudos de tempos contínuos, "programa de desenvolvimento de métodos" para treinamentos de mestres em todas as fábricas, desenvolvimento de tempos pré-determinados para operações comuns a todas as fábricas e outros assuntos correlatos.

A avaliação do ritmo de andar, de dar cartas e de filmes de operações fabris fez parte de cada conferência. Também, durante as conferências de números 3 a 7, cronometraram-se diversas operações executadas nas fábricas. Cada analista fez um estudo da operação independentemente dos demais. A cada um deles foi dado tempo suficiente para trabalhar os dados e determinar o tempo-padrão da mesma forma que ele o faria em sua fábrica. Os estudos de tempos foram imediatamente submetidos ao coordenador da conferência, tendo sido preparado um resumo semelhante ao da Fig. 318. Devolveram-se os estudos de tempos aos analistas a fim de que estes pudessem usá-los na discussão que se seguiu.

Depois de que todos os dados do estudo de tempos foram catalogados, o coordenador leu os valores para cada um dos sete itens, sem mencionar de qual dos estudos de tempos os valores haviam sido tirados. Procedeu-se a uma discussão geral com relação a variações e suas causas prováveis. Depois de se ter completado a discussão de um estudo particular, os estudos

Estudo de movimentos e de tempos

de tempos originais foram entregues ao coordenador. Posteriormente, esses estudos foram reproduzidos e encadernados, tendo-se dado uma cópia do conjunto a cada participante a fim de que este pudesse arquivá-lo.

Diversos fatores contribuíram para o sucesso do programa descrito. Entre eles os mais importantes parecem ser os seguintes.

1) O programa contou com o apoio integral da alta administração, tendo esta determinado que a indústria deveria usar as melhores técnicas conhecidas no campo de estudo de tempos.

2) Selecionou-se um homem capaz (o assistente do vice-presidente responsável pela produção) para dirigir o programa. Ele acreditava que os analistas de todas as fábricas deveriam cooperar no desenvolvimento dos detalhes do programa, em vez de desenvolvê-lo no escritório central. Julgou-se que o treinamento que cada pessoa receberia durante o desenvolvimento do plano seria de grande valia para todos.

3) Fez-se ver a cada analista os méritos da padronização das medidas do trabalho em todas as fábricas e da rotina de estudo de tempos, e cada um deles contribuiu para o desenvolvimento de um sistema aplicável. Por sugestão dos próprios analistas, expandiu-se o programa, de forma a incluir a determinação de tolerâncias, análise de paradas de máquina, desenvolvimento de um "programa de melhoria de métodos para mestres e supervisores" e a determinação de tempos pré-determinados a serem usados em todas as fábricas.

Figura 317. Grupo de analistas de estudo de tempos fazendo um estudo de tempos na fábrica. Os resultados deste estudo podem ser tabelados de forma semelhante àquela apresentada na Fig. 318

4) Os gerentes de produção e outros administradores da organização interessaram-se pelos detalhes do programa, mantendo-se informados dos progressos conseguidos. O presidente e o vice-presidente da indústria presenciaram e participaram, em diversas ocasiões, das conferências de estudo de tempos.

5) Um volume encadernado, preparado após cada conferência, serviu como relatório de andamento. Cópias foram entregues ao vice-presidente responsável pela produção e a outros administradores, bem como a cada analista de estudo de tempos. Nesse volume, foi incluída uma reprodução de cada estudo de tempos executado durante a conferência (omitindo-se o nome do analista), bem como folhas de resumo semelhantes à da Fig. 318. A administração tem usado esses relatórios, com sucesso, na discussão com o sindicato, sobre a habilidade dos analistas em determinarem tempos-padrão precisos, consistentes e justos.

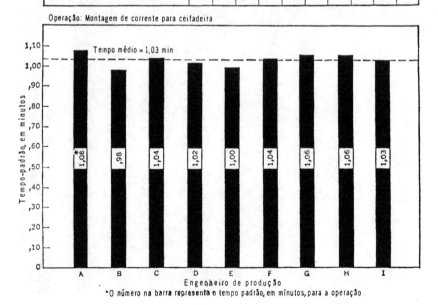

Figura 318. Gráfico e tabela mostrando os resultados de um estudo de tempos feito simultaneamente por nove engenheiros de produção de cinco fábricas diferentes

Estudo de movimentos e de tempos **485**

RESULTADOS DE ESTUDOS DE TEMPOS FEITOS POR UM GRUPO DE ANALISTAS. Tem havido muita discussão com relação à variação que seria encontrada nos tempos-padrão estabelecidos por um grupo de analistas estudando simultaneamente a mesma operação.

Como parte de cada conferência de estudo de tempos, à qual já foi feita referência, os analistas executaram estudos de tempos de operações fabris (Fig. 317). Um operador experiente executava a tarefa, e cada analista procedia à cronometragem da maneira usual. A Fig. 318 mostra o resumo de um dos melhores estudos feitos por esse grupo na sétima conferência de estudo de tempos. A operação estudada era a montagem de correntes para ceifadeiras. O analista B estabeleceu um padrão baixo de 0,98 min, e o A estabeleceu um padrão alto de 1,08 min para essa tarefa. A média de nove analistas foi 1,03 min. B estava 5% abaixo e A, 5% acima da média do grupo. Embora pareça certo que esses homens venham a melhorar sua habilidade de estabelecer tempos-padrão consistentes e precisos com maior prática e experiência, pode-se dizer que a atuação deles, mostrada na Fig. 318, é tão boa quanto a que seria encontrada entre analistas de estudo de tempos em geral. Esses homens trabalharam em cinco diferentes fábricas, e apenas dois haviam visto a operação antes de estudá-la. Deve-se notar também que a avaliação de ritmo média para os nove homens foi 107%, tendo E usado o fator mais baixo, 100%, e A, G, H e I usado o mais alto, 110%. O E estava 7% abaixo e A, G, H e I, 3% acima.

As tolerâncias totais variaram de 8% a 12%, tendo como média 10%.

TREINAMENTO NA AVALIAÇÃO DO RITMO. A prática na avaliação do ritmo de andar e de dar cartas serve para mostrar a importância da avaliação do ritmo no trabalho de estudo de tempos. Esses estudos podem ser incluídos em todos os programas de treinamento no estudo de tempos. São também excelentes para treinar principiantes e para melhorar a habilidade de engenheiros de produção experientes. A avaliação do ritmo de andar e de dar cartas é tão usada na indústria que, nas páginas 610-612, encontram-se sugestões à execução de estudos para essas duas atividades.

A avaliação do ritmo de outras operações simples, como, por exemplo, a operação com tábuas perfuradas (Figs. 86 e 87), jogar blocos e montagem de pequenas peças, também é recomendada. Pode-se formar um "loop" contínuo com um filme de uma operação de fábrica e projetá-lo em uma tela, com velocidade constante, para fins de avaliação. Uso considerável tem sido dado a esses filmes para prática em avaliação e para treinamento em estudo de tempos. A partir de operações projetadas na tela, pode-se fazer cronometragens e estabelecer-se padrões. Algumas indústrias têm um arquivo de tais filmes que servem para treinamento e para registro padronizado das operações mais importantes.

A Fig. 213 mostra uma máquina de filmar acionada a motor que serve para a obtenção de tais filmes, e a Fig. 319 mostra um projetor 16 mm equipado com tacômetro e que serve para a exibição dos filmes.

EFEITO DA PRÁTICA NA PRECISÃO DA AVALIAÇÃO DO RITMO. A fim de se medir variações nas avaliações de ritmo feitas por analistas experientes com o decorrer do tempo, a Eli Lilly and Company repetiu o estudo de andar e dar cartas semanalmente, durante quatro meses. Os resultados apresentados nas Figs. 320 e 321, foram os seguintes: para andar, o erro sistemático se reduziu de 37 a 23, e o desvio-padrão de 76 a 24; para dar cartas, o erro sistemático se reduziu de + 1,8 a + 0,8, e o desvio-padrão de 6,2 a 2,4.

Com relação ao treinamento na avaliação do ritmo podem ser feitas as seguintes afirmações de caráter geral[7].

---

[7]Ralph M. Barnes, *Work Measurement Manual.* 4.ª ed., pp. 91-158; também R. G. Carson, Jr., Consistency in Speed Rating. *Journal of Industrial Engineering*, Vol. 5, n.º 1, pp. 14-17

Figura 319. Projetor silencioso (16 mm) com tacômetro acoplado. Este projetor é adequado para exibir filmes de avaliação de ritmo e de treinamento em estudos de tempos

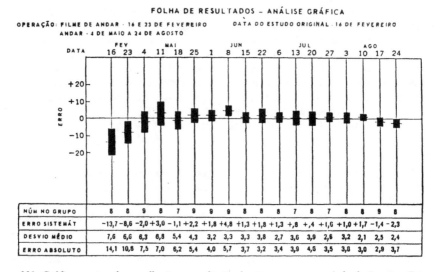

Figura 320. Gráfico mostrando a melhoria na avaliação de ritmo para um período de 4 meses. Este grupo de analistas avaliou o ritmo de um filme de andar nos dias 16 e 23 de fevereiro e depois avaliou o ritmo de pessoas andando durante o restante do período. Estudo feito pelo Departamento de Métodos e Padrões, Eli Lilly and Co

Estudo de movimentos e de tempos

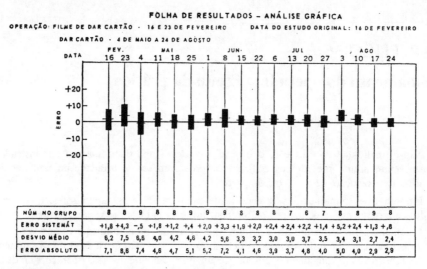

Figura 321. Gráfico mostrando a melhoria na avaliação de ritmo para um período de 4 meses. Este grupo de analistas avaliou o ritmo de um filme de dar cartas nos dias 16 e 23 de fevereiro e depois avaliou o ritmo de pessoas dando cartas durante o restante do período. Estudo feito pelo Departamento de Métodos e Padrões, Eli Lilly and Co

1) A precisão e a consistência de um indivíduo na avaliação do ritmo podem ser melhoradas através de treinamento adequado.

2) Um indivíduo avalia o ritmo com maior precisão em atividades próximas da normal. Há certa tendência de avaliar para mais ritmos baixos e para menos atividades executadas a velocidades consideravelmente acima da normal.

3) Em trabalhos simples (movimentos livres e irrestritos), uma pessoa pode avaliar o ritmo de uma operação, a partir de um filme, quase com a mesma precisão do que a partir da própria operação.

4) Os filmes têm grande valia para o treinamento de indivíduos na avaliação do ritmo[8]. Eles também podem ser usados para familiarizar a alta administração, mestres, supervisores e trabalhadores com a técnica do estudo de tempos. Um arquivo de filmes mostrando operadores trabalhando em ritmo normal e a velocidades conhecidas, acima e abaixo da normal, pode servir como padrão ou base para os trabalhos de estudo de tempos em uma fábrica.

5) Conferências periódicas de estudo de tempos em uma indústria, nas quais se discutem todas as fases do estudo de tempos, são necessárias para manter o departamento de estudo de tempos funcionando satisfatoriamente. A execução de estudos de tempos simultâneos de operações da fábrica deve sempre fazer parte de tais conferências.

[8]Um estudo de 82 empresas mostrou que 76% usam filmes e 32% usam estudos de tempos simultâneos para verificar a habilidade na avaliação de seus cronoanalistas. Esse mesmo estudo mostrou que essas empresas tinham dado cursos de estudo de tempos, tempos pré-determinados, tempos sintéticos da forma que se segue: 84% fornecem cursos para mestres e supervisores, 20% para operários, 18% para empregados de escritório, 38% para representantes sindicais. *Industrial Engineering Survey*. University of California, 1963

CAPÍTULO 36
Treinamento do operador. Efeito da prática

Não é finalidade deste livro discutir aqui o vasto campo do treinamento industrial, mas sim apresentar alguns métodos específicos que provaram ser de utilidade no treinamento de operários na execução de uma tarefa particular.

Embora esse treinamento seja geralmente ministrado pelos supervisores, o analista de estudos de movimentos e de tempos ou um instrutor especial pode se encarregar deste trabalho.

Freqüentemente, referimo-nos a grupos numerosos de trabalhadores executando operações rotineiras idênticas por longos períodos de tempo, mas isto não é situação típica, mesmo nas grandes fábricas. Não somente o operador executa normalmente diversas operações no decorrer de um mês; também com mudanças constantes nos métodos, com melhorias nos materiais e com a rápida introdução de modelos novos, há uma seqüência sem fim de novas tarefas que o operador tem que aprender. Parece que o trabalhador de hoje, mais do que nunca, tem que ser capaz de executar uma variedade de tarefas, o que tende a aumentar o treinamento necessário na indústria.

MÉTODOS DE TREINAMENTO EM OPERAÇÕES SIMPLES. O melhor método imaginável para a execução de uma tarefa tem pouco valor, a menos que o operador execute o trabalho da forma estabelecida. Onde uma ou muito poucas pessoas são empregadas em uma dada tarefa e onde o trabalho é relativamente simples, a folha de instruções é um excelente guia para treinar o operador. Também em trabalhos de habilidade média, onde o operador está familiarizado com a operação da máquina, mas necessita de instruções para a execução de operações particulares, a folha de instruções é satisfatória. O exemplo da Fig. 322 dá uma descrição escrita dos elementos necessários para se tornear uma engrenagem, e o desenho na parte superior da folha mostra a localização das ferramentas e das partes a serem usinadas. Inclui-se também o tempo para cada elemento, bem como o tempo-padrão total para a operação.

Quando o trabalho é inteiramente manual, instruções preparadas semelhantemente ao gráfico de operações mostrado na Fig. 70 têm valor, pois indicam exatamente os movimentos manuais que são necessários e mostram o arranjo físico da estação de trabalho.

Outro caso é retirado de uma fábrica de chocolates. Quando se quer embalar uma nova caixa de chocolates, determina-se a disposição destes e os operadores são solicitados a embalá--los de acordo com essa disposição. O procedimento usual consistia em mandar-se uma caixa de amostra ao supervisor, juntamente com a ordem de embalagem. Freqüentemente, a primeira ordem era de emergência, e vários operadores eram colocados na operação de embalagem de uma só vez. Antes que os operadores pudessem dar início ao trabalho, o supervisor tinha que embalar uma caixa de amostra para cada um deles, e, freqüentemente, os operadores permaneciam em pé, olhando, à espera de que ele terminasse. O uso da folha de instruções semelhante à apresentada na Fig. 323, preparada com antecedência e mimeografada, não somente economizou os tempos de espera dos operadores, mas também tornou possível que estes alcançassem a velocidade-padrão de trabalho em tempo muito curto.

Estudo de movimentos e de tempos **489**

FOLHA DE INSTRUÇÕES

CLIENTE __Amer. Tool Co.__

NOME DA PEÇA __Engrenagem cilíndrica__ __Caso D__

Nº DA PEÇA __1.073 A - F__

NOME DA OPERAÇ. __Abrir furo, desbastar um lado e 3/4 do diâm. ext.__

Nº DA OPERAÇ. __5 TR__

DPTO. __11__ CLASSE DE MÁQ. __58__ NOME DA MÁQ __Jones & Lamson__

FEITO POR __S.R.K.__ APROV. POR __S. M.__ DATA _____ MAT. __SAE 2315__

DISPOSIÇÃO DA FERRAMENTA

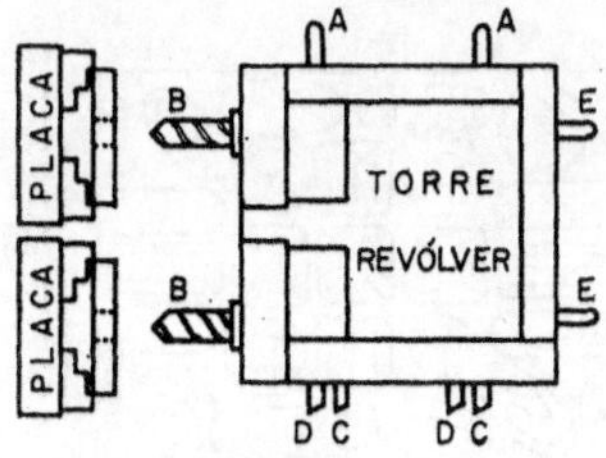

Tempo de preparação:

Nova preparação 60.00

Mudança de dimensão 30.00

Nº	PROCEDIMENTO	FERRAM.—DISPOSIT., ETC	VELOC.		AVANÇO		TEMPO BÁSICO
			Preparação	Pés/Min.	Preparação	Pol/Rev	
1	Levantar e colocar nas placas 2 peças						0,12
2	Ligar a máq. e centrar (se necessário)						0,10
3	Variar velocidade						0,03
4	Avançar torno-revólver e ligar avanço						0,06
5	DESBASTAR DIÂMETRO EXTERNO (3/4)	Ferram. A 3/4 X 1 1/4 pol	70		71	0,014	2,32
6	Recuar e girar torre (posicion.)						0,07
7	Avançar torno-revólver, travar cabeçote, ligar avanço e mudar velocidade						0,12
8	ABRIR FURO	Ferram. B 1 3/16 pol	60		71	0,014	0,58
9	Recuar e girar torno (posicion.)						0,07
10	Avançar torno-revólver e travar						0,08
11	Avançar cabeçote, mudar velocidade e ligar avanço						0,08
12	DESBASTAR FACE DE UM LADO	Ferram. C 3/4 X 1 1/4 pol	70		71	0,014	1,65
13	DESBASTAR FACE DO CUBO	Ferram. D 3/4 X 1 1/4 pol	30		71	0,014	
14	Destravar, recuar e girar torno (posicionar)						0,07
15	Avançar torno e travar cabeçote						0,09
16	CHANFRAR FLANGE INT.	Ferram. E 3/4 X 1 1/4 pol	70		Mão		0,10
17	Avançar cabeçote						0,06
18	CHANFRAR CUBO	Ferram. E 3/4 X 1 1/4 pol	30		Mão		0,10
19	Recuar e girar torno (posicionar)						0,07
20	Travar cabeçote						0,12
21	Parar a máquina						0,03
22	Soltar e retirar as duas peças						0,10
	Tempo total de manuseio para duas peças						1,47
	Tempo total da máquina para duas peças						4,55
	Tempo total da operação para duas peças						6.02
	Tempo total de operação para uma peça						3,01
	Tolerância admissível, 10%						0,30
	Tempo-padrão, em minutos por peça						3,31

Figura 322. Folha de instruções para uma operação de torno-revólver

CAIXA DE CINTA AZUL COM 250 g – N.º de catálogo 4623-12

Unidade N.º	Nome	Unidade N.º	Nome
Redondo 203	Cálice de framboeza	Redondo 376	Caramelo tipo Brasil
" 204	Cálice de damasco	" 392	Bala de crocante
" 221	Creme de morango	" 393	Caramelo de baunilha
" 275	Creme de café	" 394	Sanduíche de marzipã
" ʼ371	Marzipã de laranja	" 396	Pastel Tosca

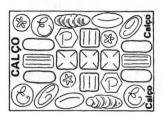

Linhas fortes = unidades com papel estanhado

Acertar o peso com "unidades de acerto", uma a menos que o peso do último chocolate.
Se falar peso, adicionar: uma bala de crocante, um cálice de damasco.
Se exceder peso, retirar: um cálice de damasco.

	N.º				Papel N.º
Forro (centro) (recobrir papel estanhado)	1	13, 3/8 X 6, 7/8	Formada		8795
" (laterais)	2	4, 7/8 X 2, 15/16	3226		8796
Enchimento superior	1	6, 13/16 X 4, 13/16	–		4990
" peça N.º 04990 limpar antes					
Cálices (redondo)	25				3569
Embrulho	1	14, 13/16 X 11, 1/8	2716		142
Embrulho seguro na parte inferior com Gloy, laterais dobrados e seguras com Gloy					
Código de identificação impresso	1	8, 3/4 X 6, 7/8	–		5070

Recortes traço marrom.
Colocar identificação impressa.
Tirar selo com preço (peça n.º 2878) do embrulho, no alto, à esquerda.
Papel estanhado (peça n.º 8666) azul e prata — desenho E, a ser usado quando faltar a peça n.º 08666.

PAPÉIS ESTANHADOS

Peça n.o 08666 – impresso azul sobre prata.
Símbolo n.º F. 136
Externo n.º R. 976 – em pacotes de 3 peças
Tiras para amarrar – em unidades
Departamento de novos modelos

Largura do rolo: 3" para pastel Tosca, sanduíche de marzipã e creme de morango.
A primeira caixa deverá ser enviada ao departamento de inspeção pelo departamento de novos modelos.

Figura 323. Folha de instruções para embalagem de chocolates

Operação: Laçar
Tipos: L. T. T. — S. U.
Detalhe: um eixo
Máquina: Ensign
Código: N.º 52

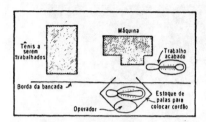

Agarrar a primeira pala conforme indicado, dedo mínimo da mão esquerda entre as bordas do ilhós.

Levantar a pala da pilha com a mão esquerda, inserindo os dedos anular, médio e indicador, na parte superior do sapato. Inserir o dedo mínimo da mão esquerda entre as bordas dos ilhós.

Acertar a borda dos ilhós mexendo as mãos em direções contrárias e fechar as bordas dos ilhós.

Agarrar a parte superior das bordas dos ilhós entre os dedos polegar e mínimo da mão direita. Retirar o dedo mínimo da mão esquerda das bordas dos ilhós e agarrar bordas conforme indicado.

Posicionar o quinto ilhós sobre o eixo.

Aproximar a pala do eixo.

Posicionar o pedal para ligar a máquina e mover os dedos a esta posição.

Segurar a pala durante o laçamento. Durante a remoção automática do eixo, a pala é empurrada para cima e ligeiramente para a direita, enquanto a máquina dá o nó e corta o cordão. O laçamento da pala termina nesta posição.

Transportar a pala pronta para a pilha de palas laçadas.

Colocar a pala pronta sobre a pilha.
Repetir o ciclo.

Figura 324. Folha de instruções ilustrada para a operação de enfiar cordão em tênis

1. Pegar os vidros (duas filas de três). Agarrar seis garrafas (duas na mão esquerda, quatro na mão direita). Manter os polegares voltados para si e os outros dedos no outro lado.

2. Inspecionar os gargalos. Inclinar os gargalos ligeiramente de modo que a luz mostre os defeitos

3. Separar os vidros. Separar os vidros de forma que a mão esquerda segure dois e a direita, quatro

4. Virar o pulso esquerdo à esquerda, com a palma da mão para cima. Ao mesmo tempo, mover o polegar esquerdo a fim de que o vidro superior caia no seu lugar, à esquerda do último vidro. Isso coloca dois vidros na palma, prontos para inspeção. Usar o polegar esquerdo para apará-los.

Figura 325. Folha de instruções ilustrada para inspeção de garrafas, Armstrong Cork Company, fábrica de Millville

Estudo de movimentos e de tempos

5. Transferir o vidro superior esquerdo da mão direita aos dedos da mão esquerda. Para executar isso, inclinar ligeiramente ambas as mãos à esquerda, levantar o polegar direito e permitir que o vidro escorregue à mão esquerda. (Manter as mãos próximas para que as pontas dos dedos se toquem. Isso impede queda a queda dos vidros.)

6. Transferir o vidro superior direito à palma da mão direita. Deslizar o polegar direito empurrando o vidro do seu lugar à direita de todos os vidros.

7. Alinhar os vidros nas pontas dos dedos e transferi-los ao polegar direito, que será usado como guia. (Manter os vidros juntos para transferi-los mais facilmente.)

8. Para inspecionar os lados, rolar os vidros um quarto de volta. Quatro vidros permanecem na mão direita, o quinto, na ponta dos dedos pronto para cair. Com o polegar esquerdo, virar o vidro da esquerda um quarto de volta à esquerda. Usar o polegar como guia. Inclinar ambas as mãos à esquerda para permitir aos vidros rolarem um quarto de volta, um de cada vez.

9. Repetir as fases 7 e 8 para poder inspecionar o outro lado dos vidros.

10. Inspecionar as bases e embalar com os gargalos voltados para baixo. Manter todos os vidros juntos apertando-os com os polegares, inspecionar as bases e escorregá-los entre as divisões. Certificar-se que a caixa está cheia de garrafas.

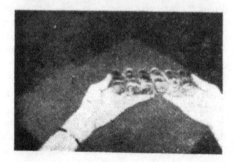

494   *Ralph M. Barnes*

FOLHAS DE INSTRUÇÕES ILUSTRADAS. O uso de fotografias em conexão com instruções escritas, como nas Figs. 324 e 325, tem mostrado ser muito eficiente na suplementação dos esforços do instrutor no treinamento dos operários de uma fábrica de calçados de borracha[1] e em uma fábrica de vidros. Após a fabricação, as garrafas de vidro têm que ser inspecionadas para certos defeitos. O manuseio e a inspeção de garrafas requerem tempo considerável para aprendizagem e há um jeito especial de se executar a tarefa. A folha de instruções apresentada na Fig. 325 foi introduzida pelo Departamento de Treinamento da Armstrong Cork Company a fim de mostrar os pontos chaves. É suplementada por um filme apresentando operadores experientes inspecionando garrafas. Incluem-se dimensões e formas variadas de garrafas, usando-se algumas cenas em câmara lenta para ilustrar a posição das mãos ao agarrar e girar as garrafas.

Parece que grande parte da habilidade necessária para se executar alguns tipos de trabalhos manuais depende da maneira exata que certos movimentos são executados, particularmente agarrar, segurar, posicionar e pré-colocar. Os movimentos transportar e usar requerem menor atenção e podem ser ensinados com maior facilidade. Em outras palavras, é mais útil ensinar-se o operador a assumir o controle do objeto antes de movimentá-lo, como posicioná-lo antes de soltar, do que mostrar o transporte real do objeto.

Outro exemplo da utilidade das fotografias é dado nas Figs. 141 e 142, mostrando como o operador agarra a espátula e como a posiciona no início do movimento para vincar a folha de papel dobrada.

TREINAMENTO DE OPERADORES PARA MONTAGEM. A seguir temos uma descrição detalhada do procedimento seguido no treinamento de um grupo de dez operadores para executar uma operação de montagem de ciclo curto. Esta operação consistia em juntar quatro pequenas partes, usando as duas mãos e os olhos. A Fig. 326 é um desenho do mecanismo montado. A nova operação era uma combinação de duas operações antigas que serão aqui referidas como operações superadas. A Fig. 327 mostra o arranjo físico do local de trabalho. O único equipamento especial necessário era uma placa de aço contendo um pequeno bloco em "V" para segurar o depósito de pontas enquanto este era colocado na haste do conjunto.

O método melhorado, que economizou mais de 13 000 homens-hora de mão-de-obra direta por ano, foi desenvolvido por L. F. Youde. Ele descreve[2] da seguinte maneira o procedimento usado para treinamento.

Depois de ter sido feito o bloco em "V" para a nova operação, o analista de estudo de movimentos pôs a operação em execução no laboratório de métodos durante aproximadamente 4 h. Essa experiência foi feita pelas seguintes razões: (1) Para testar o equipamento e eliminar qualquer erro que houvesse passado despercebido. Isto é importante, pois o equipamento deve ser inteiramente testado antes que o operador seja colocado em treinamento na tarefa. (2) Para verificar os movimentos e estabelecer um tempo-padrão para a operação a partir de tempos pré-determinados. (3) Para certificar-se que o analista de estudo de tempos que iria agir como treinador era capaz de executar a operação com os movimentos corretos.

O procedimento descrito a seguir foi usado para treinar o primeiro operador na nova tarefa.

1) A nova operação foi apresentada ao operador acompanhada de uma explicação em termos gerais. Como o operador estivera trabalhando em uma das operações superadas, ele foi informado que sua tarefa antiga estava sendo combinada com uma outra tarefa, a fim de comporem uma operação mais eficiente, e também que a mudança era parte do programa de

---

[1]A. Williams, Teach It with Pictures. *Factory Management and Maintenance*, Vol. 94, n.° **12, pp.** 50-51

[2]L. F. Youde, A Study of the Training Time for Two Repetitive Operations, tese, University of Iowa. 1947

Estudo de movimentos e de tempos

Figura 326. Mecanismo completo

Figura 327. Operação de montagem do mecanismo — arranjo físico do local de trabalho

melhoria de métodos. Como exemplos do programa, foram citadas ao operador outras operações que haviam sido melhoradas. Como o operador estivera trabalhando em uma das operações superadas, não foi necessário descrever-lhe onde e como o conjunto era usado.

2) Informou-se ao operador qual o tempo-padrão para a nova operação e também que, após um período de treinamento, a operação seria colocada sob incentivo.

3) Com o operador em pé, ligeiramente atrás e à sua esquerda, o treinador demonstrou a nova operação da maneira que se segue.

a) O treinador executou rapidamente vinte ciclos da operação a fim de fornecer ao operador uma idéia geral da nova tarefa.

b) O treinador executou vagarosamente vinte ciclos da operação a fim de demonstrar ao operador a execução dos "obter" e "colocar" e a mão que os executa.

c) Durante dez ciclos, o treinador explicou e executou vagarosamente cada um dos "obter" e "colocar" na operação. A explicação consistia em dizer ao operador onde os olhos eram usados, que dedos eram empregados para obterem as diversas partes e como as partes eram colocadas juntas. Durante os dez ciclos, cada explicação foi repetida dez vezes. Essa repetição

496 — Ralph M. Barnes

ajudou o operador a memorizar maior número de instruções do que se tivesse sido explicado somente um ciclo.

4) O operador sentou-se no local de trabalho, e o treinador pediu-lhe que executasse a operação vagarosamente no primeiro e segundo dias. Foi dito a ele que, de início, a produção não era importante — que era mais importante ele aprender o método correto e que a velocidade viria naturalmente, com o tempo.

5) Foi dada a ordem para que o operador desse início à execução da operação. A atividade do operador foi verificada da seguinte forma.

a) O treinador observou o operador durante os primeiros 10 min para ver se ele havia entendido corretamente a tarefa e para corrigir alguns erros grosseiros.

b) Deixou-se que o operador executasse a operação por 1 h a fim de obter uma percepção da operação e das partes.

c) Durante o restante do primeiro dia, o treinador verificou a execução de hora em hora, a fim de mudar qualquer movimento incorreto, antes que se tornasse um hábito.

d) Durante o segundo e terceiro dias, o treinador observou o operador uma vez em cada 2 h.

e) Até que o operador atingisse o tempo-padrão e fosse colocado sob incentivo salarial, o treinador o observava duas vezes por dia. O número de verificações variou entre os operadores treinados na nova operação. A Fig. 328 mostra a curva de aprendizagem para o primeiro operador nessa tarefa.

Os outros operadores foram treinados exatamente da mesma maneira que o primeiro, com exceção de que o seu treinamento foi feito no próprio ambiente de produção e não no laboratório de métodos.

TREINAMENTO DE MÉTODOS EM OPERAÇÕES COMPLEXAS. Algumas operações são de natureza complexa, e o operador tem que ser bastante habilidoso para executá-las satisfatoriamente. Para este tipo de trabalho, é geralmente necessário um período de treinamento muito mais longo do que o relativo a operações mais simples. Quando um grupo apreciável de empregados executa tal tipo de trabalho, há oportunidade para o desenvolvimento de um programa de treinamento mais elaborado. Algumas empresas julgam conveniente, nessas condições, estabelecer uma escola de treinamento ou um departamento de treinamento separado dos departamentos normais de produção.

Com mais de 100 operários executando a operação em torno semi-automático descrita no Cap. 4, a empresa estabeleceu uma escola especial para treinar os operadores novos. Enquanto que antigamente eram necessários 6 meses para treinar esses operadores, agora são suficientes de 6 a 8 semanas.

Outro caso[3] de treinamento de grupos em operações complexas será citado a seguir. L. P. Persing, da fábrica de Fort Wayne da General Electric Company, supervisionou o treinamento de 200 operários novos, empregados em um trabalho de emergência de montagem de um grande número de partes extremamente delicadas, empregadas na manufatura de medidores elétricos.

O processo de montagem foi dividido em pequenos conjuntos que foram estudados com a finalidade de se determinar a melhor maneira de se montar este subconjunto. Quando necessários, construíram-se bandejas especiais, dispositivos e combinações de ferramentas, tendo-se instalado o arranjo físico correto para o local de trabalho. O instrutor treinou um operador,

---

[3]L. P. Persing, Motion Study-The Teacher. *Factory and Industrial Management*, Vol. 83, n.º 9, pp. 337-340

Estudo de movimentos e de tempos

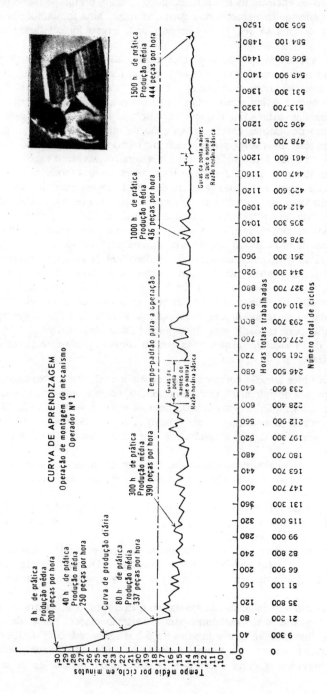

Figura 328. *Curva de aprendizagem para montagem do mecanismo. A produção média horária para o primeiro dia foi de 200 peças. Após 590 000 ciclos de prática, a produção aumentou para 444 peças/h*

498

Ralph M. Barnes

e, quando este se tornou eficiente na execução do novo método, tiraram-se filmes da operação que poderiam ser usados no treinamento de outros operários. Desta forma, foi possível treinar dezoito operadores de uma só vez. O treinamento deste grupo foi conduzido da seguinte maneira.

Em mesas do laboratório de estudo de movimento, instalaram-se dezoito conjuntos de bandejas e de ferramentas, seguindo exatamente a mesma disposição para todos eles (Fig. 19, Cap. 6). Os operadores sentaram-se às mesas, olhando a tela na frente da sala. Deu-se uma explicação geral da operação, juntamente com instruções relativas ao cuidado que deveria ser exercido no manuseio das partes a fim de que o conjunto acabado não fosse marcado e as partes delicadas não fossem danificadas durante a operação de montagem. Os filmes da operação foram projetados na tela várias vezes, tanto para frente como para trás, e em velocidades reduzidas de forma que os operadores puderam ver a maneira correta de se executar o trabalho. Com o projetor funcionando vagarosamente, o instrutor mostrou a forma correta de agarrar, carregar, posicionar as peças e executar cada um dos outros movimentos de ciclo. Havia dois instrutores: um deles operava o projetor e explicava os movimentos, e o outro, um operador experiente, dava instruções individuais e inspecionava o trabalho do grupo.

Com o método comum, ou seja, um operador experiente para treinar um ou dois operadores novos no local de produção, o operador experiente produzia somente 40 a 50% de sua produção normal. Este método de treinamento requeria um período de treinamento excessivamente longo. Usando o novo método, dois instrutores treinavam dezoito operadores em uma sala separada, na qual não havia interferência com as operações normais de manufatura. Ao fim de uma semana de treinamento, os dezoito operadores eram transferidos à sala de produção, adequadamente treinados para a execução de sua tarefa. Isto era apenas um terço do tempo necessário para treinar novos operadores pelo método antigo.

O Sr. Persing dá as seguintes razões pelas quais a empresa prefere treinar os operadores em uma sala separada[4].

1) Era possível obter atenção completa. Não existia a confusão e o barulho proveniente de outras atividades para distraírem a atenção do operador, como acontece na sala de produção.

2) O operador não fica tão nervoso quando treinado em sala separada. Não há os demais trabalhadores observando o instrutor ensinar o novo ciclo de movimentos, que é geralmente muito diferente do que eles estavam acostumados a ver, e o arranjo físico dos alimentadores é uma curiosidade.

3) Quando aparecia qualquer problema que fosse do interesse de todos os operadores, podia-se chamar de uma só vez a atenção de todos eles e explicar como eliminar ou corrigir o erro.

4) Como os operadores, nessa operação particular, deviam aprender um ciclo de movimentos observando na tela a montagem da peça por um operador experiente, era necessário que a sala estivesse em semi-escuridão.

A Colonial Radio Corporation foi um dos primeiros produtores de rádios a operar, com sucesso, uma escola para treinamento de novos operadores. Quando empregadas, todas as moças recebiam 2 ou 3 dias de treinamento em uma sala separada, com a supervisão de um instrutor competente.

A sala de aulas continha bancadas de montagem com dispositivos, gabaritos, ferramentas manuais, partes necessárias e alimentadores para executar operações típicas de fábrica, tais como trabalho com chaves de fenda, montagem e trabalhos de bancada com alicate, e operações de soldagem. De uma única vez eram treinados grupos de oito a doze pessoas, nunca mais de quinze. As moças recebiam sua razão horária normal durante o período de treinamento. No

[4]*Ibid.*

Estudo de movimentos e de tempos **499**

início do período de treinamento, dava-se ao grupo uma ligeira explicação dos objetivos do curso. Extratos dessa explicação estão apresentados a seguir.

Como vocês provavelmente sabem, a finalidade desta aula é ensinar uma maneira melhor de executar algumas de nossas operações mais comuns de montagem, que envolvem peças familiares como porcas, parafusos, arruelas de retenção, fios, condensadores, resistores etc.

Todos nós sabemos que certas maneiras de se executar uma coisa são melhores do que outras. Foi estabelecido que há uma maneira melhor de se executar um ato qualquer, e nós também descobrimos, o que provavelmente todos vocês sabem há muito tempo, que a melhor maneira é quase que, invariavelmente, também a maneira mais fácil. Vocês não descobriram isso por sua própria experiência?

Assim como em seus lares vocês procuram encontrar a melhor maneira de executarem suas tarefas domésticas, também na indústria nós procuramos encontrar a melhor maneira de executarmos aquilo que é de nós requerido.

Foi estabelecido que pelo menos 25% dos movimentos usados pelo empregado médio em operações normais de fábrica são movimentos perdidos. Estes movimentos perdidos são movimentos desnecessários que apenas servem para produzir fadiga no operador.

Naturalmente vocês podem perguntar "Qual é o objetivo de se encontrar a forma melhor e mais fácil de executar operações em uma fábrica?" Isto pode ser expresso brevemente como se segue.

"É desejo da Colonial construir o melhor rádio a um custo menor, sem, entretanto, requerer o dispêndio de qualquer esforço adicional da parte daqueles diretamente envolvidos na produção."

Todas vocês compreendem que a quantidade de trabalho que temos em nossa fábrica depende do número de conjuntos de rádio que o Departamento de Vendas da Colonial Radio Company pode vender. Quando você ou eu ou milhões de outros consumidores decidimos comprar um rádio ou outra mercadoria qualquer, nós sempre procuramos obter o melhor produto que conseguirmos pela quantia de dinheiro que pretendemos gastar e, se o melhor rádio que puder ser comprado com uma dada quantia de dinheiro for um rádio Colonial, nós o compraremos. Em outras palavras, o bem-estar da Colonial Radio Corporation e de todos nós depende da habilidade da Colonial em construir um rádio pelo menos tão bom quanto o de qualquer outro produtor, ao mesmo ou a um preço mais baixo.

Depois de terem sido dadas as explicações precedentes e terem sido discutidas as perguntas formuladas pelos membros da classe, dá-se uma simples operação de montagem para o grupo executar. Dá-se uma explicação de como deve ser o produto final, permitindo-se que cada pessoa execute a tarefa da maneira que melhor lhe agrade. Dá-se um relógio, lápis e papel a cada moça a fim de que ela registre o tempo para fazer dez conjuntos. Ela continua a fazer essa tarefa por 1 h, registrando o tempo para cada conjunto de dez produtos.

Dá-se à operadora um dispositivo para montagem e alimentadores melhorados. Faz-se uma disposição adequada do local de trabalho, instruindo-se cuidadosamente cada moça, relativamente ao método adequado de se executar o trabalho. Dá-se também uma explicação dos princípios de economia dos movimentos empregados e das razões pelas quais o novo método é mais fácil, mais rápido e mais seguro do que o antigo.

Depois que a moça tiver entendido como executar a tarefa de forma correta, ela trabalha novamente mais ou menos 1 h, medindo o tempo para a execução de dez peças e registrando-o como anteriormente. Ela é alertada de que o estudo de movimentos não procura aumentar a velocidade, mas lhe possibilita executar mais trabalho com menor fadiga.

Depois que a moça tiver trabalhado em uma operação simples de montagem, são dadas a ela outras tarefas típicas de fábrica, em algumas das quais poderá vir a trabalhar quando terminar o seu período de treinamento.

Embora o objetivo principal da escola seja treinar operadores novos nos princípios de economia dos movimentos, a Colonial concluiu que a escola tem outra função muito importante. Ela mostra aos empregados, da forma mais convincente, que a melhoria de métodos de trabalho é para seu benefício, como também para o da empresa, e que, realmente, o melhor método, do ponto de vista do estudo dos movimentos, é, invariavelmente, a forma menos fatigante e mais satisfatória, sob qualquer aspecto, ao operador.

Incidentalmente, é necessário aproximadamente menos 50% de tempo a uma moça que tenha passado pela escola de treinamento alcançar a execução-padrão do que às novas moças que sejam dirigidas à sala de produção sem o treinamento. Durante um período de dois anos, foram treinadas mais de 700 moças da maneira anteriormente descrita.

INSTRUÇÃO AUDIOVISUAL PARA OPERADORES EM OPERAÇÕES COMPLEXAS DE CICLO LONGO. Instruções audiovisuais são soluções para o problema de treinamento de operadores em operações de ciclo longo. A montagem de alguns componentes eletrônicos poderá tomar 1 h ou mais, e não é razoável dividir-se a operação em menores submontagens. Em tais casos, instruções detalhadas na forma de "dispositivos" coloridos em 35 mm são mostradas em uma tela colocada diretamente à frente do operador. Além disso, são providenciadas instruções orais através de um gravador de fita. O operador controla a velocidade das instruções audiovisuais por meio de um interruptor comandado pelo pé. Sabe-se que, em trabalhos complexos de ciclo longo, esta forma de instrução do operador reduz o custo de trabalho e melhora a qualidade do produto (Fig. 329).

TREINAMENTO PARA REDUZIR A ANSIEDADE ENTRE OS NOVOS EMPREGADOS. Um estudo feito num grande departamento de fabricação da Texas Instruments Incorporated levou a um plano para reduzir as causas da ansiedade entre os novos empregados[5]. Este programa de treinamento ímpar resultou nas seguintes vantagens:

1) O tempo de treinamento foi reduzido a um terço.
2) O custo de treinamento passou a um terço dos programas anteriores.

Figura 329. Mesa de trabalho padronizada equipada com projetor para fotografias de 35 mm e gravador de fita, que permitem ao operador receber instruções visuais e verbais (cortesia de Hughes Aircraft Company)

[5] E. R. Gomersall e M. Scott Myers, Breakthrough in On-The-Job Training. *Harvard Business Review*, Vol. 44, julho-agosto, 1966, pp. 62-72

Estudo de movimentos e de tempos **501**

3) O absenteísmo e o atraso ao trabalho caíram à metade dos índices anteriores.
4) As perdas e refugos foram reduzidas a um quinto.
5) Os custos caíram de 15 a 30%.

Estudos posteriores e a análise de 135 entrevistas com 405 operadores feitas pelo gerente do departamento mostraram que os novos empregados sofriam de ansiedade devido à pouca competência que demonstravam no seu trabalho, nos primeiros dias. Constatava-se que a ansiedade interferia no processo de treinamento, e os novos operadores relutavam em discutir seus problemas com os supervisores.

Sabe-se que a ansiedade diminui à medida que a competência aumenta. Chegou-se à conclusão de que o problema era acelerar a consecução do nível de competência, reduzindo-se ao máximo a ansiedade. Um estudo sobre esse problema foi feito no departamento de fabricação de circuitos integrados onde trabalhavam, em três turnos, 1 400 mulheres que desempenhavam cerca de 1 850 operações diferentes; 57% das operadoras trabalhavam com microscópios e havia um prêmio salarial para aquelas que melhor desenvolvessem sua acuidade visual, coordenação olhos-mãos e habilidade mecânica. O treinamento era uma atividade contínua nesse departamento. A Fig. 330 mostra a curva de aprendizagem das soldadoras do departamento.

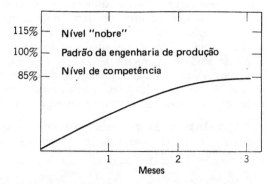

Figura 330. Curva de aprendizagem das soldadoras

As soldadoras levavam aproximadamente três meses para alcançar o nível de competência (o nível de competência é o estágio no qual o operador pode fazer sua tarefa independentemente, mas ainda não alcançou a velocidade e precisão necessárias para alcançar os padrões estabelecidos pela engenharia de produção. O nível de competência corresponde a 85% do padrão estabelecido pela engenharia de produção; uma posição de 115% do padrão é chamada de nível "nobre").

Um grupo de dez moças soldadoras do segundo turno foi escolhido para o primeiro grupo experimental. Dois grupos de controle foram selecionados no primeiro e terceiro turnos.

INSTRUÇÃO CONVENCIONAL. Os grupos de controle receberam as instruções convencionais, ou seja, horário de trabalho, estacionamento, seguro, regras de trabalho, direitos e obrigações. Foram apresentados ao supervisor, que lhes explicava a tarefa da seguinte maneira:

Alice, você tomará a sexta cadeira desta linha de soldagem, em frente à máquina 14. Nela você encontrará um diagrama indicando todos os detalhes para a soldagem do circuito (então o supervisor explicava esses detalhes técnicos). Quando você terminar, coloque a unidade acabada na correia transportadora. O seu operador-treinador estará sempre por perto para ajudá-la. Você tem alguma pergunta a fazer?

502 *Ralph M. Barnes*

As moças, com medo de ofender o supervisor e sem coragem de dizer que não entenderam nada, iam para sua estação de trabalho e procuravam aprender a tarefa olhando as operadoras experientes. É desnecessário dizer que a ansiedade crescia, que as operadoras dificilmente procuravam o supervisor, e o tempo de aprendizagem era longo.

INSTRUÇÃO EXPERIMENTAL. O grupo experimental participou de um dia especialmente preparado para eliminar a ansiedade. Foi apresentado aos membros do Departamento de Pessoal e passou um dia discutindo os aspectos organizacionais de seu trabalho. Era encorajado a fazer perguntas sobre os aspectos onde tinham dúvidas. Quatro pontos principais eram levantados:

1. *"Suas possibilidades de serem bem sucedidas no trabalho são excelentes"*. Os dados da empresa sobre o desempenho de novos empregados eram mostrados às operadoras. Esses dados indicavam que 99,6% das pessoas eram bem sucedidas no seu novo trabalho.

2. *"Não acredite nos boatos sobre o trabalho"*. Quando uma nova funcionária começa seu trabalho, ela escuta uma série de conversas sobre fatos negativos relacionados a funcionárias inexperientes que não conseguiam alcançar o nível de competência exigido pela tarefa. Tudo isso era discutido em detalhes, e conseguia-se minimizar o efeito desse tipo de interferência no trabalho.

3. *"Tome a iniciativa da comunicação"*. As novas operadoras recebiam a ordem de, sempre que tivessem alguma dúvida, dirigirem-se ao supervisor, pois estes já estavam preparados para tal, visto que, no início do trabalho, as dúvidas seriam em grande número.

4. *"Conheça seu supervisor"*. A personalidade do supervisor era totalmente dissecada. Todos os seus hábitos de trabalho eram levantados, pois isto possibilitaria a criação de um ambiente saudável e produtivo.

Após este dia especial de treinamento, as operadoras eram apresentadas ao seu supervisor e a seus operadores-treinadores. O treinamento começava como de costume, e, eventualmente, todas as operadoras adaptavam-se ao regime de produção.

RESULTADOS. O comportamento e o nível de aprendizagem dos dois grupos foram totalmente diferentes. O quadro abaixo mostra isso com bastante clareza.

	Grupo experimental	Grupo de controle
Unidades por hora	93	27
Taxa de absenteísmo	0,5%	2,5%
Atrasos ao trabalho	2	8
Horas de treinamento	225	381

As Figs. 331, 332 e 333 mostram os resultados do estudo para as primeiras oito semanas. O pessoal da Texas Instruments acredita que a área entre a curva do grupo experimental e a do grupo de controle representa a influência da ansiedade no desempenho do trabalho.

Foram verificados vários benefícios. Os funcionários treinados no novo método influenciavam positivamente o desempenho do grupo de trabalho no qual ingressavam. Os operários antigos reconheciam a competência de seus novos companheiros. Da mesma forma, a eficiência dos novos empregados estabelecia um novo ponto de referência para o estímulo da competição natural que existe entre os membros de um grupo de trabalho. Verificou-se um

Estudo de movimentos e de tempos

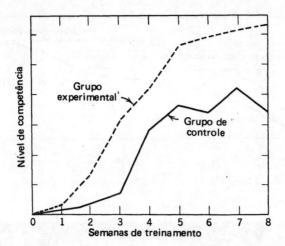

Figura 331. Curvas de aprendizagem do grupo experimental e do grupo de controle

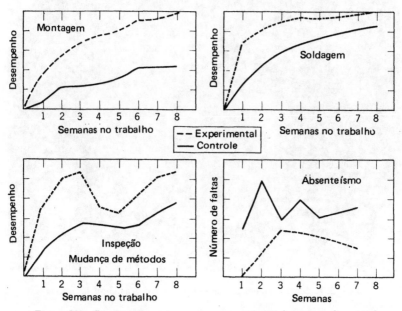

Figura 332. Comparações entre os grupo experimental e grupo de controle

aumento na qualidade dos produtos com um conseqüente decréscimo (30%) dos custos de inspeção.

EFEITO DA PRÁTICA

Se uma pessoa consegue executar uma tarefa manual, com a prática, ela reduzirá o tempo necessário por ciclo. A forma da curva de aprendizagem será afetada pela natureza do trabalho e pelos traços, habilidades e atitude do indivíduo que executa a tarefa.

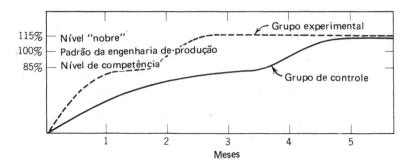

Figura 333. Nível "nobre" alcançado pelos grupos

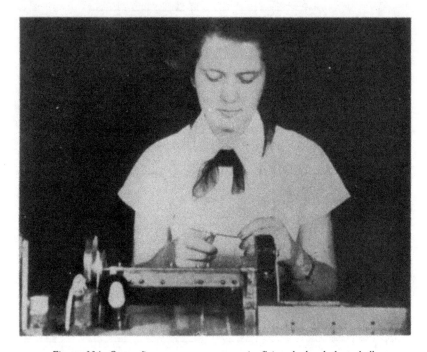

Figura 334. Operação com prensa — arranjo físico do local de trabalho

A Fig. 328 mostra a curva de aprendizagem para um operador montando o mecanismo de uma lapiseira[6]. O operador, no seu primeiro dia de trabalho, produziu, em média, 200 conjuntos/h. Depois de onze dias de prática, produziu 343 conjuntos/h, que era a produção--padrão. Como essa fábrica trabalhava sob incentivo salarial, o operador ganhava um prêmio para todo o trabalho produzido além do padrão de 343 peças/h. Embora o operador estivesse produzindo 444 peças/h, depois de 1 500 horas de prática, é evidente que o maior aumento na produção teve lugar durante as primeiras semanas de trabalho na tarefa. Ao fim da primeira

[6] L. F. Youde, *op. cit.*

Estudo de movimentos e de tempos   505

semana, o operador tinha aumentado sua produção em 25% em relação à do primeiro dia e, ao fim de duas semanas, havia aumentado-a em 68% relativamente ao primeiro dia. Depois de 38 semanas de prática, o aumento total era de 122%. Deste aumento, mais de metade teve lugar durante as duas primeiras semanas de prática.

A Fig. 335 mostra a curva média de treinamento para seis operadores executando uma operação razoavelmente complicada em uma prensa, envolvendo o uso das duas mãos e de um pé. A produção aumentou em 75% após 1 350 ciclos de prática e dobrou ao fim de 3 350 ciclos de prática.

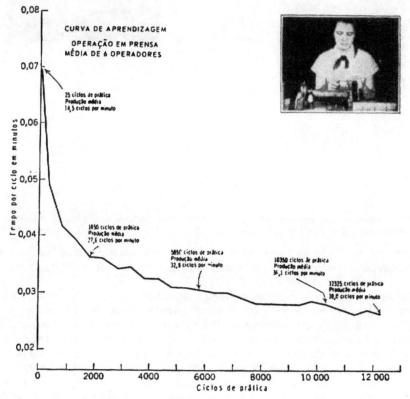

Figura 335. Curva de aprendizagem para operação em prensa. A produção média, sem prática, era de 14,5 peças/min. Este valor aumentou a 38 peças/min depois de 12 325 ciclos de prática

A Fig. 336 mostra a curva de aprendizagem para uma operação muito simples: colocar 30 pinos em uma tábua perfurada, usando o método das duas mãos (Fig. 87). Aqui a produção aumentou muito rapidamente, devido à simplicidade da operação.

Tem sido feito um número de estudos[7] de operações típicas de fábrica para se determinar o efeito da prática nos movimentos fundamentais das mãos. Em uma tarefa, por exemplo,

---

[7] Veja estudos por Harold T. Amrine, The Effect of Practice on Various Elements Used in Screwdriver Work. *Journal of Applied Psychology*, Vol. 26, n.º 2, pp. 197-209; J. V. Balch, A Study of Symmetrical and Asymmetrical Simultaneous Hand Motions in Three Planes. *Motion and Time Study Applications*, seção 14, pp. 70-72

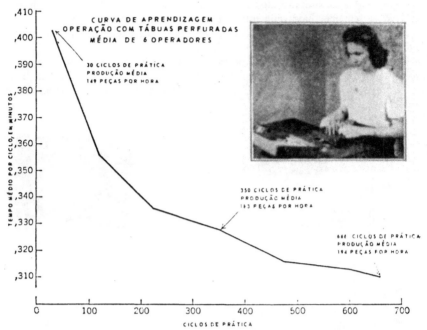

Figura 336. Curva de aprendizagem para operações com tábuas perfuradas. O número médio de peças por hora, sem prática, era de 149. Este valor aumentou a 194 peças/h após 666 ciclos de prática

enquanto que a redução em tempo foi de 40% após 3 000 ciclos de prática para a operação toda, a redução no tempo para o movimento transporte carregado foi de 15%, e a redução do tempo de posicionamento foi de 55%.

Em outra investigação[8], tentou-se determinar, através da análise de micromovimentos, a diferença entre os métodos de execução de um operador inexperiente e do mesmo operador após ter-se tornado eficiente. Tiraram-se filmes do operador quando principiante e depois, a intervalos, durante o período de aprendizagem, até que ele atingisse alto nível de destreza. A Fig. 337 mostra os resultados desse estudo. A linha superior (A) é a curva real de aprendizagem enquanto que a linha inferior (B) é a curva de aprendizagem após a eliminação das quedas, esperas e hesitações. O estudo mostrou que, neste caso, dois terços do aumento de produção, durante o período de aprendizagem, podem ser atribuídos à eliminação de quedas, esperas e hesitações por parte do operador, e um terço talvez a movimentos mais rápidos da mão. A seguir, dá-se uma análise da diferença entre as duas curvas de aprendizagem:

Tempo do ciclo no início	0,052 min
Tempo do ciclo no fim	0,027 min
Melhoria	0,025 min

A melhoria na produção pode ser atribuída a duas causas combinadas:

Redução de quedas e esperas	0,017 min
Execução mais rápida	0,008 min
Total	0,025 min

[8] Ralph M. Barnes, James S. Perkins e J. M. Juran, A Study of the Effect of Practice on the Elements of a Factory Operation. *University of Iowa Studies in Engineering*, Boletim 22, p. 67

Estudo de movimentos e de tempos

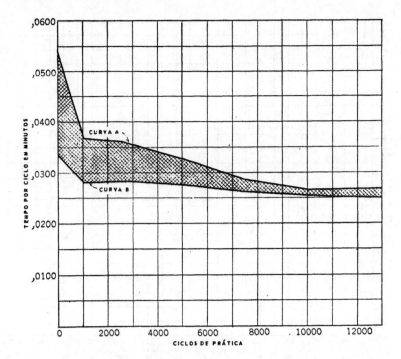

Figura 337. Curvas mostrando os efeitos de quedas e esperas. A curva A baseia-se em dados que incluem todas as quedas e esperas. A curva B baseia-se nos mesmos estudos, dos quais foram excluídas todas as quedas e esperas

Há evidência mostrando que o principiante não usa o mesmo método que virá a usar quando adquirir destreza na execução da operação. Esta diferença no método é o maior fator individual que afeta o tempo do ciclo durante o período de aprendizagem.

TEMPO PERDIDO. Os estudos precedentes foram feitos no laboratório, onde as condições nem sempre são idênticas às da fábrica. Outros estudos parecem mostrar que há considerável diferença entre o tempo médio por peça determinado por estudo de tempos e o tempo médio por peça determinado pela divisão do número de minutos trabalhados durante o dia pelo número de peças completadas durante esse dia. A Fig. 338 mostra essa informação[9]. A curva superior (*A*) é um registro da produção diária total enquanto que a curva inferior (*B*) é o tempo real por peça determinado por um estudo de tempos de 50 ciclos executado ao fim do dia. Isto mostra que, como principiante, o operador "perde mais tempo" por dia do que após ter adquirido alguma prática.

Se for dada instrução adequada ao operador, o período de treinamento pode ser reduzido, diminuindo, desta forma, o custo unitário de mão-de-obra ao empregador e dando ao operário maior satisfação em sua tarefa. Nos trabalhos de estudos de tempos, dá-se sempre ênfase à padronização do método antes do estabelecimento de um tempo-padrão. A discussão e as curvas de aprendizagem deste capítulo indicam que os tempos-padrão não devem ser estabe-

[9] L. F. Youde, *op. cit.*

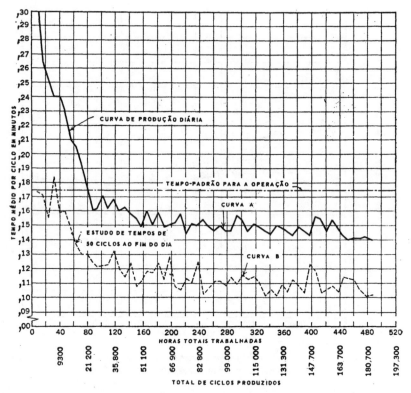

Figura 338. Curvas de aprendizagem para a operação de montagem de mecanismo. A curva A é um registro da produção diária total. A curva B é o tempo real por peça determinado por estudo de tempos de 50 ciclos ao fim do dia

lecidos a partir de estudos de tempos realizados com operadores inexperientes. Os cronometristas práticos sabem muito bem desse fato.

TEMPO NECESSÁRIO PARA QUE OPERADORES EXPERIENTES APRENDAM OUTRA TAREFA. A Fig. 339 mostra o índice médio de execução semanal de três operadores em uma fábrica de máquinas de lavar roupa para o período de 3 de janeiro a 25 de abril. Durante o mês de janeiro, esses três operadores trabalhavam a um nível muito alto, com eficiência média de 143, 150 e 154%. Ao fim do mês de janeiro, as operações em que eles trabalhavam foram descontinuadas, tendo sido transferidos para outros trabalhos. Foi necessário que os operadores aprendessem a nova tarefa, e eles demoraram quase três semanas para levar o seu índice de execução a um padrão de 100% e um período muito mais longo para alcançar o mesmo nível de eficiência no qual trabalhavam antes da mudança de tarefas.

Quando esses homens foram transferidos para a nova tarefa, eles afirmaram que, em sua opinião, o padrão para a nova operação era muito baixo e que eles não poderiam atingir o mesmo índice de execução do passado. O efeito da prática foi cuidadosamente explicado a esses operadores, e eles foram persuadidos a se aplicarem a nova tarefa como faziam no pas-

Estudo de movimentos e de tempos **509**

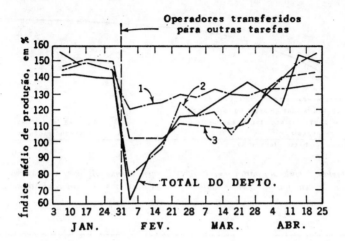

Figura 339. Índice médio de produção para três operadores em uma fábrica. Uma mudança no projeto do produto eliminou suas tarefas no dia 31 de janeiro. Eles imediatamente iniciaram novo trabalho

sado. A Fig. 339 mostra o progresso feito por esses três operadores na tentativa de voltarem ao seu alto nível de execução[10].

REGISTRO DO PROGRESSO DO APRENDIZ. Quando ocorre uma vaga ou quando se estabelece uma nova tarefa, a administração deseja selecionar uma pessoa para o trabalho que apresente os traços de qualidade que o possibilitem obter sucesso na tarefa e também ter satisfação pessoal em sua execução. É também responsabilidade da administração treinar o operário de forma que ele atinja o nível normal tão rapidamente quanto possível. A fim de ter conhecimento definido do progresso que o aprendiz deve apresentar em uma dada tarefa, algumas empresas fizeram estudos extensivos das curvas de aprendizagem para vários tipos de trabalho, tendo preparado "curvas normais de aprendizagem" para as suas operações. O seguinte exemplo ilustra como essas curvas devem ser usadas.

UM CASO ESPECÍFICO. O objetivo do "registro do progresso do aprendiz" é comparar o progresso do aprendiz com a produção média de aprendizes normais. Este registro serve também como um guia para o instrutor dos itens que devam ser incluídos no treinamento de cada aprendiz. A curva normal de aprendizagem é apresentada[11] na Fig. 340 e o "cartão de registro do progresso do aprendiz" é apresentado nas Figs. 341 e 342. Deve ser sublinhado que a curva de aprendizagem normal desenvolvida por essa empresa é apenas uma indicação grosseira da produção esperada em intervalos durante o período de aprendizagem. Essa curva não é suficientemente precisa para ser usada como base a um plano de incentivo salarial.

O novo empregado ou o empregado que é transferido a uma nova tarefa é entregue aos cuidados de um instrutor, que é um operador experiente. Esse instrutor, juntamente com o mestre do departamento, é responsável pelo progresso do aprendiz na tarefa. Quando o ope-

---

[10] J. F. Biggane, Time Study Training for Supervision and Union. *Proceedings Fourth Industrial Engineering Institute*, University of California, Los Angeles-Berkeley, fevereiro, 1952, p. 12

[11] A forma da curva na Fig. 341 é diferente das curvas de aprendizagem das páginas precedentes porque a escala vertical, nessa figura, é "eficiência porcentual", enquanto que, nas curvas precedentes, é "tempo por ciclo, em minutos"

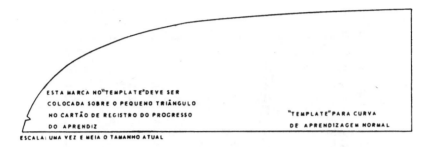

Figura 340. Template (celulóide) para curva de aprendizagem normal. A forma dessa curva foi determinada a partir de estudos de centenas de operações diferentes executadas por essa empresa durante anos

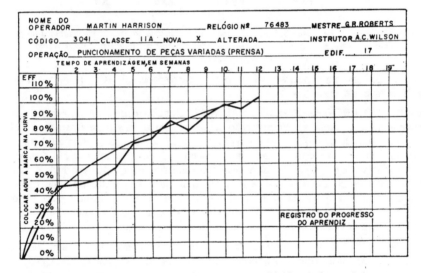

Figura 341. Registro do progresso do aprendiz (frente do cartão)

rário inicia o trabalho, preenche-se o cartão de registro do progresso do aprendiz (Figs. 341 e 342) e constrói-se a curva de aprendizagem para a tarefa da seguinte maneira: a curva normal (Fig. 340), um *template* cortado de uma folha de celulóide transparente, é usada para todos os períodos de treinamento. A curva é colocada com a marca exatamente sobreposta ao triângulo no canto esquerdo inferior do cartão (Fig. 341). A parte superior do *template* interseciona a linha horizontal de 100% no ponto de interseção da linha vertical, designando o número de semanas necessárias para o treinamento naquele tipo de trabalho. Desenha-se uma curva a lápis, seguindo o contorno do *template*, e essa linha representa a curva de aprendizagem para a tarefa em consideração. Esse cartão é guardado pelo mestre ou instrutor até que o aprendiz alcance a eficiência de 100% ou mude de trabalho.

Cada semana registra-se o progresso do aprendiz no verso do cartão (Fig. 342) de duas maneiras. Calcula-se a eficiência porcentual, registrando-a no local apropriado, colocando-se ao seu lado e à esquerda uma letra representativa da qualidade de trabalho executado pelo

Estudo de movimentos e de tempos

511

C-4 REGISTRO DO OPERADOR				QUALIDADE: E-EXCELENTE G-BOA F-RAZOÁVEL P-FRACA	
DATA DO INÍCIO: 3 de dezembro de 1.947				REAÇÃO: Muito boa. O operador quer aprender a tarefa	VISTO DO INSTRUTOR
REGISTRO SEMANAL					FERRAMENTAS NECESSÁRIAS X
QUALIDADE ⟶					INTRODUÇÃO X
EFICIÊNCIA PORCENTUAL ⟶					QUALIDADE X
					SEGURANÇA E LIMPEZA X
F	F	G	G	COMENTÁRIOS:	COOPERAÇÃO X
45	48	50	58	Ao fim da segunda semana:	HONESTIDADE X
G	G	G	E	Operador parece vagaroso para	PRODUÇÃO X
74	79	89	83	aprender a tarefa.	TEMPO PESSOAL PERMITIDO X
E	E	E	E	Ao fim da quarta semana:	
92	98	98	103	Operador ainda lento. Pensa	
				que pode executar a tarefa.	
				Ao fim da sexta semana:	VISTO DO MESTRE
				Operador progride satisfatò-	PLANO DE INCENTIVO X
				riamente.	PROGRESSO POSSÍVEL X
					SEGURANÇA X
					QUALIDADE X
				ASS. DO MESTRE:	REALÇAR CONTINUAMENTE
				ASS. DO INSTRUTOR:	SEGURANÇA E QUALIDADE X

Figura 342. Registro do progresso do aprendiz (verso do cartão)

DESCRIÇÃO DA TAREFA

CÓDIGO 2706 J.R.   DATA _____   DEPTO. 3—7—9

TIPO DE OPERAÇÃO _____   SUPERVISOR _____   EDIF. _____

ÍNDICE Nº _____   PAGAMENTO _____   SEÇÃO OU GRUPO Nº _____

OCUPAÇÃO   Operador de furadeira simples ou múltipla _____

DEFINIÇÃO DO TRABALHO

Operar pequenas furadeiras, simples ou múltiplas, para furar, rosquear, escarear, rebaixar e alargar várias peças e materiais em lugares, profundidade, tamanhos, especificados, etc., com gabaritos e dispositivos de fixação. Trabalho simples em peças pequenas e leves, com tolerâncias normais. Manter as ferramentas da máquina em bom estado de funcionamento por meio de troca ou simples ajuste das mesmas. Verificar o serviço.

TIPO DE OPERADOR PARA O SERVIÇO — Educação primária. Moça de tamanho e altura médios. Deve possuir inclinação para mecânica.

TEMPO DE APRENDIZAGEM — Operador novo, 3 semanas.

Figura 343. Cartão de descrição da tarefa para furadeira pequena, simples ou múltipla

512

Ralph M. Barnes

aprendiz. Simultaneamente ao registro dessa informação no verso do cartão, coloca-se no gráfico um ponto representando a eficiência, ligando-se esse ponto com a origem da curva. De maneira semelhante, a eficiência é registrada e marcada semanalmente, indicando-se a qualidade do trabalho no verso do cartão. Mostra-se ao operador a curva de aprendizagem quando este inicia o trabalho, discutindo-se com ele, em detalhes, o seu significado e objetivo. Cada semana, depois que a atividade do aprendiz tenha sido registrada no cartão, o instrutor ou o mestre discutem a eficiência com o operador. É discutido cada um dos itens encontrados no verso do cartão, tais como qualidade, segurança e boas condições de manutenção. Marca-se cada item depois que tenha sido explicado em detalhes ao aprendiz.

O instrutor registra a atitude do aprendiz com relação à tarefa. Também são registradas observações relativas ao progresso do aprendiz e qualquer irregularidade que possa ter ocorrido durante o período. Depois que o operador atingir a execução-padrão (eficiência 100%), o cartão de registro do progresso do aprendiz é enviado ao supervisor de treinamento, onde é permanentemente arquivado com outros documentos do empregado.

O procedimento descrito mostrou ser um método eficiente, pois mantém o empregado e o mestre informados semanalmente do progresso alcançado. Quando um operador não se ajustar ao trabalho e sua produção permanecer constantemente abaixo da produção esperada, é possível transferir-se essa pessoa a outro trabalho sem perda excessiva de tempo.

CARTÃO DE DESCRIÇÃO DA TAREFA. O "cartão de descrição da tarefa" contém uma descrição bastante completa da tarefa (Figs. 343 e 344). Ele mostra o número de pontos e o

---

DESCRIÇÃO DA TAREFA

CÓDIGO __L2746   J.R._____   DATA _____   DEPTO. __4__

TIPO DA OPERAÇÃO _____   SUPERVISOR _____   EDIF. __24W__

ÍNDICE Nº _____   PAGAMENTO _____   SEÇÃO OU GRUPO Nº _____

OCUPAÇÃO ____Operador de torno mecânico____

DEFINIÇÃO DO TRABALHO

DESCRIÇÃO DO TRABALHO — Obter instruções, materiais e ferramentas necessários para o trabalho. Prender peça na placa ou entre portas. Instalar ferramentas no porta-ferramentas. Determinar a profundidade e o número de passadas a partir do desenho e das especificações. Trabalho de usinagem como especificado acima. Remover peça da máquina e identificar se necessário.

EQUIPAMENTO USADO — Tornos mecânicos Lodge and Shipley 24", Prentice 12" x 24", Chard 9" x 18" e La Blond 10" x 25", ferramentas de torneiros, micrômetros, calibres e talhas.

TIPO DE OPERADOR PARA O SERVIÇO — Instrução científica ou equivalente com experiência em tornos.
Deve ser capaz de tornear com tolerâncias justas e de interpretar desenhos.

TIPO DE TRABALHO EXECUTADO — Cossinetes, mancais, coroa e pinhão etc.

TEMPO DE APRENDIZAGEM — Operador novo, 9 semanas, operador semi-experiente, 6 semanas.

Figura 344. Cartão de descrição da tarefa para torno mecânico

Estudo de movimentos e de tempos **513**

tempo de aprendizagem para um operador novo e também para um operador semi-experiente. Um operador novo é aquele que não tem experiência alguma naquele tipo de trabalho, e um operador semi-experiente é aquele que tem alguma experiência naquela tarefa ou em tipo de máquina semelhante.

A Fig. 343 mostra a descrição da tarefa para uma furadeira pequena, simples ou múltipla. O tempo de aprendizagem para um operador novo é três semanas. A Fig. 344 é a descrição da tarefa para um torno. O tempo de aprendizagem para um operador novo é 9 semanas e, para um operador semi-experiente, 6 semanas.

CAPÍTULO 37

Avaliando e controlando outros fatores além do trabalho — planos de incentivo salarial com diversos fatores

Em algumas indústrias, o custo de mão-de-obra é pequeno quando comparado ao custo operacional de máquinas e equipamentos de processamento. Da mesma forma, em alguns departamentos de uma fábrica, pode-se economizar mais controlando a qualidade e os refugos e melhorando a utilização do material do que aumentando a eficiência da mão-de-obra. Por exemplo, a perda, para a empresa, resultante da interrupção por 1 h de uma máquina de fazer papel ou de uma máquina pesada de recobrimento pode ser maior do que todos os salários pagos aos operadores do equipamento por todo um turno. O plano ideal de incentivo para operadores de máquinas custosas e de equipamentos de processamento pode ser um plano com diversos fatores. Por exemplo, pode-se projetar um plano que inclua fatores do tipo de metros quadrados de material processado, porcentagem de produtos de qualidade aceitável e utilização do material (Fig. 345). Com a crescente mecanização da indústria, maior atenção será dada aos fatores que reduzem o custo operacional do equipamento. A meta será o menor custo unitário do produto final e não simplesmente o menor custo de mão-de-obra direta.

OPERAÇÕES MANUAIS E CONTROLADAS PELA MÁQUINA. Uma operação tal como o torneamento do diâmetro externo de uma engrenagem em um torno automático consiste de duas partes: a carga e a descarga da máquina, durante a qual o operador trabalha, e o tempo de corte (elementos controlados pela máquina), durante o qual a máquina trabalha e o operador permanece inativo. O objetivo será introduzir-se um incentivo que resulte em máxima utilização tanto do operador quanto da máquina. Se o torno é de um tipo relativamente barato e a proporção do ciclo que o operador tem que permanecer inativo é relativamente pequena, a forma usual de medida de incentivo monetário dará resultado satisfatório. Se a máquina for uma máquina custosa (custo indireto elevado) e a porção do ciclo por ela controlada for grande, a situação requer tratamento diverso.

A espécie e a quantidade de incentivo que devem ser fornecidas para persuadir o operador a manter o equipamento funcionando é uma questão que tem que ser decidida em cada caso individual. Pode-se usar o estudo de tempos e outras ferramentas de medida para se determinar o conteúdo de mão-de-obra de uma operação, mas o peso que deve ser dado a outros fatores, tais como utilização do equipamento, qualidade e produção, podem unicamente ser determinados de forma mais ou menos arbitrária.

Por exemplo, a operação de escolha de cápsulas de gelatina consiste na remoção de cápsulas defeituosas à medida que estas passam em frente ao inspetor por uma correia transportadora transparente, movendo-se sobre uma mesa de inspeção iluminada. Por intermédio de um estudo de tempos, é possível determinar-se qual deveria ser o tempo-padrão para a escolha de 1 000 cápsulas de determinadas cor e dimensões, contendo uma certa porcentagem de defeituosas. O estudo de tempos será de pequeno valor na determinação do peso de outros fatores que entrem em um plano de incentivo de vários fatores que possam ser usados nesta operação. Não há maneira alguma de se determinar que atenção adicional é necessária por parte do operador para evitar que cápsulas defeituosas misturem-se às cápsulas boas ou

Estudo de movimentos e de tempos

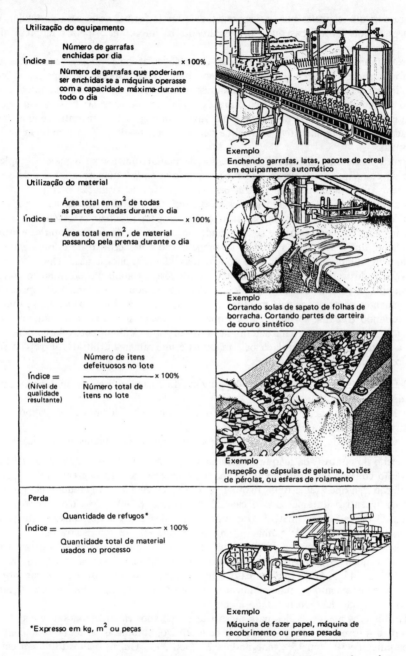

Figura 345. Outros fatores, além da mão-de-obra, que podem afetar o custo do produto

516   *Ralph M. Barnes*

para prevenir que cápsulas boas sejam rejeitadas. Desta forma, neste caso particular, o peso dado a estes dois fatores baseou-se principalmente na importância, para a empresa, de cada fator — em matéria de custo.

Nesta fábrica, uma cápsula defeituosa entre cápsulas boas poderia causar demora no processo de encher as cápsulas com pó. Além disso, certas espécies de cápsulas defeituosas não poderiam ser detectadas antes do enchimento da cápsula, resultando que tanto a cápsula como o seu conteúdo teriam que ser refugados. No caso de cápsulas boas serem rejeitadas, a única perda era o valor da própria cápsula vazia. Na página 521, encontra-se uma descrição detalhada do plano de incentivo salarial de vários fatores usado por uma empresa na escolha de cápsulas.

Com a maior mecanização dos processos de manufatura e com a maior complexidade e custo do equipamento de processamento, é certo que haverá número crescente de oportunidades para que a administração reduza os custos através da avaliação e controle de outros fatores além da mão-de-obra. Em muitos casos, será impossível medir-se o esforço, a tensão ou estado de alerta requerido da parte do operador para produzir os resultados desejados. Freqüentemente, o plano terá que ser projetado por tentativas, de forma empírica e arbitrária. As condições que permitem a medida e a compensação por incentivo do esforço extra de um operador em atividades manualmente controladas não se aplicará neste caso.

Talvez a ilustração mais comum desta política seja o tratamento de trabalho controlado pela máquina. É verdade que o tempo de trabalho intercalado com o tempo de espera causado pelos elementos controlados pela máquina permite que o operador trabalhe mais rapidamente do que quando trabalha sozinho, isto porque pode descansar enquanto a máquina trabalha. Entretanto o procedimento para determinar a "oportunidade de incentivo" que deve ser concedida à parte da tarefa controlada pela máquina é inteiramente arbitrário. Precisam ser considerados fatores como os seguintes:

1) Custo mínimo do produto final — incluindo custos indiretos e materiais bem como custo de mão-de-obra direta.

2) Incentivo suficiente para encorajar o operador a trabalhar em um ritmo acima do normal e utilizar inteiramente a máquina.

3) Oportunidade de remuneração compatível com outras tarefas da fábrica.

O efeito do controle da máquina na remuneração de um operador é ilustrado na Fig. 346. A operação consiste no torneamento do diâmetro externo de uma engrenagem em um torno. Na condição *A*, a operação é 100% manual, e, conseqüentemente, o operador tem oportunidade de ganhar incentivo durante todo o ciclo. Na condição *B*, 40% do ciclo é controlado pela máquina. O operador está inativo (enquanto a máquina trabalha) e, conseqüentemente, não tem possibilidade alguma de ganhar incentivo durante esse tempo. Se o operador trabalhar a um nível de 125% durante a parte manual da operação e receber sempre sua razão horária básica independentemente da produção, sua remuneração será indicada na coluna da extrema direita da Fig. 346. É óbvio que, no caso *B*, não há incentivo total para encorajar o operador a manter o equipamento em funcionamento, no caso *C*, há pequena oportunidade de incentivo e, no caso *D*, não há oportunidade alguma.

Há inúmeros planos usados para incentivar o operador em situações tais como *B*, *C* e *D*. Alguns planos fornecem uma possibilidade de incentivo, durante as partes do ciclo controladas pela máquina, de 10% ou 15%, chegando a 25% ou 30%. Outros planos fornecem um incentivo gradual baseado na porcentagem do ciclo que é controlado pela máquina.

Entretanto, se o operador da Fig. 346 recebesse um prêmio de 25% na parte do ciclo controlada pela máquina e seu índice médio de execução para aquele dia, na parte manualmente controlada da operação, fosse 125%, nos casos *A*, *B*, *C* e *D* da Fig. 346, o operador

PORCENTAGEM DO CICLO DURANTE O QUAL O TRABALHADOR EXECUTOU TRABALHO MANUAL	HORAS DE TRABALHO MANUAL	SALÁRIO BÁSICO, TRABALHO MANUAL	PRÊMIO, TRABALHO MANUAL	HORAS EM TRABALHO CONTROLADO PELA MÁQUINA	SALÁRIO BÁSICO, TRABALHO CONTROLADO PELA MÁQUINA	REMUNERAÇÃO TOTAL PARA DIA DE 8 H
A. 100% MANUAL (0% CONTR. P/ MÁQ.) 100%	$100\% \times 8 = 8$	$8 \times \$2,40 = \$19,20$	$\$19,20 \times 25\% = \$4,80$	0	0	$\$19,20 + \$4,80 = \$24,00$
B. 60% MANUAL (40% CONTR. P/ MÁQ.) 60% 40%	$60\% \times 8 = 4,8$	$4,8 \times \$2,40 = \$11,52$	$\$11,52 \times 25\% = \$2,88$	$40\% \times 8 = 3,2$	$3,2 \times \$2,40 = \$7,68$	$\$11,52 + \$2,88 + \$7,68 = \$22,08$
C. 20% MANUAL (80% CONTR. P/ MÁQ.) 20% 80%	$20\% \times 8 = 1,6$	$1,6 \times \$24,0 = \$3,84$	$\$3,84 \times 25\% = \$0,96$	$80\% \times 8 = 6,4$	$6,4 \times \$2,40 = \$15,36$	$\$3,84 + \$0,96 + \$15,36 = \$20,16$
D. 0% MANUAL (100% CONTR. P/ MÁQ.) 100%	0	0	0	$100\% \times 8 = 8$	$8 \times \$2,40 = \$19,20$	$\$19,20$

Operação. Torneamento do diâmetro externo de uma engrenagem. Quando usado avanço automático, nenhum trabalho é solicitado do operador durante esse torneamento.

Dia de trabalho = 8 h. Razão horária = 2,40 dólares.
Nível de trabalho do operador durante a parte manual da operação = 125%.

Figura 346. Os efeitos de uma operação controlada pela máquina na remuneração do operário receberia a mesma remuneração em cada caso. Ele ganharia 125% de sua razão horária básica, ou 24 dólares (8 × 2,40 × 1,25 = 24 dólares).

As razões que favorecem o estabelecimento de uma oportunidade de incentivo durante as partes de uma operação controladas pela máquina são: (1) isto encoraja o operador a aumentar sua produtividade e a produtividade da máquina (onde isso seja possível); (2) fornece remunerações que são mais congruentes com as dos demais trabalhadores que se encontrem sob incentivo. Há dois argumentos principais contra a introdução dessa oportunidade de incentivo: (1) como o operador não está fazendo trabalho físico durante a parte do ciclo controlada pela máquina, pode-se argumentar que ele deveria receber somente sua razão horária — o mesmo que ele receberia se fosse diarista. O conceito fundamental de um plano de incentivo salarial foi definido como: "o trabalhador recebe pagamento extra por esforço extra — por produção extra produzida acima do padrão. Se não há trabalho extra produzido, o operário não deve receber remuneração extra". (2) Se um trabalhador ganha prêmio ou bônus na parte de sua tarefa controlada pela máquina durante a qual ele não exerce esforço físico, ele pode sentir que precisa trabalhar mais para ganhar o mesmo prêmio quando for empregado em uma tarefa inteiramente manual e pode julgar que isto é injusto.

Deve-se acentuar que a forma de se levar em conta as partes de uma operação controladas pela máquina foge ao campo da medida do trabalho. Uma política sistemática e racional deve ser estabelecida pela empresa e seguida para a avaliação, controle e pagamento de todos os fatores que afetam o custo e que estão sob o controle do operador.

PLANO DE INCENTIVO COM DIVERSOS FATORES PARA FABRICAÇÃO DE PAPELÃO CORRUGADO

Papelão corrugado é produzido em uma máquina (Fig. 347) que consiste de diversas unidades separadas colocadas em linha. Esta unidade integrada produz papelão corrugado pela alimentação de rolos de papel no lado úmido da máquina (lado direito da Fig. 347), através das várias unidades e, finalmente, para a máquina de corte que, automaticamente, corta o painel no comprimento desejado, empilhando as chapas cortadas sobre a mesa. A máquina pode fazer papelão corrugado com largura até 2,16 m e operará satisfatoriamente em certos tipos de painéis a uma velocidade de 182 m/min. Essa máquina é operada por um grupo de sete homens, consistindo de um operador, um operador assistente e um encarregado de eixos, no lado de entrada da máquina, e de um cortador e três rebarbadores, no lado de saída da máquina.

Com uma máquina tão dispendiosa de se operar como essa (custos indiretos em torno de Cr$ 600,00/h), é desejável produzir-se tantos painéis de papelão corrugado de qualidade aceitável quanto possível. Também devido ao valor do papel (papel de valor aproximado de Cr$ 8 000,00 é alimentado através da máquina por hora), é importante que as perdas e refugos sejam mantidos no nível mais baixo possível. Os dois fatores, velocidade da máquina e perdas, estão sob o controle do grupo. A fim de se encorajar os sete membros do grupo a operar a máquina tão eficientemente quanto possível, projetou-se e implantou-se um plano de incentivo com dois fatores. A seguir será dada uma descrição deste plano.

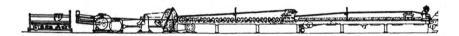

Figura 347. Máquina para fabricar papelão corrugado

Estudo de movimentos e de tempos

FATOR I — METROS DE PAPELÃO CORRUGADO PRODUZIDOS. O total de metros de papelão corrugado produzido por esta máquina durante o dia ou turno é determinado multiplicando-se o número de chapas produzidas pelo comprimento, em metros, de cada painel. O tempo-padrão, em horas, para 304,80 m de papelão produzido é indicado na Tab. 75. Esses tempos-padrão foram determinados pelo estudo de tempos. O total de metros de chapas produzidas pelo grupo durante o dia, multiplicado pelo tempo-padrão, em horas, por 304,80 m, fornece o total de horas-padrão produzidas pelo grupo no que diz respeito a este fator.

Fator I = metros totais (por 304,80 m) × horas-padrão por 304,80 m.

Tabela 75. Tempo-padrão, em horas, por metro de papelão corrugado produzido

Combinação de papelão	Tempo-padrão por 304,80 m
33–9–33 ⎤	0,056
42–9–33 ⎬ Teste 56 kg	0,056
42–9–42 ⎦	0,056
69–9–42 ⎤	0,066
69–9–69 ⎬ Teste 125 kg	0,066
42–9–69 ⎦	0,066
76–38–76 Teste 159 kg	0,083

FATOR II — PERDAS PRODUZIDAS. Todo o papel que alimenta a máquina ou se transforma em chapa corrugada de qualidade aceitável ou é classificado como perda. A perda pode resultar de papel inutilizado no enrolamento inicial em um turno, de papelão corrugado de qualidade inaceitável encontrado e descartado na saída da máquina ou de painéis defeituosos encontrados e descartados em operações subseqüentes, tais como na impressão, corte e ponteamento. Toda a perda é entregue à sala de enfardamento, onde é separada, pesada, enfardada e expedida para a fábrica de papel. Desta forma, a perda total, em kg, produzida durante o dia, pode ser determinada precisamente.

É impossível operar-se uma máquina como esta sem produzir-se alguma perda. Estudos mostraram que uma perda de 2% podia ser considerada como "padrão", construindo-se uma tabela (Tab. 76) mostrando a relação entre a perda porcentual e as horas-padrão. Como mostra a tabela, se o grupo mantivesse sua perda em um nível de 2% do peso total de papelão corrugado produzido durante o dia, esta seria considerada uma execução satisfatória. Se eles pudessem fazer melhor, isto é, se eles pudessem manter a perda abaixo de 2%, as horas-padrão indicadas na tabela seriam adicionadas a quaisquer horas de prêmio a que tivessem feito jus pelo Fator I. Se eles produzissem mais do que 2% em perdas, as horas-padrão da tabela seriam subtraídas das horas-prêmio resultantes do Fator I. A porcentagem de perda seria determinada da se-

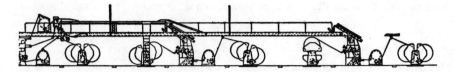

520 — Ralph M. Barnes

Tabela 76. Tempo-padrão para cálculo das perdas

Perda porcentual	Horas-padrões adicionadas	Perda porcentual	Horas-padrões subtraídas
1,00	0,193	2,00	0,000
1,05	,183	2,05	,010
1,10	,175	2,10	,020
1,15	,165	2,15	,030
1,20	,155	2,20	,040
1,25	,145	2,25	,048
1,30	,135	2,30	,058
1,35	,127	2,35	,067
1,40	,117	2,40	,077
1,45	,107	2,45	,087
1,50	,097	2,50	,097
1,55	,087	2,55	,107
1,60	,077	2,60	,117
1,65	,067	2,65	,127
1,70	,058	2,70	,135
1,75	,048	2,75	,145
1,80	,040	2,80	,155
1,85	,030	2,85	,165
1,90	,020	2,90	,175
1,95	,010	2,95	,183
2,00	,000	3,00	,193

Quando a porcentagem de refugo se mantém abaixo de 2%, as horas-padrão correspondentes adicionam-se ao **Fator I** (horas-padrão ganhas pela produção de metros de papelão corrugado). Quando, porém, a porcentagem de refugo é superior ao limite de 2%, as horas-padrão correspondentes são subtraídas do Fator I

guinte maneira:

1) $\text{Perda porcentual} = \dfrac{\text{perdas totais diárias, em kg}}{\text{produção diária total de painéis, em kg}}$.

2) As horas-padrão correspondentes à perda porcentual são obtidas da Tab. 76.

3) Fator II = horas-padrão (Tab. 76) × número de horas trabalhadas no padrão.

Exemplo. Suponha que se recebeu uma ordem para 500 000 caixas que requererão chapas comuns de face dupla corrugadas de 0,53 × 1,52 m de dimensão, teste de 56 kg. Como a máquina produz painéis com largura máxima de 2,16 m, quatro larguras de 0,53 m podem ser cortadas da chapa; portanto esta largura será a usada. No dia 16 de janeiro, o grupo de sete homens trabalhou um dia de 8 h na ordem acima. O registro para esse dia foi o seguinte:

Fator I – Papelão corrugado produzido

a) Metros de papelão produzidos durante o dia. Comprimento obtido de um indicador na unidade de corte na extremidade de saída da máquina (31 240 painéis × 1,524 m cada = 47 609,66 m)

Estudo de movimentos e de tempos **521**

b) Largura do painel = 2,16 m
c) Produção total de painéis, em metros quadrados =
$$= 47\,609,66 \times 2,16 = 102\,836,86\,m^2$$
d) Peso do painel = 44,45 kg por 304,80 m
e) Peso seco da corrida $= \dfrac{102\,836,86 \times 44,45}{304,80} = 14\,090,9\,kg$

f) Tempo-padrão para combinação de painéis e teste de 56 kg =
= 0,056 h por 304,80 m (Tab. 75)
g) Horas-padrão produzidas durante o dia de 8 h=

$$= \dfrac{47\,609,66 \times 0,056}{304,80} = \qquad\qquad\qquad 8,75\ \text{horas-padrão}$$

Fator II — Perda produzida

a) Quilos de perda produzidos durante o dia. Peso obtido do recolhedor de sucata que enfarda e pesa toda a perda para cada máquina de papelão corrugado, 631,06 kg
b) Perda porcentual $= \dfrac{631,06}{14\,090,9} = 1,30\,\%$

c) Horas-padrão (Tab. 76). Para a perda porcentual de 1,30%, as horas-padrão correspondentes são 0,135 h.

d) Como o grupo trabalhou 8 h durante o dia, em uma tarefa para a qual existia um tempo-padrão, então $0,135 \times 8 = \qquad\qquad$ 1,08 horas-padrão

Essas 1,08 horas-padrão extras foram concedidas, pois os membros do grupo foram capazes de operar, durante o dia, com perda menor do que a estabelecida.

SUMÁRIO DOS CÁLCULOS PARA OS PRÊMIOS

Fator I — Horas ganhas devido à produção de papelão corrugado   8,75
Fator II — Horas ganhas devido à baixa perda   1,08
Tempo permitido para preparação pela manhã (tempo-padrão de preparação),
de uma tabela especial de tolerâncias   0,07
Total de horas-padrão ganhas   9,90
Bônus ou horas-prêmio = 9,90 – 8 = 1,90
Fator de eficiência para o dia = 9,90 ÷ 8 = 1,24%

Isto significa que cada membro do grupo de sete homens receberá um bônus ou prêmio baseado na eficiência do grupo. Em outras palavras, cada homem receberá pelas 9,90 horas-padrão produzidas em vez de pelas 8 h efetivamente trabalhadas. As remunerações para os membros individuais do grupo para aquele dia encontram-se na Tab. 77.

PLANO DE INCENTIVO DE VÁRIOS FATORES PARA A OPERAÇÃO DE ESCOLHA DE CÁPSULAS

A Eli Lilly and Company produz cápsulas de gelatina em máquinas automáticas que operam 24 h por dia. Produzem-se oito dimensões diferentes de cápsulas e mais de 100 com-

Tabela 77. Vencimentos diários para cada membro do grupo

Membro do grupo	Razão horária (Cr$)	Horas-padrão ganhas	Remuneração total diária (Cr$)
Operador	2,40	9,90	23,76
Assistente do operador	2,00	9,90	19,80
Encarregado de eixos	2,10	9,90	20,79
Cortador	2,30	9,90	22,77
Rebarbador	2,00	9,90	19,80

binações de cores (Fig. 348). As cápsulas podem ser transparentes, opacas ou uma combinação de ambas. A máquina de cápsulas é projetada de forma que barras de aço contendo 30 pinos polidos são automaticamente mergulhadas em um tanque contendo gelatina líquida aquecida. As barras são retiradas, a gelatina seca sobre os pinos, e o excesso de gelatina é cortado, dando-se à tampa ou ao corpo a dimensão desejada. A cápsula vazia cai sobre um depósito ao lado da máquina. Esses depósitos têm base quadrada de 40 cm de lado, 50 cm de altura e pesam, quando cheios, 6,8 kg.

Os depósitos com as cápsulas são transportados a outro departamento a fim de se proceder à escolha e embalagem. Entre as cápsulas boas, encontrar-se-ão pequenas quantidades de refugo, consistindo de corpos e tampas desmontados, cápsulas imperfeitas (extremidades dentadas, reentrâncias, pontos de espessura insuficiente, bolhas etc.) e rebarbas. A finalidade da operação de escolha (Fig. 349) é a remoção de todos os refugos e rejeitados, deixando apenas as cápsulas boas. Em teoria, os operadores não deveriam deixar alguma cápsula defeituosa entre as escolhidas e não deveriam rejeitar nenhuma cápsula boa. A Fig. 350 mostra o arranjo físico do departamento de escolha de cápsulas.

O operador da escolha coloca as cápsulas em um alimentador do tipo gravidade atrás da máquina de inspeção e coloca o depósito vazio a sua frente, na parte inferior da máquina.

DIMENSÃO	000	00	0	1	2	3	4	5
LARGURA	,397	,341	,306	,277	,254	,233	,213	,196
COMPRIM.	1,03	,935	,864	,759	,703	,625	,573	,436

Figura 348. Número do tipo e dimensões das cápsulas fabricadas

Estudo de movimentos e de tempos

Figura 349. Máquina para escolha de cápsulas mostrando-as sobre correia transparente

Figura 350. Uma seção do departamento de escolha das cápsulas

524

Após ter sentado, o operador coloca depósitos para os refugos sob a mesa (usualmente são usados quatro depósitos), abre a porta do alimentador, ajusta a escova para a dimensão da cápsula e aciona a máquina. As cápsulas fluem do alimentador, sob a escova, para a correia transparente (Fig. 349), em não mais de uma camada. A velocidade da correia é 3,28 m/min. A correia transparente passa sobre uma placa iluminada de aproximadamente 11 cm de largura e 25 cm de comprimento. Aí, o operador pode detectar e remover cápsulas defeituosas. As cápsulas boas passam pelo operador e caem, por um funil, em um depósito sob a máquina. Durante a operação de escolha, as escovas podem ser ajustadas a fim de aumentarem ou diminuírem o número de cápsulas na correia de acordo com as defeituosas encontradas. A máquina pode ser parada, aplicando-se leve pressão no breque com o joelho direito.

CONTROLE ESTATÍSTICO DE QUALIDADE. Depois que um depósito de cápsulas tiver sido escolhido, as cápsulas aceitas e as rejeitadas são entregues ao departamento de inspeção para uma análise da qualidade. Se as cápsulas são aceitáveis, o operador coloca-as no depósito, após verificar a dimensão, tipo e cor. Se as cápsulas não estão de acordo com o padrão de qualidade, são devolvidas ao operador e reescolhidas até que sejam aceitáveis. As cápsulas defeituosas são amostradas a fim de se determinar a porcentagem de cápsulas defeituosas no total dos rejeitados.

Uma avaliação da qualidade resultante, isto é, a porcentagem de defeituosas entre cápsulas aceitas (Fator II) e a porcentagem de cápsulas defeituosas entre as rejeitadas (Fator III), é feita aleatoriamente pelo departamento de controle estatístico a fim de determinar a eficiência desses dois fatores. O operador de controle registra a eficiência de cada fator diariamente no departamento de escolha.

PLANO DE INCENTIVO SALARIAL DE VÁRIOS FATORES. O pagamento dos empregados na sala de escolha é baseado na eficiência do grupo. O plano de incentivo de vários fatores é tal que a eficiência do grupo é determinada computando-se a eficiência individual de cada um dos três fatores e ponderando esses fatores por uma fração determinada de 100%. Os três fatores neste plano são:

Fator	Peso do Fator
I. Eficiência horária do empregado	60%
II. Nível de qualidade resultante	30%
III. Nível de qualidade dos rejeitados	10%
Total	100%

FATOR I — EFICIÊNCIA HORÁRIA DO EMPREGADO. A eficiência horária do empregado indica os resultados obtidos pelos empregados do departamento com relação ao trabalho realizado ou ao número de cápsulas escolhidas em um dado período de tempo. O número de cápsulas que um operador pode escolher por hora é afetado pelos seguintes fatores: (1) dimensão da cápsula, (2) porcentagem de defeituosas entre as cápsulas a serem escolhidas e (3) se as cápsulas são transparentes, opacas ou combinadas.

Com o auxílio de estudos de tempos, estabeleceram-se tempos-padrão para cada dimensão, cor e porcentagem de defeituosas existente. A Tab. 78 contém um conjunto desses dados.

CALCULO DOS MINUTOS-PADRÃO. Os minutos-padrão desenvolvidos pelo grupo serão determinados multiplicando-se cada tempo-padrão pelo número de unidades de trabalho terminadas. A fim de se obter o número total de minutos-padrão para o pagamento do período, constantes diárias e tolerâncias serão adicionadas.

Estudo de movimentos e de tempos **525**

Tabela 78. Tabela dos valores de tempo-padrão

Operação. Escolha, numa única passagem pela correia transportadora transparente de cápsulas vazias, cápsulas transparentes, cápsulas opacas e cápsulas que apresentam as duas características simultaneamente. Tempo-padrão, em minutos, para a escolha de cápsulas de boa qualidade em comparação à porcentagem de refugos. As informações abaixo não indicam padrões efetivos, mas são fornecidas tão somente para ilustrar o exemplo.

Dimensão da cápsula	Porcentagem de defeituosas					
	0,0– 5,9 %	6,0– 9,9 %	10,0– 14,9 %	15,0– 19,9 %	20,0– 24,9 %	25,0– 29,9 %
000	–	1,88	2,03	2,20	2,39	2,50
00	1,38	1,98	2,29	2,64	–	–
0	1,02	1,38	1,64	1,91	2,18	–
1	,901	1,29	1,49	1,78	2,07	–
2	,795	1,07	1,26	1,47	1,72	–
3	,738	1,06	1,25	–	–	–
4	,875	1,20	1,37	1,69	–	–
5	,809	1,18	1,38	–	–	–

Tabela 79. Cálculo dos minutos-padrão

Operação	Unidades escolhidas	Grupo-padrão; tempo, em minutos	Minutos- -padrão desenvolvidos
Escolher o tamanho n.º 000 de cápsulas vazias (média do refugo, 25-29,9 %)	8 960M	2,50/M cápsulas boas	22 400
Escolher o tamanho n.º 0 de cápsulas vazias (média do refugo, 0-5,9 %)	22 750M	1,02/M cápsulas boas	23 205
Escolher o tamanho n.º 0 de cápsulas vazias (média do refugo, 6-9,9 %)	20 465M	1,38/M cápsulas boas	28 242
Escolher o tamanho n.º 1 de cápsulas vazias (média do refugo, 10-14,9 %)	18 250M	1,49/M cápsulas boas	27 193
Escolher o tamanho n.º 3 de cápsulas vazias (média do refugo, 6-9,9 %)	12 745M	1,06/M cápsulas boas	13 224
Constante por recipiente	2 000 recipiente	3,20 recipiente	6 400
Constante operacional	10 dias	270/dias	2 700
Minutos-padrão desenvolvidos (considerando a bonificação para empacotar cápsulas)			17 556
Minutos-padrão desenvolvidos			140 720

526 — Ralph M. Barnes

Como exemplo de cálculo dos minutos-padrão, suponhamos que um grupo completou o número de unidades apresentado na Tab. 79, durante um período de duas semanas. Os minutos-padrão desenvolvidos pelo grupo durante o período de pagamento foram 140 720 min.

CÁLCULO DOS MINUTOS REAIS. O número de minutos reais para pessoal em pagamento semanal, determinado pela seção pessoal a partir dos cartões de ponto, é entregue ao departamento de incentivos ao fim de cada período de pagamento. Neste exemplo, vamos supor que o número total de minutos reais para o grupo, durante o período de pagamento, foi de 173 090.

CÁLCULO DO FATOR I — EFICIÊNCIA HORÁRIA DO EMPREGADO. Aos minutos--padrão calculados anteriormente serão adicionadas as tolerâncias necessárias para compensar eventos do tipo de troca de roupas e constantes pessoais. A soma será o número total de minutos-padrão relativos ao período. A eficiência porcentual para o Fator I é calculada dividindo-se o número total de minutos-padrão relativo ao período de pagamento pelo número total de minutos do período de pagamento.

O cálculo seguinte indica como se encontra a eficiência porcentual para o Fator I no exemplo apresentado.

Minutos-padrão	140 720
Tolerâncias necessárias (mudança de roupas, constantes pessoais etc.)	31 322
n.º total de minutos-padrão para o grupo	172 042

Eficiência do fator I =

$$= \frac{172\,042 \text{ minutos-padrão total para o grupo}}{173\,090 \text{ minutos reais para o grupo}} = 99,39\%$$

FATOR II — NÍVEL DE QUALIDADE RESULTANTE. Este fator foi incluído no plano a fim de incentivar os escolhedores a manterem um nível razoável de qualidade resultante. O nível de qualidade resultante é definido como a porcentagem de cápsulas defeituosas entre as cápsulas aceitas. A eficiência deste fator dependerá do nível da qualidade resultante, relatado pelo departamento de inspeção estatística. Ao fim de cada período, recebe-se um relatório mostrando o nível médio de qualidade resultante para o período de pagamento. Este valor é usado na determinação da eficiência para o Fator II, como indicado na Tab. 80.

Exemplo. Admitamos um nível de qualidade resultante de 0,50. Usando este valor, a Tab. 80 fornece uma eficiência de 115% para o Fator II. Este fator terá peso de 30% na determinação da eficiência final para pagamento de incentivo ao grupo.

FATOR III — NÍVEL DE QUALIDADE DOS REJEITADOS. Este fator procura encorajar os escolhedores a manterem um bom nível de qualidade dos rejeitados. Este nível é definido como a porcentagem de cápsulas defeituosas entre as cápsulas rejeitadas. A eficiência deste fator dependerá do nível de qualidade dos rejeitados, relatado pelo departamento de inspeção estatística. Ao fim de cada período, recebe-se um relatório informando o nível de qualidade dos rejeitados para o período de pagamento. A Tab. 81 mostra como este fator é convertido em uma eficiência porcentual.

Exemplo. Suponhamos um nível de qualidade dos rejeitados de 93,3%. Usando este valor, a Tab. 81 mostra ser a eficiência do Fator III igual a 102%. Esta eficiência terá peso de 10% na determinação da eficiência total do grupo.

Estudo de movimentos e de tempos **527**

Tabela 80. Fator II — Escala de conversão do nível de qualidade resultante

(Peso do fator, 30%)

Índice	Eficiência do fator(%)
0,50 ou melhor	115
0,51 a 0,55	112
0,56 a 0,60	109
0,61 a 0,65	106
0,66 a 0,70	103
0,71 a 0,75	100
0,76 a 0,80	99
0,81 a 0,85	98
0,86 a 0,90	97
0,91 a 0,95	96
0,96 a 1,00	95

O nível de qualidade resultante é relatado pelo departamento de inspeção estatística

CÁLCULO DA EFICIÊNCIA PARA PAGAMENTO. A eficiência para pagamento do grupo será calculada a partir das eficiências alcançadas em cada um dos três fatores descritos. A fim de se combinar a eficiência dos três fatores, eles são ponderados a fim de refletirem a importância relativa de cada fator. A Tab. 82 é um exemplo deste procedimento.

A eficiência operacional do grupo, durante o período de pagamento, foi 104,33%. Esta eficiência será arredondada para o inteiro mais próximo. Portanto a eficiência para pagamento será 104%. Se a eficiência tivesse sido 104,65%, a eficiência para pagamento teria sido 105%.

CÁLCULO DO PAGAMENTO. O operador-escolhedor possui uma razão horária básica estabelecida por avaliação de cargos. O prêmio pago ao operador é determinado referindo-se

Tabela 81. Fator III — Escala de conversão do nível de qualidade do produto rejeitado

(Peso do fator, 10%)

Índice	Eficiência do fator(%)
95,0 ou melhor	115
94,9 a 94,0	108
93,9 a 93,0	102
92,9 a 92,0	97
91,9 a 91,0	93
90,9 ou menos	90

O nível de qualidade resultante é relatado pelo departamento de inspeção estatística

528   Ralph M. Barnes

Tabela 82. Cálculo da eficiência para pagamento

Fator de incentivo	Eficiência	Peso do fator	Eficiência ponderada
I. Eficiência horária do empregado	99,39	60	59,63
II. Nível de qualidade resultante	115,00	30	34,50
III. Nível de qualidade dos rejeitados	102,00	10	10,20
Eficiência total			104,33

à "escala multiplicadora para obtenção do prêmio através da razão horária básica" (M.R.H.), apresentada na Tab. 83. Pode-se notar que o bônus inicia-se a uma eficiência de 51% e vale 25% quando a eficiência é 100%, aumentando uniformemente.

Neste exemplo, a eficiência total do grupo foi 104%. Referindo-se a Tab. 83, o fator multiplicativo (M.R.H.) para 104% é 1,270. Suponhamos que um dado operador tenha um salário básico de 1,50 dólares/h e trabalhe 8 h/dia durante duas semanas, correspondendo a dez dias úteis de pagamento. Seu salário seria calculado da seguinte maneira.

$1,50 (razão horária) × 1,270 (fator multiplicativo M.R.H.) = $1,905, razão horária para o período de pagamento.

80 (horas trabalhadas) × $1,905 = $152,40, remuneração básica e de incentivo para o período de pagamento.

A essa quantia será adicionado qualquer pagamento a que o operador faça jus, como, por exemplo, permissão de custo de vida e prêmio noturno.

AVALIAÇÃO DA OPERAÇÃO DE ESCOLHA. A avaliação dos depósitos com cápsulas é executada pelo pessoal do departamento de inspeção estatística no próprio departamento de escolha de cápsulas. Estas avaliações determinam o fator relativo de qualidade, Fator II, e o nível de qualidade dos rejeitados, Fator III. As avaliações são feitas da seguinte maneira.

Determinação do nível de qualidade resultante — Fator II

1) Selecionar, ao acaso, dez depósitos de cápsulas.

2) Remover, por medida volumétrica, uma amostra ocasional de 300 cápsulas para cada depósito obtido no item 1.

3) Determinar e registrar o número de cápsulas defeituosas, de acordo com o padrão fornecido, em cada amostra obtida no passo 2. Registrar a data de produção, número da máquina, número do depósito, operador de escolha e iniciais do inspetor.

4) Quando os passos 1, 2 e 3 tiverem sido executados, determinar o número total de cápsulas defeituosas observado, a média para o dia e amplitude das observações. A média fornecerá o nível médio de qualidade resultante, Fator II, que será usado no plano de incentivo.

5) Se no item 2 forem observadas mais de três cápsulas defeituosas, retira-se uma nova amostra de 600 cápsulas.

a. Se nessas duas amostras, consistindo de 900 cápsulas, forem observadas dez ou mais defeituosas, devolver o depósito ao supervisor da escolha a fim de que se repita a operação de escolha, excluindo-se essas leituras dos cálculos.

b. Se na amostra total, consistindo de 900 cápsulas, forem observadas nove ou menos defeituosas, as 300 cápsulas retiradas inicialmente do depósito serão incluídas nos cálculos diários.

Estudo de movimentos e de tempos

Tabela 83. *Plano de incentivo salarial da Eli Lilly and Company; escala multiplicadora para obtenção do prêmio através da razão horária básica (M.R.H.)*

Eficiência porcentual	M. R. H.	Eficiência porcentual	M. R. H.	Eficiência porcentual	M. R. H.	Eficiência porcentual	M. R. H.
50	1,000	88	1,190	126	1,380	164	1,570
51	1,005	89	1,195	127	1,385	165	1,575
52	1,010	90	1,200	128	1,390	166	1,580
53	1,015	91	1,205	129	1,395	167	1,585
54	1,020	92	1,210	130	1,400	168	1,590
55	1,025	93	1,215	131	1,405	169	1,595
56	1,030	94	1,220	132	1,410	170	1,600
57	1,035	95	1,225	133	1,415	171	1,605
58	1,040	96	1,230	134	1,420	172	1,610
59	1,045	97	1,235	135	1,425	173	1,615
60	1,050	98	1,240	136	1,430	174	1,620
61	1,055	99	1,245	137	1,435	175	1,625
62	1,060	100	1,250	138	1,440	176	1,630
63	1,065	101	1,255	139	1,445	177	1,635
64	1,070	102	1,260	140	1,450	178	1,640
65	1,075	103	1,265	141	1,455	179	1,645
66	1,080	104	1,270	142	1,460	180	1,650
67	1,085	105	1,275	143	1,465	181	1,655
68	1,090	106	1,280	144	1,470	182	1,660
69	1,095	107	1,285	145	1,475	183	1,665
70	1,100	108	1,290	146	1,480	184	1,670
71	1,105	109	1,295	147	1,485	185	1,675
72	1,110	110	1,300	148	1,490	186	1,680
73	1,115	111	1,305	149	1,495	187	1,685
74	1,120	112	1,310	150	1,500	188	1,690
75	1,125	113	1,315	151	1,505	189	1,695
76	1,130	114	1,320	152	1,510	190	1,700
77	1,135	115	1,325	153	1,515	191	1,705
78	1,140	116	1,330	154	1,520	192	1,710
79	1,145	117	1,335	155	1,525	193	1,715
80	1,150	118	1,340	156	1,530	194	1,720
81	1,155	119	1,345	157	1,535	195	1,725
82	1,160	120	1,350	158	1,540	196	1,730
83	1,165	121	1,355	159	1,545	197	1,735
84	1,170	122	1,360	160	1,550	198	1,740
85	1,175	123	1,365	161	1,555	199	1,745
86	1,180	124	1,370	162	1,560	200	1,750
87	1,185	125	1,375	163	1,565		

NOTA. Qualquer eficiência caindo entre porcentagens inteiras deve ser aproximada para o inteiro mais próximo. Por exemplo, 93,5–94,4% seria 94%; 94,5–95,4% seria 95%

Determinação do nível de qualidade dos rejeitados — Fator III

6) Selecionar, ao acaso, cinco depósitos de rejeitados.

7) Remover, por medida volumétrica, uma amostra de 300 cápsulas de cada depósito obtido no item 6.

8) Determinar e registrar o número do depósito das cápsulas, o número da máquina e o operador-escolhedor para cada determinação de rejeitados. Determinar, para cada depósito, o número de cápsulas completamente aceitáveis com *nenhum* defeito visível.

530   *Ralph M. Barnes*

9) Determinar o total, média e amplitude para cada dia de amostragem. A média será o nível médio de qualidade dos rejeitados relativo ao Fator III, que será usado no plano de incentivo.

Instruções gerais

1) A média e a amplitude para os Fatores II e III são relatadas para cada período de pagamento. Uma cópia deste relatório é enviada ao gerente do departamento, ao chefe do departamento de escolha de cápsulas, ao departamento de incentivos e ao chefe do departamento de inspeção estatística no dia seguinte ao encerramento do período de pagamento.

2) Qualquer tendência observada ou condição fora de controle é imediatamente relatada ao pessoal de supervisão do departamento de escolha de cápsulas e do departamento de inspeção estatística.

3) Quando necessário, fazem-se observações adicionais para corrigir condições de treinamento ou perda de controle.

4) Ao final de cada dia, marcam-se os pontos diários nos gráficos de controle da escolha de cápsulas.

CAPÍTULO 38
Motivação e trabalho

Muitas mudanças têm surgido, através dos anos, na maneira de serem produzidos bens e serviços. Anteriormente à Revolução Industrial, o trabalho era feito por artesãos, que desenvolviam suas próprias habilidades e, ajudados por ferramentas relativamente simples, produziam o produto inteiro, tal como um par de sapatos, uma talha ou peças de roupas. Os artesãos trabalhavam por salários, vendiam seus produtos diretamente aos consumidores ou a um intermediário por um preço fixo ou, caso fossem vassalos de um dono de terra, pagavam sua permanência com trabalho em vez de dinheiro. Alguns artesãos trabalhavam em fábricas e eram geralmente pagos na base de preço por péça.

A REVOLUÇÃO INDUSTRIAL. Durante a segunda metade do século XVIII, uma revolução teve lugar nos métodos de produção e na organização do trabalho. A mudança básica foi a transferência da habilidade do trabalhador para a máquina. Para uma dada operação, mais habilidade foi sendo transferida para a máquina, exigindo cada vez menos habilidade do trabalhador. As máquinas semi-automáticas que entraram em uso necessitavam apenas de uma pessoa não-experimentada para fornecer-lhes material e remover a peça acabada, e, em caso de máquinas automáticas, nenhum operador era necessário. A transferência de habilidade, entretanto, não é diretamente associada à divisão do trabalho, ao sistema de produção fabril ou ao uso de energia na indústria. De fato, as fábricas existiram desde tempos antigos até o tempo da Revolução Industrial. Os artesãos trabalhavam debaixo de um teto comum, havia alguma divisão de trabalho, e a energia hidráulica era disponível em algumas fábricas. Entretanto foi o conceito de transferência de habilidade que revolucionou os métodos de produção, primeiramente na Inglaterra, na indústria de fiação e tecelagem. Então, a idéia se espalhou rapidamente para muitas outras áreas e para outras partes do mundo. As fábricas eram equipadas com máquinas movimentadas por energia a vapor d'água, pois, nessa época, a máquina a vapor de Watt foi aperfeiçoada e colocada em uso. Em muitos casos, cada máquina era projetada para executar uma operação simples, e homens, mulheres e, algumas vezes, crianças não-habilitados eram empregados para operá-las. Em geral, esse trabalho consistia meramente em posicionar o material na máquina que formava ou processava a peça e, então, remover a peça acabada da máquina. O novo sistema resultou em um enorme aumento na produção industrial, menores custos unitários e menor preço de venda dos produtos manufaturados, aumentando o consumo e a demanda de trabalho nas fábricas para o povo.

Durante cem anos, desde cerca de 1775 até a segunda metade do século XIX, grande ênfase foi dada à invenção e desenvolvimento de novos produtos, à melhoria das máquinas-ferramenta e de processos de manufatura e à expansão das indústrias de manufatura. O número de trabalhadores industriais aumentou grandemente; porém maior atenção e esforço eram dados à expansão e aumento dos aspectos físicos da produção do que ao bem-estar dos trabalhadores industriais.

ADMINISTRAÇÃO CIENTÍFICA. Durante a segunda metade do século XIX, a administração científica entrou em cena e teve uma influência profunda no mundo industrial. Taylor, Gantt, os Gilbreth e outros pioneiros usaram a abordagem científica na organização do tra-

532   *Ralph M. Barnes*

balho e no projeto do método de trabalho. Seus métodos resultaram em aumentos da produtividade e, ainda, em menores custos de produção, juntamente com o aumento dos salários para o trabalhador. Sob a administração científica, estudos completos e detalhados e experimentação foram realizados para determinarem o processo de produção mais econômico e o melhor método para se executar cada serviço. O trabalhador era selecionado e treinado para fazer o serviço da maneira pré-estabelecida e era pago de acordo com a sua produção. Os valores por peça vinham sendo usados, desde tempos remotos, como um método de remuneração, e alguma forma de incentivo salarial tornou-se uma parte integrante do novo sistema de administração. Devido aos resultados espetaculares da administração científica, houve uma demanda maior de pessoas para implantar este sistema na indústria do que de pessoas qualificadas disponíveis. Infelizmente, "engenheiros" e consultores incompetentes e inescrupulosos entraram em cena. Isso, juntamente com a "redução de padrões" deliberada por alguns administradores, produziu muitas aplicações insatisfatórias e algumas falhas. Devido a esses problemas, houve a oposição de alguns trabalhadores e sindicatos à administração científica. Esta reação durou um bom número de anos, até superar os efeitos ruins causados pelos "peritos em eficiência" e produzir uma melhora na situação. Foram desenvolvidos métodos e técnicas novas e melhores; colégios e universidades formaram cada vez mais pessoas treinadas, e a administração passou a realizar suas funções de uma maneira mais satisfatória. Foi restaurada a confiança no sistema global da administração, inclusive o pagamento de salários baseado em resultados, onde tais sistemas eram praticáveis.

Com o crescimento industrial e o aumento da produtividade, houve um aumento gradual nos benefícios proporcionados aos trabalhadores de fábrica, em adição à bonificação paga por produtividade alta, tais como melhor iluminação, aquecimento e ventilação, salas de lanche e serviço de alimentação, e instalações e programas de recreação da empresa. Embora a administração científica, tal como foi proposta por Taylor e seus seguidores, seja bem ampla em seus objetivos e se aplique tanto à administração como à mão-de-obra direta, as aplicações, durante o período de 1885 a 1930, freqüentemente importavam na medida do trabalho e no uso de sistemas de incentivo salarial como um meio de incrementar a produtividade e reduzir os custos. De fato, muitas pessoas acreditavam que o pagamento de incentivo salarial era um motivador altamente satisfatório para trabalhadores de fábricas.

O EXPERIMENTO DE HAWTHORNE. Uma investigação foi iniciada em 1927, nas instalações de Hawthorne da Western Electric Company, destinada a apontar o caminho a uma nova e diferente abordagem para a motivação das pessoas no trabalho. O experimento de Hawthorne foi dramático ao lançar luz sobre algumas coisas que promovem a satisfação no trabalho para os trabalhadores, resultando em aumento de produtividade, melhoria de qualidade e menor absenteísmo[1]. Originariamente, foi feita uma investigação em Hawthorne para determinar o efeito da variação da intensidade de iluminação na produção dos trabalhadores da fábrica. Entretanto os resultados mostraram que, variando-se o grau de intensidade luminosa, aumentando-a ou diminuindo-a, a produtividade aumentava sempre. Este fato conduziu a um estudo novo e mais cuidadosamente projetado para investigar os períodos de descanso e a duração da jornada de trabalho. Uma seqüência de passos especiais foi determinada para manter todos os fatores constantes, exceto aquele que estava sendo estudado. As investigações correram num período de cinco anos, de 1927 a 1932. Cinco mulheres jovens e habilidosas

---

[1]T. N. Whitehead, *Leadership in a Free Society*. Harvard University Press Cambridge, Massachussets, 1937; T. N. Whitehead, *The Industrial Worker*. 2 Volumes, Harvard University Press, Cambridge, Mass., 1938; F. J. Roethlisberger e W. J. Dickson, *Management and the Worker*. Harvard University Press, Cambridge, Mass., 1940; Henry A. Landsberger, *Hawthorne Revisited*. Cornell University, Ithaca, N. Y., 1958

Estudo de movimentos e de tempos

foram selecionadas de um grupo grande de montadores de relés, e começaram a trabalhar numa sala de testes separada, adjacente ao departamento de montagem principal de relés da fábrica. Os relés pesavam alguns gramas, consistiam de 40 ou 50 peças e requeriam aproximadamente 1 min para montagem. O experimento inteiro foi discutido com as moças, e sua cooperação era solicitada constantemente. Os resultados deste estudo foram surpreendentes. A produtividade aumentava em qualquer passo ao longo da pesquisa. A duração dos períodos de descanso e a duração da jornada de trabalho foram de importância secundária para as moças, comparado com a motivação que elas receberam do seu novo ambiente de trabalho. Desde o momento em que elas começaram a trabalhar na sala de testes, eram o centro das atrações. Registros contínuos eram tomados de sua produção, da qualidade dos materiais que entravam, das peças compradas e, da qualidade do produto acabado. Sua conversação era sempre observada e registrada. Elas não tinham mais o sentimento de que eram apenas uma pequena parte de um grande departamento de montagem, sujeitas à rotina de ordens e instruções da administração. Elas reagiam aumentando sua produção além do esperado.

As seguintes afirmações são retiradas de um relatório do experimento de Hawthorne[2].

Houve uma tendência de elevação contínua na produtividade, que foi independente das mudanças nos períodos de descanso. Esta tendência de elevação teve continuidade demasiada para ser atribuída a um estímulo inicial devido à novidade de se começar um estudo especial. A redução da fadiga muscular não tinha sido o fator principal no aumento da produção. A fadiga cumulativa não foi observada(...)

Houve um importante aumento de satisfação entre as moças que trabalhavam sob as condições da sala de testes.

Houve um decréscimo nas ausências ao trabalho de cerca de 80% entre as moças, desde que participavam do grupo da sala de testes. Os operadores da sala de testes tiveram aproximadamente 1/3 de ausências por doença, em comparação com o verificado no departamento regular durante os últimos seis meses.

Observações feitas nos operadores da sala de testes de montagem de relés indicavam que a saúde deles estava sendo mantida ou aumentada e que eles estavam trabalhando dentro de suas capacidades(...)

Os fatores importantes na geração de uma melhor atitude mental e de uma maior satisfação no trabalho tinham sido a maior liberdade, menos supervisão estrita e a oportunidade de se alterar um ritmo fixado, sem a repressão de um chefe de turma.

Os operadores não tinham uma idéia clara do motivo pelo qual eram capazes de produzir mais na sala de testes, mas, como foi mostrado nas respostas ao questionário(...), existe o sentimento de que a melhor produção é, de alguma maneira, relacionada com as condições de trabalho visivelmente mais agradáveis, mais livres e mais contentadoras.

TEORIA DA MOTIVAÇÃO DIRETA E APOIO. À medida que a administração científica foi se difundindo na indústria norte-americana, houve um grupo de pessoas que contestavam certas práticas como motivadores, tais como uma excessiva especialização do trabalho, operações repetitivas de ciclo curto e monótono, trabalhos com ritmo fixado pela máquina e o uso de pagamentos por peça ou outras formas de incentivo salarial. Além disso, surgiram mudanças nos negócios e na indústria a uma velocidade mais rápida. De fato, muitos aspectos do trabalho do empregado foram afetados (como nos métodos, ferramentas, máquinas e equipamentos), e algumas pessoas se ressentiram das mudanças e da maneira como elas foram feitas.

---

[2]Fornecido por um relatório privado publicado pela Divisão de Pesquisa Industrial para os funcionários da Western Electric Company, 11 de maio, 1929, pp. 34-131. Reproduzido em: Elton Mayo, *The Human Problems of an Industrial Civilization*. Viking Press, New York, 1960, pp. 65-67

534 *Ralph M. Barnes*

Durante os anos seguintes ao trabalho em Hawthorne, vários investigadores conduziram estudos[3] para aprender mais sobre o conjunto de assuntos de organização do trabalho, sistemas sociais, projeto do trabalho, dinâmica de grupo e a motivação para trabalhar. Muitos desses estudos contribuíram com novos conhecimentos e melhoraram nosso entendimento sobre o comportamento humano no ambiente de trabalho. Devido à teoria de motivação e apoio ter sido tão bem aprovada e poder ser aplicada com sucesso, ela será descrita aqui.

Os resultados de uma pesquisa sobre as atitudes no trabalho, feita por Frederick Herzberg, têm sido muito úteis na identificação e melhor entendimento de fatores específicos que afetam a motivação das pessoas[4]. Além disso, sua teoria de motivação e apoio é ratificada por mais de 30 reproduções ou variações de seu estudo original, projetadas para testar a validade da teoria[5]. Para um aumento de abrangência, os campos de negócios e indústria estão estudando e testando esta teoria, e um grupo de organizações está usando-a com sucesso. O intento, aqui, é apresentar uma relação das descobertas de Herzberg sobre motivação e, então, descrever algumas aplicações industriais reais.

Uma análise de pesquisas mais antigas levou Herzberg a observar que há algumas coisas que o trabalhador gosta em seu trabalho e há algumas coisas que ele não gosta — alguns fatores são "contentadores" e alguns são "descontentadores". Suas investigações foram projetadas para testar o conceito de que o homem tem dois grupos de necessidades: suas necessidades como animal, de evitar sofrimento ou situações desagradáveis, e suas necessidades como ser humano, de desenvolver psicologicamente sua necessidade por auto-realização em seu trabalho.

Cerca de 200 engenheiros e contadores, que trabalhavam para onze firmas diferentes em Pittsburg, foram cuidadosamente entrevistados. Cada pessoa foi solicitada a evocar um evento qualquer, ocorrido no trabalho, que havia resultado em um aumento substancial de sua satisfação ou levado a uma redução de sua satisfação no trabalho. O entrevistador estava procurando um evento ou séries de eventos, ou acontecimentos objetivos, que ocorreram durante o tempo no qual os sentimentos em relação ao trabalho foram excepcionalmente bons ou excepcionalmente ruins. Os resultados das entrevistas são mostrados na Fig. 351. Os eventos objetivos que os engenheiros e contadores revelaram foram classificados como contentadores e descontentadores. O comprimento de cada retângulo indica a freqüência com a qual o fator surgiu nos eventos apresentados, e a largura do retângulo indica o tempo durante o qual perdurou a boa ou má atitude no trabalho. Uma mudança de atitude de curta duração se manteve, geralmente, por menos de duas semanas, enquanto uma mudança de atitude de longa duração pode ter se mantido por alguns anos.

Houve cinco fatores que determinaram fortemente a satisfação no trabalho. Estes motivadores foram realização, reconhecimento, o trabalho em si, responsabilidade e progresso. Os

[3]Chris Argyris, *Understanding Organizational Behavior*. The Dorsey Press, Homewood, 111., 1960; L. E. Davis e Richard Werling, Job Design Factors. *Occupational Psychology*, Vol. 34, n.° 2, abril, 1960, pp. 109-132; S. W. Gellerman, *Motivation and Productivity*. American Management Association, New York, 1963; Frederick Herzberg, B. Mausner e B. B. Snyderman, *The Motivation to Work*. 2.ª ed., John Wiley e Sons, New York, 1959; C. L. Hughs, *Goal Setting: Key to Individual and Organizational Effectiveness*. American Management Association, New York, 1965; Kurt Lewin, *Resolving Social Conflict*. Harper, New York, 1948; Rensis Likert, *New Patterns of Management*. McGraw-Hill Book Co., New York, 1961; Douglas McGregor, *The Human Side of Enterprise*. McGraw-Hill Book Co., New York, 1960; E. L. Trist, G. W. Higgin, H. Murray e A. B. Pollock, *Organizational Choice*. Tavistock Publications Ltd., London, 1963; A. N. Turner e P. R. Lawrence, *Industrial Jobs and the Worker*. Harvard University, Boston, 1965; A. H. Maslow, *Motivation and Personality*. Harper and Brothers, New York, 1954

[4]Frederick Herzberg, B. Mausmer e B. B. Snyderman, *The Motivation to Work*. 2.ª ed., John Wiley e Sons, New York, 1959

[5]Frederick Herzberg, Work and the Nature of Man. The World Publishing Co., New York, 1966, pp. 92-167

Estudo de movimentos e de tempos

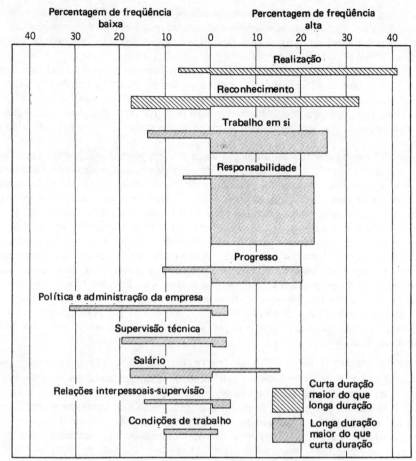

Reproduzido com permissão de F. Herzberg, e outros, *The Motivation to Work*. John Wiley and Sons, New York, 1959

Figura 351. Comparação entre contentadores e descontentadores

fatores de apoio ou de higiene — os descontentadores potenciais — foram política e administração da empresa, supervisão, salário, relações interpessoais e condições de trabalho.

Todos os motivadores tem a ver com o trabalho — oportunidade para encarregar-se de uma atribuição difícil; liberdade para usar imaginação e intuição na realização da tarefa; estímulo para aprender novas habilidades, para ser promovido e para ganhar mais dinheiro como reconhecimento pela realização. Todas estas coisas estimularam o pessoal a ser mais produtivo e causaram mais satisfação e bom sentimento em relação ao trabalho. Por outro lado, os fatores de apoio não tiveram efeito positivo, mas, principalmente, serviram para criar um ambiente satisfatório para os fatores de motivação direta. Os fatores de apoio não influenciam o trabalhador a aumentar sua produtividade ou executar bem sua tarefa. Porém eles podem ser descontentadores. Supervisão insatisfatória, pagamento inadequado ou condições de trabalho precárias podem induzir a uma substancial atitude negativa. Este é um ponto

536 — Ralph M. Barnes

importante da teoria. Programas de relações humanas, treinamento de supervisão, programas de recreação, salários e a extensa relação de benefícios marginais não servem como motivadores diretos. Se estes fatores de apoio forem razoavelmente satisfeitos, o cenário estará pronto para os motivadores diretos operarem.

O homem tem entendido e usado motivadores há bastante tempo, na indústria; entretanto parece que poucos administradores reconhecem completamente a grande diferença entre os fatores motivadores e os de apoio, que a pesquisa recente tem revelado. Este novo conhecimento torna agora a tarefa do administrador mais fácil. Ele pode organizar mais inteligentemente suas operações no sentido de maximizar os contentadores e minimizar os descontentadores.

James F. Lincoln, que fundou a Lincoln Electric Company em 1895, compreendeu como motivar os membros de sua organização[6]. No decorrer de sua vida profissional, ele empregou muitos dos "contentadores" referidos anteriormente. Seu objetivo era assistir seu pessoal em seus esforços para obter auto-realização. Ele afirma "Nenhum homem deseja ser apenas um dente de uma engrenagem. O incentivo mais acentuado é o desenvolvimento do respeito próprio e do respeito às outras pessoas. Ordenados que sejam o reconhecimento por sua superação de uma perfórmance, progresso e responsabilidade significam que ele é um homem especial dentre os homens. O trabalhador precisa sentir que é parte de um empreendimento vantajoso e que, para o empreendimento ter sucesso, foi necessário empregar nele suas habilidades. O dinheiro sozinho não executará a tarefa". A última frase é de interesse especial, visto que os empregados da Lincoln Electric estão entre os mais bem pagos do mundo. No ano passado, a média da bonificação de fim de ano foi acima de 8 000 dólares por pessoa. Isto é, em adição ao salário-hora igual ou maior do que o padrão da comunidade, são computados mais os ordenados de incentivo.

ESTUDO DE MOTIVAÇÃO NA TEXAS INSTRUMENTS. Em 1961, a Texas Instruments Incorporated deu início a um estudo de motivação durando seis anos, em suas divisões em Dallas[7]. O seu método de pesquisa foi similar ao usado no estudo de Herzberg, em Pittsburgh. A Texas Instruments desejava ver se a teoria de motivação e apoio podia ser validamente aplicada aos seus próprios trabalhadores. Duzentos e oitenta e dois funcionários foram selecionados aleatoriamente, a partir de uma lista de empregados representativos, distribuídos quase igualmente em cinco categorias de trabalho: cientista, engenheiro, supervisor de fabricação, técnico horista e montador. Dos 282 funcionários 52 eram mulheres montadoras horistas.

Cada funcionário foi entrevistado por um competente administrador de pessoal, que começava por explicar o propósito geral do estudo e a natureza da informação requerida. Então, seguindo o modelo de entrevista de Herzberg, o entrevistador perguntou:

Recorde-se de uma época em que você se sentiu excepcionalmente bem ou excepcionalmente mal em relação ao seu trabalho, tanto no seu trabalho presente como em algum outro que você já teve. Tal tipo de situação pode ser tanto de "longa duração" como de "curta duração", tal como eu as descrevi. Diga-me o que aconteceu.

Depois de o empregado ter descrito uma seqüência de eventos acerca dos quais ele se sentiu bem ("favorável"), ele foi solicitado a falar de uma época diferente, quando sentiu o oposto ("desfavorável"), ou vice-versa. Um total de 715 seqüências de eventos foram obtidas das 282 entrevistas. Cada uma das seqüências foi classificada em "favorável" ou "desfavorável"

---

[6]James F. Lincoln, *Incentive Management*. The Lincoln Electric Company, Cleveland, Ohio, 1951; James F. Lincoln, *A New Approach to Industrial Economics*. Devin-Adair, New York, 1961

[7]M. Scott Myers, Who Are Your Motivated Workers? Harvard Business Review, Vol. 42, n.º 1, janeiro-fevereiro, 1964, pp. 73-88

Estudo de movimentos e de tempos **537**

e como de "longa duração" (sentimentos fortes perdurando por mais de dois meses) ou de "curta duração" (sentimentos fortes perdurando por menos de dois meses). Uma amostra de respostas favoráveis e desfavoráveis às questões da entrevista é dada abaixo.

Supervisor de fabricação — favorável

Eu fui solicitado para assumir um serviço que era considerado impossível de ser executado. Nós não supúnhamos que a Texas Instruments podia fornecer o que havia prometido. Disseram-me que metade seria aceitável, mas nós expedimos a ordem inteira! Eles tiveram confiança em mim ao considerarem que eu podia fazer a tarefa. Eu fico mais contente quando trabalho sob pressão.

Supervisor de fabricação — desfavorável

Eu me desentendi com meu supervisor. Nós estávamos discutindo sobre a quantidade a ser fabricada de um item, e eu lhe disse que julgava que nós não executaríamos um número tão elevado. Ele disse, "Eu não pedi sua opinião... Nós faremos o que eu quero". Eu fiquei chocado, pois não imaginava que ele tinha esse tipo de personalidade. Isto me colocou mal com meu supervisor e fiquei ressentido porque ele não considerava a minha opinião importante.

Técnico diarista — favorável

Em junho, deram-me uma responsabilidade maior, embora sem haver mudança na classe de serviço. Eu recebi um serviço melhor, mais interessante e que se adaptava melhor à minha educação. Eu, ainda, me sinto bem em relação a isso. Estou trabalhando mais duro porque é diferente da minha rotina. Eu estou mais contente... sinto-me melhor em relação ao meu serviço.

Técnico diarista — desfavorável

Em 1962, eu estava trabalhando em um projeto e pensava que tinha uma solução realmente boa. Um profissional que fazia parte dó grupo, mas não de meu projeto, arrasou o meu projeto, item por item, diante daqueles com os quais eu trabalhava. Ele fez observações depreciantes. Eu fiquei descontente com o sujeito e descontente comigo mesmo. Eu pensava ter resolvido o problema quando não o tinha. Meu chefe encobriu este fato e me fez sentir melhor. Eu permaneci longe dos outros por uma semana.

RESULTADOS. Catorze fatores de primeiro nível foram identificados pelos entrevistadores e pela direção do projeto. A Fig. 352 mostra os fatores e o número de seqüências de eventos agrupadas sob cada fator. *Realização* era a categoria que abrangia a faixa mais larga, contando com 33% das seqüências, como também continha quase duas vezes o número de respostas favoráveis do que desfavoráveis. Por outro lado, *política e administração da empresa* (a percepção pelos empregados da organização, metas, políticas, procedimentos, práticas ou regras da empresa) conta com mais de quatro vezes o número de respostas desfavoráveis do que favoráveis.

Diferenças de personalidade... qualquer um dos fatores de trabalho mencionados pode ser tanto motivador como descontentador, dependendo da personalidade do indivíduo.

Para muitos indivíduos, a maior satisfação ou a motivação mais forte é derivada de realização, responsabilidade, desenvolvimento, progresso, o trabalho em si e o reconhecimento ganho. Tais pessoas, a quem Herzberg chama "carentes de motivação", são motivadas principalmente pela natureza da tarefa e têm grande tolerância para fatores ambientais deficientes.

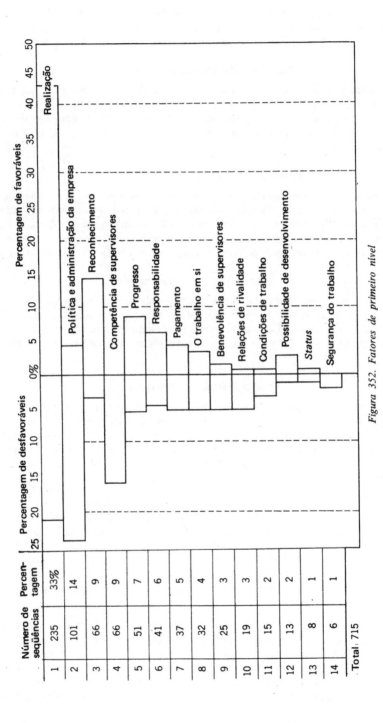

Figura 352. Fatores de primeiro nível

Estudo de movimentos e de tempos

Por outro lado, os "carentes de apoio" são motivados principalmente pela natureza de seu ambiente e tendem a desprezar oportunidades de motivação individualista. Eles estão constantemente preocupados e descontentes com os fatores de apoio que cercam o serviço, tais como pagamento, benefícios marginais, supervisão, condições de trabalho, *status* (posição social), segurança do trabalho, política e administração da empresa e companheiros de trabalho. Os carentes de apoio experimentam pouca satisfação no cumprimento da obra completa e expressam cinismo ao encararem as virtudes positivas do trabalho e da vida em geral. Em contraste, os carentes de motivação experimentam grande satisfação no cumprimento da obra completa e têm sentimentos positivos em relação ao trabalho e à vida em geral.

Os carentes de apoio demonstram pouco interesse no tipo e na qualidade do trabalho; podem ser bem sucedidos no serviço por puro talento, mas raramente lucram profissionalmente com a experiência.

Os carentes de motivação gostam do trabalho, esforçam-se por obter qualidade, tendem a se empolgar com realizações conseguidas e se beneficiam profissionalmente com a experiência...

Embora exista uma tendência do indivíduo razoavelmente estável como carente de motivação ou carente de apoio, isto pode ser influenciado pelas características das várias funções nas quais pode estar alocado. Por exemplo, os carentes de apoio, quando colocados em um ambiente de realização, responsabilidade, desenvolvimento e reconhecimento ganho, tendem a se comportarem como e a adquirirem os valores dos carentes de motivação. Por outro lado, a ausência de fatores motivadores diretos induz os carentes de motivação a se comportarem como os carentes de apoio e a se tornarem preocupados com os fatores de apoio em seu ambiente de trabalho.

CONCLUSÕES. O estudo mostra claramente que é necessário se satisfazerem as necessidades tanto de motivação como de apoio para uma perfórmance eficiente no trabalho. Além disso, o estudo evidencia que os fatores envolvidos na situação de trabalho que motivam os empregados são diferentes dos fatores que os descontentam. A Fig. 353 mostra as necessidades motivacionais, que compreendem desenvolvimento, realização, responsabilidade, reconhecimento e o trabalho em si e que são satisfeitas através dos meios agrupados no círculo interno. Os fatores motivacionais focalizam-se no indivíduo e na sua realização de metas pessoais e da empresa. As necessidades de apoio são satisfeitas através dos meios listados no círculo externo, sob os tópicos economia, segurança, orientação, *status* (posição social), social e físico (Fig. 353). O estudo mostra que os fatores de apoio têm pouco valor motivacional. Se for estabelecido um ambiente no qual as necessidades motivacionais podem ser satisfeitas, os fatores de apoio terão relativamente pouca influência, tanto como contentadores ou descontentadores. Uma abundância de benefícios ou ações decorativas, que superestimam as necessidades de apoio, não é substituta para um ambiente de trabalho rico em oportunidades para a satisfação de necessidades motivacionais. As conclusões do estudo foram relatadas resumidamente, tal como são apresentadas em seguida.

O que motiva os empregados para trabalharem eficientemente? Um serviço desafiador que possibilita um sentimento de realização, responsabilidade, desenvolvimento, progresso, gosto do próprio trabalho e reconhecimento ganho.

O que descontenta os trabalhadores? Fatores que são, em sua maioria, periféricos ao trabalho — regras de trabalho, iluminação, pausas para lanche, títulos, direitos de tempo de serviço e aposentadoria, salários, benefícios marginais e outros semelhantes.

Quando os trabalhadores se tornam descontentes? Quando as oportunidades para realizações significativas são eliminadas, e eles se tornam ressentidos em relação ao seu ambiente e começam a descobrir falhas nele.

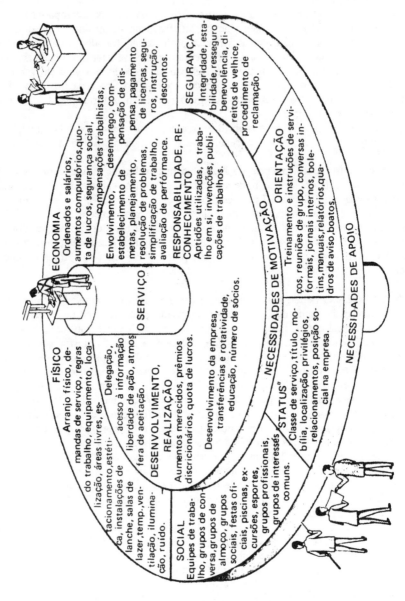

Figura 353. Necessidades motivacionais e de apoio dos empregados

Estudo de movimentos e de tempos

DECLARAÇÃO DO PRESIDENTE DA TEXAS INSTRUMENTS. No encontro anual, em 1967, dos acionistas da Texas Instruments Incorporated, o Presidente Mark Shepherd Jr. fez a seguinte declaração:

"(...) portanto nossa maior oportunidade de melhorar a perfórmance na Texas Instruments se encontra na área do aumento da eficiência humana. É nossa meta que o trabalho realizado por todas as pessoas empregadas seja tão significativo para o indivíduo quanto possível, e que suas metas individuais de carreira e as metas de crescimento e desenvolvimento da corporação sejam compatíveis.

Isto significa que o pessoal empregado na Texas Instruments não apenas precisa compreender o que é esperado deles na execução de um serviço específico como também que eles devem ter a oportunidade de planejarem o serviço ou influenciarem o planejamento das tarefas que participam. E que devem ainda, eles próprios, se interessarem na medição ou avaliação de como o serviço é bem executado.

Este tipo de participação no planejamento e de orientação do trabalho está sendo, no momento, empregado em muitas operações e difundido por toda a Texas Instruments. Nós sentimos que um passo importante está sendo dado no sentido de se encontrarem meios de ajudar a aumentar nossa eficiência humana total. Em seguida, esta preocupação aumentará nossa habilidade para estabelecermos e alcançarmos nossas metas pessoais e institucionais."

A contracapa do Relatório Anual, de 1966, da Texas Instruments Incorporated continha as afirmações e fotografias mostradas na Fig. 354.

Realizando mudanças através do aumento da eficiência humana. As inovações técnicas conduzem à criação de produtos e serviços novos e úteis para preencher as necessidades da sociedade. Inovações na maneira como as pessoas planejam e administram o seu próprio trabalho podem induzir a uma maior realização de seus potenciais individuais. A idéia de se elevar o trabalho à condição de ser mais do que uma rotina de execução de grupos de tarefas está tomando significado real para uma crescente percentagem de homens e mulheres empregados na Texas Instruments. Os exemplos abaixo ilustram como o pessoal da Texas Instruments contribuiu para o próprio sucesso e o sucesso da empresa em 1966.

 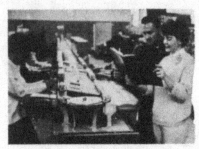

Este grupo, planejando em conjunto, elaborou métodos para se reduzir o tempo de produção de sistemas de radar de 130 para menos de 36 h por sistema.

Uma operadora do grupo de teste do transistor de germânio escreveu um manual de treinamento, do ponto de vista do operador, que apressou o conhecimento do serviço e a eficiência de sua seção inteira de montagem e teste.

Figura 354. Extraído do relatório anual da texas instruments

CAPÍTULO 39

Ampliação do trabalho — mudança deliberada

Diferentes abordagens têm sido usadas para reduzirem a monotonia e darem maior significado ao trabalho industrial. Um método que vem ganhando crescente importância é a ampliação do trabalho. Entretanto, antes de apresentarmos um caso típico de ampliação do trabalho, talvez seria interessante listarmos as explicações que justificam a existência de trabalhos com operações altamente repetitivas e linhas de montagem.

A divisão do trabalho tem sido praticada há muitos séculos, porém o presente alto grau de especialização do trabalho vem se desenvolvendo desde o tempo da Revolução Industrial. O esforço constante para subdividir o trabalho ocorreu devido ao aumento da eficiência da mão-de-obra e ao menor custo unitário de produção que resultou da aplicação desta técnica.

ECONOMIA DA ESPECIALIZAÇÃO. Os argumentos favoráveis à divisão do trabalho são numerosos.

1) Um alto grau de especialização permite ao trabalhador aprender a tarefa em um período curto de tempo.

2) Um ciclo curto de trabalho permite desempenho rápido e quase automático, com pouco ou quase nenhum esforço mental.

3) Pode ser empregado um menor número de pessoas qualificadas, para executarem operações de ciclo curto e altamente repetitivas. Neste caso poderão ser pagos salários mais baixos.

4) Menos supervisão é necessária. Isso porque o operador aprende rapidamente a executar sua tarefa, e existe pouca possibilidade de interrupções durante o dia, devido à padronização dos materiais e das peças provenientes das operações precedentes.

A especialização do trabalho pode ser realizada com (a) a operação inteiramente sob o controle do operário ou (b) o trabalho ritmado, como nas operações numa linha de montagem automobilística. As vantagens a seguir são geralmente obtidas destes trabalhos especializados e ritmados.

1) A administração pode ter certeza de cumprir os programas de produção, pois da linha de montagem sai um fluxo contínuo de produtos acabados.

2) A correia transportadora obriga os departamentos de manutenção e serviço e as linhas de suprimento de peças a realizarem suas funções adequadamente; de outro modo, a correia transportadora pararia.

3) Nenhum operário pode trabalhar à frente dos outros, o que acumularia materiais em processamento. O que se deseja é a peça ou produto acabados saindo da correia transportadora e não as peças nos vários estágios de manufatura.

4) O trabalho realizado com o uso de correias transportadoras permite um uso eficiente de espaço. Geralmente podem ser empregadas correias transportadoras aéreas, auxiliares, para trazerem peças ao operário, tornando-se, assim, desnecessário o armazenamento de peças na linha de montagem.

Estudo de movimentos e de tempos

As afirmações listadas acima têm sido comprovadas em milhares de fábricas, em todo o mundo[1], e há ainda hoje muitas situações nas quais a eficiência de mão-de-obra pode ser aumentada, os custos das unidades e os custos totais ser reduzidos pela divisão do trabalho. Entretanto, em alguns casos, a especialização tem sido exagerada[2]. Os benefícios resultantes da ampliação do trabalho podem compensar aqueles resultantes da divisão do trabalho.

A ampliação dos serviços pode ser horizontal *ou* vertical, ou horizontal *e* vertical[3]. Se uma tarefa for expandida de tal maneira que inclua um maior número ou uma maior variedade de operações, ela será ampliada horizontalmente. A ampliação horizontal do trabalho tem a intenção de contrabalançar a supersimplificação e dar ao trabalhador uma oportunidade de realizar uma "unidade natural de trabalho completa". A ampliação vertical do trabalho envolve o operador no planejamento, organização e inspeção, bem como na avaliação da perfórmance do seu trabalho. A ampliação vertical do trabalho coloca muitos dos fatores motivadores em jogo. A execução de tarefas também pode ser individual ou em grupo. Há evidência considerável para mostrar-se que, em muitos casos, a ampliação do trabalho — horizontal ou vertical, individual ou em grupo — resulta em aumento de perfórmance e maior satisfação no trabalho. A ampliação do trabalho pode fazer parte de um sistema administrativo que envolva mais o trabalhador na solução de problemas de produção e no estabelecimento de metas.

AMPLIAÇÃO DO TRABALHO NA IBM CORPORATION. O termo "ampliação do trabalho" foi primeiramente usado na International Business Machines Corporation para identificar um programa que foi instituído por sugestão do presidente da empresa. O presidente acreditava que o trabalho poderia ser enriquecido, tornando-o mais interessante, mais variado e mais significativo; que uma pessoa empregada em uma tarefa significativa seria motivada a trabalhar mais e melhor e extrairia maior satisfação do trabalho.

Walker[4] fez um estudo de ampliação do trabalho na IBM e o divulgou em 1950. O plano foi inicialmente introduzido em uma oficina geral de máquinas em 1943. Algumas centenas de pessoas eram empregadas como operadores de máquinas-ferramenta básicas, como tornos, furadeiras, mandris, prensas e retificadoras. O trabalho consistia principalmente em posicionar a peça na máquina e removê-la após a ferramenta de corte ou a broca ter executado a operação. Os operadores necessitavam de muito pouca habilidade e podiam ser treinados para fazerem o trabalho em um tempo relativamente curto. Um operário preparador, especialmente treinado, preparava a máquina para cada nova tarefa, as ferramentas eram guardadas em uma seção central de ferramentas, e as peças acabadas eram examinadas por inspetores. Embora muitos dos operadores estivessem anos, neste trabalho, e adquiriram habilidade para

---

[1]Pelo emprego dos métodos de linha de montagem, Henry Ford reduziu o tempo para montar um carro de 12 h e 28 min (setembro de 1913) para 1 h e 33 min (30 de abril de 1914). Este é um dos primeiros e mais espetaculares usos de linha de montagem. Horace L. Arnold e Fay L. Faurote, *Ford Methods and the Ford Shops.* The Engineering Magazine Co., New York, 1915

[2]L. E. Davis, Toward a Theory of Job Design. *The Journal of Industrial Engineering*, Vol. 8, n.º 5, pp. 305-309, setembro-outubro, 1957; C. R. Walker e A. G. Walker, *Modern Technology and Civilization.* McGraw-Hill Book Co., New York, 1962, pp. 119-136; C. R. Walker e R. H. Guest, *The Man on the Assembly Line.* Harvard University Press, Cambridge, Mass., 1952; C. R. Walker, The Problem of the Repetitive Job. *Harvard Business Review*, Vol. 28, n.º 3, maio, 1950, pp. 54-58; James C. Worthy, Organizational Structure and Employce Morale. *American Sociological Review*, Vol. 15, n.º 2, abril, 1950, pp. 176-178

[3]E. R. Gomersall e M. Scott Myers, Breakthrough in On-The-Job Training. *Harvard Business Review*, Vol. 44, n.º 4, julho-agosto, 1966, p. 63

[4]Charles R. Walker, The Problem of the Repetitive Job. *Harvard Business Review*, Vol. 28, n.º 3, maio, 1950, pp. 54-58

544

prepararem a máquina e examinarem o serviço, não lhes era permitido fazê-lo porque isso era considerado um método ineficiente de operar o departamento.

Sob o novo plano, foi ensinado a cada operador como preparar sua máquina a cada nova tarefa a partir do desenho fornecido. Ele afiava algumas de suas ferramentas e inspecionava seu próprio trabalho. Por volta de 1950, todos os operários de preparação de máquinas tinham sido completamente eliminados, e os inspetores eram empregados somente quando um operador solicitava um exame duplo de inspeção. A implantação do plano resultou na dispensa de todos os operários de preparação e de muitos inspetores, porquanto os operadores adquiriram as habilidades desses homens. De acordo com a política da empresa, ninguém perdeu seu emprego ou sofreu redução no pagamento. Como os negócios da empresa estavam em expansão, não foi difícil resolver este problema. Por exemplo, dos 35 preparadores dispensados, 21 tornaram-se operadores sem redução no pagamento, 12 foram promovidos para outros serviços dentro da empresa, todos com aumentos no pagamento, e dois homens deixaram voluntariamente a empresa.

RESULTADOS. Os principais gastos impostos pela implantação do novo plano consistiram no custo de treinamento dos operadores nas novas habilidades e no salário mais elevado que eles receberam, porque eram agora qualificados por uma graduação mais alta dentro do plano de avaliação de cargos da empresa. Houve também o custo do equipamento de inspeção adicional que foi fornecido. Estes gastos foram mais do que compensados pela redução de custos e outros benefícios.

1) Melhor qualidade no produto foi conseguida; houve menos defeitos e menos perda de material. A administração atribuiu isso à "maior responsabilidade tomada pelo operador individual sobre a qualidade de seu trabalho".

2) Menos tempo ocioso de operadores e máquinas resultou porque, inerentemente, era mais simples ao operador preparar e examinar o seu próprio trabalho do que chamar um preparador e um inspetor para fazer isso por ele. Os registros mostraram que os custos de preparação e inspeção foram reduzidos em 95%.

3) A administração afirmou que a ampliação do trabalho "enriqueceu o trabalho para o operário". A técnica introduziu variedade, interesse, orgulho e responsabilidade que antes não estavam presentes na execução do serviço. Os homens recebiam agora pagamentos mais elevados por seu trabalho, devido à maior habilidade empregada.

AMPLIAÇÃO DO TRABALHO NA MAYTAG COMPANY. A empresa Maytag Company já possui alguns anos de experiência satisfatória na mudança de operações altamente mecanizadas para um método no qual cada operador completa um ciclo inteiro[5]. Vinte e cinco projetos de ampliação do trabalho, dezesseis dos quais eram anteriormente grupos de montagem ritmados por correia transportadora, foram implantados. Aproximadamente 130 empregados vêm trabalhando nesses trabalhos ampliados, dos quais 90 tinham tido experiência tanto nesse tipo de trabalho como em linhas de montagem ritmadas por correias transportadoras. O pessoal, na Maytag, acredita que isto fornece uma amostra suficiente, da qual se pode extrair conclusões razoavelmente válidas acerca da aceitação, pelos empregados, da técnica de ampliação do trabalho, bem como do atendimento de certos objetivos de fabricação.

---

[5]Paul A. Stewart, Job Enlargement. Monogram Series n.º 3, University of Iowa, Iowa City, 1967; Irwin A. Rose, Increasing Productivity Through Job Enlargement. *Proceedings Fifteenth Industrial Engineering Institute*, University of California, Los Angeles-Berkeley, fevereiro, 1963; E. H. Conant e M. D. Kilbridge, An Interdisciplinary Analysis of Job Enlargement: Technology, Costs, and Behavioral Implications. *Industrial and Labor Relations Review*, Vol. 18, n.º 3, abril, 1965, pp. 377-395. Estes casos foram reproduzidos com permissão da Maytag Company

Estudo de movimentos e de tempos
545

Eles resumem os resultados importantes que tinham sido característicos dessas aplicações como é apresentado a seguir.

1) A qualidade tem melhorado.
2) Os custos de mão-de-obra são menores.
3) Uma grande maioria dos operadores optou pela ampliação do trabalho em um tempo relativamente curto.
4) Problemas inerentes aos grupos com movimentos controlados por mecanismos de transporte têm sido amplamente eliminados. Por exemplo, não é mais necessária a reestruturação do serviço de cada operador do grupo quando os níveis de produção mudam, resultando em menor treinamento, maior produtividade, menores mudanças nos padrões de produção, redução de reclamações etc.
5) Os custos de equipamento e instalação têm sido cobertos por economias sensíveis numa taxa média de retorno de aproximadamente dois anos.
6) As necessidades de espaço físico para trabalhos ampliados do tipo descrito aqui são comparáveis às necessárias para linhas de montagem controladas por correias transportadoras.

MONTAGEM DE BOMBA D'ÁGUA PARA MÁQUINA DE LAVAR AUTOMÁTICA. A montagem da bomba d'água para máquina de lavar automática é um bom exemplo da aplicação dos conceitos da ampliação do trabalho. O sistema em linha controlado por correia transportadora, com muitos operadores executando uma parcela altamente repetitiva da montagem total, foi trocado por estações de trabalho individuais, onde cada operador monta e testa o componente completo.

SISTEMA ORIGINAL DE GRUPO DE MONTAGEM DE BOMBAS. A bomba d'água para máquinas de lavar automáticas consiste em 26 peças, tem 7 pol de diâmetro e pesa 700 g. Anteriormente, era montada por um grupo de cinco a sete operadores, dependendo do nível de produção. Estava incluído nesse total um homem para substituição, reparo e armazenagem. O tempo de ciclo para os vários níveis situava-se na faixa de 0,33 min a 0,44 min por bomba, dependendo do número de operadores no grupo. A bomba era montada em uma combinação de bancada e correia transportadora motorizada. A Fig. 355 mostra a distribuição física de um grupo de cinco homens (o armazenador não aparece). O operador, à esquerda, trabalhando na bancada, executava a primeira operação montando cinco peças na carcaça da bomba. O operador seguinte montava oito peças na carcaça. Ele trabalhava em duas carcaças ao mesmo tempo, completando metade de seu serviço na bancada; então transferia as duas bombas para a correia transportadora, onde terminava seu serviço. O terceiro operador fazia todo o trabalho na correia em movimento, montando cinco peças em cada bomba e posicionando sete parafusos em todas as outras bombas. O último operador posicionava sete parafusos nas bombas restantes e apertava os parafusos de todas as bombas. Ele removia a unidade completa montada e a testava em um tanque de água, que aparece no canto inferior direito da Fig. 355. As unidades refugadas eram postas de lado para serem reparadas, e as bombas aceitas eram colocadas em uma caixa e levadas ao departamento de montagem principal. Os operadores deste grupo eram pagos conforme o sistema de incentivo salarial da empresa e normalmente produziam num nível de perfórmance de aproximadamente 135%, isto é, recebiam uma bonificação de 35%.

AMPLIAÇÃO DO TRABALHO — SERVIÇO DE MONTAGEM ATUAL COM UM ÚNICO OPERÁRIO. Foi decidido projetar um novo método de trabalho que permitisse a um operador ter completa responsabilidade pela montagem e teste da bomba e por um menor custo de montagem. Eram também desejados melhoramentos no transporte de material e na supervisão. Os estudos feitos indicaram que três operadores, trabalhando em três bancadas

Figura 355. Linha de montagem original, mostrando a montagem progressiva partindo da bancada, vista ao fundo da foto, para a correia transportadora, à direita. O teste da unidade montada é feito no tanque, visto em primeiro plano à direita. A bomba acabada é colocada na caixa transportável, em primeiro plano

Figura 356. Nova estação de montagem da bomba para um operador. A, o plano inclinado descarrega as carcaças da bomba para a operação inicial; B, gabarito duplo de montagem; C, dispositivo duplo de teste; D, bombas acabadas prontas a serem transferidas ao departamento de montagem da máquina de lavar

Estudo de movimentos e de tempos

e áreas de trabalho individuais, podiam fazer o trabalho realizado pelos quatro operadores e pelo homem de reserva. O problema técnico principal era projetar-se um transporte de material eficiente para suprir e retirar as peças das três bancadas.

A Fig. 356 mostra uma das três estações de trabalho ampliado. Note a disposição compacta dos gabaritos, ferramentas, materiais e tanque de água para teste da unidade final montada. O serviço de montagem inicia-se no ponto de descarga da carcaça da bomba no plano inclinado colocado no extremo do lado esquerdo. A maior parte do trabalho é feita no gabarito duplo situado no centro. Depois de a unidade ser montada, é feito um teste de imersão em água no dispositivo visto no canto inferior direito. A unidade completa montada é, então, colocada em uma caixa transportável a ser transferida ao departamento de montagem final da máquina de lavar. A estação de montagem dupla e os dispositivos de teste foram projetados de modo a permitirem o uso de movimentos simultâneos na maior parte do serviço. Além disso, uma esteira transportadora de roletes leva os recipientes de transporte dos componentes para perto da área de montagem, e a caixa de transporte das unidades acabadas montadas está localizada ao lado do tanque de teste. O tempo de ciclo dos operadores, para o trabalho ampliado, é aproximadamente 1,5 min por unidade, comparado com os 0,33 min aproximadamente gastos pelo grupo de quatro homens na linha de montagem (ou 3,0 min para cada ciclo de duas peças). A redução anual no custo totalizou 8 400 dólares. O custo total do ferramental e equipamento para o novo método foi de 4 440 dólares. As reduções nos custos de "preparação" e "ajudante", que foram substanciais, não estão incluídas nas economias alcançadas.

A comparação entre as características importantes do método original de montagem em grupo e as do método atual de trabalho ampliado é apresentada na Tab. 84.

OUTRAS AMPLIAÇÕES DE TRABALHO. Adicionalmente à montagem das bombas d'água, a produção da tampa superior da máquina de lavar automática foi mudada de uma linha de montagem com 28 operadores e 26 m de extensão para um serviço com uma única estação de montagem. O operador agora testa seu próprio trabalho e o identifica. O tempo de montagem foi reduzido em 10% sobre o método anterior. A seguir, são apresentados alguns comentários de uma operadora que trabalhou no serviço de montagem da tampa superior.

Pergunta: Você gosta de trabalhar nesta nova unidade de montagem?

Resposta: Eu gosto muito. Estou contente aqui.

Pergunta: O que você gosta neste novo serviço?

Resposta: Bem, uma das coisas que gosto é que o tempo passa bem mais rápido; antes que você perceba, já é hora do lanche. Algumas vezes, eu até esqueço de lanchar; enquanto que, na linha de montagem, eu ficava "olhando a hora" que o meu substituto viria tomar o lugar. Agora, eu tenho todas essas peças para montar e tenho que me concentrar o tempo todo para não me enganar ou terei que refazer o serviço. Veja o senhor, após montar todas essas peças, eu verifico a unidade montada apertando cada um destes oito botões. Cada botão acende determinada lâmpada, como mostra o diagrama, e, todas as vêzes que aperto os oito botões e todos eles indicam serviço correto, eu sinto uma emoção e uma grande satisfação. Marco meu número na unidade montada acabada e coloco-a na prateleira. Todas essas unidades na prateleira são minhas, e eu me orgulho delas. Se receber uma devolução amanhã, isso me trará preocupação. O senhor sabe, isto é como criar alguma coisa — talvez como pintar um quadro ou pintar uma casa — você arranja a tinta, trabalha duro e faz a pintura, e, quando acaba, você se afasta e aprecia o trabalho que realizou.

Pergunta: Como este serviço se compara com o trabalho na linha de montagem?

Resposta: Lá, eu costumava desligar a mente do serviço o dia todo e, quando o dia terminava, sentia como se não tivesse feito nada. Alguém cuidava de todas essas máquinas, mas não eu. O tempo passava bastante devagar, e eu estava sempre mais cansada ao fim do dia,

Tabela 84. Montagem da bomba de água para máquina de lavar automática

Item	Sistema original: montagem em grupo	Sistema atual: ampliação de trabalho
Qualidade	O sistema resulta na divisão de responsabilidades quanto à qualidade com diversos outros operários. O operador tende a perder a identificação de seu trabalho com a qualidade da montagem total. A correia transportadora com movimento regular deixa ao operário muito pouco tempo para correção dos erros pessoais ou soluções de problemas causados por variações na qualidade do material. Quando um novo operário ingressa no grupo, cria-se o problema especial de manter a qualidade.	O operador monta uma unidade completa e a testa imediatamente, resultando numa máxima identificação pessoal com a qualidade da unidade total. Este sistema permite ao operador corrigir seus próprios erros, e, se qualquer peça estiver defeituosa, isto será imediatamente verificado, e não serão mais produzidos novos conjuntos, até que peças aprovadas sejam conseguidas. O sistema atual conseguiu uma redução de bombas defeituosas de 5% para menos de 0,5%.
Produtividade — desequilibrio do trabalho	É impossível estabelecer-se uma quantidade de trabalho igual para cada operário na correia transportadora. Portanto algum tempo inativo ou tempo de espera é inerente neste tipo de sistema. Na montagem da bomba, a média de desequilíbrio era cerca de 5% do custo total da mão-de-obra.	Como o indivíduo trabalha só, não existe desequilíbrio entre os operadores.
Efeito de novos operários e de mudanças de programação na produção final	Quando um novo operário é designado para trabalhar numa linha de montagem com correia transportadora, a produção do grupo inteiro fica limitada pela produção do novo operário ou haverá o custo adicional de um "ajudante", que poderá ser designado à assistência do novo operador. Quando uma nova programação de produção é posta em efeito, é necessário estabelecer novo balanceamento na linha transportadora e reorganizar o trabalho individual na linha. Foram gastos cerca de 2 500 dólares em "consertos e ajudantes" durante o ano anterior ao início da ampliação do trabalho.	Não é preciso rebalancear o trabalho para mudanças na programação de produção. Os novos operários são induzidos a obterem rapidamente uma maior produção, devido ao exemplo das experiências bem sucedidas dos outros operários que executam a mesma tarefa.
Treinamento do operário	Todas as vezes que a programação é mudada, operadores são chamados ou removidos da linha, e a tarefa de cada pessoa é mudada. Assim sendo, é necessário o retreinamento.	É necessário treinar um novo operador somente quando o nível de produção aumentar ou quando o método for mudado.
Tempos-padrão	Incentivos salariais são usados nesta fábrica: assim sendo, todas as vezes que a linha é rebalanceada, é necessário fazer um reestudo e determinar um novo padrão de tempo para o método revisado.	Novos padrões de tempo são necessários somente quando houver uma mudança no método. Essas mudanças serão menos freqüentes do que as simples alterações na programação da produção.
Custos de manutenção	Para equipamentos altamente mecanizados é necessária considerável manutenção. Além disso, deve-se esperar maior tempo perdido pelas paradas. O custo original da unidade de montagem é elevado.	Praticamente, não existe custo de manutenção. Os dispositivos e outros equipamentos são bastante simples. O custo total por unidade é menos de 1 500 dólares.
Transporte do material	A localização imprópria das caçambas e caixas aumenta o tempo de armazenamento. O sistema de linha de montagem com correia transportadora impede o operador de armazenar peças, a não ser se o sistema parar.	As peças mais importantes são distribuídas por correias transportadoras e planos inclinados diretamente para o lugar de trabalho. Menor tempo é necessário à armazenagem de peças pequenas, e a necessidade de um sistema de transporte separado é eliminada.
Redução de custos		A economia anual foi de 8 400 dólares. Isto não inclui o custo de "consertos" e "ajudantes", que foram substanciais. O custo total na instalação de novas ferramentas e equipamentos foi de 4 440 dólares.

Estudo de movimentos e de tempos

pelo menos assim pensava. Muitas vezes, pensei que uma fábrica não era um bom lugar para uma mulher trabalhar, porém, neste serviço, eu me sinto diferente.

A linha de montagem da lavadora automática foi também mudada de uma linha de montagem com 13 operadores e esteira transportadora de 380 m de extensão para uma atividade em cinco estações de trabalho. Isto resultou em 19% de economia na mão-de-obra.

Para concluir, diversos problemas de manufatura, oriundos das linhas de montagem em grupos com esteira transportadora, foram eliminados pelo novo sistema. O fator de importância capital para a supervisão foi a maior estabilidade da produção quando eram feitas mudanças na programação ou quando eram admitidos novos operadores. Não era mais necessário treinar novamente todos os operadores de um grupo quando era alterada a programação da produção. Não era necessário o rebalanceamento do trabalho dentro do grupo. Quando um novo operador é admitido agora, a produção dos outros operadores não é afetada, e a supervisão da oficina pode estimar mais precisamente a produção que pode ser obtida. Como a Maytag aplica um sistema de incentivo salarial, os operadores se sentem mais satisfeitos por seus pagamentos de incentivos não serem dependentes da capacidade e desempenho de outros membros do grupo. A média normal de vencimentos agora é de 130% a 140% do padrão, que iguala ou supera o desempenho sob o método de grupo. A rotação de pessoal, devido a demissão do trabalho, tem sido substancialmente reduzida, e as reclamações têm sido eliminadas.

AMPLIAÇÃO DE TRABALHO NA TEXAS INSTRUMENTS. A Texas Instruments Corporation tem feito uso extensivo da ampliação de trabalho. Eles descobriram que os processos de manufatura parecem melhorar bastante através da ampliação vertical do trabalho, envolvendo grupos unidos por metas ou processos comuns.

Um exemplo da ampliação de trabalho bem sucedida na Texas Instruments começou com a reunião de dez montadores e seu supervisor para resolverem problemas e estabelecerem metas de produção para a manufatura de um equipamento complexo de radar. Os montadores, usando de iniciativa e criatividade, melhoraram os processos de manufatura, reduziram gradualmente o tempo de produção em mais de 50% e superaram os padrões de mão-de-obra (baseados em um método anteriormente aprovado) em 100%. Esse processo incluiu finalmente o grupo todo (700 montadores), levando a reduções substanciais de custo no departamento, a menos absenteísmo e atraso e a menos reclamações e problemas pessoais. Esse processo de grupo bem sucedido possibilitou liberdade sem precedentes aos montadores na administração de seu próprio trabalho (tal como rearranjando suas próprias linhas de montagem). Isso também levou os supervisores a começarem a mudar sua tradicional imagem autoritária para uma atitude de coordenação e apoio[6].

MUDANÇA DELIBERADA

A Procter and Gamble Company tem desenvolvido algumas abordagens originais e pioneiras que provaram ser eficientes na redução de custos, no melhoramento da qualidade e no aumento de lucros. Uma delas é o princípio da mudança deliberada[7]. Na faixa industrial altamente competitiva em que a empresa Procter and Gamble opera, é preciso empenhar grande esforço para obter um lucro satisfatório e manter o seu lugar no mercado. A empresa

---

[6]E. R. Gomersall e M. Scott Myers, Breakthrough in On-The-Job Training. *Harvard Business Review*, Vol. 44, n.º 4, julho-agosto, 1966, p. 63

[7]Arthur Spinanger, Increasing Profits Through Deliberate Methods Change. *Proceeding Seventeeth Industrial Engineering Institute*, University of California, Los Angeles-Berkeley, 1965, pp. 33-37. Este material foi reproduzido com a permissão da Procter and Gamble Company

550   *Ralph M. Barnes*

espera obter tal lucro dando valor ao consumidor e elaborando produtos de qualidade como deseja o consumidor. A empresa não só tem programas de controle e redução de custos como toda a administração está atenta para aproveitar qualquer oportunidade de economizar dinheiro e funcionar melhor. A empresa, além de aceitar mudanças, procura mudar deliberadamente como meio de conseguir uma operação mais eficiente e mais lucrativa.

FILOSOFIA DA MUDANÇA DELIBERADA. A administração tem aceito integralmente o princípio da mudança deliberada. A mudança deliberada é algo diferente do melhoramento. Melhoramento significa desempenhar um método mais eficientemente. Mudança significa desenvolver e empregar um novo método. Quando um serviço é realizado perfeitamente, não há mais oportunidades para melhoramentos. Entretanto há ainda um potencial para economias a ser explorado por uma mudança deliberada.

Como passo inicial, na Procter and Gamble, nenhuma tentativa é feita para melhorar o serviço. A razão para isso é que, de um exame realizado em um departamento bem operado, com bons métodos, concluir-se-á que nada necessita ou pode ser feito. Esta mesma decisão será tomada para todos os outros departamentos, pois cada gerente acha que o seu departamento é bem operado. Como resultado, os custos não são reduzidos e os lucros não são aumentados porque não é realizada alguma mudança. Em vez disso, a pergunta a ser feita sobre um serviço bem feito é "como nós podemos mudá-lo?". Os serviços atuais podem estar perfeitos, mas a empresa não pode continuar a executá-los dessa maneira por muito tempo. Eles precisam ser mudados, e esta mudança deve ser contínua. É lógico que cada mudança deve visar o melhor.

Os princípios seguintes constituem a base da abordagem de mudança deliberada para o aumento dos lucros.

1) Perfeição não é barreira para mudança.
2) Toda unidade de custo deve contribuir com uma quota para os lucros.
3) Os potenciais de economia são todos os custos existentes.
4) Nunca considerar necessário qualquer item de custo.

Os exemplos a seguir, formulados pela Procter and Gamble, ilustram esses quatro princípios.

1. *Perfeição não é barreira para mudança.* Um dos produtos da empresa era embalado para expedição em recipientes que continham uma camada de seis caixas de papelão com uma folha de suporte no meio. Esse método era considerado corretamente projetado e estava funcionando perfeitamente. Assim, nenhuma atenção era dada no sentido de mudá-lo. Entretanto um gerente do departamento de embalagem, agindo de acordo com o princípio de que perfeição não é barreira para mudança, sugeriu que uma outra maneira de embalar as caixas de papelão no *container* poderia ser em duas camadas de três caixas cada. Ao ser testada esta idéia, descobriu-se que a folha de suporte poderia ser eliminada, e, assim, menos papelão seria usado no recipiente. Isto resultou em economia de mais de 100 mil dólares anualmente para todos os produtos da mesma marca.

2. *Toda unidade de custo deve contribuir com uma quota para os lucros.* O segundo princípio significa que nenhuma unidade monetária é gasta, a menos que haja uma possibilidade de realizar um lucro. Uma ilustração para testar esse ponto de vista pode ser "quanto de lucro a empresa obtém em um tanque de armazenamento?". Uma reação natural à essa pergunta pode ser "você realmente não pode esperar que um tanque de armazenamento dê lucro por si mesmo. Um tanque faz parte de um equipamento do processo necessário à manufatura de um produto ou material componente de um produto". No caso, a questão do lucro foi analisada, resultando lucros atrativos para a empresa.

Estudo de movimentos e de tempos   **551**

A fábrica de Quincy, Massachusetts, da empresa recebia, outrora, detergente de um fornecedor localizado no distrito dos Grandes Lagos nos E.U.A. Esta empresa particular produzia detergente durante o verão e o remetia por barcaça ao porto da cidade de New York para armazenagem e distribuição. Esses carregamentos por barcaça terminavam quando o sistema hidrográfico dos Grandes Lagos e do canal do Rio Hudson congelava no inverno. Durante esse período do ano, a empresa transportava o detergente, por caminhões-tanque, de New York aos consumidores. De fato, a fábrica de Quincy recebia todo o seu detergente através de caminhões-tanque vindos de New York. Foi então levantada a questão para se justificar o porquê desse detergente ser sempre despachado rio abaixo, por barcaça, a New York e depois transportado de volta a Quincy em caminhões-tanque, que é um método mais caro.

Um estudo indicou ser viável a construção de instalações para desembarque de barcaças junto à fábrica. Assim, os departamentos de compras e de tráfego consultaram o fornecedor do detergente para saberem se era possível entregar o produto diretamente em Quincy por barcaça. O fornecedor ficou satisfeito com essa proposta, pois isso simplificaria o seu método de entrega do detergente. Além disso, o fornecedor disse que sua firma pagaria o aluguel dos tanques da fábrica de Quincy, pois pagava atualmente aluguel aos proprietários da área de tanques de armazenamento de New York. Além disso, ficou acertado que a empresa de Quincy só pagaria o detergente quando este fosse retirado dos tanques para ser enviado ao local de uso. Como resultado, a empresa de Quincy agora aluga os seus tanques e reduziu efetivamente o seu capital de giro. Essa mesma abordagem foi seguida pela fábrica de New York. Esta fábrica possuía tanques de reserva e, depois de examinar a situação dos usuários de tanques de armazenamento na região, encontrou uma empresa ansiosa para alugá-los. Desse modo, a fábrica de New York está atualmente alugando alguns de seus tanques.

Se for aceito o princípio de que "toda a unidade de custo deve contribuir com uma quota para os lucros", isto acarretará a tendência de se reconhecer oportunidades de economia desse tipo.

3. *Os potenciais de economia são todos os custos existentes.* Como exemplo, o *shampoo* Drene era embalado em uma caixa de papelão com um revestimento de celofane. A aplicação da abordagem de eliminação implicou, primeiramente, na eliminação do revestimento de celofane e, depois, também na da caixa de papelão. A empresa achou que um produto atraente vende melhor sem uma caixa de papelão do que com ela.

4. *Nunca considerar necessário qualquer item de custo.* A empresa se habituou a transportar caixas de produtos em estrados de madeira com empilhadeiras. Esta operação era bastante satisfatória. Entretanto, como eram empregados 10 mil estrados de madeira, custando de 3 a 5 dólares cada, a empresa começou a mudar deliberadamente o método e a eliminar os caros estrados de madeira. O passo seguinte foi se desenvolver um estrado de papelão, custando 50 a 70 centavos, de acordo com um tipo de empilhadeira da Pul Pac. Então foi projetada uma empilhadeira que permite à empresa transportar 90% das caixas sem qualquer estrado. Isto resultou numa economia anual de 500 000 dólares.

A experiência mostra que o programa de mudança deliberada funciona melhor em uma atmosfera favorável. Grupos pequenos tomam a iniciativa de selecionarem problemas que eles gostariam de estudar e estabelecerem suas próprias metas. O reconhecimento concreto das realizações de mudança dos métodos é uma parte definitiva do programa.

CAPÍTULO 40
A experiência da Kodak Park Works

O plano de pagamento descrito neste capítulo foi desenvolvido na maior fábrica da Eastman Kodak Company, a Kodak Park Works, localizada em Rochester, New York[1]. Essa fábrica emprega 25 000 funcionários, possui cerca de 165 edifícios e ocupa uma área de 7 000 000 m². Na realidade, é uma cidade dentro de outra, com usinas geradoras de eletricidade, ruas, bares e demais serviços. Os funcionários da Kodak Park Works produzem 265 tipos de filmes, 375 tipos de papel fotográfico, 450 tipos de produtos químicos para trabalho fotográfico e realizam cerca de 4 500 pesquisas na área de material fotográfico.

HISTÓRIA DA MEDIDA DO TRABALHO E INCENTIVOS SALARIAIS NA KODAK PARK WORKS. Por volta de 1917, foi organizado um departamento de engenharia de produção, e, inicialmente, seu trabalho era estabelecer tempos-padrão, implantar e manter planos de incentivos salariais para a mão-de-obra direta. Após alguns anos, foi estabelecido um plano uniforme de incentivos salariais para mão-de-obra direta e indireta que provou ser eficiente. Originariamente, o sistema era principalmente um plano de prêmios de 100%, com incentivos individual e de grupo e um salário-base garantido. Entretanto os tipos de operações, que eram muitos, não permitiram a aplicação de incentivos individuais, que foram cobertos por planos de incentivos com diversos fatores.

A fábrica manteve seus padrões e sistemas de incentivo durante a 2.ª Guerra Mundial, mas, após a guerra, enfrentou o desafio dos aperfeiçoamentos tecnológicos. O problema de proporcionar oportunidades de incentivo satisfatório em tipos de operações, trabalhos mecanizados e mão-de-obra indireta tornou-se mais difícil. A história da medida do trabalho nessa área tem sido de contínua mudança e aperfeiçoamento.

A experiência de todos esses anos indicou que, embora o dinheiro seja um estimulador poderoso, as pessoas se dedicam ao seu trabalho por outros motivos. Isso levou os engenheiros a examinarem mais detalhadamente o problema e verificarem se essas outras razões poderiam ser incluídas nos sistemas de medida do trabalho.

A partir de 1959, a Divisão de Engenharia de Produção começou a estudar se o trabalho poderia tornar-se mais compensador tanto do ponto de vista dos empregados como do ponto de vista da empresa. Um engenheiro de produção e um psicólogo da empresa fizeram um levantamento completo da literatura sobre motivação, dinâmica de grupo, reforço e assuntos correlatos. Foram estudadas as pesquisas existentes, e visitadas todas as instituições que desenvolviam projetos nesse campo. Durante 1959 e 1960, o engenheiro e o psicólogo mantiveram discussões com os diversos níveis da administração da empresa, onde foram abordados os seguintes assuntos: melhor definição de objetivos; diferentes maneiras de interessar o corpo de funcionários nas metas da empresa; métodos de criação de ambiente favorável à mudança; e interação dos grupos formais e informais. Além disso, foram desenvolvidos seminários para todos os supervisores. Esses seminários duraram três meses com reuniões semanais.

---

[1]Agradecimentos à Kodak Park Works, da Eastman Kodak Company, e, em particular, a Robert J. Rohr Jr. pelas informações nas quais este capítulo é baseado

Estudo de movimentos e de tempos

Devido ao crescente interesse no assunto, o engenheiro de produção preparou um documento, em linguagem simples, chamado "Teoria do trabalho". A apresentação desse documento foi feita em bases experimentais ao pessoal de supervisão[2] de um grande departamento de fabricação. Vários outros engenheiros de produção foram incluídos no trabalho, que resultou no estabelecimento do "Plano de Pagamento Baseado no Índice de Desempenho Individual".

CONCEITOS BÁSICOS DO PLANO DE PAGAMENTO BASEADO NO ÍNDICE DE DESEMPENHO INDIVIDUAL. Esse plano incorporava um plano de pagamento para pessoal produtivo[3] e realocava o atual plano de incentivos salariais em muitas áreas. Não era um sistema rígido nem um programa inflexível. De fato, não havia duas aplicações idênticas. Ele implicava numa nova maneira de se encarar o trabalho e exigia novos métodos de planejar, organizar e operar homens, materiais e demais recursos produtivos. Ele fornecia uma uniformização de ganhos, o que não ocorria nos planos convencionais de incentivos salariais. Possibilitava o estabelecimento de um ambiente que tornava possível a quase coincidência entre os objetivos das pessoas e os da organização, fazendo com que fossem alcançados altos níveis de desempenho. Seu objetivo era fornecer informações que levassem ao aumento da produtividade e à redução dos custos — um plano que facilitasse as mudanças e promovesse uma maneira nova de projetar o trabalho. Os seguinte princípios faziam parte do plano.

1) O pessoal produtivo e o não-produtivo deve, através de discussões e consultas, desenvolver a melhor maneira de conjugar seus objetivos e os da organização.

2) Cada pessoa tem oportunidade de controlar seu próprio trabalho. São necessárias poucas instruções detalhadas, e as decisões são tomadas, sempre que possível, nos níveis mais baixos. Uma vez entendidas e aceitas as metas, cada pessoa tem a liberdade de usar sua própria iniciativa para determinar a maneira de realizar seu trabalho.

3) Neste plano, como em todas as operações da empresa, cada pessoa é reconhecida como ser humano. Seu desempenho individual é importante no seu trabalho diário e no seu desenvolvimento. Admite-se que cada pessoa quer dar o melhor de si e deseja ser julgada pelo seu progresso.

4) O pessoal produtivo e o não-produtivo compreende que, para o sucesso da organização, é necessário um contínuo desenvolvimento de novos e melhores métodos e processos de produção; a empresa continuará a pagar bons salários apenas se este desenvolvimento se tornar concreto. Incorporados neste plano, todos os empregados ficaram familiarizados com as técnicas de análise e projeto do trabalho (inclusive utilizando um enfoque típico de engenharia de produção: o processo geral de solução de problemas), cuja aplicação passou praticamente à responsabilidade deles. Toda pessoa tem potencial criativo e fica satisfeita quando tem oportunidade de desenvolvê-lo no seu trabalho.

5) A estabilidade no emprego é uma característica geral dos planos relativos à mão-de--obra que será mantida aqui. Numa organização dinâmica ocorrerão mudanças, serão modificados métodos de trabalho, máquinas e processos serão automatizados, e cargos serão eliminados. No entanto qualquer modificação desse tipo deverá ser cuidadosamente analisada para prever os possíveis efeitos que acarretará à mão-de-obra. É utilizando essa política que a empresa poderá criar um ambiente favorável a mudanças que possibilitarão seu crescimento quantitativo e qualitativo, ao mesmo tempo em que reduzirão a um mínimo as possibilidades de conflito por parte da mão-de-obra.

[2]O termo supervisão se refere aos seguintes cargos: superintendente de divisão, superintendente--assistente, chefe de departamento, mestre e supervisores de primeira linha

[3]Pessoal não-produtivo é o relacionado às funções de controle, supervisão, chefia e planejamento. Os que não se situam nesta classificação são considerados pessoal produtivo (N. do T.)

554 Ralph M. Barnes

6) Os princípios deste plano são bastante diferentes daqueles utilizados pela maioria das empresas, e é necessário bastante tempo para inculcá-los nas pessoas. Uma mudança de mentalidade requer um período de tempo razoável. A experiência mostrou que é necessário cerca de um ano para a implantação bem sucedida de um plano deste tipo.

Fica claro que a participação de todos é fundamental para o êxito de um trabalho desse teor e que a engenharia de produção desempenha um papel importante na implantação deste trabalho.

PROCEDIMENTO. Experiências-piloto foram realizadas em alguns departamentos, e seus supervisores também acreditaram que o plano os ajudaria a administrar seus setores com maior eficiência. Eles reconheciam que o plano era uma idéia nova e que os fatos indicariam as mudanças necessárias. Após um ano de aplicação, os supervisores já estavam familiarizados com os conceitos básicos do plano. Assim sendo, a Divisão de Engenharia de Produção teve que preparar outras pessoas para a expansão do plano.

SEQÜÊNCIA DE PASSOS PARA A IMPLANTAÇÃO. A lista abaixo é um exemplo dos passos que podem ser seguidos para a implantação do plano.

1) Reuniões preliminares. Discussões entre a administração e o pessoal da engenharia de produção.

2) Reuniões dirigidas pelo chefe de departamento e pelo engenheiro de produção com o pessoal produtivo.

3) Desenvolvimento de um cronograma e maiores detalhes sobre a implantação.

4) Reuniões de cada empregado com o engenheiro de produção.

5) Discussões individuais e em grupo entre pessoal produtivo e não-produtivo.

6) Apresentação das características salariais do plano.

7) Implantação efetiva do plano.

1. *Reuniões preliminares.* Quando se decide que o plano vai ser implantado num departamento, um ou mais engenheiros de produção são designados, em tempo integral, para essa tarefa. De um modo geral, esses engenheiros passarão mais de um ano no departamento. Discutirão, individual e grupalmente, com o pessoal de chefia e supervisão, os princípios teóricos e as aplicações reais do plano. Inicialmente, será feita uma versão preliminar do plano que melhor se ajuste às necessidades do departamento. Ao mesmo tempo, serão estudados: as fases da operação do departamento; as máquinas e os processos; a matéria-prima; as especificações de qualidade do produto; os procedimentos de programação; e o atual plano de incentivos salariais. O engenheiro de produção deverá conhecer bem o pessoal de linha e de assessoria do departamento, levantando seus deveres, responsabilidades, direitos e métodos de ação.

2. *Reuniões com o pessoal produtivo.* Serão feitas reuniões em pequenos grupos com todo o pessoal produtivo do departamento. Essas reuniões serão conduzidas pelo engenheiro de produção. Neste estágio, o plano é descrito em termos gerais, e seus objetivos são estabelecidos. É feita então, uma explanação do método de implantação, dos resultados esperados e de como será a participação das pessoas no plano. Nessas reuniões iniciais, as pessoas serão notificadas de que seus salários não serão diminuídos, embora os detalhes do plano não sejam discutidos a essa altura.

3. *Desenvolvimento de um cronograma e maiores detalhes sobre a implantação.* À medida que os chefes e supervisores vão se entrosando com o plano, maior atenção é dispensada aos detalhes e procedimentos de sua implantação. As diversas fases serão desenvolvidas pelo próprio pessoal do departamento com total assistência do engenheiro de produção. Para cada uma

Estudo de movimentos e de tempos
555

delas, será estabelecida uma data para seu início e outra para seu término. Também será estabelecida uma data para a incorporação dos incentivos salariais ao novo plano.

4. *Discussões individuais.* Antes da realização das discussões individuais, o chefe do departamento deverá explicar aos funcionários os objetivos delas. Será mostrado que essas discussões são importantes tanto para o plano como para os próprios funcionários. O engenheiro de produção deverá manter uma conversa de cerca de uma hora com cada pessoa. Sua preocupação principal será estabelecer um diálogo aberto e franco que permita ao funcionário abordar todos os aspectos que achar importantes. O passo seguinte será um questionário para ser discutido com as pessoas do departamento. Um exemplo de questionário seria:

a) Em geral, como você se sente em relação a seu tipo de trabalho?

b) Se você tivesse uma oportunidade de melhorar seu trabalho, que aspectos você modificaria?

c) Como você se sente em relação ao controle que tem sobre o que faz? Acha que tem a liberdade necessária para fazer o trabalho no nível que ele requer?

d) Você considera suficiente o grau de informação que recebe para fazer o trabalho?

e) O que você mais gosta no seu trabalho?

f) E o que menos gosta?

g) Levando em consideração todos esses aspectos, o que é mais importante no seu trabalho?

h) Quais são as partes mais difíceis do seu trabalho?

i) Defina exatamente os principais objetivos do seu trabalho. Como você sabe se está alcançando esses objetivos?

j) Existe alguma coisa que não foi discutida que gostaria de acrescentar?

5. *Discussões individuais e em grupo entre pessoal produtivo e não-produtivo.* Nesta fase, os supervisores e o engenheiro de produção manterão discussões com o pessoal do departamento e trabalharão com cada um deles para definir objetivos, desenvolver melhores métodos de trabalho, modificar cargos, alterar equipamento, desenvolver planos e programas, reduzir tempo ocioso de máquinas, e aumentar a eficiência de uma maneira geral. Os objetivos do estudo são reduzir custos, manter ou melhorar o nível de qualidade, aumentar a produção, criar novos cargos e fornecer meios de desenvolvimento e progresso de pessoas e grupos. As sugestões recebidas, provenientes dessas discussões, serão realmente levadas em consideração no desenvolvimento do plano.

Em um caso real, um novo edifício estava sendo construído para possibilitar a expansão de um departamento produtivo. Durante a fase de planejamento, tanto o pessoal produtivo como o não-produtivo deram sugestões para o arranjo físico do edifício. Por exemplo, cada pessoa teve oportunidade de discutir com os engenheiros a localização de sua máquina e a disposição de sua estação de trabalho. Desse processo surgiram muitas idéias boas que foram incorporadas ao projeto, e, o mais importante, as pessoas encararam a mudança com entusiasmo e alcançaram altos índices de produtividade quando as novas instalações passaram a ser utilizadas.

Neste plano, o engenheiro de produção não deve ser encarado apenas como o profissional que está ali para estudar o problema e recomendar soluções, mas também como um consultor em questões de supervisão de operações. Em alguns departamentos, esta fase dura vários meses. Todos os membros da organização estão aprendendo o verdadeiro significado do plano. Em muitos casos, as pessoas não sabiam os objetivos do departamento, o que não ocorre agora. Esperava-se que cada pessoa executasse seu trabalho de acordo com o método padronizado, no qual ele recebia um salário de acordo com seu nível de produção. Poderia acontecer que, numa determinada manhã, as coisas não corressem bem, e o operário achasse

556
Ralph M. Barnes

que não alcançaria o nível de produção correspondente ao incentivo salarial. Ele, então, trabalharia apenas o suficiente para receber seu salário-mínimo garantido. Com o novo plano, as metas diárias e semanais para o departamento são conhecidas, e, em alguns departamentos, os dados sobre a produção horária são afixados em murais. Dessa maneira, se uma pessoa está em dificuldades ou cai abaixo da média, é ajudada por alguém que já alcançou sua meta. As metas e objetivos são agora mais amplos.

6. *Apresentação das características salariais do plano.* Quando o plano está para ser implantado, o chefe do departamento discute com cada pessoa o plano de pagamento. Essa discussão envolve informações sobre índices de desempenho individual e possibilidades de promoções e transferências no plano salarial. Mais uma vez, o funcionário tem oportunidade de discutir qualquer aspecto do plano.

7. *Implantação efetiva do plano.* O pagamento através do antigo plano salarial é abandonado. No novo plano, se a produção se mantém dentro das metas estabelecidas, o salário fica constante. Cada pessoa, assim, está em melhor posição para gerir suas finanças pessoais.

A Kodak Park Works já é reconhecida por seus sucessos no campo da medida do trabalho e dos incentivos salariais. Ela utiliza incentivos individuais e em grupo e planos salariais com diversos fatores. Cerca de 10 000 pessoas já passaram por este plano desde sua primeira implantação em 1961. O nível médio de desempenho é de aproximadamente 100%, o que significa que o operário ganha um adicional de 15% sobre seu salário[4].

BASE SALARIAL. Os níveis salariais da empresa são levantados através da avaliação de cargos. O sistema usado é o de pontos. As classes salariais são em número de quinze (para o pessoal de fábrica). Os fatores do sistema são habilidade, experiência, responsabilidade, esforço físico e condições de trabalho. O sistema cobre desde mão-de-obra não-qualificada até técnicos altamente especializados. Cada classe tem cinco níveis: excelente, muito bom, bom regular, insuficiente. Quando o operário começa sua carreira, ele é enquadrado no último nível — insuficiente. A partir daí, dependendo de seu desempenho e de treinamento, ele pode galgar os outros níveis. Neste tipo de plano, mesmo quando o operário, por questões operacionais, ocupa um cargo inferior ao seu, o nível salarial é mantido.

MEDIDA DO TRABALHO. São usados os métodos convencionais de medida do trabalho para o estabelecimento dos tempos-padrão. A unidade usada, no lugar de "minuto por peça", é "peças por dia de 8 horas". Outra característica do plano é a reunião dos esforços dos operários, supervisores e engenheiros de produção no estabelecimento do tempo-padrão a ser utilizado. O objetivo não era alcançar um padrão que seria correto apenas em condições ideais, mas sim um padrão realista que representasse a produção que o pessoal do departamento podia apresentar ao final de um dia de trabalho de 8 horas. Por exemplo, um trabalho que envolva máquinas e equipamentos de processo terá seu tempo-padrão determinado através da utilização de três fatores:

1) A tarefa principal, ou seja, a parte mais importante do trabalho ou a parte repetitiva do ciclo produtivo.

2) A parte auxiliar do trabalho, aqueles elementos que fazem parte do trabalho, mas não estão diretamente relacionados com a tarefa principal.

3) Tolerâncias — através da amostragem do trabalho ou da análise de dados históricos, devem ser levantadas todas as informações que possibilitem estabelecer a porcentagem do dia em que o operário não pode trabalhar devido a fatores pessoais, esperas e atrasos imprevisíveis.

---

[4]Na Kodak Park Works, o nível de desempenho de 100% é considerado alto e corresponde a um prêmio de 15% do salário

Estudo de movimentos e de tempos

Na maioria dos departamentos, o dia de trabalho de 480 min foi reduzido a 430 min reais. Como os itens 2 e 3 representam tempo ocioso, devem ser encarados como áreas potenciais de redução de custos. O novo plano minimiza a resistência às mudanças e possibilita a realização de experiências. Por exemplo, num departamento, havia um conjunto de 24 máquinas semi-automáticas operando em três turnos de 8 h. Algumas máquinas eram mais eficientes que outras, e algumas pareciam ter mais falhas mecânicas que outras. Antes da implantação do novo plano, a política era uma rotatividade do pessoal pelas máquinas para evitar que alguns utilizassem sempre as máquinas menos produtivas. Com a introdução do novo plano, o supervisor selecionou os três melhores operadores, colocou-os operando as piores máquinas com o objetivo de descobrir o que provocava as falhas e a baixa produtividade. Com a ajuda de mecânicos, de engenheiros de produção e do supervisor, os operadores descobriram as causas do problema, e este foi sanado.

PLANO DE PAGAMENTO. Um dos princípios do plano é que o funcionário certo, adequadamente treinado e trabalhando num ambiente seguro alcançaria altos níveis de produtividade. Esperava-se que os funcionários alcançassem o índice de 100% de desempenho. Assim sendo, cada um receberia um incentivo correspondente a 15% do seu salário-base.

Os padrões eram estabelecidos para cada operação ou tarefa, e uma escala de desempenho era fixada semanalmente para cada operador. No início do plano, em alguns casos, essa escala era determinada diariamente. Todas essas informações eram reunidas mensalmente e colocadas numa folha-resumo que era entregue ao operador por seu supervisor. Esta folha fornecia ao operador seu percentual de desempenho, o dia do trabalho medido que ele produziu, os dias equivalentes reais trabalhados e também os dias equivalentes trabalhados em tarefas que não tinham tempo-padrão estabelecido. Com esse documento, a supervisão tinha elementos para saber como os operários estavam indo no seu trabalho e como deveriam estar indo. Com a comparação destes dois índices (o real e o projetado), os problemas podiam ser previstos e sanados antes que surgissem. Como todas as pessoas tinham as informações necessárias sobre o desenvolvimento do trabalho, estavam em posição de tomar atitudes individuais ou de grupo para a consecução das metas estabelecidas.

O projeto do plano levou em conta vários fatores positivos. O incentivo de 15% era pago a todas as pessoas semanalmente. Ele não variava em relação ao nível de produção. Se o índice de desempenho de um grupo caía, o supervisor sabia que os próprios componentes do grupo procurariam a causa da queda e a corrigiriam. Contudo, se uma situação anormal aparecesse, o plano tinha flexibilidade para enfrentá-la. Se uma pessoa diminuísse deliberadamente sua produção ou falhasse no desempenho de seu cargo, o supervisor podia reduzir ou eliminar o incentivo de 15%, reduzir seu índice de desempenho individual ou usar outros métodos disciplinadores. Deve-se ainda acrescentar que, antes de qualquer medida corretiva, uma reunião para considerar todos os aspectos do problema era feita com o superintendente, o supervisor, o engenheiro de produção e um elemento do departamento de relações industriais. Até agora, a necessidade de ações corretivas tem sido mínima.

COLETA DE LIXO — UMA APLICAÇÃO DO NOVO PLANO

O superintendente do Departamento de Coleta de Lixo e seu pessoal começaram a discutir a idéia de introduzirem o plano no seu setor. Vários departamentos de fabricação tiveram aplicações bem sucedidas do plano, e valia a pena implantá-lo num tipo diferente de atividade. O chefe do departamento aceitou bem a idéia, e, a partir daí, foram realizadas reuniões entre o engenheiro de produção e os supervisores, depois estendidas aos motoristas de caminhões e seus ajudantes, que eram os responsáveis pela coleta de lixo da fábrica.

558   *Ralph M. Barnes*

Alguns anos antes, o Departamento de Engenharia de Produção, em cooperação com o chefe do Departamento de Coleta de Lixo e seus supervisores, fez um estudo completo da operação de coleta de lixo. Os itinerários dos caminhões foram revistos, as programações, aperfeiçoadas, e os métodos de manuseio do lixo foram aperfeiçoados, resultando numa redução do número de caminhões, motoristas e ajudantes necessários ao trabalho. Todas as operações foram medidas, e a base para o incentivos individuais estava relacionada com a quantidade de lixo e refugos levados ao incinerador e ao reaproveitador de papel. O Departamento de Coleta de Lixo era operado satisfatoriamente, os caminhões proporcionavam economias, o lixo era tratado eficientemente, e os supervisores estavam satisfeitos com a qualidade dos serviços. Embora, com esse estudo inicial, os custos tivessem sido reduzidos, o departamento ainda achava que seus custos eram muito altos. Os motoristas e os ajudantes não gostavam do método de registrar o número de viagens feitas por dia e reclamavam constantemente. Um inspetor foi colocado junto ao incinerador para controlar o número de viagens por caminhão. Os motoristas e os ajudantes achavam que o método de registro e o inspetor eram métodos policiais de controlar o trabalho e apresentavam suas queixas à empresa constantemente.

De acordo com o novo plano, os motoristas e os ajudantes formavam pequenos grupos e se reuniam com os supervisores e o engenheiro de produção para discutirem os objetivos do novo esquema de trabalho. Foi dito que, quando o plano estivesse em prática, cada um receberia seu pagamento-base mais um prêmio de 15% ou sua "média de ganhos no período dos últimos três meses" (receberiam o maior dos dois índices). Não haveria flutuações diárias nos ganhos como ocorriam algumas vezes nos planos tradicionais de incentivo. De acordo com esse enfoque, o inspetor não seria necessário e não mais seriam feitos registros das coletas de lixo diárias. Essas reuniões foram feitas de tal modo que os supervisores, motoristas e ajudantes, com a assistência do engenheiro de produção, estabeleceram as metas do Departamento de Coleta de Lixo e a melhor maneira de alcançá-las. Ficou evidente a necessidade de maior redução nos custos do departamento, e isto exigia um método aperfeiçoado de se medir a eficiência do trabalho de coleta de lixo. Para isso, o engenheiro de produção manteve discussões com os motoristas para saber o que cada um fazia para alcançar as metas do departamento. O engenheiro estava procurando sugestões para melhorar a operação do departamento, idéias sobre melhores equipamentos, melhores métodos, maneiras de reduzir custos, e modos de tornar o trabalho mais agradável aos motoristas e ajudantes. Depois disso, as reuniões foram entre os trabalhadores e os supervisores, e, daí, surgiram várias idéias. Por exemplo, houve unanimidade em que o objetivo do Departamento de Coleta de Lixo era "manter a Kodak Park limpa" e que o número de viagens por dia não era um bom índice para medir a consecução das metas. Na verdade, os motoristas confessaram que, nos dias em que a produção de lixo era baixa, eles faziam viagens com o caminhão subocupado, ou seja, preenchendo o número de viagens necessárias para ganharem o incentivo salarial.

Quando o novo plano foi implantado, todos do departamento participaram dele, ficando explícita a necessidade de reduzir ainda mais os custos. O número de viagens por dia foi reduzido em 25%. Um motorista sugeriu que não necessitaria de ajudante na parte da manhã, e, assim sendo, este poderia ser deslocado a outra tarefa. Outro motorista disse que só necessitava de ajudante esporadicamente. Um motorista que trabalhava no turno da noite também dispensou seu ajudante. Mais ainda, disse que poderia mover as quatro latas de lixo de seu caminhão à plataforma de carga, tornando desnecessária a utilização do pessoal de movimentação de materiais que, assim, não interromperiam seu próprio trabalho. A partir de todas essas reuniões e informações, os supervisores, motoristas, ajudantes e o engenheiro de produção desenvolveram um sistema simples de determinação da carga de trabalho, baseado na tonelagem de lixo transportada por mês. Se a produção da fábrica variasse ou se novos

Estudo de movimentos e de tempos **559**

processos de fabricação entrassem em operação, o índice de desempenho de trabalho desejado deveria levar em conta essas modificações.

O chefe do departamento e o supervisor fiscalizavam toda a área da fábrica, procurando localizar problemas que poderiam dificultar a consecução da meta de "manter a Kodak Park limpa". Um velho edifício que seria demolido para a construção de um outro, um novo traçado de uma via de circulação, a instalação de uma rede de esgotos e a existência de trabalho de firmas externas contratadas são exemplos de pontos potenciais de problemas. O chefe do departamento e o supervisor sabiam exatamente o trabalho de cada motorista, pois, no início de sua carreira na empresa, também ocupavam o cargo de motorista. Havia excelente comunicação entre os motoristas e os supervisores, e, quando surgiam problemas envolvendo outros departamentos e atividades, os motoristas sabiam que os supervisores procurariam solucioná--los, tendo em vista os interesses da empresa e dos motoristas.

Os motoristas ficaram satisfeitos em trabalhar em conjunto com os supervisores, seu trabalho tornou-se mais significativo porque eles participavam do projeto dos métodos de operação. A empresa reconheceu a importância e necessidade das funções deles na Kodak Park.

A Tab. 85 resume os resultados do plano e mostra como quatro ajudantes passaram a fazer o trabalho de dezessete. Mais um caminhão foi incorporado à frota. De acordo com a política de pessoal da empresa, os ajudantes dispensados desse trabalho foram transferidos a outros setores.

Tabela 85. Modificações no Departamento de Coleta de Lixo

	Antes		Depois	
Tipo de caminhão	Caminhões e motoristas	Ajudantes	Caminhões e motoristas	Ajudantes
1. Caminhão comum	8	8	8	2
2. Caminhão com guincho	3	0	3	0
3. Caminhão basculante	3	6	4	2
4. Caminhão com triturador	3	3	3	0
	17	17	18	4
Totais	34		22	

RESULTADOS. A primeira aplicação do plano foi feita em 1961, e, em meados de 1964, cinco aplicações estavam implantadas, e outras quatro estavam em andamento. Desde essa época, a aplicação do plano tem sido crescente. Esse sistema fornece às pessoas informações para

1) tomarem decisões que manterão e, em vários casos, reduzirão os custos;
2) manterem ou aumentarem a produtividade.

As seguintes afirmações são os resultados do plano.

560

1) Houve uma redução de formulários, ordens de serviço e demais tipos de papel que, em alguns casos, chegou a 75%.

2) As pessoas ganhavam, no mínimo, o mesmo que no sistema anterior, e não havia flutuações no pagamento. Cada pessoa era encorajada a se desenvolver e a aprender novas habilidades.

3) O supervisor fazia menos trabalho de escritório e tinha agora mais tempo disponível para comunicar-se com seu pessoal e conhecê-lo melhor, tendo maior participação no treinamento desse pessoal. Ele podia agora se concentrar na mudança de métodos, no arranjo do trabalho, na utilização do equipamento e em outras áreas de operação, que resultariam em melhor qualidade, maior produtividade e menores custos. Da mesma forma, o engenheiro de produção tinha sua atuação profissional modificada. Ele passava a ser um consultor em assuntos de eficiência de supervisão. Seu trabalho era implantar nas pessoas os princípios do plano e conseguir com isso um aumento de eficiência, e, o mais importante, criar condições para que as pessoas se realizassem no seu trabalho.

4) O plano facilitava a comunicação em todos os sentidos, de modo que tanto os supervisores como os operários tinham maior nível de informação.

5) Observou-se que a qualidade da mão-de-obra melhorou sensivelmente com a ênfase dada ao aspecto da produção. As pessoas passaram a se preocupar mais com seu trabalho do que com os incentivos salariais.

6) Os serviços de engenharia de produção necessários à manutenção de um sistema de medida do trabalho para planos de incentivos salariais foram acentuadamente reduzidos, possibilitando que eles fossem empregados na solução de outros problemas.

7) O trabalho tornou-se mais significativo, e os operários tinham oportunidade de se autodirigirem. A resistência às mudanças diminuiu, e as pessoas executam agora trabalhos que ajudaram a projetar, em padrões de produção que ajudaram a estabelecer, e em um ambiente que ajudaram a criar.

CAPÍTULO 41
O plano da fábrica de Lakeview

A Companhia ABC produz uma ampla linha de produtos em quinze fábricas localizadas em várias partes dos E.U.A. Embora o setor industrial da Companhia ABC seja altamente competitivo, ela é a empresa líder. Várias fábricas novas foram construídas para atenderem a demanda crescente dos produtos da organização. Em todos esses anos, discutiu-se muito sobre o tamanho e a organização funcional de uma fábrica ideal, e, em 1961, foi criado um grupo para estudar o assunto e dar assistência ao projeto de uma nova fábrica que seria construída no ano seguinte. O grupo era constituído do diretor de engenharia de produção, do engenheiro-chefe, do administrador de fabricação e do diretor de relações industriais. A cidade de Lakeview, com uma população de 50 000 habitantes, foi escolhida para a localização da nova fábrica. A fábrica seria projetada para produzir dez tipos diferentes de artigos de consumo.

Em 1927, a Companhia ABC organizou um Departamento de Engenharia de Produção e implantou a medida do trabalho e os incentivos salariais em todas as suas fábricas. Através dos anos, as funções da engenharia de produção foram ampliadas e expandidas. A engenharia de produção granjeou uma liderança real e contribuiu de diversas maneiras ao aumento dos lucros da empresa. A empresa continuou utilizando sistemas de incentivos salariais e de controle de custos com muito sucesso.

Durante o período de 1958-1961, o diretor da Divisão de Engenharia de Produção, juntamente com alguns de seus assessores e outros membros da administração, começaram a discutir e a analisar os seguintes aspectos: definição dos objetivos da fábrica, maneiras de motivarem operários e supervisores em relação aos objetivos da organização, métodos de criar um ambiente de trabalho favorável às mudanças e, o mais importante, conseguir que os objetivos dos trabalhadores chegassem o mais próximo possível dos objetivos da empresa. Durante todos esses anos de estudo e pesquisa, os membros do grupo se tornaram especialistas na área de motivação para o trabalho. Assim, em 1961, quando o grupo propôs que a fábrica de Lakeview seguisse novos métodos de organização e funcionamento, todos acreditavam no sucesso do empreendimento.

Em fevereiro de 1961, um experiente membro da administração da empresa deu início ao projeto da fábrica de Lakeview. Trabalhando em conjunto com o grupo de estudo e com a futura direção da nova fábrica, ele idealizou a fábrica, incorporando nela o que de melhor havia em equipamentos e processos. A construção terminou em janeiro de 1963, e aproximadamente 200 pessoas já trabalhavam lá no fim do primeiro ano de funcionamento.

O depósito e a expedição foram construídos em primeiro lugar para servirem de centro de distribuição dos produtos da empresa e começaram a funcionar seis meses antes dos outros setores. Em outubro de 1962, um programa de seleção e treinamento de pessoal foi introduzido. O pessoal de chefia, supervisão, controle e planejamento veio de outras fábricas da empresa.

DESENVOLVIMENTO DE UMA FILOSOFIA DE ADMINISTRAÇÃO

Um dos objetivos a serem alcançados em Lakeview era a implantação de métodos de organização do trabalho e sistemas de administração que criassem um ambiente de trabalho

562   Ralph M. Barnes

ao qual fossem necessárias poucas ordens de serviço e houvesse ampla margem de autodireção dos trabalhadores. Outro era tornar mínimo o conflito entre os objetivos da empresa e os objetivos dos trabalhadores.

Na fábrica de Lakeview, as pessoas tinham ampla liberdade para tomarem suas próprias decisões. Havia ambiente propício à autogestão do trabalho. As comunicações eram facilitadas, a importância do grupo de trabalho era enfatizada. As metas da empresa eram cuidadosamente explicadas ao pessoal produtivo e não-produtivo, e eram feitas reuniões para estudarem todos os aspectos operacionais da fábrica. Cada pessoa era considerada um ser humano com os direitos inerentes a essa condição. Cada funcionário, em princípio, era maduro, inteligente e honesto, desejando um trabalho significativo. Mais ainda, desenvolveria suas habilidades no trabalho e assumiria a total responsabilidade de seus deveres.

Além disso, ficava explícito que, quando o trabalhador executasse suas tarefas com bom desempenho, isto seria reconhecido por seu supervisor e colegas de trabalho. Em Lakeview, o pessoal produtivo e o pessoal não-produtivo trabalhavam em conjunto para identificarem problemas, descobrirem soluções e medirem resultados. Quando algo não corria bem, havia oportunidade para descobrirem a falha e corrigi-la. Nos primeiros meses de operação da fábrica, a frase "cada homem é seu próprio administrador" era uma constante.

ORGANIZAÇÃO DOS DEPARTAMENTOS

Cada departamento é autônomo e é operado com um mínimo de interferência da administração superior. As decisões são tomadas no nível mais baixo possível. Os departamentos trabalham com metas diárias ou semanais definidas, mas com grande liberdade quanto ao planejamento das atividades para alcançarem essas metas. São providenciados murais que mostram as metas a serem alcançadas e o desenvolvimento do trabalho.

DEPARTAMENTO DE EMBALAGEM

Por exemplo, a linha de embalagem mecanizada deve permitir a ausência do operador por pequenos períodos; o pessoal do departamento deve ajudar a decidir que linhas alimentar, que velocidade adotar e como agir em caso de falhas mecânicas. Dois anos atrás, os operadores e mecânicos da linha procuraram uma maneira de programarem seu almoço e períodos de descanso para manterem a linha operando ininterruptamente, aumentando assim a produção. Para isso, pediram permissão ao supervisor.

Com dez diferentes produtos e doze diferentes tamanhos de embalagem, tornava-se necessário readaptar as máquinas com muita freqüência. Existia uma diferença na capacidade, confiabilidade e flexibilidade das várias linhas de embalagem mecanizadas e também uma diferença no tempo necessário para limpar o equipamento quando um produto diferente ia ser embalado ou quando o tamanho da embalagem mudava. Com o pessoal produtivo e o não-produtivo trabalhando em conjunto, tinha-se a oportunidade de estimular a criatividade, conseguindo, assim, uma maximização da utilização do equipamento. Esse ambiente tornava possíveis ação rápida, previsão de falha do equipamento, redução das paradas da linha por falta de produto ou de material de embalagem, e elevava o nível de qualidade. A manutenção preventiva fazia parte das tarefas de cada operador. Eles podiam apanhar ferramentas e fazer reparos e ajustes menores. Eles trabalhavam em rodízio durante a noite, limpando o equipamento, pois isto era muito importante à eficiência do departamento. Se o papelão está em bom estado e se o equipamento está bem ajustado, os operadores poderão aumentar a velocidade da linha, elevando assim a produção. Recentemente, quando todas as seis linhas quebraram recordes de produção, o administrador do departamento passou a distribuir café e

Estudo de movimentos e de tempos **563**

rosquinhas de mel a todo pessoal. Não é comum, numa unidade de produção, reconhecer-se de alguma maneira o trabalho das pessoas.

COMUNICAÇÕES

O plano da fábrica de Lakeview exigia um alto grau de comunicação. Cada departamento tinha uma sala de reunião onde os supervisores e os trabalhadores podiam discutir os problemas em ambiente adequado. Os administradores de departamentos mantinham reuniões regulares com o seu pessoal para discutirem aspectos operacionais do setor, orçamentos, taxas e níveis salariais etc. De seis em seis meses, o administrador do departamento mantinha uma discussão particular com cada funcionário sobre seu desempenho no trabalho. Isto possibilitava ao funcionário fazer sugestões e discutir qualquer assunto que quisesse.

MÃO-DE-OBRA INDIRETA

A mão-de-obra indireta em Lakeview era mínima. O serviço de limpeza e manutenção foi entregue a uma firma externa. A fábrica começou sua operação com onze funcionários administrativos, que corresponde a bem menos do que um terço do número normalmente encontrado em fábricas do mesmo tipo. Por exemplo, o caixa ficava encarregado da folha de pagamento, do cálculo dos prêmios de incentivo, abonos, empréstimos de emergência etc. A administração salarial era tão simples que exigia apenas dedicação parcial do engenheiro de produção da fábrica. Era responsabilidade da administração do departamento o estabelecimento de padrões corretos ao plano de pagamentos. O engenheiro de produção era responsável pelas diretrizes gerais do plano de pagamento, manutenção dos padrões e cálculos. Ele dava assistência, treinava e ajudava os administradores de departamentos no estabelecimento de padrões de trabalho.

TREINAMENTO

A seleção e o treinamento do pessoal foram feitos com muito cuidado. Como resultado desse procedimento, a fábrica ficou com um corpo de empregados jovens, cooperativos, entusiasmados e com ótima disposição para o trabalho. Alguns funcionários tinham essas qualidades em tal nível que, rapidamente, seriam promovidos. Alguns operadores e mecânicos desempenhavam funções de supervisão. Eles adquiriam autoridade através da sua experiência e tomavam decisões baseados no seu conhecimento do trabalho. Até agora, aproximadamente, metade dos supervisores da fábrica começaram sua carreira como simples operadores. A faixa etária desse pessoal varia de 22 a 45 anos, e a média é de 25 anos. O pessoal com grau universitário galga rapidamente postos de supervisão. Até o presente, seis estão nessa posição, e outros onze são administradores de departamento. As promoções não se baseiam em tempo de serviço nem no esforço dispendido, mas sim nos resultados que cada um obtém.

Nos últimos três anos, cerca de 80 operadores, mecânicos e funcionários administrativos têm recebido treinamento na área de métodos e simplificação do trabalho. O curso, dado a grupos de dez a quinze funcionários, é ministrado pelos administradores de departamento com assistência de diversos assessores: engenheiro de produção, técnico em segurança e higiene do trabalho, especialista em treinamento, técnico de contabilidade etc. O curso dura dez dias com preleções de 2 h, e cada participante elabora pelo menos um projeto na área de métodos de trabalho. O capital investido nesses cursos retorna rapidamente com a aplicação vitoriosa dos princípios aprendidos pelos funcionários nos seus locais de trabalho. E o mais importante, os funcionários aprendem a agir como administradores na seleção, avaliação e implantação de mudanças e a entender melhor que o aperfeiçoamento e desenvolvimento de métodos fazem parte das responsabilidades de qualquer cargo.

564 Ralph M. Barnes

Os administradores e supervisores têm a preocupação constante de mostrar a cada novo funcionário que o sistema operacional de Lakeview só é possível porque a fábrica pode fornecer ao consumidor produtos de alta qualidade a baixíssimos custos. Está em andamento um programa de cursos nos quais grupos de cinco funcionários passam duas semanas estudando várias funções da empresa: compras, controle de qualidade, distribuição, custos etc. Cada membro da administração discute seus deveres e responsabilidades com os funcionários. O objetivo deste programa é alargar cada vez mais os horizontes das pessoas, o que possibilitará cada vez mais um fortalecimento da empresa, trazendo, é lógico, auto-satisfação e salários mais altos aos funcionários.

DESEMPENHO SUPERIOR DE PESSOAS SUPERIORES

Os seguintes fatos apontam o sucesso do plano: há um mínimo de resistência às mudanças. No entanto a fábrica de Lakeview não é uma organização filantrópica. As metas são elevadas, os padrões de qualidade têm de ser mantidos, e a programação de entregas é rígida. Cada pessoa trabalha de acordo com sua idéia de trabalho, e apenas os melhores funcionários trabalham em Lakeview. A fábrica é um local privilegiado onde funcionários de gabarito executam um serviço de alta qualidade e são regiamente pagos. Embora um alto salário seja um grande motivador, o mais importante é a oportunidade de pertencer a uma organização onde cada pessoa sabe que todo seu esforço, talento criativo e habilidade são reconhecidos e recompensados financeira e socialmente.

RESULTADOS. Não é uma tarefa fácil avaliar os resultados do sistema administrativo e dos planos de pagamento de Lakeview. Porém pode-se afirmar, sem medo de errar, que

1) a fábrica de Lakeview está alcançando índices de produção acima dos originariamente projetados;
2) a fase de pré-produção foi muito mais rápida e teve custos inferiores do que normalmente ocorre em fábricas similares;
3) a produtividade é igual ou maior do que a encontrada em fábricas similares e está crescendo rapidamente;
4) o nível de qualidade do produto é igual ou melhor do que o encontrado em fábricas similares.

A empresa está satisfeita com os índices alcançados pela fábrica de Lakeview, e o pessoal entusiasmado com o trabalho. Novas oportunidades surgirão, pois a fábrica está sendo ampliada.

O PLANO DE PAGAMENTO DE LAKEVIEW

O plano de pagamento tem duas partes. Um mínimo garantido e um prêmio concedido mensalmente quando são alcançados altos níveis de desempenho.

SALÁRIOS

É política da empresa pagar um salário-base igual ou maior do que o de outras empresas da região. Periodicamente, são feitas pesquisas salariais com o objetivo de atualizar esse salário--base. Embora não existissem relógios de ponto na fábrica, o pagamento era feito por hora trabalhada (até junho de 1966). Depois passou a ser feito semanalmente. Os novos funcionários recebiam pelo sistema antigo até completarem três meses de serviço ou quando fossem julgados qualificados a participarem do pagamento semanal. Cada pessoa recebia seu salário semanal completo, mesmo quando faltava ao trabalho, a não ser que não justificasse a falta ou faltasse mais de três dias na semana. O plano salarial tinha apenas cinco classes, o que facilitava a

Estudo de movimentos e de tempos **565**

atribuição de tarefas e simplificava os níveis salariais e os procedimentos de promoções e transferência.

PAGAMENTO POR EFICIÊNCIA

O plano previa um incentivo de 30% do salário-base quando grupos de trabalho ou departamentos alcançassem determinadas metas nas áreas de redução e controle de custos e qualidade do produto. Essas áreas eram divididas em vários fatores, ponderados de acordo com a sua contribuição ao lucro da empresa. Esse pagamento por eficiência era dado na forma de um cheque mensal que o supervisor entregava a cada funcionário. Esse pagamento não pode ser considerado um incentivo salarial no seu conceito tradicional. Isto porque, nos planos tradicionais, é muito difícil alcançar-se um prêmio de 30%. O plano foi projetado para eliminar as flutuações mensais de pagamento, e, para isso, os fatores do plano eram baseados nas médias dos últimos quatro a doze meses de operação. O pagamento por eficiência, somado ao salário-base, dava um total de rendimentos que empresa nenhuma da comunidade cobria. Todos na fábrica de Lakeview, exceto os administradores de fábrica, tinham seu salário calculado dessa forma.

No estabelecimento do pagamento por eficiência, os seguintes critérios eram utilizados:

1) a aplicação do plano deve estar em harmonia com os outros fatores que afetam a motivação, como respeito, honestidade, oportunidade, estabelecimento de metas e auto-realização;

2) o que se mede são os resultados, não o esforço dispendido;

3) é dada grande ênfase a mudanças e aperfeiçoamentos, que são considerados responsabilidade de todos;

4) o pessoal produtivo e o pessoal não-produtivo recebe o mesmo tratamento no cálculo das percentagens dos fatores;

5) pessoas de diferentes especializações ou classificações salariais que tenham objetivos comuns devem pertencer à mesma base de medida do desempenho (mecânicos e operadores de um mesmo departamento, por exemplo);

6) cada combinação de medidas para pagamento por eficiência deve balancear necessidades conflitantes. Isso inclui balanceamento entre resultados finais (que podem ser verificados no produto final) e resultados parciais, que são fortemente influenciados pelos participantes. É vital diferençar resultados a longo prazo de resultados imediatos. Nos primeiros é que repousa a vida da empresa.

CÁLCULO DO PAGAMENTO POR EFICIÊNCIA

FÁBRICA DE LAKEVIEW — MÊS DE MAIO. Vamos utilizar o departamento de embalagem (Departamento 3) para ilustrar o funcionamento do plano. Esse departamento utiliza uma máquina semelhante à mostrada na Fig. 357. O produto processado na máquina é armazenado, manual ou automaticamente, junto ao final da máquina, de onde é removido por uma empilhadeira.

Vamos descrever rapidamente o procedimento para determinar o fator de eficiência (FE) e o pagamento por eficiência (PE). As três áreas incluídas no plano são (1) redução de custos, (2) controle de custos, e (3) qualidade. A Fig. 358 mostra o resumo mensal da fábrica de Lakeview.

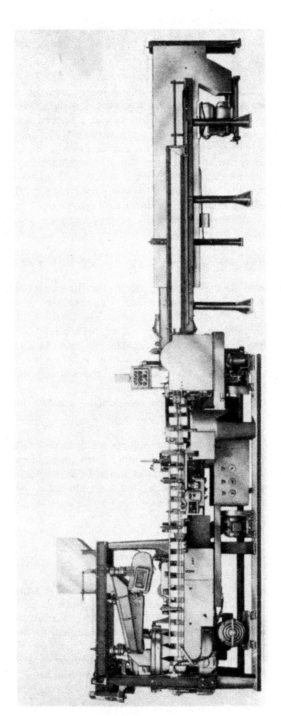

Figura 357. Linha de embalagem automatizada de alta velocidade

PROGRAMA DE PAGAMENTO POR EFICIÊNCIA

Resumo mensal da fábrica de Lakeview

	Departamento 1 fabricação FE (%)		Departamento 2 embalagem FE (%)		Departamento 3 embalagem FE (%)		Departamento 4 depósito FE (%)		Departamento 5 expedição FE (%)		Assessoria FE (%)	
1. REDUÇÃO DE CUSTOS												
Métodos da fábrica	10	0,96	10	0,96	10	0,96	10	0,96	10	0,96	10	0,96
Metas de redução da fábrica	10	0,86	10	0,86	10	0,86	10	0,86	10	0,86	20	0,86
Metas de redução do departamento	10	0,78	10	0,91	10	1,09	10	0,96	10	0,82		
2. CONTROLE DE CUSTOS												
Sistema de produto da fábrica	20	0,94	25	0,94	25	0,94	30	0,94	25	0,94	55	0,94
Operações dos departamentos	20	0,87	30	0,88	30	0,98	30	1,09	25	1,04		
3. QUALIDADE												
Sistema de produto da fábrica	10	1,00	05	1,00	05	1,00	05	1,00	05	1,00	15	1,00
Produção do departamento	20	1,00	10	0,86	10	0,89	05	0,84	05	0,84		
Controle do departamento									10	0,75		
FE TOTAL PONDERADO	100	0,922	100	0,908	100	0,959	100	0,979	100	0,926	100	0,935
FE DO DEPARTAMENTO (%)		22,2		20,8		25,9		27,9		22,6		23,5

Figura 358. Resumo mensal da jábrica de Lakeview do mês de maio

568 *Ralph M. Barnes*

1. Redução de custos

a. Métodos da fábrica
b. Metas de redução da fábrica
c. Metas de redução do departamento

Na fábrica de Lakeview, a redução de custos faz parte do cargo de todo o pessoal produtivo e não-produtivo, e o PE é projetado para recompensar os resultados alcançados pelas pessoas nessa área.

MÉTODOS DA FÁBRICA. Cada ano é estabelecida uma meta de redução de custos através de melhores métodos de trabalho. Para 1968, a meta foi de 20 mil dólares por membro da administração. Esta meta é a mesma para todas as fábricas da empresa. Como Lakeview tem 30 membros na administração, a meta total de redução de custos é de 600 mil dólares. Um FE é calculado para cada mês baseado na inter-relação da meta proposta com a redução real ocorrida. O FE para o mês de maio é combinado com o FE dos onze meses anteriores para fornecer uma média ao período de um ano. A Fig. 358 mostra que esse FE foi de 0,96. Isso se aplica a *métodos da fábrica* e vale para o pessoal produtivo e não-produtivo.

Exemplo. Se uma determinada matéria-prima pode ser comercializada em grandes caixotes, resultando disso menores custos de transporte e manuseio, estas economias serão classificadas na área de "Redução de custos — métodos da fábrica".

METAS DE REDUÇÃO DA FÁBRICA. O objetivo deste fator é encorajar o pessoal produtivo e não-produtivo ao aperfeiçoamento e revisão das metas. As metas cobrem os seguintes itens: salários, trabalho mecânico, benefícios, reparo de materiais, gastos com contratação de firmas externas, gastos de telefone, eletricidade etc. Não são incluídos impostos, seguros, depreciação e despesas com a instalação de novos equipamentos.

O FE para as metas de redução da fábrica e para as metas de redução do departamento é determinado da seguinte maneira: a média real, em unidades monetárias, dos últimos doze meses para a fábrica (ou departamento) é comparada com o orçamento previsto para o mesmo período. Existe um FE distinto para cada departamento. O FE da fábrica é a média ponderada dos FE de todos os departamentos acrescentada do *overhead* geral da fábrica. Na Fig. 358, vemos que o FE da metade de redução da fábrica no Departamento 3 foi de 0,86, e o FE da meta de redução do departamento foi de 1,09.

Exemplos. A compra e a utilização de uma varredora automática que reduz o trabalho de três para um operário implica em mudança nos métodos da fábrica e na meta de redução da fábrica e do departamento.

A vivacidade e espírito de grupo dos administradores, operadores e mecânicos, que resultou em maior produção da máquina de embalagem, é um outro exemplo de mudança na meta de redução da fábrica e do departamento.

2. Controle de custos

a. Sistema de produto da fábrica
b. Operações dos departamentos

O controle de custos trabalha com os seguintes fatores: mão-de-obra direta e indireta, reparos e reformas, perdas e retrabalho. Impostos, depreciação e seguros não são considerados.

Metas ou padrões para a mão-de-obra direta são determinados através dos métodos convencionais de medida do trabalho. Para a mão-de-obra indireta (escriturários, mecânicos, administradores), são feitos orçamentos da mesma maneira que para reparos e reformas, suprimentos, perdas e retrabalho. O fator dominante no controle de custos é a eficiência da fabri-

Estudo de movimentos e de tempos **569**

cação. O FE para o departamento é determinado comparando-se os custos reais com os custos previstos. Os cálculos são feitos semanalmente e são acumulados para um mês. O FE para o mês de maio no Departamento 3 foi de 0,98 e, para a fábrica, de 0,94 (Fig. 358).

3. Qualidade

Os padrões de qualidade são estabelecidos como porcentagem de produto que não preenche as especificações e são determinados para cada departamento.

DEPARTAMENTO DE FABRICAÇÃO — DEPARTAMENTO 1. O índice de qualidade dos produtos acabados é baseado nas variações das especificações do projeto.

DEPARTAMENTOS DE EMBALAGEM — DEPARTAMENTOS 2 E 3. O índice de qualidade é afetado pela variação do peso específico do produto e volume ou densidade do produto na embalagem.

DEPÓSITO E EXPEDIÇÃO — DEPARTAMENTOS 4 E 5. O índice de qualidade é baseado na porcentagem de produto que deve ser destruído ou retrabalhado devido a manuseio impróprio. O FE para a qualidade é uma média dos últimos seis meses. Para o mês de maio, o FE do sistema de produto da fábrica-qualidade foi de 1,00 e, para o Departamento 3, foi de 0,89 (Fig. 358).

O FE total ponderado do Departamento 3, em maio, foi de 0,959, que equivale a 25,9% para o pagamento por eficiência. Assim, o pessoal produtivo e não-produtivo do Departamento 3 recebeu um pagamento adicional baseado no seu FE de 25,9%. Um cheque correspondente a esse FE foi entregue a cada funcionário pelo supervisor. Normalmente, esse pagamento é feito por volta do dia 20 do mês seguinte, neste caso 20 de junho.

Exemplo. John Smith, um operador do Departamento 3, trabalhou durante todo o mês de maio. Seu salário-base é US$ 128 por semana ou US$ 554,67 para o mês de maio

$$\left(\frac{128,00 \times 52}{12} = 554,64 \right).$$

Pagamento por eficiência (PE) = US$ 554,67 × 25,9% = US$ 143,66
Salário-base de maio   554,67
Pagamento por eficiência   143,66
Total recebido em maio   698,33

O FE para o Departamento 1 foi de 22,2%; para o Departamento 2, 20,8%; para o Departamento 4, 27,9%; para o Departamento 5, 22,6%; e, para o pessoal de assessoria (todos os administradores, pessoal de laboratório, de engenharia, de escritório, de relações industriais e de contabilidade de custos), foi de 23,5%.

APÊNDICE A

Símbolo	Significado (conf. original)	Símbolo	Significado (conf. original)
		(Work-Factor System)	
A	Assemble		
DA	Disassemble	A	Arm
G	Grasp	ASY	Assemble
H	Hold	D	Definite Stop
I	Inspect	DSY	Disassemble
P	Position	F	Finger
PP	Pre-Position	FS	Foreman Swivel
RL	Release Load	FT	Foot
St	Select	GR	Grasp
TE	Transport Empty	H	Hand
TL	Transport Loaded	HT	Head Turn
U	Use	L	Leg
UD	Unavoidable Delay	MP	Mental Process
		P	Care (Precaution)
AB	Arise	PP	Pre-Position
AK	Arise from knees	RL	Release
AP	Apply Pressure	S	Direction Control (Steer)
B	Bend		
D	Disengage	T	Trunk
EF	Eye Focus	TRP	Transport (Reach and Move)
ET	Eye Travel Time		
FM	Foot Motion	U	Change of Direction
K_1	Kneel on one knee	US	Use (Manual, Proc. or Mach. Time)
K_2	Kneel on knees		
LM	Leg Motion	W	Weight or Resistance
M	Move		
R	Reach		
S	Stoop		
SS	Side Step		
SIT	Sit		
STAND	Stand		
T	Turn		
TB	Turn Body		
W	Walk one pace		

APÊNDICE B
Manual de estudo de tempos[1]

I. Responsabilidades do departamento de estudos de tempos
A. A determinação e a administração de todos os salários da fábrica.
1) Razões horárias básicas estabelecidas por avaliação de cargos.
2) Tempos-padrão e pagamentos por peça estabelecidos por estudos de tempos, tempos pré-determinados, tempos sintéticos ou amostragem do trabalho.
3) Determinação e manutenção do sistema de pagamento.
B. A coordenação e desenvolvimento de todos os métodos de produção.
C. A preparação e manutenção do arranjo físico.
D. A determinação do tipo adequado e da quantidade de equipamento novo e de reposição.

II. Definição do estudo de tempos
O estudo de tempos é a análise de uma tarefa com a finalidade de se determinar o tempo necessário para que uma pessoa qualificada, trabalhando em ritmo normal, execute a tarefa, usando método definido e pré-estabelecido. Isto é chamado de *tempo-padrão* para a operação.

III. Finalidades do estudo de tempos
A. Base para determinar tempos-padrão e estabelecer pagamentos por peça.
B. Base para estabelecer o "dia-padrão de trabalho" para as tarefas que recebam salário-dia.
C. Auxílio na melhoria de métodos.
D. Finalidades de planejamento e controle da produção.
E. Finalidades de controle de custos industriais.

IV. Requisições para o estudo de tempos
A. *Requisição para estudos de tempos emitida pelo mestre quando se coloca uma nova tarefa em produção.* Quando o mestre considera uma tarefa em condições de ser estudada, ele requisitará que o departamento de estudo de tempos proceda ao estudo de tempos. Esta requisição deverá ser feita por escrito no impresso TS 101 (Fig. 359), fornecido pelo departamento de estudo de tempos. Antes de requisitar um estudo de tempos, o mestre precisa se certificar de que as seguintes condições estão satisfeitas.
Preparação a ser feita pelo mestre antes de requisitar um estudo de tempos
1) É necessário que seja desenvolvido um método satisfatório para executar a operação. Este método pode não ser o melhor de todos, mas deve levar em consideração fatores como a seqüência e a economia dos movimentos, as distâncias que os materiais têm que ser transportados, inclusive disposição para entrega e remoção de suprimentos pelo pessoal de serviço e o arranjo físico do local de trabalho.

---

[1]Este manual foi preparado por Earl L. Frantz, com a assistência de James A. Kenyon e Robert J. Parden

REQUISIÇÃO PARA ESTUDO DE TEMPOS

Para: Depto. de Estudo de Tempos   Departamento _____

_____ foi preparada em meu departamento
(Nome da operação)

Os seguintes pontos foram verificados:

Nº de operadores envolvidos   ( )   O operador é qualificado e experiente
Bom funcionamento da máquina   ( )   nesta tarefa   ( )
Materiais dentro da especificação   ( )   O operador foi avisado que a operação
Utilização da melhor área de trabalho ( )   será controlada   ( )
                                              Estão disponíveis as ferramentas ne-
                                              cessárias e o equipamento   ( )

Eu acredito que esta tarefa está pronta para Estudo de Tempos

Data _____ Assinado _____
                                                        Mestre

Nota: A informação na parte inferior da folha será preenchida pelo Depto. de Estudo de Tempos

Data de recebimento _____ Data de verificação _____

Estudos feitos em _____ Observador _____

Data efetiva _____

Outras disposições _____

                                      Assinado por _____

TS 101

Figura 359. Requisição para o estudo de tempos — impresso TS 101

2) As máquinas e equipamentos precisam ser usados à velocidade correta, sendo essencial que estejam em boas condições de trabalho. Ferramentas, matrizes, dispositivos ou qualquer equipamento auxiliar devem funcionar corretamente e ser adaptados à tarefa em consideração.

3) Os materiais precisam corresponder às especificações estabelecidas pelo departamento ou laboratório competente. O estudo não será feito enquanto perdurarem condições anormais. Reestudos não serão feitos se a qualidade do material, durante o período de experiência, flutuar além dos limites especificados.

4) O operador precisa ser treinado para executar a operação, usando método, máquina, ferramentas e equipamentos que tenham sido especificados e deve ter ganho suficiente destreza, através de experiência na tarefa a ser estudada, para executá-la eficientemente. Não é aconselhável fazer-se um estudo de tempos com um operador inexperiente. Na maioria dos casos, o operador inexperiente deixa cair tantas vezes as peças e materiais, introduz tantas esperas e hesitações que é praticamente impossível separar-se os verdadeiros elementos das quedas e esperas.

5) O mestre precisa discutir a tarefa com o operador, mostrando a razão pela qual o estudo de tempos está sendo requisitado.

Estudo de movimentos e de tempos. **573**

B. *Requisição para estudo de tempos ou estudo de produção emitida pelo mestre quando um tempo-padrão ou pagamento por peça já está em efeito.* O mestre requisitará por escrito, no impresso padronizado, que o departamento de estudo de tempos faça um reestudo da operação.

1) Será feito um estudo de tempos quando haja mudança no método, arranjo físico do local de trabalho, materiais ou ferramentas e equipamentos usados na operação.

2) Será feito um estudo de produção se o operador que executava a tarefa quando o estudo de tempos foi realizado ou mesmo outro operador for incapaz de atingir o padrão de execução após período razoável de tempo, usando o método e os materiais prescritos e exibindo esforço normal.

C. *Requisição para estudo de tempos ou estudo de produção por outras pessoas.* Em alguns casos, outras pessoas que não o mestre, tais como o chefe de produção, o químico-chefe, o pessoal de projeto, de custo, de compras ou de vendas, podem, com a finalidade de assegurar informação referente à sua função específica na administração, requerer que seja feito um estudo de tempos. Estas requisições serão feitas no impresso TS 102, que pode ser obtido no departamento de estudo de tempos[2]. Nesses casos, o analista de estudo de tempos entrará em contato com o mestre, explicando a razão para a execução desse estudo de tempos especial.

V. Procedimento para o estudo de tempos

A. *Entre em contato com o mestre.* O analista de estudo de tempos procurará o mestre ao entrar no departamento. O mestre mostrará a localização da tarefa ao analista de estudo de tempos e observará a operação a fim de verificar se o método adequado está sendo usado.

B. *Estabeleça contato com o operador a ser cronometrado.* Em caso algum, o analista de estudo de tempos deve dar início ao estudo de tempos sem o conhecimento do operador. Se existirem diversos operadores executando a mesma operação, deverá ser estudada a pessoa que trabalhe no ritmo mais próximo do normal. Pode-se estudar dois ou mais operadores sempre que isto pareça conveniente. Em nenhuma circunstância, deve-se estabelecer tempos-padrão baseados em estudos de tempos executados com operadores inexperientes ou que demonstrem falta de cooperação.

C. *Verifique o método da operação.* Quando um novo item é colocado em produção ou quando se instala um novo equipamento, várias pessoas podem ter contribuído ao desenvolvimento do método. O departamento de estudo de tempos deve ser consultado nestas ocasiões. É responsabilidade do departamento de estudo de tempos verificar o método quanto à possibilidade de melhorias antes de estabelecer o tempo-padrão para a tarefa. O analista de estudo de tempos somente sugerirá possíveis mudanças; ele não as instalará, a menos que seja solicitado a fazê-lo. Antes de proceder a um estudo de tempos, o analista deve fazer com que o mestre aprove o método em execução. Isto incluirá um exame dos elementos da operação a ser cronometrada e aprovação de sua complexidade.

D. *Obtenha todas as informações necessárias.* O analista de estudo de tempos deve obter e registrar na folha de observações para o estudo de tempos, impresso TS 103 (Fig. 239, Cap. 25), todas as informações sobre a tarefa, máquina e materiais que necessite para completar o estudo. Deve fazer um desenho ou disposição do local de trabalho, mostrando a colocação do operador, materiais, ferramentas etc. Sempre que necessário, deve ser feito um gráfico de fluxo do processo, mostrando a localização da operação específica relativamente ao resto do processo produtivo. Sempre que pareça aconselhável, deve-se incluir no estudo de tempos um esquema da parte.

---

[2]Este impresso não é apresentado aqui

574   *Ralph M. Barnes*

E. *Divida a operação em elementos*. A operação deve ser dividida em elementos de duração tão pequena quanto possível e que possam ser cronometrados com precisão. Os pontos inicial e final destes elementos são em geral facilmente determináveis, **pois são pontos de interrupção** naturais na operação. É importante que cada elemento seja cuidadosamente definido, de forma que os pontos inicial e final sejam exatamente os mesmos em cada ciclo cronometrado. Sempre que possível, o tempo de manuseio deve ser separado do tempo de máquina, e os elementos constantes devem ser separados dos elementos variáveis.

F. *Registre o tempo*. A finalidade da cronometragem da operação é a obtenção de um tempo representativo para cada um dos elementos que a compõem. É norma geral, portanto, cronometrar cuidadosamente todas as partes da operação. Se, por exemplo, uma folha de um fichário tiver que ser virada uma vez para cada dez pares de partes coladas, esta informação deve ser registrada na folha de estudo de tempos, sendo necessário que se cronometre um número suficiente de ciclos, incluindo este elemento de forma que o tempo representativo possa ser obtido.

Quando ocorrerem elementos estranhos, eles devem ser cronometrados e registrados na folha de estudo de tempos. Esses elementos podem ou não ser incluídos no tempo-padrão, dependendo de sua natureza. Na folha de observações do estudo de tempos, é necessário dar-se conta de todo o tempo gasto pelo operador durante a execução de estudo. Os elementos estranhos têm que ser cuidadosamente revistos para determinar se eles devem ser incorporados ao tempo-padrão ou se são esperas desnecessárias causadas pelo operador.

O tempo para descanso e algumas esperas inevitáveis são incorporados nas tolerâncias, não devendo ser incluídos como elementos de um estudo de tempos, pois isto seria uma duplicação.

O analista de estudos de tempos deve registrar a hora do dia em que o estudo de tempos foi iniciado, bem como a hora de seu término, obtendo, assim, o tempo decorrido. Deve também ser registrado o número de unidades acabadas durante este período.

G. *Avalie o ritmo do operador*. Todos sabemos que há uma diferença no esforço ou velocidade de trabalho para diferentes pessoas. Por exemplo, poucas pessoas usualmente andam devagar e outras poucas muito depressa, enquanto que a maior parte anda em um ritmo situado entre estes dois extremos. Também na fábrica, algumas pessoas trabalham devagar, enquanto que outras trabalham em um ritmo excelente. O ritmo normal para o dia de trabalho recebe o número índice de 100 pontos na execução do estudo de tempos. Um operador qualificado, treinado para trabalhar corretamente com os materiais, ferramentas e equipamentos especificados e que esteja trabalhando no ritmo que se espera obter de um indivíduo pago por hora e, portanto, sem incentivo salarial, estará trabalhando com ritmo de 100 pontos. Com finalidade comparativa, espera-se que alguns operadores muito rápidos possam atingir um ritmo de 130 a 150 pontos quando sob incentivo. Durante a execução do estudo, o ritmo do operador é avaliado, e o índice de ritmo é aplicado aos dados do estudo de tempos a fim de determinar o tempo-padrão para a tarefa.

VI. Cálculo de tempo-padrão e de salário-peça

A. *Calcule o tempo normal*. O tempo representativo para cada elemento deve ser determinado e registrado no local adequado da folha de observações. Esse tempo representativo deve ser multiplicado pelo fator de ritmo a fim de se obter o tempo *normal* para o elemento.

B. *Prepare a folha de cálculos, impresso TS 104* (Fig. 241, Cap. 25).

    1) Transfira o nome do elemento e o seu tempo normal da folha de observações de estudo de tempos para a folha de cálculos. Os elementos devem ser indicados na seqüência de execução.

Estudo de movimentos e de tempos **575**

2) Neste ponto, deve-se rever outros estudos de operações semelhantes existentes nos arquivos ou quaisquer dados sintéticos que possam ser obtidos a fim de se suplementar as informações contidas no novo estudo de tempos.

3) Na quarta coluna, intitulada "Unidades por elemento", coloca-se o número de unidades que são completadas no elemento. A unidade referida é uma unidade de medida física — um metro, um par, um conjunto etc. Exemplo: oito pares (dezesseis peças) de saltos são colocados na "folha de um livro", virando-se a próxima folha. Neste caso, registra-se "oito pares" na coluna 4.

4) Na quinta coluna, intitulada "Ocorrência do elemento por (......)", deve ser registrado o número de vezes que este elemento ocorre por 100 pares ou por outra unidade que possa ser usada como base.

5) Multiplique o tempo normal para o elemento pela ocorrência do elemento por 100 pares (ou por outra unidade que seja usada como base) e registre o resultado na coluna 6 da folha de cálculo.

6) Obtenha o tempo normal total para todos os elementos, somando os tempos normais para cada elemento.

7) Adicione ao tempo normal de todos os elementos tolerâncias para fadiga, necessidades pessoais e esperas a fim de obter o tempo-padrão total para a operação.

8) Divida o tempo padrão-total para a operação em 60 min e multiplique por 100 a fim de obter a produção horária. Este valor é o número de peças ou quantidade de trabalho que foi estabelecida por estudo de tempos como sendo a tarefa horária que um operador deve completar quando trabalhando em ritmo normal, ou seja, o ritmo que pode ser mantido durante todo o dia e sem incentivo.

C. *Calcule o pagamento por peça.* Para calcular o pagamento por peça, divida a razão horária básica ou salário-dia para a tarefa pela produção horária. Salários por peça são expressos usualmente em cruzeiros e centavos por unidade ou por 100 unidades.

VII. Preparação para implantação do incentivo

A. *Discuta o tempo-padrão com o mestre.* Neste ponto, entra-se em contato com o mestre, discutindo-se com ele todas as fases do estudo de tempos. A discussão deverá ser suficientemente longa de forma que o mestre se familiarize completamente com todas as fases do estudo de tempos, sendo capaz de descrevê-lo ao operador de uma maneira construtiva, podendo responder qualquer pergunta que o operador possa formular.

B. *Determine o método de aplicação do pagamento por peça*

1) Determine a maneira exata pela qual a produção e o tempo devem ser medidos e registrados. Prepare quaisquer impressos que sejam necessários para relatar o trabalho terminado por dia.

2) Sempre que necessário, prepare uma descrição do procedimento, para a folha de pagamento, a ser seguido no cálculo da remuneração do operário.

VIII. Efetivação do pagamento por peça

A. *Serão feitas diversas cópias das folhas relativas ao pagamento por peça.* Duas folhas conterão assinaturas de aprovação do superintendente e do chefe do departamento de estudo de tempos. Todas as cópias conterão a data, a razão horária básica, a produção horária e o salário por peça, bem como o nome, o número da operação e o departamento.

B. Uma cópia da folha de elementos-padrão, TS 105 (Fig. 360), e uma cópia da folha de pagamento por peça, TS 106 (Fig. 242, Cap. 25), serão entregues ao mestre. O departamento de

576   *Ralph M. Barnes*

ELEMENTOS DA TAREFA

DEPARTAMENTO Sapatos   MESTRE W. M. Wilson

OPERAÇÃO Montar e colar salto na sola de sapato

TAREFA SOB INCENTIVO Nº 16-15

TAREFA DIÁRIA 16-16   PRODUÇÃO HORÁRIA 237 pares

Nº	ELEMENTOS DA TAREFA
1	Obter suprimento de saltos
2	Obter suprimento de solas
3	Pegar, separar e colocar solas em 15 pilhas
4	Pegar e colocar salto sobre a sola
5	Pegar pincel com cola, colar e soltar pincel
6	Empilhar partes coladas
7	Marcar dimensão na pilha
8	Colocar de lado as partes prontas
9	Obter suprimento de cola
10	Esvaziar e limpar depósito de cola
11	Limpar o local de trabalho e cobrir o trabalho
12	Registrar a produção

Observação: Quando qualquer das condições originais ou dos elementos acima for alterado ou eliminado, ou quando for alterado o arranjo físico do local de trabalho de qualquer firma, a tarefa precisa ser verificada pelo Departamento de Estudo de Tempos.

Figura 360. Elementos da tarefa — impresso TS 105

estudo de tempos fornecerá à seção de pagamento informações relativas à instalação dos novos salários por peça, bem como às pessoas interessadas em outros departamentos.

IX. Acompanhamento após a aplicação do pagamento por peça

Logo após o operador começar a trabalhar sob incentivo, será feita uma verificação de sua produção pelo mestre ou pelo analista de estudo de tempos. O mestre fará uma verificação da produção uma vez por hora, durante o período de experiência. Estes registros da produção são lançados no impresso TS 107[3] do departamento de estudo de tempos, ao fim de cada

---

[3]Este impresso não é apresentado aqui

Estudo de movimentos e de tempos

dia, para análise. Pelo menos uma vez, durante o primeiro período de 10 dias seguido à instalação do plano de incentivo, o analista de estudo de tempos e o mestre compararão, juntos, a operação com a folha de elementos-padrão. Se forem necessárias verificações posteriores, o departamento de estudo de tempos executará estudos de produção. Sempre que haja alguma alteração nos métodos, materiais, ferramentas ou equipamentos, o departamento de estudo de tempos será notificado, de forma a ter uma oportunidade de determinar se é necessário um reestudo da operação.

APÊNDICE C
Manual de incentivo salarial

A Maytag Company preparou um *Manual de Incentivo Salarial*, que é usado juntamente com um programa de treinamento em estudo de tempos dado a todos os mestres e supervisores. Esse Manual também serve como referência aos métodos e rotinas, dizendo respeito ao estudo de tempos e aos incentivos salariais. As primeiras seis páginas e as últimas três desse Manual estão aqui reproduzidas.

THE MAYTAG COMPANY
ESCRITÓRIOS ADMINISTRATIVOS
NEWTON, IOWA

FRED MAYTAG II
PRESIDENTE

À Administração da Maytag

Desde 1946, quando o plano Maytag de Incentivo Salarial foi introduzido, os benefícios aos nossos empregados, aos nossos clientes e à nossa Companhia, tornaram-se cada vez mais evidentes. Nossos empregados obtiveram maiores salários do que teria sido possível de outro modo. Nossos clientes tiveram a possibilidade de comprar produtos Maytag aos menores preços.

Isto devido em grande parte ao alto nível de produtividade resultante da instalação dos melhores métodos de manufatura, e utilização da melhor capacidade e esforços produtivos por parte dos empregados. Com tal produtividade e custos competitivos, nossa Companhia desenvolveu-se o bastante para proporcionar novos empregos e novas oportunidades para cada um de nós.

O futuro sucesso de nossa organização e, portanto, seu sucesso, depende grandemente da contínua melhora de métodos, esforços e capacidade.

Você, um Supervisor da Maytag, tem grande responsabilidade pelo sucesso de um dos melhores instrumentos da produtividade, que é o plano de Incentivo Salarial. Sua completa compreensão e apoio entusiástico aos princípios, aplicação e administração no plano de Incentivo pode assegurar os inúmeros benefícios aos nossos empregados, clientes e à nossa Companhia.

Este Manual foi preparado para ajudá-lo na aplicação e administração do Sistema de Incentivo no nosso Departamento. Recomendo-lhe familiarizar-se completamente com o assunto dêste Manual. Estou certo de que êste conhecimento lhe permitirá tomar uma parte ativa no programa de Incentivo Salarial com segurança e auto-confiança. Em conseqüência, isto levaria à aceitação real e daria uma base firme para uma implantação futura de métodos ainda melhores e custos mais baixos.

Minhas congratulações pelo seu bom trabalho e desejo de sucesso contínuo.

Fred Maytag

Presidente

O PLANO MAYTAG
DE INCENTIVO DE HORAS-PADRÕES
é projetado para ajudá-lo em . . . . . .

matérias-primas

equipamento

suprimentos

e, principalmente, de administrar

pessoas

para CONSTRUIR
MELHORES PRODUTOS
a CUSTOS MAIS BAIXOS

As páginas seguintes explicam o
PLANO MAYTAG DE INCENTIVO SALARIAL.

Estudo de movimentos e de tempos

incentivos salariais

O Plano Maytag de Incentivos Salariais, que é baseado numa análise pormenorizada de cada trabalho, estabelece o melhor método para executar uma tarefa, treina o operário no uso do melhor método e na aplicação correta dos padrões de trabalho, providencia vários benefícios aos nossos Empregados, aos nossos Clientes e à nossa Companhia.

A FINALIDADE DOS INCENTIVOS SALARIAIS inclui:

- O aumento de lucros do empregador.
- O estabelecimento de custos de produção mais econômicos.
- A melhor utilização de máquinas e equipamentos.
- A programação de produção.
- O planejamento de modificações de métodos de produção e estimativa de custos.
- As previsões orçamentárias e o controle dos custos.

Apesar do incentivo salarial requerer a determinação do tempo necessário para executar uma tarefa e resultar num maior salário para premiar tanto o esforço adicional quanto a capacidade do operador, o estudo da tarefa, que deverá ser feito antes da implantação de um PADRÃO DE TRABALHO, requer a análise da tarefa para PROVIDENCIAR:

- **EQUIPAMENTO** mais moderno
- Os **MATERIAIS** mais apropriados
- O **FERRAMENTAL** mais eficiente
- O melhor **MÉTODO** manual
- O melhor **FLUXO DE MATERIAIS**
- As mais apropriadas **CONDIÇÕES DE TRABALHO**
- Os mais convenientes **CONTROLES DE SEGURANÇA**
- Uma adequada **SELEÇÃO E TREINO DO OPERADOR**

incentivos salariais

os incentivos salariais... tornam sua tarefa mais fácil

1. **Estudo cuidadoso das tarefas resulta em meios mais simples de executar o trabalho.** A nossa Engenharia de Produção e outros Departamentos técnico-econômicos o ajudarão no desenvolvimento de melhores métodos de trabalho. Estes métodos devem ser desenvolvidos antes da determinação do padrão de trabalho.

2. **Seus subordinados trabalharão mais eficientemente.** V. S. terá certeza de produzir de acôrdo com a programação, porque seus operários desejarão superar o padrão para obter um aumento de ordenado. Seu trabalho de dirigir será simplificado quando houver esta motivação para os seus trabalhadores.

3. **As instruções detalhadas sôbre o serviço, contidas nas folhas de padrão de trabalho, o ajudarão no treino a ser proporcionado ao operador durante a aprendizagem.** As instruções foram escritas para proporcionar uma descrição detalhada do método a ser usado. O resultado será uma produção de qualidade executada dentro de padrões de segurança.

4. **Os padrões de trabalho o ajudarão no planejamento de sua produção.** Quando V. S.º souber quantas peças por hora poderão ser produzidas, será fácil determinar quantos homens e máquinas necessitará para produzir um número especificado de unidades num certo período de tempo. Além disso, poderá ser programada a entrega sistemática, no seu departamento, de todos os materiais necessários para a execução do serviço.

5. **O material necessário para a execução do serviço será reduzido.** Não terá muitos trabalhadores novos para treinar, pois os salários altos influenciam os seus trabalhadores com experiência a permanecer na Maytag.

A ajuda que os incentivos salariais lhe proporcionarão, depende de seu conhecimento do Plano de Incentivo, sua particpação no estabelecimento dos padrões, e de sua administração adequada em seu departamento.

Estudo de movimentos e de tempos **583**

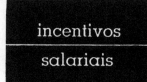

Os Padrões de Trabalho são a base do Plano Maytag de Incentivo salarial

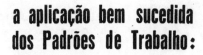

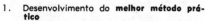

1. Desenvolvimento do **melhor método prático**
2. **Treino dos trabalhadores** para que executem a tarefa usando o melhor método prático
3. **Medida cuidadosa** do trabalho manual e do tempo de máquina pelo estudo da tarefa, considerando o método, o esforço, a operação mais econômica do equipamento e a aplicação de descontos apropriados.
4. **Participação do empregado** nas mudanças que afetem seu trabalho e sua compreensão completa dos Padrões de Trabalho.
5. **O acompanhamento**, após a emissão dos Padrões de Trabalho, para assegurar a aplicação correta, aceitação, desempenho adequado por parte do empregado e manutenção em dia dos padrões.

A fim de estabelecer rápida e precisamente os Padrões de Trabalho, vamos seguir, passo por passo, o procedimento para a aplicação do Incentivo Salarial.

a serem seguidos na determinação e manutenção de um Padrão de Trabalho

preparar o trabalho
O encarregado, com a cooperação da chefia do departamento, prepara o trabalho para estudo pelo Departamento de Engenharia de Produção.

requerer o Padrão de Trabalho
O encarregado requer ao Departamento de Engenharia de Produção para estudar o trabalho.

estudar a operação
O Engenheiro de Produção estuda a operação após verificar os detalhes do trabalho com o encarregado e o operador.

calcular o Padrão de Trabalho
O Engenheiro de Produção calcula o padrão de trabalho.

aplicar o Padrão de Trabalho
O Engenheiro de Produção preenche a "Folha de Padrão de Trabalho", inclusive instruções detalhadas sobre o serviço. Após a aprovação necessária, o distribuirá à fábrica. O padrão de trabalho é então, minuciosamente explicado a todos os operadores. Qualquer pergunta feita pelos operadores será respondida.

acompanhar o Padrão de Trabalho
Tanto o encarregado quanto o Engenheiro de Produção observam o trabalho com cuidado, durante o período inicial de aplicação do padrão de trabalho, para terem certeza da aceitação e da execução adequada. Periodicamente, reverificarão o assunto para terem certeza que o trabalho está sendo executado de acordo com as exigências da "Folha de Padrão de Trabalho".

agora — *Consideremos estes passos em detalhe.*

administração do PLANO de INCENTIVO SALARIAL

Desde a introdução do Plano Maytag de Incentivo Salarial, seus benefícios aos nossos empregados, aos nossos clientes e à nossa Companhia, tornaram-se sempre mais evidentes. Novos e melhores métodos de fabricação, aumento de capacidade e esforço produtivo de nossos empregados, tornaram possível para os nossos clientes comprar produtos de qualidade aos menores preços. Com o aumento da produtividade, pelo qual o programa de Incentivo Salarial teve papel relevante, com a distribuição mais ampla de nossos produtos, a nossa Companhia desenvolveu-se o bastante para proporcionar novas oportunidades de trabalho e maior segurança.

O Supervisor da Maytag possui uma grande responsabilidade para o sucesso do Plano de Incentivo Salarial. Sòmente através da compreensão completa e ativa participação na implantação e administração dos Incentivos Salariais, poderão continuar os muitos benefícios aos nossos empregados, aos nossos cliente e à nossa Companhia.

Sua responsabilidade para uma administração apropriada do Plano de Incentivo Salarial requer:

1. **Um conhecimento completo do Plano de Incentivo Salarial da Maytag.**
2. **Uma participação ativa no programa de incentivo.**
3. **Aplicação adequada dos Incentivos Salariais.**
4. **Comunicação eficiente com os empregados.**
5. **Aplicação adequada dos Incentivos Setoriais do Acordo Salarial.**

▶ CONHECIMENTO DO PLANO MAYTAG DE INCENTIVO SALARIAL

Este Manual foi preparado para ajudar a entender a finalidade dos incentivos salariais e os procedimentos para estabelecer os melhores métodos e aplicar os padrões de trabalho. Uma compreensão completa deste material e os itens referentes aos incentivos, conforme tratados no Acordo Salarial, deveriam providenciar as informações que permitissem tomar parte ativa no programa de incentivo salarial com segurança e confiança.

administração do Plano de Incentivo Salarial

② PARTICIPAÇÃO NO PROGRAMA DE INCENTIVO

Embora os engenheiros de produção tenham recebido o treino especializado para poder determinar os melhores métodos de trabalho, para medir o trabalho, para aplicar e determinar incentivos salariais, o sucesso do programa depende principalmente da participação ativa e da capacidade de lidar com as muitas responsabilidades no estabelecer os padrões de trabalho e na administração dos incentivos na área de cada um.

Este Manual explica a maioria das suas responsabilidades, desde a preparação do trabalho para o estudo, até o acompanhamento dos padrões de trabalho e administração do plano de incentivo. Com conhecimento adequado destas responsabilidades, participação ativa no programa de incentivos e utilização correta da assistência da Engenharia de Produção e outros departamentos técnicos administrativos, verificar-se-á que as muitas vantagens do incentivo salarial podem ser obtidas com um mínimo de problemas.

③ APLICAÇÃO ADEQUADA DOS INCENTIVOS SALARIAIS

É política da Companhia proporcionar padrões de trabalho que sejam imparciais e justos, e aplicá-los a trabalhos que, na opinião da Companhia, possam ser colocados no plano de incentivo. Com tal política, os padrões de trabalho deveriam ser aplicados às tarefas, sempre que possível e prático. Entretanto, nem sempre é prático, por várias razões, estabelecer padrões para tôdas as operações. DEVE-SE SEMPRE LEMBRAR QUE O CONCEITO FUNDAMENTAL DOS INCENTIVOS SALARIAIS É BASEADO NO PRINCÍPIO DE PAGAMENTO EXTRA PARA UM ESFORÇO EXTRA. Algumas operações, devido aos controles de máquinas ou de processo, incluem muitos controles de qualidade, e, portanto, não fornecem uma oportunidade para nelas dedicar esforço extra. Para estas operações, os padrões de trabalho não deveriam ser usados sòmente como um meio para aumentar o ordenado do operador. Deve-se providenciar ao trabalho adicional necessário, combinando operações ou oferecendo outra tarefa para que a aplicação dos padrões de trabalho seja prática. Quando inicia-se a adaptação na produção de uma nova operação, os problemas de ferramental e equipamento, às vêzes, impedem a aplicação imediata dos padrões de trabalho. Um planejamento preventivo adequado pode, várias vêzes, eliminar tais problemas, porém, se existirem condições contrárias, estas deveriam ser corrigidas imediatamente para permitir a aplicação dos padrões e fornecer uma oportunidade ao operador para obter os incentivos salariais. Se houver objeção quanto à conveniência da aplicação de um padrão, considera-se boa idéia consultar um engenheiro de produção. Êle poderá fazer sugestões úteis que permitirão, com mais rapidez, a preparação da tarefa para a aplicação do padrão.

As Estimativas Preliminares têm um papel importante no programa de incentivo salarial. Elas são planejadas para serem usadas até que possa ser estabelecido o padrão de trabalho para a nova operação, ou quando estão sendo introduzidas modificações substanciais em operações existentes e, em modificações de tempos não podem ser aplicadas. A E.P. providencia ao operador a oportunidade de obter melhores salários, e, normalmente, o resultado é uma produção maior do que aquela que seria obtida se o operador ganhasse por hora. Para obter estas vantagens, é necessário que a E.P. seja estabelecida antes do operador ser designado para a tarefa. Para a maioria das operações a E.P. pode ser estabelecida antes do início da produção se o engenheiro de produção obtiver informações sobre as condições do trabalho e sejam conhecidos os avanços, as velocidades, e os tempos dos ciclos de usinagem. A E.P. surgiu como um método temporário de incentivo salarial e deveria ser substituído pelo padrão de trabalho dentro de 40 horas do início da operação ou no menor tempo possível.

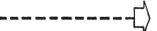

Estudo de movimentos e de tempos

A maior responsabilidade que um supervisor de produção tem na aplicação do incentivo salarial, é verificar que os próprios operadores não sejam remunerados pelo uso de padrões incorretos para a tarefa devido a modificações no método manual ou às condições de trabalho. É necessário lembrar que esta responsabilidade exige que sejam frequentemente controladas tôdas as operações para poder determinar se continuam exatamente as mesmas como quando foram introduzidas. Se este não for o caso, é necessário comunicar imediatamente ao Departamento de Engenharia de Produção tôdas as modificações para permitir a revisão e correção do padrão.

4 COMUNICAÇÃO COM OS EMPREGADOS

Freqüentemente, muitos dos problemas encontrados na aplicação dos incentivos salariais, são o resultado de equívocos entre os empregados, supervisores e engenheiros de produção. Estes equívocos poderiam ter sido eliminados usando melhores comunicações. Empregados que trabalham com os incentivos salariais, deveriam saber como os padrões de trabalho são estabelecidos e como o plano de incentivo salarial opera. Naturalmente, eles se dirigem aos seus supervisores para obter estas informações. Às vêzes, devido às implicações técnicas de suas perguntas, será necessário pedir a assistência do engenheiro de produção para fornecer a resposta. Qualquer que seja a pergunta, é importante providenciar aos empregados que trabalham na base de incentivo salarial, as respostas a todas as perguntas pertinentes que forem feitas a respeito do próprio incentivo salarial. Se este sistema for adotado, muitos dos chamados "mistérios" sôbre o incentivo salarial, e muitos dos problemas, poderão ser eliminados.

O Estudo da Atitude do Empregado, levado a têrmo pela Universidade de Michigan mostrou conclusivamente que, os empregados ficaram bastante satisfeitos com o sistema de incentivos, quando verificaram que seus supervisores estavam aptos a explicar os incentivos salariais e as razões das modificações introduzidas nos seus serviços e que poderiam afetar seus empregos. É importante para o empregado que seu encarregado mantenha um sistema eficiente de comunicação.

É também importante que não se dê, através de comentários descuidados, aos empregados, uma impressão errada dos incentivos salariais. Por exemplo, se alguém disser a um empregado, ou se for dada a impressão que acredita-se que o padrão é "apertado demais", está-se fornecendo uma conclusão generalizada de pouco significado que, porém, poderá ser interpretada como crítica do programa de incentivos da Companhia. Toda e qualquer crítica generalizada poderá facilmente levar os empregados a crer num tratamento parcial. Acreditamos, porém, que críticas específicas a respeito dos padrões de trabalho possam ser proveitosas. Se, por exemplo, alguém disser "Este padrão não prevê um aumento no tempo do ciclo da máquina e deverá ser verificado quanto à necessidade da sua modiifcação", esta pessoa estará perfeitamente enquadrada na responsabilidade de manter o contrôle dos padrões. É necessário lembrar que, observações generalizadas e negativas serão criticadas, porém, cada um cumprirá o seu dever se a crítica fôr construtiva e tiver a intenção de corrigir um erro específico.

5 APLICAÇÃO DO ACORDO SALARIAL

As cláusulas de incentivo contidas no Acôrdo Salarial, proporcionam ao empregado, a certeza de um tratamento justo na aplicação e determinação do programa de Incentivo Salarial. Providencia também as condições necessárias para um plano sadio de incentivo salarial que continuará a fornecer suas muitas vantagens aos empregados, aos nossos clientes e à nossa Companhia. O conhecimento e a aplicação correta destas exigências contratuais poderão ter grande efeito no sucesso contínuo do Plano Maytag de Incentivo Salarial.

Problemas

CAPÍTULO 1

1. Definir o estudo de movimentos e de tempos de acordo com (a) Taylor, (b) Gilbreth e (c) Farmer[1].

2. Explicar o significado da frase "método mais econômico de se executar o trabalho".

3. A função de estudo de movimentos e de tempos é freqüentemente uma parte do departamento de engenharia de produção. Desenhar um organograma de uma empresa típica, de dimensões médias, e mostrar a localização do departamento de engenharia de produção na organização[2].

4. Citar duas "ferramentas" do campo do estudo de movimentos e de tempos que, em sua opinião, mais se aproximam das especificações do Lord Kelvin encontradas no comentário seguinte. Dar as razões para a sua escolha.

"Eu, freqüentemente, digo que, quando se pode medir o que se está discutindo e expressá-lo em números, sabe-se algo sobre o assunto; mas, quando a medida não puder ser efetuada, quando o resultado não puder ser expresso em números, seu conhecimento é insatisfatório; pode ser o início do conhecimento, mas não se terá passado ao estágio de ciência, qualquer que seja o assunto".

5. O campo do estudo de movimentos e de tempos tem mudado nos últimos 25 anos. Descrever algumas das mudanças que tiveram lugar durante esse período.

CAPÍTULO 2

6. Após ter lido *Scientific Management* de Frederick W. Taylor, fazer um sumário da vida de Taylor[3].

7. Comparar o conceito do estudo de movimentos e de tempos com o conceito de Taylor.

8. Sumariar as investigações de Taylor sobre (a) manuseio de lingotes, (b) corte de metais, (c) trabalho com pá.

9. Sumariar a vida de Frank B. Gilbreth.

10. Sumariar as investigações de Gilbreth sobre (a) assentamento de tijolos, (b) trabalhos na New England Butt Company[4], (c) trabalho para os incapacitados[5].

[1]Eric Farmer, Time and Motion Study. Industrial Fadigue Research Board, *Relatório* 14, H. M. Stationery Office, Londres, 1921. Veja também C. S. Myers, *Industrial Psychology in Great Britain.* Jonathan Cape, Londres, 1926; M. S. Viteles, Industrial Psychology. W. W. Norton and Co., New York, 1932

[2]National Industrial Conference Board, Industrial Engineering Organization and Practices. *Studies in Business Policy,* n.° **78, New York,** 1956

[3]Frederick W. **Taylor,** *Scientific Management.* Harper and Brothers, New York, 1947

[4]John G. Aldrich, **The Present State of the** Art of Industrial Management. Discussão, *Transactions of the ASME,* Vol. 34, 1912, pp. 1 182-87

[5]F. B. e L. M. Gilbreth, *Motion Study for the Handicapped.* George Routledge & Sons, Londres, 1920

Estudo de movimentos e de tempos **589**

11. Mencionar as principais críticas ao estudo de movimentos e de tempos[6] e comentar cada crítica baseando-se nas melhores práticas correntes.

12. Discutir o desenvolvimento do campo da engenharia de produção. Descrever algumas mudanças nesse campo que, provavelmente, ocorrerão com o aumento crescente do uso da matemática, estatística e equipamento eletrônico para processamento de dados.

13. Mencionar algumas das atividades cuja administração é de direta responsabilidade do departamento de engenharia de produção[7].

14. A que pessoa, na organização, é subordinado o chefe do departamento de engenharia de produção[7]?

CAPÍTULO 3

15. Prepare uma lista de todas as maneiras possíveis de se manterem unidas duas folhas de papel de 20×27 cm.

16. Quais são as exigências essenciais para que uma sessão de livre debate seja bem sucedida?

17. Formular qualquer um dos seguintes problemas: (*a*) cultivar e preparar tabaco, (*b*) proteger sua casa contra incêndio, (*c*) desenhar a forma de um telefone de mesa, isto é, monofone, disco, campainha e equipamento auxiliar, tudo reunido numa só unidade. Equacionando o problema, incluir no projeto tudo o que conhecer, o que desconhecer e o que desejar no mesmo.

18. Estudar um plano para cuidar do gramado de sua casa. Nisso inclua: preparar o solo, plantar, aguar, adubar, cortar a grama e retirar a grama cortada.

19. Discutir a seguinte afirmação de Niccolo Machiavelli: "Nada existe de mais difícil do que se encarregar, mais perigoso de dirigir ou mais incerto no seu sucesso do que chefiar a introdução de uma nova ordem de coisas".

CAPÍTULO 4

20. Que fatores afetam a extensão com a qual o estudo de movimentos e de tempos pode ser usado proveitosamente?

21. Indicar a profundidade de uma investigação no estudo de movimentos e de tempos para um departamento de uma fábrica com a qual o leitor seja familiar.

22. Explicar a "lei dos rendimentos decrescentes" com relação à elaboração dada a um programa no estudo de movimentos e de tempos em uma fábrica.

23. Obter informação referente à instalação efetiva de qualquer equipamento de produção. Determinar o número de anos necessários para que as economias em custo de operação paguem pelo custo inicial do equipamento. Calcular também o retorno, em porcentagem por ano, sobre o investimento.

CAPÍTULOS 5, 6 e 7

24. Determinar as especificações, projetar um carretel para enrolar 30 m de filme de 16 mm. Definir o processo de produção deste produto. Supor um volume de produção, para

[6]William Gomberg, *A Trade Union Analysis of Time Study.* 2.ª ed., Prentice-Hall, Englewood Cliffs, N.J., 1955; R. F. Hoxie, *Scientific Management and Labor.* D. Appleton & Company, New York, 1915; Ralph Presgrave, *The Dynamics of Time Study.* McGraw-Hill Book Co., New York, 1945; Richard S. Uhrbrock, *A Psychologist Looks at Wage Incentive Methods.* American Management Association, New York, 1935

[7]Ralph M. Barnes e J. L. McKenney, *Industrial Engineering Survey.* University of California, Los Angeles, 1957

os próximos 5 anos, de 500 000 peças de cada, de A e B abaixo. O projeto, a experiência do equipamento e os métodos de produção deverão ser desenvolvidos num período de apenas seis meses.

A. *Carretel para filme virgem* (Fig. 361)

A distância entre os dois flanges deve ser mantida dentro das tolerâncias especificadas. Se a distância entre os flanges for pequena demais, o filme será danificado quando enrolado no carretel. Se a distância for grande demais, a luz poderá filtrar entre as bordas do filme e os flanges e destruir o filme. As especificações deveriam incluir espessura e diâmetro dos flanges e do cano, dimensões dos furos quadrados e redondos e o tipo e qualidade da camada de verniz que recobre os flanges e o cano. Naturalmente, o diâmetro externo do carretel deverá permitir o encaixe do mesmo no filmador.

Figura 361. Partes que compõem um carretel para filme virgem

Figura 362. Partes que compõem um carretel para filme processado

B. *Carretel para filme processado* (Fig. 362)

Este carretel servirá para conter o filme processado, para protegê-lo e para permitir a sua projeção no projetor.

25. Sugerir mudanças que poderiam ser feitas e que reduziriam o tempo e o esforço necessário na preparação para molhar o jardim (Figs. 23 e 24). Fazer um gráfico do fluxo do processo e um mapofluxograma do seu método proposto.

26. Construir um gráfico do fluxo do processo e um mapofluxograma para um dentista executando atividade que requeira o uso do laboratório, bem como trabalho com o paciente na cadeira.

27. Você é voluntário para ajudar um clube de garotos a fazer 5 000 caixas de madeira (Fig. 363) e enchê-las com confeitos. Estas caixas serão vendidas em uma quermesse como um meio para levantar dinheiro. Os lados, frente e fundo da caixa serão feitos em madeira compensada de 0,5 cm, e a tampa será de pinho branco. A tampa é articulada ao corpo da caixa por intermédio de uma fita adesiva. A caixa não será pintada nem terá acabamento algum. Desenvolver o método mais econômico para cada operação e projetar os dispositivos e gabaritos necessários para produzir cada peça e para montar e encher a caixa com pequenos feijões doces. Construir um gráfico do fluxo do processo e um mapofluxograma.

28. Construir um gráfico do fluxo do processo e um mapofluxograma das atividades seguintes:

Estudo de movimentos e de tempos

(a) Escrever uma carta e colocá-la no correio.
(b) Fazer um sanduíche de queijo.
(c) Fazer uma pequena engrenagem a partir de 1 *blank*.
(d) Vestir-se, tomar o café da manhã e sair de casa.
(e) Lavar uma cesta de roupas em uma lavanderia comercial ou doméstica.

29. Melhorar os métodos escolhidos para o problema 28 (a), (b), (c), (d) e (e), construindo um gráfico do fluxo do processo e um mapofluxograma do novo método.

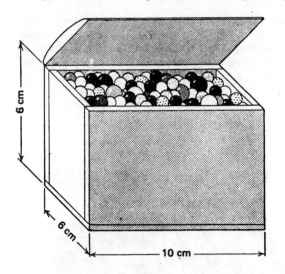

Figura 363. Caixa com confeitos

Figura 364. Torrador elétrico

CAPÍTULO 8

30. Fazer um gráfico homem-máquina mostrando um homem (ou operador) operando dois tornos semi-automáticos. O ciclo consiste em *carregar a máquina*, 1/2 min; *tempo-máquina*, 1 min (máquina para no fim do corte); *descarregar a máquina*, 1/4 min. As duas máquinas são semelhantes, e cada uma completa a operação de usinagem parando automaticamente.

O gráfico homem-máquina deve mostrar o operador dando início à máquina pela manhã, com ambas as máquinas paradas, e continua até que cada máquina tenha completado dois ciclos, isto é, até que tenham sido usinadas duas peças em cada máquina. O gráfico homem-máquina deve ter uma coluna para o homem e uma coluna para cada máquina.

31. O torrador elétrico da Fig. 364 é operado manualmente, sendo cada lado independente do outro. Uma mola mantém fechados os lados do torrador, e cada um deles deve ser mantido aberto a fim de se colocar o pão. Que método seria recomendado para se obter a melhor utilização do equipamento quando fossem torradas três fatias de pão, isto é, o método que fornecesse tempo global menor; supor que o torrador está quente e pronto para torrar o pão.

A seguir são fornecidos os tempos elementares necessários para a execução do gráfico. Supor que as duas mãos possam executar suas tarefas com a mesma eficiência.

Colocar a fatia de pão em um dos lados do torrador 3 s.
Torrar um dos lados do pão 30 s.

Girar a fatia de pão em qualquer um dos lados do torrador 1 s.
Remover a torrada de qualquer um dos lados do torrador 3 s.

Fazer um gráfico homem-máquina para esta operação.

32. Fazer um gráfico homem-máquina para a tarefa de lavar um cesto de roupas em uma lavanderia comercial ou doméstica.

33. Fazer um gráfico homem-máquina de (*a*) um operador cortando peças de 1/2" de uma barra de aço de 1" com uma serra mecânica; (*b*) uma pessoa operando duas serras semelhantes à descrita no item (*a*).

34. Anualmente, produzem-se 100 000 passadores de 1,27 cm × 4,31 cm usados em motores de avião. Estes passadores precisam ser usinados com precisão, e, depois da operação de rosquear, todas as rebarbas, têm que ser removidas. Atualmente, isto é feito polindo-se cada extremidade do passador, rodando-o com a mão contra um rebolo, como se vê na Fig. 365. Desenvolver um método melhor para executar esta operação.

Figura 365. Polindo passadores para motores de avião (método antigo)

35. Ripas de madeira com seção retangular de 2 × 9 cm e comprimento de 5 m recebem uma mão de tinta branca usando-se o seguinte método: as ripas são trazidas ao departamento de pintura em carro especial; o operador coloca três ripas em uma mesa e, usando uma pistola, movimenta-se três vezes, pulverizando uma ripa de cada vez. Após isso, vira as ripas 180° e pulveriza o outro lado, fazendo três viagens adicionais. A ripa é colocada nas prateleiras do carrinho, onde permanece até secar. Desenvolver um método melhor para pintura das ripas. Há volume suficiente para manter um homem ocupado em tempo integral nessa tarefa, usando o método atual.

CAPÍTULO 9

36. Fazer um gráfico de operações das seguintes tarefas:

(a) Encher uma caneta-tinteiro.
(b) Furar a margem de uma folha de papel com o auxílio de um furador de três furos.
(c) Prender a peça na placa de um torno mecânico.
(d) Furar a extremidade de uma barra de aço de seção quadrada.
(e) Montar mola para geladeira (Fig. 366).

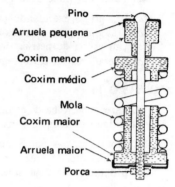

Figura 366. Montagem de mola para geladeira

37. Fazer uma lista dos movimentos das mãos direita e esquerda usados na abertura de uma garrafa com abridor do tipo convencional. A mão esquerda aproxima-se da mesa, pega a garrafa, transporta-a para a borda da mesa em posição conveniente para abrir. A mão direita, que já estava segurando o abridor, desloca-o para a tampa e a remove, abrindo a garrafa.

38. Desenvolver um método melhor para montagem de braçadeiras (pág. 88). Supor que há produção suficiente para manter dois operadores empregados nesta tarefa 40 h/semana durante o próximo ano. Fazer um gráfico de operações para o método proposto.

CAPÍTULOS 10 e 11

39. Por que, nos últimos anos, tem aumentado consideravelmente o uso do estudo de micromovimentos?

40. Os Gilbreth tiraram filmes a velocidades maiores do que 2 000 quadros/min e a velocidades da ordem de 1 quadro/10 min. Onde seria desejável filmar a estas velocidades extremas?

41. Ilustrar cada um dos 17 therbligs com o auxílio de uma operação que lhe seja familiar.

CAPÍTULO 12

42. Examinar três marcas diferentes de máquinas de filmar e projetores, levando em conta características importantes de cada um deles para o uso em estudo de movimentos, estudo *memomotion* e estudo de micromovimentos.

43. Explicar a relação entre "velocidade" e "abertura do foco" da máquina.

44. Descrever uma lente grande ocular e uma teleobjetiva, apresentando as circunstâncias sob as quais cada uma delas pode ser usada.

45. Algumas máquinas de filmar são equipadas com obturador variável. Descrever como funciona este obturador e indicar as condições sob as quais é desejável se ter uma máquina de filmar equipada com obturador variável.

46. Descrever o uso de um fotômetro.

594   *Ralph M. Barnes*

CAPÍTULO 13

47. Fazer um filme à velocidade normal de:

(*a*) Fazer um furo de 1/4″ na extremidade de um pequeno eixo de aço.
(*b*) Pegar uma caneta e escrever.
(*c*) Colocar uma carta em um envelope e selá-la.
(*d*) Grampear dois cartões de 9 × 15 cm.

48. Fazer um filme a 50 quadros/min das seguintes atividades:

(*a*) Um grupo executando uma concretagem.
(*b*) Três ou quatro homens assentando tijolos.
(*c*) Um grupo de pessoas tapando buracos na rua.
(*d*) Operadores na caixa registradora de um supermercado.

CAPÍTULO 14

49. Fazer uma folha de análise das seguintes operações. Incluir os therbligs para as duas mãos, omitindo os tempos correspondentes.

(*a*) Montagem das partes de uma esferográfica.
(*b*) Enchimento de uma caneta-tinteiro.
(*c*) Montagem de uma lapiseira.

50. Analisar o filme das operações do problema 47 e registrar os dados em uma folha de análise semelhante à apresentada na Fig. 100.

51. Fazer um gráfico simo das operações apresentadas no problema 47. Usar impresso semelhante ao da Fig. 101.

CAPÍTULO 15

52. Fazer um estudo de três métodos diferentes para intercalar conjuntos de oito páginas de papel de 20 × 27 cm.

53. Determinar o tempo necessário para encher as tábuas perfuradas da Fig. 87 nas duas condições seguintes: (*a*) pinos, com a parte em forma de bala para baixo, são colocados nos furos biselados da tábua, usando movimentos simultâneos das duas mãos; (*b*) os pinos, com a extremidade quadrada para baixo, são colocados em furos sem bisel, usando movimentos simultâneos das duas mãos.

54. Estudar um operador de pistola para pintar e determinar a porcentagem de tempo na qual ele pulveriza o objeto sendo pintado e a porcentagem de tempo em que a pistola está pulverizando o ar.

55. Descrever equipamento que possa ser usado para medir a duração de movimentos fundamentais da mão com finalidade de pesquisa.

CAPÍTULO 16

56. Especificar detalhadamente o processo que deveria ser usado para desenhar o assento dianteiro de um automóvel para providenciar o maior conforto possível (especialmente para o motorista) em viagens longas.

57. Projetar o ideal (*a*) despertador, (*b*) abridor de latas, (*c*) saca-rolhas, ou (*d*) painel de controle de um elevador automático de passageiros.

58. Estudar o projeto dos controles operacionais e a estética de qualquer um dos seguintes produtos: (*a*) rádio-despertador, (*b*) cortador de grama motorizado, (*c*) barco a motor, (*d*)

Estudo de movimentos e de tempos 595

misturador de cimento, ou (*e*) aparelho de televisão. Preparar um relatório escrito sobre as vantagens e desvantagens do projeto e recomendar melhorias.

59. Planejar uma experiência para avaliação dos dois diferentes métodos de enchimento da **tá**bua perfurada, conforme descrição **contida** na pág. 116. Admitir que esta é **uma operação** regular executada pelos operários de uma fábrica.

CAPÍTULOS 17, 18 e 19

Determinar o método mais econômico para executar as operações descritas a seguir. Preparar uma folha de instruções para o método proposto, mostrando os movimentos das duas mãos. Incluir o arranjo físico do local de trabalho.

60. Um produtor de utensílios eletrodomésticos recebeu uma ordem para 50 000 tomadas para prender o cordão a um ferro elétrico. Os plugues serão expedidos em quantidades iguais de 2 000 por dia. Determinar o método mais econômico de se proceder à montagem final desta unidade.

61. A Miller Refrigerator Company recebeu uma ordem para 100 000 molas semelhantes à apresentada na Fig. 366. Determinar um método mais econômico para a montagem das peças.

62. Um produtor de armários usa diversos conjuntos compostos de parafuso para madeira com cabeça redonda e de duas arruelas (Fig. 367) na montagem final de um de seus produtos. As ordens mostram que, durante os próximos seis meses, serão necessários 100 000 destes conjuntos por mês. Nesta base (um total de 600 000 conjuntos de parafuso e arruelas), determinar o método mais econômico de se proceder à montagem.

Figura 367. Montagem de parafuso para madeira e arruelas. A, *parafuso para madeira*, 3/16" × 2 1/4"; B, *arruela de aço, diâmetro externo*, 1/2", *diâmetro do furo*, 7/32", *espessura*, 1/16"; C, *arruela de fibra;* D, *ponta do parafuso recoberta com cera de abelha, por* 1"

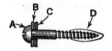

63. Pretende-se produzir um total de 5 000 brinquedos semelhantes ao apresentado na Fig. 368 usando-se ferramentas comuns para trabalhos em madeira. As partes são montadas forçando-se o pino central nas duas peças do corpo. O atrito mantém as partes juntas. Determinar o método, projetar os dispositivos e gabaritos necessários, fazer a folha de operações para a produção e montagem das três partes seguintes.

(*a*) Pino central — parte n.° 100: material, tarugo de 0,6 cm com 10 cm de comprimento.

(*b*) Peça menor do corpo — parte n.° 105: material, tarugo de 3 cm com 90 cm de comprimento; cada peça deve possuir furo central de 0,07 cm.

(*c*) Peça maior do corpo — parte n.° 110: material, pau para toldo 2 3/8" com comprimento de 2,40 m; cada peça deverá ter furo central de 0,07 cm.

64. Recebeu-se uma ordem para 10 000 navios de brinquedo semelhantes ao apresentado na Fig. 369. Estes navios deverão ser feitos em madeira e entregues sem qualquer pintura ou acabamento.

(*a*) Projetar os dispositivos e os gabaritos necessários para a produção das três partes e para a montagem do conjunto. Supor que há disponibilidade das ferramentas usuais mecânicas para trabalhos em madeira. Executa-se a montagem forçando-se o tarugo (chaminé) através do furo na cabine até penetrar no casco. As partes são mantidas juntas por atrito. O material para a chaminé será suprido em tarugos com 1,2 cm de diâmetro e comprimento de 90 cm; ripas de pinho para cabine, de 1,8 × 1,8 × 24 cm de comprimento: e ripas de pinho para o casco, 1,8 × 6,6 × 24 cm de comprimento. As superfícies expostas de todas as partes devem ser lixadas, e todos os cantos vivos também devem ser levemente lixados.

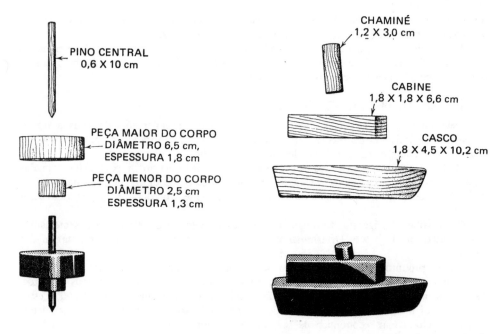

Figura 368. Peças e conjunto de um pião

Figura 369. Peças e conjunto de um navio de brinquedo

(b) Construir uma folha de operações para a produção de cada uma das três partes do navio de brinquedo e para a montagem das partes.

(c) Construir os dispositivos e os gabaritos projetados em (a).

(d) Através de estudo de tempos, determinar o tempo-padrão para cada operação e calcular o custo de mão-de-obra direta da fabricação do navio de brinquedo, usando a razão horária média para este tipo de trabalho.

(e) Determinar o custo total de fabricação do navio de brinquedo usando o custo da mão-de-obra obtido em (d). Os custos dos materiais são os seguintes: tarugo de 1,2 cm com 30 cm de comprimento, Cr$ 0,15; ripa de pinho de 1,8 × 1,8 cm com 30 cm de comprimento a Cr$ 0,90; e ripa de 1,8 × 6,6 cm com 30 cm de comprimento a Cr$ 2,55. Os custos indiretos de fabricação são de 100% do custo da mão-de-obra direta.

65. Atualmente, recipientes de vidro vazios que devem ser enchidos com picles são colocados em um pequeno transportador de correia e passam através de uma máquina que, automaticamente, coloca a quantidade certa de vinagre em cada vidro. Após isto, os vidros passam em frente do primeiro grupo de dois operadores, que adicionam, com uma colher-medida, cebola picada que se encontra em um depósito localizado diretamente a sua frente. Os vidros parcialmente cheios passam em frente de um segundo grupo de dois operadores, que adicionam os temperos. Estes operadores trabalham com ambas as mãos e adicionam os temperos em dois vidros de cada vez. Os vidros passam por uma máquina automática, onde se coloca o picles e procede-se à selagem. Supor que há trabalho suficiente para manter duas linhas de dois operadores trabalhando continuamente por seis meses durante o ano, 8 h/dia, 5 dias/semana. Desenvolver um método melhor para adicionar cebola picada e temperos aos vidros a serem enchidos com picles.

Estudo de movimentos e de tempos **597**

66. A liga de zinco é fundida em barras, pesando aproximadamente 6 kg cada. Oitenta e oito destas barras são empilhadas em uma plataforma e presas por uma fita de aço para serem entregues ao comprador. Estas barras são usadas principalmente na fabricação de matrizes. O comprador devolve as plataformas vazias ao produtor. Estabelecer um método que elimine a necessidade das plataformas.

67. Fazer um gráfico simo para os olhos e para as mãos da operação filmada no problema 47

CAPÍTULO 20

68. Visitar uma fábrica ou escritório, onde tenha sido instalado equipamento automático ou semi-automático durante os últimos dois anos. Obter dados relativos aos seguintes itens: (*a*) melhorias executadas na parte manual da operação antes da introdução do equipamento mecanizado; (*b*) o número de tipos diferentes de equipamentos que foi considerado antes de se fazer a compra; (*c*) o método de avaliação da (1) produção, (2) custo unitário do produto, (3) custo da manutenção do equipamento e (4) custo de obsolescência ou depreciação do equipamento; (*d*) a espécie de informação dada aos empregados antes, durante e depois da instalação do equipamento, e a maneira pela qual esta informação foi transmitida, e, se o equipamento tiver sido instalado a tempo suficiente, determinar o efeito imediato e o efeito a longo prazo da introdução de equipamento novo sobre o nível de emprego no departamento e na fábrica.

69. Obter informações sobre uma operação específica de alguma empresa, mostrando as relações entre (*a*) produção por homem-hora, (*b*) razão horária básica para o trabalhador nessa operação e (*c*) custo unitário de mão-de-obra para operação em intervalos durante os últimos 25 ou 50 anos. Determinar, na medida do possível, se as mudanças observadas foram resultantes de mecanização.

CAPÍTULO 21

70. Preparar um registro do método padronizado para os problemas 60, 61 e 62.

71. A fábrica de uma indústria norte-americana em Londres está prestes a iniciar a produção de caixas metálicas semelhantes à apresentada na Fig. 73. O gerente da fábrica em Londres solicitou uma descrição do método usado pela matriz. (*a*) Descrever a informação essencial que deveria ser incluída em um filme da operação de cortar e repuxar, necessária para a produção desta lata; (*b*) preparar dados suplementares descritos que deveriam acompanhar o filme.

CAPÍTULO 22

72. Citar os argumentos que freqüentemente são apresentados em favor do salário fixo, em vez de incentivo salarial, como forma de pagamento para operários de uma fábrica.

73. Descrever as diversas formas pelas quais uma indústria pode se beneficiar com um bom sistema de incentivo salarial aplicado à mão-de-obra direta. A indústria é bem administrada e emprega aproximadamente 1 500 pessoas de mão-de-obra direta. A maioria das operações tem ciclo curto, é repetitiva e controlada pelo operador.

74. Entrevistar cinco pessoas conhecidas que trabalham em uma fábrica ou escritório. Analisar os seus comentários com relação ao estudo de movimentos e de tempos.

75. Você é o mestre do departamento de montagem de uma fábrica que produz utensílios eletrodomésticos. Um programa de estudos de movimentos e de tempos tem sido aplicado com sucesso em seu departamento já há 2 anos. Um de seus melhores empregados pergunta-lhe

598   *Ralph M. Barnes*

se os resultados deste trabalho não significarão menos emprego e menos trabalho para os empregados da fábrica. Como você responderia a esta pergunta?

76. Cinqüenta pessoas são empregadas, por um departamento, em operações manuais de ciclo curto de diversas espécies. Usa-se um plano individual de incentivo salarial e não há restrições quanto à produção; 30% dos operadores nesse departamento têm regularmente nível de produção de 175 a 200% (100% = produção normal). O superintendente sugere que estes valores são causados por padrões incorretos.

(*a*) Citar três outros fatores que podem causar um nível elevado de produção deste grupo. Discutir cada um deles em detalhes.

(*b*) Que procedimento poderia ser usado para determinar se os tempos-padrão estão incorretos?

77. O gerente de uma fábrica de implementos agrícolas que emprega 150 operários de fábrica declarou recentemente: "nós queremos que os nossos empregados sintam que pertencem ao grupo da indústria. Atualmente, nós encorajamos que cada trabalhador determine os próprios métodos de trabalho e, agora, estamos encorajando os grupos (empregados de um departamento) a rearranjar o equipamento do departamento e a alterar outros detalhes no trabalho, da forma que mais lhes convenha, com o objetivo de dar aos operários participação real na operação da fábrica".

(*a*) Discutir as vantagens e desvantagens, para a administração e para os operários, de um plano no qual os trabalhadores tomam conta de suas tarefas em comparação a um plano em que especialistas treinados (pessoal de assessoria) desempenham a parte maior no "desenvolvimento das tarefas". Apresentar ponto de vista próprio ao responder a esta pergunta.

(*b*) De seu conhecimento de F. W. Taylor, como você pensa que ele responderia a essa pergunta?

CAPÍTULOS 23, 24, 25 e 26

Executar uma cronometragem das operações seguintes. Usar método da "média" para selecionar tempo e incluir as tolerâncias adequadas; fazer uma folha de instruções para a operação.

78. Montar as partes de algum artigo pequeno como, por exemplo, um plugue para ferro elétrico.

79. Furar uma pequena peça presa a um dispositivo.

80. Tornear uma peça em um torno.

81. Fresar uma peça presa à mesa.

82. Cronometrar dez ciclos de uma das operações precedentes. Usando a Tab. 14, determinar o número necessário de leituras para cada elemento do estudo de tempos. Usar erro relativo de ± 5% e nível de confiança de 95%.

83. Cronometrar 32 ciclos da operação anterior. Usando as curvas da Fig. 222, determinar o número necessário de leituras para cada elemento.

84. Do ábaco da Fig. 225, determinar o número de leituras necessárias para cada elemento do estudo referido no problema 83.

85. Fazer um gráfico de controle para cada elemento do estudo referido no problema 83.

86. O estudo de tempos apresentado a seguir foi feito na operação "montar e rebitar os flanges ao cilindro de um carretel metálico". A operação consiste dos dois elementos seguintes:

Elemento 1 — Montar flanges ao cilindro. Pegar o cilindro com a mão direita e o flange com a mão esquerda. Posicionar o cilindro com relação ao flange e colocar o conjunto sobre um pino no dispositivo. Pegar o segundo flange e posicioná-lo no cilindro com as duas mãos.

Estudo de movimentos e de tempos

Remover o conjunto e colocá-lo sobre a mesa giratória.

0,14	0,15	0,14	0,20*	0,15	0,20	0,18	0,17	0,19	0,18	0,14	0,17
0,19	0,13	0,15	0,17	0,17	0,19*	0,14	0,17	0,18	0,16	0,14	0,16
0,13	0,19	0,14	0,13	0,14	0,17	0,12	0,13	0,14	0,18*	0,14	

*Flange preso.

Elemento 2 — Rebitar. Aproximar a mão direita do carretel sobre a mesa giratória, enquanto que a mão esquerda remove o carretel e o coloca em uma rampa. Pegar o carretel com a mão direita e transportá-lo para a esquerda. Agarrá-lo com a esquerda. Posicioná-lo no martelo com as duas mãos e rebitar com uma rebitadeira controlada a pedal.

0,09	0,06	0,06	0,06	0,05	0,07	0,06	0,09	0,07	0,07	0,06	0,07
0,07	0,07	0,07	0,08	0,07	0,07	0,07	0,07	0,07	0,07	0,07	0,06
0,06	0,07	0,06	0,07	0,06	0,07	0,07	0,07				

Usar o ábaco da Fig. 225 para determinar o número necessário de observações para cada elemento deste estudo — erro relativo máximo tolerável, ± 5%, nível de confiança, 95%.

87. Fazer uma tábua perfurada e pinos de acordo com o desenho apresentado na Fig. 370 e executar a experiência descrita a seguir:

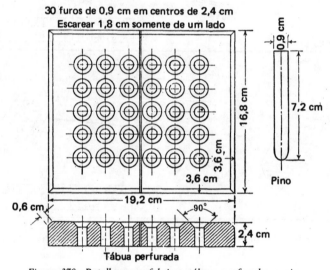

Figura 370. Detalhe para fabricar tábuas perfuradas e pinos

(*a*) Determinar o tempo necessário para colocar pinos nos trinta furos da tábua em cada uma das condições indicadas na Fig. 371. Cronometrar cinco ciclos consecutivos e tirar a média.

(*b*) Determinar o número de tábuas que poderia ser preenchido em um dia de 8 h sob cada uma das três condições. Supor que o operador poderia manter o ritmo usado na experiência e que não existissem permissões para fadiga ou esperas.

(*c*) Calcular, em porcentagem, quanto tempo a mais é necessário para encher a tábua sob a condição *B* relativamente à *A*; sob a condição *C* relativamente à *A*.

(*d*) Calcular a distância total, em metros, que as duas mãos teriam que percorrer enchendo 1 000 tábuas perfuradas, sob cada uma das três condições.

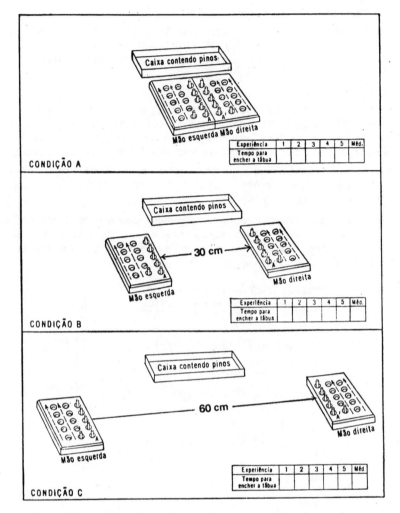

Figura 371. Disposições do local de trabalho para estudo da colocação de pinos

(*e*) Calcular, em porcentagem, quanto as mãos teriam que percorrer a mais sob a condição *B* relativamente à condição *A*; sob a condição *C* relativamente à condição *A*.

88. Fazer um estudo de três ou mais caixas (de pagamento) em supermercados de seu conhecimento. Decida qual seria o número de itens "padrão" ou "médio" para as compras. Para um dos diferentes tipos, estudar os seguintes itens: (1) separar, (2) registrar, (3) receber o dinheiro, (4) dar o troco, (5) posicionar o saco de papel, (6) colocar mercadorias no saco e (7) outros trabalhos.

(*a*) Determinar a produção, em ordens por hora, para uma pessoa trabalhando na caixa e idem para duas e três pessoas.

(*b*) Usando a razão horária média para este tipo de serviço, determinar o custo médio, em centavos, por ordem para cada uma das condições em (*a*).

Estudo de movimentos e de tempos

89. Construir uma curva de distribuição de estaturas para um grupo típico de homens. Usar o "número de homens" em cada intervalo de altura como ordenada e "altura em cm" (em grupos de 2,5 cm como abscissa).

Altura, em cm	Número de homens	Altura, em cm	Número de homens
147,5	1	172,5	141
150,0	3	175,0	118
152,5	5	177,5	90
155,0	11	180,0	58
157,5	22	182,5	30
160,0	41	185,0	15
162,5	69	187,5	6
165,0	103	190,0	3
167,5	133	192,5	1
170,0	150		

90. Determinar a velocidade de andar para homens e mulheres. Medir 15 m em uma calçada plana. De um ponto, onde se possa ver claramente os 15 m da calçada, determinar, com um cronômetro de minuto decimal, o tempo necessário para que as pessoas percorram esta distância.

Os dados devem ser obtidos para pessoas caminhando sozinhas e não em grupos. Fazer as seguintes classificações nos dados: em primeiro lugar, homens e mulheres; em segundo lugar, três grupos de idade — 15 a 18, 18 a 50, 50 a 70; para cada um desses grupos, subdividir as pessoas de acordo com a altura — baixo, médio e alto. Os dados podem ser registrados no impresso apresentado na Fig. 372.

Homem ☐	Mulher ☐	Local		Data		Temperatura		Umidade
Idade:15 a 18 anos			Idade: 18 a 50 anos			Idade:50 a 70 anos		
Baixo	Médio	Alto	Baixo	Médio	Alto	Baixo	Médio	Alto

Figura 372. Folha de dados para o problema 90

91. Fazer um estudo de tempos, por 8 h, de um faxineiro, preparador, movimentador de materiais ou outra pessoa de mão-de-obra indireta.

92. A Merit Toy Company instalou uma mesa giratória mecânica em sua lixadeira de bancada no dia 20 de julho. Esta mesa se destinava a tornar possível ao operador lixar 90 cascos de navios de brinquedo por hora, em vez dos 60 usando o método manual antigo (veja problema 64). Este acessório consistia de um prato acionado por motor elétrico, girando com velocidade de 1 rpm. O prato tem 48 cm de diâmetro, possuindo três cavidades que prendem o casco do navio. No dia 25 de julho, entrou em efeito um novo tempo-padrão para a operação.

602 — Ralph M. Barnes

Método antigo. Anteriormente, o operador lixava os dois lados e a popa do casco na lixadeira de disco, e os cantos vivos, tanto da parte superior quanto da parte inferior do casco, na lixadeira de fita.

Método melhorado. O mestre teve a idéia de usar um acessório em forma de prato e solicitou ao mecânico que construísse e instalasse esse acessório na lixadeira. O operador agora senta-se ao lado da lixadeira, removendo e colocando um casco de navio na cavidade do prato, enquanto este gira a sua frente. Visto que o casco é lixado em um lado de cada vez, ele precisa ser girado 180° depois de pronto o primeiro lado. Dois pequenos lixadores auxiliares acionados a motor (furadeira manual com acessório rotativo para lixar) estão montados acima e abaixo do prato. Estas duas lixas removem os cantos vivos no topo e no fundo do casco, depois que este ultrapassa a lixadeira de disco. O operador ainda precisa lixar a popa e quebrar os cantos no topo e no fundo da popa à mão, na lixadeira de fita. Entretanto esta operação pode ser executada durante o intervalo entre a carga e a descarga do casco no prato.

O sindicato protestou quanto à mudança do tempo-padrão, pois (1) não houve mudança no método; (2) o novo tempo-padrão é incorreto; (3) a administração não pode justificar a mudança de tempo-padrão nesta operação.

O contrato de trabalho que a indústria mantém com o sindicato inclui as seguintes cláusulas: (*a*) o sindicato aceita o princípio pelo qual o pagamento de incentivo é compensação voluntária, oferecida pela indústria por produção extra de qualidade aceitável que exceda o que for considerado um dia de trabalho-padrão; (*b*) o sindicato concorda com o plano de incentivo da indústria, inclusive com todos os padrões estabelecidos e tempos-padrão elementares e com os princípios, técnicas e procedimentos seguidos pela indústria no campo de engenharia de produção; (*c*) a indústria não deve fazer alteração alguma nos padrões de trabalho, com exceção quando ocorrer uma mudança definida nos métodos, ferramentas, equipamento, especificações ou materiais, que afetem o tempo-padrão em mais de 5% ou quando existir consentimento do sindicato; (*d*) se um árbitro for chamado para decidir a questão, ele apenas opinará se o estabelecimento de um novo padrão ou a revisão de um padrão antigo está de acordo com os princípios, técnicas e procedimentos da indústria com relação à engenharia de produção e, em caso contrário, onde se encontram erros nos elementos da tarefa, cronometragem básica ou cálculos. O árbitro deve apenas considerar variações superiores a 5% do padrão proposto, devendo aceitar todos os padrões para tempos elementares estabelecidos pela indústria. O sindicato deverá arcar com a responsabilidade da prova.

Você, como chefe do departamento de métodos e padrões desta indústria, foi solicitado pelo gerente geral a obter os fatos e preparar um relatório em resposta à reclamação sindical. Embora o contrato com o sindicato especifique três fases antes que uma reclamação seja arbitrada, esta reclamação particular veio à atenção do gerente geral na fase 1, e ele está especialmente interessado no problema. A operação encontra-se em execução, de forma que o tempo-padrão, que foi estabelecido por pessoas de seu próprio departamento, pode ser verificado. Como o sindicato não protestou contra o tempo-padrão do método antigo de lixamento e como ele foi usado por vários anos, pode-se supor que este padrão era correto.

Descrever o procedimento que você seguiria para obter os fatos para o relatório requisitado pelo gerente geral.

93. (*a*) Obtenha informações sobre o "IBM Automatic Production Recording System"[8]. Compare o uso de tal equipamento com outros métodos de se executar uma dada função fabril com a qual você seja familiar. (*b*) Relacione as vantagens e desvantagens do "IBM Automatic Production Recording System".

---

[8]Now-Record Keeping Goes *Really* Automatic. *Factory Management and Maintenance*, Vol. 114, n.° 10, outubro de 1956, pp. 94-97

Estudo de movimentos e de tempos **603**

94. Visitar uma fábrica que use o Sistema Autorate do IBM. Descrever e avaliar o sistema.

CAPÍTULO 27

95. Determinar o tempo-padrão para furar a peça apresentada no esquema situado na parte inferior da folha de observações (Fig. 215) se a peça tiver diâmetro de 1,750" e o tempo real de furar for 0,94 min. Usar as tabelas para estabelecimento de tempos-padrão para furadeira de precisão.

96. Determinar o tempo necessário para fresar o hexágono, usando fresa múltipla, na peça 612W-377A (Fig. 254) se a dimensão A (lado do hexágono) é 1,125" e todas as outras dimensões são as apresentadas anteriormente.

CAPÍTULO 28

97. Calcular o tempo para o corte dos dentes da engrenagem divisora de câmbio semelhante à peça 1670 AG (Fig. 257) dados comprimento da face, 1,150"; módulo, 1,59 (DP, 16); número de dentes (N), 60; diâmetro do furo, 1,250"; material, 4 620; caracol HBG 573. Engrenagem cilíndrica de dentes retificados. Lote: 50 engrenagens.

98. Determinar o tempo-padrão para a operação "soldar a costura lateral de uma lata retangular" com as seguintes dimensões: comprimento, 20, 64 cm; largura, 2,54 cm; profundidade, 21,59 cm (8,125" × 1" × 8,5").

CAPÍTULO 29

99. Determinar o tempo-padrão para executar a operação 4, "usinar forma no bloco da matriz", para o *blank* da parte apresentada na Fig. 260. A peça semi-acabada tem área de 2 pol², com cantos em arcos de círculo de raio 1/4". A qualidade estabelecida corresponde a classe B.

CAPÍTULOS 30 e 31

100. Fazer uma comparação dos métodos dos tempos sintéticos e dos do estudo de tempo por cronometragem para o estabelecimento de tempos-padrão a serem usados como base de um plano de incentivo salarial para a mão-de-obra direta, empregada em operações repetitivas de ciclo curto.

101. Este problema refere-se à Fig. 291. Se fosse feita uma abertura na bancada entre o dispositivo e o depósito de materiais e se as partes acabadas fossem jogadas nessa abertura e não na rampa de disposição na borda frontal da bancada, como isto afetaria o tempo para esta operação? Indicar os cálculos efetuados.

102. O aparelho apresentado na Fig. 373 é usado pela Maytag Company com finalidade demonstrativa nos programas de treinamento no campo do estudo de movimentos e de tempos. Usando qualquer um dos sistemas de tempos sintéticos, determinar o tempo necessário por ciclo para obter cavilha e colocá-la no depósito. Apresentar os resultados em forma tabelar. Há quatro posições para o cone ao longo da rampa e também há quatro condições de *obter e colocar*, que são as seguintes: (1) cavilhas na caixa — pequena abertura; (2) cavilhas na caixa — abertura maior; (3) cavilha contra o pino — abertura pequena; (4) cavilha contra o pino — abertura maior.

A dimensão da cavilha de madeira é 3/8 × 3 pol, com forma de bala em uma das extremidades. Distância do centro do cone ao ponto de agarramento: posição 1, 30 pol; posição 2, 24 pol; posição 3, 18 pol; e posição 4, 12 pol.

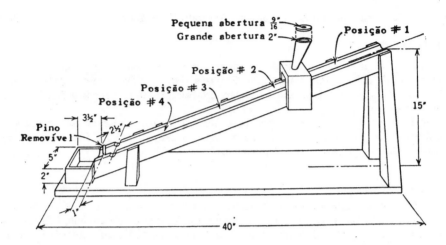

Figura 373. Unidade de demonstração — tempo necessário para movimentos manuais

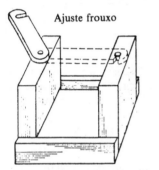

Figura 374. Dispositivo para furar

103. Usando qualquer um dos sistemas de tempos sintéticos, determinar o tempo-padrão para carregar e descarregar o dispositivo apresentado na Fig. 374. Os blocos de ferro fundido são puncionados para auxiliar a furar, pesam 3 libras cada e cabem folgados no dispositivo.

104. (*a*) Usando qualquer um dos sistemas de tempos sintéticos, determinar o tempo-padrão necessário para "montar duas placas, duas arruelas, pino e porca", como apresentado na Fig. 375. O arranjo físico do local de trabalho está apresentado na Fig. 376, e a seqüência de movimentos para as duas mãos encontra-se na Fig. 377.

(*b*) Se as duas placas fossem agarradas e transportadas por uma das mãos, que diferença isto faria no tempo de montagem?

(*c*) Seria vantajoso montar-se o parafusador sob a bancada e apertar a porca por baixo; como isto poderia ser feito?

(*d*) No arranjo físico atual, a arruela é colocada sobre o furo na placa. Seria mais rápido e mais fácil montar-se primeiramente a arruela no pino? Projetar um dispositivo que torne este método possível. Determinar o tempo-padrão para este caso.

105. Determinar o tempo-padrão para montagem de duas placas fundidas usando o método apresentado nas Figs. 243 e 244 (Cap. 25).

106. (*a*) Determinar o tempo-padrão para "montar resistência de aquecimento à grelha", como apresentado na Fig. 378. Usar qualquer sistema de tempos sintéticos. O arranjo físico

Estudo de movimentos e de tempos

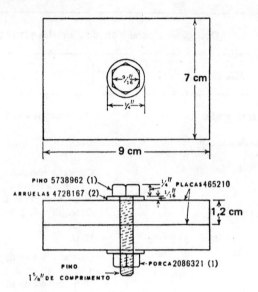

Figura 375. Montagem de placas de ferro fundido

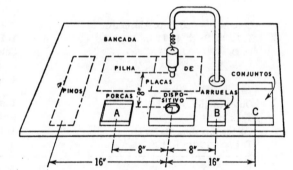

Figura 376. Arranjo físico do local de trabalho para montagem de placas

do local de trabalho está apresentado na Fig. 379, e a seqüência de movimentos para a mão direita e para a mão esquerda está apresentada na Fig. 380.

(b) Se a bandeja E, com os parafusos, fosse colocada do lado esquerdo do local de trabalho, ao lado das tampas em C, que diferença isto faria no tempo total de montagem? Fazer um gráfico mostrando a seqüência de movimentos com esta redisposição de peças.

CAPÍTULO 32

107. Pretende-se usar um estudo de amostragem do trabalho para medir o tempo de inatividade de um grupo de prensas. Um estudo preliminar mostrou que este tempo deverá estar próximo a 30%. Determinar o número de observações necessárias para este estudo, em um nível de confiança de 95% e um erro relativo máximo tolerável de ± 5%. Usar a fórmula para resolver este problema.

108. Através de amostragem do trabalho, determinar o tempo de trabalho, o tempo de inatividade e o ritmo médio de trabalho de um grupo de pessoas executando alguma atividade não repetitiva.

606   *Ralph M. Barnes*

Operação – Montar 2 placas, 2 arruelas, pino e porca

Mão esquerda	Mão direita

Mão esquerda	Mão direita

Obter porca do alimentador A
T. E. + G.
Colocar porca no dispositivo.
  Ajuste frouxo
T. L. + P. + R. L.
	Obter arruela do alimentador B
	T. E. + G.
	U. D.
	
	Colocar arruela no dispositivo
	  sobre a porca
	T. L. + P. + R. L.

Obter placa da pilha T. E. + G. Colocar placa no dispositivo T. L. + P. + R. L.	Obter placa da pilha T. E. + G. U. D. Colocar placa no dispositivo T. L. + P. + R. L.
Obter pino T. E. + G. U. D. Colocar pino no furo. Ajuste frouxo T. L. + P. + R. L. U. D.	Obter arruela do alimentador B T. E. + G. Colocar arruela no furo da placa T. L. + P. + R. L. Obter parafusador T. E. + G. Colocar parafusador sobre a cabeça do pino T. L. + P. + R. L.
Obter conjunto T. E. + G. Colocar no alimentador C T. L. + P. + R. L.	Tempo de uso – parafusar Dispor parafusador T. L. + P. + R. L.

Figura 377. Seqüência de movimentos para montagem de placa. (Símbolos conforme o original, veja Apêndice A)

109. A revista *Time* relatou[9] que um integrante da câmara de uma cidade norte-americana registrou as atividades do grupo de sete homens trabalhando em tarefas de manutenção elétrica com os resultados apresentados na Fig. 381. Esta pessoa, acreditando que a operação do departamento de eletricidade da cidade era ineficiente, seguiu o grupo por todo um dia a fim de obter esta informação. Usando a técnica de amostragem ocasional, determinar a porcentagem de tempos de inatividade para o grupo da Fig. 381.

110. Uma empresa ocasionalmente pede que o mestre de um grupo de manutenção faça o que é chamado "estudo de período". Ao fazer um estudo de período, o mestre estuda um grupo de dois, três ou quatro homens trabalhando juntos em uma tarefa. O mestre observa os membros do grupo por 10 ou 15 períodos consecutivos de 5 min e registra em uma folha de dados se cada membro do grupo está trabalhando ou se está inativo mais do que a metade

---

[9]Let There Be Light. *Time*, Vol. 60, n.º 26, 29 de dezembro de 1952, p. 15

Estudo de movimentos e de tempos

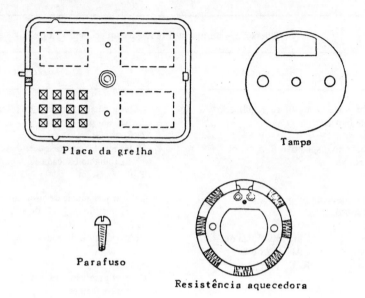

Figura 378. Peças para montagem de elementos de aquecedor

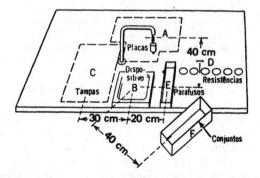

Figura 379. Disposição do local de trabalho para montagem de elementos de aquecedor

de cada período de 5 min. Por exemplo, se o homem n.° 1 trabalhasse mais do que 2,5 min durante o período, o mestre colocaria uma marca, para este homem, na coluna "trabalhando"; se o homem estivesse inativo mais do que 2,5 min durante o período de 5 min, ele receberia a marca na coluna "inativo". O mestre determina por observação se cada membro do grupo trabalha mais da metade de cada período, pois ele não usa relógio. A porcentagem do período

608 — Ralph M. Barnes

Operação – Montar resistência de aquecimento na grelha

Mão esquerda	Mão direita

Obter grade de alumínio da pilha A na bancada	Obter grade de alumínio da pilha A na bancada
T. E. + G.	T. E. + G.
Colocar no dispositivo B. Ajuste frouxo	Obter resistência de aquecimento da pilha na bancada
	T. E. + G.
Obter tampa da pilha C na bancada	Colocar resistência de aquecimento na posição na grade de alumínio
T. E. + G.	T. L. + P. + R. L.
Colocar tampa sobre resistência de aquecimento. Ajuste frouxo	Obter parafuso da bancada E
T. L. + P. + R. L.	
Obter parafusador	T. E. + G.
	Colocar parafuso no furo. Ajuste frouxo
T. E. + G.	T. L. + P. + R. L.
Colocar parafusador sobre o parafuso	(guiar parafuso)
T. L. + P. + R. L.	
	Tempo de uso – parafusar
Colocar parafusador de lado	Obter peça montada
T. L. + P. + R. L.	T. E. + G.
U. D.	Colocar peça de lado na caixa F
	T. L. + P. + R. L.

Figura 380. Seqüência de movimentos para montagem de elemento de aquecedor. (Símbolos conforme original, veja apêndice)

de estudo total em que cada membro do grupo está trabalhando ou está inativo é determinada da mesma forma que em um estudo regular de amostragem por observações instantâneas. As principais finalidades do estudo de período são obrigar o mestre a observar efetivamente as atividades de cada membro do grupo e determinar melhor a dimensão apropriada para o grupo.

Fazer uma investigação comparando este tipo de estudo com o estudo convencional de amostragem do trabalho e com o estudo de tempos contínuo para uma atividade da mesma natureza que os trabalhos de manutenção, envolvendo dois ou três membros no grupo.

111. Fazer estudo de amostragem da atuação dos trabalhadores num setor duma fábrica durante o período de uma semana.

112. O que pode ser feito para convencer os empregados que a amostragem do trabalho pode ser usada satisfatoriamente para medir tempo de trabalho e tempo de inatividade de homem e de máquina?

Estudo de movimentos e de tempos

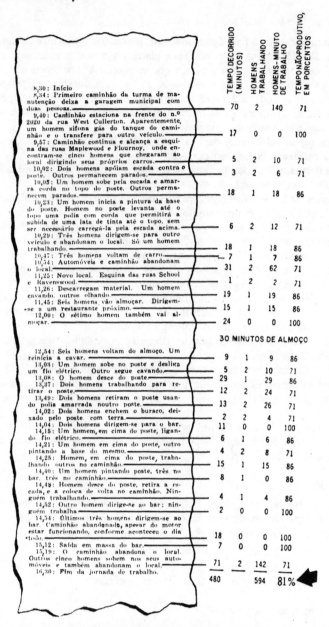

Figura 381. Levantamento contínuo feito por um integrante da câmara de uma cidade norte-americana mostrou que os membros de um grupo de sete homens encarregados da manutenção da rede elétrica dispendiam 81% de seu tempo em atividades não-produtivas (reproduzido com permissão de Time, 29 de dezembro de 1952)

610   *Ralph M. Barnes*

CAPÍTULOS 33 e 34

113. Determinar o custo fisiológico do andar, usando os batimentos cardíacos por minuto antes e depois de andar numa superfície lisa e plana a quatro diferentes velocidades.

(*a*) Fazer sentar numa cadeira a pessoa que se sujeitar à experiência durante um período de 5 min. Registrar seus batimentos cardíacos por minuto durante um período de 0,5 min.

(*b*) Fazer a pessoa andar a 2,5 milhas/h durante um período de 5 min. Após a caminhada, fazer a pessoa sentar e registrar os batimentos cardíacos por minuto durante a segunda metade do primeiro, segundo e terceiro minutos.

(*c*) Repetir (*b*) às velocidades de 3, 3,5 e 4 milhas/h. Permitir que, entre as experiências, os batimentos cardíacos voltem ao normal.

Traçar as curvas indicando "batimentos cardíacos por minuto" nas ordenadas e "minutos após o trabalho" nas abscissas.

114. Determinar o custo fisiológico para manusear tijolos a quatro diferentes velocidades, usando batimentos cardíacos por minuto.

(*a*) Fazer sentar numa cadeira a pessoa que se sujeitar à experiência durante um período de 5 min. Registrar seus batimentos cardíacos por minuto durante um período de 0,5 min.

(*b*) Fazer a pessoa levantar tijolos, um de cada vez, desde o chão, e empilhá-los numa bancada de 33 pol de altura a uma velocidade de 16 tijolos/min, durante 5 min. Após feito isso, fazer a pessoa sentar e registrar os batimentos cardíacos por minuto durante a segunda metade do primeiro, segundo e terceiro minutos após a execução do trabalho.

(*c*) Repetir (*b*) à velocidade de trabalho de 22, 28 e 34 tijolos/min. Permitir que, entre as experiências, os batimentos cardíacos voltem ao normal.

Traçar as curvas indicando "batimentos cardíacos por minuto" nas ordenadas e "minutos após o trabalho" nas abscissas.

115. Quais são as principais críticas à definição comum de fadiga[10]?

116. Obter informações mostrando a relação entre as batidas do coração por minuto, consumo de oxigênio e ventilação pulmonar antes, durante e imediatamente após exercício físico pesado[11].

117. Estudar os relatórios de (*a*) Industrial Health Research Board[12] e (*b*) National Institute of Industrial Psychology[13] na Inglaterra e apresentar um resumo da natureza do trabalho destas duas organizações.

CAPÍTULO 35

118. Desenvolver um programa de treinamento no estudo de movimentos e de tempos para mestres e supervisores de uma determinada fábrica em sua cidade.

119. Fazer um estudo de avaliação do ritmo de pessoas andando.

Objetivo

Obter prática na avaliação do ritmo de um operador.

Equipamento e materiais necessários

1. Cronômetro de minuto decimal, trena, giz e cordão.
2. Impressos para avaliação do ritmo: B204 (Fig. 382).

[10]E. Mayo, *The Human Problems of an Industrial Civilization*. Macmillan Co., New York, 1933
[11]Peter V. Karpovich, *Physiology of Muscular Activity*. 4.ª ed., W. B. Saunders Co., Filadelfia, 1953
[12]Relatórios publicados pelo H. M. Stationery Office, Londres
[13]Publicação mensal oficial, *The Human Factor*. Aldwych House, Londres, W. C. 2

Estudo de movimentos e de tempos

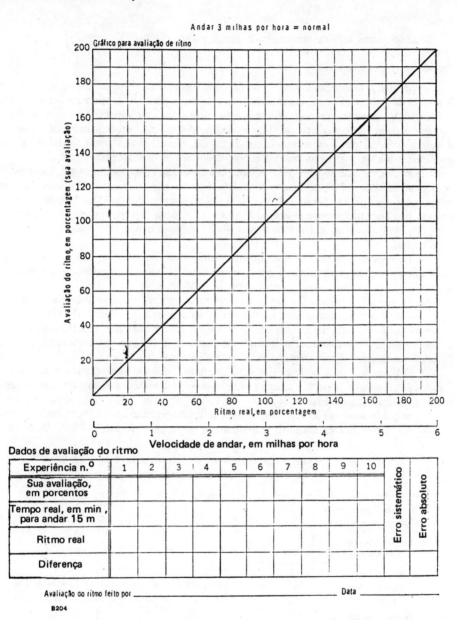

Figura 382. Folha para registro de dados e para análise da avaliação do ritmo de andar

612   *Ralph M. Barnes*

Local

Selecione uma sala ou uma calçada lisa e plana.

Procedimento para conduzir o estudo

(1) Medir 1,5 m marcando uma linha de início e uma linha de término no chão e deixando 3 a 4,5 m de espaço adicional em ambas as extremidades para que o operador possa dar início e terminar a operação. Prenda um cordão ao encosto de uma cadeira e ao encosto de uma segunda cadeira de forma que ele fique estendido diretamente sobre a linha de início. Faça a mesma coisa na outra extremidade dos 15 m. Estes cordões têm como finalidade ajudar o operador a iniciar o seu cronômetro e proceder à leitura no instante correto.

(2) Faça com que alguém (esta pessoa será chamada operador) pratique andar os 15 m com velocidade de 2,7 km/h. Este treinamento deve ter lugar antes que seja iniciada a experiência com o grupo. O operador deve levar 0,189 min para andar os 15 m. Depois de pequena prática, não será difícil para o operador andar 15 m neste tempo, ou seja, à velocidade de 2,7 km/h. A Tab. 86 mostra o tempo necessário para que o operador ande 15 m em outras velocidades.

(3) Forneça a cada pessoa uma folha de dados semelhante ao impresso B204 (Fig. 382). Faça que preencham seus nomes e os dados na parte inferior do impresso. Neste estudo, os membros do grupo não usarão cronômetro ou relógio.

(4) O operador anda a 2,7 km/h, explicando ao grupo que esta velocidade representa um ritmo de 100%. Fazem-se duas ou três tentativas com esta velocidade. O operador verifica o tempo que levou para andar os 15 m e, se este tempo for diferente de 0,189 min, comunica o fato ao grupo e imediatamente determina o ritmo real, que também é fornecido ao grupo. Não se faz registro algum destas tentativas preliminares.

(5) O operador anda os 15 m dez vezes seguidas, variando sua velocidade ao acaso. Ao fim de cada tentativa, registra o tempo real necessário para andar os 15 m e o ritmo correspondente, em porcentagem. Esta informação não é dada ao grupo antes do final das dez provas, embora se possa anunciar as velocidades corretas imediatamente após cada tentativa. As velocidades de andar devem situar-se aproximadamente entre 2,25 km/h (85% do normal) e

Tabela 86. Tabela de conversão entre leituras de cronômetro para velocidade do andar e classificação de desempenho

Tempo, em minutos, para andar 50 pés	,120	,125	,130	,135	,140	,145	,150	,155	,160	,165	,170	,175	,180	,185
Velocidade, em milhas por hora	4,72	4,54	4,35	4,20	4,05	3,91	3,78	3,66	3,54	3,44	3,34	3,24	3,15	3,06
Ritmo, em %, 3 mph = 100%	158	151	145	140	135	130	126	122	118	115	111	108	105	102

Tempo, em minutos, para andar 50 pés	,189	,190	,195	,200	,205	,210	,215	,220	,225	,230	,235	,240	,245	,250
Velocidade, em milhas por hora	3,00	2,98	2,91	2,84	2,77	2,70	2,64	2,58	2,52	2,47	2,41	2,36	2,31	2,27
Ritmo, em %, 3 mph = 100%	100	99	97	95	92	90	88	86	84	82	80	79	77	76

Estudo de movimentos e de tempos   **613**

4,05 km/h (150% do normal), porque, na prática, as velocidades situam-se entre esses limites. Acredita-se que é mais difícil avaliar o ritmo para as velocidades extremas.

(6) Cada pessoa observa o operador andar os 15 m e avalia o seu ritmo usando 100% = = 2,7 km/h como sendo o normal. Cada tentativa é registrada, em porcentagem, na 1.ª linha horizontal da parte inferior do impresso B204.

(7) Leia as avaliações corretas, em porcentagens, e peça que cada pessoa copie estas avaliações na 3.ª linha horizontal, na parte inferior do impresso B204.

(8) Peça a cada pessoa para registrar suas avaliações no gráfico para avaliação do ritmo. Cada pessoa deve traçar a linha média para os pontos obtidos.

(9) Calcule o erro sistemático, desvio médio e erro absoluto para cada pessoa e para o grupo[14].

(10) Repita a experiência semanalmente até que não haja melhoria de uma semana para outra. Use a mesma pessoa como "operador" durante a experiência.

120. Fazer um estudo de avaliação de ritmo para a operação de dar cartas de um baralho.

Objetivo

Obter prática na avaliação do ritmo de um operador.

Equipamento e materiais necessários

1. Cronômetro de minuto decimal, baralho, mesa de jogo.
2. Impressos para avaliação do ritmo: B205 (Fig. 383).

Local

Escolha uma sala de tamanho suficiente para acomodar o número de pessoas que participará do estudo.

Procedimento para conduzir o estudo

(1) Fazer com que alguém (esta pessoa será chamada operador) adquira prática de dar cartas em quatro pilhas iguais, em um tempo de 0,5 min. Outra pessoa, designada cronometrista, registrará o tempo do operador para cada tentativa. Se o operador levar tempo maior ou menor do que 0,5 min para dar as cartas, o cronometrista relatará este fato ao grupo e imediatamente determinará a velocidade real, em porcentagem, que também é informada ao grupo. Nestas tentativas preliminares não é feito registro algum de ritmo. O operador trabalha sentado e dá as 52 cartas do baralho usando o seguinte método. Segura o baralho com a mão esquerda, e a carta de cima é posicionada com os dedos indicador e polegar da mão esquerda. A mão direita agarra a carta posicionada, transporta-a e joga-a sobre a mesa. As quatro pilhas de cartas estão dispostas nos vértices de um quadrado com 1 pé de lado. O único requisito é que as cartas devem ter as faces viradas para baixo e as pilhas não devem se misturar. Deve-se tomar cuidado em observar que o método não varie com as diversas velocidades. Após pouca prática, o operador consegue dar as cartas exatamente em 0,5 min, ou seja, em um ritmo de 100%. A Tab. 87 mostra o tempo necessário para dar as cartas com outras velocidades.

(2) Fornecer a cada pessoa uma folha de dados semelhante ao impresso B205 (Fig. 383). Faça com que preencham seus nomes e a data na parte inferior deste impresso. Neste estudo, os membros do grupo não usarão cronômetro ou relógio.

---

[14]Ralph M. Barnes, *Work Measurement Manual*. 4.ª ed., Campbell's Book Store, Los Angeles 24, California, 1951, pp. 91-97

614 Ralph M. Barnes

Tabela 87. Tabela de conversão entre leituras de cronômetro e classificação do desempenho na distribuição de cartas de baralho

Tempo, em minutos, para dar as cartas de um baralho	,313	,314	,316	,318	,321	,323	,325	,327	,329	,331	,333	,336	,338
Ritmo, em porcentagem, 0,500 min =100%	160	159	158	157	156	155	154	153	152	151	150	149	148
Tempo, em minutos, para dar as cartas de um baralho	,340	,342	,345	,347	,350	,352	,355	,357	,360	,362	,365	,368	,370
Ritmo, em porcentagem, 0,500 min =100%	147	146	145	144	143	142	141	140	139	138	137	136	135
Tempo, em minutos, para dar as cartas de um baralho	,373	,376	,379	,382	,385	,388	,390	,394	,397	,400	,403	,407	,410
Ritmo, em porcentagem, 0,500 min =100%	134	133	132	131	130	129	128	127	126	125	124	123	122
Tempo, em minutos, para dar as cartas de um baralho	,413	,417	,420	,424	,427	,431	,435	,439	,442	,446	,450	,455	,459
Ritmo, em porcentagem, 0,500 min =100%	121	120	119	118	117	116	115	114	113	112	111	110	109
Tempo, em minutos, para dar as cartas de um baralho	,463	,467	,472	,476	,481	,485	,490	,495	,500	,505	,510	,515	,521
Ritmo, em porcentagem, 0,500 min =100%	108	107	106	105	104	103	102	101	100	99	98	97	96
Tempo, em minutos, para dar as cartas de um baralho	,526	,532	,538	,543	,549	,556	,562	,568	,575	,581	,588	,595	,602
Ritmo, em porcentagem, 0,500 min =100%	95	94	93	92	91	90	89	88	87	86	85	84	83
Tempo, em minutos, para dar as cartas de um baralho	,610	,617	,625	,633	,641	,649	,658	,667	,676	,685	,694	,704	,714
Ritmo, em porcentagem, 0,500 min =100%	82	81	80	79	78	77	76	75	74	73	72	71	70

(3) O operador distribui as cartas em 0,5 min, informando ao grupo que esta velocidade representa um ritmo de 100%. Fazem-se duas ou três experiências nesta velocidade.

(4) O operador dá as cartas dez vezes, variando as velocidades ao acaso. Ao fim de cada tentativa, o cronometrista registra o tempo e o mostra ao operador, mas não fornece esta informação ao grupo antes que se complete as dez avaliações. As velocidades devem se situar entre, aproximadamente, 85% do normal (dar as cartas em 0,588 min) e 150% do normal (dar as cartas em 0,33 min), porque, na prática, as velocidades de trabalho usualmente se

Estudo de movimentos e de tempos

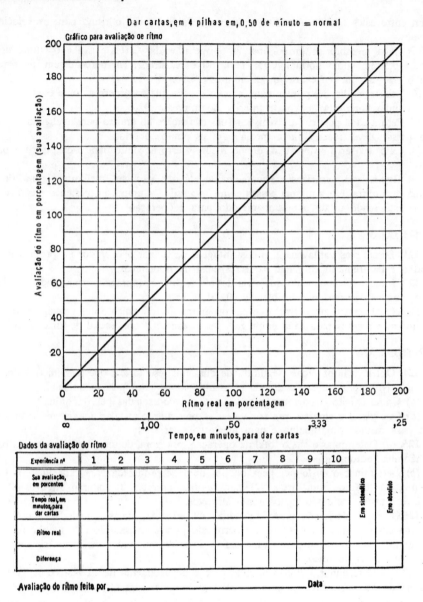

Figura 383. Folha para registro de dados e para análise da avaliação do ritmo de dar as cartas de um baralho

616 *Ralph M. Barnes*

situam entre estes limites. Acredita-se ser mais difícil avaliar o ritmo para as velocidades extremas.

(5) Cada membro do grupo observa o operador dar cartas e avalia o ritmo, usando $100\% = 0,5$ min como normal. Cada tentativa é registrada, em porcentagem, na primeira linha horizontal, na parte inferior do impresso B205.

(6) Leia as avaliações porcentuais corretas e peça que cada pessoa copie estes valores na terceira linha horizontal, na parte inferior do impresso B205.

(7) Peça a cada pessoa para registrar suas avaliações no gráfico para avaliação do ritmo. Cada pessoa deve traçar a linha média para os pontos obtidos.

(8) Calcule o erro sistemático, desvio médio e erro absoluto para cada pessoa e para o grupo.

(9) Repita esta experiência semanalmente até que não haja melhoria alguma de uma semana para outra. Use a mesma pessoa como "operador" durante a experiência e certifique-se de que está sendo usado o mesmo método para a operação.

CAPÍTULO 36

121. Discutir as vantagens e as desvantagens de treinar o operador no próprio local de trabalho e de treiná-lo em uma escola especial de treinamento.

122. Indicar o treinamento que seria dado a um novo empregado começando a trabalhar nas operações descritas nos problemas 60, 61 e 62.

123. Qual seria o efeito final que um programa de treinamento nos princípios de economia dos movimentos para cada empregado novo exerceria no pessoal de uma organização?

CAPÍTULO 37

124. Obter as informações seguintes de duas ou três fábricas que tenham trabalhadores sob incentivo em operações contendo elementos controlados pela máquina.

(*a*) Como é feito o pagamento para as partes controladas pela máquina?

(*b*) Que plano a empresa preferiria usar se pretendesse instalar um sistema inteiramente novo para medida do trabalho e para incentivo salarial?

125. (*a*) Determinar o custo total da operação, por hora, de uma unidade ou uma bateria de máquinas automáticas.

(*b*) Determinar o custo por peça ou por unidade produzida para cada um dos fatores seguintes: (1) mão-de-obra direta, (2) mão-de-obra indireta, (3) material direto e (4) todos os outros custos, incluindo custos administrativos.

126. O grupo referido na pág. 520 produziu 49 500 m de painéis, teste de 56 kg, com 1,25% de perda em um dia de 8 h. O tempo permitido para a preparação pela manhã foi 0,07 h. Determinar a remuneração para cada homem nesse dia, usando a razão horária básica e os dados fornecidos no texto.

127. (*a*) Determinar a eficiência total para o departamento de escolha de cápsulas para um período de pagamento durante o qual vigoraram as seguintes condições:

(1) Número total de minutos-padrão para o grupo no período de pagamento, 171 160.

(2) Número total de minutos reais para o grupo no período de pagamento, 172 230.

(3) Fator II, nível de qualidade resultante, 0,53.

(4) Fator III, índice do nível de qualidade dos rejeitados, 93,9.

(*b*) Determinar a remuneração de Helen Smith, um operador de escolha, no período de pagamento referido no item (*a*). Usar a tabela e os demais dados apresentados no texto.

(1) Razão horária básica de Helen, 1,50 dólares.

(2) Horas trabalhadas por Helen durante o período de pagamento, 80.

Estudo de movimentos e de tempos   **617**

CAPÍTULO 38

128. Escreva um resumo sobre as experiências de Hawthorne na fábrica da Western Electric Company[15].

129. Sumarie as contribuições de Douglas McGregor[16] e Rensis Likert[17].

130. Faça uma avaliação crítica de um programa formal de motivação para o trabalho de uma empresa. Se isso não for possível, faça uma pesquisa bibliográfica sobre o assunto[18].

CAPÍTULO 39

131. Faça um estudo de cinco diferentes linhas de montagem e determine o desbalanceamento, ou seja, o tempo de espera que o operador tem entre as várias operações. Apresente soluções para cada caso.

132. Estude e avalie os vários argumentos que são apresentados contra a divisão do trabalho e especialização na fábrica e no escritório.

133. Investigue as mudanças que ocorrem quando da instalação de uma linha de montagem com velocidade de produção variável. Verifique a variação dos custos antes e depois.

134. Faça um estudo do método e do tempo necessário para lavar um carro, utilizando três diferentes sistemas de mecanização. Determine o sistema preferido e prepare um relatório sobre o estudo.

135. Projete um Programa de Ampliação do Trabalho para (a) um supermercado; (b) um banco comercial e (c) pessoal de instalação e manutenção de telefones.

CAPÍTULOS 40 e 41

136. Quais as fases dos planos da Eastman Kodak e da fábrica de Lakeview que utilizam os motivadores, e quais as que utilizam os fatores mantenedores?

137. Se você fosse projetar um sistema de administração e de pagamento para uma empresa do tipo da Kodak Park Works, que aspectos seriam diferentes dos planos lá implantados?

138. Se você fosse um empregado, que plano você escolheria: o da Kodak ou o da fábrica de Lakeview?

139. Quais as diferenças entre os planos da fábrica de Hawthorne e de Lakeview no tocante às relações trabalhador-supervisor?

140. Comente a seguinte afirmação: as empresas estão aplicando muito lentamente os princípios de motivação levantados pelas pesquisas realizadas no campo social e comportamental.

---

[15]T. N. Whitehead, *Leadership in a Free Society*. Harvard University Press, Cambridge, Mass., 1937; T. N. Whitehead, *The Industrial Worker*. 2 Volumes, Harvard University Press, Cambridge, Mass., 1938; F. J. Roethlisberger e W. J. Dickson, *Management and the Worker*. Harvard University Press, Cambridge, Mass., 1940; Henry A. Landsberger, *Hawthorne Revisited*. Cornell University, Ithaca, New York, 1958

[16]Douglas McGregor, *The Human Side of Enterprise*. McGraw-Hill Book Company, New York, 1960

[17]Rensis Likert, *New Patterns of Management*. McGraw-Hill Book Company, New York, 1961; Rensis Likert, *The Human Organization*. McGraw-Hill Book Company, New York, 1967

[18] M. Scott Myers, Who Are You Motivated Workers? *Harvard Business Review*, Vol. 42, n.º 1, janeiro-fevereiro, 1964, pp. 73-88; E. R. Gomersall e M. Scott Myers, Breakthrough in On-The-Job--Training. *Harvard Business Review*, Vol. 44, n.º 4, julho-agosto, 1966, pp. 62-72

ILUSTRAÇÕES REPRODUZIDAS DE OUTROS LIVROS DE AUTORIA DE RALPH M. BARNES

As seguintes ilustrações foram retiradas de *Work Methods Manual* de Ralph M. Barnes. John Wiley & Sons, Inc., New York. Figs. 17, 18, 25, 26, 27, 30, 56, 57, 58, 59, 60, 61, 62, 64, 65, 68, 71, 72, 73, 84, 85, 86, 87, 88, 130, 131, 132, 133, 134, 135, 141, 142, 152, 153, 154, 156, 157, 158, 166, 167, 178, 179; 243.

De *Work Methods Training Manual*, 2.ª ed., de Ralph M. Barnes. Wm. C. Brown Co., Dubuque, Iowa. Figs. 233 e 325.

De *Work Measurement Manual*, 3.ª ed., de Ralph M. Barnes. Wm. C. Brown, Dubuque, Iowa. Figs. 317, 319, 320 e 321.

BIBLIOGRAFIA

Abruzzi, Adam, *Work, Workers and Work Measurement*. Columbia University Press, New York, 1956, 318 pp.

Abruzzi, Adam, *Work Measurement*. Columbia University Press, New York, 1952, 290 pp.

Aitken, H. G. J., *Taylorism at Watertown Arsenal*. Harvard University Press, Cambridge, Mass., 1960, 269 pp.

Alford, L. P., *Henry Laurence Gantt*. American Society of Mechanical Engineers, New York, 1934, 315 pp.

Allen, C. R., *The Instructor, the Man and the Job*. J. B. Lippincott Co., Philadelphia, 1919, 373 pp.

Amar, Jules, *The Human Motor*. George Routledge & Sons, London, 1920, 470 pp.

Amar, Jules, *The Physiology of Industrial Organization and the Reemployment of the Disabled*. Macmillan Co., New York, 1919, 371 pp.

Amber, G. H. & P. S. Amber, *Anatomy of Automation*. Prentice-Hall, Englewood Cliffs, N. J., 1962, 245 pp.

American Institute of Industrial Engineers, *Industrial Engineering Terminology Manual, Journal of Industrial Engineering*. Vol. 16, N.° 6, Novembro-Dezembro, 1965.

American Institute of Industrial Engineers, *Proceedings of the Annual Conference*. 345 East 47th Street, New York, N. Y. 10 017, anualmente desde 1955.

American Society of Mechanical Engineers, *Fifty Years Progress in Management*. New York, 1960, 329 pp.

American Society of Mechanical Engineers, *ASME Standard Industrial Engineering Terminology*. New York, 1955, 48 pp.

American Society of Mechanical Engineers, *Manual on Cutting of Metals*. 2.ª ed., New York, 1952.

American Society of Mechanical Engineers, *ASME Standard Plant Layout Templates and Models*. New York, 1949.

American Society of Mechanical Engineers, *ASME Standard Operation and Flow Process Charts*. New York, 1947.

Anyon, G. J., *Collective Agreements on Time and Motion Study*. Society for Advancement of Management, New York, 1954, 46 pp.

Apple, J. M., *Plant Layout and Materials Handling*, Ronald Press Co., New York, 1950, 367 pp.

Argyris, Chris, *Organization and Innovation*. Richard D. Irwin, Homewood, Ill., 1965, 274 pp.

Argyris, Chris, *Integrating the Individual and the Organization*. John Wiley & Sons, New York, 1964, 330 pp.

Argyris, Chris, *Interpersonal Competence and Organizational Effectiveness*. The Dorsey Press, Homewood, Ill., 1962, 292 pp.

Babbage, Charles, *On the Economy of Machinery and Manufactures*. 4.ª ed., Charles Knight, Pall Mall, East, London, 1835, 408 pp.

Backman, Jules, *Wage Determination*. D. Van Nostrand Co., Princeton, N. J., 1959, 316 pp.

Bailey, G. B. & Ralph Presgrave, *Basic Motion Timestudy*. McGraw-Hill Book Co., New York, 1958, 195 pp.

Bailey, N. R., *Motion Study for the Supervisor*. McGraw-Hill Book Co., New York, 1942, 111 pp.

Bainbridge, F. A., *The Physiology of Muscular Exercise*. 3.ª ed., reescrito por A. V. Bock & D. B. Dill, Longmans, Green & Co., New York, 1931, 272 pp.

Barish, Norman N., *Systems Analysis for Effective Administration*. Funk & Wagnalls Co., New York, 1951, 316 pp.

Barnes, Ralph M., *Industrial Engineering Survey*. University of California, Los Angeles, 1967, 16 pp.

620

Barnes, Ralph M., *Motion and Time Study Problems and Projects.* 2.ª ed., John Wiley & Sons, New York, 1961, 232 pp.

Barnes, Ralph M., *Motion and Time Study Applications.* 4.ª ed., John Wiley & Sons, New York, 1961, 188 pp.

Barnes, Ralph M., Industrial Engineering. *In*: *McGraw-Hill Encyclopedia of Science and Technology*, McGraw-Hill Book Co., New York, 1960, pp. 82-83.

Barnes, Ralph M., *Work Sampling.* 2.ª ed., John Wiley & Sons, New York, 1957, 283 pp.

Barnes, Ralph M., *Work Measurement Manual.* 4.ª ed., College Book Company, Los Angeles 90 024, 1951, 297 pp.

Barnes, Ralph M., *Work Methods Training Manual.* 3.ª ed., College Book Company, Los Angeles 90 024, 1950, 337 pp.

Barnes, Ralph M., Industrial Engineering Survey. *Industrial Engineering Bulletin* 101, University of Iowa, Iowa City, 1949, 48 pp.

Barnes, Ralph M., Work Measurement Project. *Industrial Engineering Bulletin* 201, University of Iowa, Iowa City, 1948, 48 pp.

Barnes, Ralph M., *Work Methods Manual.* John Wiley & Sons, New York, 1944, 136 pp.

Barnes, Ralph M., An Investigation of Some Hand Motions Used in Factory Work. *University of Iowa Studies in Engineering, Bulletin* 6, 1936, 63 pp.

Barnes, Ralph M., *Industrial Engineering and Management.* McGraw-Hill Book Co., New York, 1931, 366 pp.

Barnes, Ralph M. & Robert B. Andrews, *Performance Sampling.* University of California, Los Angeles, 1955, 58 pp.

Barnes, Ralph M. & N. A. Englert, *Bibliography of Industrial Engineering and Management Literature.* College Book Company, Los Angeles 90 024, 1946, 136 pp.

Barnes, Ralph M. & J. L. McKenney, *Industrial Engineering Survey.* University of California, 1957.

Barnes, Ralph M. & M. E. Mundel, *University of Iowa Studies in Engineering*: Studies of Hand Motions and Rhythm Appearing in Factory Work, *Bulletin* 12. 1938, 60 pp; A Study of Hand Motions Used in Small Assembly Work. *Bulletin* 16, 1939, 66 pp; A Study of Simultaneous Symmetrical Hand Motions. *Bulletin* 17, 1939, 36 pp.

Barnes, Ralph M.; M. E. Mundel & John M. MacKenzie, Studies of One- and Two-Handed Work. *University of Iowa Studies in Engineering, Bulletin* 21, 1940, 67 pp.

Barnes, Ralph M.; J. S. Perkins & J. M. Juran, A Study of the Effect of Practice on the Elements of a Factory Operation. *University of Iowa Studies in Engineering, Bulletin* 22, 1940, 95 pp.

Barnes, Ralph M. & J. B. Sullivan, *Production Management Survey.* University of California, Los Angeles, 1950, 21 pp.

Bartlett, F. C., *The Problem of Noise.* Cambridge University Press, London, 1934, 87 pp.

Bartley, S. H. & E. Chute, *Fatigue and Impairment in Man.* McGraw-Hill Book Co., New York, 1947, 429 pp.

Belcher, David W., *Wage and Salary Administration.* 2.ª ed., Prentice-Hall, New York, 1962, 598 pp.

Benedict, F. G. & E. P. Cathcart, Muscular Work, a Metabolic Study with Special Reference to the Efficiency of the Human Body as a Machine. Carnegie Institution of Washington, *Publication* 187, 1913, 176 pp.

Bennis, W. G.; E. H. Schein; D. E. Berew & F. I. Steel, *Interpersonal Dynamics.* The Dorsey Press, Homewood, Ill., 1964, 763 pp.

Bills, Arthur, *Psychology of Efficiency.* Harper & Brothers, New York, 1943.

Birn, S. A.; R. M. Crossan & R. W. Eastwood, *Measurement and Control of Office Work.* McGraw-Hill Book Co., New York, 1961, 318 pp.

Blackburn, J. M., The Acquisition of Skill: an Analysis of Learning Curves. Industrial Health Research Board, *Report* 73, His Majesty's Stationery Office, London, 1936, 92 pp.

Bolz, H. A., ed., *Materials Handling Handbook.* Ronald Press Co., New York, 1960, 1 740 pp.

Bowman, E. H. & R. B. Fetter, *Analysis for Production Management.* 3.ª ed., Richard D. Irwin, Homewood, Ill., 1967, 870 pp.

Brisco, Norris A., *Economics of Efficiency.* Macmillan Co., New York, 1921, 385 pp.

Brouha, Lucien, *Physiology in Industry*, Pergamon Press, New York, 1960, 145 pp.

Brown, A. Barrett, *The Machine and the Worker*, Nicholson & Watson, London, 1934, 215 pp.

Estudo de movimentos e de tempos **621**

Buffa, E. S., *Operations Management: Problems and Models*. 2.ª ed., John Wiley & Sons, New York, 1968.

Buffa, E. S., *Production-Inventory Systems: Planning and Control*. Richard D. Irwin, Homewood, Ill., 1968, 457 pp.

Buffa, E. S., *Modern Production Management*. 2.ª ed., John Wiley & Sons, New York, 1965, 758 pp.

Buhl, Harold R., *Creative Engineering Design*. Iowa State University Press, Ames, Iowa, 1960, 195 pp.

Bullen, A. K., *New Answers to the Fatigue Problem*. University of Florida Press, Gainsville, Fla., 1956, 176 pp.

Bureau of the Budget, *A Work Measurement System: Development and Use*. U. S. Government Printing Office, Washington, D. C., 1950, 44 pp.

Burns, Tom & G. M. Stalker, *The Management of Innovation*. Quadrangle Books, Chicago, 1962, 269 pp.

Burtt, H. E., *Psychology and Industrial Efficiency*. D. Appleton & Co., New York, 1929, 395 pp.

Carlson, A. J. & V. Johnson, *Machinery of the Body*. 4.ª ed., University of Chicago Press, Chicago, 1953, 663 pp.

Carroll, Phil, *Overhead Cost Control*. McGraw-Hill Book Co., New York, 1964, 314 pp.

Carroll, Phil, *How to Chart Data*. McGraw-Hill Book Co., New York, 1960, 260 pp.

Carroll, Phil, *Better Wage Incentives*. McGraw-Hill Book Co., New York, 1957, 230 pp.

Carroll, Phil, *How Foremen Can Control Costs*. McGraw-Hill Book Co., New York, 1955, 301 pp.

Carroll, Phil, *Timestudy for Cost Control*. 3.ª ed., McGraw-Hill Book Co., New York, 1954, 299 pp.

Carroll, Phil, *How to Control Production Costs*. McGraw-Hill Book Co., New York, 1953, 272 pp.

Carroll, Phil, *Timestudy Fundamentals for Foremen*. 2.ª ed., McGraw-Hill Book Co., New York, 1951, 209 pp.

Carson, Gordon B., ed., *Production Handbook*. 2.ª ed., Ronald Press Co., New York, 1958.

Carter, R. M., Labor Saving Through Farm Job Analysis — I. Dairy Barn Chores. Vermont Agricultural Experiment Station, *Bulletin* 503, Burlington, Vermont, Junho, 1943, 66 pp.

Cathcart, E. P., *The Human Factor in Industry*. Oxford University Press, London, 1928, 105 pp.

Chane, G. W., *Motion and Time Study*. Harper & Brothers, New York, 1942, 88 pp.

Chapanis, A., *Research Techniques in Human Engineering*. Johns Hopkins Press, Baltimore, Md., 1959, 316 pp.

Chapanis, A.; W. R. Garner & C. T. Morgan, *Applied Experimental Psychology: Human Factors in Engineering Design*. John Wiley & Sons, New York, 1949, 434 pp.

Chestnut, Harold, *Systems Engineering Methods*. John Wiley & Sons, New York, 1967, 392 pp.

Clark, Wallace, *The Gantt Chart*. Ronald Press Co., New York, 1923, 157 pp.

Close, G. C., *Work Improvement*. John Wiley & Sons, New York, 1960, 388 pp.

Cohen, A., *Time Study and Common Sense*. MacDonald & Evans, London, 1947, 112 pp.

Copley, F. B., *Frederick W. Taylor, Father of Scientific Management*. Vols. 1 e 2, Harper & Brothers, New York, 1923.

Cox, J. W., *Manual Skill*. Cambridge University Press, London, 1934, 247 pp.

Cox, J. W., *The Economic Basis of Fair Wages*. Ronald Press Co., New York, 1926.

Crossan, R. M. & H. Nance, *Master Standard Data*. McGraw-Hill Book Co., New York, 1962, 257 pp.

Crowden, G. P., *Muscular Work, Fatigue and Recovery*. Sir Isaac Pitman & Sons, London, 1932, 74 pp.

Currie, R. M., *Work Study*. Sir Isaac Pitman & Sons, London, 1959, 232 pp.

Damon, A.; H. W. Stoudt & R. McFarland, *The Human Body in Equipment Design*. Harvard University Press, Cambridge, Mass., 1966, 360 pp.

Dana, R. T. & A. P. Ackerman, *The Human Machine in Industry*. Codex Book Co., New York, 1927, 307 pp.

Davidson, H. O., *Functions and Bases of Time Standards*. American Institute of Industrial Engineers, New York, 1952, 403 pp.

Derse, Joseph C., *Machine Operation Times for Estimators*. Ronald Press Co., New York, 1946, 156 pp.

Dickinson, Z. Clark, *Compensating Industrial Effort*. Ronald Press Co., New York, 1937, 479 pp.

Dickson, W. J. & F. J. Roetlisberger, Management and the Worker — Technical vs. Social Organization in an Industrial Plant. Graduate School of Business Administration, Division of Research, *Business Research Studies* 9, Harvard University, Boston, 1934, 17 pp.

Diebold, John, *Beyond Automation*. McGraw-Hill Book Co., New York, 1964, 220 pp.

622   *Ralph M. Barnes*

Diebold, John, *Automation: The Advent of the Automatic Factory.* D. Van Nostrand Co., Princeton, N. J., 1952, 175 pp.

Dixon, W. J. & F. J. Massey Jr., *Introduction to Statistical Analysis.* McGraw-Hill Book Co., New York, 1951.

Dreyfuss, Henry, *The Measure of Man*, Whitney Library of Design, New York, 1960.

Dreyfuss, Henry, *Designing for People,* Simon & Schuster, New York, 1955, 240 pp.

Drury, H. B., *Scientific Management; A History and Criticism.* Columbia University Press, New York, 1922, 271 pp.

Eastman Kodak Co., *How to Make Good Movies.* Eastman Kodak Co., Rochester, New York.

Elliott, Jaques, *The Changing Culture of a Factory.* Tavistock Publications Ltd., London, 1951, 341 pp.

Emerson, H., *The Twelve Principles of Efficiency.* 5.ª ed., Engineering Management Co., New York, 1917, 423 pp.

Emerson, H., *Efficiency as a Basis for Operation and Wages.* Engineering Magazine Co., New York, 1912, 254 pp.

Enrick, N. L., ed., *Time Study Manual for the Textile Industry.* Interscience Publishers, Inc., New York, 1960, 216 pp.

Farmer, E., Motion Study in Metal Polishing (Metal Series 5). Industrial Fatigue Research Board, *Report* 15, His Majesty's Stationery Office, London, 1924, 65 pp.

Farmer, E., Time and Motion Study. Industrial Fatigue Research Board, *Report* 14, His Majesty's Stationery Office, London, 1921, 63 pp.

Feigenbaum, A. V., *Total Quality Control.* McGraw-Hill Book Co., New York, 1961, 627 pp.

Florence, P. S., *Economics of Fatigue and Unrest and the Efficiency of Labor in English and American Industry.* Henry Holt & Co., New York, 1924, 426 pp.

Florence, P. S., *Use of Factory Statistics in the Investigation of Industrial Fatigue.* Columbia University Press, New York, 1918, 153 pp.

Floyd, W. F. & A. T. Welford, eds., *Symposium on Human Factors in Equipment Design.* H. K. Lewis & Co., London, 1954, 132 pp.

Floyd, W. F. & A. T. Welford, eds., *Symposium on Fatigue.* H. K. Lewis & Co., Ltd., London, 1953, 196 pp.

Forrester, Jay W., *Industrial Dynamics.* John Wiley & Sons, New York, 1961, 464 pp.

Friedmann, Georges, *The Anatomy of Work.* The Free Press of Glenco, New York, 1961, 203 pp.

Gantt, H. L., *Work, Wages and Profits.* Engineering Management Co., New York, 1913.

Gellerman, S. W., *Motivation and Productivity.* American Management Association, New York, 1963, 304 pp.

Geppinger, H. C., *Dimensional Motion Times.* John Wiley & Sons, New York, 1955, 100 pp.

Ghiselli, Edwin E. & C. W. Brown, *Personnel and Industrial Psychology.* 2.ª ed., McGraw-Hill Book Co., New York, 1955, 492 pp.

Gilbreth, F. B., *Primer of Scientific Management.* D. Van Nostrand Co., Princeton, N. J., 1914, 108 pp.

Gilbreth, F. B., *Motion Study.* D. Van Nostrand Co., Princeton, N. J., 1911, 116 pp.

Gilbreth, F. B., *Bricklaying System.* Myron C. Clark Publishing Co., Chicago, 1909, 321 pp.

Gilbreth, F. B. & L. M., *Motion Study for the Handicapped.* George Routledge & Sons, London, 1920, 165 pp.

Gilbreth, F. B. & L. M., *Fatigue Study.* 2.ª ed., Macmillan Co., New York, 1919, 175 pp.

Gilbreth, F. B. & L. M., *Applied Motion Study.* Sturgis & Walton Co., New York, 1917, 220 pp.

Gilbreth, Lillian M., *The Psychology of Management.* Sturgis & Walton Co., New York, 1914, 344 pp.

Gilbreth, Lillian M. & A. R. Cook, *The Foreman in Manpower Management.* McGraw-Hill Book Co., New York, 1947.

Gilbreth, Lillian M.; Orpha Mae Thomas & Eleanor Olymer, *Management in the Home.* Dodd, Mead, and Co., 1954, 241 pp.

Gillespie, James J., *Dynamic Motion and Time Study.* Chemical Publishing Co., Brooklyn, N. Y., 1951, 140 pp.

Gilmour, R. W., *Industrial Wage and Salary Control.* John Wiley & Sons, New York, 1956, 261 pp.

Goetz, B. E., *Quantitative Methods.* McGraw-Hill Book Co., New York, 1965, 541 pp.

Estudo de movimentos e de tempos   **623**

Goldmark, Josephine C., *Fatigue and Efficiency*. Charities Publication Committee, Russell Sage Foundation, New York, 1912, 591 pp.
Gomberg, W., *A Trade Union Analysis of Time Study*. 2.ª ed., Prentice-Hall, Englewood Cliffs, N. J., 1954.
Grabbe, E. M., ed., *Automation in Business and Industry*. John Wiley & Sons, New York, 1957, 611 pp.
Grant, Eugene L., *Statistical Quality Control*. 3.ª ed., McGraw-Hill Book Co., New York, 1964, 610 pp.
Grillo, E. V. & C. J. Berg, *Work Measurement in the Office*. McGraw-Hill Book Co., New York, 1959, 200 pp.
Hadden, A. A. & V. K. Geneer, *Handbook of Standard Time Data — For Machine Shops*. Ronald Press Co., New York, 1954, 473 pp.
Haggard, Howard W., *A Physiologist and a Statistician Look at Wage Incentive Methods*. American Management Association, New York, 1937, 26 pp.
Haggard, Howard W. & L. A. Greenberg, *Diet and Physical Efficiency*. Yale University Press, New Haven, 1935, 180 pp.
Haire, Mason, ed., *Organization Theory in Industrial Practice*. John Wiley & Sons, New York, 1962, 173 pp.
Haire, Mason, *Psychology in Management*. McGraw-Hill Book Co., New York, 1956, 212 pp.
Hansen, B. L., *Work Sampling for Modern Management*. Prentice-Hall, Englewood Cliffs, N. J., 1960, 263 pp.
Heiland, R. E. & W. J. Richardson, *Work Sampling*, McGraw-Hill Book Co., New York, 1957, 243 pp.
Heiner, M. K. & H. E. McCullough, Kitchen Cupboards That Simplify Storage. *Cornell Extension Bulletin* 703, New York State College of Home Economics at Cornell University, Ithaca, 1947, 32 pp.
Hendry, J. W., *A Manual of Time and Motion Study*. 3.ª ed., Sir Isaac Pitman & Sons, London, 1950, 217 pp.
Herzberg, F., *Work and the Nature of Man*. The World Publishing Company, New York, 1966, 203 pp.
Herzberg, F., B. Mausner & B. B. Snyderman, *The Motivation of Work*. 2.ª ed., John Wiley & Sons, New York, 1959, 157 pp.
Herzberg, F., B. Mausner, R. O. Peterson & D. F. Capwell, Job Attitudes: Review of Research and Opinion. *Psychological Service of Pittsburgh*, Pittsburgh, Pa., 1957, 279 pp.
Hill, A. V., *Living Machinery*. Harcourt, Brace & Co., New York, 1927, 306 pp.
Hill, A. V., *Muscular Movement in Man; the Factors Governing Speed and Recovery from Fatigue*. McGraw-Hill Book Co., New York, 1927, 104 pp.
Hill, A. V., *Muscular Activity*. Williams & Wilkins, Baltimore, 1926, 115 pp.
Hill, W. A. & D. M. Egan, *Readings in Organization Theory: A Behavioral Approach*. Allyn and Bacon, Inc., Boston, 1966, 746 pp.
Hodnett, Edward, *The Art of Problem Solving*. Harper & Brothers, New York, 1955, 202 pp.
Holmes, W. G., *Applied Time and Motion Study*, revisada, Ronald Press Co., New York, 1945, 383 pp.
Hours of Work, Lost Time and Labour Wastage. Industrial Health Research Board, *Emergency Report* 2, His Mapesty's Stationery Office, London, 1943.
Hoxie, R. F., *Scientific Management and Labor*. D. Appleton & Co., New York, 1915, 302 pp.
Handbook of Human Engineering Data. 2.ª ed., Institute for Applied Experimental Psychology, Tufts College, Medford, Mass., 1951.
Hughs, Charles L., *Goal Setting: Key to Individual and Organizational Effectiveness*. American Management Association, New York, 1965, 157 pp.
Hunt, E. E., ed., *Scientific Management Since Taylor; a Collection of Authoritative Papers*. McGraw-Hill Book Co., New York, 1924, 263 pp.
Immer, John R., *Materials Handling*. McGraw-Hill Book Co., New York, 1953, 570 pp.
Immer, John R., *Layout Planning Techniques*. McGraw-Hill Book Co., New York, 1950, 430 pp.
Industrial Engineering Institute Proceedings. University of California, Los Angeles-Berkeley, anualmente, 1950-1965.
Industrial Management Society, *Proceedings of the Time and Motion Study Clinic*. Chicago, anual desde 1938.

624

Ralph M. Barnes

Ireson, W. G., *Factory Planning and Plant Layout*. Prentice-Hall, Englewood Cliffs, N. J., 1952, 359 pp.

Ireson, W. G. & Eugene L. Grant, eds., *Handbook of Industrial Engineering and Management*. Prentice--Hall, Englewood Cliffs, N. J., 1955, 1 203 pp.

Juran, J. M., *Quality Control Handbook*. 2.ª ed., McGraw-Hill Book Co., New York, 1962, 1 220 pp.

Juran, J. M., *Bureaucracy, a Challenge to Better Management*. Harper & Brothers, New York, 1944, 138 pp.

Karger, D. W. & F. H. Bayna, *Engineered Work Measurement*. The Industrial Press, New York, 1957, 635 pp.

Karpovich, Peter V., *Physiology of Muscular Activity*. 4.ª ed., W. B. Saunders Co., Philadelphia, 1953, 340 pp.

Kennedy, Van Dusen, *Union Policy and Incentive Wage Methods*. Columbia University Press, New York, 1945, 260 pp.

Knox, F. M., *Design and Control of Business Forms*. McGraw-Hill Book Co., New York, 1952, 226 pp.

Koepke, C. A. & L. S. Whitson, Power and Velocity Developed in Manual Work. *Technical Paper* 18, Institute of Technology, University of Minnesota, Minneapolis, 1940.

Kosma, A. R., *The A.B.C.'s of Motion Economy*. Institute of Motion Analysis and Human Relations, Newark, N. J., 1943, 133 pp.

Kuriloff, Arthur H., *Reality in Management*. McGraw-Hill Book Co., New York, 1966, 247 pp.

Krick, E. V., *Methods Engineering*. John Wiley & Sons, New York, 1962, 530 pp.

Laban, R. von, *Effort*. MacDonald & Evans, London, 1947, 88 pp.

Landsberger, Henry A., *Hawthorne Revisited*. Cornell University, Ithaca, N. Y., 1958, 199 pp.

Langsner, Adolph & H. G., Zollitsch *Wage and Salary Administration*. South-West Publishing Co., Cincinnati, 1961, 726 pp.

Lee, F. S., *The Human Machine and Industrial Efficiency*. Longmans, Green & Co., New York, 1919, 119 pp.

Leffingwell, W. H. & E. M. Robinson, *Textbook of Office Management*. 3.ª ed., McGraw-Hill Book Co., New York, 1950, 649 pp.

Lehrer, R. N., *The Management of Improvement*. Reinhold Publishing Co., New York, 1965, 415 pp.

Lehrer, R. N., *Work Simplification*. Prentice-Hall, Englewood Cliffs, N. J., 1957, 394 pp.

Lesieur, Frederick G., *The Scanlon Plan*. John Wiley & Sons, New York, 1958, 173 pp.

Lesperance, J. P., *Economics and Techniques of Motion and Time Study*. William C. Brown Co., Dubuque, Iowa, 1953, 258 pp.

Levenstein, Aaron, *Why People Work*. The Crowell-Cother Press, 1962, 320 pp.

Levin, H. S., *Office Work and Automation*. John Wiley & Sons, New York, 1956, 203 pp.

Lewin, Kurt, *Resolving Social Conflict*. Harper, New York, 1948, 230 pp.

Lichtner, W. O., *Time Study and Job Analysis*. Ronald Press Co., New York, 1921, 397 pp.

Likert, Rensis, *The Human Organization: Its Management and Value*. McGraw-Hill Book Co., New York, 1967, 258 pp.

Likert, Rensis, *New Patterns of Management*. McGraw-Hill Book Co., New York, 1961, 279 pp.

Lincoln, James F., *A New Approach to Economics*. The Lincoln Electric Co., Cleveland, Ohio, 166 pp.

Lincoln, J. F., *Incentive Management*. Lincoln Electric Co., Cleveland, Ohio, 1952, 280 pp.

Lincoln, J. F., *Lincoln's Incentive System*. McGraw-Hill Book Co., New York, 1946, 192 pp.

Lindquist, E. F., *A First Course in Statistics*. Houghton Mifflin Co., Boston, 1942.

Littlefield, C. L. & F. M. Rachel, *Office and Administrative Management: Systems Analysis, Data Processing, and Office Services*. 2.ª ed., Prentice-Hall, Inc., Englewood Cliffs, N. J., 1964, 577 pp.

Louden, J. K. & J. W. Deegan, *Wage Incentives*. 2.ª ed., John Wiley & Sons, New York, 1959, 227 pp.

Lowry, S. M.; H. B. Maynard & G. J. Stegemerten, *Time and Motion Study*. 3.ª ed., McGraw-Hill Book Co., New York, 1940, 432 pp.

Luckiesh, M., *Seeing and Human Welfare*. Williams & Wilkins Co., Baltimore, 1934, 193 pp.

Lytle, C. W., *Job Evaluation Methods*. 2.ª ed., Ronald Press Co., New York, 1954, 507 pp.

Lytle, C. W., *Wage Incentive Methods*. Ronald Press Co., New York, 1942, 462 pp.

Malcolm, D. G.; A. J. Rowe & L. F. McConnell, eds., *Management Control Systems*. John Wiley & Sons, New York, 1960, 375 pp.

Estudo de movimentos e de tempos **625**

Malcolm, J. A., Jr.; W. J. Frost; R. E. Hannan & W. R. Smith, *Ready Work-Factor Time Standards.* WOFAC Corporation, Haddenfield, N. J., 1966.

Mallick, R. W. & A. T. Gaudreau, *Plant Layout: Planning and Practice.* John Wiley & Sons, New York, 1951, 391 pp.

Marrow, A. J., *Making Management Human.* McGraw-Hill Book Co., New York, 1957, 241 pp.

Marrow, A. J.; D. G. Bowers & S. E. Seashore, *Management by Participation.* Harper & Row, New York, 1967, 264 pp.

Maslow, A. H., *Motivation and Personality.* Harper and Brothers, New York, 1954, 411 pp.

Mathewson, Stanley B., *Restriction of Output Among Unorganized Workers.* Viking Press, New York, 1931, 212 pp.

Maynard, H. B., ed., *Top Management Handbook.* McGraw-Hill Book Co., New York, 1960, 1 236 pp.

Maynard, H. B., ed., *Industrial Engineering Handbook.* 2.ª ed., McGraw-Hill Book Co., New York, 1963.

Maynard, H. B.; G. J. Stegemerten & J. L. Schwab, *Methods-Time Measurement.* McGraw-Hill Book Co., New York, 1948, 229 pp.

Maynard, H. B. & G. J. Stegemerten, *Guide to Methods Improvement.* McGraw-Hill Book Co., New York, 1944, 82 pp.

Maynard, H. B. & G. J. Stegemerten, *Operation Analysis.* McGraw-Hill Book Co., New York, 1939, 298 pp.

Mayo, Elton, *The Human Problems of an Industrial Civilization.* 2.ª ed., Harvard University Press, Cambridge, 1946.

Mayo, Elton, *The Social Problems of an Industrial Civilization.* Division of Research, Graduate School of Business Administration, Harvard University, Boston, 1945, 150 pp.

McGregor, Douglas, *The Human Side of Enterprise.* McGraw-Hill Book Co., New York, 1960, 246 pp.

McGregor, Douglas, *The Professional Manager.* Editado por Caroline McGregor e W. F. Bennis, McGraw-Hill Book Co., New York, 1967, 202 pp.

Meister, David & G. F. Rabideau, *Human Factors Evaluation in System Development.* John Wiley and Sons, New York, 1965, 307 pp.

McLachlan, N. W., *Noise.* Oxford University Press, London, 1935 148 pp.

Melman, Seymour, *Dynamic Factors in Industrial Productivity.* John Wiley & Sons, New York, 1956, 238 pp.

Merrick, Dwight V., *Time Studies as a Basis for Rate Setting.* Engineering Magazine Co., New York, 1920, 366 pp.

Metzger, R. W., *Elementary Mathematical Programming.* John Wiley & Sons, New York, 1958, 246 pp.

Michael, L. B., *Wage and Salary Fundamentals and Procedures.* McGraw-Hill Book Co., New York, 1950.

Miles, G. H., *The Problem of Incentives in Industry.* Sir Isaac Pitman & Sons, London, 1932, 58 pp.

Miles, L. D., *The Will to Work.* George Routledge & Sons, London, 1929, 80 pp.

Miles, L. D., *Techniques of Value Analysis and Engineering.* McGraw-Hill Book Co., New York, 1961, 267 pp.

Moede, W., *Arbeitstechnik (Work Technique).* Ferdinand Enke Velag, Stuttgart, 1935, 267 pp.

Mogensen, A. H., *Common Sense Applied to Motion and Time Study.* McGraw-Hill Book Co., New York, 1932, 228 pp.

Moore, J. M., *Plant Layout and Design.* Macmillan Co., New York, 1961, 644 pp.

Morrow, R. L., *Motion Economy and Work Measurement.* Ronald Press, New York, 1957, 468 pp.

Morse, P. M. & G. E. Kimball, *Methods of Operations Research.* John Wiley & Sons, New York, 1951, 158 pp.

Mosso, A., *Fatigue.* G. P. Putnam's Sons, New York, 1904, 334 pp.

Mundel, M. E., *Motion and Time Study.* 3.ª ed., Prentice-Hall, Englewood Cliffs, N. J., 1960, 690 pp.

Mundel, M. E., *Systematic Motion and Time Study.* Prentice-Hall, Englewood Cliffs, N. J., 1947, 232 pp.

Münsterberg, H., *Psychology and Industrial Efficiency.* Houghton Mifflin Co., New York, 1913, 321 pp.

Murrell, K. F. H., *Human Performance in Industry.* Reinhold Publishing Co., New York, 1965, 496 pp.

Musico, B., *Lectures on Industrial Psychology.* George Routledge & Sons, London, 1920, 300 pp.

Muther, Richard, *Systematic Layout Planning.* Industrial Educational Institute, Boston, Mass., 314 pp.

Muther, Richard, *Practical Plant Layout*. McGraw-Hill Book Co., New York, 1955, 384 pp.

Muther, Richard, *Production-Line Technique*. McGraw-Hill Book Co., New York, 1944, 320 pp.

Myers, C. S., ed., *Industrial Psychology*. Thornton Butterworth, London, H. Holt & Co., New York, 1930, 252 pp.

Myers, C. S., *Industrial Psychology in Great Britain*. Jonathan Cape, London, 1926, 164 pp.

Myers, C. S., *Mind and Work*. G. P. Putnam's Sons, New York e London, 1921, 175 pp.

Myers, H., *Human Engineering*. Harper & Brothers, New York, 1932, 318 pp.

Myers, H. J., *Simplified Time Study*. Ronald Press Co., New York, 1944, 140 pp.

Nadler, Gerald, *Work Systems Design: The Ideals Concept*. Richard D. Irwin, Homewood, Ill., 1967, 183 pp.

Nadler, Gerald, *Work Design*. Richard D. Irwin, Homewood, Ill., 1963, 837 pp.

Nadler, Gerald, *Work Simplification*. McGraw-Hill Book Co., New York, 1957, 292 pp.

Nadler, Gerald, *Motion and Time Study*. McGraw-Hill Book Co., New York, 1955, 612 pp.

Nadworny, Milton, *Scientific Management and the Unions*. Harvard University Press, Cambridge, Mass., 1955, 187 pp.

National Industrial Conference Board, Industrial Engineering Organization and Practices, *Studies in Business Policy*, n.° 78, New York, 1956, 56 pp.

National Office Management Association, *Manual of Practical Office Time Savers*. McGraw-Hill Book Co., New York, 1957, 256 pp.

National Research Conneil, *Fatigue of Workers: Its Relation to Industrial Production*. Reinhold Publishing Corp., New York, 1941, 165 pp.

National Time and Motion Study Clinic, *Proceedings of the Time and Motion Study Clinic*. Industrial Management Society, Chicago, anualmente desde 1938.

Nickerson, J. W. & J. H. Eddy, compiladores, *A Handbook on Wage Incentive Plans*. Management Consultant Division, War Production Board, U. S. Government Printing Office, Washington, D. C., 1945.

Niebel, B. W., *Motion and Time Study*. 4.ª ed., Richard D. Irwin, Homewood, Ill., 1967, 628 pp.

Nordhoff, W. A., *Machine Shop Estimating*. 2.ª ed., McGraw-Hill Book Co., New York, 1960, 528 pp.

Nyman, R. C. & E. D. Smith, *Union-Management Cooperation in the Stretch Out*. Yale University Press, New Haven, 1934, 210 pp.

Pappas, F. G. & R. A. Dimberg, *Practical Work Standards*. McGraw-Hill Book Co., New York, 1962, 223 pp.

Parton, J. A., *Motion and Time Study Manual*. Conover-Mast Publications, New York, 1952, 400 pp.

Patton, John A., ed., *Manual of Industrial Engineering Procedures*. William C. Brown Co., Dubuque, Iowa, 1955, 144 pp.

Payne, Matthew A., *The Fatigue Allowance in Industrial Time Study*. Matthew A. Payne, 1949, 66 pp.

Pear, T. H., *Fitness for Work*. University of London Press, London, 1928, 187 pp.

Pear, T. H., *Skill in Work and Play*. E. P. Dutton & Co., New York, 1924, 107 pp.

Poffenberger, A. T., *Principles of Applied Psychology*. Appleton-Century-Crofts, New York, 1942.

Presgrave, Ralph, *The Dynamics of Time Study*. 2.ª ed., McGraw-Hill Book Co., New York, 1945, 238 pp.

Presgrave, Ralph & G. B. Bailey, *Basic Motion Timestudy*. McGraw-Hill Book Co., New York, 1958, 195 pp.

Quick, J. H., J. H. Duncan & J. A. Malcolm Jr., *Work-Factor Time Standards*. McGraw-Hill Book Co., New York, 1962, 458 pp.

Reed, R., *Plant Layout: Factors, Principles, and Techniques*. Richard D. Irwin, Homewood, Ill., 1961, 459 pp.

Rice, A. K., *Productivity and Social Organization: The Ahmedabad Experiment*. Tavistock Publications Ltd., London, 1958, 298 pp.

Rice, W. B., *Control Charts in Factory Management*. John Wiley & Sons, New York, 1947, 149 pp.

Riegel, J. W., *Management, Labor, and Technological Change*. University of Michigan Press, Ann Arbor, 1942, 187 pp.

Riegel, J. W., *Wage Determination*. University of Michigan Press, Ann Arbor, Revisado, 1941, 138 pp.

Riegel, J. W., *Salary Determination*. University of Michigan Press, Ann Arbor, 1940, 278 pp.

Estudo de movimentos e de tempos **627**

Roethlisberger, F. J., *Management and Morale*. Harvard University Press, Cambridge, 1941, 194 pp.

Roethlisberger, F. J. & W. J. Dickson, *Management and the Workers*. Harvard University Press, Cambridge, 1940, 615 pp.

Ryan, T. A., *Work and Effort*. Ronald Press Co., New York, 1947, 323 pp.

Society for Advancement of Management, *A Fair Day's Work*. New York, 1954, 84 pp.

Sayles, L. R. & George Strauss, *Human Behavior in Organizations*. Prentice-Hall, Englewood Cliffs, N. J., 1961, 500 pp.

Sayles, L., *Behavior of Industrial Work Groups: Prediction and Control*. John Wiley & Sons, New York, 1958.

Sampter, H. C., *Motion Study*. Pitman Publishing Co., New York, 1941, 152 pp.

Schein, E. H. & W. G. Bennis, *Personal and Organizational Change Through Group Methods*. John Wiley & Sons, Inc., New York, 1965, 376 pp.

Schell, E. H. & F. F. Gilmore, *Manual for Executives and Foremen*. McGraw-Hill Book Co., New York, 1939, 185 pp.

Schutt, W. H., *Time Study Engineering*. McGraw-Hill Book Co., New York, 1943, 426 pp.

Scott, M. G., *Analysis of Human Motion*. A. S. Barnes & Co., New York, 1942.

Sisson, R. L. & R. G. Canning, *A Manager's Guide to Computor Processing*. John Wiley & Sons, New York, 1967, 124 pp.

Shaw, Anne G., *An Introduction to the Theory and Application of Motion Study*. Harlequin Press, London, 1953, 37 pp.

Shaw, Anne G., *Purpose and Practice of Motion Study*. 2.ª ed., Columbine Press, London, 1960, 324 pp.

Shevlin, J. D., *Time Study and Motion Economy for Supervisors*. National Foremen's Institute, Deep River, Conn., 1945, 73 pp.

Shubin, J. A., & H. Madenheim, *Plant Layout*. Prentice-Hall, Englewood Cliffs, N. J., 1961, 433 pp.

Shumard, F. W., *A Primer of Time Study*. McGraw-Hill Book Co., New York, 1940, 519 pp.

Slichter, Sumner, *Union Policies and Industrial Management*. Brookings Institution, Washington, D. C., 1941.

Smalley, H. E., *Hospital Industrial Engineering*. Reinhold, New York, 1966, 460 pp.

Smalley, H. E., *Motion and Time Study Laboratory Manual*. William C. Brown Co., Dubuque, Iowa, 1948.

Smith, E. D., *Technology and Labor*. Yale University Press, New Haven, 1939, 222 pp.

Smith, May, *The Handbook of Industrial Psychology*. Philosophical Library, New York, 1944.

Society for Advancement of Management, *Collective Agreements in Time and Motion Study*. New York, 1954, 46 pp.

Society for Advancement of Management, *Glossary of Terms Used in Methods, Time Study and Wage Incentives*. New York, 1952.

Spriegel, William R. & C. E. Myers, eds., *The Writings of the Gilbreths*. Richard D. Irwin, Homewood, Ill., 1953, 513 pp.

Starr, M. K. & D. W. Miller, *Inventory Control: Theory and Practice*. Prentice-Hall, Englewood Cliffs, N. J., 1962, 354 pp.

Stewart, Paul A., Job Enlargement. Monogram Series N.° 3, University of Iowa, Iowa City, 1967, 64 pp.

Stivers, C. L., Experience in Retraining on the Dvorak Keyboard. American Management Association, *Supplementary Office Management Series*, N.° 1, New York, 1941, 12 pp.

Stocker, H. E., *Materials Handling*. 2.ª ed., Prentice-Hall, Englewood Cliffs, N. J., 1951, 330 pp.

Strong, E. P., *Increasing Office Productivity*. McGraw-Hill Book Co., New York, 1962, 87 pp.

Sylvester, L. A., *The Handbook of Advanced Time-Motion Study*. Funk & Wagnalls Co., New York, 1950, 273 pp.

Tannenbaum, A. S., *Social Psychology of the Work Organization*. Wadsworth Publishing Co., Belmont, Calif., 1966, 136 pp.

Taylor, F. W., *Scientific Management; Comprising Shop Management, Principles of Scientific Management, and Testimony before Special House Committee*. Harper & Brothers, New York, 1947.

Taylor, F. W., *The Principles of Scientific Management*. Harper & Brothers, New York, 1911, 144 pp.

Taylor, F. W., On the Art of Cutting Metals: *Transactions of the ASME*, Vol. 28, 1907, pp. 31-350.

628 *Ralph M. Barnes*

Taylor, F. W., *Shop Management*. Harper & Brothers, New York, 1919, 207 pp, reimpresso do *Transactions of the ASME*, Vol. 24, pp. 1 337-1 480, 1903.

Taylor Society, *Scientific Management in American Industry*. Harper & Brothers, New York, 1929, 472 pp.

Thompson, C. B., ed., *Scientific Management*. Harvard University Press, Cambridge, 1914, 878 pp.

Thuesen, H. G., *Engineering Economy*, 2.ª ed., Prentice-Hall, Englewood Cliffs, N. J., 1957, 581 pp.

Tiffin, Joseph & E. J. McCormick, *Industrial Psychology*. 5.ª ed., Prentice-Hall, Englewood Cliffs, N. J., 1965, 682 pp.

Time and Motion Study, Investigation of German Radio and Associated Industries: *B.I.O.S. Final Report* 943, Itens 1, 7 e 9, British Intelligence Objectives Sub-Committee, 37 Bryanston Square, London, W. 1, 1946, 110 pp.

Tippett, L. H. C., *Technological Applications of Statistics*. John Wiley & Sons, New York, 1950, 184 pp.

Trist, E. L.; G. W. Higgin; H. Murray & A. B. Pollock, *Organizational Choice*. Tavistock Publications Ltd., London; 1963, 332 pp.

Turner, A. N. & P. R. Lawrence, *Industrial Jobs and the Worker*. Harvard University, Boston, 1965, 177 pp.

Uhrbrock, R. S., A Psychologist Looks at Wage-Incentive Methods. *Institute of Management Series*, N.° 15, American Management Association, New York, 1935, 32 pp.

University of California, *Proceedings of Industrial Engineering Institute*. University of California, Los Angeles-Berkeley, anual, 1950-1965.

Urwick, L., ed., *The Golden Book of Management*. Newman Neame, London, 1956, 208 pp.

Urwick, L. & E. F. L. Brech, *The Making of Scientific Management*. Vol. 1, *Thirteen Pioneers*, Management Publications Trust, London, 1945, 196 pp.

Van Doren, H. L., *Industrial Design*. 2.ª ed., McGraw-Hill Book Co., New York, 1954, 379 pp.

Vaughan, L. M. & L. S. Hardin, *Farm Work Simplification*. John Wiley & Sons, New York, 1949, 145 pp.

Vernon, H. M., *The Health and Efficiency of Munitions Workers*. Oxford University Press, London, 1940, 138 pp.

Vernon, H. M., *The Shorter Working Week*. G. Routledge & Sons, London, 1934, 201 pp.

Vernon, H. M., *Industrial Fatigue and Efficiency*. G. Routledge & Sons, London, 1921, 264 pp.

Viteles, M. S., *Motivation and Morale in Industry*. Norton & Co., New York, 1953, 510 pp.

Viteles, M. S., *The Science of Work*. Norton & Co., New York, 1934, 442 pp.

Viteles, M. S., *Industrial Psychology*. Norton & Co., New York, 1932, 652 pp.

Von Fange, E. K., *Professional Creativity*. Prentice-Hall, Englewood Cliffs, N. J., 1959, 260 pp.

Von Neumann, J. & O. Morgenstern, *Theory of Games and Economic Behavior*. 3.ª ed., Princeton University Press, Princeton, N. J., 1953, 641 pp.

Vroom, V., *Work and Motivation*. John Wiley & Sons, New York, 1964.

Walker, Charles R., The Problem of the Repetitive Job. *Harvard Business Review*, Vol. 28, n.° 3, maio, 1950, pp. 54-58, 331 pp.

Walker, C. R. & R. H. Guest, *The Man on the Assembly Line*. Harvard University Press, Cambridge, 1952, 180 pp.

Walker, C. R.; R. H. Guest & A. N. Turner, *The Foreman on the Assembly Line*. Harvard University Press, Cambridge, 1956, 197 pp.

Walker, C. R. & A. G. Walker, *Modern Technology and Civilization*. McGraw-Hill Book Co., New York, 1962, 469 pp.

Watson, W. F., *Machines and Men*. Allen & Unwin, London, 1935, 226 pp.

Watson, W. F., *The Worker and Wage Incentives*. Hogarth Press, London, 1934, 46 pp.

Watts, F., *An Introduction to the Psychological Problems of Industry*. Allen & Unwin, London, 1921, 240 pp.

Wechsler, David, *The Range of Human Capacities*. 2.ª ed., Williams & Wilkins Co., Baltimore, 1952, 190 pp.

Welch, H. J. & G. H. Miles, *Industrial Psychology in Practice*. Sir Isaac Pitman & Sons, London, 1932, 249 pp.

Welch, H. J. & C. S. Myers, *Ten Years of Industrial Psychology — an Account of the First Decade of the National Institute of Industrial Psychology*. Sir Isaac Pitman & Sons, London, 1932, 146 pp.

Estudo de movimentos e de tempos   **629**

Whitehead, T., *Leadership in a Free Society*. Harvard University Press, Cambridge, 1947, 266 pp.
Whitehead, T., *The Industrial Worker*. Harvard University Press, Cambridge, 1938, 2 volumes.
Whiting, C. S., *Creative Thinking*. Reinhold Publishing Co., New York, 1958, 168 pp.
Whyte, W. F., *Men at Work*. Richard D. Irwin, Homewood, Ill., 1961, 393 pp.
Whyte, William F., *Money and Motivation: An Analysis of Incentives in Industry*. Harper & Brothers, New York, 1955, 268 pp.
Wiener, Norbert, *The Human Use of Human Beings, Cybernetics and Society*. Edição revisada, Houghton Mifflin Co., Boston, 1954, 199 pp.
Wiener, Norbert, *Cybernetics: Control and Communication in the Animal and the Machine*. 2.ª ed., John Wiley & Sons, New York, 1961, 212 pp.
Woodson, W. E. & D. W. Conover, *Human Engineering Guide for Equipment Designers*. 2.ª ed., University of California Press, Berkeley, 1964.
Yost, Edna, *Frank and Lillian Gilbreth: Partners for Life*. Rutgers University Press, New Brunswick, N. J., 1949, 372 pp.

TRADUÇÕES DOS LIVROS DE AUTORIA DE RALPH M. BARNES

Manual de Metodos de Trabajo. Traduzido por Saturnino Alvarez. Introdução de Fermin de la Sierra. Aguilar, S. A. de Ediciones, Juan Bravo 38, Madri, Espanha, 1950, 161 pp.
Étude des Mouvements et des Temps, 3.ª ed. Traduzido pelo Bureau des Temps Elémentaires. Les Editions d'Organization, 8 Rue Alfred de Vigny, Paris Se, França, 1953, 560 pp.
Studio dei Movimenti e dei Tempi. Traduzido por Giorgio Deangeli. Edizioni di Commuità, Via Manzoni 12, Milão, Itália, 1955, 380 pp.
Estudio de Movimientos y Tiempos. Traduzido por Carlos Paz Shaw. Aguilar S. A. de Ediciones, Juan Bravo 38, Madri, Espanha, 1956, 575 pp.
Pratique des Observations Instantanées. Traduzido pelo Bureau des Temps Elémentaires. Les Editions d'Organisation, 8 Rue Alfred de Vigny, Paris Se, França, 1958, 321 pp.
Motion and Time Study. 4.ª ed. Traduzido para o japonês por Mayumi Otsubo. Nikkan Kogyo Shimbun-Sha, n.° 1, 1-chome Iidamachi, Chiyoda-Ku, Tóquio, Japão, 1960, 658 pp.
Étude des Mouvements et des Temps. 4.ª ed. Traduzido por M. Maze-Sencier e o Bureau des Temps Elementaires. Les Editions d'Organization, 8 Rue Alfred de Vigny, Paris Se, França, 1960, 749 pp.
Work Sampling. 2.ª ed. Traduzido para o japonês por Masakazu Tamai. Nikkan Kogyo Shimbun-Sha n.° 1, 1-chome Iidamachi, Chiyoda-Ku, Tóquio, Japão, 1961, 348 pp.
Industrial Engineering. Traduzido para o japonês e publicado por Nippon Noritsu Kyokai, New Ohtemachi Building, 2-4, Ohtemachi, Chiyoda-Ku, Tóquio, Japão, 1961, 115 pp.
Motion and Time Sudy. 4.ª ed. Traduzido para o servocroata por Privredna — Jugoslovenska Autorska Agencija, Zegreb, Iugoslávia.

ÍNDICE

Ábaco para determinar o número de observações, para cronometragem, 292
   para amostragem do trabalho, 432
Administração científica, princípios de, 9
Agarrar, 153
  por pressão, 153
  por sujeição, 153
Alavanca, estudo de, 239
Alimentadores, estudo de, 215
  tipos de, 215
Altura do assento, 224
  da bancada, 225
  do local de trabalho, 224
American Hard Rubber Company, 156
American Institute of Industrial Engineers, 14
American Society of Mechanical Engineers, 14, 47
Amostragem do trabalho, vantagens e desvantagens da, 443
Amos Tuck School, 14
Análise de operações, 87
Análise dos movimentos das mãos, 140, 141
Ansiedade, redução da, 500
Apoios para os braços, 226
Área normal de trabalho, 205
Área máxima de trabalho, 205
Armstrong Cork Company, 127, 472
Arquivos para dados-padrão, 326
Arranjo do local de trabalho, 206
Arranjo físico da fábrica, 63
Arranjo físico da instalação de montagem em inspeção de pequenas peças, 43
Arruelas de borracha dura, 156
Aspirador, limpeza com, 100
Auditoria de métodos, tempos-padrão e incentivo salarial, 329
Automação, 243
Automedida, 333
AUTORATE, 339
Avaliação das alternativas, 20
Avaliação fisiológica do nível de desempenho, 300, 456
Avaliação objetiva do ritmo, 300

Bailey, G. B., 379, 410
Balanças em elevador, 71
Bancada para embalagem, 211

Banqueta de trabalho, 224
Barras cruzadas, projeto de, 239
Base para avaliação de ritmo, 306
Bates, Guy J., 330
Bedaux, C. E. 298
Bell System, 40
Benson, B. S., 19
Bethlehem Steel Works, 10
Biggane, J. F., 509
Biscoitos, preparação de, 62
Blakelock, R. M., 102
BMT, 267, 410
Boeing Airplane Company, 439
Brouha, L., 457, 458
Buchas, posicionando pinos em, 161

Cabina de projeção, 129
Caixas especiais de ferramenta, Fig. 153, 206
Caixas de metal, método de pintura de, 93
Caixas de papelão, abertura de, 230
  código de datas de, 40
  montagem de, 182
Cansaço, sensação de, 456
Capacidade humana, limites da, 301
Capital, custo do, 25
Cápsulas de gelatina, escolha de, 514, 522
Carnegie Foundation for the Advancement of Teaching, 238
Carretéis metálicos, inspeção de, 220, 252
Cartas, avaliação do ritmo de distribuição de, 306
Caterpillar Tractor Company, 38
Cathcart, E. P., 468
Células fotoelétricas, 165
Centro de distribuição, 25
Ciclográfico, 13, 103
Cimógrafo, 165
Classificação dos movimentos das mãos, 108, 188
  dos tipos de matrizes, 364
  do trabalho em matrizes de corte simples, 364
Colocar, tempo-padrão para, 382
Colonial Radio Company, 499
Condições de agarrar, 381
Condições padronizadas de operação, 254
Confeitos, recobrimento de, 194
Cooperação resultante do estudo de movimentos, 479

Cores, uso de, 163
Corte de sarrafos, 188
Cox, C., H., 211
Cronociclográfico, 13, 103
Cronômetros, 272
Curva de aprendizagem, para operação de montagem de mecanismo, 497, 508
para operação com prensa, 505, 506
Curva de distribuição, 270, 304, 329
Curva de salários, 309
Curvas de produção, 267, 463
Curvas para estabelecimento de tempo-padrão de matriz de corte simples, 370
Custo fisiológico do trabalho, 445

Dados antropométricos do homem e da mulher, 169
Dados básicos de controles, 169
Dados, coleta de, 340
Dados sintéticos, 377, 402
Dedos, capacidade dos, 238
Departamento de lavagem de pratos, 72
Departamento do trabalho de New York, 224
Descanso, período de, 464
Desempenho do ritmo, 301
amostragem do, 416
Desenvolvimento do método melhorado, 36
Diferenças individuais, 298, 448
Dill, D. B., 468
Dispor, 382
Disposição de máquinas, 210
Distribuição de freqüências, 304
curva antes e depois dos incentivos, 270
curva normal de, 305
Divisão da operação em elementos, 280
Dobradora e coladora de papelão, 34
Dobramento do corpo, desgaste fisiológico do, 189
Donnelley, R. R., 332
Dreyfuss, H., 169
Duncan, J. H., 379
Du Pont Company, 106, 460
Duração da jornada de trabalho, 464
Durnin, J. V. G. A., 465
Dvorak, A., 238
Dvorak-Dealey, teclado simplificado, Fig. 187, 237

Eastman Kodak Co., 125
Economia dos movimentos, princípios de, 176
Efeito da prática, 503
Elementos estranhos, 284
Eli Lilly and Company, 163, 486, 522
Embalagem, de pequenas peças, 200
de alface, 39
de limões, 17
Empilhadeira, dispositivo para, 253
Engenharia de produção, definição de, 14

Engstron, H., 379
Ergonomia, 167
Erro absoluto, 425
Erro relativo, 421
Erros no estudo de tempos, 325
Ervilhas, colheita de, 15
Escalas para avaliação de ritmo, 310
Escritório, gráfico de rotina de trabalho de, 7, 54
Esfregões, especificações para, 97
método recomendado para, 97
Estudo de movimentos, aplicado por todos os membros da organização, 478
cooperação a partir do, 479
definição do, 1
início do, 11
laboratório de, 44, 470
uso feito por Gilbreth do, 11
utilização na General Electric Company, 478
Estudo de movimentos e tempos, definição do, 1
efeitos sobre o operário do, 263
histórico do, 8
programas de treinamento de, 469
técnicas do, 22
Estudo de tempos, passos a serem seguidos na execução de um, 277, 296
determinação do tempo-padrão, 319
divisão da operação em elementos, 280
equipamento, 274
formulários, 276, 320
registro e arquivo de dados, 326
Estudo de Tempos por Movimentos Básicos (BMT), 378, 410
Estudos de produção, 325

Fabricação de latas, método de, 56, 359
gráfico do fluxo de processo da, Fig. 41, 62
Fadiga, 456
efeito no ritmo, 198
tolerâncias para, 313
Farmer, E., 10
Fator de ritmo, aplicação do, 311
definição do, 297
Fazendas e granjas, simplificação do trabalho em, 15, 53
Ferro fundido, montagem de placas de, 324
Filmagem da operação, 134
Filme, análise do, 136
para avaliação do ritmo, 307
de imagem múltipla, 307
"loop", 307
Filmes "antes e depois", 131
Fisiologia do trabalho, 445
Fixação, movimentos de, 198
Flageer, L. A., 96
Folha de cálculos, 321, 386
de dados para filmagem, 133
para embalagem de chocolate, 488
para enfiar cordão em tênis, **494**

Estudo de movimentos e de tempos **633**

de instruções para operação de um torno mecânico, 488
de observações, 276, 320
Forberg, R. A., 330, 476
Ford Motor Company, 74,96, 235
Forragem, distribuição de, 53
Frantz, E. L., Apêndice B
Fresadora de engrenagens Barber-Colman, 351
Fresadora vertical Cincinnati, 349
Fresagem, tabelas de, 340

Gasto de energia, tabela de, 466
Gráfico de atividades, 76
Gráfico de controle, 292, 430
Gráfico de operações, 87
 para assinatura de uma carta, 88
 para montagem de parafuso e arruelas, 88
 para montagem de placas de ferro fundido, 324
Gráfico do fluxo do processo, 46
 passos a serem seguidos na execução do, 74
Gráfico do fluxo do processo para grupos, 67
Gráfico homem-máquina, 78
Gráfico de possibilidades, 149
Gráfico simo, 141
Gráfico simo para movimentos das mãos e dos olhos, 202
General Electric Company, 44, 102, 127, 380, 473, 496
General Motors Corporation, 28, 39, 127, 232, 265, 306, 330
Geppinger, H. C.,378
Gilbreth, F. B. e L. M.,1, 11, 46, 103, 107, 126, 132, 177
Greenwald, D. U., 157

Habel, O. W., 232
Hawthorne, experiência de, 532
Health of Monition Workers Committee, 464
Herzberg, F.,534, 535
História do estudo de movimentos e tempos, 8
Hollen, E. H., 231
Holmes, W. G., 379
Homem, dados antropométricos do, 170
Hotel, rearranjo dos departamentos de um, 71
Horas de trabalho, 464
Hughes Aircraft Company, 500

Iluminação, 132, 217, 467
Iluminação, temperatura e ventilação, 467
Impressora de corte e vinco, 33
Incentivos salariais, administração de, apêndice C
 aplicação em trabalhos de matrizes, 375
 estudo de movimentos, 262
 para fabricação de papelão corrugado, 518
 para operação de escolha de cápsulas, 522
Incentivos salariais e o estudo de movimentos e tempos, relação entre, 262

Industrial Welfare Commission of California, 225
Inspeção de garrafas, **492**
 de carretéis metálicos, 220, 252
 de mecanismos de medição elétrica, 218
 de tecidos, 218
Instrução audio-visual, 500
International Business Machines Corporation, 58, 332
Iowa, University of, 478

Janelas, lavagem de, 100
Jardim, passos para regar um, 47
Jones and Lamson Machine Company, 258
Julgamento do ritmo, 298

Koch, B. C., 58
Kodak Park Works, 552, 557
Koehler, R. E., 379

Laboratórios de métodos, 44, 127
Lakeview, plano da fábrica de, 561
Lavanderias, trabalho de, 84
Lazarus, I. P., 379
Leitura acumulada, 283
Leitura contínua, 282
Leitura repetitiva, 283
Limões e alfaces, empacotamento de, 17, 39
Limpeza, trabalho de, 96
Lincoln, J. F., 536
Lixo, coleta na Kodak Park, 557
Lownden, J. A.,379
Lowry Hotel, 71

Mackenzie, J. M.,200
Manual de estudo de tempos, apêndice B
Manual de incentivo salarial, apêndice C
Manuseio em armazém de produtos acabados, 253
Máquina de filmar, localização da, 124
 para cortar tecidos, 79
 de filmar, 121, 275, 438
Matrizes compostas de corte e perfuração, 376
 de corte simples, 364
Matrizes e ferramentas, determinação de tempos-padrão para, 364
Max Planck Institute, 576
Maynard, H. B., 379
Mayo, E., 468
Maytag Company, 478
MacLandress, R. D., 28, 45
Mecanização, 243
Medida da pulsação do coração, 446
 do consumo de oxigênio, 447
 da duração dos movimentos fundamentais, 165
 dos resultados do trabalho, 446
Medida do trabalho, 1
Memomotion, estudo, 103

634 — Ralph M. Barnes

Methods-Time Measurement (MTM), 402
Método da média para determinação do tempo--padrão, 297
Método padronizado, 254
Método preferido, 4
Métodos e acessórios para medida do trabalho, 274
Microcronômetro, 125
Micromovimentos, estudo de, 101
  definição de, 13
  equipamento para, 121
  objetivos do, 101
Midvale Steel Works, 8
Mongensen, A. H., 478
Montagem do parafuso e arruelas, 136
  análise do filme da, 136
  descrição da, 178
  folha de análise para a, 141
  gráfico de operações de, 89
  gráfico simo da, 142
Montagem precisa, 218
Motivação, teoria da, 533
Motivação e trabalho, 531
Movimentos assimétricos, 185
Movimentos contínuos, 192
Movimentos curvos, 192,
Movimentos fundamentais das mãos, 107, 153
  medida dos, 166
  uso dos, 153
Movimentos das mãos, mudanças bruscas nas, 192
  classificação geral dos, 188
Movimentos parabólicos, 196
Movimentos suaves, 192
  simultâneos, 186
Mudança deliberada, 542, 549
Mudança de direção, tempo para, 192
Mudanças fisiológicas resultantes do trabalho, 456
Mulher, dados antropométricos, da, 172
Mullee, W. R., 226

New York University, 478
Nível de confiança, 418
Norem, B. H., 200
Normal, curvas de distribuição, 270, 304, 418
Números aleatórios, tabela de, 433
Números de ciclos a serem cronometrados, 284

Observações, número de, 288, 420
Olhos, movimentos dos, 198
  tensão sobre os, 218
Operação de colocação de blocos, 304
Operação de se fazer um macho, 319
Operação de formar elo, 144
Operação de montagem e colagem, 321
  folha de cálculos de, 324
  folha de incentivos da, 325
  folha de observações da, 322

Operações controladas pela máquina, 514
Operações de montagem, tempos-padrão de, 381
Operador, método de controle do, 28
  seleção do, 131
  treinamento do, 488
Organizações relacionadas com o estudo de movimentos e de tempos, 14
Ovos, produção, processamento e distribuição de, 19, 244
Oxigênio, consumo de, 447

Pá, investigação de Taylor sobre o uso da, 10
Packard Electric Division of General Motors, 45
Padronização, 254
Painel para demonstração de amostragem do trabalho, 417
Papel, operação de dobrar, 193
Papelão corrugado, plano de incentivo para fabricação de, 518
Parden, R. J., apêndice B
Passmore, R., 465
Pedal, estudo de, 233
  ferramentas operadas a, 229
Percepção visual, 217
Perfurar e estampar, tempo-padrão para, 371
Períodos de descanso, 464
Persing, L. P., 473
Pés, apoio para os, 227
Pinos, 161
Pintura a revólver, acessórios usados na, 95
Planejamento, 28
Plano de incentivo salarial com diversos fatores, 514
Plano de sugestões dos empregados, 478
Plataforma de medição de esforços, 459
Ponte de tubulações, 72
Postura, 227
Prancheta para observações em estudo de tempos, 276
Prática, efeito da, 488
Pratt and Whitney Aircraft Division, 335
Pré-produção, 28
Presgrave, R., 379, 410
Princípios da administração científica, 9
Princípios de economia dos movimentos, relacionados com o uso do corpo humano, 176, 177
  relacionado com o local de trabalho, 176, 177
  relacionado com o projeto de ferramentas e equipamentos, 176, 229
Processamento eletrônico de dados, 335
  organização para, 335
Processo de eliminação, 38
Procter and Gamble Company, 38, 72, 96, 230, 253, 330, 474
Programa de mudança de métodos, 474
Projeto de ferramentas e equipamentos, 229
  de métodos, 4
  do produto, 36

Estudo de movimentos e de tempos **635**

Projetor para estudo de movimentos, 126, 485
Pulsação do coração, medida do, 446

Quantidade de movimento, emprego da, 190
Queijo, empacotamento de, 149
Quick, J. H., 379

Radio Corporation of America, 210
Reação, tempo de, 162
Rebolos de esmeril, recuperação de, 49
Redução de custos, relatório de, 27
Registrador eletrônico automático de tempos, 165
Registro do método padronizado, 254
Registro do progresso do aprendiz, 509
Requisição para o estudo de tempos, 279
Revolução Industrial, 28
Ritmo, 197
   de incentivo, 307
   normal, 307
Rohr, Jr., 552
Roscas, máquina para repassar, 232
Rótulos impressos, inspeção de, 163
Ruídos, redução de, 467

Saginaw Steering Gear, Division of General Motòrs, 232
Schaefer, M. G., 379
Schwab, J. L., 379
Seabrook Farms, 15
Segur, A. B., 379
Service Bureau Corporation, 339
Shea, W. J., 379
Shepherd, Jr., M., 541
Sistema fator-trabalho, 394
Sistema homem-máquina, 167
Sistemas para avaliação de ritmo, 298
   avaliação fisiológica, 300
   avaliação objetiva, 300
   avaliação sintética, 299
   desempenho do ritmo, 301
   sistema Bedaux, 298
   sistema Westinghouse, 299
Smith, E. J., 184
Society of Advancement of Management, 14, 306
Soldagem de latas, tempo-padrão para, 359
Spencer, F. R., 364
Spinanger, A., 38, 549
Stats, H. E., 71
Stegemerten, G. J., 379
Suporte de magneto, 59

Tarefa, descrição da, 512
Taylor, Frederick W., 1, 8, 445
Teclado de máquina de escrever, 236
Tempo-normal, 313
Tempo-padrão, determinação de, 4, 319
   para fresagem de engrenagens com caracol, 351
   para fresagem de quadrados e hexágonos, 343
   para matrizes e ferramentas, 364
   para soldar latas, 359
Tempos elementares, 340
Tempos-padrão garantidos, 326
Tesoura elétrica, operação de uma, 452
Texas Instruments Inc., 500, 536, 541, 549
Therbligs, 107
   cores de, 107
   definição de, 107
   melhor seqüência de, 217
   montagem, desmontagem, e uso, lista de verificação, 165
   símbolos de, 108
   tempos para, 380, 402
Thornthwaite, C. W., 16
Tijolos, métodos de manuseio de, 189
   método melhorado de, 11
Tippett, L. H. C., 416
Tolerâncias, 313
   para espera, 315
   para fadiga, 313
   pessoais, 313
   tabela de, 314
Tornos Gisholt, controles dos, 71, 239
Trabalho, valor do, 262
Treinamento em colégios e universidades, 478
Turnbull, T. R., 304

United Aircraft Corporation, 335
University of Iowa, 478

Ventilação, 464
Vestiário, efeito do, 458
Vibração e ruído, 467
Vibrações, reduções das, 467
Visão, condições adequadas a, 217
Volantes, projeto de, 239

Walker, C. R., 543
Wechsler, D., 301
Western Electric Company, 379, 532
WETARFAC, 333

Youde, L. F., 494